中国社会科学院创新工程学术出版资助项目

选举与中国政治丛书

白　钢　主编

中国不同公民群体的政治认同与危机压力

史卫民 郑建君 田 华 ■ 等著

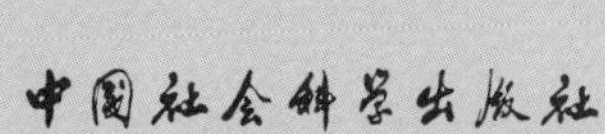

图书在版编目(CIP)数据

中国不同公民群体的政治认同与危机压力/史卫民等著. —北京：中国社会科学出版社，2014.11

(选举与中国政治丛书)

ISBN 978-7-5161-4830-3

Ⅰ.①中… Ⅱ.①史… Ⅲ.①公民教育—关系—国家—行政管理—研究—中国 Ⅳ.①D648.3

中国版本图书馆 CIP 数据核字(2014)第 216749 号

出 版 人 赵剑英
责任编辑 史慕鸿
责任校对 刘 俊
责任印制 王 超

出 版 中国社会科学出版社
社 址 北京鼓楼西大街甲 158 号 (邮编 100720)
网 址 http://www.csspw.cn
中文域名:中国社科网 010-64070619
发 行 部 010-84083685
门 市 部 010-84029450
经 销 新华书店及其他书店

印 刷 北京市大兴区新魏印刷厂
装 订 廊坊市广阳区广增装订厂
版 次 2014 年 11 月第 1 版
印 次 2014 年 11 月第 1 次印刷

开 本 710×1000 1/16
印 张 47.25
插 页 2
字 数 789 千字
定 价 128.00 元

中国的民主实践与政治发展系列研究

研究成果之一

《“政策主导型”的渐进式改革——改革开放以来中国政治发展的因素分析》

研究成果之二

《中国公民的政策参与——北京、广东大学生问卷调查数据报告》

研究成果之三

《社会政治决策中的选择偏差研究——“信息的选择性接触”视角》

研究成果之四

《中国公民政策参与研究——基于2011年全国问卷调查数据》

研究成果之五

《“政策主导型”的县政发展》

研究成果之六

《政治认同与危机压力》

研究成果之七

《中国不同公民群体的政治认同与危机压力》

总　序

“选举”是一个古老而常新的话题。从辞源学上诠释，选举就是择善者而举之。它作为公共行为，属于政治活动范畴。用现代政治学的观点来分析，选举是一种具有公认规则的程序形式，其实质是人民主权的寄存过程。

“选举”这个词在中国出现很早，至少在汉代已被经常使用。《淮南子·兵略》中就有“选举足以得贤士之心”的说法；《汉书·鲍宣传》也有“龚胜为司直，郡国皆慎选举”的记载。二十四史自《旧唐书》至《明史》皆有“选举志”。不过，中国古代的所谓“选举”，如西周之宾兴，①汉代之举孝廉及贤良方正，无论是“选士”还是“选官”，都与现代的选举不可同日而语。严格讲，中国古代的“选举”，实际上是一种居高临下的“选拔”，是统治阶级按照自己的意志和需要，设定程序，挑选代理人的过程。换言之，选拔的实质是统治阶级“治权”的寄存过程，其权力合法性的来源，是统治阶级的同意，而非人民同意。因此，选拔出来的人因其并非人民的代表而眼睛朝上，他们只对上级负责而不对人民负责，这是中国古代的“选举”与现代选举的根本区别所在。

在古代西方，如雅典和古罗马，有用选举形式来选择官吏、教皇甚至皇帝的传统，然而由于对选举权限制极严，而且是有组织地公开投票，所以即使平民参加选举，也改变不了贵族专政的实质，选举成为贵族阶级治权寄存的方式。不过，随着选举权的逐步放宽，民众选择的实质性要素已在中世纪的教皇选举会议和一些国家的议会中初露端倪。

---

① 语出《周礼·地官大司徒》。其云：“以乡三物教万民，而宾兴之。”注：“物犹事也，兴犹举也。民三事教成，乡大夫举其贤者、能者，以饮酒之礼宾客之，既则献其书于王矣。”

扩大选举权，在近代，是新兴的资产阶级同封建贵族势力斗争的产物；在现代，是工人阶级同资产阶级斗争的结果。19世纪法国政治思想家托克维尔说过："每当一个国家开始规定选举资格的时候，就可以预见总有一天要全部取消已做的规定，只是到来的时间有早有晚而已。这是支配社会发展的不变规律之一。选举权的范围越扩大，人们越想把它扩大，因为在每得到一次新的让步之后，民主的力量便有所增加，而民主的要求又随其力量的增加而增加。没有选举资格的人奋起争取选举资格，其争取的劲头与有选举资格的人的多寡成正比。最后，例外终于成了常规，即接连让步，直到实行普选为止。"①

扩大选举权，既是政府寻求民众对其合法性认可的途径，又是民众寻求选择政府的发言权的具体表现，其最佳形态便是普选权的彻底实现。普选权意味着只有公民选举产生的政府才具有合法性。这既是一种政治理念，又是一种政治原则。它向世人宣示：公民有权选择政府。因此，普选权奠定了现代民主政治的基础。普选制的功能在于，周期地通过非暴力的、有序的方式，即公民普选的方式，实现公共权力机构的产生、让渡与更迭。作为现代民主政治的一种制度保障，它对于维护政治稳定和推动政治发展起着决定性的作用。它不仅是人民主权原则、社会契约原则以及公民的平等、自由权利的实现形式，而且是公共权力机构运作过程中，参与机制、竞争机制、制衡机制、纠错机制、法治机制的制动杠杆。从这个意义上说，选举是民主纵向结构的起点。

不过在西方，取消对选举人的财产、教育程度、种族、性别等资格的限制，差不多花费了一个多世纪的时间，直到20世纪，普选制才陆续建立：北欧各国大体上在第一次世界大战后建立起普选制；英国于1928年议会通过《国民参政（男女选举平等）法》，实现了普选制；法国于1944年、意大利于1945年实行普选制；美国则是1970年尼克松总统签署了保证黑人选举权的法案，才算是基本实现了普选制。

现代中国不存在西方国家曾经有过的对选举人的财产、教育程度、种族、性别等资格限制的问题。中国基层民主政治的发展，滥觞于农村基层自治组织的直接选举制度的确立。这种基层直接选举制度，属于规范的普选制范畴，可以与任何国家的普选制相匹畴。

① ［法］托克维尔：《论美国的民主》上卷，商务印书馆1996年版，第61页。

一般说来，选举制度是由一些基本规则组成的，包括：（1）确定选民和候选人的资格，如国籍、年龄、条件等；确定选民和候选人的基本程序，如选民登记与候选人的产生办法等。（2）选区的划分。现代选举是以一定的单位来进行的，一般的做法是以一定的地域为基本单位，称为“地域代表制”；也有采用“行业代表制”的，即按职业或行业划分选举单位。（3）选举方式，主要有直接选举和间接选举。虽然一般认为直接选举比间接选举更具民主性，但切不可把直接选举误认为是直接民主。纯粹的直接民主是指人民自己统治自己，是人民不间断地直接参与行使权力。直接民主根本不需要选举代表，更不需要选举官员，一切事情都由全体公民大会投票解决。投票不等于选举，简单地说，选举并不制定政策，选举只决定由谁来制定政策。凡需要选举代表的民主，都是间接民主，不管是直接选举还是间接选举。（4）选票计算制度，分多数代表制（又分为相对多数代表制和绝对多数代表制）和比例代表制两种基本类型。多数代表制规定，得票最多的个人或团体得到某个选区的代表席位；比例代表制规定，根据一定的政党获得的选票总数来确定当选人数。此外，还包括选举的具体办法和程序，如候选人如何竞选，选举费用的获得与使用，等等。西方国家的选举制度十分复杂，选举制度不同导致选举结果不同，里面大有文章可作。

从各国确定的选举制度来看，尽管某些基本原则是普遍适用的，但如何在制度安排中体现这些原则，并落实到现实政治生活中，却表现不一。由此可见，选举是极为复杂的现象，它涉及政治和社会生活的所有方面。因此，孤立地研究选举不可能得出正确的结论，必须把选举与政治结合起来研究。在国外，选举和公民投票的研究，已经形成一门独立的学问。1949 年，牛津大学的学者弗兰克·哈迪率先在英语中创造了“选举学”这一概念，1952 年便出现在印刷品中。“选举学”涵盖了法律结构、选举制度、个人行为、候选人选择、政党与舆论媒介的竞选运动、民意测验、选举结果的统计分析以及选举地理学等重要命题，成为政治学、历史学、社会学、统计学等多学科交叉的一门显学。从理论上说，选举制度能够影响一个国家政治生活的许多方面。当选举导致政府组成的交换时，新的面孔和能力便会给政治体制带来生机和灵活性，这也许是“选举学”日益引起人们关注的真正原因。

以发展基层民主为目标而兴起的农村基层选举和县、乡人民代表大会代表选举，为开展以选举为切入点的中国政治研究提供了舞台。中国社会科学院的政治学家为此立项进行跟踪研究，并推出“选举与中国政治丛书”，抛砖引玉，以期加深对中国政治变迁的理解。

“选举与中国政治丛书”以中外选举和中国政治两大主题为研究宗旨，编选相关的课题研究成果（包括专著、研究报告、译著和编著），系统探索选举政治与民主建设问题，为推进中国的政治发展和现代化建设贡献绵薄之力。

“选举与中国政治丛书”已经出版两辑，从2009年开始出版第三辑。

“始生之物，其类必丑。”“选举与中国政治丛书”一定存在不少缺点甚至是错误，敬请方家先进不吝指教。

白　钢

2009年6月18日

目　　录

配图目录

表格目录

前　言

2012年2月至9月，中国社会科学院政治学研究所与中国社会科学院调查与数据信息中心联合进行了全国性的“政治认同与政治稳定”问卷调查，调查的总体情况，已在专门的著作中作了介绍，① 本书所要介绍的，是不同公民群体的政治认同、危机压力情况，以及在影响认同、压力等五个因素上的表现。

按照问卷调查设计的要求，“政治认同与政治稳定”问卷调查将公民群体划分为十个主要的类别：（1）性别；（2）民族；（3）年龄；（4）学历；（5）政治面貌；（6）职业；（7）户籍；（8）单位；（9）收入；（10）区域。本书将分别对这十个类别公民群体的政治认同、危机压力等进行检验。

在“政治认同与政治稳定”问卷调查中，采用了三类评估指标，指标情况见表0－1。

表0－1　“政治认同与政治稳定”问卷调查综合指标体系

政治认同评估指标		危机压力评估指标		主要影响因素评估指标	
指标	分值	指标	分值	指标	分值
体制认同	5.00	政治危机压力	5.00	权利认知	10.00
政党认同	5.00	经济危机压力	5.00	利益认知	10.00
身份认同	5.00	社会危机压力	5.00	政治沟通认知	10.00
文化认同	5.00	文化危机压力	5.00	政治参与行为	10.00
政策认同	5.00	生态危机压力	5.00	公民满意度	10.00
发展认同	5.00	国际压力	5.00		
合计	30.00		30.00		

① 见史卫民、周庆智、郑建君、田华等著《政治认同与危机压力》，中国社会科学出版社2014年5月版。

在权利认知、利益认知、政治沟通认知、政治参与行为、公民满意度五个一级指标之下，还分别设置2个二级指标，具体指标名称见表0－2。

表0－2　**政治认同评估指标体系**

一级指标		二级指标	
指标	分值	指标	分值
权利认知	10. 00	权利重要性认知	5.00
		权利保障评价	5.00
利益认知	10.00	公民的利益取向	5.00
		利益保障评价	5.00
政治沟通认知	10.00	政治沟通重要性认知	5.00
		政治沟通现状评价	5.00
政治参与行为	10.00	政治参与认知	5.00
		实际政治参与	5.00
公民满意度	10.00	个人生活满意度	5.00
		公共服务满意度	5.00

不同公民群体的得分以及差异性检验等，依据的就是上述指标，在正文中不再就具体指标的分值作特别的说明。

本书由史卫民、郑建君、田华撰写，李国强、涂锋、杨思派、曲甜、王艳、程文侠、娄兆锋等同志参与了核对数据、制图等工作。借本书出版的机会，我们不仅要对中国社会科学院调查与数据信息中心对调研项目的大力支持表示衷心的感谢，还要感谢郝时远、张小劲、袁达毅、严洁、李炜、卢春龙、张明澍等专家对项目的指导和帮助，并感谢参与问卷调查的深圳大学当代中国政治研究所的陈文同志，青海师范大学政法学院的乔益洁、裴敏超、王文旭同志，重庆城市管理职业学院社会工作学院的周良才、田奇恒、胡尹慧、赵钦清、赵淑兰同志，河南师范大学社会事业学院的张长伟、谢启文、赵晓歌同志，新疆维吾尔自治区社会工作人才资源开发中心的张桂珍、刘虹、王普同志。

第一章

政治认同与危机压力的差异比较:性别

“政治认同与政治稳定”问卷调查涉及的6159名被试中，男性被试3072人，占49.88%；女性被试3087人，占50.12%。根据问卷调查的数据，可以比较不同性别被试的政治认同和危机压力状况。

一 不同性别被试的政治认同

调查结果显示，男性被试政治认同的总体得分在9.83—28.67之间，均值为22.18，标准差为2.45。在六种认同中，男性被试的体制认同得分在1.00—5.00分之间，均值为3.45，标准差为0.57；政党认同得分在1.00—5.00分之间，均值为3.67，标准差为0.66；身份认同得分在1.25—5.00分之间，均值为4.20，标准差为0.66；文化认同得分在1.00—5.00分之间，均值为3.47，标准差为0.57；政策认同得分在1.00—5.00分之间，均值为3.61，标准差为0.72；发展认同得分在1.00—5.00分之间，均值为3.78，标准差为0.63（见表1－1－1）。

表1－1－1　　**男性被试政治认同的描述统计**

项目	N	极小值	极大值	均值	标准差
政治认同总分	**3046**	**9.83**	**28.67**	**22.1776**	**2.45342**
体制认同	3071	1.00	5.00	3.4464	.56584
政党认同	3063	1.00	5.00	3.6695	.66459
身份认同	3067	1.25	5.00	4.1973	.65808

续表

项目	N	极小值	极大值	均值	标准差
文化认同	3066	1.00	5.00	3.4667	.56705
政策认同	3070	1.00	5.00	3.6097	.71901
发展认同	3068	1.00	5.00	3.7795	.62621
有效的 N	3046				

调查结果显示，女性被试政治认同的总体得分在13.08—28.67之间，均值为21.90，标准差为2.32。在六种认同中，女性被试的体制认同得分在1.00—5.00分之间，均值为3.43，标准差为0.51；政党认同得分在1.00—5.00分之间，均值为3.59，标准差为0.58；身份认同得分在1.00—5.00分之间，均值为4.19，标准差为0.67；文化认同得分在1.00—5.00分之间，均值为3.41，标准差为0.55；政策认同得分在1.00—5.00分之间，均值为3.58，标准差为0.67；发展认同得分在1.50—5.00分之间，均值为3.70，标准差为0.61（见表1－1－2）。

表1－1－2　**女性被试政治认同的描述统计**

项目	N	极小值	极大值	均值	标准差
政治认同总分	**3063**	**13.08**	**28.67**	**21.9031**	**2.31781**
体制认同	3081	1.00	5.00	3.4275	.51227
政党认同	3083	1.00	5.00	3.5878	.58469
身份认同	3086	1.00	5.00	4.1887	.66769
文化认同	3080	1.00	5.00	3.4131	.55477
政策认同	3082	1.00	5.00	3.5762	.66783
发展认同	3084	1.50	5.00	3.7032	.60760
有效的 N	3063				

六种认同的得分由高到低排序，不同性别被试的前四位排序相同（身份认同第一，发展认同第二，政党认同第三，政策认同第四），第五、六位排序不同，男性被试的文化认同得分高于体制认同，女性被试的体制认同得分高于文化认同。

对不同性别被试政治认同各指标的差异性进行方差分析（见表1－2－1、表1－2－2和图1－1），可以发现在政党认同方面，不同性别被试之间的差异显著，$F = 26.156$，$p < 0.001$，男性被试（$M = 3.67$，$SD = 0.66$）的得分显著高于女性被试（$M = 3.59$，$SD = 0.58$）；在文化认同方面，不同性别被试之间的差异显著，$F = 14.049$，$p < 0.001$，男性被试（$M = 3.47$，$SD = 0.57$）的得分显著高于女性被试（$M = 3.41$，$SD = 0.55$）；在发展认同方面，不同性别被试之间的差异显著，$F = 23.506$，$p < 0.001$，男性被试（$M = 3.78$，$SD = 0.63$）的得分显著高于女性被试（$M = 3.70$，$SD = 0.61$）；在政治认同总分上，不同性别被试之间的差异显著，$F = 20.202$，$p < 0.001$，男性被试（$M = 22.18$，$SD = 2.45$）的得分显著高于女性被试（$M = 21.90$，$SD = 2.32$）；在体制认同、身份认同和政策认同方面，不同性别被试之间的得分差异均不显著。

表 1－2－1　　**不同性别被试政治认同得分的差异比较**

项目		N	均值	标准差	标准误	均值的 95% 置信区间		极小值	极大值
						下限	上限		
体制认同	男性	3071	3.4464	.56584	.01021	3.4264	3.4665	1.00	5.00
	女性	3081	3.4275	.51227	.00923	3.4094	3.4456	1.00	5.00
	总数	6152	3.4369	.53972	.00688	3.4234	3.4504	1.00	5.00
政党认同	男性	3063	3.6695	.66459	.01201	3.6460	3.6930	1.00	5.00
	女性	3083	3.5878	.58469	.01053	3.5672	3.6085	1.00	5.00
	总数	6146	3.6285	.62707	.00800	3.6129	3.6442	1.00	5.00
身份认同	男性	3067	4.1973	.65808	.01188	4.1740	4.2206	1.25	5.00
	女性	3086	4.1887	.66769	.01202	4.1651	4.2122	1.00	5.00
	总数	6153	4.1930	.66288	.00845	4.1764	4.2095	1.00	5.00
文化认同	男性	3066	3.4667	.56705	.01024	3.4467	3.4868	1.00	5.00
	女性	3080	3.4131	.55477	.01000	3.3935	3.4327	1.00	5.00
	总数	6146	3.4399	.56153	.00716	3.4258	3.4539	1.00	5.00
政策认同	男性	3070	3.6097	.71901	.01298	3.5842	3.6351	1.00	5.00
	女性	3082	3.5762	.66783	.01203	3.5527	3.5998	1.00	5.00
	总数	6152	3.5929	.69399	.00885	3.5756	3.6103	1.00	5.00
发展认同	男性	3068	3.7795	.62621	.01131	3.7573	3.8017	1.00	5.00
	女性	3084	3.7032	.60760	.01094	3.6818	3.7247	1.50	5.00
	总数	6152	3.7413	.61808	.00788	3.7258	3.7567	1.00	5.00
政治认同总分	男性	3046	22.1776	2.45342	.04445	22.0904	22.2647	9.83	28.67
	女性	3063	21.9031	2.31781	.04188	21.8210	21.9852	13.08	28.67
	总数	6109	22.0399	2.39014	.03058	21.9800	22.0999	9.83	28.67

表1-2-2　　不同性别被试政治认同得分的方差分析结果

项目		平方和	*df*	均方	*F*	显著性
体制认同	组间	.554	1	.554	1.901	.168
	组内	1791.198	6150	.291		
	总数	1791.751	6151			
政党认同	组间	10.243	1	10.243	26.156	.000
	组内	2406.045	6144	.392		
	总数	2416.288	6145			
身份认同	组间	.113	1	.113	.258	.611
	组内	2703.114	6151	.439		
	总数	2703.227	6152			
文化认同	组间	4.420	1	4.420	14.049	.000
	组内	1933.178	6144	.315		
	总数	1937.599	6145			
政策认同	组间	1.717	1	1.717	3.567	.059
	组内	2960.717	6150	.481		
	总数	2962.434	6151			
发展认同	组间	8.947	1	8.947	23.506	.000
	组内	2340.896	6150	.381		
	总数	2349.843	6151			
政治认同总分	组间	115.048	1	115.048	20.202	.000
	组内	34778.415	6107	5.695		
	总数	34893.463	6108			

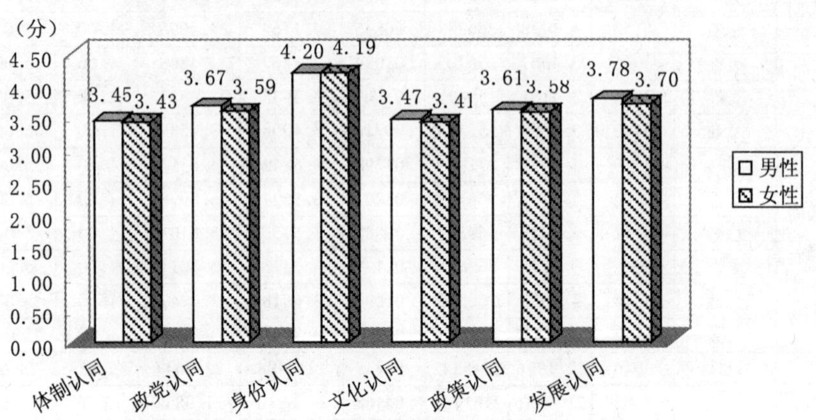

图1-1　不同性别被试政治认同的得分比较

在涉及六种认同的一些具体问题的看法上，不同性别被试也显示出了一定的差异（为避免叙述繁琐，多项选择题只说明排序前三位的情况，下同）。

在体制认同方面，对政治体制改革着重点的看法，不同性别被试第一选择排在第一位至第三位的都是“基层群众自治制度改革”（基层自治改革）、“人民代表大会制度改革”（人大制度改革）、“中国共产党的领导体制改革”（党领导体制改革）。总提及频率不同性别被试排在第一位至第三位的都是“基层群众自治制度改革”、“人民代表大会制度改革”、“选举制度改革”（见表1－3）。①

表1－3　**不同性别被试对政治体制改革着重点的选择**

选项	男性				女性			
	第一选择		总提及频率		第一选择		总提及频率	
	频率	百分比	频率	百分比	频率	百分比	频率	百分比
基层自治改革	1092	35.72	1596	17.44	1389	45.13	1896	20.58
民族自治改革	147	4.81	576	6.29	183	5.95	722	7.84
人大制度改革	564	18.45	1295	14.15	488	15.85	1350	14.65
司法制度改革	219	7.16	973	10.63	192	6.24	899	9.76
行政制度改革	235	7.69	963	10.52	213	6.92	972	10.55
选举制度改革	198	6.48	1073	11.73	169	5.49	1070	11.61
党领导体制改革	355	11.61	1052	11.50	238	7.73	911	9.89
决策体制改革	131	4.28	900	9.84	121	3.93	802	8.70
走向多党竞争	83	2.72	305	3.33	49	1.59	205	2.22
政协制度改革	33	1.08	418	4.57	36	1.17	387	4.20
合计	3057	100.00	9151	100.00	3078	100.00	9214	100.00

在政党认同方面，对中国共产党应做事情的看法，不同性别被试第一选择都是“保持党的先进性、纯洁性”（保持先进性）排在第一位，“坚持反腐败”排在第二位，“坚持改革开放的基本方针和路线”（坚持改革开放）排在第三位。不同性别被试的总提及频率都是“坚持反腐败”排

① 叙述文字对应的表格中的项目以括号注出，本章的其他叙述文字同此。其他各章的文字参照本章，不再括注表格中的项目。

在第一位，“保持党的先进性、纯洁性”排在第二位，“注重政策的科学化、民主化、法治化”（注重政策质量）排在第三位（见表1－4）。

表1－4　　不同性别被试对中国共产党应做事情的选择

选项	男性				女性			
	第一选择		总提及频率		第一选择		总提及频率	
	频率	百分比	频率	百分比	频率	百分比	频率	百分比
保持先进性	1481	48.29	2101	22.90	1417	46.07	2069	22.45
坚持反腐败	855	27.88	2366	25.79	839	27.28	2184	23.70
坚持改革开放	332	10.82	1439	15.68	388	12.61	1517	16.46
推动党内民主	85	2.77	540	5.88	76	2.47	566	6.14
提高执政能力	181	5.90	1271	13.85	189	6.14	1346	14.61
注重政策质量	133	4.34	1459	15.90	167	5.43	1533	16.64
合计	3067	100.00	9176	100.00	3076	100.00	9215	100.00

在身份认同方面，不同性别被试对身份的看重有所不同（见表1－5），男性被试第一选择排在第一位的是“中国人身份”，排在第二位的是“户籍身份”，排在第三位的是“公民身份”；女性被试排在第一位的是“户籍身份”，排在第二位的是“中国人身份”，排在第三位的是“公民身份”（前两位排序不同）。不同性别被试的总提及频率排在第一位至第三位的都是“中国人身份”、“公民身份”、“户籍身份”。

表1－5　　不同性别被试对所看重身份的选择

选项	男性				女性			
	第一选择		总提及频率		第一选择		总提及频率	
	频率	百分比	频率	百分比	频率	百分比	频率	百分比
户籍身份	855	27.89	1493	16.31	983	31.88	1615	17.50
单位身份	146	4.76	618	6.75	142	4.60	653	7.08
干部身份	235	7.67	619	6.76	241	7.82	655	7.10
地域身份	84	2.74	479	5.23	85	2.76	492	5.33
民族身份	143	4.67	594	6.49	144	4.67	669	7.25
公民身份	567	18.50	2022	22.09	513	16.64	1917	20.77
中国人身份	931	30.38	2193	23.95	886	28.74	2134	23.12
职业身份	104	3.39	1137	12.42	89	2.89	1094	11.85
合计	3065	100.00	9155	100.00	3083	100.00	9229	100.00

在文化认同方面，对中国文化发展的看法，第一选择不同性别被试都是“多种文化融合的中国现代文化”（多种文化融合）排在第一位，“发扬光大中国传统文化”（发扬传统文化）排在第二位，“以马克思主义主导中国文化发展”（马克思主义主导）排在第三位。不同性别被试的总提及频率都是“发扬光大中国传统文化”排在第一位，“多种文化融合的中国现代文化”排在第二位，“注重中国传统文化与马克思主义的结合”（马克思结合传统）排在第三位（见表1－6）。

表1－6　**不同性别被试对中国文化发展的看法**

选项	男性				女性			
	第一选择		总提及频率		第一选择		总提及频率	
	频率	百分比	频率	百分比	频率	百分比	频率	百分比
多种文化融合	1412	45.99	2263	24.70	1434	46.56	2351	25.53
发扬传统文化	1020	33.22	2561	27.95	1019	33.08	2552	27.72
马克思主义主导	314	10.23	1396	15.24	291	9.45	1344	4.60
西方改造中国	70	2.28	534	5.83	72	2.34	522	5.67
马克思结合传统	212	6.91	1720	18.77	215	6.98	1766	19.18
宗教对文化影响	42	1.37	688	7.51	49	1.59	672	7.30
合计	3070	100.00	9162	100.00	3080	100.00	9207	100.00

在政策认同方面，对于政策的法治性、公平性、科学性、民主性、有效性，不同性别被试都是选择“公平性”的最多，选择“民主性”的次多，选择“科学性”的被试最少，但是男性被试选择“法治性”的多于“有效性”，女性被试选择“有效性”的多于“法治性”（见表1－7）。

表1－7　**不同性别被试关注政策的重点**

项目	男性		女性	
	频率	有效百分比	频率	有效百分比
法治性	457	14.89	373	12.09
公平性	1282	41.77	1450	47.00
科学性	297	9.68	252	8.17
民主性	588	19.16	590	19.13
有效性	445	14.50	420	13.61
合计	3069	100.00	3085	100.00

在发展认同方面，对于党的建设、经济建设、社会建设、生态建设、文化建设、政治建设“六大建设”，男性被试关注“经济建设”的最多，第二是“党的建设”，第三是“社会建设”，第四是“生态建设”，第五是“文化建设”，关注“政治建设”的最少；女性被试关注“经济建设”的最多，第二是“社会建设”，第三是“党的建设”，第四是“生态建设”，第五是“文化建设”，关注“政治建设”的最少（第二、三位与男性被试不同，见表1-8）。

表1-8　不同性别被试最关注何种建设

项目	男性		女性	
	频率	有效百分比	频率	有效百分比
党的建设	568	18.49	430	13.93
经济建设	1329	43.28	1402	45.43
社会建设	432	14.07	444	14.39
生态建设	333	10.84	380	12.32
文化建设	213	6.94	271	8.78
政治建设	196	6.38	159	5.15
合计	3071	100.00	3086	100.00

二　不同性别被试的危机压力

调查结果显示，男性被试危机压力的总体得分在7.33—27.00之间，均值为16.48，标准差为2.78。在六种危机压力中，男性被试的政治危机压力得分在1.00—5.00分之间，均值为2.53，标准差为0.68；经济危机压力得分在1.00—5.00分之间，均值为2.28，标准差为0.70；社会危机压力得分在1.00—5.00分之间，均值为2.83，标准差为0.74；文化危机压力得分在1.00—5.00分之间，均值为2.74，标准差为0.63；生态危机压力得分在1.00—5.00分之间，均值为3.07，标准差为0.89；国际压力得分在1.00—5.00分之间，均值为3.04，标准差为0.51（见表1-9-1）。

表1-9-1　　男性被试的危机压力总体描述统计

项目	N	极小值	极大值	均值	标准差
危机压力总分	**3052**	**7.33**	**27.00**	**16.4803**	**2.77636**
政治危机压力	3066	1.00	5.00	2.5302	.67588
经济危机压力	3070	1.00	5.00	2.2843	.69832
社会危机压力	3069	1.00	5.00	2.8252	.73777
文化危机压力	3064	1.00	5.00	2.7435	.63160
生态危机压力	3071	1.00	5.00	3.0665	.89047
国际压力	3070	1.00	5.00	3.0372	.50980
有效的 N	3052				

调查结果显示，女性被试危机压力的总体得分在7.67—24.75之间，均值为16.63，标准差为2.55。在六种危机压力中，女性被试的政治危机压力得分在1.00—5.00分之间，均值为2.58，标准差为0.62；经济危机压力得分在1.00—5.00分之间，均值为2.35，标准差为0.71；社会危机压力得分在1.00—5.00分之间，均值为2.84，标准差为0.69；文化危机压力得分在1.00—5.00分之间，均值为2.77，标准差为0.58；生态危机压力得分在1.00—5.00分之间，均值为3.08，标准差为0.87；国际压力得分在1.00—5.00分之间，均值为3.01，标准差为0.48（见表1-9-2）。

表1-9-2　　女性被试的危机压力总体描述统计

项目	N	极小值	极大值	均值	标准差
危机压力总分	**3064**	**7.67**	**24.75**	**16.6331**	**2.55175**
政治危机压力	3085	1.00	5.00	2.5838	.62217
经济危机压力	3081	1.00	5.00	2.3475	.70505
社会危机压力	3085	1.00	5.00	2.8413	.69002
文化危机压力	3081	1.00	5.00	2.7696	.58065
生态危机压力	3085	1.00	5.00	3.0840	.86537
国际压力	3080	1.00	5.00	3.0078	.47954
有效的 N	3064				

从六种危机压力由高到低的得分排序看，不同性别被试都是生态危机压力第一，国际压力第二，社会危机压力第三，文化危机压力第四，政治危机压力第五，经济危机压力第六。

对不同性别被试危机压力各指标的差异性进行方差分析（见表 1－10－1、表 1－10－2 和图 1－2），可以发现在政治危机压力方面，不同性别被试之间的差异显著，$F=10.460$，$p<0.01$，男性被试（$M=2.53$，$SD=0.68$）的得分显著低于女性被试（$M=2.58$，$SD=0.62$）；在经济危机压力方面，不同性别被试之间的差异显著，$F=12.494$，$p<0.001$，男性被试（$M=2.28$，$SD=0.70$）的得分显著低于女性被试（$M=2.35$，$SD=0.71$）；在国际压力方面，不同性别被试之间的差异显著，$F=5.445$，$p<0.05$，男性被试（$M=3.04$，$SD=0.51$）的得分显著高于女性被试（$M=3.01$，$SD=0.48$）；在危机压力总分方面，不同性别被试之间的差异显著，$F=5.023$，$p<0.05$，男性被试（$M=16.48$，$SD=2.78$）的得分显著低于女性被试（$M=16.63$，$SD=2.55$）；在社会危机压力、文化危机压力、生态危机压力方面，不同性别被试之间的得分差异均不显著。

表 1－10－1　　**不同性别被试危机压力得分的差异比较**

项目		N	均值	标准差	标准误	均值的 95% 置信区间		极小值	极大值
						下限	上限		
政治危机压力	男性	3066	2.5302	.67588	.01221	2.5063	2.5542	1.00	5.00
	女性	3085	2.5838	.62217	.01120	2.5618	2.6058	1.00	5.00
	总数	6151	2.5571	.65000	.00829	2.5408	2.5733	1.00	5.00
经济危机压力	男性	3070	2.2843	.69832	.01260	2.2595	2.3090	1.00	5.00
	女性	3081	2.3475	.70505	.01270	2.3226	2.3724	1.00	5.00
	总数	6151	2.3159	.70235	.00896	2.2984	2.3335	1.00	5.00
社会危机压力	男性	3069	2.8252	.73777	.01332	2.7991	2.8514	1.00	5.00
	女性	3085	2.8413	.69002	.01242	2.8169	2.8656	1.00	5.00
	总数	6154	2.8333	.71422	.00910	2.8154	2.8511	1.00	5.00
文化危机压力	男性	3064	2.7435	.63160	.01141	2.7211	2.7658	1.00	5.00
	女性	3081	2.7696	.58065	.01046	2.7491	2.7901	1.00	5.00
	总数	6145	2.7566	.60668	.00774	2.7414	2.7718	1.00	5.00

续表

项目		N	均值	标准差	标准误	均值的 95% 置信区间		极小值	极大值
						下限	上限		
生态危机压力	男性	3071	3.0665	.89047	.01607	3.0350	3.0980	1.00	5.00
	女性	3085	3.0840	.86537	.01558	3.0534	3.1145	1.00	5.00
	总数	6156	3.0753	.87795	.01119	3.0533	3.0972	1.00	5.00
国际压力	男性	3070	3.0372	.50980	.00920	3.0192	3.0553	1.00	5.00
	女性	3080	3.0078	.47954	.00864	2.9909	3.0247	1.00	5.00
	总数	6150	3.0225	.49506	.00631	3.0101	3.0349	1.00	5.00
危机压力总分	男性	3052	16.4803	2.77636	.05026	16.3818	16.5789	7.33	27.00
	女性	3064	16.6331	2.55175	.04610	16.5427	16.7235	7.67	24.75
	总数	6116	16.5569	2.66708	.03410	16.4900	16.6237	7.33	27.00

表 1－10－2　　不同性别被试危机压力得分的方差分析结果

项目		平方和	*df*	均方	*F*	显著性
政治危机压力	组间	4.413	1	4.413	10.460	.001
	组内	2593.956	6149	.422		
	总数	2598.368	6150			
经济危机压力	组间	6.152	1	6.152	12.494	.000
	组内	3027.654	6149	.492		
	总数	3033.805	6150			
社会危机压力	组间	.395	1	.395	.775	.379
	组内	3138.327	6152	.510		
	总数	3138.722	6153			
文化危机压力	组间	1.052	1	1.052	2.858	.091
	组内	2260.306	6143	.368		
	总数	2261.358	6144			
生态危机压力	组间	.467	1	.467	.606	.436
	组内	4743.771	6154	.771		
	总数	4744.238	6155			
国际压力	组间	1.333	1	1.333	5.445	.020
	组内	1505.666	6148	.245		
	总数	1507.000	6149			
危机压力总分	组间	35.707	1	35.707	5.023	.025
	组内	43462.080	6114	7.109		
	总数	43497.787	6115			

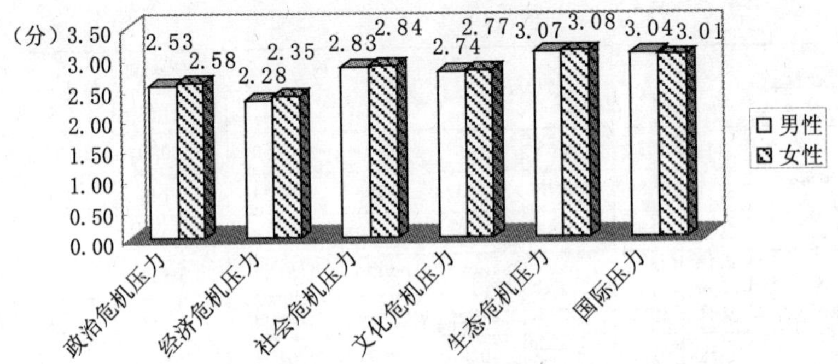

图1-2　不同性别被试危机压力的得分比较

在涉及六种危机压力的一些具体问题的看法上，不同性别被试显示出了一定的不同。

不同性别被试对可能引发政治危机因素的看法（见表1-11），第一选择排在第一位的都是“党和政府出现重大政策失误”（重大决策失误），但是男性被试排在第二位的是“政治腐败愈演愈烈”（政治腐败严重），排在第三位的是“经济危机”；女性被试排在第二位的是“经济危机”，排在第三位的是“政治腐败愈演愈烈”。总提及频率不同性别被试排在第一位的都是“政治腐败愈演愈烈”，但是男性被试排在第二位的是“党和政府出现重大政策失误”，排在第三位的是“经济危机”；女性被试排在第二位的是“经济危机”，排在第三位的是“党和政府出现重大政策失误”。

表1-11　**不同性别被试对可能引发政治危机因素的看法**

选项	男性				女性			
	第一选择		总提及频率		第一选择		总提及频率	
	频率	百分比	频率	百分比	频率	百分比	频率	百分比
重大决策失误	1214	39.59	1762	19.24	1178	38.27	1761	19.12
国外势力颠覆	304	9.92	1202	13.13	317	10.30	1182	12.83
经济危机	570	18.59	1608	17.56	727	23.62	1874	20.35
民族问题激化	94	3.07	649	7.09	92	2.99	678	7.36
社会矛盾激化	265	8.64	1509	16.48	241	7.83	1446	15.70
宗教问题激化	32	1.04	338	3.69	31	1.01	343	3.72
政治腐败严重	587	19.15	2088	22.81	492	15.98	1927	20.92
合计	3066	100.00	9156	100.00	3078	100.00	9211	100.00

不同性别被试对可能引发经济危机因素的看法（见表1-12），第一选择都是“公民收入差距过大”（收入差距过大）排在第一位，“房市、股市崩盘”排在第二位，“党和政府出现重大经济决策失误”（经济决策失误）排在第三位。总提及频率男性被试“收入差距过大”排在第一位，“物价快速上涨”排在第二位；女性被试“物价快速上涨”排在第一位，“公民收入差距过大”排在第二位；不同性别被试排在第三位的都是“党和政府出现重大经济决策失误”。

表1-12　不同性别被试对可能引发经济危机因素的看法

选项	男性				女性			
	第一选择		总提及频率		第一选择		总提及频率	
	频率	百分比	频率	百分比	频率	百分比	频率	百分比
房市股市崩盘	740	24.14	1131	12.34	805	26.15	1219	13.23
经济决策失误	674	21.98	1456	15.89	490	15.91	1232	13.37
收入差距过大	881	28.73	2059	22.46	904	29.36	2039	22.12
国际金融危机	188	6.13	1008	11.00	224	7.28	1098	11.91
政府债务	94	3.07	587	6.40	120	3.90	617	6.69
物价快速上涨	325	10.60	2043	22.29	381	12.37	2092	22.70
经济增速急减	164	5.35	882	9.62	155	5.03	920	9.98
合计	3066	100.00	9166	100.00	3079	100.00	9217	100.00

不同性别被试对可能引发社会危机因素的看法（见表1-13），第一选择都是“城乡差距”排在第一位，“贫富差距”排在第二位，“公民社会地位不平等”（公民地位不平等）排在第三位。总提及频率不同性别被试都是“贫富差距”排在第一位，但是男性被试“公民社会地位不平等”排在第二位，“城乡差距”排在第三位；女性被试则是“城乡差距”排在第二位，“公民社会地位不平等”排在第三位。

表1-13　不同性别被试对可能引发社会危机因素的看法

选项	男性				女性			
	第一选择		总提及频率		第一选择		总提及频率	
	频率	百分比	频率	百分比	频率	百分比	频率	百分比
城乡差距	966	31.49	1272	13.86	978	31.73	1386	15.02
干群矛盾	305	9.94	892	9.72	259	8.40	802	8.69

续表

选项	男性				女性			
	第一选择		总提及频率		第一选择		总提及频率	
	频率	百分比	频率	百分比	频率	百分比	频率	百分比
公民地位不平等	532	17.34	1335	14.54	552	17.91	1349	14.62
民族矛盾	116	3.78	476	5.18	100	3.25	475	5.15
贫富差距	611	19.91	1834	19.98	611	19.83	1872	20.29
区域差距	34	1.11	337	3.67	51	1.65	378	4.10
司法不公	222	7.24	1056	11.50	252	8.18	953	10.33
收入分配不公	158	5.15	1231	13.41	160	5.19	1252	13.57
土地问题	90	2.93	515	5.61	95	3.08	564	6.11
宗教冲突	34	1.11	232	2.53	24	0.78	195	2.12
合计	3068	100.00	9180	100.00	3082	100.00	9226	100.00

不同性别被试对可能引发生态危机因素的看法（见表1-14），第一选择排在第一位至第三位的都是“国民的环境保护意识较弱”（环保意识弱）、“环境污染事故”、“人口过快增长”。总提及频率不同性别被试都是“国民的环境保护意识较弱”排在第一位，但是男性被试排在第二位的是“生产性污染”，第三位的是“环境污染事故”；女性被试排在第二位的是“环境污染事故”，第三位是“生产性污染”。

表1-14　　不同性别被试对可能引发生态危机因素的看法

选项	男性				女性			
	第一选择		总提及频率		第一选择		总提及频率	
	频率	百分比	频率	百分比	频率	百分比	频率	百分比
环保意识弱	1246	40.63	1770	19.28	1211	39.26	1755	19.00
环境污染事故	445	14.51	1318	14.36	475	15.40	1392	15.07
人口过快增长	389	12.68	925	10.08	421	13.65	991	10.73
生产性污染	312	10.17	1367	14.89	279	9.05	1303	14.10
生活性污染	253	8.25	1159	12.62	308	9.99	1229	13.31
突发性传染病	52	1.70	507	5.52	54	1.75	567	6.14
重大自然灾害	193	6.29	938	10.22	201	6.52	1033	11.18
环保投入不足	177	5.77	1196	13.03	135	4.38	967	10.47
合计	3067	100.00	9180	100.00	3084	100.00	9237	100.00

不同性别被试对中国应对国际压力做法的选择（见表 1 - 15），第一选择排在第一位和第二位的都是“创造有利于中国的国际话语权体系”（中国话语体系）和“大力宣扬中国模式”（宣扬中国模式），男性被试排在第三位的是“针锋相对，给予有力的反击”（针锋相对），女性被试排在第三位的是“韬光养晦，做好自己的事情”（韬光养晦）。总提及频率不同性别被试排在第一位至第三位的都是“创造有利于中国的国际话语权体系”、“在世界范围内争取更多的朋友”（争取更多朋友）、“大力宣扬中国模式”。

表 1 - 15　**不同性别被试对于应付国际压力做法的选择**

选项	男性				女性			
	第一选择		总提及频率		第一选择		总提及频率	
	频率	百分比	频率	百分比	频率	百分比	频率	百分比
中国话语体系	1248	40.67	1820	19.82	1408	45.79	1978	21.50
宣扬中国模式	439	14.30	1343	14.62	454	14.76	1386	15.07
加入西方阵营	119	3.88	292	3.18	121	3.93	316	3.43
建社会主义阵营	184	6.00	916	9.97	174	5.66	990	10.76
韬光养晦	384	12.51	1061	11.55	360	11.71	1065	11.58
听取国外意见	118	3.84	821	8.94	104	3.38	920	10.00
针锋相对	385	12.54	1257	13.69	268	8.72	1028	11.17
争取更多朋友	192	6.26	1674	18.23	186	6.05	1517	16.49
合计	3069	100.00	9184	100.00	3075	100.00	9200	100.00

三　五个因素对不同性别被试的影响

本次问卷调查涉及的权利、利益、政治沟通、政治参与和满意度五个因素，对不同性别被试的影响是否有所不同，可根据调查数据作具体说明。

（一）权利认知

调查结果显示，男性被试的“权利重要性认知”得分在1.00—5.00分之间，均值为3.70，标准差为0.62；“权利保障评价”得分在1.00—5.00分之间，均值为3.24，标准差为0.56；“权利认知总分”的得分在3.60—10.00分之间，均值为6.94，标准差为0.91（见表1-16-1）。

表1-16-1　男性被试“权利认知”的总体描述统计

项目	N	极小值	极大值	均值	标准差
权利重要性认知	3057	1.00	5.00	3.6978	.61572
权利保障评价	3052	1.00	5.00	3.2444	.55871
权利认知总分	3040	3.60	10.00	6.9437	.90800
有效的N	3040				

调查结果显示，女性被试的“权利重要性认知”得分在1.40—5.00分之间，均值为3.65，标准差为0.59；“权利保障评价”得分在1.00—5.00分之间，均值为3.26，标准差为0.50；“权利认知总分”的得分在3.80—9.20分之间，均值为6.91，标准差为0.84（见表1-16-2）。

表1-16-2　女性被试“权利认知”的总体描述统计

项目	N	极小值	极大值	均值	标准差
权利重要性认知	3078	1.40	5.00	3.6499	.58636
权利保障评价	3076	1.00	5.00	3.2601	.49500
权利认知总分	3067	3.80	9.20	6.9118	.83851
有效的N	3067				

对不同性别被试权利认知各指标的差异性进行方差分析（见表1-17-1、表1-17-2和图1-3），可以发现在“权利重要性认知”方面，不同性别被试之间的得分差异显著，$F=9.739$，$p<0.01$，男性被试（$M=3.70$，$SD=0.62$）的得分显著高于女性被试（$M=3.65$，$SD=0.59$）；在“权利保障评价”和“权利认知总分”方面，不同性别被试之间的得分差异均不显著。

表 1 - 17 - 1　　不同性别被试权利认知得分的差异比较

项目		N	均值	标准差	标准误	均值的 95% 置信区间		极小值	极大值
						下限	上限		
权利重要性认知	男性	3057	3. 6978	. 61572	. 01114	3. 6760	3. 7196	1. 00	5. 00
	女性	3078	3. 6499	. 58636	. 01057	3. 6292	3. 6706	1. 40	5. 00
	总数	6135	3. 6738	. 60160	. 00768	3. 6587	3. 6888	1. 00	5. 00
权利保障评价	男性	3052	3. 2444	. 55871	. 01011	3. 2246	3. 2643	1. 00	5. 00
	女性	3076	3. 2601	. 49500	. 00893	3. 2426	3. 2776	1. 00	5. 00
	总数	6128	3. 2523	. 52771	. 00674	3. 2391	3. 2655	1. 00	5. 00
权利认知总分	男性	3040	6. 9437	. 90800	. 01647	6. 9115	6. 9760	3. 60	10. 00
	女性	3067	6. 9118	. 83851	. 01514	6. 8821	6. 9415	3. 80	9. 20
	总数	6107	6. 9277	. 87386	. 01118	6. 9058	6. 9496	3. 60	10. 00

表 1 - 17 - 2　　不同性别被试权利认知得分的方差分析结果

项目		平方和	*df*	均方	*F*	显著性
权利重要性认知	组间	3. 520	1	3. 520	9. 739	. 002
	组内	2216. 490	6133	. 361		
	总数	2220. 010	6134			
权利保障评价	组间	. 375	1	. 375	1. 347	. 246
	组内	1705. 833	6126	. 278		
	总数	1706. 208	6127			
权利认知总分	组间	1. 555	1	1. 555	2. 037	. 154
	组内	4661. 222	6105	. 764		
	总数	4662. 777	6106			

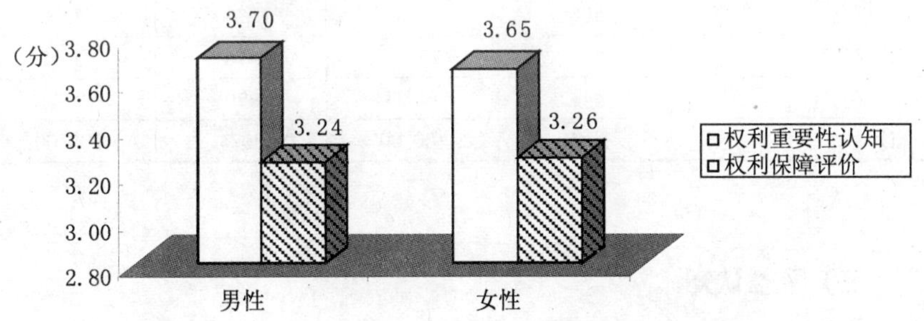

图 1 - 3　不同性别被试权利认知的得分比较

在法律、政治、经济、社会、文化五类权利对个人发展的重要性方面，不同性别被试都是选择经济权利最重要的最多，第二是法律权利，第三是社会权利，但是男性被试选择政治权利重要的人多于文化权利，女性被试选择文化权利重要的人多于政治权利（见表1－18）。

表1－18 **不同性别被试认为最重要的权利**

项目	男性		女性	
	频率	有效百分比	频率	有效百分比
法律权利	834	27.32	763	24.81
经济权利	919	30.10	1006	32.70
社会权利	539	17.66	562	18.27
文化权利	281	9.20	418	13.59
政治权利	480	15.72	327	10.63
合计	3053	100.00	3076	100.00

在法律、政治、经济、社会、文化五类权利的保障方面，不同性别被试都是选择法律权利保障最好的最多，第二是经济权利，第三是社会权利，第四是文化权利，选择政治权利保障最好的最少（见表1－19）。

表1－19 **不同性别被试认为保障最好的权利**

项目	男性		女性	
	频率	有效百分比	频率	有效百分比
法律权利	1014	33.27	989	32.17
经济权利	610	20.01	700	22.77
社会权利	506	16.60	528	17.18
文化权利	475	15.59	478	15.55
政治权利	443	14.53	379	12.33
合计	3048	100.00	3074	100.00

（二）利益认知

调查结果显示，男性被试的“公民利益取向”得分在1.00—5.00分之间，均值为2.75，标准差为0.62；“利益保障评价”得分在1.00—5.00分之间，均值为3.16，标准差为0.70；“利益认知总分”的得分在2.40—9.20分之间，均值为5.91，标准差为0.75（见表1-20-1）。

表1-20-1　　**男性被试“利益认知”的总体描述统计**

项目	N	极小值	极大值	均值	标准差
公民利益取向	3056	1.00	5.00	2.7455	.61688
利益保障评价	3056	1.00	5.00	3.1647	.70227
利益认知总分	3045	2.40	9.20	5.9103	.75043
有效的 N	3045				

调查结果显示，女性被试的“公民利益取向”得分在1.00—5.00分之间，均值为2.79，标准差为0.57；“利益保障评价”得分在1.00—5.00分之间，均值为3.16，标准差为0.64；“利益认知总分”的得分在3.20—9.20分之间，均值为5.95，标准差为0.72（见表1-20-2）。

表1-20-2　　**女性被试“利益认知”的总体描述统计**

项目	N	极小值	极大值	均值	标准差
公民利益取向	3079	1.00	5.00	2.7862	.57041
利益保障评价	3074	1.00	5.00	3.1638	.63558
利益认知总分	3069	3.20	9.20	5.9495	.71978
有效的 N	3069				

对不同性别被试利益认知各指标的差异性进行方差分析（见表1-21-1、表1-21-2和图1-4），可以发现在“公民利益取向”方面，不同性别被试之间的得分差异显著，$F=7.216$，$p<0.01$，男性被试（$M=2.75$，$SD=0.62$）的得分显著低于女性被试（$M=2.79$，$SD=0.57$）；在“利益认知总分”方面，不同性别被试之间的得分差异显著，$F=4.334$，$p<0.05$，男性被试（$M=5.91$，$SD=0.75$）的得分显著低于女性被试（$M=5.95$，$SD=0.72$）；在“利益保障评价”方面，不同性别被试之间的得分差异不显著。

表 1－21－1　　不同性别被试利益认知得分的差异比较

项目		N	均值	标准差	标准误	均值的 95% 置信区间		极小值	极大值
						下限	上限		
公民利益取向	男性	3056	2.7455	.61688	.01116	2.7236	2.7674	1.00	5.00
	女性	3079	2.7862	.57041	.01028	2.7661	2.8064	1.00	5.00
	总数	6135	2.7659	.59432	.00759	2.7511	2.7808	1.00	5.00
利益保障评价	男性	3056	3.1647	.70227	.01270	3.1398	3.1896	1.00	5.00
	女性	3074	3.1638	.63558	.01146	3.1413	3.1862	1.00	5.00
	总数	6130	3.1642	.66960	.00855	3.1474	3.1810	1.00	5.00
利益认知总分	男性	3045	5.9103	.75043	.01360	5.8837	5.9370	2.40	9.20
	女性	3069	5.9495	.71978	.01299	5.9240	5.9750	3.20	9.20
	总数	6114	5.9300	.73541	.00941	5.9116	5.9484	2.40	9.20

表 1－21－2　　不同性别被试利益认知得分的方差分析结果

项目		平方和	*df*	均方	*F*	显著性
公民利益取向	组间	2.546	1	2.546	7.216	.007
	组内	2164.054	6133	.353		
	总数	2166.600	6134			
利益保障评价	组间	.001	1	.001	.003	.958
	组内	2748.026	6128	.448		
	总数	2748.027	6129			
利益认知总分	组间	2.343	1	2.343	4.334	.037
	组内	3303.696	6112	.541		
	总数	3306.039	6113			

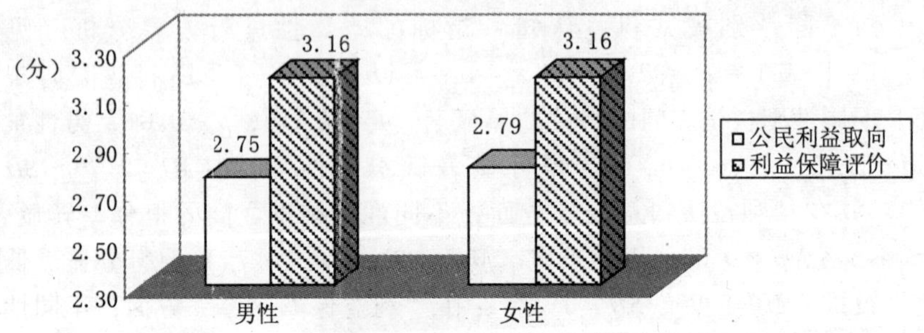

图 1－4　不同性别被试利益认知的得分比较

在经济、社会、文化、政治四类利益的重要性方面，不同性别被试都是选择经济利益最重要的最多，第二是社会利益，但是男性被试选择政治利益重要的人多于文化利益，女性被试选择文化利益重要的人多于政治利益（见表1-22）。

表1-22 不同性别被试认为最重要的利益

项目	男性		女性	
	频率	有效百分比	频率	有效百分比
经济利益	1424	46.67	1456	47.37
社会利益	854	27.99	830	27.00
文化利益	348	11.41	463	15.06
政治利益	425	13.93	325	10.57
合计	3051	100.00	3074	100.00

在经济、社会、文化、政治四类利益的保障方面，不同性别被试都是选择经济利益保障最好的最多，第二是社会利益，第三是文化利益，选择政治利益保障最好的最少（见表1-23）。

表1-23 不同性别被试认为保障最好的利益

项目	男性		女性	
	频率	有效百分比	频率	有效百分比
经济利益	1045	34.40	970	31.66
社会利益	827	27.22	915	29.86
文化利益	681	22.42	750	24.48
政治利益	485	15.96	429	14.00
合计	3038	100.00	3064	100.00

（三）政治沟通认知

调查结果显示，男性被试的“政治沟通重要性认知”得分在1.40—5.00分之间，均值为3.63，标准差为0.48；“政治沟通现状评价”得分在1.00—5.00分之间，均值为3.19，标准差为0.76；“政治沟通认知总分”的得分在 3.60—10.00 分之间，均值为 6.82，标准差为 0.96（见表 1－24－1）。

表 1－24－1　　男性被试“政治沟通认知”的总体描述统计

项目	N	极小值	极大值	均值	标准差
政治沟通重要性认知	3061	1.40	5.00	3.6326	.48288
政治沟通现状评价	3058	1.00	5.00	3.1871	.76113
政治沟通认知总分	3050	3.60	10.00	6.8201	.95845
有效的 N	3050				

调查结果显示，女性被试的“政治沟通重要性认知”得分在 1.60—5.00 分之间，均值为 3.59，标准差为 0.48；“政治沟通现状评价”得分在 1.00—5.00 分之间，均值为 3.19，标准差为 0.69；“政治沟通认知总分”的得分在 3.80—10.00 分之间，均值为 6.78，标准差为 0.91（见表 1－24－2）。

表 1－24－2　　女性被试“政治沟通认知”的总体描述统计

项目	N	极小值	极大值	均值	标准差
政治沟通重要性认知	3080	1.60	5.00	3.5897	.47914
政治沟通现状评价	3080	1.00	5.00	3.1876	.68781
政治沟通认知总分	3073	3.80	10.00	6.7781	.91251
有效的 N	3073				

对不同性别被试政治沟通认知各指标的差异性进行方差分析（见表 1－25－1、表1－25－2 和图 1－5），可以发现在“政治沟通重要性认知”方面，不同性别被试之间的差异显著，$F = 12.191$，$p < 0.001$，男性被试（$M = 3.63$，$SD = 0.48$）的得分显著高于女性被试（$M = 3.59$，$SD = 0.48$）；在“政治沟通现状评价”和“政治沟通认知总分”方面，不同性别被试之间的得分差异均不显著。

表 1－25－1　　不同性别被试政治沟通认知得分的差异比较

项目		N	均值	标准差	标准误	均值的 95% 置信区间		极小值	极大值
						下限	上限		
政治沟通重要性认知	男性	3061	3.6326	.48288	.00873	3.6155	3.6497	1.40	5.00
	女性	3080	3.5897	.47914	.00863	3.5728	3.6067	1.60	5.00
	总数	6141	3.6111	.48145	.00614	.5991	3.6231	1.40	5.00
政治沟通现状评价	男性	3058	3.1871	.76113	.01376	3.1601	3.2141	1.00	5.00
	女性	3080	3.1876	.68781	.01239	3.1633	3.2119	1.00	5.00
	总数	6138	3.1874	.72520	.00926	3.1692	3.2055	1.00	5.00
政治沟通认知总分	男性	3050	6.8201	.95845	.01735	6.7861	6.8542	3.60	10.00
	女性	3073	6.7781	.91251	.01646	6.7458	6.8103	3.80	10.00
	总数	6123	6.7990	.93584	.01196	6.7756	6.8225	3.60	10.00

表 1－25－2　　不同性别被试政治沟通认知得分的方差分析结果

项目		平方和	*df*	均方	*F*	显著性
政治沟通重要性认知	组间	2.821	1	2.821	12.191	.000
	组内	1420.382	6139	.231		
	总数	1423.203	6140			
政治沟通现状评价	组间	.000	1	.000	.001	.979
	组内	3227.579	6136	.526		
	总数	3227.579	6137			
政治沟通认知总分	组间	2.708	1	2.708	3.094	.079
	组内	5358.886	6121	.875		
	总数	5361.594	6122			

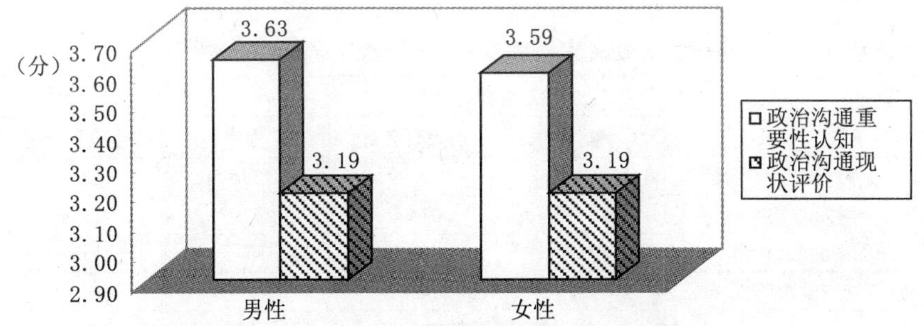

图 1－5　不同性别被试政治沟通认知的得分比较

不同性别被试对政府与百姓沟通最重要做法的选择，在六个选项中，男性被试选择“政府的公信力”的人最多，第二是“政府愿意与民众沟通”（政府愿意沟通），第三是“为沟通提供必要的法律保障”（为沟通提供法律保障），第四是“公民个人有强烈的沟通愿望”（公民有强烈沟通愿望），第五是“媒体愿意提供相互沟通的平台”（媒体愿意提供沟通平台），选择“社会团体和社会组织有参与沟通的意愿”（社会组织有参与沟通意愿）的人最少；女性被试选择“政府愿意与民众沟通”的人最多，第二是“政府的公信力”，后四项选择的排序与男性被试相同（见表1--26）。

表1－26　不同性别被试认为政府与百姓沟通最重要的做法

项目	男性		女性	
	频率	有效百分比	频率	有效百分比
公民有强烈沟通愿望	432	14.07	467	15.15
媒体愿意提供沟通平台	367	11.95	422	13.69
社会组织有参与沟通意愿	200	6.51	234	7.59
为沟通提供法律保障	499	16.25	521	16.91
政府的公信力	799	26.02	637	20.67
政府愿意沟通	774	25.20	801	25.99
合计	3071	100.00	3082	100.00

不同性别被试对突发事件中信息处理最重要做法的选择，在四个选项中，都是选择“政府及时发布准确的信息”的最多，第二是“媒体及时发布准确的信息”，第三是“政府有效控制各种信息发布”，选择“公民个人及时发布获得的信息”的人最少（见表1－27）。

表1－27　不同性别被试认为突发事件中信息处理最重要的做法

项目	男性		女性	
	频率	有效百分比	频率	有效百分比
公民及时公布获得的信息	336	10.99	396	12.86
媒体及时发布准确信息	642	21.00	719	23.36
政府及时发布准确信息	1639	53.62	1531	49.74
政府有效控制信息发布	40	14.39	432	14.04
合计	3057	100.00	3078	100.00

（四）政治参与行为

调查结果显示，男性被试的“政治参与认知”得分在1.40—5.00分之间，均值为3.12，标准差为0.48；“实际政治参与”得分在1.00—5.00分之间，均值为3.12，标准差为0.67；“政治参与行为总分”的得分在2.80—10.00分之间，均值为6.24，标准差为0.89（见表1－28－1）。

表1－28－1　　**男性被试“政治参与行为”的总体描述统计**

项目	*N*	极小值	极大值	均值	标准差
政治参与认知	3059	1.40	5.00	3.1159	.47720
实际政治参与	3052	1.00	5.00	3.1221	.67456
政治参与行为总分	3040	2.80	10.00	6.2377	.89115
有效的 *N*	3040				

调查结果显示，女性被试的“政治参与认知”得分在1.60—5.00分之间，均值为3.09，标准差为0.44；“实际政治参与”得分在1.00—5.00分之间，均值为3.03，标准差为0.69；“政治参与行为总分”的得分在3.20—9.40分之间，均值为6.12，标准差为0.87（见表1－28－2）。

表1－28－2　　**女性被试“政治参与行为”的总体描述统计**

项目	*N*	极小值	极大值	均值	标准差
政治参与认知	3080	1.60	5.00	3.0928	.43804
实际政治参与	3076	1.00	5.00	3.0295	.68676
政治参与行为总分	3071	3.20	9.40	6.1226	.86153
有效的 *N*	3071				

对不同性别被试政治参与行为各指标的差异性进行方差分析（见表1－29－1、表1－29－2和图1－6），可以发现在“实际政治参与”方

面，不同性别被试之间的差异显著，$F = 28.368$，$p < 0.001$，男性被试（$M = 3.12$，$SD = 0.67$）的得分显著高于女性被试（$M = 3.03$，$SD = 0.69$）；在“政治参与行为总分”方面，不同性别被试之间的差异显著，$F = 26.336$，$p < 0.001$，男性被试（$M = 6.24$，$SD = 0.89$）的得分显著高于女性被试（$M = 6.12$，$SD = 0.86$）；在“政治参与认知”方面，不同性别被试之间的差异显著，$F = 3.914$，$p < 0.05$，男性被试（$M = 3.12$，$SD = 0.48$）的得分显著高于女性被试（$M = 3.09$，$SD = 0.44$）。

表 1－29－1　　不同性别被试政治参与行为得分的差异比较

项目		N	均值	标准差	标准误	均值的 95% 置信区间		极小值	极大值
						下限	上限		
政治参与认知	男性	3059	3.1159	.47720	.00863	3.0990	3.1328	1.40	5.00
	女性	3080	3.0928	.43804	.00789	3.0773	3.1083	1.60	5.00
	总数	6139	3.1043	.45808	.00585	3.0929	3.1158	1.40	5.00
实际政治参与	男性	3052	3.1221	.67456	.01221	3.0982	3.1461	1.00	5.00
	女性	3076	3.0295	.68676	.01238	3.0052	3.0538	1.00	5.00
	总数	6128	3.0757	.68223	.00872	3.0586	3.0927	1.00	5.00
政治参与行为总分	男性	3040	6.2377	.89115	.01616	6.2060	6.2694	2.80	10.00
	女性	3071	6.1226	.86153	.01555	6.0921	6.1531	3.20	9.40
	总数	6111	6.1799	.87820	.01123	6.1578	6.2019	2.80	10.00

表 1－29－2　　不同性别被试政治参与行为得分的方差分析结果

项目		平方和	df	均方	F	显著性
政治参与认知	组间	.821	1	.821	3.914	.048
	组内	1287.175	6137	.210		
	总数	1287.996	6138			
实际政治参与	组间	13.145	1	13.145	28.368	.000
	组内	2838.582	6126	.463		
	总数	2851.727	6127			
政治参与行为总分	组间	20.227	1	20.227	26.336	.000
	组内	4692.057	6109	.768		
	总数	4712.284	6110			

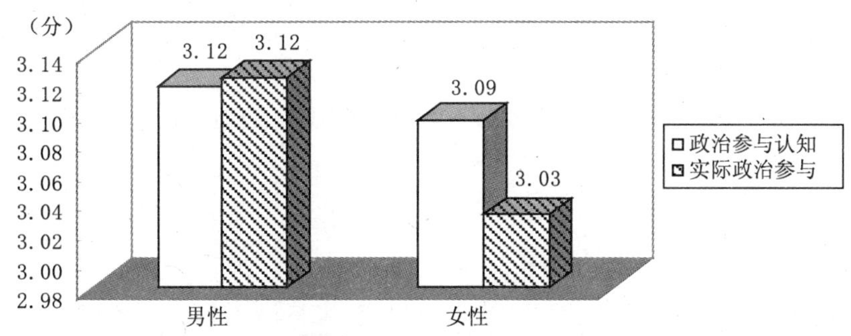

图 1－6　不同性别被试政治参与行为的得分比较

对于选举参与（参加各种选举）、自治参与（参加基层群众自治）、政策参与（参与政策讨论）、维权参与（以上访等形式维权）、社团参与（参与社会团体活动）、网络参与（在互联网发表个人意见，下同）六类参与，哪一类最为重要，按选择比例由高到低排序，男性被试是选举参与、自治参与、维权参与、社团参与、政策参与、网络参与，女性被试是选举参与、自治参与、社团参与、维权参与、政策参与、网络参与（第三、四位排序不同，见表 1－30）。

表 1－30　**不同性别被试认为最重要的政治参与**

项目	男性		女性	
	频率	有效百分比	频率	有效百分比
参加各种选举	1422	46.39	1402	45.52
参加基层群众自治	551	17.98	599	19.45
参与政策讨论	314	10.24	233	7.56
以上访等形式维权	330	10.77	315	10.23
参与社会团体活动	322	10.51	405	13.15
在互联网发表个人意见	126	4.11	126	4.09
合计	3065	100.00	3080	100.00

对于选举参与、自治参与、政策参与、维权参与、社团参与、网络参与六类参与，哪一类最能发挥作用，按选择比例由高到低排序，男性被试是选举参与、自治参与、社团参与、政策参与、维权参与、网络参与，女性被试是选举参与、自治参与、社团参与、维权参与、政策参与、网络参

与（第四、五位排序不同，见表1－31）。

表1－31 不同性别被试认为哪一类政治参与最能发挥作用

项目	男性		女性	
	频率	有效百分比	频率	有效百分比
参加各种选举	1328	43.31	1274	41.37
参加基层群众自治	603	19.67	662	21.50
参与政策讨论	332	10.83	228	7.40
以上访等形式维权	296	9.65	317	10.29
参与社会团体活动	348	11.35	435	14.12
在互联网发表个人意见	159	5.19	164	5.32
合计	3066	100.00	3080	100.00

（五）公民满意度

调查结果显示，男性被试的“个人生活满意度”得分在1.00—5.00分之间，均值为3.34，标准差为0.66；“公共服务满意度”得分在1.00—5.00分之间，均值为3.11，标准差为0.64；“公民满意度总分”的得分在2.60—10.00分之间，均值为6.45，标准差为1.09（见表1－32－1）。

表1－32－1 男性被试“公民满意度”的总体描述统计

项目	N	极小值	极大值	均值	标准差
个人生活满意度	3061	1.00	5.00	3.3443	.65801
公共服务满意度	3058	1.00	5.00	3.1059	.64495
公民满意度总分	3050	2.60	10.00	6.4504	1.09179
有效的 N（列表状态）	3050				

调查结果显示，女性被试的“个人生活满意度”得分在1.00—5.00分之间，均值为3.35，标准差为0.64；“公共服务满意度”得分在1.00—

5.00分之间，均值为3.13，标准差为0.62；“公民满意度总分”的得分在2.00—10.00分之间，均值为6.48，标准差为1.06（见表1-32-2）。

表1-32-2 女性被试“公民满意度”的总体描述统计

项目	N	极小值	极大值	均值	标准差
个人生活满意度	3074	1.00	5.00	3.3474	.64242
公共服务满意度	3077	1.00	5.00	3.1323	.62340
公民满意度总分	3065	2.00	10.00	6.4799	1.06022
有效的N（列表状态）	3065				

对不同性别被试公民满意度各指标的差异性进行方差分析（见表1-33-1、表1-33-2和图1-7），可以发现在“个人生活满意度”、“公共服务满意度”和“公民满意度总分”三个方面，不同性别被试之间的得分差异均不显著。

表1-33-1 不同性别被试公民满意度得分的差异比较

项目		N	均值	标准差	标准误	均值的95%置信区间		极小值	极大值
						下限	上限		
个人生活满意度	男性	3061	3.3443	.65801	.01189	3.3210	3.3677	1.00	5.00
	女性	3074	3.3474	.64242	.01159	3.3246	3.3701	1.00	5.00
	总数	6135	3.3459	.65020	.00830	3.3296	3.3621	1.00	5.00
公共服务满意度	男性	3058	3.1059	.64495	.01166	3.0830	3.1288	1.00	5.00
	女性	3077	3.1323	.62340	.01124	3.1102	3.1543	1.00	5.00
	总数	6135	3.1191	.63432	.00810	3.1032	3.1350	1.00	5.00
公民满意度总分	男性	3050	6.4504	1.09179	.01977	6.4117	6.4892	2.60	10.00
	女性	3065	6.4799	1.06022	.01915	6.4423	6.5174	2.00	10.00
	总数	6115	6.4652	1.07610	.01376	6.4382	6.4922	2.00	10.00

表 1 - 33 - 2　　不同性别被试公民满意度得分的方差分析结果

项目		平方和	*df*	均方	*F*	显著性
个人生活满意度	组间	.014	1	.014	.033	.855
	组内	2593.158	6133	.423		
	总数	2593.172	6134			
公共服务满意度	组间	1.068	1	1.068	2.655	.103
	组内	2466.999	6133	.402		
	总数	2468.067	6134			
公民满意度总分	组间	1.325	1	1.325	1.144	.285
	组内	7078.572	6113	1.158		
	总数	7079.898	6114			

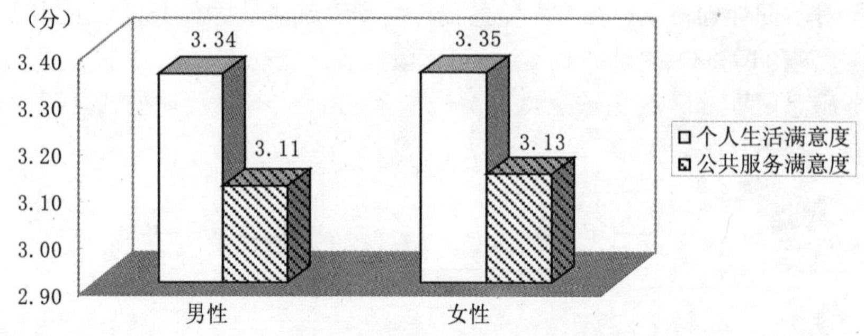

图 1 - 7　不同性别被试公民满意度的得分比较

不同性别被试满意的公共服务项目（见表 1 - 34），第一选择排在第一位至第三位的都是“基本公共教育”、“社会保险”、“基本医疗卫生”。总提及频率不同性别被试排在第一位至第三位的都是“基本医疗卫生”、“基本公共教育”、“社会保险”。

表 1 - 34　　不同性别被试满意的公共服务

选项	男性				女性			
	第一选择		总提及频率		第一选择		总提及频率	
	频率	百分比	频率	百分比	频率	百分比	频率	百分比
基本公共教育	1047	34.21	1529	16.68	996	32.36	1532	16.64
劳动就业服务	269	8.79	812	8.86	296	9.62	823	8.94

续表

选项	男性				女性			
	第一选择		总提及频率		第一选择		总提及频率	
	频率	百分比	频率	百分比	频率	百分比	频率	百分比
社会保险	680	22.22	1513	16.51	663	21.54	1491	16.20
基本社会服务	103	3.36	664	7.24	103	3.35	647	7.03
基本医疗卫生	445	14.54	1642	17.91	467	15.17	1628	17.68
人口和计划生育	95	3.10	520	5.67	105	3.41	609	6.61
基本住房保障	97	3.17	652	7.11	143	4.64	731	7.94
公共文化体育	64	2.09	431	4.70	58	1.88	406	4.41
残疾人服务	54	1.76	294	3.21	55	1.79	336	3.65
社会安全	207	6.76	1110	12.11	192	6.24	1004	10.90
合计	3061	100.00	9167	100.00	3078	100.00	9207	100.00

不同性别被试对于“六大建设”哪种建设最满意，都是选择“经济建设”的人最多，第二是“党的建设”，第三是“社会建设”，第四是“文化建设”，第五是“生态建设”，选择“政治建设”的人最少（见表1－35）。

表1－35　**不同性别被试最满意哪种建设**

项目	男性		女性	
	频率	有效百分比	频率	有效百分比
党的建设	693	22.62	602	19.55
经济建设	1166	38.05	1022	33.19
社会建设	452	14.75	575	18.68
生态建设	310	10.12	323	10.49
文化建设	315	10.28	423	13.74
政治建设	128	4.18	134	4.35
合计	3064	100.00	3079	100.00

四　不同性别被试的政治认同与危机压力差异

通过本章的数据分析，可以对不同性别被试在政治认同、危机压力以及影响因素等方面所反映出来的差异，作一个简单的小结。

第一，在政治认同总体得分方面，不同性别被试存在显著的差异，男性被试的得分（22.18分）显著高于女性被试（21.90分）。尽管六种认同的得分男性被试均高于女性被试（体制认同男性3.45分，女性3.43分；政党认同男性3.67分，女性3.59分；身份认同男性4.20分，女性4.19分；文化认同男性3.47分，女性3.41分；政策认同男性3.61分，女性3.58分；发展认同男性3.78分，女性3.70分），但是得分差异达到显著水平的只有政党认同、文化认同和发展认同三种认同。

第二，在危机压力总体得分方面，不同性别被试存在显著的差异，女性被试的得分（16.63分）显著高于男性被试（16.48分）。在六种危机压力中，有五种压力的得分女性被试高于男性被试（政治危机压力男性2.53分，女性2.58分；经济危机压力男性2.28分，女性2.35分；社会危机压力男性2.83分，女性2.84分；文化危机压力男性2.74分，女性2.77分；生态危机压力男性3.07分，女性3.08分），只有一种压力的得分男性被试高于女性被试（国际压力男性3.04分，女性3.01分），但是得分差异达到显著水平的只有政治危机压力、经济危机压力和国际压力三种压力。

第三，在五个影响因素中，尽管三个因素的总分男性被试高于女性被试（权利认知总分男性6.94分，女性6.91分；政治沟通认知总分男性6.82分，女性6.78分；政治参与行为总分男性6.24分，女性6.12分），两个因素的总分女性被试高于男性被试（利益认知总分男性5.91分，女性5.95分；公民满意度总分男性6.45分，女性6.48分），但是得分差异达到显著水平的只有利益认知总分和政治参与行为总分。

从调查数据反映的情况看，不同性别被试在政治认同和危机压力上存在的明显差异，主要是男性被试的较高政治认同水平和女性被试的较高危机压力。在研究相关问题时，应注意到这样的差异性的存在。

第二章

政治认同与危机压力的差异比较:民族

“政治认同与政治稳定”问卷调查涉及的6159名被试中，有3名被试的民族身份信息缺失，在有民族身份信息的6156份数据中，汉族被试5655人，有效百分比为92.02%；少数民族被试491人，有效百分比为7.98%。根据问卷调查的数据，可以比较少数民族和汉族被试的政治认同和危机压力状况。

一　汉族与少数民族被试的政治认同

调查结果显示，汉族被试政治认同的总体得分在9.83—28.67之间，均值为22.01，标准差为2.38。在六种认同中，汉族被试的体制认同得分在1.00—5.00分之间，均值为3.43，标准差为0.54；政党认同得分在1.00—5.00分之间，均值为3.63，标准差为0.63；身份认同得分在1.25—5.00分之间，均值为4.19，标准差为0.66；文化认同得分在1.00—5.00分之间，均值为3.44，标准差为0.56；政策认同得分在1.00—5.00分之间，均值为3.58，标准差为0.69；发展认同得分在1.00—5.00分之间，均值为3.73，标准差为0.62（见表2-1-1）。

调查结果显示，少数民族被试政治认同的总体得分在13.08—28.08之间，均值为22.43，标准差为2.51。在六种认同中，少数民族被试的体制认同得分在1.33—5.00分之间，均值为3.50，标准差为0.57；政党认同得分在1.67—5.00分之间，均值为3.64，标准差为0.61；身份认同得分在1.00—5.00分之间，均值为4.25，标准差为0.72；文化认同得分在

1.00—5.00 分之间，均值为 3.49，标准差为 0.61；政策认同得分在 1.67—5.00 分之间，均值为 3.69，标准差为 0.71；发展认同得分在 1.75—5.00 分之间，均值为 3.86，标准差为 0.64（见表 2-1-2）。

表 2-1-1　　汉族被试政治认同的描述统计

项目	*N*	极小值	极大值	均值	标准差
政治认同总分	**5619**	**9.83**	**28.67**	**22.0067**	**2.37753**
体制认同	5658	1.00	5.00	3.4318	.53670
政党认同	5653	1.00	5.00	3.6280	.62890
身份认同	5660	1.25	5.00	4.1884	.65735
文化认同	5653	1.00	5.00	3.4358	.55693
政策认同	5660	1.00	5.00	3.5844	.69224
发展认同	5658	1.00	5.00	3.7309	.61539
有效的 *N*	5619				

表 2-1-2　　少数民族被试政治认同的描述统计

项目	*N*	极小值	极大值	均值	标准差
政治认同总分	**487**	**13.08**	**28.08**	**22.4288**	**2.50646**
体制认同	491	1.33	5.00	3.4963	.57196
政党认同	490	1.67	5.00	3.6354	.60777
身份认同	490	1.00	5.00	4.2474	.72328
文化认同	490	1.00	5.00	3.4864	.61187
政策认同	489	1.67	5.00	3.6905	.70912
发展认同	491	1.75	5.00	3.8641	.63565
有效的 *N*	487				

六种认同的得分由高到低排序，汉族被试是身份认同第一，发展认同第二，政党认同第三，政策认同第四，文化认同第五，体制认同第六；少数民族被试是身份认同第一，发展认同第二，政策认同第三，政党认同第四，体制认同第五，文化认同第六（后四位排序不同）。

对汉族与少数民族被试政治认同各指标的差异性进行方差分析（见表 2-2-1、表 2-2-2 和图 2-1），可以发现在体制认同方面，汉族与少数民族被试之间的差异显著，$F = 6.453$，$p < 0.05$，汉族被试（$M = 3.43$，$SD = 0.54$）的得分显著低于少数民族被试（$M = 3.50$，$SD =$

0.57）；在政策认同方面，汉族与少数民族被试之间的差异显著，$F = 10.539$，$p < 0.01$，汉族被试（$M = 3.58$，$SD = 0.69$）的得分显著低于少数民族被试（$M = 3.69$，$SD = 0.71$）；在发展认同方面，汉族与少数民族被试之间的差异显著，$F = 21.036$，$p < 0.001$，汉族被试（$M = 3.73$，$SD = 0.62$）的得分显著低于少数民族被试（$M = 3.86$，$SD = 0.64$）；在政治认同总分上，汉族与少数民族被试之间的差异显著，$F = 14.003$，$p < 0.001$，汉族被试（$M = 22.01$，$SD = 2.38$）的得分显著低于少数民族被试（$M = 22.43$，$SD = 2.51$）；在政党认同、身份认同和文化认同方面，汉族与少数民族被试之间的得分差异均不显著。

表 2-2-1　　**汉族与少数民族被试政治认同得分的差异比较**

项目		N	均值	标准差	标准误	均值的 95% 置信区间		极小值	极大值
						下限	上限		
体制认同	汉族	5658	3.4318	.53670	.00714	3.4178	3.4458	1.00	5.00
	少数民族	491	3.4963	.57196	.02581	3.4455	3.5470	1.33	5.00
	总数	6149	3.4369	.53984	.00688	3.4234	3.4504	1.00	5.00
政党认同	汉族	5653	3.6280	.62890	.00836	3.6116	3.6444	1.00	5.00
	少数民族	490	3.6354	.60777	.02746	3.5814	3.6893	1.67	5.00
	总数	6143	3.6286	.62720	.00800	3.6129	3.6443	1.00	5.00
身份认同	汉族	5660	4.1884	.65735	.00874	4.1713	4.2055	1.25	5.00
	少数民族	490	4.2474	.72328	.03267	4.1832	4.3116	1.00	5.00
	总数	6150	4.1931	.66298	.00845	4.1765	4.2097	1.00	5.00
文化认同	汉族	5653	3.4358	.55693	.00741	3.4213	3.4503	1.00	5.00
	少数民族	490	3.4864	.61187	.02764	3.4321	3.5407	1.00	5.00
	总数	6143	3.4399	.56162	.00717	3.4258	3.4539	1.00	5.00
政策认同	汉族	5660	3.5844	.69224	.00920	3.5664	3.6024	1.00	5.00
	少数民族	489	3.6905	.70912	.03207	3.6275	3.7535	1.67	5.00
	总数	6149	3.5928	.69414	.00885	3.5755	3.6102	1.00	5.00
发展认同	汉族	5658	3.7309	.61539	.00818	3.7149	3.7470	1.00	5.00
	少数民族	491	3.8641	.63565	.02869	3.8077	3.9204	1.75	5.00
	总数	6149	3.7415	.61803	.00788	3.7261	3.7570	1.00	5.00
政治认同总分	汉族	5619	22.0067	2.37753	.03172	21.9445	22.0689	9.83	28.67
	少数民族	487	22.4288	2.50646	.11358	22.2057	22.6520	13.08	28.08
	总数	6106	22.0404	2.39059	.03059	21.9804	22.1003	9.83	28.67

表 2－2－2　汉族与少数民族被试政治认同得分的方差分析结果

项目		平方和	*df*	均方	*F*	显著性
体制认同	组间	1.879	1	1.879	6.453	.011
	组内	1789.798	6147	.291		
	总数	1791.677	6148			
政党认同	组间	.024	1	.024	.062	.804
	组内	2416.088	6141	.393		
	总数	2416.112	6142			
身份认同	组间	1.573	1	1.573	3.581	.058
	组内	2701.133	6148	.439		
	总数	2702.706	6149			
文化认同	组间	1.154	1	1.154	3.659	.056
	组内	1936.149	6141	.315		
	总数	1937.302	6142			
政策认同	组间	5.070	1	5.070	10.539	.001
	组内	2957.188	6147	.481		
	总数	2962.258	6148			
发展认同	组间	8.009	1	8.009	21.036	.000
	组内	2340.302	6147	.381		
	总数	2348.310	6148			
政治认同总分	组间	79.858	1	79.858	14.003	.000
	组内	34809.774	6104	5.703		
	总数	34889.632	6105			

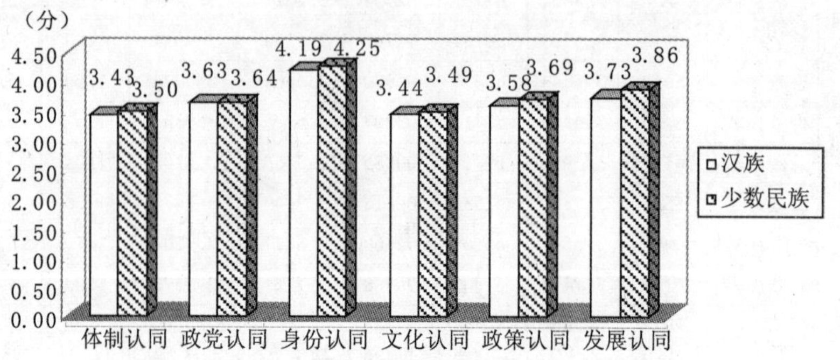

图 2－1　汉族与少数民族被试政治认同的得分比较

在涉及六种认同的一些具体问题的看法上,汉族与少数民族被试也显示出了一定的差异。

在体制认同方面,对政治体制改革着重点的看法(见表2-3),第一选择汉族与少数民族被试排在第一位和第二位的都是“基层群众自治制度改革”和“人民代表大会制度改革”,汉族被试排在第三位的是“中国共产党的领导体制改革”,少数民族被试排在第三位的是“民族区域自治制度改革”。总提及频率汉族与少数民族被试排在第一位和第二位的都是“基层群众自治制度改革”和“人民代表大会制度改革”,汉族被试排在第三位的是“选举制度改革”,少数民族被试排在第三位的是“民族区域自治制度改革”。

表2-3 汉族与少数民族被试对政治体制改革着重点的选择

选项	汉族				少数民族			
	第一选择		总提及频率		第一选择		总提及频率	
	频率	百分比	频率	百分比	频率	百分比	频率	百分比
基层自治改革	2309	40.91	3234	19.14	170	34.91	256	17.52
民族自治改革	252	4.46	1087	6.44	78	16.02	211	14.44
人大制度改革	960	17.01	2405	14.23	91	18.68	238	16.29
司法制度改革	378	6.70	1736	10.28	33	6.78	135	9.24
行政制度改革	423	7.49	1789	10.59	25	5.13	144	9.86
选举制度改革	354	6.27	2034	12.04	13	2.67	109	7.46
党领导体制改革	546	9.67	1822	10.78	47	9.65	139	9.51
决策体制改革	239	4.23	1571	9.30	13	2.67	131	8.97
走向多党竞争	121	2.14	477	2.82	11	2.26	33	2.26
政协制度改革	63	1.12	740	4.38	6	1.23	65	4.45
合计	5645	100.00	16895	100.00	487	100.00	1461	100.00

在政党认同方面,对中国共产党应做事情的看法(见表2-4),第一选择汉族与少数民族被试都是“保持党的先进性、纯洁性”排在第一位,“坚持反腐败”排在第二位,“坚持改革开放的基本方针和路线”排在第三位。总提及频率汉族与少数民族被试都是“坚持反腐败”排在第一位,“保持党的先进性、纯洁性”排在第二位,“注重政策的科学化、民主化、

法治化”排在第三位。

表2-4 汉族与少数民族被试对中国共产党应做事情的选择

选项	汉族				少数民族			
	第一选择		总提及频率		第一选择		总提及频率	
	频率	百分比	频率	百分比	频率	百分比	频率	百分比
保持先进性	2657	47.03	3842	22.72	238	48.57	325	22.12
坚持反腐败	1567	27.73	4192	24.78	127	25.92	358	24.37
坚持改革开放	655	11.59	2692	15.92	65	13.27	261	17.77
推动党内民主	148	2.62	1021	6.04	13	2.65	84	5.72
提高执政能力	345	6.11	2441	14.43	25	5.10	175	11.91
注重政策质量	278	4.92	2725	16.11	22	4.49	266	18.11
合计	5650	100.00	16913	100.00	490	100.00	1469	100.00

在身份认同方面，汉族被试与少数民族被试对身份的看重有所不同（见表2-5），第一选择汉族被试排在第一位的是“中国人身份”，排在第二位的是“户籍身份”，排在第三位的是“公民身份”；少数民族被试排在第一位的是“户籍身份”，排在第二位的是“中国人身份”，排在第三位的是“公民身份”（前两位排序不同）。总提及频率汉族与少数民族被试排在第一位至第三位的都是“中国人身份”、“公民身份”、“户籍身份”。

表2-5 汉族与少数民族被试对所看重身份的选择

选项	汉族				少数民族			
	第一选择		总提及频率		第一选择		总提及频率	
	频率	百分比	频率	百分比	频率	百分比	频率	百分比
户籍身份	1669	29.52	2839	16.79	168	34.28	267	18.19
单位身份	271	4.79	1177	6.96	16	3.27	92	6.27
干部身份	452	7.99	1186	7.02	24	4.90	87	5.93
地域身份	158	2.80	917	5.42	11	2.24	53	3.61
民族身份	219	3.87	1040	6.15	68	13.88	223	15.19
公民身份	1002	17.72	3658	21.64	78	15.92	280	19.07
中国人身份	1704	30.13	4014	23.74	112	22.86	311	21.18
职业身份	180	3.18	2076	12.28	13	2.65	155	10.56
合计	5655	100.00	16907	100.00	490	100.00	1468	100.00

在文化认同方面，对中国文化发展的看法（见表2－6），第一选择汉族与少数民族被试都是“多种文化融合的中国现代文化”排在第一位，“发扬光大中国传统文化”排在第二位，“以马克思主义主导中国文化发展”排在第三位。总提及频率汉族与少数民族被试都是“发扬光大中国传统文化”排在第一位，“多种文化融合的中国现代文化”排在第二位，“注重中国传统文化与马克思主义的结合”排在第三位。

表2－6　**汉族与少数民族被试对中国文化发展的看法**

选项	汉族				少数民族			
	第一选择		总提及频率		第一选择		总提及频率	
	频率	百分比	频率	百分比	频率	百分比	频率	百分比
多种文化融合	2605	46.04	4263	25.23	238	48.67	348	23.75
发扬传统文化	1901	33.60	4740	28.06	138	28.22	370	25.25
马克思主义主导	553	9.77	2518	14.90	52	10.64	220	15.02
西方改造中国	135	2.39	966	5.72	7	1.43	89	6.08
马克思结合传统	393	6.95	3246	19.21	34	6.95	240	16.38
宗教对文化影响	71	1.25	1162	6.88	20	4.09	198	13.52
合计	5658	100.00	16895	100.00	489	100.00	1465	100.00

在政策认同方面，对于政策的法治性、公平性、科学性、民主性、有效性，汉族和少数民族被试都是选择“公平性”的最多，选择“民主性”的次多，选择“科学性”的被试最少，但是汉族被试选择“有效性”的多于“法治性”，少数民族被试选择“法治性”的多于“有效性”（见表2－7）。

表2－7　**汉族与少数民族被试关注政策的重点**

项目	汉族		少数民族	
	频率	有效百分比	频率	有效百分比
法治性	761	13.44	69	14.05
公平性	2467	43.59	264	53.77
科学性	520	9.19	29	5.91
民主性	1096	19.36	81	16.50
有效性	816	14.42	48	9.77
合计	5660	100.00	491	100.00

在发展认同方面，对于党的建设、经济建设、社会建设、生态建设、文化建设、政治建设“六大建设”，汉族被试关注“经济建设”的最多，第二是“党的建设”，第三是“社会建设”，第四是“生态建设”，第五是“文化建设”，关注“政治建设”的最少；少数民族被试关注“经济建设”的最多，第二是“党的建设”，第三是“文化建设”，第四是“生态建设”，第五是“社会建设”，关注“政治建设”的最少（第三位至第五位排序不同，见表2－8）。

表2－8 汉族与少数民族被试最关注何种建设

项目	汉族		少数民族	
	频率	有效百分比	频率	有效百分比
党的建设	918	16.21	80	16.33
经济建设	2535	44.76	194	39.59
社会建设	826	14.58	50	10.21
生态建设	652	11.51	60	12.24
文化建设	423	7.47	61	12.45
政治建设	310	5.47	45	9.18
合计	5664	100.00	490	100.00

二 汉族与少数民族被试的危机压力

调查结果显示，汉族被试危机压力的总体得分在7.33—27.00之间，均值为16.56，标准差为2.66。在六种危机压力中，汉族被试的政治危机压力得分在1.00—5.00分之间，均值为2.56，标准差为0.65；经济危机压力得分在1.00—5.00分之间，均值为2.32，标准差为0.70；社会危机压力得分在1.00—5.00分之间，均值为2.83，标准差为0.72；文化危机压力得分在1.00—5.00分之间，均值为2.76，标准差为0.61；生态危机压力得分在1.00—5.00分之间，均值为3.07，标准差为0.88；国际压力得分在1.00—5.00分之间，均值为3.03，标准差为0.49（见表2－9－1）。

表 2－9－1　　汉族被试的危机压力总体描述统计

项目	*N*	极小值	极大值	均值	标准差
危机压力总分	**5626**	**7.33**	**27.00**	**16.5647**	**2.66428**
政治危机压力	5657	1.00	5.00	2.5610	.64606
经济危机压力	5657	1.00	5.00	2.3176	.69777
社会危机压力	5660	1.00	5.00	2.8344	.71757
文化危机压力	5655	1.00	5.00	2.7594	.60656
生态危机压力	5662	1.00	5.00	3.0674	.87795
国际压力	5656	1.00	5.00	3.0288	.49373
有效的 *N*	5626				

调查结果显示，少数民族被试危机压力的总体得分在 7.33—24.42 之间，均值为 16.46，标准差为 2.70。在六种危机压力中，少数民族被试的政治危机压力得分在 1.00—4.33 分之间，均值为 2.51，标准差为 0.69；经济危机压力得分在 1.00—5.00 分之间，均值为 2.29，标准差为 0.75；社会危机压力得分在 1.00—4.67 分之间，均值为 2.82，标准差为 0.68；文化危机压力得分在 1.00—5.00 分之间，均值为 2.72，标准差为 0.61；生态危机压力得分在 1.00—5.00 分之间，均值为 3.17，标准差为 0.87；国际压力得分在 1.00—4.33 分之间，均值为 2.95，标准差为 0.50（见表 2－9－2）。

表 2－9－2　　少数民族被试的危机压力总体描述统计

项目	*N*	极小值	极大值	均值	标准差
危机压力总分	**487**	**7.33**	**24.42**	**16.4615**	**2.70385**
政治危机压力	491	1.00	4.33	2.5085	.69211
经济危机压力	491	1.00	5.00	2.2940	.75280
社会危机压力	491	1.00	4.67	2.8201	.67645
文化危机压力	487	1.00	5.00	2.7243	.60698
生态危机压力	491	1.00	5.00	3.1677	.87478
国际压力	491	1.00	4.33	2.9498	.50459
有效的 *N*	487				

从六种危机压力由高到低的得分排序看，汉族与少数民族被试都是生态危机压力第一，国际压力第二，社会危机压力第三，文化危机压力第四，政治危机压力第五，经济危机压力第六。

对汉族与少数民族被试危机压力各指标的差异性进行方差分析（见表2-10-1、表2-10-2和图2-2），可以发现在生态危机压力方面，汉族与少数民族被试之间的差异显著，$F=5.898$，$p<0.05$，少数民族被试（$M=3.17$，$SD=0.87$）的得分显著高于汉族被试（$M=3.07$，$SD=0.88$）；在国际压力方面，汉族与少数民族被试之间的差异显著，$F=11.542$，$p<0.01$，少数民族被试（$M=2.95$，$SD=0.50$）的得分显著低于汉族被试（$M=3.03$，$SD=0.49$）；在政治危机压力、经济危机压力、社会危机压力、文化危机压力以及危机压力总分方面，汉族与少数民族被试之间的得分差异均不显著。

表2-10-1　**汉族与少数民族被试危机压力得分的差异比较**

项目		N	均值	标准差	标准误	均值的95%置信区间		极小值	极大值
						下限	上限		
政治危机压力	汉族	5657	2.5610	.64606	.00859	2.5441	2.5778	1.00	5.00
	少数民族	491	2.5085	.69211	.03123	2.4471	2.5699	1.00	4.33
	总数	6148	2.5568	.64995	.00829	2.5405	2.5730	1.00	5.00
经济危机压力	汉族	5657	2.3176	.69777	.00928	2.2994	2.3358	1.00	5.00
	少数民族	491	2.2940	.75280	.03397	2.2272	2.3607	1.00	5.00
	总数	6148	2.3157	.70229	.00896	2.2982	2.3333	1.00	5.00
社会危机压力	汉族	5660	2.8344	.71757	.00954	2.8157	2.8531	1.00	5.00
	少数民族	491	2.8201	.67645	.03053	2.7601	2.8801	1.00	4.67
	总数	6151	2.8333	.71434	.00911	2.8154	2.8511	1.00	5.00
文化危机压力	汉族	5655	2.7594	.60656	.00807	2.7436	2.7752	1.00	5.00
	少数民族	487	2.7243	.60698	.02750	2.6703	2.7784	1.00	5.00
	总数	6142	2.7566	.60662	.00774	2.7415	2.7718	1.00	5.00
生态危机压力	汉族	5662	3.0674	.87795	.01167	3.0445	3.0903	1.00	5.00
	少数民族	491	3.1677	.87478	.03948	3.0901	3.2453	1.00	5.00
	总数	6153	3.0754	.87805	.01119	3.0535	3.0974	1.00	5.00
国际压力	汉族	5656	3.0288	.49373	.00657	3.0159	3.0417	1.00	5.00
	少数民族	491	2.9498	.50459	.02277	2.9050	2.9945	1.00	4.33
	总数	6147	3.0225	.49503	.00631	3.0101	3.0349	1.00	5.00
危机压力总分	汉族	5626	16.5647	2.66428	.03552	16.4951	16.6343	7.33	27.00
	少数民族	487	16.4615	2.70385	.12252	16.2208	16.7022	7.33	24.42
	总数	6113	16.5565	2.66738	.03412	16.4896	16.6234	7.33	27.00

表 2-10-2　　汉族与少数民族被试危机压力得分的方差分析结果

项目		平方和	*df*	均方	*F*	显著性
政治危机压力	组间	1.244	1	1.244	2.945	.086
	组内	2595.500	6146	.422		
	总数	2596.744	6147			
经济危机压力	组间	.253	1	.253	.512	.474
	组内	3031.505	6146	.493		
	总数	3031.758	6147			
社会危机压力	组间	.092	1	.092	.181	.671
	组内	3138.102	6149	.510		
	总数	3138.194	6150			
文化危机压力	组间	.552	1	.552	1.500	.221
	组内	2259.240	6140	.368		
	总数	2259.792	6141			
生态危机压力	组间	4.543	1	4.543	5.898	.015
	组内	4738.466	6151	.770		
	总数	4743.010	6152			
国际压力	组间	2.824	1	2.824	11.542	.001
	组内	1503.286	6145	.245		
	总数	1506.109	6146			
危机压力总分	组间	4.775	1	4.775	.671	.413
	组内	43481.439	6111	7.115		
	总数	43486.214	6112			

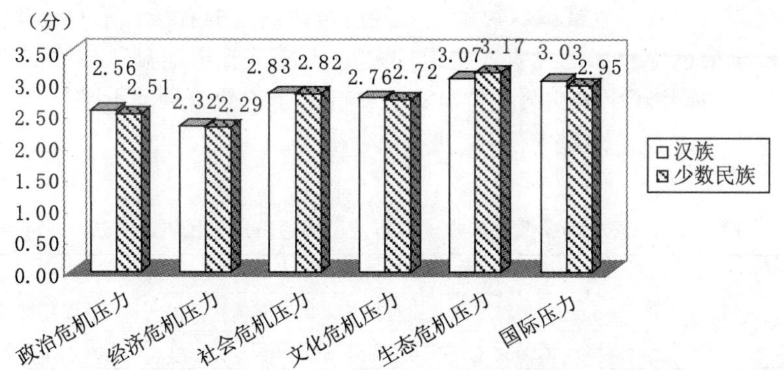

图 2-2　汉族与少数民族被试危机压力的得分比较

在涉及六种危机压力的一些具体问题的看法上，汉族与少数民族被试显示出了一定的不同。

对可能引发政治危机因素的看法，汉族与少数民族被试第一选择排在第一位至第三位的都是“重大决策失误”、“经济危机”、“政治腐败严重”，总提及频率排在第一位至第三位的都是“政治腐败严重”、“重大决策失误”、“经济危机”（见表2－11）。

表2－11　**汉族与少数民族被试对可能引发政治危机因素的看法**

选项	汉族				少数民族			
	第一选择		总提及频率		第一选择		总提及频率	
	频率	百分比	频率	百分比	频率	百分比	频率	百分比
重大决策失误	2218	39.26	3266	19.34	172	35.03	254	17.28
国外势力颠覆	542	9.59	2165	12.82	79	16.09	218	14.83
经济危机	1210	21.42	3247	19.23	86	17.52	233	15.85
民族问题激化	166	2.94	1182	7.00	20	4.07	145	9.86
社会矛盾激化	464	8.21	2746	16.25	42	8.55	208	14.15
宗教问题激化	52	0.92	579	3.43	11	2.24	102	6.94
政治腐败严重	998	17.66	3703	21.93	81	16.50	310	21.09
合计	5650	100.00	16888	100.00	491	100.00	1470	100.00

汉族与少数民族被试对可能引发经济危机因素的看法，第一选择排在第一位至第三位的都是“收入差距过大”、“房市股市崩盘”、“经济决策失误”，总提及频率排在第一位至第三位的都是“物价快速上涨”、“收入差距过大”、“经济决策失误”（见表2－12）。

表2－12　**汉族与少数民族被试对可能引发经济危机因素的看法**

选项	汉族				少数民族			
	第一选择		总提及频率		第一选择		总提及频率	
	频率	百分比	频率	百分比	频率	百分比	频率	百分比
房市股市崩盘	1430	25.30	2182	12.90	112	22.86	165	11.24
经济决策失误	1059	18.73	2461	14.56	105	21.43	225	15.33
收入差距过大	1637	28.96	3756	22.22	148	30.21	340	23.16

续表

选项	汉族				少数民族			
	第一选择		总提及频率		第一选择		总提及频率	
	频率	百分比	频率	百分比	频率	百分比	频率	百分比
国际金融危机	394	6.97	1952	11.55	18	3.67	154	10.49
政府债务	197	3.49	1115	6.60	17	3.47	88	5.99
物价快速上涨	639	11.31	3781	22.36	67	13.67	353	24.05
经济增速急减	296	5.24	1659	9.81	23	4.69	143	9.74
合计	5652	100.00	16906	100.00	490	100.00	1468	100.00

汉族与少数民族被试对可能引发社会危机因素的看法略有不同，第一选择汉族被试排在第一位的是“城乡差距”，排在第二位的是“贫富差距”，排在第三位的是“公民地位不平等”；少数民族被试排在第一位的是“城乡差距”，排在第二位的是“公民地位不平等”，排在第三位的是“贫富差距”（第二、三位排序不同）。总提及频率汉族被试排在第一位的是“贫富差距”，排在第二位的是“公民地位不平等”，排在第三位的是“城乡差距”；少数民族被试排在第一位的是“贫富差距”，排在第二位的是“收入分配不公”，排在第三位的是“公民地位不平等”（第二、三位不同，见表2－13）。

表2－13　**汉族与少数民族被试对可能引发社会危机因素的看法**

选项	汉族				少数民族			
	第一选择		总提及频率		第一选择		总提及频率	
	频率	百分比	频率	百分比	频率	百分比	频率	百分比
城乡差距	1806	31.93	2465	14.56	136	27.76	191	12.99
干群矛盾	507	8.96	1572	9.28	57	11.63	119	8.09
公民地位不平等	1002	17.71	2485	14.68	81	16.53	196	13.33
民族矛盾	175	3.09	822	4.86	41	8.37	129	8.78
贫富差距	1142	20.19	3471	20.51	80	16.33	235	15.99
区域差距	80	1.41	668	3.95	5	1.02	47	3.20
司法不公	432	7.64	1818	10.74	42	8.57	190	12.93
收入分配不公	295	5.21	2282	13.48	23	4.69	201	13.67
土地问题	170	3.01	1000	5.91	15	3.06	79	5.37
宗教冲突	48	0.85	344	2.03	10	2.04	83	5.65
合计	5657	100.00	16927	100.00	490	100.00	1470	100.00

对可能引发生态危机因素的看法，汉族与少数民族被试第一选择排在第一位至第三位的都是“国民的环境保护意识较弱”、“环境污染事故”、“人口过快增长”，总提及频率排在第一位至第三位的都是“国民的环境保护意识较弱”、“环境污染事故”、“生产性污染”（见表2－14）。

表2－14 汉族与少数民族被试对可能引发生态危机因素的看法

选项	汉族				少数民族			
	第一选择		总提及频率		第一选择		总提及频率	
	频率	百分比	频率	百分比	频率	百分比	频率	百分比
环保意识弱	2268	40.09	3260	19.24	186	37.95	262	17.87
环境污染事故	823	14.55	2479	14.63	97	19.80	230	15.69
人口过快增长	732	12.94	1710	10.09	78	15.92	204	13.92
生产性污染	554	9.79	2463	14.54	37	7.55	206	14.05
生活性污染	527	9.31	2235	13.19	34	6.94	152	10.37
突发性传染病	97	1.71	984	5.81	9	1.84	90	6.14
重大自然灾害	366	6.47	1828	10.79	28	5.71	143	9.75
环保投入不足	291	5.14	1983	11.71	21	4.29	179	12.21
合计	5658	100.00	16942	100.00	490	100.00	1466	100.00

对于中国应对国际压力的做法，汉族与少数民族被试第一选择排在第一位至第三位的都是“创造有利于中国的国际话语权体系”、“大力宣扬中国模式”、“韬光养晦，做好自己的事情”（少数民族被试还将“建立社会主义阵营”并列第三位）；总提及频率汉族与少数民族被试排在第一位至第三位的都是“创造有利于中国的国际话语权体系”、“在世界范围内争取更多的朋友”、“大力宣扬中国模式”（见表2－15）。

表2－15 汉族与少数民族被试对于应付国际压力做法的选择

选项	汉族				少数民族			
	第一选择		总提及频率		第一选择		总提及频率	
	频率	百分比	频率	百分比	频率	百分比	频率	百分比
中国话语体系	2425	42.91	3477	20.56	228	46.63	318	21.71
宣扬中国模式	823	14.56	2509	14.84	70	14.32	218	14.88

续表

选项	汉族				少数民族			
	第一选择		总提及频率		第一选择		总提及频率	
	频率	百分比	频率	百分比	频率	百分比	频率	百分比
加入西方阵营	217	3.84	554	3.28	23	4.70	52	3.55
建社会主义阵营	317	5.61	1737	10.27	41	8.38	169	11.54
韬光养晦	703	12.44	1990	11.77	41	8.38	136	9.28
听取国外意见	196	3.47	1551	9.17	26	5.32	189	12.90
针锋相对	622	11.00	2159	12.77	31	6.34	125	8.53
争取更多朋友	349	6.17	2933	17.34	29	5.93	258	17.61
合计	5652	100.00	16910	100.00	489	100.00	1465	100.00

三 五个因素对汉族与少数民族被试的影响

本次问卷调查涉及的权利、利益、政治沟通、政治参与和满意度五个影响因素，对汉族与少数民族被试的影响是否有所不同，可根据调查数据作具体说明。

（一）权利认知

调查结果显示，汉族被试的“权利重要性认知”得分在1.00—5.00分之间，均值为3.67，标准差为0.60；“权利保障评价”得分在1.00—5.00分之间，均值为3.25，标准差为0.52；“权利认知总分”的得分在3.60—10.00分之间，均值为6.92，标准差为0.87（见表2-16-1）。

表2-16-1 **汉族被试“权利认知”的总体描述统计**

项目	*N*	极小值	极大值	均值	标准差
权利重要性认知	5645	1.00	5.00	3.6694	.59901
权利保障评价	5638	1.00	5.00	3.2486	.52334
权利认知总分	5621	3.60	10.00	6.9196	.86787
有效的 *N*	5621				

调查结果显示，少数民族被试的“权利重要性认知”得分在1.80—5.00分之间，均值为3.72，标准差为0.63；“权利保障评价”得分在1.40—5.00分之间，均值为3.29，标准差为0.58；“权利认知总分”的得分在4.40—10.00分之间，均值为7.02，标准差为0.94（见表2-16-2）。

表2-16-2　　**少数民族被试“权利认知”的总体描述统计**

项目	N	极小值	极大值	均值	标准差
权利重要性认知	487	1.80	5.00	3.7244	.62805
权利保障评价	487	1.40	5.00	3.2945	.57602
权利认知总分	483	4.40	10.00	7.0215	.93730
有效的 N	483				

对汉族与少数民族被试权利认知各指标的差异性进行方差分析（见表2-17-1、表2-17-2和图2-3），可以发现在“权利认知总分”方面，汉族与少数民族被试之间的差异显著，$F=6.057$，$p<0.05$，汉族被试（$M=6.92$，$SD=0.87$）的得分显著低于少数民族被试（$M=7.02$，$SD=0.94$）；在“权利重要性认知”和“权利保障评价”方面，汉族与少数民族被试之间的得分差异均不显著。

表2-17-1　　**汉族与少数民族被试权利认知得分的差异比较**

项目		N	均值	标准差	标准误	均值的95%置信区间		极小值	极大值
						下限	上限		
权利重要性认知	汉族	5645	3.6694	.59901	.00797	3.6537	3.6850	1.00	5.00
	少数民族	487	3.7244	.62805	.02846	3.6685	3.7804	1.80	5.00
	总数	6132	3.6737	.60150	.00768	3.6587	3.6888	1.00	5.00
权利保障评价	汉族	5638	3.2486	.52334	.00697	3.2349	3.2623	1.00	5.00
	少数民族	487	3.2945	.57602	.02610	3.2432	3.3457	1.40	5.00
	总数	6125	3.2522	.52782	.00674	3.2390	3.2655	1.00	5.00
权利认知总分	汉族	5621	6.9196	.86787	.01158	6.8969	6.9423	3.60	10.00
	少数民族	483	7.0215	.93730	.04265	6.9377	7.1053	4.40	10.00
	总数	6104	6.9277	.87392	.01119	6.9057	6.9496	3.60	10.00

表 2－17－2　　汉族与少数民族被试权利认知得分的方差分析结果

项目		平方和	*df*	均方	*F*	显著性
权利重要性认知	组间	1.359	1	1.359	3.759	.053
	组内	2216.853	6130	.362		
	总数	2218.213	6131			
权利保障评价	组间	.943	1	.943	3.385	.066
	组内	1705.139	6123	.278		
	总数	1706.082	6124			
权利认知总分	组间	4.622	1	4.622	6.057	.014
	组内	4656.470	6102	.763		
	总数	4661.092	6103			

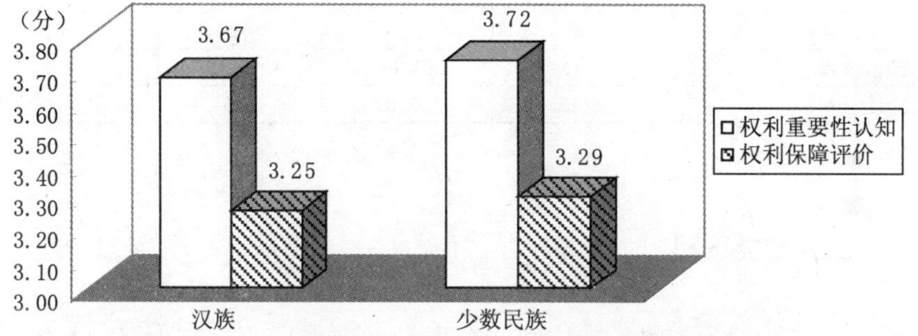

图 2－3　汉族与少数民族被试权利认知的得分比较

在法律、政治、经济、社会、文化五类权利对个人发展的重要性方面按选择比例由高到低排序，汉族被试是经济权利、法律权利、社会权利、政治权利、文化权利，少数民族被试是经济权利、法律权利、政治权利、文化权利、社会权利（第三至五位排序不同，见表 2－18）。

在法律、政治、经济、社会、文化五类权利的保障方面，按选择比例由高到低排序，汉族被试是法律权利、经济权利、社会权利、文化权利、政治权利，少数民族被试是法律权利、经济权利、政治权利、社会权利、文化权利（第三、四位排序不同，见表 2－19）。

表 2－18　汉族与少数民族被试认为最重要的权利

项目	汉族		少数民族	
	频率	有效百分比	频率	有效百分比
法律权利	1458	25.85	139	28.54
经济权利	1767	31.34	157	32.24
社会权利	1041	18.46	59	12.12
文化权利	637	11.30	62	12.73
政治权利	736	13.05	70	14.37
合计	5639	100.00	487	100.00

表 2－19　汉族与少数民族被试认为保障最好的权利

项目	汉族		少数民族	
	频率	有效百分比	频率	有效百分比
法律权利	1836	32.59	167	34.36
经济权利	1217	21.61	92	18.93
社会权利	958	17.01	74	15.23
文化权利	881	15.64	72	14.81
政治权利	741	13.15	81	16.67
合计	5633	100.00	486	100.00

（二）利益认知

调查结果显示，汉族被试的“公民利益取向”得分在 1.00—5.00 分之间，均值为 2.77，标准差为 0.59；“利益保障评价”得分在 1.00—5.00 分之间，均值为 3.15，标准差为 0.66；“利益认知总分”的得分在 2.40—9.20 分之间，均值为 5.92，标准差为 0.73（见表 2－20－1）。

表 2－20－1　汉族被试“利益认知”的总体描述统计

项目	N	极小值	极大值	均值	标准差
公民利益取向	5646	1.00	5.00	2.7692	.59020
利益保障评价	5642	1.00	5.00	3.1485	.66075
利益认知总分	5629	2.40	9.20	5.9175	.72502
有效的 N	5629				

调查结果显示，少数民族被试的“公民利益取向”得分在1.00—4.60分之间，均值为2.73，标准差为0.64；“利益保障评价”得分在1.00—5.00分之间，均值为3.34，标准差为0.74；“利益认知总分”的得分在3.00—9.20分之间，均值为6.07，标准差为0.83（见表2-20-2）。

表2-20-2　**少数民族被试“利益认知”的总体描述统计**

项目	N	极小值	极大值	均值	标准差
公民利益取向	486	1.00	4.60	2.7272	.64040
利益保障评价	485	1.00	5.00	3.3439	.74278
利益认知总分	482	3.00	9.20	6.0718	.83374
有效的 N	482				

对汉族与少数民族被试利益认知各指标的差异性进行方差分析（见表2-21-1、表2-21-2和图2-4），可以发现在“利益保障评价”方面，汉族与少数民族被试之间的差异显著，$F=38.269$，$p<0.001$，汉族被试（$M=3.15$，$SD=0.66$）的得分显著低于少数民族被试（$M=3.34$，$SD=0.74$）；在“利益认知总分”方面，汉族与少数民族被试之间的差异显著，$F=19.599$，$p<0.001$，汉族被试（$M=5.92$，$SD=0.73$）的得分显著低于少数民族被试（$M=6.07$，$SD=0.83$）；在“公民利益取向”方面，汉族与少数民族被试之间的得分差异不显著。

表2-21-1　**汉族与少数民族被试利益认知得分的差异比较**

项目		N	均值	标准差	标准误	均值的95%置信区间		极小值	极大值
						下限	上限		
公民利益取向	汉族	5646	2.7692	.59020	.00785	2.7538	2.7846	1.00	5.00
	少数民族	486	2.7272	.64040	.02905	2.6701	2.7842	1.00	4.60
	总数	6132	2.7659	.59439	.00759	2.7510	2.7808	1.00	5.00
利益保障评价	汉族	5642	3.1485	.66075	.00880	3.1312	3.1657	1.00	5.00
	少数民族	485	3.3439	.74278	.03373	3.2776	3.4102	1.00	5.00
	总数	6127	3.1640	.66963	.00855	3.1472	3.1807	1.00	5.00
利益认知总分	汉族	5629	5.9175	.72502	.00966	5.8986	5.9365	2.40	9.20
	少数民族	482	6.0718	.83374	.03798	5.9972	6.1464	3.00	9.20
	总数	6111	5.9297	.73528	.00941	5.9113	5.9481	2.40	9.20

表 2－21－2　　汉族与少数民族被试利益认知得分的方差分析结果

项目		平方和	*df*	均方	*F*	显著性
公民利益取向	组间	.791	1	.791	2.241	.134
	组内	2165.271	6130	.353		
	总数	2166.063	6131			
利益保障评价	组间	17.056	1	17.056	38.269	.000
	组内	2729.867	6125	.446		
	总数	2746.923	6126			
利益认知总分	组间	10.564	1	10.564	19.599	.000
	组内	3292.756	6109	.539		
	总数	3303.319	6110			

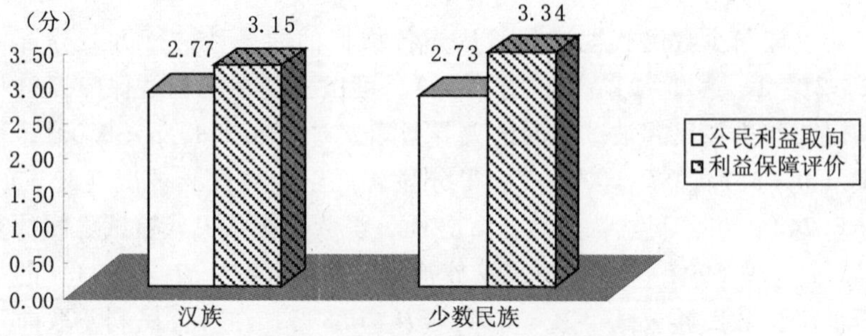

图 2－4　汉族与少数民族被试利益认知的得分比较

在经济、社会、文化、政治四类利益的重要性方面，汉族与少数民族被试按选择比例由高到低的排序都是经济利益、社会利益、文化利益、政治利益（见表 2－22）。

表 2－22　　汉族与少数民族被试认为最重要的利益

项目	汉族		少数民族	
	频率	有效百分比	频率	有效百分比
经济利益	2646	46.95	233	47.94
社会利益	1570	27.86	113	23.25
文化利益	733	13.00	78	16.05
政治利益	687	12.19	62	12.76
合计	5636	100.00	486	100.00

在经济、社会、文化、政治四类利益的保障方面，汉族与少数民族被试按选择比例由高到低的排序都是经济利益、社会利益、文化利益、政治利益（见表2－23）。

表2－23　**汉族与少数民族被试认为保障最好的利益**

项目	汉族		少数民族	
	频率	有效百分比	频率	有效百分比
经济利益	1870	33.31	144	29.69
社会利益	1611	28.70	130	26.80
文化利益	1305	23.24	126	25.98
政治利益	828	14.75	85	17.53
合计	5614	100.00	485	100.00

（三）政治沟通认知

调查结果显示，汉族被试的“政治沟通重要性认知”得分在1.40—5.00分之间，均值为3.60，标准差为0.48；“政治沟通现状评价”得分在1.00—5.00分之间，均值为3.17，标准差为0.72；“政治沟通认知总分”的得分在3.60—10.00分之间，均值为6.77，标准差为0.92（见表2－24－1）。

表2－24－1　**汉族被试“政治沟通认知”的总体描述统计**

项目	*N*	极小值	极大值	均值	标准差
政治沟通重要性认知	5649	1.40	5.00	3.6019	.47935
政治沟通现状评价	5647	1.00	5.00	3.1720	.71898
政治沟通认知总分	5634	3.60	10.00	6.7743	.92096
有效的 *N*	5634				

调查结果显示，少数民族被试的“政治沟通重要性认知”得分在2.20—5.00分之间，均值为3.72，标准差为0.49；“政治沟通现状评价”得分在1.20—5.00分之间，均值为3.36，标准差为0.77；“政治沟通认知总分”的得分在4.40—10.00分之间，均值为7.08，标准差为1.06

（见表2－24－2）。

表2－24－2　　少数民族被试“政治沟通认知”的总体描述统计

项目	N	极小值	极大值	均值	标准差
政治沟通重要性认知	489	2.20	5.00	3.7174	.49428
政治沟通现状评价	488	1.20	5.00	3.3643	.77420
政治沟通认知总分	486	4.40	10.00	7.0848	1.05567
有效的 N	486				

对汉族与少数民族被试政治沟通认知各指标的差异性进行方差分析（见表2－25－1、表2－25－2和图2－5），可以发现在“政治沟通重要性认知”方面，汉族与少数民族被试之间的差异显著，$F=25.968$，$p<0.001$，汉族被试（$M=3.60$，$SD=0.48$）的得分显著低于少数民族被试（$M=3.72$，$SD=0.49$）；在“政治沟通现状评价”方面，汉族与少数民族被试之间的差异显著，$F=31.751$，$p<0.001$，汉族被试（$M=3.17$，$SD=0.72$）的得分显著低于少数民族被试（$M=3.36$，$SD=0.77$）；在“政治沟通认知总分”方面，汉族与少数民族被试之间的差异显著，$F=49.601$，$p<0.001$，汉族被试（$M=6.77$，$SD=0.92$）的得分显著低于少数民族被试（$M=7.08$，$SD=1.06$）。

表2－25－1　　汉族与少数民族被试政治沟通认知得分的差异比较

项目		N	均值	标准差	标准误	均值的95%置信区间		极小值	极大值
						下限	上限		
政治沟通重要性认知	汉族	5649	3.6019	.47935	.00638	3.5894	3.6145	1.40	5.00
	少数民族	489	3.7174	.49428	.02235	3.6735	3.7613	2.20	5.00
	总数	6138	3.6111	.48153	.00615	3.5991	3.6232	1.40	5.00
政治沟通现状评价	汉族	5647	3.1720	.71898	.00957	3.1532	3.1907	1.00	5.00
	少数民族	488	3.3643	.77420	.03505	3.2955	3.4332	1.20	5.00
	总数	6135	3.1873	.72533	.00926	3.1691	3.2054	1.00	5.00
政治沟通认知总分	汉族	5634	6.7743	.92096	.01227	6.7503	6.7984	3.60	10.00
	少数民族	486	7.0848	1.05567	.04789	6.9907	7.1789	4.40	10.00
	总数	6120	6.7990	.93605	.01197	6.7755	6.8224	3.60	10.00

表 2-25-2　　汉族与少数民族被试政治沟通认知得分的方差分析结果

项目		平方和	*df*	均方	*F*	显著性
政治沟通重要性认知	组间	5.997	1	5.997	25.968	.000
	组内	1417.001	6136	.231		
	总数	1422.998	6137			
政治沟通现状评价	组间	16.621	1	16.621	31.751	.000
	组内	3210.468	6133	.523		
	总数	3227.088	6134			
政治沟通认知总分	组间	43.118	1	43.118	49.601	.000
	组内	5318.276	6118	.869		
	总数	5361.394	6119			

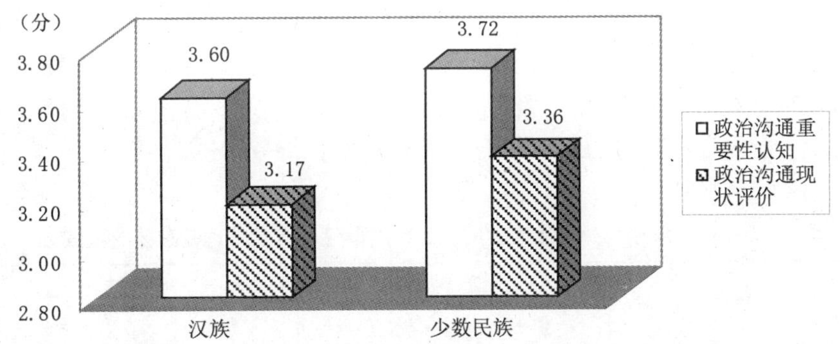

图 2-5　汉族与少数民族被试政治沟通认知的得分比较

汉族与少数民族被试对政府与百姓沟通最重要做法的选择略有不同，在六个选项中，汉族被试选择“政府愿意与民众沟通”的人最多，第二是“政府的公信力”，第三是“为沟通提供必要的法律保障”，第四是“公民个人有强烈的沟通愿望”，第五是“媒体愿意提供相互沟通的平台”，选择“社会团体和社会组织有参与沟通的意愿”的人最少；少数民族被试选择“政府愿意与民众沟通”的人最多，第二是“政府的公信力”，第三是“公民个人有强烈的沟通愿望”，第四是“为沟通提供必要的法律保障”，第五是“媒体愿意提供相互沟通的平台”，选择“社会团体和社会组织有参与沟通的意愿”的人最少（第三、四位排序不同，见表 2-26）。

表 2-26　　汉族与少数民族被试认为政府与百姓沟通最重要的做法

项目	汉族		少数民族	
	频率	有效百分比	频率	有效百分比
公民有强烈沟通愿望	821	14.50	78	15.98
媒体愿意提供沟通平台	733	12.95	55	11.27
社会组织有参与沟通意愿	390	6.89	44	9.02
为沟通提供法律保障	944	16.67	75	15.37
政府的公信力	1343	23.72	92	18.85
政府愿意沟通	1431	25.27	144	29.51
合计	5662	100.00	488	100.00

汉族与少数民族对突发事件中信息处理最重要做法的选择，在四个选项中，都是选择“政府及时发布准确的信息”的最多，第二是“媒体及时发布准确的信息”，第三是“政府有效控制各种信息发布”，选择“公民个人及时发布获得的信息”的人最少（见表 2-27）。

表 2-27　　汉族与少数民族被试认为突发事件中信息处理最重要的做法

项目	汉族		少数民族	
	频率	有效百分比	频率	有效百分比
公民及时公布获得的信息	667	11.82	65	13.29
媒体及时发布准确信息	1269	22.48	90	18.41
政府及时发布准确信息	2919	51.72	251	51.33
政府有效控制信息发布	789	13.98	83	16.97
合计	5644	100.00	489	100.00

（四）政治参与行为

调查结果显示，汉族被试的“政治参与认知”得分在 1.40—5.00 分之间，均值为 3.11，标准差为 0.46；“实际政治参与”得分在 1.00—5.00 分之间，均值为 3.08，标准差为 0.68；“政治参与行为总分”的得分在 2.80—10.00 分之间，均值为 6.19，标准差为 0.87（见表 2－28－1）。

表 2－28－1　　汉族被试“政治参与行为”的总体描述统计

项目	*N*	极小值	极大值	均值	标准差
政治参与认知	5651	1.40	5.00	3.1050	.45939
实际政治参与	5638	1.00	5.00	3.0813	.67814
政治参与行为总分	5625	2.80	10.00	6.1862	.87470
有效的 *N*	5625				

调查结果显示，少数民族被试的“政治参与认知”得分在 1.80—4.60 分之间，均值为 3.10，标准差为 0.44；“实际政治参与”得分在 1.00—5.00 分之间，均值为 3.01，标准差为 0.73；“政治参与行为总分”的得分在 3.20—8.60 分之间，均值为 6.11，标准差为 0.92（见表 2－28－2）。

表 2－28－2　　少数民族被试“政治参与行为”的总体描述统计

项目	*N*	极小值	极大值	均值	标准差
政治参与认知	485	1.80	4.60	3.0961	.44397
实际政治参与	487	1.00	5.00	3.0099	.72537
政治参与行为总分	483	3.20	8.60	6.1064	.91544
有效的 *N*	483				

对汉族与少数民族被试政治参与行为各指标的差异性进行方差分析（见表 2－29－1、表 2－29－2 和图 2－6），可以发现在“实际政治参与”方面，汉族与少数民族被试之间的差异显著，$F = 4.925$，$p < 0.05$，汉族被试（$M = 3.08$，$SD = 0.68$）的得分显著高于少数民族被试（$M = 3.01$，$SD = 0.73$）；在“政治参与认知”和“政治参与行为总分”方面，汉族与少数民族被试之间的得分差异不显著。

表 2 - 29 - 1　　汉族与少数民族被试政治参与行为得分的差异比较

项目		*N*	均值	标准差	标准误	均值的 95% 置信区间		极小值	极大值
						下限	上限		
政治参与认知	汉族	5651	3.1050	.45939	.00611	3.0931	3.1170	1.40	5.00
	少数民族	485	3.0961	.44397	.02016	3.0565	3.1357	1.80	4.60
	总数	6136	3.1043	.45816	.00585	3.0929	3.1158	1.40	5.00
实际政治参与	汉族	5638	3.0813	.67814	.00903	3.0636	3.0990	1.00	5.00
	少数民族	487	3.0099	.72537	.03287	2.9453	3.0744	1.00	5.00
	总数	6125	3.0757	.68223	.00872	3.0586	3.0927	1.00	5.00
政治参与行为总分	汉族	5625	6.1862	.87470	.01166	6.1633	6.2091	2.80	10.00
	少数民族	483	6.1064	.91544	.04165	6.0246	6.1883	3.20	8.60
	总数	6108	6.1799	.87818	.01124	6.1579	6.2019	2.80	10.00

表 2 - 29 - 2　　汉族与少数民族被试政治参与行为得分的方差分析结果

项目		平方和	*df*	均方	*F*	显著性
政治参与认知	组间	.036	1	.036	.171	.679
	组内	1287.769	6134	.210		
	总数	1287.805	6135			
实际政治参与	组间	2.291	1	2.291	4.925	.027
	组内	2848.050	6123	.465		
	总数	2850.340	6124			
政治参与行为总分	组间	2.832	1	2.832	3.673	.055
	组内	4706.860	6106	.771		
	总数	4709.691	6107			

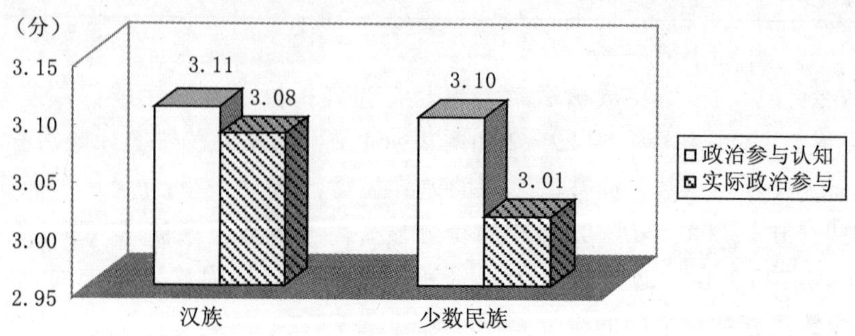

图 2 - 6　汉族与少数民族被试政治参与行为的得分比较

对于选举参与、自治参与、政策参与、维权参与、社团参与、网络参与六类参与，哪一类最为重要，按选择比例由高到低排序，汉族被试是选举参与、自治参与、社团参与、维权参与、政策参与、网络参与，少数民族被试是选举参与、自治参与、维权参与、社团参与、政策参与、网络参与（第三、四位排序不同，见表2－30）。

表2－30　**汉族与少数民族被试认为最重要的政治参与**

项目	汉族		少数民族	
	频率	有效百分比	频率	有效百分比
参加各种选举	2576	45.58	246	50.21
参加基层群众自治	1055	18.66	95	19.39
参与政策讨论	508	8.99	39	7.96
以上访等形式维权	592	10.47	52	10.61
参与社会团体活动	682	12.07	45	9.18
在互联网发表个人意见	239	4.23	13	2.65
合计	5652	100.00	490	100.00

对于选举参与、自治参与、政策参与、维权参与、社团参与、网络参与六类参与，哪一类最能发挥作用，按选择比例由高到低排序，汉族被试是选举参与、自治参与、社团参与、维权参与、政策参与、网络参与，少数民族被试是选举参与、自治参与、社团参与、政策参与、维权参与、网络参与（第四、五位排序不同，见表2－31）。

表2－31　**汉族与少数民族被试认为哪一类政治参与最能发挥作用**

项目	汉族		少数民族	
	频率	有效百分比	频率	有效百分比
参加各种选举	2375	42.02	225	45.83
参加基层群众自治	1158	20.49	107	21.79
参与政策讨论	520	9.20	40	8.15
以上访等形式维权	576	10.19	36	7.33
参与社会团体活动	725	12.83	58	11.81
在互联网发表个人意见	298	5.27	25	5.09
合计	5652	100.00	491	100.00

（五）公民满意度

调查结果显示，汉族被试的“个人生活满意度”得分在1.00—5.00分之间，均值为3.34，标准差为0.64；“公共服务满意度”得分在1.00—5.00分之间，均值为3.11，标准差为0.63；“公民满意度总分”的得分在2.00—10.00分之间，均值为6.44，标准差为1.07（见表2－32－1）。

表2－32－1　**汉族被试“公民满意度”的总体描述统计**

项目	*N*	极小值	极大值	均值	标准差
个人生活满意度	5643	1.00	5.00	3.3387	.64367
公共服务满意度	5643	1.00	5.00	3.1051	.62908
公民满意度总分	5624	2.00	10.00	6.4441	1.06917
有效的*N*	5624				

调查结果显示，少数民族被试的“个人生活满意度”得分在1.00—5.00分之间，均值为3.42，标准差为0.72；“公共服务满意度”得分在1.40—5.00分之间，均值为3.28，标准差为0.67；“公民满意度总分”的得分在3.20—10.00分之间，均值为6.71，标准差为1.13（见表2－32－2）。

表2－32－2　**少数民族被试“公民满意度”的总体描述统计**

项目	*N*	极小值	极大值	均值	标准差
个人生活满意度	489	1.00	5.00	3.4249	.71674
公共服务满意度	489	1.40	5.00	3.2810	.67337
公民满意度总分	488	3.20	10.00	6.7057	1.12830
有效的*N*	488				

对汉族与少数民族被试公民满意度各指标的差异性进行方差分析（见表2－33－1、表2－33－2和图2－7），在“个人生活满意度”方面，汉族与少数民族被试之间的差异显著，$F=7.924$，$p<0.01$，汉族被试

($M=3.34$, $SD=0.64$)的得分显著低于少数民族被试($M=3.42$, $SD=0.72$);在"公共服务满意度"方面,汉族与少数民族被试之间的差异显著,$F=34.764$, $p<0.001$,汉族被试($M=3.11$, $SD=0.63$)的得分显著低于少数民族被试($M=3.28$, $SD=0.67$);在"公民满意度总分"方面,汉族与少数民族被试之间的差异显著,$F=26.656$, $p<0.001$,汉族被试($M=6.44$, $SD=1.07$)的得分显著低于少数民族被试($M=6.71$, $SD=1.13$)。

表 2-33-1 汉族与少数民族被试公民满意度得分的差异比较

项目		N	均值	标准差	标准误	均值的 95% 置信区间		极小值	极大值
						下限	上限		
个人生活满意度	汉族	5643	3.3387	.64367	.00857	3.3219	3.3555	1.00	5.00
	少数民族	489	3.4249	.71674	.03241	3.3613	3.4886	1.00	5.00
	总数	6132	3.3456	.65016	.00830	3.3293	3.3619	1.00	5.00
公共服务满意度	汉族	5643	3.1051	.62908	.00837	3.0887	3.1215	1.00	5.00
	少数民族	489	3.2810	.67337	.03045	3.2212	3.3408	1.40	5.00
	总数	6132	3.1191	.63446	.00810	3.1033	3.1350	1.00	5.00
公民满意度总分	汉族	5624	6.4441	1.06917	.01426	6.4161	6.4720	2.00	10.00
	少数民族	488	6.7057	1.12830	.05108	6.6054	6.8061	3.20	10.00
	总数	6112	6.4650	1.07625	.01377	6.4380	6.4919	2.00	10.00

表 2-33-2 汉族与少数民族被试公民满意度得分的方差分析结果

项目		平方和	df	均方	F	显著性
个人生活满意度	组间	3.346	1	3.346	7.924	.005
	组内	2588.265	6130	.422		
	总数	2591.611	6131			
公共服务满意度	组间	13.917	1	13.917	34.764	.000
	组内	2454.035	6130	.400		
	总数	2467.952	6131			
公民满意度总分	组间	30.748	1	30.748	26.656	.000
	组内	7047.746	6110	1.153		
	总数	7078.493	6111			

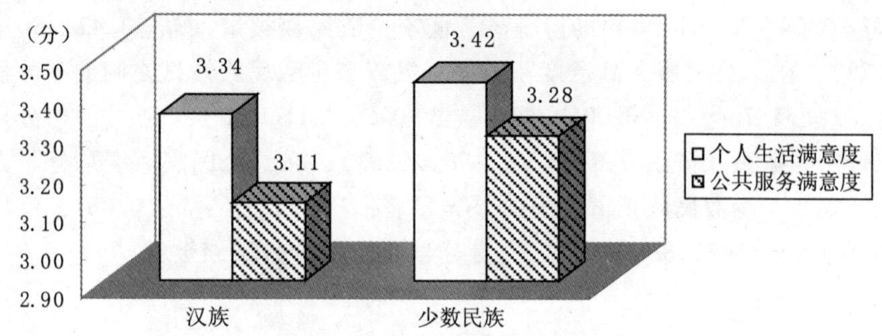

图 2－7 汉族与少数民族被试公民满意度的得分比较

汉族与少数民族被试满意的公共服务项目（见表 2－34），第一选择排在第一位都是"基本公共教育"，汉族被试排在第二位的是"社会保险"，排在第三位的是"基本医疗卫生"；少数民族被试排在第二位的是"基本医疗卫生"，排在第三位的是"社会保险"。总提及频率汉族与少数民族被试排在第一位至第三位的都是"基本医疗卫生"、"基本公共教育"、"社会保险"（见表 2－34）。

表 2－34 **汉族与少数民族被试满意的公共服务**

选项	汉族				少数民族			
	第一选择		总提及频率		第一选择		总提及频率	
	频率	百分比	频率	百分比	频率	百分比	频率	百分比
基本公共教育	1884	33.36	2828	16.74	157	32.11	231	15.76
劳动就业服务	515	9.12	1496	8.85	50	10.23	138	9.41
社会保险	1250	22.13	2805	16.60	93	19.02	197	13.44
基本社会服务	194	3.44	1224	7.24	12	2.45	86	5.87
基本医疗卫生	804	14.24	2971	17.58	108	22.09	298	20.33
人口和计划生育	194	3.44	1049	6.21	6	1.23	80	5.46
基本住房保障	218	3.86	1251	7.40	21	4.29	131	8.93
公共文化体育	117	2.07	781	4.62	5	1.02	56	3.82
残疾人服务	95	1.68	559	3.31	14	2.86	71	4.84
社会安全	376	6.66	1935	11.45	23	4.70	178	12.14
合计	5647	100.00	16899	100.00	489	100.00	1466	100.00

对于“六大建设”中最满意的建设，按照选择比例由高到低排序，汉族被试是经济建设、党的建设、社会建设、文化建设、生态建设、政治建设，少数民族被试是经济建设、党的建设、文化建设、社会建设、生态建设、政治建设（第三、四位排序不同，见表2－35）。

表2－35　**汉族与少数民族被试最满意哪种建设**

项目	汉族		少数民族	
	频率	有效百分比	频率	有效百分比
党的建设	1181	20.90	114	23.31
经济建设	2067	36.58	120	24.54
社会建设	946	16.74	81	16.57
生态建设	580	10.26	51	10.43
文化建设	653	11.56	85	17.38
政治建设	224	3.96	38	7.77
合计	5651	100.00	489	100.00

四　汉族与少数民族被试的政治认同与危机压力差异

通过本章的数据分析，可以对汉族与少数民族被试在政治认同、危机压力以及影响因素等方面所反映出来的差异，作一个简单的小结。

第一，在政治认同总体得分方面，汉族与少数民族被试之间存在显著的差异，少数民族被试的得分（22.43分）显著高于汉族被试（22.01分）。尽管六种认同的得分少数民族被试均高于汉族被试（体制认同汉族3.43分，少数民族3.50分；政党认同汉族3.63分，少数民族3.64分；身份认同汉族4.19分，少数民族4.25分；文化认同汉族3.44分，少数民族3.49分；政策认同汉族3.58分，少数民族3.69分；发展认同汉族3.73分，少数民族3.86分），但是得分差异达到显著水平的只有体制认同、政策认同和发展认同三种认同。

第二，在危机压力总体得分方面，尽管少数民族被试的得分（16.46分）低于汉族被试（16.56分），但是这两种被试之间的得分差异未达到显著水平。在六种危机压力中，有五种压力汉族被试得分高于少数民族被试（政治危机压力汉族 2.56 分，少数民族 2.51 分；经济危机压力汉族 2.32 分，少数民族 2.29 分；社会危机压力汉族 2.83 分，少数民族 2.82 分；文化危机压力汉族 2.76 分，少数民族 2.72 分；国际压力汉族 3.03 分，少数民族 2.95 分），只有一种压力的得分汉族被试低于少数民族被试（生态危机压力汉族 3.07 分，少数民族 3.17 分），但是得分差异达到显著水平的只有生态危机压力和国际压力两种压力。

第三，在五个影响因素中，有四个因素的总分汉族被试低于少数民族被试（权利认知总分汉族 6.92 分，少数民族 7.02 分；利益认知总分汉族 5.92 分，少数民族 6.07 分；政治沟通认知总分汉族 6.77 分，少数民族 7.08 分；公民满意度总分汉族 6.44 分，少数民族 6.71 分），只有一个因素的总分汉族被试高于少数民族被试（政治参与行为总分汉族 6.19 分，少数民族 6.11 分），并且汉族被试与少数民族被试在权利认知总分、利益认知总分、政治沟通认知总分、公民满意度总分上都存在显著的差异。

从调查数据反映的情况看，汉族与少数民族被试在政治认同方面的差异较为明显，少数民族被试的政治认同水平总体高于汉族被试，在权利认知、利益认知、政治沟通认知和公民满意度方面，少数民族被试的总体水平也高于汉族被试，但是在危机压力方面，汉族与少数民族被试总体上差异并不是很大。

第三章

政治认同与危机压力的差异比较:年龄

“政治认同与政治稳定”问卷调查采用三个年龄段对应三个公民群体：18—45岁为青年人，46—60岁为中年人，61岁及以上为老年人。调查中有3名被试的年龄信息缺失，在6156份有效数据中，青年被试（18—45岁）3233人，有效百分比为52.52%；中年被试（46—60岁）1915人，有效百分比为31.11%；老年被试（61岁及以上）1008人，有效百分比为16.37%。根据问卷调查的数据，可以比较不同年龄段被试的政治认同和危机压力状况。

一 不同年龄被试的政治认同

不同年龄被试政治认同的得分情况以及六种认同的具体情况，可根据问卷调查的结果，分述于下。

（一）不同年龄被试政治认同的得分

调查结果显示，青年被试政治认同的总体得分在12.33—28.08之间，均值为21.83，标准差为2.40。在六种认同中，青年被试的体制认同得分在1.00—5.00分之间，均值为3.38，标准差为0.55；政党认同得分在1.00—5.00分之间，均值为3.56，标准差为0.63；身份认同得分在1.25—5.00分之间，均值为4.23，标准差为0.68；文化认同得分在1.00—5.00分之间，均值为3.42，标准差为0.57；政策认同得分在

1.00—5.00分之间，均值为3.52，标准差为0.69；发展认同得分在1.00—5.00分之间，均值为3.73，标准差为0.61（见表3-1-1）。

表3-1-1　**青年被试政治认同的描述统计**

项目	*N*	极小值	极大值	均值	标准差
政治认同总分	**3214**	**12.33**	**28.08**	**21.8298**	**2.40334**
体制认同	3232	1.00	5.00	3.3806	.55469
政党认同	3230	1.00	5.00	3.5598	.63314
身份认同	3230	1.25	5.00	4.2259	.67585
文化认同	3225	1.00	5.00	3.4154	.56949
政策认同	3231	1.00	5.00	3.5157	.68776
发展认同	3229	1.00	5.00	3.7262	.60861
有效的 *N*	3214				

调查结果显示，中年被试政治认同的总体得分在9.83—28.67之间，均值为22.09，标准差为2.35。在六种认同中，中年被试的体制认同得分在1.00—5.00分之间，均值为3.47，标准差为0.52；政党认同得分在1.00—5.00分之间，均值为3.66，标准差为0.62；身份认同得分在1.00—5.00分之间，均值为4.13，标准差为0.65；文化认同得分在1.00—5.00分之间，均值为3.44，标准差为0.54；政策认同得分在1.00—5.00分之间，均值为3.65，标准差为0.68；发展认同得分在1.50—5.00分之间，均值为3.73，标准差为0.63（见表3-1-2）。

表3-1-2　**中年被试政治认同的描述统计**

项目	*N*	极小值	极大值	均值	标准差
政治认同总分	**1896**	**9.83**	**28.67**	**22.0946**	**2.35162**
体制认同	1911	1.00	5.00	3.4741	.52279
政党认同	1908	1.00	5.00	3.6613	.61514
身份认同	1914	1.00	5.00	4.1340	.65391
文化认同	1911	1.00	5.00	3.4373	.54234
政策认同	1912	1.00	5.00	3.6480	.67975
发展认同	1914	1.50	5.00	3.7308	.62796
有效的 *N*	1896				

调查结果显示，老年被试政治认同的总体得分在12.67—28.67之间，均值为22.61，标准差为2.32。在六种认同中，老年被试的体制认同得分在1.00—5.00分之间，均值为3.55，标准差为0.50；政党认同得分在1.00—5.00分之间，均值为3.79，标准差为0.60；身份认同得分在2.00—5.00分之间，均值为4.20，标准差为0.63；文化认同得分在1.33—5.00分之间，均值为3.52，标准差为0.56；政策认同得分在1.00—5.00分之间，均值为3.74，标准差为0.71；发展认同得分在2.00—5.00分之间，均值为3.81，标准差为0.63（见表3-1-3）。

表3-1-3　　老年被试政治认同的描述统计

项目	*N*	极小值	极大值	均值	标准差
政治认同总分	**996**	**12.67**	**28.67**	**22.6117**	**2.32199**
体制认同	1006	1.00	5.00	3.5474	.49778
政党认同	1005	1.00	5.00	3.7864	.59596
身份认同	1006	2.00	5.00	4.1986	.63041
文化认同	1007	1.33	5.00	3.5223	.56431
政策认同	1006	1.00	5.00	3.7372	.70753
发展认同	1006	2.00	5.00	3.8086	.62606
有效的 *N*	996				

六种认同的得分由高到低排序，青年被试是身份认同第一，发展认同第二，政党认同第三，政策认同第四，文化认同第五，体制认同第六；中年被试是身份认同第一，发展认同第二，政党认同第三，政策认同第四，体制认同第五，文化认同第六；老年被试是身份认同第一，发展认同第二，政党认同第三，政策认同第四，体制认同第五，文化认同第六（后四位排序有所不同）。

（二）不同年龄被试的体制认同比较

对不同年龄被试体制认同的差异性进行方差分析（见表3-2-1、表3-2-2、表3-2-3和图3-1），显示三个年龄段被试的体制认同得分之间差异显著，$F = 43.835$，$p < 0.001$，老年被试（$M = 3.55$，$SD = 0.50$）的得分显著高于中年被试（$M = 3.47$，$SD = 0.52$）和青年被试（$M = 3.38$，$SD = 0.55$），中年被试的得分亦显著高于青年被试。

表 3-2-1　　不同年龄被试体制认同得分的差异比较

项目		N	均值	标准差	标准误	均值的95%置信区间		极小值	极大值
						下限	上限		
体制认同	青年	3232	3.3806	.55469	.00976	3.3614	3.3997	1.00	5.00
	中年	1911	3.4741	.52279	.01196	3.4506	3.4976	1.00	5.00
	老年	1006	3.5474	.49778	.01569	3.5166	3.5782	1.00	5.00
	总数	6149	3.4369	.53964	.00688	3.4234	3.4504	1.00	5.00

表 3-2-2　　不同年龄被试体制认同得分的方差分析结果

项目		平方和	df	均方	F	显著性
体制认同	组间	25.179	2	12.590	43.835	.000
	组内	1765.165	6146	.287		
	总数	1790.344	6148			

表 3-2-3　　不同年龄被试体制认同得分的多重比较

因变量	(I) 年龄段	(J) 年龄段	均值差 (I—J)	标准误	显著性	95%置信区间	
						下限	上限
体制认同	青年	中年	-.09353*	.01546	.000	-.1238	-.0632
		老年	-.16681*	.01935	.000	-.2047	-.1289
	中年	青年	.09353*	.01546	.000	.0632	.1238
		老年	-.07329*	.02088	.000	-.1142	-.0324
	老年	青年	.16681*	.01935	.000	.1289	.2047
		中年	.07329*	.02088	.000	.0324	.1142

*. 均值差的显著性水平为 0.05。

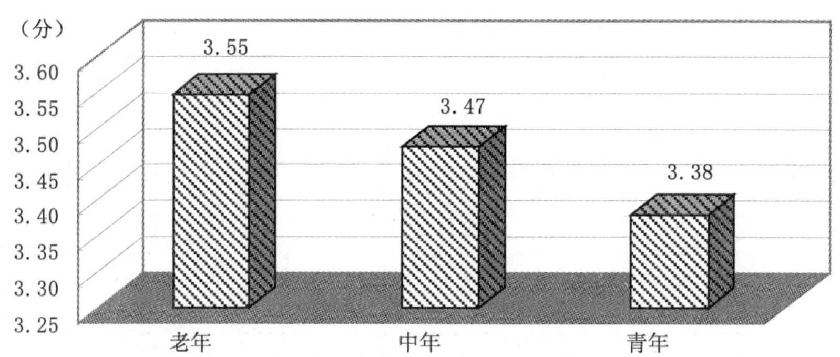

图 3-1 不同年龄被试体制认同的得分比较

对政治体制改革着重点的看法，不同年龄被试第一选择排在第一位至第三位的都是“基层群众自治制度改革”、“人民代表大会制度改革”、“中国共产党的领导体制改革”。青年、中年被试总提及频率排在第一位至第三位的都是“基层群众自治制度改革”、“人民代表大会制度改革”、“选举制度改革”，老年被试总提及频率排在第一位至第三位的是“基层群众自治制度改革”、“人民代表大会制度改革”、“中国共产党的领导体制改革”（第三位排序不同，见表3-3）。

表 3-3 **不同年龄被试对政治体制改革着重点的选择**

选项	青年				中年			
	第一选择		总提及频率		第一选择		总提及频率	
	频率	百分比	频率	百分比	频率	百分比	频率	百分比
基层自治改革	1330	41.18	1865	19.27	771	40.45	1088	19.06
民族自治改革	170	5.26	695	7.18	102	5.35	380	6.65
人大制度改革	518	16.04	1294	13.37	349	18.31	887	15.54
司法制度改革	229	7.09	954	9.86	105	5.51	590	10.33
行政制度改革	244	7.55	1050	10.85	126	6.61	569	9.97
选举制度改革	188	5.82	1116	11.53	124	6.51	718	12.58
党领导体制改革	287	8.89	983	10.16	213	11.18	645	11.30
决策体制改革	152	4.71	961	9.93	58	3.04	474	8.30
走向多党竞争	87	2.69	321	3.32	33	1.73	135	2.36
政协制度改革	25	0.77	439	4.53	25	1.31	223	3.91
合计	3230	100.00	9678	100.00	1906	100.00	5709	100.00

续表

选项	老年							
	第一选择		总提及频率					
	频率	百分比	频率	百分比				
基层自治改革	380	38.15	538	18.12				
民族自治改革	58	5.82	222	7.48				
人大制度改革	185	18.58	463	15.59				
司法制度改革	74	7.43	325	10.95				
行政制度改革	78	7.83	313	10.54				
选举制度改革	55	5.52	309	10.41				
党领导体制改革	93	9.34	335	11.28				
决策体制改革	42	4.22	267	8.99				
走向多党竞争	12	1.20	54	1.82				
政协制度改革	19	1.91	143	4.82				
合计	996	100.00	2969	100.00				

（三）不同年龄被试的政党认同比较

对不同年龄被试政党认同的差异性进行方差分析（见表3-4-1、表3-4-2、表3-4-3和图3-2），显示三个年龄段被试的政党认同得分之间差异显著，$F = 54.823$，$p < 0.001$，老年被试（$M = 3.79$，$SD = 0.60$）的得分显著高于中年被试（$M = 3.66$, $SD = 0.62$）和青年被试（$M = 3.56$，$SD = 0.63$），中年被试的得分亦显著高于青年被试。

表3-4-1　　**不同年龄被试政党认同得分的差异比较**

项目		N	均值	标准差	标准误	均值的95%置信区间		极小值	极大值
						下限	上限		
政党认同	青年	3230	3.5598	.63314	.01114	3.5379	3.5816	1.00	5.00
	中年	1908	3.6613	.61514	.01408	3.6336	3.6889	1.00	5.00
	老年	1005	3.7864	.59596	.01880	3.7495	3.8233	1.00	5.00
	总数	6143	3.6284	.62705	.00800	3.6127	3.6440	1.00	5.00

表 3-4-2 不同年龄被试政党认同得分的方差分析结果

项目		平方和	*df*	均方	*F*	显著性
政党认同	组间	42.370	2	21.185	54.823	.000
	组内	2372.615	6140	.386		
	总数	2414.985	6142			

表 3-4-3 不同年龄被试政党认同得分的多重比较

因变量	(I)年龄段	(J)年龄段	均值差(I—J)	标准误	显著性	95%置信区间	
						下限	上限
政党认同	青年	中年	-.10150*	.01795	.000	-.1367	-.0663
		老年	-.22665*	.02245	.000	-.2707	-.1826
	中年	青年	.10150*	.01795	.000	.0663	.1367
		老年	-.12515*	.02423	.000	-.1726	-.0777
	老年	青年	.22665*	.02245	.000	.1826	.2707
		中年	.12515*	.02423	.000	.0777	.1726

*. 均值差的显著性水平为 0.05。

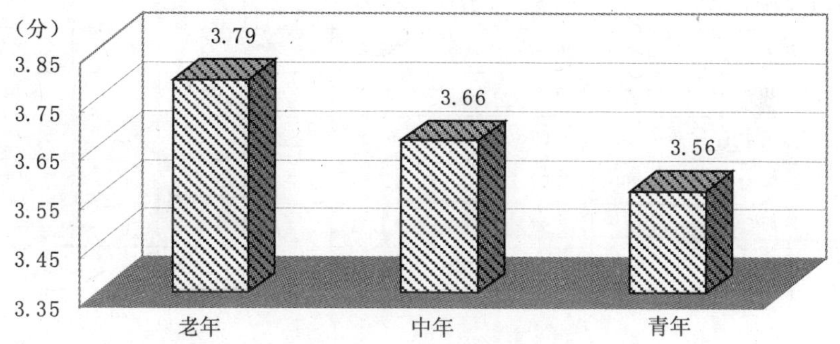

图 3-2 不同年龄被试政党认同的得分比较

对中国共产党应做事情的看法，不同年龄被试第一选择都是“保持党的先进性、纯洁性”排在第一位，“坚持反腐败”排在第二位，“坚持改革开放的基本方针和路线”排在第三位。不同年龄被试总提及频率都是“坚持反腐败”排在第一位，“保持党的先进性、纯洁性”排在第二位，但是排在第三位的，中年和老年被试是“坚持改革开放的基本方针和路线”，青年被试是“注重政策的科学化、民主化、法治化”（见表3－5）。

表3－5　　不同年龄被试对中国共产党应做事情的选择

选项	青年				中年			
	第一选择		总提及频率		第一选择		总提及频率	
	频率	百分比	频率	百分比	频率	百分比	频率	百分比
保持先进性	1463	45.33	2092	21.65	940	49.24	1364	23.88
坚持反腐败	908	28.14	2287	23.66	519	27.19	1460	25.56
坚持改革开放	403	12.49	1548	16.02	211	11.05	924	16.18
推动党内民主	81	2.51	557	5.76	49	2.57	349	6.11
提高执政能力	189	5.86	1373	14.21	113	5.92	833	14.58
注重政策质量	183	5.67	1807	18.70	77	4.03	782	13.69
合计	3227	100.00	9664	100.00	1909	100.00	5712	100.00
选项	老年							
保持先进性	494	49.20	712	23.69				
坚持反腐败	265	26.40	800	26.61				
坚持改革开放	106	10.56	483	16.07				
推动党内民主	31	3.09	200	6.65				
提高执政能力	68	6.77	411	13.67				
注重政策质量	40	3.98	400	13.31				
合计	1004	100.00	3006	100.00				

（四）不同年龄被试的身份认同比较

对不同年龄被试身份认同的差异性进行方差分析（见表3－6－1、表3－6－2、表3－6－3和图3－3），显示三个年龄段被试的身份认同得分之间差异显著，$F=11.636$，$p<0.001$，中年被试（$M=4.13$，$SD=0.65$）的得分显著低于青年被试（$M=4.23$，$SD=0.68$）和老年被试（$M=4.20$，$SD=0.63$），青年被试与老年被试之间的得分差异不显著。

表 3－6－1　不同年龄被试身份认同得分的差异比较

项目		N	均值	标准差	标准误	均值的 95% 置信区间		极小值	极大值
						下限	上限		
身份认同	青年	3230	4.2259	.67585	.01189	4.2026	4.2492	1.25	5.00
	中年	1914	4.1340	.65391	.01495	4.1047	4.1633	1.00	5.00
	老年	1006	4.1986	.63041	.01988	4.1596	4.2376	2.00	5.00
	总数	6150	4.1928	.66295	.00845	4.1763	4.2094	1.00	5.00

表 3－6－2　不同年龄被试身份认同得分的方差分析结果

项目		平方和	*df*	均方	*F*	显著性
身份认同	组间	10.193	2	5.097	11.636	.000
	组内	2692.342	6147	.438		
	总数	2702.535	6149			

表 3－6－3　不同年龄被试身份认同得分的多重比较

因变量	(I) 年龄段	(J) 年龄段	均值差 (I—J)	标准误	显著性	95% 置信区间	
						下限	上限
身份认同	青年	中年	.09192*	.01909	.000	.0545	.1293
		老年	.02737	.02390	.252	-.0195	.0742
	中年	青年	-.09192*	.01909	.000	-.1293	-.0545
		老年	-.06455*	.02577	.012	-.1151	-.0140
	老年	青年	-.02737	.02390	.252	-.0742	.0195
		中年	.06455*	.02577	.012	.0140	.1151

*. 均值差的显著性水平为 0.05。

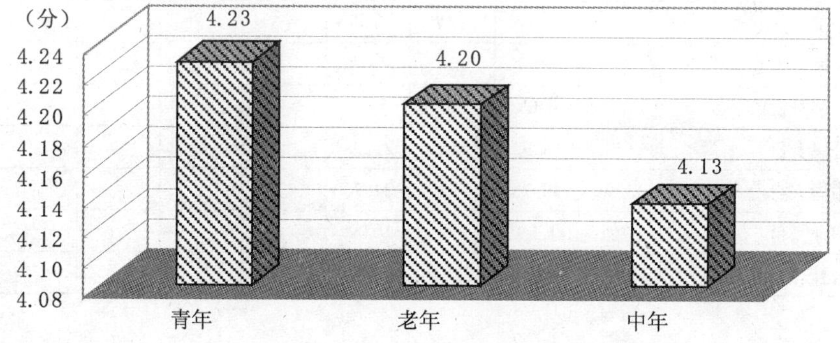

图 3－3　不同年龄被试身份认同的得分比较

不同年龄被试对身份的看重有所不同（见表3－7），第一选择青年被试排在第一位的是“中国人身份”，排在第二位的是“户籍身份”，排在第三位的是“公民身份”；中年和老年被试排在第一位的是“户籍身份”，排在第二位的是“中国人身份”，排在第三位的是“公民身份”（前两位排序不同，显示中老年人更重视户籍身份）。总提及频率不同年龄被试排在第一位至第三位的都是“中国人身份”、“公民身份”、“户籍身份”。

表3－7　　　　不同年龄被试对所看重身份的选择

选项	青年				中年			
	第一选择		总提及频率		第一选择		总提及频率	
	频率	百分比	频率	百分比	频率	百分比	频率	百分比
户籍身份	927	28.71	1534	15.86	599	31.33	1024	17.93
单位身份	165	5.11	698	7.22	76	3.98	382	6.69
干部身份	261	8.08	634	6.56	147	7.69	415	7.26
地域身份	97	3.00	534	5.52	55	2.88	302	5.29
民族身份	155	4.80	657	6.79	91	4.76	382	6.69
公民身份	559	17.31	2046	21.16	328	17.15	1232	21.57
中国人身份	955	29.58	2244	23.21	553	28.92	1340	23.46
职业身份	110	3.41	1323	13.68	63	3.29	635	11.11
合计	3229	100.00	9670	100.00	1912	100.00	5712	100.00
选项	老年							
户籍身份	312	31.08	550	18.38				
单位身份	47	4.68	191	6.38				
干部身份	68	6.77	224	7.48				
地域身份	17	1.69	134	4.48				
民族身份	41	4.09	223	7.45				
公民身份	190	18.92	658	21.98				
中国人身份	309	30.78	741	24.76				
职业身份	20	1.99	272	9.09				
合计	1004	100.00	2993	100.00				

(五)不同年龄被试的文化认同比较

对不同年龄被试文化认同的差异性进行方差分析(见表3-8-1、表3-8-2、表3-8-3和图3-4),显示三个年龄段被试的文化认同得分之间差异显著,$F = 14.003$,$p < 0.001$,老年被试($M = 3.52$,$SD = 0.56$)的得分显著高于中年被试($M = 3.44$,$SD = 0.54$)和青年被试($M = 3.42$,$SD = 0.57$),中年被试与青年被试之间的得分差异不显著。

表3-8-1 不同年龄被试文化认同得分的差异比较

项目		*N*	均值	标准差	标准误	均值的95%置信区间		极小值	极大值
						下限	上限		
文化认同	青年	3225	3.4154	.56949	.01003	3.3957	3.4351	1.00	5.00
	中年	1911	3.4373	.54234	.01241	3.4130	3.4616	1.00	5.00
	老年	1007	3.5223	.56431	.01778	3.4874	3.5572	1.33	5.00
	总数	6143	3.4397	.56151	.00716	3.4257	3.4538	1.00	5.00

表3-8-2 不同年龄被试文化认同得分的方差分析结果

项目		平方和	*df*	均方	*F*	显著性
文化认同	组间	8.793	2	4.397	14.003	.000
	组内	1927.762	6140	.314		
	总数	1936.556	6142			

表3-8-3 不同年龄被试文化认同得分的多重比较

因变量	(I)年龄段	(J)年龄段	均值差(I—J)	标准误	显著性	95%置信区间	
						下限	上限
文化认同	青年	中年	-.02189	.01618	.176	-.0536	.0098
		老年	-.10694*	.02023	.000	-.1466	-.0673
	中年	青年	.02189	.01618	.176	-.0098	.0536
		老年	-.08505*	.02182	.000	-.1278	-.0423
	老年	青年	.10694*	.02023	.000	.0673	.1466
		中年	.08505*	.02182	.000	.0423	.1278

*. 均值差的显著性水平为0.05。

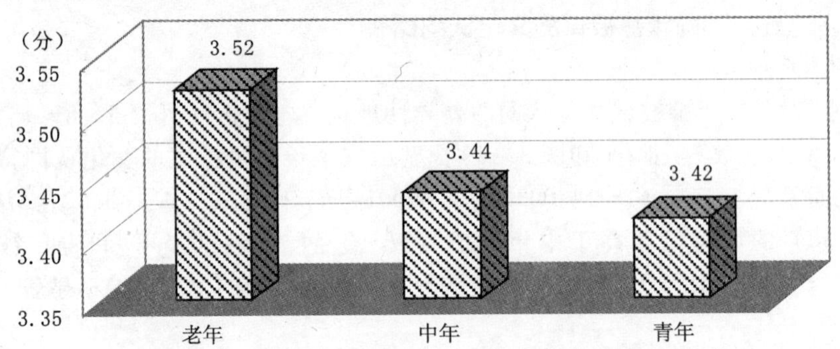

图3－4　不同年龄被试文化认同的得分比较

不同年龄被试对中国文化发展的看法，第一选择都是“多种文化融合的中国现代文化”排在第一位，“发扬光大中国传统文化”排在第二位，“以马克思主义主导中国文化发展”排在第三位；总提及频率都是“发扬光大中国传统文化”排在第一位，“多种文化融合的中国现代文化”排在第二位，“注重中国传统文化与马克思主义的结合”排在第三位（见表3－9）。

表3－9　不同年龄被试对中国文化发展的看法

选项	青年				中年			
	第一选择		总提及频率		第一选择		总提及频率	
	频率	百分比	频率	百分比	频率	百分比	频率	百分比
多种文化融合	1555	48.16	2547	26.35	869	45.47	1381	24.21
发扬传统文化	1050	32.52	2689	27.82	631	33.02	1595	27.96
马克思主义主导	276	8.55	1298	13.43	207	10.83	915	16.04
西方改造中国	82	2.54	578	5.98	46	2.41	343	6.01
马克思结合传统	212	6.56	1791	18.53	136	7.12	1066	18.69
宗教对文化影响	54	1.67	762	7.89	22	1.15	404	7.09
合计	3229	100.00	9665	100.00	1911	100.00	5704	100.00

续表

选项	老年							
	第一选择		总提及频率					
	频率	百分比	频率	百分比				
多种文化融合	422	41.91	684	22.87				
发扬传统文化	355	35.25	825	27.58				
马克思主义主导	22	12.11	526	17.59				
西方改造中国	14	1.39	135	4.51				
马克思结合传统	79	7.85	628	21.00				
宗教对文化影响	15	1.49	193	6.45				
合计	1007	100.00	2991	100.00				

（六）不同年龄被试的政策认同比较

对不同年龄被试政策认同的差异性进行方差分析（见表3－10－1、表3－10－2、表3－10－3和图3－5），显示三个年龄段被试的政策认同得分之间差异显著，$F=48.518, p<0.001$，老年被试（$M=3.74, SD=0.71$）的得分显著高于中年被试（$M=3.65$，$SD=0.68$）和青年被试（$M=3.52$，$SD=0.69$），中年被试的得分亦显著高于青年被试。

表3－10－1　　不同年龄被试政策认同得分的差异比较

项目		N	均值	标准差	标准误	均值的95%置信区间		极小值	极大值
						下限	上限		
政策认同	青年	3231	3.5157	.68776	.01210	3.4920	3.5395	1.00	5.00
	中年	1912	3.6480	.67975	.01555	3.6175	3.6785	1.00	5.00
	老年	1006	3.7372	.70753	.02231	3.6935	3.7810	1.00	5.00
	总数	6149	3.5931	.69387	.00885	3.5758	3.6105	1.00	5.00

表 3－10－2　不同年龄被试政策认同得分的方差分析结果

项目		平方和	*df*	均方	*F*	显著性
政策认同	组间	46.007	2	23.003	48.518	.000
	组内	2913.941	6146	.474		
	总数	2959.948	6148			

表 3－10－3　不同年龄被试政策认同得分的多重比较

因变量	(I) 年龄段	(J) 年龄段	均值差 (I—J)	标准误	显著性	95%置信区间	
						下限	上限
政策认同	青年	中年	-.13228*	.01987	.000	-.1712	-.0933
		老年	-.22151*	.02486	.000	-.2702	-.1728
	中年	青年	.13228*	.01987	.000	.0933	.1712
		老年	-.08923*	.02682	.001	-.1418	-.0367
	老年	青年	.22151*	.02486	.000	.1728	.2702
		中年	.08923*	.02682	.001	.0367	.1418

*. 均值差的显著性水平为 0.05。

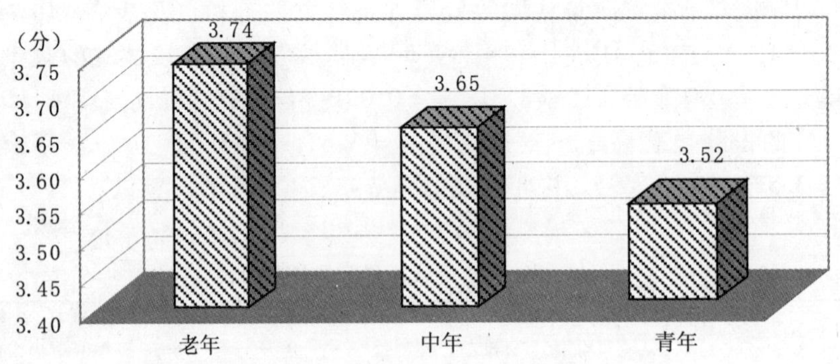

图 3－5　不同年龄被试政策认同的得分比较

对于政策的法治性、公平性、科学性、民主性、有效性，不同年龄被试都是选择“公平性”的最多，选择“民主性”的次多，但是后面三位的排序有所不同，青年被试是“有效性”、“法治性”、“科学性”，中年被试是“法治性”、“有效性”、“科学性”，老年被试是“法治性”、“科学性”、“有效性”（见表 3－11）。

表 3－11 **不同年龄被试关注政策的重点**

项目	青年		中年		老年	
	频率	有效百分比	频率	有效百分比	频率	有效百分比
法治性	372	11.52	288	15.04	169	16.78
公平性	1449	44.88	851	44.44	431	42.80
科学性	261	8.08	184	9.61	104	10.33
民主性	652	20.19	326	17.02	200	19.86
有效性	495	15.33	266	13.89	103	10.23
合计	3229	100.00	1915	100.00	1007	100.00

（七）不同年龄被试的发展认同比较

对不同年龄被试发展认同的差异性进行方差分析（见表 3－12－1、表 3－12－2、表 3－12－3 和图 3－6），显示三个年龄段被试的发展认同得分之间差异显著，$F = 7.230$，$p < 0.01$，老年被试（$M = 3.81$，$SD = 0.63$）的得分显著高于中年被试（$M = 3.73$，$SD = 0.63$）和青年被试（$M = 3.73$，$SD = 0.61$），中年被试与青年被试之间的得分差异不显著。

表 3－12－1 **不同年龄被试发展认同得分的差异比较**

项目		N	均值	标准差	标准误	均值的 95% 置信区间		极小值	极大值
						下限	上限		
发展认同	青年	3229	3.7262	.60861	.01071	3.7052	3.7472	1.00	5.00
	中年	1914	3.7308	.62796	.01435	3.7026	3.7589	1.50	5.00
	老年	1006	3.8086	.62606	.01974	3.7699	3.8474	2.00	5.00
	总数	6149	3.7411	.61818	.00788	3.7256	3.7566	1.00	5.00

表 3－12－2 **不同年龄被试发展认同得分的方差分析结果**

项目		平方和	df	均方	F	显著性
发展认同	组间	5.515	2	2.757	7.230	.001
	组内	2343.935	6146	.381		
	总数	2349.450	6148			

表 3-12-3　　不同年龄被试发展认同得分的多重比较

因变量	(I) 年龄段	(J) 年龄段	均值差 (I—J)	标准误	显著性	95%置信区间	
						下限	上限
发展认同	青年	中年	-.00465	.01781	.794	-.0396	.0303
		老年	-.08249*	.02230	.000	-.1262	-.0388
	中年	青年	.00465	.01781	.794	-.0303	.0396
		老年	-.07785*	.02405	.001	-.1250	-.0307
	老年	青年	.08249*	.02230	.000	.0388	.1262
		中年	.07785*	.02405	.001	.0307	.1250

*. 均值差的显著性水平为 0.05。

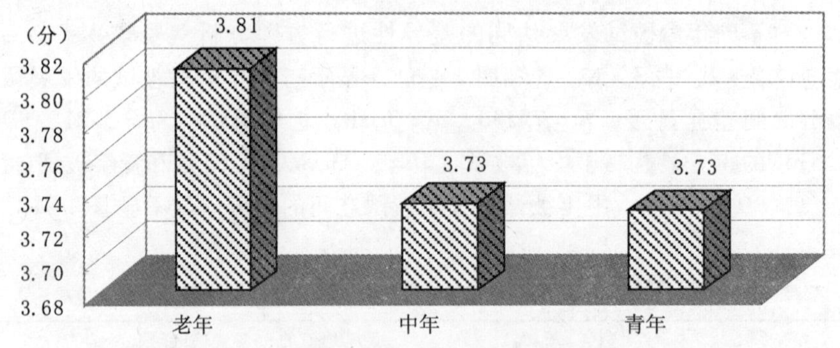

图 3-6　不同年龄被试发展认同的得分比较

对于党的建设、经济建设、社会建设、生态建设、文化建设、政治建设"六大建设"的关注，按选择比例由高到低排序，青年被试是经济建设、社会建设、生态建设、党的建设、文化建设、政治建设，中年和老年被试是经济建设、党的建设、社会建设、生态建设、文化建设、政治建设(第二位至第四位排序不同，显示中老年被试更偏重于党的建设，见表 3-13)。

表 3－13　　不同年龄被试最关注何种建设

项目	青年		中年		老年	
	频率	有效百分比	频率	有效百分比	频率	有效百分比
党的建设	346	10.70	384	20.05	268	26.64
经济建设	1446	44.72	877	45.80	408	40.56
社会建设	524	16.21	224	11.70	126	12.53
生态建设	436	13.49	201	10.50	76	7.55
文化建设	287	8.88	127	6.63	69	6.86
政治建设	194	6.00	102	5.32	59	5.86
合计	3233	100.00	1915	100.00	1006	100.00

（八）不同年龄被试政治认同总分比较

对不同年龄被试政治认同总分的差异性进行方差分析（见表 3－14－1、表 3－14－2、表 3－14－3 和图 3－7），显示三个年龄段被试的政治认同总分之间差异显著，$F=41.977$，$p<0.001$，老年被试($M=22.61$，$SD=2.32$)的得分显著高于中年被试（$M=22.09$，$SD=2.35$）和青年被试（$M=21.83$，$SD=2.40$），中年被试的得分亦显著高于青年被试。

表 3－14－1　　不同年龄被试政治认同总分的差异比较

项目		N	均值	标准差	标准误	均值的 95% 置信区间		极小值	极大值
						下限	上限		
政治认同总分	青年	3214	21.8298	2.40334	.04239	21.7466	21.9129	12.33	28.08
	中年	1896	22.0946	2.35162	.05401	21.9887	22.2005	9.83	28.67
	老年	996	22.6117	2.32199	.07357	22.4673	22.7561	12.67	28.67
	总数	6106	22.0396	2.39012	.03059	21.9796	22.0995	9.83	28.67

表 3－14－2　　不同年龄被试政治认同总分的方差分析结果

项目		平方和	df	均方	F	显著性
政治认同总分	组间	473.255	2	236.627	41.977	.000
	组内	34402.721	6103	5.637		
	总数	34875.976	6105			

表 3－14－3 不同年龄被试政治认同总分的多重比较

因变量	(I) 年龄段	(J) 年龄段	均值差 (I—J)	标准误	显著性	95% 置信区间	
						下限	上限
政治认同总分	青年	中年	-.26487*	.06875	.000	-.3997	-.1301
		老年	-.78194*	.08610	.000	-.9507	-.6132
	中年	青年	.26487*	.06875	.000	.1301	.3997
		老年	-.51707*	.09291	.000	-.6992	-.3349
	老年	青年	.78194*	.08610	.000	.6132	.9507
		中年	.51707*	.09291	.000	.3349	.6992

*. 均值差的显著性水平为 0.05。

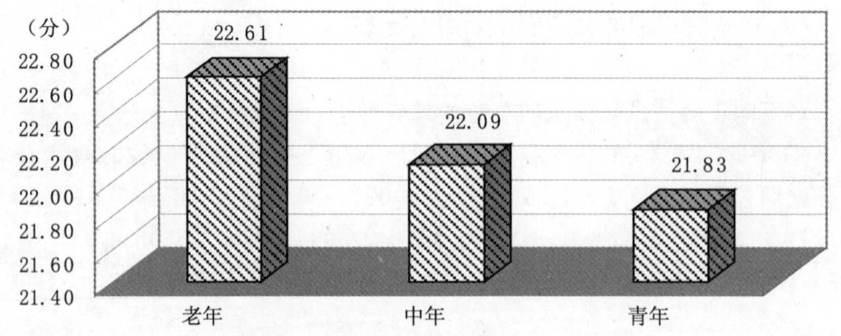

图 3－7 不同年龄被试政治认同总分比较

二 不同年龄被试的危机压力

不同年龄被试危机压力的得分情况以及六种危机压力的具体情况，可根据问卷调查的结果，分述于下。

（一）不同年龄被试危机压力的得分

调查结果显示，青年被试危机压力的总体得分在 7.33—27.00 之间，均值为 16.80，标准差为 2.64。在六种危机压力中，青年被试的政治危机压力得分在 1.00—5.00 分之间，均值为 2.58，标准差为 0.63；

经济危机压力得分在1.00—5.00分之间，均值为2.36，标准差为0.71；社会危机压力得分在1.00—5.00分之间，均值为2.88，标准差为0.70；文化危机压力得分在1.00—5.00分之间，均值为2.76，标准差为0.61；生态危机压力得分在1.00—5.00分之间，均值为3.19，标准差为0.88；国际压力得分在1.00—5.00分之间，均值为3.04，标准差为0.50（见表3-15-1）。

表3-15-1　**青年被试的危机压力总体描述统计**

项目	*N*	极小值	极大值	均值	标准差
危机压力总分	**3211**	**7.33**	**27.00**	**16.7970**	**2.64409**
政治危机压力	3228	1.00	5.00	2.5790	.63198
经济危机压力	3229	1.00	5.00	2.3592	.70807
社会危机压力	3231	1.00	5.00	2.8772	.70023
文化危机压力	3226	1.00	5.00	2.7598	.60644
生态危机压力	3231	1.00	5.00	3.1876	.87536
国际压力	3229	1.00	5.00	3.0370	.49541
有效的 *N*	3211				

调查结果显示，中年被试危机压力的总体得分在7.33—26.00之间，均值为16.37，标准差为2.67。在六种危机压力中，中年被试的政治危机压力得分在1.00—5.00分之间，均值为2.56，标准差为0.67；经济危机压力得分在1.00—5.00分之间，均值为2.28，标准差为0.70；社会危机压力得分在1.00—5.00分之间，均值为2.79，标准差为0.73；文化危机压力得分在1.00—5.00分之间，均值为2.77，标准差为0.60；生态危机压力得分在1.00—5.00分之间，均值为2.96，标准差为0.87；国际压力得分在1.00—5.00分之间，均值为3.02，标准差为0.49（见表3-15-2）。

表3-15-2　**中年被试的危机压力总体描述统计**

项目	*N*	极小值	极大值	均值	标准差
危机压力总分	**1902**	**7.33**	**26.00**	**16.3664**	**2.67328**
政治危机压力	1913	1.00	5.00	2.5588	.66809

续表

项目	N	极小值	极大值	均值	标准差
经济危机压力	1913	1.00	5.00	2.2784	.70121
社会危机压力	1914	1.00	5.00	2.7881	.73279
文化危机压力	1911	1.00	5.00	2.7701	.60386
生态危机压力	1915	1.00	5.00	2.9594	.86720
国际压力	1911	1.00	5.00	3.0166	.48660
有效的 N	1903				

调查结果显示，老年被试危机压力的总体得分在7.33—25.50之间，均值为16.15，标准差为2.65。在六种危机压力中，老年被试的政治危机压力得分在1.00—4.67分之间，均值为2.48，标准差为0.67；经济危机压力得分在1.00—4.67分之间，均值为2.25，标准差为0.68；社会危机压力得分在1.00—5.00分之间，均值为2.78，标准差为0.71；文化危机压力得分在1.00—4.75分之间，均值为2.72，标准差为0.61；生态危机压力得分在1.00—5.00分之间，均值为2.93，标准差为0.86；国际压力得分在1.00—4.67分之间，均值为2.99，标准差为0.51（见表3－15－3）。

表3－15－3　　　　**老年被试的危机压力总体描述统计**

项目	N	极小值	极大值	均值	标准差
危机压力总分	**1000**	**7.33**	**25.50**	**16.1451**	**2.65170**
政治危机压力	1007	1.00	4.67	2.4849	.66780
经济危机压力	1006	1.00	4.67	2.2462	.67558
社会危机压力	1006	1.00	5.00	2.7783	.71454
文化危机压力	1005	1.00	4.75	2.7211	.61240
生态危机压力	1007	1.00	5.00	2.9325	.85693
国际压力	1007	1.00	4.67	2.9871	.50876
有效的 N	1000				

从六种危机压力由高到低的得分排序看，中年被试和老年被试是国际压力第一，生态危机压力第二，社会危机压力第三，文化危机压力第四，政治危机压力第五，经济危机压力第六；青年被试是生态危机压力第一，

国际压力第二，社会危机压力第三，文化危机压力第四，政治危机压力第五，经济危机压力第六（前两位排序有所不同）。

（二）不同年龄被试的政治危机压力比较

对不同年龄被试政治危机压力的差异性进行方差分析（见表3-16-1、表3-16-2、表3-16-3和图3-8），显示三个年龄段被试的政治危机压力得分之间差异显著，$F=8.060$，$p<0.001$，老年被试（$M=2.48$，$SD=0.67$）的得分显著低于中年被试（$M=2.56$，$SD=0.67$）和青年被试（$M=2.58$，$SD=0.63$），中年被试与青年被试之间的得分差异不显著。

表3-16-1　　不同年龄被试政治危机压力得分的差异比较

项目		N	均值	标准差	标准误	均值的95%置信区间		极小值	极大值
						下限	上限		
政治危机压力	青年	3228	2.5790	.63198	.01112	2.5572	2.6008	1.00	5.00
	中年	1913	2.5588	.66809	.01527	2.5289	2.5888	1.00	5.00
	老年	1007	2.4849	.66780	.02104	2.4436	2.5262	1.00	4.67
	总数	6148	2.5573	.65007	.00829	2.5411	2.5736	1.00	5.00

表3-16-2　　不同年龄被试政治危机压力得分的方差分析结果

项目		平方和	df	均方	F	显著性
政治危机压力	组间	6.797	2	3.398	8.060	.000
	组内	2590.900	6145	.422		
	总数	2597.697	6147			

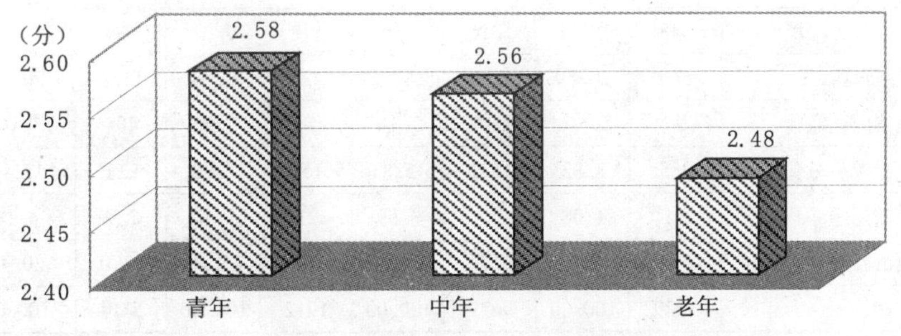

图3-8　不同年龄被试政治危机压力的得分比较

表 3－16－3　　不同年龄被试政治危机压力得分的多重比较

因变量	(I) 年龄段	(J) 年龄段	均值差 (I—J)	标准误	显著性	95% 置信区间	
						下限	上限
政治危机压力	青年	中年	.02019	.01874	.281	-.0165	.0569
		老年	.09406*	.02344	.000	.0481	.1400
	中年	青年	-.02019	.01874	.281	-.0569	.0165
		老年	.07387*	.02528	.003	.0243	.1234
	老年	青年	-.09406*	.02344	.000	-.1400	-.0481
		中年	-.07387*	.02528	.003	-.1234	-.0243

*. 均值差的显著性水平为 0.05。

不同年龄被试对可能引发政治危机因素的看法（见表 3－17），第一选择排在第一位至第三位的都是“重大决策失误”、“经济危机”、“政治腐败严重”；总提及频率排在第一位的都是“政治腐败严重”，但是青年、老年被试排在第二、三位的是“重大决策失误”、“经济危机”，中年被试排在第二、三位的是“经济危机”、“重大决策失误”。

表 3－17　　不同年龄被试对可能引发政治危机因素的看法

选项	青年				中年			
	第一选择		总提及频率		第一选择		总提及频率	
	频率	百分比	频率	百分比	频率	百分比	频率	百分比
重大决策失误	1227	38.00	1812	18.74	784	41.00	1146	20.05
国外势力颠覆	348	10.78	1316	13.61	178	9.31	693	12.13
经济危机	665	20.59	1801	18.62	423	22.12	1150	20.13
民族问题激化	96	2.97	687	7.10	57	2.98	404	7.07
社会矛盾激化	285	8.83	1531	15.83	151	7.90	912	15.96
宗教问题激化	35	1.08	347	3.59	21	1.10	239	4.18
政治腐败严重	573	17.75	2177	22.51	298	15.59	1170	20.48
合计	3229	100.00	9671	100.00	1912	100.00	5714	100.00

续表

选项	老年							
	第一选择		总提及频率					
	频率	百分比	频率	百分比				
重大决策失误	381	38.10	565	19.00				
国外势力颠覆	95	9.50	375	12.61				
经济危机	208	20.80	528	17.76				
民族问题激化	32	3.20	234	7.87				
社会矛盾激化	70	7.00	510	17.16				
宗教问题激化	7	0.70	95	3.20				
政治腐败严重	207	20.70	666	22.40				
合计	1000	100.00	2973	100.00				

（三）不同年龄被试的经济危机压力比较

对不同年龄被试经济危机压力的差异性进行方差分析（见表 3－18－1、表 3－18－2、表 3－18－3 和图 3－9），显示三个年龄段被试的经济危机压力得分之间差异显著，$F = 13.888$，$p < 0.001$，青年被试（$M = 2.36$，$SD = 0.71$）的得分显著高于中年被试（$M = 2.28$，$SD = 0.70$）和老年被试（$M = 2.25$，$SD = 0.68$），中年被试与老年被试之间的得分差异不显著。

表 3－18－1　　**不同年龄被试经济危机压力得分的差异比较**

项目		N	均值	标准差	标准误	均值的 95% 置信区间		极小值	极大值
						下限	上限		
经济危机压力	青年	3229	2.3592	.70807	.01246	2.3348	2.3837	1.00	5.00
	中年	1913	2.2784	.70121	.01603	2.2470	2.3099	1.00	5.00
	老年	1006	2.2462	.67558	.02130	2.2044	2.2880	1.00	4.67
	总数	6148	2.3156	.70218	.00896	2.2980	2.3332	1.00	5.00

表 3-18-2　不同年龄被试经济危机压力得分的方差分析结果

项目		平方和	*df*	均方	*F*	显著性
经济危机压力	组间	13.638	2	6.819	13.888	.000
	组内	3017.207	6145	.491		
	总数	3030.845	6147			

表 3-18-3　不同年龄被试经济危机压力得分的多重比较

因变量	(I) 年龄段	(J) 年龄段	均值差 (I—J)	标准误	显著性	95%置信区间	
						下限	上限
经济危机压力	青年	中年	.08080*	.02022	.000	.0412	.1204
		老年	.11305*	.02530	.000	.0635	.1627
	中年	青年	-.08080*	.02022	.000	-.1204	-.0412
		老年	.03226	.02729	.237	-.0212	.0858
	老年	青年	-.11305*	.02530	.000	-.1627	-.0635
		中年	-.03226	.02729	.237	-.0858	.0212

*. 均值差的显著性水平为 0.05。

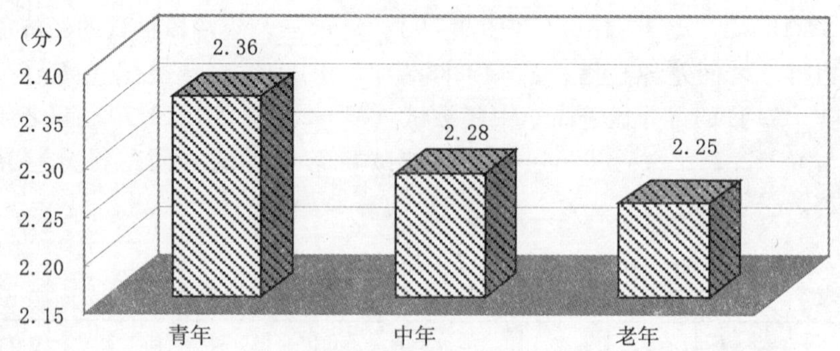

图 3-9　不同年龄被试经济危机压力的得分比较

不同年龄被试对可能引发经济危机因素的看法（见表 3-19），第一选择排在第一位至第三位的都是“收入差距过大”、“房市股市崩盘”、“经济决策失误”；总提及频率青年被试排在第一位至第三位的是“物价快速上涨”、“收入差距过大”、“经济决策失误”，中年、老年被试排在第一位至第三位的都是“收入差距过大”、“物价快速上涨”、“经济决策失误”（前两位排序不同）。

表 3－19　　不同年龄被试对可能引发经济危机因素的看法

选项	青年				中年			
	第一选择		总提及频率		第一选择		总提及频率	
	频率	百分比	频率	百分比	频率	百分比	频率	百分比
房市股市崩盘	820	25.38	1267	13.09	505	26.44	753	13.18
经济决策失误	613	18.97	1370	14.15	352	18.43	830	14.52
收入差距过大	898	27.79	2090	21.59	566	29.63	1297	22.69
国际金融危机	244	7.55	1196	12.36	121	6.34	597	10.45
政府债务	113	3.50	611	6.31	68	3.56	399	6.98
物价快速上涨	365	11.30	2182	22.54	212	11.10	1282	22.43
经济增速急减	178	5.51	964	9.96	86	4.50	557	9.75
合计	3231	100.00	9680	100.00	1910	100.00	5715	100.00
选项	老年							
房市股市崩盘	219	21.87	329	11.04				
经济决策失误	199	19.88	488	16.38				
收入差距过大	319	31.87	708	23.77				
国际金融危机	47	4.70	311	10.44				
政府债务	33	3.30	194	6.51				
物价快速上涨	129	12.89	670	22.49				
经济增速急减	55	5.49	279	9.37				
合计	1001	100.00	2979	100.00				

（四）不同年龄被试的社会危机压力比较

对不同年龄被试社会危机压力的差异性进行方差分析（见表 3－20－1、表 3－20－2、表 3－20－3 和图 3－10），显示三个年龄段被试的社会危机压力得分之间差异显著，$F=12.982$，$p<0.001$，青年被试（$M=2.88$，$SD=0.70$）的得分显著高于中年被试（$M=2.79$，$SD=0.73$）和老年被试（$M=2.78$，$SD=0.71$），中年被试与老年被试之间的得分差异不显著。

表3－20－1　不同年龄被试社会危机压力得分的差异比较

项目		N	均值	标准差	标准误	均值的95%置信区间		极小值	极大值
						下限	上限		
社会危机压力	青年	3231	2.8772	.70023	.01232	2.8531	2.9014	1.00	5.00
	中年	1914	2.7881	.73279	.01675	2.7552	2.8209	1.00	5.00
	老年	1006	2.7783	.71454	.02253	2.7341	2.8225	1.00	5.00
	总数	6151	2.8333	.71423	.00911	2.8155	2.8512	1.00	5.00

表3－20－2　不同年龄被试社会危机压力得分的方差分析结果

项目		平方和	*df*	均方	*F*	显著性
社会危机压力	组间	13.194	2	6.597	12.982	.000
	组内	3124.112	6148	.508		
	总数	3137.306	6150			

表3－20－3　不同年龄被试社会危机压力得分的多重比较

因变量	(I) 年龄段	(J) 年龄段	均值差 (I—J)	标准误	显著性	95%置信区间	
						下限	上限
社会危机压力	青年	中年	.08918*	.02056	.000	.0489	.1295
		老年	.09890*	.02574	.000	.0484	.1494
	中年	青年	-.08918*	.02056	.000	-.1295	-.0489
		老年	.00972	.02776	.726	-.0447	.0641
	老年	青年	-.09890*	.02574	.000	-.1494	-.0484
		中年	-.00972	.02776	.726	-.0641	.0447

*. 均值差的显著性水平为0.05。

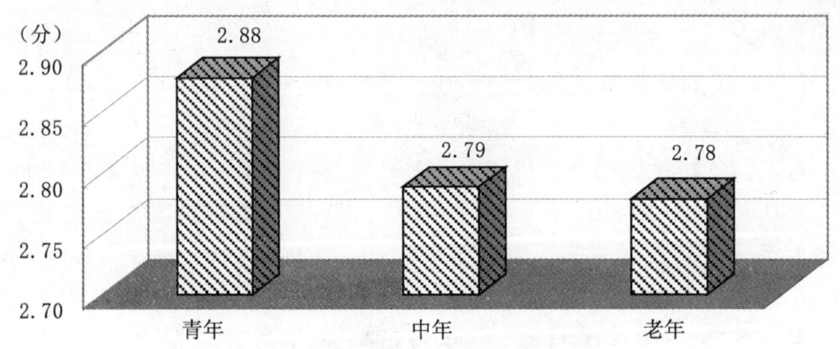

图3－10　不同年龄被试社会危机压力的得分比较

不同年龄被试对可能引发社会危机因素的看法（见表3－21），第一选择排在第一位至第三位的都是“城乡差距”、“贫富差距”、“公民地位不平等”。总提及频率青年被试排在第一位的是“贫富差距”，排在第二位的是“公民地位不平等”，排在第三位的是“城乡差距”；中年、老年被试排在第一位的是“贫富差距”，排在第二位的是“城乡差距”，排在第三位的是“公民地位不平等”（第二、三位排序不同）。

表3－21　　不同年龄被试对可能引发社会危机因素的看法

选项	青年				中年			
	第一选择		总提及频率		第一选择		总提及频率	
	频率	百分比	频率	百分比	频率	百分比	频率	百分比
城乡差距	912	28.23	1276	13.17	694	36.26	906	15.83
干群矛盾	274	8.48	810	8.37	184	9.61	551	9.62
公民地位不平等	620	19.20	1491	15.40	306	15.99	794	13.87
民族矛盾	126	3.90	549	5.67	51	2.66	257	4.49
贫富差距	664	20.56	1904	19.66	356	18.60	1173	20.49
区域差距	46	1.42	365	3.77	24	1.25	224	3.91
司法不公	284	8.79	1127	11.64	124	6.48	574	10.03
收入分配不公	172	5.33	1317	13.60	92	4.81	788	13.76
土地问题	92	2.85	581	6.00	70	3.66	347	6.06
宗教冲突	40	1.24	263	2.72	13	0.68	111	1.94
合计	3230	100.00	9683	100.00	1914	100.00	5725	100.00
选项	老年							
城乡差距	338	33.70	476	15.93				
干群矛盾	106	10.57	332	11.10				
公民地位不平等	156	15.55	397	13.28				
民族矛盾	39	3.89	144	4.82				
贫富差距	202	20.14	629	21.04				
区域差距	15	1.50	126	4.22				
司法不公	66	6.58	306	10.24				
收入分配不公	53	5.28	376	12.58				
土地问题	23	2.29	150	5.02				
宗教冲突	5	0.50	53	1.77				
合计	1003	100.00	2989	100.00				

（五）不同年龄被试的文化危机压力比较

对不同年龄被试文化危机压力的差异性进行方差分析（见表3－22－1、表3－22－2和图3－11），结果显示不同年龄段被试之间的得分差异亦不显著。

表3－22－1　不同年龄被试文化危机压力得分的差异比较

项目		*N*	均值	标准差	标准误	均值的95%置信区间		极小值	极大值
						下限	上限		
文化危机压力	青年	3226	2.7598	.60644	.01068	2.7388	2.7807	1.00	5.00
	中年	1911	2.7701	.60386	.01381	2.7431	2.7972	1.00	5.00
	老年	1005	2.7211	.61240	.01932	2.6832	2.7591	1.00	4.75
	总数	6142	2.7567	.60674	.00774	2.7415	2.7719	1.00	5.00

表3－22－2　不同年龄被试文化危机压力得分的方差分析结果

项目		平方和	*df*	均方	*F*	显著性
文化危机压力	组间	1.646	2	.823	2.237	.107
	组内	2259.080	6139	.368		
	总数	2260.726	6141			

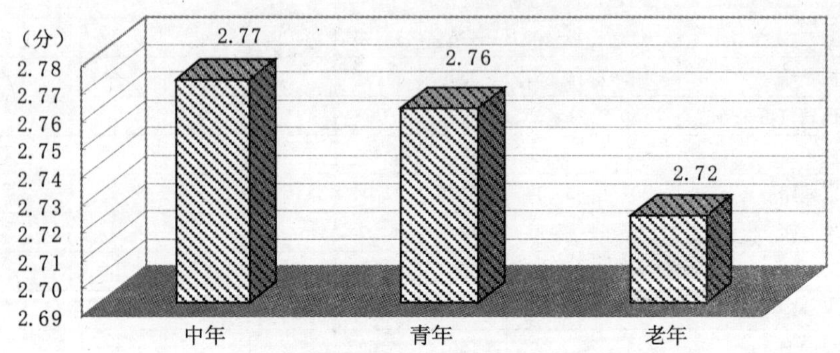

图3－11　不同年龄被试文化危机压力的得分比较

（六）不同年龄被试的生态危机压力比较

对不同年龄被试生态危机压力的差异性进行方差分析（见表3－23－1、表3－23－2、表3－23－3和图3－12），显示三个年龄段被试的生态危机压力得分之间差异显著，$F=57.468$，$p<0.001$，青年被试（$M=3.19$，$SD=0.88$）的得分显著高于中年被试（$M=2.96$，$SD=0.87$）和老年被试（$M=2.93$，$SD=0.86$），中年被试与老年被试之间的得分差异不显著。

表3－23－1　　不同年龄被试生态危机压力得分的差异比较

项目		N	均值	标准差	标准误	均值的95%置信区间		极小值	极大值
						下限	上限		
生态危机压力	青年	3231	3.1876	.87536	.01540	3.1574	3.2178	1.00	5.00
	中年	1915	2.9594	.86720	.01982	2.9206	2.9983	1.00	5.00
	老年	1007	2.9325	.85693	.02700	2.8795	2.9855	1.00	5.00
	总数	6153	3.0748	.87778	.01119	3.0529	3.0968	1.00	5.00

表3－23－2　　不同年龄被试生态危机压力得分的方差分析结果

项目		平方和	df	均方	F	显著性
生态危机压力	组间	86.962	2	43.481	57.468	.000
	组内	4653.154	6150	.757		
	总数	4740.116	6152			

表3－23－3　　不同年龄被试生态危机压力得分的多重比较

因变量	(I)年龄段	(J)年龄段	均值差(I—J)	标准误	显著性	95%置信区间	
						下限	上限
生态危机压力	青年	中年	.22812*	.02509	.000	.1789	.2773
		老年	.25509*	.03139	.000	.1935	.3166
	中年	青年	–.22812*	.02509	.000	–.2773	–.1789
		老年	.02697	.03386	.426	–.0394	.0933
	老年	青年	–.25509*	.03139	.000	–.3166	–.1935
		中年	–.02697	.03386	.426	–.0933	.0394

*. 均值差的显著性水平为0.05。

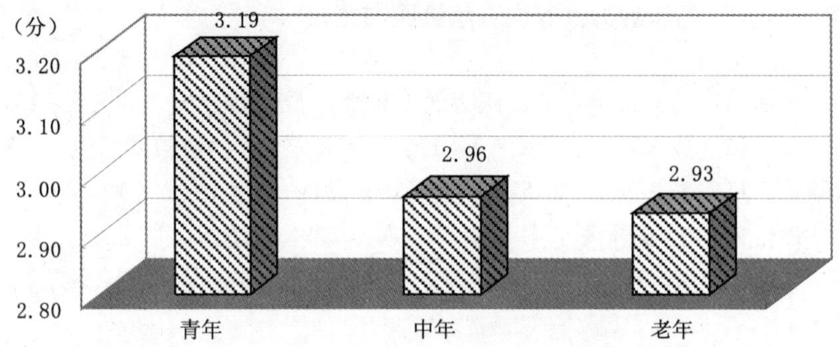

图 3－12　不同年龄被试生态危机压力的得分比较

不同年龄被试对可能引发生态危机因素的看法（见表 3－24），第一选择青年被试排在第一位至第三位的是“国民的环境保护意识较弱”、“环境污染事故”、“人口过快增长”，中年和老年被试排在第一位至第三位的是“国民的环境保护意识较弱”、“人口过快增长”、“环境污染事故”（第二、三位排序不同）；总提及频率青年和中年被试排在第一位至第三位的是“国民的环境保护意识较弱”、“环境污染事故”、“生产性污染”，老年被试排在第一位至第三位的是“国民的环境保护意识较弱”、“生产性污染”、“环境污染事故”（第二、三位排序不同）。

表 3－24　**不同年龄被试对可能引发生态危机因素的看法**

选项	青年				中年			
	第一选择		总提及频率		第一选择		总提及频率	
	频率	百分比	频率	百分比	频率	百分比	频率	百分比
环保意识弱	1295	40.08	1891	19.52	759	39.72	1051	18.36
环境污染事故	525	16.25	1501	15.49	260	13.61	799	13.96
人口过快增长	374	11.57	958	9.89	297	15.54	633	11.06
生产性污染	306	9.47	1426	14.72	169	8.84	779	13.61
生活性污染	295	9.13	1233	12.73	185	9.68	760	13.28
突发性传染病	51	1.58	509	5.25	39	2.04	389	6.79

续表

选项	青年				中年			
	第一选择		总提及频率		第一选择		总提及频率	
	频率	百分比	频率	百分比	频率	百分比	频率	百分比
重大自然灾害	219	6.78	1013	10.46	118	6.17	656	11.46
环保投入不足	166	5.14	1157	11.94	84	4.40	657	11.48
合计	3231	100.00	9688	100.00	1911	100.00	5724	100.00
选项	老年							
环保意识弱	402	39.96	581	19.39				
环境污染事故	134	13.32	408	13.62				
人口过快增长	139	13.82	325	10.85				
生产性污染	115	11.43	463	15.46				
生活性污染	81	8.05	394	13.15				
突发性传染病	16	1.59	176	5.87				
重大自然灾害	57	5.67	302	10.08				
环保投入不足	62	6.16	347	11.58				
合计	1006	100.00	2996	100.00				

（七）不同年龄被试的国际压力比较

对不同年龄被试国际压力的差异性进行方差分析（见表3－25－1、表3－25－2、表3－25－3和图3－13），显示三个年龄段被试的国际压力得分之间差异显著，$F=4.092$，$p<0.05$，青年被试（$M=3.04$，$SD=0.50$）的得分显著高于老年被试（$M=2.99$，$SD=0.51$），与中年被试（$M=3.02$，$SD=0.49$）之间的得分差异不显著，中年被试与老年被试之间的得分差异亦不显著。

表 3－25－1　　不同年龄被试国际压力得分的差异比较

项目		N	均值	标准差	标准误	均值的 95% 置信区间		极小值	极大值
						下限	上限		
国际压力	青年	3229	3.0370	.49541	.00872	3.0199	3.0541	1.00	5.00
	中年	1911	3.0166	.48660	.01113	2.9947	3.0384	1.00	5.00
	老年	1007	2.9871	.50876	.01603	2.9556	3.0186	1.00	4.67
	总数	6147	3.0224	.49516	.00632	3.0101	3.0348	1.00	5.00

表 3－25－2　　不同年龄被试国际压力得分的方差分析结果

项目		平方和	*df*	均方	*F*	显著性
国际压力	组间	2.005	2	1.002	4.092	.017
	组内	1504.897	6144	.245		
	总数	1506.902	6146			

表 3－25－3　　不同年龄被试国际压力得分的多重比较

因变量	(I) 年龄段	(J) 年龄段	均值差 (I—J)	标准误	显著性	95% 置信区间	
						下限	上限
国际压力	青年	中年	.02039	.01428	.154	-.0076	.0484
		老年	.04987*	.01786	.005	.0148	.0849
	中年	青年	-.02039	.01428	.154	-.0484	.0076
		老年	.02948	.01927	.126	-.0083	.0673
	老年	青年	-.04987*	.01786	.005	-.0849	-.0148
		中年	-.02948	.01927	.126	-.0673	.0083

*. 均值差的显著性水平为 0.05。

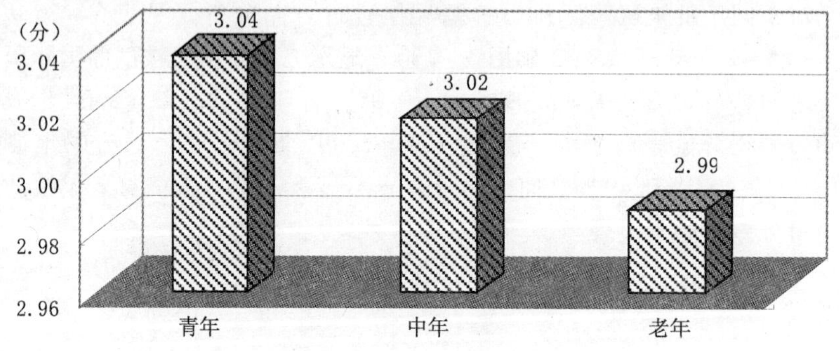

图 3－13　不同年龄被试国际压力的得分比较

不同年龄被试对中国应对国际压力做法的选择（见表3－26），第一选择排在第一位的都是“创造有利于中国的国际话语权体系”，但是第二位和第三位的排序有所不同，青年被试是“大力宣扬中国模式”、“韬光养晦，做好自己的事情”，中年被试是“大力宣扬中国模式”、“针锋相对”，老年被试是“韬光养晦，做好自己的事情”、“大力宣扬中国模式”；总提及频率不同年龄被试排在第一位至第三位的都是“创造有利于中国的国际话语权体系”、“在世界范围内争取更多的朋友”、“大力宣扬中国模式”。

表3－26　　**不同年龄被试对于应付国际压力做法的选择**

选项	青年				中年			
	第一选择		总提及频率		第一选择		总提及频率	
	频率	百分比	频率	百分比	频率	百分比	频率	百分比
中国话语体系	1470	45.55	2118	21.90	777	40.68	1093	19.14
宣扬中国模式	474	14.69	1421	14.69	288	15.08	895	15.67
加入西方阵营	116	3.59	304	3.14	85	4.45	206	3.61
建社会主义阵营	170	5.27	949	9.81	119	6.23	647	11.33
韬光养晦	374	11.59	1079	11.16	233	12.20	647	11.33
听取国外意见	121	3.75	976	10.09	65	3.40	484	8.47
针锋相对	302	9.36	1140	11.79	243	12.72	775	13.57
争取更多朋友	200	6.20	1685	17.42	100	5.24	964	16.88
合计	3227	100.00	9672	100.00	1910	100.00	5711	100.00
选项	老年							
中国话语体系	407	40.54	584	19.52				
宣扬中国模式	131	13.05	413	13.80				
加入西方阵营	39	3.88	98	3.28				
建社会主义阵营	69	6.87	310	10.36				
韬光养晦	136	13.54	398	13.30				
听取国外意见	36	3.59	280	9.36				
针锋相对	108	10.76	369	12.33				
争取更多朋友	78	7.77	540	18.05				
合计	1004	100.00	2992	100.00				

（八）不同年龄被试危机压力总分比较

对不同年龄被试危机压力总分的差异性进行方差分析（见表 3－27－1、表 3－27－2、表 3－27－3 和图 3－16），显示三个年龄段被试的危机压力总分之间差异显著，$F = 30.070$，$p < 0.001$，青年被试（$M = 16.80$，$SD = 2.64$）的得分显著高于中年被试（$M = 16.37$，$SD = 2.67$）和老年被试（$M = 16.15$，$SD = 2.65$），中年被试的得分亦显著高于老年被试。

表 3－27－1　不同年龄被试危机压力总分的差异比较

项目		N	均值	标准差	标准误	均值的 95% 置信区间		极小值	极大值
						下限	上限		
危机压力总分	青年	3211	16.7970	2.64409	.04666	16.7055	16.8885	7.33	27.00
	中年	1902	16.3664	2.67328	.06130	16.2462	16.4866	7.33	26.00
	老年	1000	16.1451	2.65170	.08385	15.9805	16.3096	7.33	25.50
	总数	6113	16.5564	2.66704	.03411	16.4895	16.6232	7.33	27.00

表 3－27－2　不同年龄被试危机压力总分的方差分析结果

项目		平方和	df	均方	F	显著性
危机压力总分	组间	423.746	2	211.873	30.070	.000
	组内	43051.615	6110	7.046		
	总数	43475.361	6112			

表 3－27－3　不同年龄被试危机压力总分的多重比较

因变量	(I) 年龄段	(J) 年龄段	均值差 (I—J)	标准误	显著性	95% 置信区间	
						下限	上限
危机压力总分	青年	中年	.43063*	.07680	.000	.2801	.5812
		老年	.65192*	.09613	.000	.4635	.8404
	中年	青年	－.43063*	.07680	.000	－.5812	－.2801
		老年	.22129*	.10369	.033	.0180	.4245
	老年	青年	－.65192*	.09613	.000	－.8404	－.4635
		中年	－.22129*	.10369	.033	－.4245	－.0180

*. 均值差的显著性水平为 0.05。

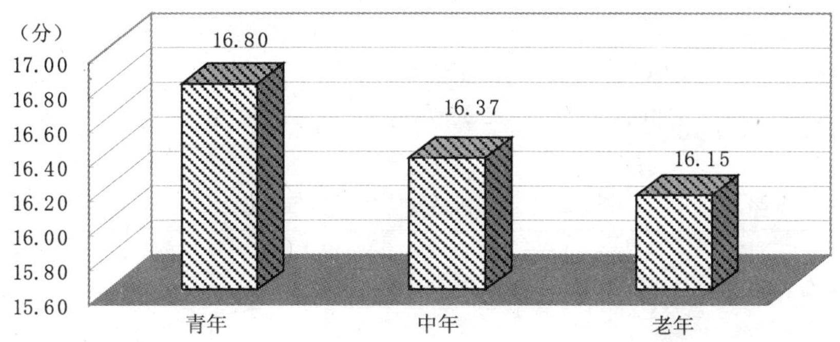

图 3－14　不同年龄被试危机压力总分比较

三　五个因素对不同年龄被试的影响

本次问卷调查涉及的权利、利益、政治沟通、政治参与和满意度五个影响因素，对不同年龄被试的影响是否有所不同，可根据调查数据作具体说明。

（一）权利认知

调查结果显示，青年被试的“权利重要性认知”得分在 1.00—5.00 分之间，均值为 3.69，标准差为 0.60；“权利保障评价”得分在 1.00—5.00 分之间，均值为 3.21，标准差为 0.55；“权利认知总分”的得分在 3.60—10.00 分之间，均值为 6.91，标准差为 0.87（见表 3－28－1）。

表 3－28－1　　**青年被试“权利认知”的总体描述统计**

项目	*N*	极小值	极大值	均值	标准差
权利重要性认知	3220	1.00	5.00	3.6937	.59760
权利保障评价	3219	1.00	5.00	3.2113	.54821
权利认知总分	3207	3.60	10.00	6.9059	.87329
有效的 *N*	3207				

调查结果显示，中年被试的“权利重要性认知”得分在1.60—5.00分之间，均值为3.64，标准差为0.60；“权利保障评价”得分在1.00—4.80分之间，均值为3.27，标准差为0.51；“权利认知总分”的得分在3.60—9.80分之间，均值为6.92，标准差为0.87（见表3－28－2）。

表3－28－2 **中年被试“权利认知”的总体描述统计**

项目	*N*	极小值	极大值	均值	标准差
权利重要性认知	1907	1.60	5.00	3.6421	.60468
权利保障评价	1902	1.00	4.80	3.2734	.50964
权利认知总分	1896	3.60	9.80	6.9173	.87118
有效的 *N*	1896				

调查结果显示，老年被试的“权利重要性认知”得分在1.80—5.00分之间，均值为3.67，标准差为0.61；“权利保障评价”得分在1.00—4.60分之间，均值为3.34，标准差为0.48；“权利认知总分”的得分在3.80—9.20分之间，均值为7.02，标准差为0.88（见表3－28－3）。

表3－28－3 **老年被试“权利认知”的总体描述统计**

项目	*N*	极小值	极大值	均值	标准差
权利重要性认知	1005	1.80	5.00	3.6687	.60675
权利保障评价	1004	1.00	4.60	3.3434	.47877
权利认知总分	1001	3.80	9.20	7.0158	.87637
有效的 *N*	1001				

对不同年龄被试权利认知各指标的差异性进行方差分析（见表3－29－1、表3－29－2、表3－29－3和图3－15），可以发现在“权利重要性认知”方面，不同年龄被试之间的差异显著，$F=4.462$，$p<0.05$，青年被试（$M=3.69$，$SD=0.60$）的得分显著高于中年被试（$M=3.64$，$SD=0.60$），与老年被试（$M=3.67$，$SD=0.61$）之间的得分差异不显著，中年被试与老年被试之间的得分差异亦不显著；在“权利保障评价”方面，不同年龄被试之间的差异显著，$F=26.419$，$p<0.001$，青年被试（$M=3.21$，$SD=0.55$）的得分显著低于中年被试（$M=3.27$，$SD=$

0.51）和老年被试（$M = 3.34$，$SD = 0.48$），中年被试的得分亦显著低于老年被试；在“权利认知总分”方面，不同年龄被试之间的差异显著，$F = 6.228$，$p < 0.01$，老年被试（$M = 7.02$，$SD = 0.88$）的得分显著高于青年被试（$M = 6.91$，$SD = 0.87$）和中年被试（$M = 6.92$，$SD = 0.87$），青年被试与中年被试之间的得分差异不显著。

表 3－29－1　　不同年龄被试权利认知得分的差异比较

项目		N	均值	标准差	标准误	均值的 95% 置信区间		极小值	极大值
						下限	上限		
权利重要性认知	青年	3220	3.6937	.59760	.01053	3.6731	3.7144	1.00	5.00
	中年	1907	3.6421	.60468	.01385	3.6149	3.6692	1.60	5.00
	老年	1005	3.6687	.60675	.01914	3.6311	3.7062	1.80	5.00
	总数	6132	3.6735	.60165	.00768	3.6585	3.6886	1.00	5.00
权利保障评价	青年	3219	3.2113	.54821	.00966	3.1924	3.2303	1.00	5.00
	中年	1902	3.2734	.50964	.01169	3.2505	3.2963	1.00	4.80
	老年	1004	3.3434	.47877	.01511	3.3138	3.3731	1.00	4.60
	总数	6125	3.2522	.52770	.00674	3.2390	3.2655	1.00	5.00
权利认知总分	青年	3207	6.9059	.87329	.01542	6.8757	6.9361	3.60	10.00
	中年	1896	6.9173	.87118	.02001	6.8781	6.9565	3.60	9.80
	老年	1001	7.0158	.87637	.02770	6.9614	7.0701	3.80	9.20
	总数	6104	6.9275	.87389	.01119	6.9055	6.9494	3.60	10.00

表 3－29－2　　不同年龄被试权利认知得分的方差分析结果

项目		平方和	df	均方	F	显著性
权利重要性认知	组间	3.226	2	1.613	4.462	.012
	组内	2216.123	6129	.362		
	总数	2219.350	6131			
权利保障评价	组间	14.593	2	7.296	26.419	.000
	组内	1690.769	6122	.276		
	总数	1705.362	6124			
权利认知总分	组间	9.496	2	4.748	6.228	.002
	组内	4651.262	6101	.762		
	总数	4660.758	6103			

表 3－29－3　　不同年龄被试权利认知得分的多重比较

因变量	(I)年龄段	(J)年龄段	均值差(I—J)	标准误	显著性	95%置信区间	
						下限	上限
权利重要性认知	青年	中年	.05167*	.01738	.003	.0176	.0857
		老年	.02507	.02173	.249	-.0175	.0677
	中年	青年	-.05167*	.01738	.003	-.0857	-.0176
		老年	-.02660	.02344	.256	-.0725	.0193
	老年	青年	-.02507	.02173	.249	-.0677	.0175
		中年	.02660	.02344	.256	-.0193	.0725
权利保障评价	青年	中年	-.06209*	.01520	.000	-.0919	-.0323
		老年	-.13212*	.01900	.000	-.1694	-.0949
	中年	青年	.06209*	.01520	.000	.0323	.0919
		老年	-.07003*	.02050	.001	-.1102	-.0298
	老年	青年	.13212*	.01900	.000	.0949	.1694
		中年	.07003*	.02050	.001	.0298	.1102
权利认知总分	青年	中年	-.01141	.02529	.652	-.0610	.0382
		老年	-.10989*	.03161	.001	-.1719	-.0479
	中年	青年	.01141	.02529	.652	-.0382	.0610
		老年	-.09848*	.03411	.004	-.1654	-.0316
	老年	青年	.10989*	.03161	.001	.0479	.1719
		中年	.09848*	.03411	.004	.0316	.1654

*. 均值差的显著性水平为 0.05。

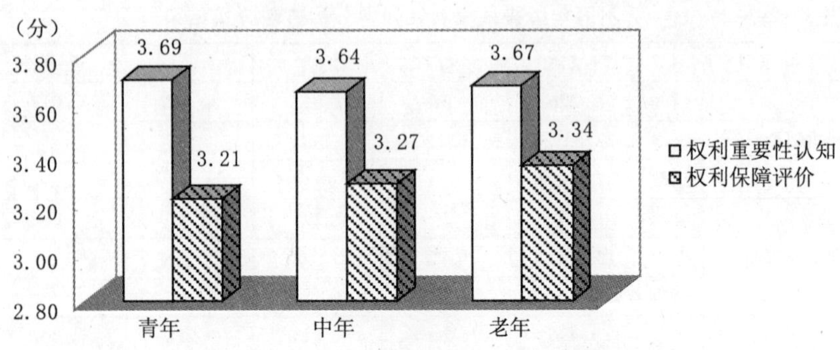

图 3－15　不同年龄被试权利认知的得分比较

在法律、政治、经济、社会、文化五类权利对个人发展的重要性方面，按选择比例由高到低排序，青年被试是经济权利、法律权利、社会权利、文化权利、政治权利，中年被试是经济权利、法律权利、社会权利、政治权利、文化权利，老年被试是经济权利、法律权利、政治权利、社会权利、文化权利（后三位排序不同，见表3－30）。

表3－30　**不同年龄被试认为最重要的权利**

项目	青年		中年		老年	
	频率	有效百分比	频率	有效百分比	频率	有效百分比
法律权利	837	26.00	486	25.53	272	27.12
经济权利	972	30.20	644	33.82	309	30.81
社会权利	644	20.01	310	16.28	147	14.65
文化权利	390	12.11	209	10.98	100	9.97
政治权利	376	11.68	255	13.39	175	17.45
合计	3219	100.00	1904	100.00	1003	100.00

在法律、政治、经济、社会、文化五类权利的保障方面，按选择比例由高到低排序，青年被试是法律权利、经济权利、文化权利、社会权利、政治权利，中年被试是法律权利、经济权利、社会权利、文化权利、政治权利，老年被试是法律权利、经济权利、社会权利、政治权利、文化权利（第三位至第五位排序不同，见表3－31）。

表3－31　**不同年龄被试认为保障最好的权利**

项目	青年		中年		老年	
	频率	有效百分比	频率	有效百分比	频率	有效百分比
法律权利	1089	33.83	606	31.94	307	30.61
经济权利	614	19.08	460	24.25	236	23.53
社会权利	527	16.37	330	17.40	176	17.55
文化权利	566	17.58	273	14.39	113	11.26
政治权利	423	13.14	228	12.02	171	17.05
合计	3219	100.00	1897	100.00	1003	100.00

（二）利益认知

调查结果显示，青年被试的“公民利益取向”得分在1.00—5.00分之间，均值为2.79，标准差为0.61；“利益保障评价”得分在1.00—5.00分之间，均值为3.09，标准差为0.69；“利益认知总分”的得分在2.40—9.20分之间，均值为5.89，标准差为0.76（见表3－32－1）。

表3－32－1　青年被试“利益认知”的总体描述统计

项目	N	极小值	极大值	均值	标准差
公民利益取向	3222	1.00	5.00	2.7931	.61329
利益保障评价	3224	1.00	5.00	3.0939	.69258
利益认知总分	3215	2.40	9.20	5.8885	.76127
有效的 N	3215				

调查结果显示，中年被试的“公民利益取向”得分在1.00—4.80分之间，均值为2.76，标准差为0.56；“利益保障评价”得分在1.00—5.00分之间，均值为3.22，标准差为0.64；“利益认知总分”的得分在2.40—9.20分之间，均值为5.98，标准差为0.70（见表3－32－2）。

表3－32－2　中年被试“利益认知”的总体描述统计

项目	N	极小值	极大值	均值	标准差
公民利益取向	1907	1.00	4.80	2.7647	.56411
利益保障评价	1903	1.00	5.00	3.2180	.63656
利益认知总分	1899	2.40	9.20	5.9816	.69771
有效的 N	1899				

调查结果显示，老年被试的“公民利益取向”得分在1.00—4.80分之间，均值为2.68，标准差为0.58；“利益保障评价”得分在1.00—5.00分之间，均值为3.29，标准差为0.63；“利益认知总分”的得分在3.40—8.40分之间，均值为5.97，标准差为0.71（见表3－32－3）。

表 3 - 32 - 3　　老年被试"利益认知"的总体描述统计

项目	N	极小值	极大值	均值	标准差
公民利益取向	1003	1.00	4.80	2.6810	.58113
利益保障评价	1000	1.00	5.00	3.2896	.62728
利益认知总分	997	3.40	8.40	5.9665	.71369
有效的 N	997				

对不同年龄被试利益认知各指标的差异性进行方差分析（见表 3 - 33 - 1、表 3 - 33 - 2、表 3 - 33 - 3 和图 3 - 16），可以发现在"公民利益取向"方面，不同年龄被试之间的差异显著，$F = 13.679$，$p < 0.001$，老年被试（$M = 2.68$，$SD = 0.58$）的得分显著低于青年被试（$M = 2.79$，$SD = 0.61$）和中年被试（$M = 2.76$，$SD = 0.56$），青年被试与中年被试之间的得分差异不显著；在"利益保障评价"方面，不同年龄被试之间的差异显著，$F = 42.012$，$p < 0.001$，青年被试（$M = 3.09$，$SD = 0.69$）的得分显著低于中年被试（$M = 3.22$，$SD = 0.64$）和老年被试（$M = 3.29$，$SD = 0.63$），中年被试的得分亦显著低于老年被试；在"利益认知总分"方面，不同年龄被试之间的差异显著，$F = 11.057$，$p < 0.05$，青年被试（$M = 5.89$，$SD = 0.76$）的得分显著低于中年被试（$M = 5.98$，$SD = 0.70$）和老年被试（$M = 5.97$，$SD = 0.71$），中年被试与老年被试之间的得分差异不显著。

表 3 - 33 - 1　　不同年龄被试利益认知得分的差异比较

项目		N	均值	标准差	标准误	均值的 95% 置信区间		极小值	极大值
						下限	上限		
公民利益取向	青年	3222	2.7931	.61329	.01080	2.7719	2.8143	1.00	5.00
	中年	1907	2.7647	.56411	.01292	2.7393	2.7900	1.00	4.80
	老年	1003	2.6810	.58113	.01835	2.6449	2.7170	1.00	4.80
	总数	6132	2.7659	.59438	.00759	2.7510	2.7808	1.00	5.00
利益保障评价	青年	3224	3.0939	.69258	.01220	3.0699	3.1178	1.00	5.00
	中年	1903	3.2180	.63656	.01459	3.1894	3.2466	1.00	5.00
	老年	1000	3.2896	.62728	.01984	3.2507	3.3285	1.00	5.00
	总数	6127	3.1644	.66963	.00855	3.1476	3.1811	1.00	5.00

续表

项目		N	均值	标准差	标准误	均值的95%置信区间		极小值	极大值
						下限	上限		
利益认知总分	青年	3215	5.8885	.76127	.01343	5.8621	5.9148	2.40	9.20
	中年	1899	5.9816	.69771	.01601	5.9502	6.0130	2.40	9.20
	老年	997	5.9665	.71369	.02260	5.9221	6.0109	3.40	8.40
	总数	6111	5.9301	.73556	.00941	5.9117	5.9486	2.40	9.20

表3－33－2　　不同年龄被试利益认知得分的方差分析结果

项目		平方和	*df*	均方	*F*	显著性
公民利益取向	组间	9.625	2	4.813	13.679	.000
	组内	2156.411	6129	.352		
	总数	2166.037	6131			
利益保障评价	组间	37.179	2	18.590	42.012	.000
	组内	2709.756	6124	.442		
	总数	2746.935	6126			
利益认知总分	组间	11.926	2	5.963	11.057	.000
	组内	3293.878	6108	.539		
	总数	3305.804	6110			

表3－33－3　　不同年龄被试利益认知得分的多重比较

因变量	(I)年龄段	(J)年龄段	均值差(I—J)	标准误	显著性	95%置信区间	
						下限	上限
公民利益取向	青年	中年	.02845	.01714	.097	－.0051	.0620
		老年	.11215*	.02145	.000	.0701	.1542
	中年	青年	－.02845	.01714	.097	－.0620	.0051
		老年	.08370*	.02314	.000	.0383	.1291
	老年	青年	－.11215*	.02145	.000	－.1542	－.0701
		中年	－.08370*	.02314	.000	－.1291	－.0383

续表

因变量	(I) 年龄段	(J) 年龄段	均值差 (I—J)	标准误	显著性	95%置信区间	
						下限	上限
利益保障评价	青年	中年	-.12411*	.01923	.000	-.1618	-.0864
		老年	-.19574*	.02408	.000	-.2429	-.1485
	中年	青年	.12411*	.01923	.000	.0864	.1618
		老年	-.07163*	.02598	.006	-.1226	-.0207
	老年	青年	.19574*	.02408	.000	.1485	.2429
		中年	.07163*	.02598	.006	.0207	.1226
利益认知总分	青年	中年	-.09311*	.02125	.000	-.1348	-.0514
		老年	-.07804*	.02662	.003	-.1302	-.0259
	中年	青年	.09311*	.02125	.000	.0514	.1348
		老年	.01507	.02872	.600	-.0412	.0714
	老年	青年	.07804*	.02662	.003	.0259	.1302
		中年	-.01507	.02872	.600	-.0714	.0412

*. 均值差的显著性水平为 0.05。

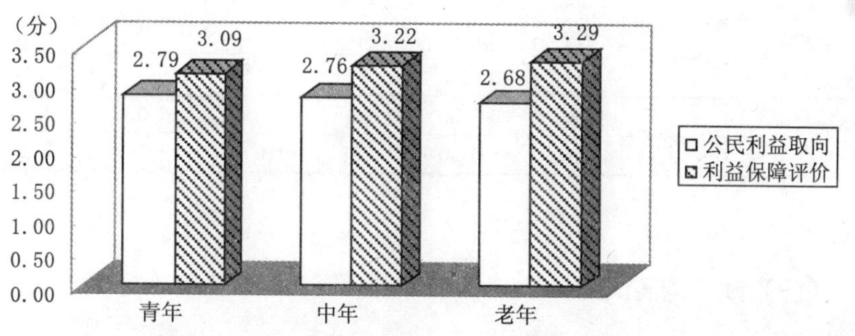

图 3-16　不同年龄被试利益认知的得分比较

在经济、社会、文化、政治四类利益的重要性方面，按选择比例由高到低排序，青年和中年被试都是经济利益、社会利益、文化利益、政治利益，老年被试是经济利益、社会利益、政治利益、文化利益（第三、四位排序不同，见表 3-34）。

表3-34 不同年龄被试认为最重要的利益

项目	青年		中年		老年	
	频率	有效百分比	频率	有效百分比	频率	有效百分比
经济利益	1485	46.19	945	49.50	450	45.09
社会利益	932	28.99	512	26.82	237	23.75
文化利益	458	14.25	233	12.21	120	12.02
政治利益	340	10.57	219	11.47	191	19.14
合计	3215	100.00	1909	100.00	998	100.00

在经济、社会、文化、政治四类利益的保障方面，按选择比例由高到底排序，青年和中年被试都是经济利益、社会利益、文化利益、政治利益，老年被试是经济利益、社会利益、政治利益、文化利益（第三、四位排序不同，见表3-35）。

表3-35 不同年龄被试认为保障最好的利益

项目	青年		中年		老年	
	频率	有效百分比	频率	有效百分比	频率	有效百分比
经济利益	952	29.67	679	35.91	384	38.44
社会利益	929	28.95	552	29.19	259	25.92
文化利益	862	26.86	397	20.99	171	17.12
政治利益	466	14.52	263	13.91	185	18.52
合计	3209	100.00	1891	100.00	999	100.00

（三）政治沟通认知

调查结果显示，青年被试的“政治沟通重要性认知”得分在1.40—5.00分之间，均值为3.62，标准差为0.48；“政治沟通现状评价”得分在1.00—5.00分之间，均值为3.12，标准差为0.74；“政治沟通认知总分”的得分在3.60—10.00分之间，均值为6.75，标准差为0.94（见表3-36-1）。

表 3-36-1　　青年被试“政治沟通认知”的总体描述统计

项目	N	极小值	极大值	均值	标准差
政治沟通重要性认知	3223	1.40	5.00	3.6230	.47854
政治沟通现状评价	3225	1.00	5.00	3.1238	.74164
政治沟通认知总分	3215	3.60	10.00	6.7476	.93706
有效的 N	3215				

调查结果显示，中年被试的“政治沟通重要性认知”得分在 1.60—5.00 分之间，均值为 3.57，标准差为 0.49；“政治沟通现状评价”得分在 1.00—5.00 分之间，均值为 3.25，标准差为 0.70；“政治沟通认知总分”的得分在 3.60—10.00 分之间，均值为 6.82，标准差为 0.93（见表 3-36-2）。

表 3-36-2　　中年被试“政治沟通认知”的总体描述统计

项目	N	极小值	极大值	均值	标准差
政治沟通重要性认知	1909	1.60	5.00	3.5727	.48752
政治沟通现状评价	1909	1.00	5.00	3.2455	.69577
政治沟通认知总分	1905	3.60	10.00	6.8183	.92775
有效的 N	1905				

调查结果显示，老年被试的“政治沟通重要性认知”得分在 1.80—5.00 分之间，均值为 3.65，标准差为 0.48；“政治沟通现状评价”得分在 1.00—5.00 分之间，均值为 3.28，标准差为 0.71；“政治沟通认知总分”的得分在 3.60—10.00 分之间，均值为 6.93，标准差为 0.93（见表 3-36-3）。

表 3-36-3　　老年被试“政治沟通认知”的总体描述统计

项目	N	极小值	极大值	均值	标准差
政治沟通重要性认知	1006	1.80	5.00	3.6451	.47529
政治沟通现状评价	1001	1.00	5.00	3.2825	.70633
政治沟通认知总分	1000	3.60	10.00	6.9282	.93462
有效的 N	1000				

对不同年龄被试政治沟通认知各指标的差异性进行方差分析（见表3－37－1、表3－37－2、表3－37－3和图3－17），可以发现在“政治沟通重要性认知”方面，不同年龄被试之间的差异显著，$F=9.612$，$p<0.001$，中年被试（$M=3.57$，$SD=0.49$）的得分显著低于青年被试（$M=3.62$，$SD=0.48$）和老年被试（$M=3.65$，$SD=0.48$），青年被试与老年被试之间的得分差异不显著；在“政治沟通现状评价”方面，不同年龄被试之间的差异显著，$F=27.361$，$p<0.001$，青年被试（$M=3.12$，$SD=0.74$）的得分显著低于中年被试（$M=3.25$，$SD=0.70$）和老年被试（$M=3.28$，$SD=0.71$），中年被试与老年被试之间的得分差异不显著；在“政治沟通认知总分”方面，不同年龄被试之间的差异显著，$F=14.845$，$p<0.001$，青年被试（$M=6.75$，$SD=0.94$）的得分显著低于中年被试（$M=6.82$，$SD=0.93$）和老年被试（$M=6.93$，$SD=0.93$），中年被试的得分亦显著低于老年被试。

表3－37－1　**不同年龄被试政治沟通认知得分的差异比较**

项目		N	均值	标准差	标准误	均值的95%置信区间		极小值	极大值
						下限	上限		
政治沟通重要性认知	青年	3223	3.6230	.47854	.00843	3.6065	3.6395	1.40	5.00
	中年	1909	3.5727	.48752	.01116	3.5508	3.5945	1.60	5.00
	老年	1006	3.6451	.47529	.01499	3.6157	3.6745	1.80	5.00
	总数	6138	3.6110	.48150	.00615	3.5989	3.6230	1.40	5.00
政治沟通现状评价	青年	3225	3.1238	.74164	.01306	3.0982	3.1495	1.00	5.00
	中年	1909	3.2455	.69577	.01592	3.2142	3.2767	1.00	5.00
	老年	1001	3.2825	.70633	.02233	3.2387	3.3263	1.00	5.00
	总数	6135	3.1876	.72502	.00926	3.1694	3.2057	1.00	5.00
政治沟通认知总分	青年	3215	6.7476	.93706	.01653	6.7152	6.7800	3.60	10.00
	中年	1905	6.8183	.92775	.02126	6.7766	6.8600	3.60	10.00
	老年	1000	6.9282	.93462	.02956	6.8702	6.9862	3.60	10.00
	总数	6120	6.7991	.93588	.01196	6.7757	6.8226	3.60	10.00

表 3－37－2　　不同年龄被试政治沟通认知得分的方差分析结果

项目		平方和	*df*	均方	*F*	显著性
政治沟通重要性认知	组间	4.444	2	2.222	9.612	.000
	组内	1418.376	6135	.231		
	总数	1422.820	6137			
政治沟通现状评价	组间	28.520	2	14.260	27.361	.000
	组内	3195.854	6132	.521		
	总数	3224.374	6134			
政治沟通认知总分	组间	25.887	2	12.943	14.845	.000
	组内	5333.588	6117	.872		
	总数	5359.475	6119			

表 3－37－3　　不同年龄被试政治沟通认知得分的多重比较

因变量	(I) 年龄段	(J) 年龄段	均值差 (I—J)	标准误	显著性	95% 置信区间	
						下限	上限
政治沟通重要性认知	青年	中年	.05037*	.01389	.000	.0231	.0776
		老年	−.02211	.01737	.203	−.0561	.0119
	中年	青年	−.05037*	.01389	.000	−.0776	−.0231
		老年	−.07247*	.01873	.000	−.1092	−.0358
	老年	青年	.02211	.01737	.203	−.0119	.0561
		中年	.07247*	.01873	.000	.0358	.1092
政治沟通现状评价	青年	中年	−.12162*	.02085	.000	−.1625	−.0808
		老年	−.15867*	.02612	.000	−.2099	−.1075
	中年	青年	.12162*	.02085	.000	.0808	.1625
		老年	−.03705	.02817	.189	−.0923	.0182
	老年	青年	.15867*	.02612	.000	.1075	.2099
		中年	.03705	.02817	.189	−.0182	.0923
政治沟通认知总分	青年	中年	−.07065*	.02700	.009	−.1236	−.0177
		老年	−.18058*	.03381	.000	−.2469	−.1143
	中年	青年	.07065*	.02700	.009	.0177	.1236
		老年	−.10993*	.03646	.003	−.1814	−.0384
	老年	青年	.18058*	.03381	.000	.1143	.2469
		中年	.10993*	.03646	.003	.0384	.1814

*. 均值差的显著性水平为 0.05。

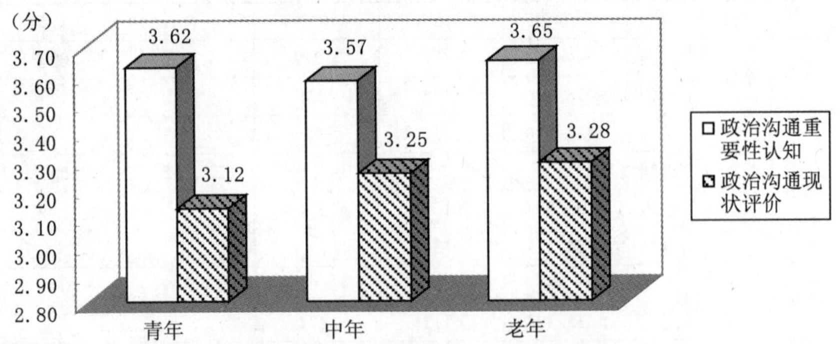

图 3－17　不同年龄被试政治沟通认知的得分比较

不同年龄被试对政府与百姓沟通最重要做法的选择（见表 3－38），在六个选项中，青年被试选择"政府愿意与民众沟通"的人最多，第二是"政府的公信力"，第三是"为沟通提供必要的法律保障"，第四是"媒体愿意提供相互沟通的平台"，第五是"公民个人有强烈的沟通愿望"，选择"社会团体和社会组织有参与沟通的意愿"的人最少；中年被试选择"政府的公信力"的人最多，第二是"政府愿意与民众沟通"，第三是"公民个人有强烈的沟通愿望"，第四是"为沟通提供必要的法律保障"，第五是"媒体愿意提供相互沟通的平台"，选择"社会团体和社会组织有参与沟通的意愿"的人最少；老年被试选择"政府愿意与民众沟通"的人最多，第二是"政府的公信力"，第三是"公民个人有强烈的沟通愿望"，第四是"为沟通提供必要的法律保障"，第五是"媒体愿意提供相互沟通的平台"，选择"社会团体和社会组织有参与沟通的意愿"的人最少（前五位排序不同）。

表 3－38　不同年龄被试认为政府与百姓沟通最重要的做法

项目	青年		中年		老年	
	频率	有效百分比	频率	有效百分比	频率	有效百分比
公民有强烈沟通愿望	386	11.94	348	18.19	165	16.42
媒体愿意提供沟通平台	416	12.87	245	12.81	128	12.74
社会组织有参与沟通意愿	237	7.33	139	7.27	58	5.77

续表

项目	青年		中年		老年	
	频率	有效百分比	频率	有效百分比	频率	有效百分比
为沟通提供法律保障	578	17.89	281	14.69	160	15.92
政府的公信力	765	23.67	453	23.68	216	21.49
政府愿意沟通	850	26.30	447	23.36	278	27.66
合计	3232	100.00	1913	100.00	1005	100.00

不同年龄被试对突发事件中信息处理最重要做法的选择（见表3－39），青年和老年被试选择“政府及时发布准确的信息”的最多，第二是“媒体及时发布准确的信息”，第三是“政府有效控制各种信息发布”，选择“公民个人及时发布获得的信息”的人最少；中年被试选择“政府及时发布准确的信息”的最多，第二是“媒体及时发布准确的信息”，第三是“公民个人及时发布获得的信息”，选择“政府有效控制各种信息发布”的人最少（第三、四位排序有所不同，显示中年被试对公民个人作用的关注程度不同于青年和老年被试）。

表3－39　　不同年龄被试认为突发事件中信息处理最重要的做法

项目	青年		中年		老年	
	频率	有效百分比	频率	有效百分比	频率	有效百分比
公民及时公布获得的信息	339	10.52	286	15.00	107	10.65
媒体及时发布准确信息	762	23.66	418	21.92	181	18.03
政府及时发布准确信息	1630	50.61	953	49.97	584	58.17
政府有效控制信息发布	490	15.21	250	13.11	132	13.15
合计	3221	100.00	1907	100.00	1004	100.00

（四）政治参与行为

调查结果显示，青年被试的“政治参与认知”得分在1.60—5.00分之间，均值为3.10，标准差为0.45；“实际政治参与”得分在1.00—5.00分之间，均值为3.07，标准差为0.68；“政治参与行为总分”的得分在3.00—9.60分之间，均值为6.17，标准差为0.87（见表3-40-1）。

表3-40-1　青年被试“政治参与行为”的总体描述统计

项目	N	极小值	极大值	均值	标准差
政治参与认知	3228	1.60	5.00	3.0960	.44531
实际政治参与	3217	1.00	5.00	3.0698	.68429
政治参与行为总分	3213	3.00	9.60	6.1661	.86699
有效的N	3213				

调查结果显示，中年被试的“政治参与认知”得分在1.60—5.00分之间，均值为3.10，标准差为0.47；“实际政治参与”得分在1.00—5.00分之间，均值为3.07，标准差为0.67；“政治参与行为总分”的得分在2.80—10.00分之间，均值为6.17，标准差为0.88（见表3-40-2）。

表3-40-2　中年被试“政治参与行为”的总体描述统计

项目	N	极小值	极大值	均值	标准差
政治参与认知	1903	1.60	5.00	3.1022	.46618
实际政治参与	1906	1.00	5.00	3.0673	.67485
政治参与行为总分	1895	2.80	10.00	6.1683	.88465
有效的N	1895				

调查结果显示，老年被试的“政治参与认知”得分在1.40—4.80分之间，均值为3.14，标准差为0.48；“实际政治参与”得分在1.00—5.00分之间，均值为3.11，标准差为0.69；“政治参与行为总分”的得分在3.60—9.40分之间，均值为6.25，标准差为0.90（见表3-40-3）。

表 3－40－3　　老年被试“政治参与行为”的总体描述统计

项目	N	极小值	极大值	均值	标准差
政治参与认知	1005	1.40	4.80	3.1351	.48154
实际政治参与	1002	1.00	5.00	3.1102	.68923
政治参与行为总分	1000	3.60	9.40	6.2456	.89845
有效的 N	1000				

对不同年龄被试政治参与行为各指标的差异性进行方差分析（见表 3－41－1、表 3－41－2、表 3－41－3 和图 3－18），显示在“政治参与认知”方面和“实际政治参与”方面，不同年龄被试两两之间的得分差异均不显著；在“政治参与行为总分”方面，不同年龄被试之间的得分差异显著，$F=3.361$，$p<0.05$，老年被试（$M=6.25$，$SD=0.90$）的得分显著高于青年被试（$M=6.17$，$SD=0.87$）和中年被试（$M=6.17$，$SD=0.88$），青年被试与中年被试之间的得分差异不显著。

表 3－41－1　　不同年龄被试政治参与行为得分的差异比较

项目		N	均值	标准差	标准误	均值的 95% 置信区间		极小值	极大值
						下限	上限		
政治参与认知	青年	3228	3.0960	.44531	.00784	3.0806	3.1113	1.60	5.00
	中年	1903	3.1022	.46618	.01069	3.0812	3.1231	1.60	5.00
	老年	1005	3.1351	.48154	.01519	3.1053	3.1649	1.40	4.80
	总数	6136	3.1043	.45806	.00585	3.0928	3.1158	1.40	5.00
实际政治参与	青年	3217	3.0698	.68429	.01206	3.0462	3.0935	1.00	5.00
	中年	1906	3.0673	.67485	.01546	3.0369	3.0976	1.00	5.00
	老年	1002	3.1102	.68923	.02177	3.0675	3.1529	1.00	5.00
	总数	6125	3.0756	.68224	.00872	3.0585	3.0927	1.00	5.00
政治参与行为总分	青年	3213	6.1661	.86699	.01530	6.1361	6.1961	3.00	9.60
	中年	1895	6.1683	.88465	.02032	6.1285	6.2082	2.80	10.00
	老年	1000	6.2456	.89845	.02841	6.1898	6.3014	3.60	9.40
	总数	6108	6.1798	.87804	.01123	6.1578	6.2019	2.80	10.00

表 3-41-2　不同年龄被试政治参与行为得分的方差分析结果

项目		平方和	*df*	均方	*F*	显著性
政治参与认知	组间	1.187	2	.594	2.831	.059
	组内	1286.059	6133	.210		
	总数	1287.246	6135			
实际政治参与	组间	1.438	2	.719	1.545	.213
	组内	2848.972	6122	.465		
	总数	2850.411	6124			
政治参与行为总分	组间	5.178	2	2.589	3.361	.035
	组内	4703.057	6105	.770		
	总数	4708.235	6107			

表 3-41-3　不同年龄被试政治参与行为得分的多重比较

因变量	(I) 年龄段	(J) 年龄段	均值差 (I—J)	标准误	显著性	95%置信区间	
						下限	上限
政治参与认知	青年	中年	-.00618	.01323	.640	-.0321	.0198
		老年	-.03915*	.01654	.018	-.0716	-.0067
	中年	青年	.00618	.01323	.640	-.0198	.0321
		老年	-.03297	.01786	.065	-.0680	.0020
	老年	青年	.03915*	.01654	.018	.0067	.0716
		中年	.03297	.01786	.065	-.0020	.0680
实际政治参与	青年	中年	.00256	.01972	.897	-.0361	.0412
		老年	-.04036	.02468	.102	-.0887	.0080
	中年	青年	-.00256	.01972	.897	-.0412	.0361
		老年	-.04292	.02662	.107	-.0951	.0093
	老年	青年	.04036	.02468	.102	-.0080	.0887
		中年	.04292	.02662	.107	-.0093	.0951
政治参与行为总分	青年	中年	.00220	.02542	.931	-.0520	.0476
		老年	-.07946*	.03178	.012	-.1418	-.0172
	中年	青年	.00220	.02542	.931	-.0476	.0520
		老年	-.07726*	.03431	.024	-.1445	-.0100
	老年	青年	.07946*	.03178	.012	.0172	.1418
		中年	.07726*	.03431	.024	.0100	.1445

*. 均值差的显著性水平为 0.05。

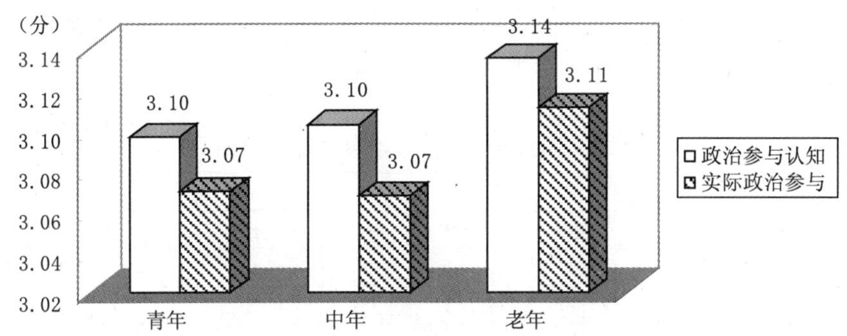

图3-18　不同年龄被试政治参与行为的得分比较

对于选举参与、自治参与、政策参与、维权参与、社团参与、网络参与六类参与，哪一类最为重要，按选择比例由高到低排序，青年被试是选举参与、自治参与、社团参与、维权参与、政策参与、网络参与，中年被试是选举参与、自治参与、社团参与、政策参与、维权参与、网络参与，老年被试是选举参与、自治参与、政策参与、社团参与、维权参与、网络参与（第三位至第五位排序不同，见表3-42）。

表3-42　**不同年龄被试认为最重要的政治参与**

项目	青年		中年		老年	
	频率	百分比	频率	百分比	频率	百分比
参加各种选举	1270	39.36	1009	52.88	544	54.02
参加基层群众自治	653	20.24	329	17.24	168	16.68
参与政策讨论	276	8.55	173	9.07	97	9.63
以上访等形式维权	394	12.21	166	8.70	85	8.44
参与社会团体活动	442	13.69	188	9.86	96	9.54
在互联网发表个人意见	192	5.95	43	2.25	17	1.69
合计	3227	100.00	1908	100.00	1007	100.00

对于选举参与、自治参与、政策参与、维权参与、社团参与、网络参与六类参与，哪一类最能发挥作用，按选择比例由高到低排序，青年被试是选举参与、自治参与、社团参与、维权参与、政策参与、网络参与，中年被试是选举参与、自治参与、社团参与、政策参与、维权参与、网络参

与，老年被试是选举参与、自治参与、政策参与、社团参与、维权参与、网络参与（第三位至第五位排序不同，见表3－43）。

表3－43 不同年龄被试认为哪一类政治参与最能发挥作用

项目	青年		中年		老年	
	频率	百分比	频率	百分比	频率	百分比
参加各种选举	1147	35.51	937	49.06	518	51.65
参加基层群众自治	726	22.48	351	18.38	187	18.64
参与政策讨论	255	7.89	196	10.26	107	10.67
以上访等形式维权	381	11.80	165	8.64	67	6.68
参与社会团体活动	478	14.80	205	10.73	100	9.97
在互联网发表个人意见	243	7.52	56	2.93	24	2.39
合计	3230	100.00	1910	100.00	1003	100.00

（五）公民满意度

调查结果显示，青年被试的“个人生活满意度”得分在1.00—5.00分之间，均值为3.29，标准差为0.64；“公共服务满意度”得分在1.00—5.00分之间，均值为3.08，标准差为0.64；“公民满意度总分”的得分在2.00—10.00分之间，均值为6.37，标准差为1.07（见表3－44－1）。

表3－44－1 青年被试“公民满意度”的总体描述统计

项目	*N*	极小值	极大值	均值	标准差
个人生活满意度	3228	1.00	5.00	3.2884	.64264
公共服务满意度	3222	1.00	5.00	3.0820	.64062
公民满意度总分	3217	2.00	10.00	6.3700	1.07006
有效的 *N*	3217				

调查结果显示，中年被试的“个人生活满意度”得分在1.00—5.00分之间，均值为3.37，标准差为0.65；“公共服务满意度”得分在1.00—5.00分之间，均值为3.13，标准差为0.61；“公民满意度总分”的得分在

2.60—10.00 分之间，均值为6.50，标准差为1.05（见表3－44－2）。

表3－44－2　　中年被试“公民满意度”的总体描述统计

项目	*N*	极小值	极大值	均值	标准差
个人生活满意度	1901	1.00	5.00	3.3685	.64606
公共服务满意度	1908	1.00	5.00	3.1278	.61196
公民满意度总分	1897	2.60	10.00	6.4992	1.04686
有效的 *N*	1897				

调查结果显示，老年被试的“个人生活满意度”得分在1.00—5.00分之间，均值为3.49，标准差为0.66；“公共服务满意度”得分在1.00—5.00分之间，均值为3.22，标准差为0.64；“公民满意度总分”的得分在2.80—10.00分之间，均值为6.71，标准差为1.11（见表3－44－3）。

表3－44－3　　老年被试“公民满意度”的总体描述统计

项目	*N*	极小值	极大值	均值	标准差
个人生活满意度	1003	1.00	5.00	3.4893	.65661
公共服务满意度	1002	1.00	5.00	3.2228	.64401
公民满意度总分	998	2.80	10.00	6.7096	1.10611
有效的 *N*	998				

对不同年龄被试公民满意度各指标的差异性进行方差分析（见表3－45－1、表3－45－2、表3－45－3和图3－19），显示在“个人生活满意度”方面，不同年龄被试之间的得分差异显著，$F=38.698$，$p<0.001$，青年被试（$M=3.29$，$SD=0.64$）的得分显著低于中年被试（$M=3.37$，$SD=0.65$）和老年被试（$M=3.49$，$SD=0.66$），中年被试的得分亦显著低于老年被试；在“公共服务满意度”方面，不同年龄被试之间的得分差异显著，$F=19.183$，$p<0.001$，青年被试（$M=3.08$，$SD=0.64$）的得分显著低于中年被试（$M=3.13$，$SD=0.61$）和老年被试（$M=3.22$，$SD=0.64$），中年被试的得分亦显著低于老年被试；在“公民满意度总分”方面，不同年龄被试之间的得分差异显著，$F=39.816$，$p<0.001$，

青年被试（$M=6.37$，$SD=1.07$）的得分显著低于中年被试（$M=6.50$，$SD=1.05$）和老年被试（$M=6.71$，$SD=1.11$），中年被试的得分亦显著低于老年被试。

表3-45-1 不同年龄被试公民满意度得分的差异比较

项目		N	均值	标准差	标准误	均值的95%置信区间		极小值	极大值
						下限	上限		
个人生活满意度	青年	3228	3.2884	.64264	.01131	3.2662	3.3105	1.00	5.00
	中年	1901	3.3685	.64606	.01482	3.3395	3.3976	1.00	5.00
	老年	1003	3.4893	.65661	.02073	3.4486	3.5300	1.00	5.00
	总数	6132	3.3461	.64996	.00830	3.3298	3.3624	1.00	5.00
公共服务满意度	青年	3222	3.0820	.64062	.01129	3.0599	3.1041	1.00	5.00
	中年	1908	3.1278	.61196	.01401	3.1003	3.1553	1.00	5.00
	老年	1002	3.2228	.64401	.02034	3.1828	3.2627	1.00	5.00
	总数	6132	3.1192	.63428	.00810	3.1034	3.1351	1.00	5.00
公民满意度总分	青年	3217	6.3700	1.07006	.01887	6.3330	6.4070	2.00	10.00
	中年	1897	6.4992	1.04686	.02404	6.4521	6.5463	2.60	10.00
	老年	998	6.7096	1.10611	.03501	6.6409	6.7783	2.80	10.00
	总数	6112	6.4655	1.07569	.01376	6.4386	6.4925	2.00	10.00

表3-45-2 不同年龄被试公民满意度得分的方差分析结果

项目		平方和	df	均方	F	显著性
个人生活满意度	组间	32.299	2	16.150	38.698	.000
	组内	2557.757	6129	.417		
	总数	2590.056	6131			
公共服务满意度	组间	15.344	2	7.672	19.183	.000
	组内	2451.225	6129	.400		
	总数	2466.569	6131			
公民满意度总分	组间	90.988	2	45.494	39.816	.000
	组内	6980.076	6109	1.143		
	总数	7071.063	6111			

表 3-45-3　　不同年龄被试公民满意度得分的多重比较

因变量	(I)年龄段	(J)年龄段	均值差(I—J)	标准误	显著性	95%置信区间	
						下限	上限
个人生活满意度	青年	中年	-.08019*	.01868	.000	-.1168	-.0436
		老年	-.20098*	.02335	.000	-.2468	-.1552
	中年	青年	.08019*	.01868	.000	.0436	.1168
		老年	-.12079*	.02521	.000	-.1702	-.0714
	老年	青年	.20098*	.02335	.000	.1552	.2468
		中年	.12079*	.02521	.000	.0714	.1702
公共服务满意度	青年	中年	-.04578*	.01827	.012	-.0816	-.0100
		老年	-.14076*	.02288	.000	-.1856	-.0959
	中年	青年	.04578*	.01827	.012	.0100	.0816
		老年	-.09498*	.02467	.000	-.1433	-.0466
	老年	青年	.14076*	.02288	.000	.0959	.1856
		中年	.09498*	.02467	.000	.0466	.1433
公民满意度总分	青年	中年	-.12924*	.03094	.000	-.1899	-.0686
		老年	-.33965*	.03873	.000	-.4156	-.2637
	中年	青年	.12924*	.03094	.000	.0686	.1899
		老年	-.21041*	.04180	.000	-.2924	-.1285
	老年	青年	.33965*	.03873	.000	.2637	.4156
		中年	.21041*	.04180	.000	.1285	.2924

*. 均值差的显著性水平为 0.05。

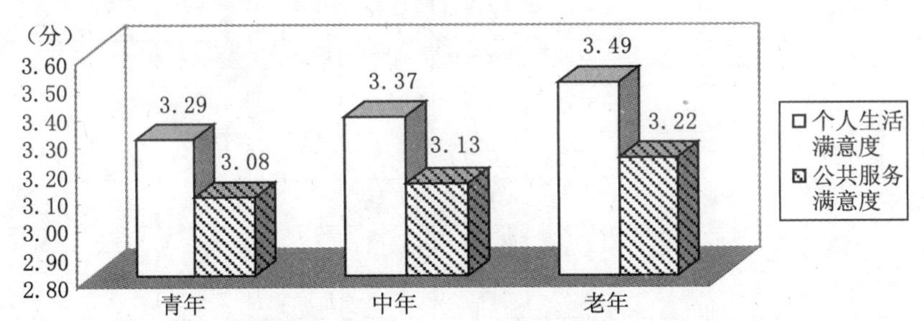

图 3-19　不同年龄被试公民满意度的得分比较

不同年龄被试满意的公共服务项目（见表 3-46），第一选择排在第一位至第三位的都是“基本公共教育”、“社会保险”、“基本医疗卫生”；

总提及频率青年被试排在第一位至第三位的是“基本公共教育”、“基本医疗卫生”、“社会保险”，中年和老年被试排在第一位至第三位的是“基本医疗卫生”、“社会保险”、“基本公共教育”。

表3-46　　不同年龄被试满意的公共服务

选项	青年				中年			
	第一选择		总提及频率		第一选择		总提及频率	
	频率	百分比	频率	百分比	频率	百分比	频率	百分比
基本公共教育	1154	35.80	1695	17.54	601	31.48	919	16.10
劳动就业服务	332	10.30	902	9.34	162	8.49	514	9.00
社会保险	622	19.29	1462	15.13	433	22.68	969	16.97
基本社会服务	119	3.69	730	7.55	49	2.57	362	6.34
基本医疗卫生	414	12.84	1546	16.00	322	16.87	1104	19.34
人口和计划生育	112	3.47	624	6.46	71	3.72	340	5.96
基本住房保障	124	3.85	707	7.32	73	3.82	431	7.55
公共文化体育	69	2.14	489	5.06	39	2.04	229	4.01
残疾人服务	69	2.14	373	3.86	24	1.26	171	3.00
社会安全	209	6.48	1134	11.74	135	7.07	670	11.73
合计	3224	100.00	9662	100.00	1909	100.00	5709	100.00
选项	老年							
基本公共教育	288	28.71	445	14.86				
劳动就业服务	71	7.08	218	7.28				
社会保险	288	28.71	573	19.14				
基本社会服务	37	3.69	217	7.25				
基本医疗卫生	176	17.55	620	20.71				
人口和计划生育	17	1.69	164	5.48				
基本住房保障	43	4.29	245	8.18				
公共文化体育	13	1.30	118	3.94				
残疾人服务	15	1.50	85	2.84				
社会安全	55	5.48	309	10.32				
合计	1003	100.00	2994	100.00				

对于“六大建设”中最满意的建设，按照选择比例由高到低排序，青年被试是经济建设、社会建设、党的建设、文化建设、生态建设、政治建设，中年和老年被试是经济建设、党的建设、社会建设、文化建设、生态建设、政治建设（第二位至第六位排序不同，见表3－47）。

表3－47 **不同年龄被试最满意哪种建设**

项目	青年		中年		老年	
	频率	有效百分比	频率	有效百分比	频率	有效百分比
党的建设	535	16.60	463	24.22	297	29.55
经济建设	1112	34.50	697	36.45	378	37.61
社会建设	582	18.06	313	16.37	131	13.03
生态建设	375	11.64	189	9.88	69	6.87
文化建设	463	14.36	190	9.94	84	8.36
政治建设	156	4.84	60	3.14	46	4.58
合计	3223	100.00	1912	100.00	1005	100.00

四 不同年龄被试的政治认同与危机压力差异

通过本章的数据分析，可以对不同年龄被试在政治认同、危机压力以及影响因素等方面所反映出来的差异，作一个简单的小结。

在本次问卷调查涉及的六种认同中，体制认同、政党认同、文化认同、政策认同、发展认同五种认同呈现的都是老年被试的得分最高（见表3－48，表中括号内的数字，代表不同年龄被试得分高低的排序，下同），并且老年被试这五种认同的得分都显著高于中年被试和青年被试（中年被试尽管这五种认同的得分均高于青年被试，但是得分差异显著的只有体制政党和政策三种认同）；只有身份认同呈现的是青年被试的得分最高，并且其得分显著高于中年被试（老年被试的得分亦显著高于中年被试），但是青年被试与老年被试之间的得分差异不显著。由此显示的总体状况是，年龄的增长对政治认同水平的提高应有重要的作用，因为反映在政治认同总分上的，恰是年龄越长得分越高的基本状态（青年被试的得分显著低于中年被试，中年被试的得分显著低于老年被试)。

表 3-48 **不同年龄被试政治认同得分排序比较**

项目	青年	中年	老年
体制认同	3.38 (3)	3.47 (2)	3.55 (1)
政党认同	3.56 (3)	3.66 (2)	3.79 (1)
身份认同	4.23 (1)	4.13 (3)	4.20 (2)
文化认同	3.42 (3)	3.44 (2)	3.52 (1)
政策认同	3.52 (3)	3.65 (2)	3.74 (1)
发展认同	3.73 (2)	3.73 (2)	3.81 (1)
政治认同总分	**21.83 (3)**	**22.09 (2)**	**22.61 (1)**

在本次问卷调查涉及的六种危机压力中，政治危机压力、经济危机压力、社会危机压力、生态危机压力、国际压力都是青年被试得分最高（见表 3-49），并且青年被试这五种压力的得分都显著高于老年被试（青年被试的经济危机压力、社会危机压力、生态危机压力得分亦显著高于中年被试，但是中年被试只是政治危机压力显著高于老年被试，其他得分的差异性均未达到显著水平），只有文化危机压力中年被试的得分最高，但是其得分只显著地高于老年被试，与青年被试之间的得分差异不显著（青年被试与老年被试之间的得分差异亦不显著）。由此显示的总体状况是，年龄越长危机压力越低，因为反映在危机压力总分上的，恰是青年被试的得分显著高于中年被试，中年被试的得分显著高于老年被试。

表 3-49 **不同年龄被试危机压力得分排序比较**

项目	青年	中年	老年
政治危机压力	2.58 (1)	2.56 (2)	2.48 (3)
经济危机压力	2.36 (1)	2.28 (2)	2.25 (3)
社会危机压力	2.88 (1)	2.79 (2)	2.78 (3)
文化危机压力	2.76 (2)	2.77 (1)	2.72 (3)
生态危机压力	3.19 (1)	2.96 (2)	2.93 (3)
国际压力	3.04 (1)	3.02 (2)	2.99 (3)
危机压力总分	**16.80 (1)**	**16.37 (2)**	**16.15 (3)**

在本次问卷调查涉及的影响政治认同和危机压力的五个因素中，有四个因素的总分（权利认知、政治沟通认知、政治参与行为、公民满意度）老年被试得分最高，中年被试得分次高，青年被试得分最低（见表3－50），并且老年被试这四个因素的总分均显著高于青年被试和中年被试，中年被试只是政治沟通认知、公民满意度两个因素的总分显著高于青年被试。在利益认知总分上，尽管中年被试的得分最高，老年被试的得分次之，但是两者之间的得分差异不显著，并且两者的得分均显著高于青年被试；由此显示的总体状况应是，年龄越长对权利、利益、政治沟通认知的水平越高，政治参与行为也越多，满意度也越高。

表3－50　**不同年龄被试五个影响因素得分排序比较**

项目	青年	中年	老年
权利认知	6.91（3）	6.92（2）	7.02（1）
利益认知	5.89（3）	5.98（1）	5.97（2）
政治沟通认知	6.75（3）	6.82（2）	6.93（1）
政治参与行为	6.17（2）	6.17（2）	6.25（1）
公民满意度	6.37（3）	6.50（2）	6.71（1）

由此形成的不同年龄被试政治认同与危机压力的基本关系是，在不同年龄被试中，老年被试的五个因素得分较高，政治认同的水平最高，危机压力最低；中年被试的五个因素得分居中，政治认同的水平居中，危机压力亦居中；青年被试的五个因素得分最低，政治认同水平最低，危机压力最高。

第四章

政治认同与危机压力的差异比较:学历

“政治认同与政治稳定”问卷调查以三类学历对应三个公民群体：初中及以下为低学历，高中（含中专）为中等学历，大专及以上为高学历。在调查中有4名被试的学历信息缺失，在有学历信息的6155份数据中，初中及以下学历被试（低学历被试，在本章的表格中均标注为“初中”）3403人，有效百分比为55.29%；高中（含中专）学历被试（中等学历被试，在本章的表格中均标注为“高中”）1553人，有效百分比为25.23%；大专及以上（含本科、研究生）学历被试（高学历被试，在本章的表格中均标注为“大专”）1199人，有效百分比为19.48%。根据问卷调查的数据，可以比较不同学历被试的政治认同和危机压力状况。

一　不同学历被试的政治认同

不同学历被试政治认同的得分情况以及六种认同的具体情况，可根据问卷调查的结果，分述于下。

（一）不同学历被试政治认同的得分

调查结果显示，初中及以下学历被试政治认同的总体得分在11.50—28.67之间，均值为22.04，标准差为2.27。在六种认同中，初中及以下被试的体制认同得分在1.00—5.00分之间，均值为3.49，标准差为0.50；政党认同得分在1.00—5.00分之间，均值为3.65，标准差为

0.60；身份认同得分在1.00—5.00分之间，均值为4.15，标准差为0.65；文化认同得分在1.00—5.00分之间，均值为3.40，标准差为0.56；政策认同得分在1.00—5.00分之间，均值为3.64，标准差为0.68；发展认同得分在1.00—5.00分之间，均值为3.71，标准差为0.62（见表4－1－1）。

表4－1－1 初中及以下学历被试政治认同的描述统计

项目	*N*	极小值	极大值	均值	标准差
政治认同总分	**3371**	**11.50**	**28.67**	**22.0443**	**2.27435**
体制认同	3398	1.00	5.00	3.4912	.50091
政党认同	3395	1.00	5.00	3.6470	.59769
身份认同	3399	1.00	5.00	4.1469	.64849
文化认同	3396	1.00	5.00	3.4024	.56006
政策认同	3398	1.00	5.00	3.6368	.67628
发展认同	3398	1.00	5.00	3.7112	.62318
有效的 *N*	3371				

调查结果显示，高中学历被试政治认同的总体得分在13.33—28.08之间，均值为22.08，标准差为2.43。在六种认同中，高中学历被试的体制认同得分在1.00—5.00分之间，均值为3.41，标准差为0.56；政党认同得分在1.00—5.00分之间，均值为3.62，标准差为0.65；身份认同得分在1.25—5.00分之间，均值为4.23，标准差为0.67；文化认同得分在1.33—5.00分之间，均值为3.48，标准差为0.55；政策认同得分在1.00—5.00分之间，均值为3.58，标准差为0.70；发展认同得分在1.50—5.00分之间，均值为3.75，标准差为0.60（见表4－1－2）。

表4－1－2 高中学历被试政治认同的描述统计

项目	*N*	极小值	极大值	均值	标准差
政治认同总分	**1539**	**13.33**	**28.08**	**22.0772**	**2.42952**
体制认同	1552	1.00	5.00	3.4055	.55574
政党认同	1549	1.00	5.00	3.6236	.64778
身份认同	1552	1.25	5.00	4.2294	.66806

续表

项目	*N*	极小值	极大值	均值	标准差
文化认同	1547	1.33	5.00	3.4768	.54884
政策认同	1552	1.00	5.00	3.5823	.70141
发展认同	1551	1.50	5.00	3.7487	.60241
有效的 *N*	1539				

调查结果显示，大专及以上学历被试政治认同的总体得分在9.38—28.08之间，均值为21.97，标准差为2.65。在六种认同中，大专及以上学历被试的体制认同得分在1.00—5.00分之间，均值为3.32，标准差为0.60；政党认同得分在1.00—5.00分之间，均值为3.58，标准差为0.68；身份认同得分在1.25—5.00分之间，均值为4.28，标准差为0.69；文化认同得分在1.00—5.00分之间，均值为3.50，标准差为0.57；政策认同得分在1.00—5.00分之间，均值为3.48，标准差为0.72；发展认同得分在2.00—5.00分之间，均值为3.82，标准差为0.62（见表4－1－3）。

表4－1－3　**大专及以上学历被试政治认同的描述统计**

项目	*N*	极小值	极大值	均值	标准差
政治认同总分	**1195**	**9.38**	**28.08**	**21.9724**	**2.64592**
体制认同	1198	1.00	5.00	3.3225	.59949
政党认同	1198	1.00	5.00	3.5810	.67667
身份认同	1198	1.25	5.00	4.2753	.68623
文化认同	1199	1.00	5.00	3.4965	.57329
政策认同	1198	1.00	5.00	3.4822	.72086
发展认同	1199	2.00	5.00	3.8153	.61769
有效的 *N*	1195				

六种认同的得分由高到低排序，初中及以下学历被试是身份认同第一，发展认同第二，政党认同第三，政策认同第四，体制认同第五，文化认同第六；高中学历被试是身份认同第一，发展认同第二，政党认同第三，政策认同第四，文化认同第五，体制认同第六，大专及以上学历被试是身份认同第一，发展认同第二，政党认同第三，文化认同第四，政策认

同第五，体制认同第六（后三位排序有所不同）。

（二）不同学历被试的体制认同比较

对不同学历被试体制认同的差异性进行方差分析（见表4－2－1、表4－2－2、表4－2－3和图4－1），显示不同学历被试的体制认同得分之间差异显著，$F=47.480$，$p<0.001$，初中及以下学历被试（$M=3.49$，$SD=0.50$）的得分显著高于高中学历被试（$M=3.41$，$SD=0.56$）和大专以上学历被试（$M=3.32$，$SD=0.60$），高中学历被试的得分亦显著高于大专及以上学历被试。

表4－2－1　　不同学历被试体制认同得分的差异比较

项目		*N*	均值	标准差	标准误	均值的95%置信区间		极小值	极大值
						下限	上限		
体制认同	初中	3398	3.4912	.50091	.00859	3.4743	3.5080	1.00	5.00
	高中	1552	3.4055	.55574	.01411	3.3778	3.4332	1.00	5.00
	大专	1198	3.3225	.59949	.01732	3.2885	3.3565	1.00	5.00
	总数	6148	3.4367	.53945	.00688	3.4232	3.4502	1.00	5.00

表4－2－2　　不同学历被试体制认同得分的方差分析结果

项目		平方和	*df*	均方	*F*	显著性
体制认同	组间	27.222	2	13.611	47.480	.000
	组内	1761.567	6145	.287		
	总数	1788.789	6147			

表4－2－3　　不同学历被试体制认同得分的多重比较

因变量	(I)学历	(J)学历	均值差(I—J)	标准误	显著性	95%置信区间	
						下限	上限
体制认同	初中	高中	.08567*	.01640	.000	.0535	.1178
		大专	.16869*	.01799	.000	.1334	.2040
	高中	初中	-.08567*	.01640	.000	-.1178	-.0535
		大专	.08302*	.02059	.000	.0427	.1234
	大专	初中	-.16869*	.01799	.000	-.2040	-.1334
		高中	-.08302*	.02059	.000	-.1234	-.0427

*. 均值差的显著性水平为0.05。

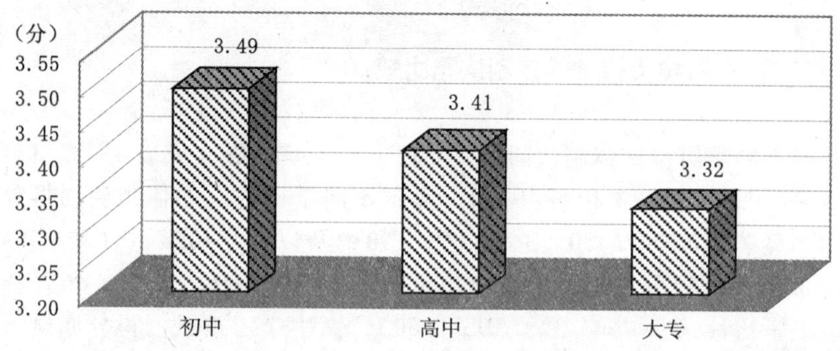

图4－1　不同学历被试体制认同的得分比较

对政治体制改革着重点的看法，不同学历被试第一选择排在第一位至第三位的都是“基层群众自治制度改革”、“人民代表大会制度改革”、“中国共产党的领导体制改革”。不同学历被试总提及频率排在第一位的都是“基层群众自治制度改革”，但排在第二位和第三位的，初中及以下学历被试是“人民代表大会制度改革”、“中国共产党的领导体制改革”，高中学历被试是“人民代表大会制度改革”、“选举制度改革”，大专及以上学历被试是“行政管理制度改革”、“选举制度改革”（见表4－3）。

表4－3　不同学历被试对政治体制改革着重点的选择

选项	初中				高中			
	第一选择		总提及频率		第一选择		总提及频率	
	频率	百分比	频率	百分比	频率	百分比	频率	百分比
基层自治改革	1450	42.81	2017	19.91	618	39.90	859	18.52
民族自治改革	167	4.93	738	7.28	95	6.13	324	6.98
人大制度改革	625	18.45	1578	15.57	258	16.65	631	13.60
司法制度改革	182	5.37	934	9.22	113	7.30	498	10.73
行政制度改革	208	6.14	990	9.77	126	8.13	492	10.61
选举制度改革	189	5.58	1134	11.19	89	5.75	563	12.14
党领导体制改革	335	9.89	1143	11.28	136	8.78	480	10.35

续表

选项	初中				高中			
	第一选择		总提及频率		第一选择		总提及频率	
	频率	百分比	频率	百分比	频率	百分比	频率	百分比
决策体制改革	135	3.99	925	9.13	64	4.13	445	9.59
走向多党竞争	45	1.33	205	2.02	35	2.26	159	3.43
政协制度改革	51	1.51	469	4.63	15	0.97	188	4.05
合计	3387	100.00	10133	100.00	1549	100.00	4639	100.00
选项	大专							
基层自治改革	411	34.39	613	17.12				
民族自治改革	68	5.69	235	6.56				
人大制度改革	169	14.14	434	12.12				
司法制度改革	115	9.62	438	12.23				
行政制度改革	113	9.46	451	12.60				
选举制度改革	89	7.45	446	12.45				
党领导体制改革	122	10.21	340	9.49				
决策体制改革	53	4.44	330	9.22				
走向多党竞争	52	4.35	146	4.08				
政协制度改革	3	0.25	148	4.13				
合计	1195	100.00	3581	100.00				

（三）不同学历被试的政党认同比较

对不同学历被试政党认同的差异性进行方差分析（见表4-4-1、表4-4-2、表4-4-3和图4-2），显示不同学历被试的政党认同得分之间差异显著，$F=4.978$，$p<0.01$，初中及以下学历被试（$M=3.65$，$SD=0.60$）的得分显著高于大专以上学历被试（$M=3.58$，$SD=0.68$），初中及以下学历被试与高中学历被试（$M=3.62$，$SD=0.65$）之间，以及大专以上学历被试与高中学历被试之间，得分差异均不显著。

表 4－4－1　　不同学历被试政党认同得分的差异比较

项目		N	均值	标准差	标准误	均值的 95% 置信区间		极小值	极大值
						下限	上限		
政党认同	初中	3395	3.6470	.59769	.01026	3.6269	3.6671	1.00	5.00
	高中	1549	3.6236	.64778	.01646	3.5913	3.6559	1.00	5.00
	大专	1198	3.5810	.67667	.01955	3.5426	3.6193	1.00	5.00
	总数	6142	3.6282	.62698	.00800	3.6126	3.6439	1.00	5.00

表 4－4－2　　不同学历被试政党认同得分的方差分析结果

项目		平方和	df	均方	F	显著性
政党认同	组间	3.909	2	1.954	4.978	.007
	组内	2410.134	6139	.393		
	总数	2414.043	6141			

表 4－4－3　　不同学历被试政党认同得分的多重比较

因变量	(I) 学历	(J) 学历	均值差 (I—J)	标准误	显著性	95% 置信区间	
						下限	上限
政党认同	初中	高中	.02340	.01921	.223	-.0143	.0611
		大专	.06606*	.02106	.002	.0248	.1073
	高中	初中	-.02340	.01921	.223	-.0611	.0143
		大专	.04266	.02411	.077	-.0046	.0899
	大专	初中	-.06606*	.02106	.002	-.1073	-.0248
		高中	-.04266	.02411	.077	-.0899	.0046

*. 均值差的显著性水平为 0.05。

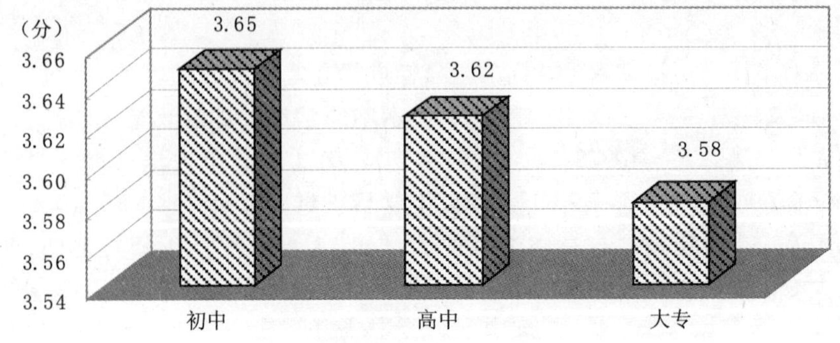

图 4－2　不同学历被试政党认同的得分比较

对中国共产党应做事情的看法，不同学历被试第一选择都是“保持党的先进性、纯洁性”排在第一位，“坚持反腐败”排在第二位，“坚持改革开放的基本方针和路线”排在第三位。不同学历被试总提及频率都是“坚持反腐败”排在第一位，“保持党的先进性、纯洁性”排在第二位，但是排在第三位的，初中及以下学历被试是“坚持改革开放的基本方针和路线”，高中学历、大专及以上学历被试是“注重政策的科学化、民主化、法治化”（见表4－5）。

表4－5　**不同学历被试对中国共产党应做事情的选择**

选项	初中				高中			
	第一选择		总提及频率		第一选择		总提及频率	
	频率	百分比	频率	百分比	频率	百分比	频率	百分比
保持先进性	1605	47.26	2320	22.85	744	48.06	1055	22.72
坚持反腐败	918	27.03	2474	24.37	423	27.33	1159	24.96
坚持改革开放	442	13.02	1760	17.33	179	11.56	722	15.55
推动党内民主	85	2.50	619	6.10	37	2.39	257	5.53
提高执政能力	207	6.10	1447	14.25	92	5.94	660	14.21
注重政策质量	139	4.09	1533	15.10	73	4.72	791	17.03
合计	3396	100.00	10153	100.00	1548	100.00	4644	100.00
选项	大专							
保持先进性	547	45.78	791	22.08				
坚持反腐败	352	29.46	914	25.52				
坚持改革开放	99	8.28	474	13.23				
推动党内民主	39	3.26	228	6.37				
提高执政能力	70	5.86	508	14.18				
注重政策质量	88	7.36	667	18.62				
合计	1195	100.00	3582	100.00				

（四）不同学历被试的身份认同比较

对不同学历被试身份认同的差异性进行方差分析（见表4－6－1、表

4－6－2、表4－6－3和图4－3)，显示不同学历被试的身份认同得分之间差异显著，$F=19.901$，$p<0.001$，初中及以下学历被试（$M=4.15$，$SD=0.65$）的得分显著低于高中学历被试（$M=4.23$，$SD=0.67$）和大专以上学历被试（$M=4.28$，$SD=0.69$），高中学历被试的得分亦显著低于大专及以上学历被试。

表4－6－1　不同学历被试身份认同得分的差异比较

项目		N	均值	标准差	标准误	均值的95%置信区间		极小值	极大值
						下限	上限		
身份认同	初中	3399	4.1469	.64849	.01112	4.1251	4.1687	1.00	5.00
	高中	1552	4.2294	.66806	.01696	4.1961	4.2626	1.25	5.00
	大专	1198	4.2753	.68623	.01983	4.2364	4.3141	1.25	5.00
	总数	6149	4.1927	.66297	.00845	4.1761	4.2093	1.00	5.00

表4－6－2　不同学历被试身份认同得分的方差分析结果

项目		平方和	df	均方	F	显著性
身份认同	组间	17.388	2	8.694	19.901	.000
	组内	2684.871	6146	.437		
	总数	2702.259	6148			

表4－6－3　不同学历被试身份认同得分的多重比较

因变量	(I)学历	(J)学历	均值差(I—J)	标准误	显著性	95%置信区间	
						下限	上限
身份认同	初中	高中	－.08250*	.02025	.000	－.1222	－.0428
		大专	－.12837*	.02221	.000	－.1719	－.0848
	高中	初中	.08250*	.02025	.000	.0428	.1222
		大专	－.04587	.02542	.071	－.0957	.0040
	大专	初中	.12837*	.02221	.000	.0848	.1719
		高中	.04587	.02542	.071	－.0040	.0957

*. 均值差的显著性水平为0.05。

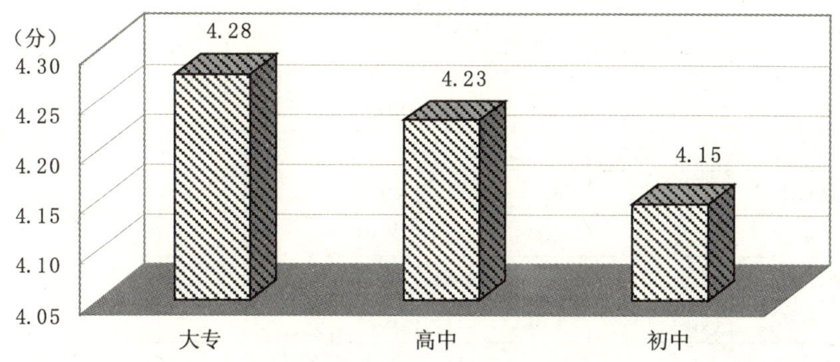

图4－3　不同学历被试身份认同的得分比较

不同学历被试对身份的看重有所不同（见表4－7），第一选择初中及以下被试排在第一位的是“户籍身份”，排在第二位的是“中国人身份”，排在第三位的是“公民身份”；高中学历被试排在第一位的是“中国人身份”，排在第二位的是“户籍身份”，排在第三位的是“公民身份”；大专及以上学历被试排在第一位的是“中国人身份”，排在第二位的是“公民身份”，排在第三位的是“户籍身份”。总提及频率不同学历被试排在第一位和第二位的都是“中国人身份”、“公民身份”，但是排在第三位的，初中及以下学历、高中学历被试是“户籍身份”，大专及以上学历被试是“职业身份”。

表4－7　　**不同学历被试对所看重身份的选择**

选项	初中				高中			
	第一选择		总提及频率		第一选择		总提及频率	
	频率	百分比	频率	百分比	频率	百分比	频率	百分比
户籍身份	1224	36.02	2050	20.20	392	25.31	679	14.62
单位身份	141	4.15	594	5.86	82	5.30	355	7.65
干部身份	257	7.56	736	7.25	112	7.23	282	6.07
地域身份	70	2.06	464	4.57	51	3.29	280	6.03
民族身份	171	5.03	783	7.72	69	4.45	286	6.16
公民身份	518	15.25	2127	20.96	290	18.72	1038	22.36
中国人身份	939	27.63	2415	23.80	506	32.67	1079	23.24
职业身份	78	2.30	978	9.64	47	3.03	644	13.87
合计	3398	100.00	10147	100.00	1549	100.00	4643	100.00

续表

选项	大专							
	第一选择		总提及频率					
	频率	百分比	频率	百分比				
户籍身份	221	18.46	378	10.55				
单位身份	64	5.35	320	8.93				
干部身份	107	8.94	256	7.15				
地域身份	48	4.01	227	6.34				
民族身份	46	3.84	193	5.39				
公民身份	271	22.64	770	21.50				
中国人身份	372	31.08	831	23.20				
职业身份	68	5.68	607	16.94				
合计	1197	100.00	3582	100.00				

（五）不同学历被试的文化认同比较

对不同学历被试文化认同的差异性进行方差分析（见表4－8－1、表4－8－2、表4－8－3和图4－4），显示不同学历被试的文化认同得分之间差异显著，$F = 17.101$，$p < 0.001$，初中及以下学历被试（$M = 3.40$，$SD = 0.56$）的得分显著低于高中学历被试（$M = 3.48$，$SD = 0.55$）和大专以上学历被试（$M = 3.50$，$SD = 0.57$），但是高中学历被试与大专及以上学历被试之间的得分差异不显著。

表4－8－1　　不同学历被试文化认同得分的差异比较

项目		*N*	均值	标准差	标准误	均值的95%置信区间		极小值	极大值
						下限	上限		
文化认同	初中	3396	3.4024	.56006	.00961	3.3836	3.4213	1.00	5.00
	高中	1547	3.4768	.54884	.01395	3.4495	3.5042	1.33	5.00
	大专	1199	3.4965	.57329	.01656	3.4640	3.5290	1.00	5.00
	总数	6142	3.4395	.56134	.00716	3.4255	3.4536	1.00	5.00

表 4－8－2　　不同学历被试文化认同得分的方差分析结果

项目		平方和	*df*	均方	*F*	显著性
文化认同	组间	10.721	2	5.361	17.101	.000
	组内	1924.329	6139	.313		
	总数	1935.050	6141			

表 4－8－3　　不同学历被试文化认同得分的多重比较

因变量	(I)学历	(J)学历	均值差(I—J)	标准误	显著性	95%置信区间	
						下限	上限
文化认同	初中	高中	-.07440*	.01717	.000	-.1081	-.0407
		大专	-.09409*	.01881	.000	-.1310	-.0572
	高中	初中	.07440*	.01717	.000	.0407	.1081
		大专	-.01969	.02154	.361	-.0619	.0225
	大专	初中	.09409*	.01881	.000	.0572	.1310
		高中	.01969	.02154	.361	-.0225	.0619

*. 均值差的显著性水平为 0.05。

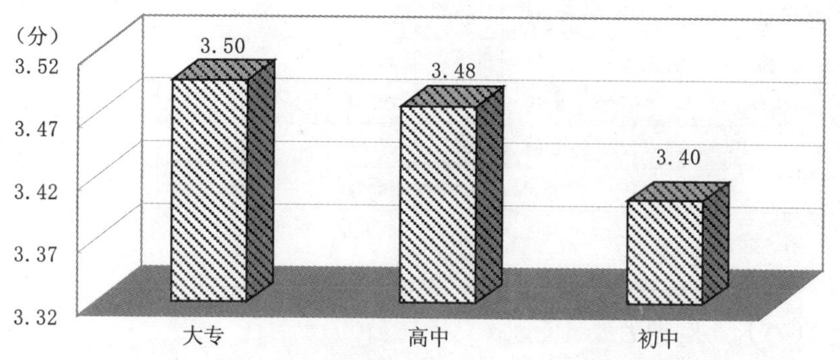

图 4－4　不同学历被试文化认同的得分比较

不同学历被试对中国文化发展的看法，第一选择都是“多种文化融合的中国现代文化”排在第一位，“发扬光大中国传统文化”排在第二位，“以马克思主义主导中国文化发展”排在第三位；总提及频率都是“发扬光大中国传统文化”排在第一位，“多种文化融合的中国现代文化”

排在第二位，“注重中国传统文化与马克思主义的结合”排在第三位（见表4－9）。

表4－9　　不同学历被试对中国文化发展的看法

选项	初中				高中			
	第一选择		总提及频率		第一选择		总提及频率	
	频率	百分比	频率	百分比	频率	百分比	频率	百分比
多种文化融合	1556	45.79	2467	24.35	726	46.81	1163	25.05
发扬传统文化	1139	33.52	2802	27.65	513	33.08	1307	28.16
马克思主义主导	353	10.39	1644	16.22	152	9.80	660	14.22
西方改造中国	73	2.15	611	6.03	39	2.51	256	5.51
马克思结合传统	217	6.39	1863	18.39	112	7.22	920	19.82
宗教对文化影响	60	1.76	746	7.36	9	0.58	336	7.24
合计	3398	100.00	10133	100.00	1551	100.00	4642	100.00
选项	大专							
多种文化融合	562	46.95	980	27.36				
发扬传统文化	385	32.16	1000	27.92				
马克思主义主导	100	8.35	436	12.17				
西方改造中国	30	2.51	189	5.28				
马克思结合传统	98	8.19	700	19.54				
宗教对文化影响	22	1.84	277	7.73				
合计	1197	100.00	3582	100.00				

（六）不同学历被试的政策认同比较

对不同学历被试政策认同的差异性进行方差分析（见表4－10－1、表4－10－2、表4－10－3和图4－5），显示不同学历被试的政策认同得分之间差异显著，$F=22.396$，$p<0.001$，初中及以下学历被试（$M=3.64$，$SD=0.68$）的得分显著高于高中学历被试（$M=3.58$，$SD=0.70$）和大专以上学历被试（$M=3.48$，$SD=0.72$），高中学历被试的得分亦显著高于大专及以上学历被试。

表 4－10－1 不同学历被试政策认同得分的差异比较

项目		N	均值	标准差	标准误	均值的 95% 置信区间		极小值	极大值
						下限	上限		
政策认同	初中	3398	3.6368	.67628	.01160	3.6141	3.6596	1.00	5.00
	高中	1552	3.5823	.70141	.01780	3.5473	3.6172	1.00	5.00
	大专	1198	3.4822	.72086	.02083	3.4413	3.5231	1.00	5.00
	总数	6148	3.5929	.69394	.00885	3.5756	3.6103	1.00	5.00

表 4－10－2 不同学历被试政策认同得分的方差分析结果

项目		平方和	*df*	均方	*F*	显著性
政策认同	组间	21.421	2	10.710	22.396	.000
	组内	2938.708	6145	.478		
	总数	2960.128	6147			

表 4－10－3 不同学历被试政策认同得分的多重比较

因变量	(I) 学历	(J) 学历	均值差 (I—J)	标准误	显著性	95% 置信区间	
						下限	上限
政策认同	初中	高中	.05459*	.02119	.010	.0131	.0961
		大专	.15465*	.02324	.000	.1091	.2002
	高中	初中	-.05459*	.02119	.010	-.0961	-.0131
		大专	.10007*	.02660	.000	.0479	.1522
	大专	初中	-.15465*	.02324	.000	-.2002	-.1091
		高中	-.10007*	.02660	.000	-.1522	-.0479

*. 均值差的显著性水平为 0.05。

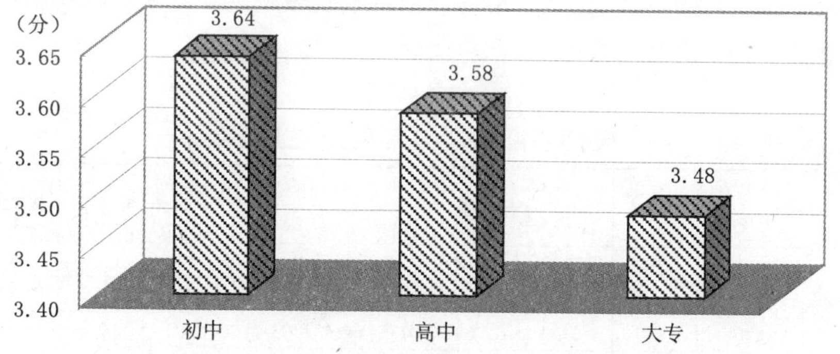

图 4－5 不同学历被试政策认同的得分比较

对于政策的法治性、公平性、科学性、民主性、有效性，不同学历被试都是选择“公平性”的最多，选择“民主性”的次多，选择“科学性”的最少，但是初中及以下学历被试选择“法治性”的多于“有效性”，高中学历被试、大专及以上学历被试选择“有效性”的多于“法治性”（见表4-11）。

表4-11　不同学历被试关注政策的重点

项目	初中		高中		大专	
	频率	百分比	频率	百分比	频率	百分比
法治性	471	13.85	206	13.27	152	12.70
公平性	1602	47.11	657	42.33	472	39.43
科学性	295	8.67	128	8.25	126	10.53
民主性	633	18.61	310	19.98	235	19.63
有效性	400	11.76	251	16.17	212	17.71
合计	3401	100.00	1552	100.00	1197	100.00

（七）不同学历被试的发展认同比较

对不同学历被试发展认同的差异性进行方差分析（见表4-12-1、表4-12-2、表4-12-3和图4-6），显示不同学历被试的发展认同得分之间差异显著，$F = 12.784$，$p < 0.001$，初中及以下学历被试（$M = 3.71$，$SD = 0.62$）的得分显著低于大专以上学历被试（$M = 3.82$，$SD = 0.62$）和高中学历被试（$M = 3.75$，$SD = 0.60$），高中学历被试的得分亦显著低于大专以上学历被试。

表4-12-1　不同学历被试发展认同得分的差异比较

项目		*N*	均值	标准差	标准误	均值的95%置信区间		极小值	极大值
						下限	上限		
发展认同	初中	3398	3.7112	.62318	.01069	3.6902	3.7321	1.00	5.00
	高中	1551	3.7487	.60241	.01530	3.7187	3.7787	1.50	5.00
	大专	1199	3.8153	.61769	.01784	3.7803	3.8503	2.00	5.00
	总数	6148	3.7409	.61811	.00788	3.7255	3.7564	1.00	5.00

表 4－12－2　不同学历被试发展认同得分的方差分析结果

项目		平方和	*df*	均方	*F*	显著性
发展认同	组间	9.732	2	4.866	12.784	.000
	组内	2338.825	6145	.381		
	总数	2348.557	6147			

表 4－12－3　不同学历被试发展认同得分的多重比较

因变量	(I) 学历	(J) 学历	均值差 (I—J)	标准误	显著性	95%置信区间	
						下限	上限
发展认同	初中	高中	-.03756*	.01891	.047	-.0746	-.0005
		大专	-.10411*	.02072	.000	-.1447	-.0635
	高中	初中	.03756*	.01891	.047	.0005	.0746
		大专	-.06655*	.02372	.005	-.1131	-.0200
	大专	初中	.10411*	.02072	.000	.0635	.1447
		高中	.06655*	.02372	.005	.0200	.1131

*. 均值差的显著性水平为 0.05。

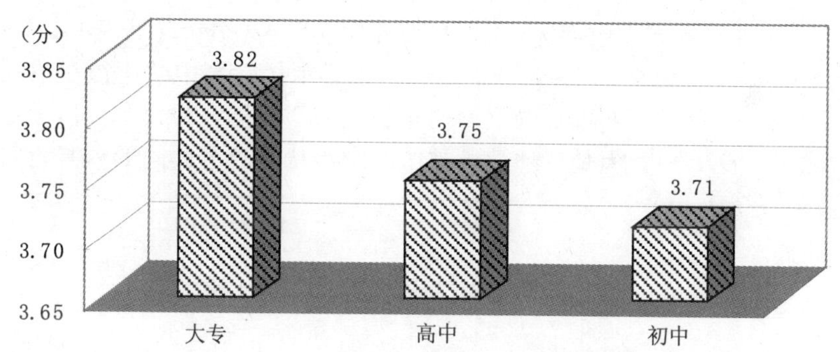

图 4－6　不同学历被试发展认同的得分比较

对于党的建设、经济建设、社会建设、生态建设、文化建设、政治建设“六大建设”的关注，按选择比例由高到低排序，初中及以下学历、高中学历被试都是经济建设、党的建设、社会建设、生态建设、文化建设、政治建设，大专及以上学历被试是经济建设、社会建设、生态建设、党的建设、文化建设、政治建设（第二位至第四位排序不同，见表4－13）。

表4－13　不同学历被试最关注何种建设

项目	初中		高中		大专	
	频率	有效百分比	频率	有效百分比	频率	有效百分比
党的建设	587	17.25	253	16.29	156	13.03
经济建设	1505	44.23	707	45.53	519	43.36
社会建设	450	13.22	226	14.55	198	16.54
生态建设	358	10.52	196	12.62	159	13.28
文化建设	303	8.90	91	5.86	90	7.52
政治建设	200	5.88	80	5.15	75	6.27
合计	3403	100.00	1553	100.00	1197	100.00

（八）不同学历被试政治认同总分比较

对不同学历被试政治认同总分的差异性进行方差分析（见表4－14－1、表4－14－2、表4－14－3和图4－7），显示尽管高中学历被试的得分（22.08分）略高于初中及以下学历被试（22.04分）和大专及以上学历被试（21.97分），但是三种学历被试的政治认同总分之间的差异性均未达到显著水平。

表4－14－1　不同学历被试政治认同总分的差异比较

项目		*N*	均值	标准差	标准误	均值的95%置信区间		极小值	极大值
						下限	上限		
政治认同总分	初中	3371	22.0443	2.27435	.03917	21.9675	22.1211	11.50	28.67
	高中	1539	22.0772	2.42952	.06193	21.9557	22.1986	13.33	28.08
	大专	1195	21.9724	2.64502	.07651	21.8223	22.1225	9.83	28.08
	总数	6105	22.0385	2.39015	.03059	21.9785	22.0985	9.83	28.67

表 4 - 14 - 2 不同学历被试政治认同总分的方差分析结果

项目		平方和	*df*	均方	*F*	显著性
政治认同总分	组间	7.637	2	3.819	.668	.513
	组内	34863.331	6102	5.713		
	总数	34870.969	6104			

表 4 - 14 - 3 不同学历被试政治认同总分的多重比较

因变量	(I) 学历	(J) 学历	均值差 (I—J)	标准误	显著性	95%置信区间	
						下限	上限
政治认同总分	初中	高中	-.03286	.07353	.655	-.1770	.1113
		大专	.07191	.08047	.372	-.0858	.2297
	高中	初中	.03286	.07353	.655	-.1113	.1770
		大专	.10478	.09216	.256	-.0759	.2854
	大专	初中	-.07191	.08047	.372	-.2297	.0858
		高中	-.10478	.09216	.256	-.2854	.0759

*. 均值差的显著性水平为 0.05。

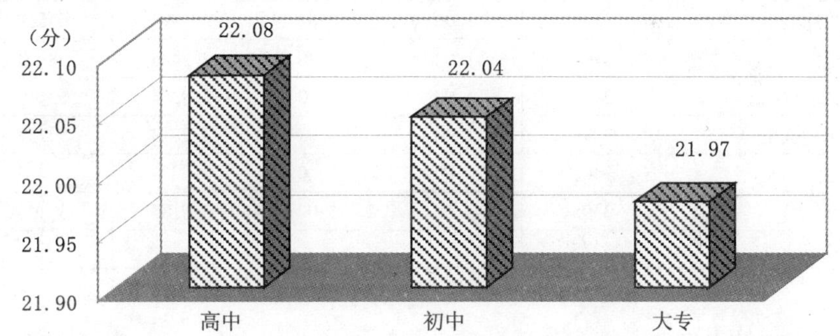

图 4 - 7 不同学历被试政治认同总分比较

二 不同学历被试的危机压力

不同学历被试危机压力的得分情况以及六种危机压力的具体情况，可根据问卷调查的结果，分述于下。

（一）不同学历被试危机压力的得分

调查结果显示，初中及以下学历被试危机压力的总体得分在 7.33—27.00 之间，均值为 16.46，标准差为 2.56。在六种危机压力中，初中及以下学历被试的政治危机压力得分在 1.00—5.00 分之间，均值为 2.59，标准差为 0.65；经济危机压力得分在 1.00—5.00 分之间，均值为 2.24，标准差为 0.68；社会危机压力得分在 1.00—5.00 分之间，均值为 2.84，标准差为 0.69；文化危机压力得分在 1.00—5.00 分之间，均值为 2.77，标准差为 0.60；生态危机压力得分在 1.00—5.00 分之间，均值为 3.01，标准差为 0.86；国际压力得分在 1.00—5.00 分之间，均值为 3.02，标准差为 0.50（见表 4 - 15 - 1）。

表 4 - 15 - 1　初中及以下学历被试的危机压力总体描述统计

项目	*N*	极小值	极大值	均值	标准差
危机压力总分	**3375**	**7.33**	**27.00**	**16.4577**	**2.56371**
政治危机压力	3398	1.00	5.00	2.5894	.64531
经济危机压力	3398	1.00	5.00	2.2420	.68122
社会危机压力	3400	1.00	5.00	2.8351	.69466
文化危机压力	3396	1.00	5.00	2.7713	.59759
生态危机压力	3401	1.00	5.00	3.0071	.86036
国际压力	3395	1.00	5.00	3.0185	.50408
有效的 *N*	3375				

调查结果显示，高中学历被试危机压力的总体得分在 8.17—26.00 之间，均值为 16.51，标准差为 2.71。在六种危机压力中，高中学历被试的政治危机压力得分在 1.00—4.33 分之间，均值为 2.53，标准差为 0.66；经济危机压力得分在 1.00—5.00 分之间，均值为 2.36，标准差为 0.70；社会危机压力得分在 1.00—5.00 分之间，均值为 2.80，标准差为 0.73；文化危机压力得分在 1.00—5.00 分之间，均值为 2.71，标准差为 0.61；生态危机压力得分在 1.00—5.00 分之间，均值为 3.08，标准差为 0.88；国际压力得分在 1.00—5.00 分之间，均值为 3.03，标准差为 0.49（见

表 4－15－2)。

表 4－15－2 高中学历被试的危机压力总体描述统计

项目	N	极小值	极大值	均值	标准差
危机压力总分	**1544**	**8.17**	**26.00**	**16.5078**	**2.70665**
政治危机压力	1552	1.00	4.33	2.5311	.65847
经济危机压力	1551	1.00	5.00	2.3585	.69798
社会危机压力	1552	1.00	5.00	2.8048	.72606
文化危机压力	1548	1.00	5.00	2.7098	.60564
生态危机压力	1552	1.00	5.00	3.0818	.87917
国际压力	1552	1.00	5.00	3.0253	.48879
有效的 N	1544				

调查结果显示，大专及以上学历被试危机压力的总体得分在 7.33—26.92 之间，均值为 16.91，标准差为 2.86。在六种危机压力中，大专及以上学历被试的政治危机压力得分在 1.00—4.67 分之间，均值为 2.50，标准差为 0.65；经济危机压力得分在 1.00—5.00 分之间，均值为 2.47，标准差为 0.74；社会危机压力得分在 1.00—5.00 分之间，均值为 2.87，标准差为 0.75；文化危机压力得分在 1.00—5.00 分之间，均值为 2.78，标准差为 0.63；生态危机压力得分在 1.00—5.00 分之间，均值为 3.26，标准差为 0.90；国际压力得分在 1.00—4.67 分之间，均值为 3.03，标准差为 0.48（见表 4－15－3）。

表 4－15－3 大专及以上学历被试的危机压力总体描述统计

项目	N	极小值	极大值	均值	标准差
危机压力总分	**1193**	**7.33**	**26.92**	**16.9094**	**2.86166**
政治危机压力	1197	1.00	4.67	2.5026	.64537
经济危机压力	1198	1.00	5.00	2.4708	.73654
社会危机压力	1198	1.00	5.00	2.8684	.74941
文化危机压力	1197	1.00	5.00	2.7757	.63055
生态危机压力	1199	1.00	5.00	3.2616	.89716
国际压力	1199	1.00	4.67	3.0300	.47788
有效的 N	1193				

从六种危机压力由高到低的得分排序看，高中学历被试和大专及以上学历被试是生态危机压力第一，国际压力第二，社会危机压力第三，文化危机压力第四，政治危机压力第五，经济危机压力第六；初中及以下学历被试是国际压力第一，生态危机压力第二，社会危机压力第三，文化危机压力第四，政治危机压力第五，经济危机压力第六（前两位排序有所不同）。

（二）不同学历被试的政治危机压力比较

对不同学历被试政治危机压力的差异性进行方差分析（见表4－16－1、表4－16－2、表4－16－3和图4－8），显示不同学历被试的政治危机压力得分之间差异显著，$F=9.661$，$p<0.001$，初中及以下学历被试（$M=2.59$，$SD=0.65$）的得分显著高于高中学历被试（$M=2.53$，$SD=0.66$）和大专及以上学历被试（$M=2.50$，$SD=0.65$），但是高中学历被试与大专及以上学历被试之间的得分差异不显著。

表4－16－1　不同学历被试政治危机压力得分的差异比较

项目		N	均值	标准差	标准误	均值的95%置信区间		极小值	极大值
						下限	上限		
政治危机压力	初中	3398	2.5894	.64531	.01107	2.5677	2.6111	1.00	5.00
	高中	1552	2.5311	.65847	.01671	2.4984	2.5639	1.00	4.33
	大专	1197	2.5026	.64537	.01865	2.4660	2.5392	1.00	4.67
	总数	6147	2.5578	.64958	.00829	2.5415	2.5740	1.00	5.00

表4－16－2　不同学历被试政治危机压力得分的方差分析结果

项目		平方和	df	均方	F	显著性
政治危机压力	组间	8.130	2	4.065	9.661	.000
	组内	2585.210	6144	.421		
	总数	2593.340	6146			

表 4－16－3　　不同学历被试政治危机压力得分的多重比较

因变量	(I)学历	(J)学历	均值差(I—J)	标准误	显著性	95%置信区间	
						下限	上限
政治危机压力	初中	高中	.05822*	.01987	.003	.0193	.0972
		大专	.08672*	.02180	.000	.0440	.1295
	高中	初中	-.05822*	.01987	.003	-.0972	-.0193
		大专	.02850	.02495	.253	-.0204	.0774
	大专	初中	-.08672*	.02180	.000	-.1295	-.0440
		高中	-.02850	.02495	.253	-.0774	.0204

*. 均值差的显著性水平为 0.05。

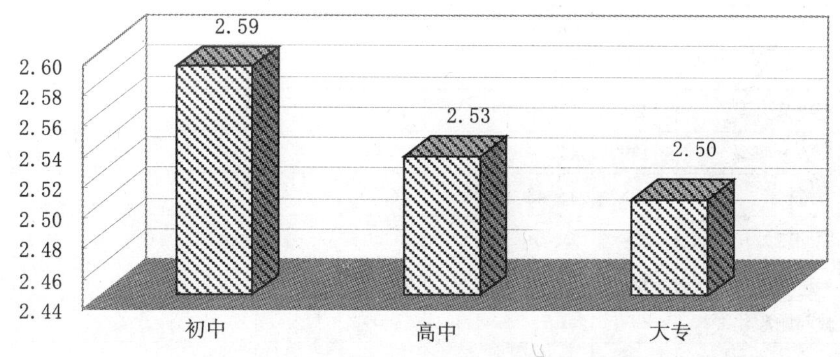

图 4－8　不同学历被试政治危机压力的得分比较

不同学历被试对可能引发政治危机因素的看法（见表 4－17），第一选择初中及下学历被试、高中学历被试排在第一位至第三位的都是“党和政府出现重大决策失误”、“经济危机”、“政治腐败愈演愈烈”，大专及以上学历被试排在第一位至第三位的是“党和政府出现重大决策失误”、“政治腐败愈演愈烈”、“经济危机”（第二、三位排序不同）；总提及频率不同学历被试排在第一位的都是“政治腐败愈演愈烈”，但是排在第二、三位的，初中及以下学历被试是“经济危机”、“党和政府出现重大决策失误”，高中学历被试是“党和政府出现重大决策失误”、“经济危机”，大专及以上学历被试是“党和政府出现重大决策失误”、“社会矛盾激化”。

表 4 - 17　　不同学历被试对可能引发政治危机因素的看法

选项	初中				高中			
	第一选择		总提及频率		第一选择		总提及频率	
	频率	百分比	频率	百分比	频率	百分比	频率	百分比
重大决策失误	1318	38.88	1937	19.14	638	41.14	921	19.84
国外势力颠覆	322	9.50	1240	12.25	160	10.32	673	14.50
经济危机	802	23.66	2009	19.85	309	19.92	863	18.59
民族问题激化	99	2.92	771	7.62	43	2.77	316	6.81
社会矛盾激化	235	6.93	1613	15.94	127	8.19	685	14.75
宗教问题激化	40	1.18	416	4.11	14	0.90	154	3.32
政治腐败严重	574	16.93	2136	21.10	260	16.76	1030	22.19
合计	3390	100.00	10122	100.00	1551	100.00	4642	100.00
选项	大专							
重大决策失误	436	36.36	663	18.46				
国外势力颠覆	139	11.59	469	13.06				
经济危机	185	15.43	608	16.93				
民族问题激化	44	3.67	239	6.66				
社会矛盾激化	144	12.01	656	18.27				
宗教问题激化	9	0.75	111	3.09				
政治腐败严重	242	20.19	845	23.53				
合计	1199	100.00	3591	100.00				

（三）不同学历被试的经济危机压力比较

对不同学历被试经济危机压力的差异性进行方差分析（见表 4 - 18 - 1、表 4 - 18 - 2、表 4 - 18 - 3 和图 4 - 9），显示不同学历被试的经济危机压力得分之间差异显著，$F = 51.636$，$p < 0.001$，初中及以下学历被试（$M = 2.24$，$SD = 0.68$）的得分显著低于高中学历被试（$M = 2.36$，$SD = 0.70$）和大专及以上学历被试（$M = 2.47$，$SD = 0.74$），高中学历被试的得分亦显著低于大专及以上学历被试。

表 4－18－1　　不同学历被试经济危机压力得分的差异比较

项目		N	均值	标准差	标准误	均值的 95% 置信区间		极小值	极大值
						下限	上限		
经济危机压力	初中	3398	2.2420	.68122	.01169	2.2191	2.2649	1.00	5.00
	高中	1551	2.3585	.69798	.01772	2.3237	2.3932	1.00	5.00
	大专	1198	2.4708	.73654	.02128	2.4290	2.5125	1.00	5.00
	总数	6147	2.3160	.70226	.00896	2.2984	2.3335	1.00	5.00

表 4－18－2　　不同学历被试经济危机压力得分的方差分析结果

项目		平方和	df	均方	F	显著性
经济危机压力	组间	50.106	2	25.053	51.636	.000
	组内	2980.932	6144	.485		
	总数	3031.038	6146			

表 4－18－3　　不同学历被试经济危机压力得分的多重比较

因变量	(I) 学历	(J) 学历	均值差 (I—J)	标准误	显著性	95% 置信区间	
						下限	上限
经济危机压力	初中	高中	-.11647*	.02134	.000	-.1583	-.0746
		大专	-.22878*	.02340	.000	-.2747	-.1829
	高中	初中	.11647*	.02134	.000	.0746	.1583
		大专	-.11231*	.02679	.000	-.1648	-.0598
	大专	初中	.22878*	.02340	.000	.1829	.2747
		高中	.11231*	.02679	.000	.0598	.1648

*. 均值差的显著性水平为 0.05。

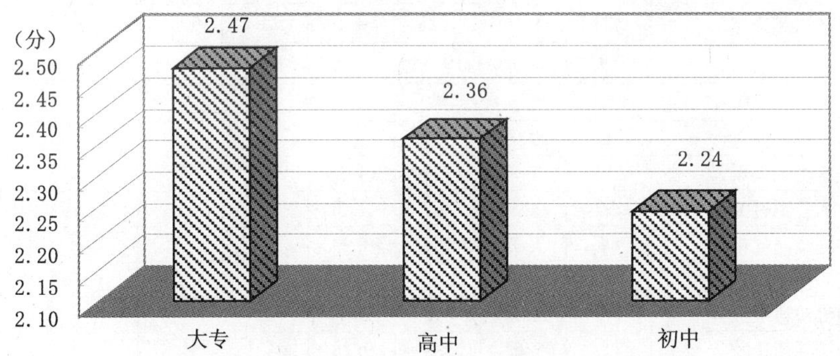

图 4－9　不同学历被试经济危机压力的得分比较

不同学历被试对可能引发经济危机因素的看法有所不同（见表4－19），第一选择初中及以下学历被试排在第一位至第三位的是“公民收入差距过大”、“房市、股市崩盘”、“党和政府出现重大经济决策失误”，高中学历、大专及以上学历被试排在第一位至第三位的是“房市、股市崩盘”、“公民收入差距过大”、“党和政府出现重大经济决策失误”（第一、二位排序不同）；总提及频率初中及以下学历被试“收入差距过大”排在第一位，“物价快速上涨”排在第二位，“党和政府出现重大经济决策失误”排在第三位；高中学历被试“物价快速上涨”排在第一位，“收入差距过大”排在第二位，“党和政府出现重大经济决策失误”排在第三位；大专及以上学历被试“物价快速上涨”排在第一位，“收入差距过大”排在第二位，“房市、股市崩盘”排在第三位（第一位至第三位排序都有所不同）。

表4－19　　不同学历被试对可能引发经济危机因素的看法

选项	初中				高中			
	第一选择		总提及频率		第一选择		总提及频率	
	频率	百分比	频率	百分比	频率	百分比	频率	百分比
房市股市崩盘	758	22.34	1121	11.06	434	27.98	648	13.95
经济决策失误	639	18.83	1482	14.62	311	20.05	690	14.85
收入差距过大	1067	31.45	2327	22.96	421	27.14	1003	21.59
国际金融危机	215	6.33	1208	11.92	113	7.29	541	11.64
政府债务	123	3.63	687	6.78	48	3.10	293	6.31
物价快速上涨	418	12.32	2282	22.52	146	9.41	1032	22.21
经济增速急减	173	5.10	1028	10.14	78	5.03	439	9.45
合计	3393	100.00	10135	100.00	1551	100.00	4646	100.00
选项	大专							
房市股市崩盘	349	29.16	577	16.07				
经济决策失误	214	17.88	515	14.35				
收入差距过大	297	24.81	767	21.36				
国际金融危机	84	7.02	357	9.94				
政府债务	43	3.59	223	6.21				
物价快速上涨	142	11.86	818	22.79				
经济增速急减	68	5.68	333	9.28				
合计	1197	100.00	3590	100.00				

(四) 不同学历被试的社会危机压力比较

对不同学历被试社会危机压力的差异性进行方差分析（见表4－20－1、表4－20－2和图4－10），结果显示不同学历被试之间社会危机压力的得分差异不显著。

表4－20－1　　不同学历被试社会危机压力得分的差异比较

项目		N	均值	标准差	标准误	均值的95%置信区间		极小值	极大值
						下限	上限		
社会危机压力	初中	3400	2.8351	.69466	.01191	2.8117	2.8585	1.00	5.00
	高中	1552	2.8048	.72606	.01843	2.7686	2.8409	1.00	5.00
	大专	1198	2.8684	.74941	.02165	2.8259	2.9109	1.00	5.00
	总数	6150	2.8339	.71378	.00910	2.8161	2.8518	1.00	5.00

表4－20－2　　不同学历被试社会危机压力得分的方差分析结果

项目		平方和	*df*	均方	*F*	显著性
社会危机压力	组间	2.747	2	1.374	2.698	.067
	组内	3130.084	6147	.509		
	总数	3132.831	6149			

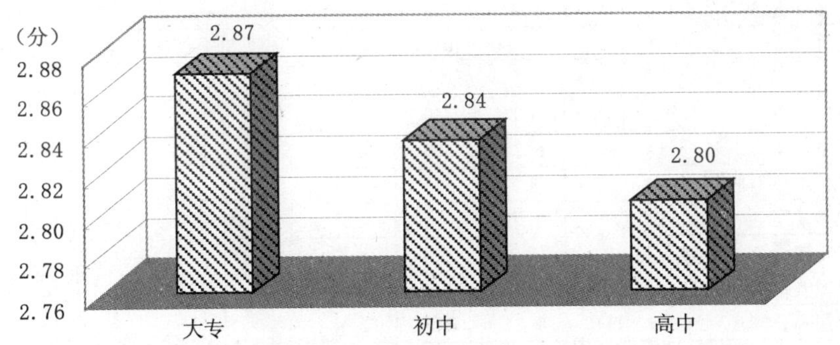

图4－10　不同学历被试社会危机压力的得分比较

不同学历被试对可能引发社会危机因素的看法有所不同（见表4－

21)，第一选择初中及以下学历、高中学历被试排在第一位至第三位的都是“城乡差距”、“贫富差距”、“公民地位不平等”，大专及以上学历被试排在第一位至第三位的是“贫富差距”、“城乡差距”、“公民地位不平等”（第一、二位排序有所不同）；总提及频率不同学历被试排在第一位的都是“贫富差距”，但是排在第二位和第三位的，初中及以下学历被试是“城乡差距”、“公民地位不平等”，高中学历被试是“公民地位不平等”、“收入分配不公”，大专及以上学历被试是“收入分配不公”、“公民地位不平等”。

表4－21　　不同学历被试对可能引发社会危机因素的看法

选项	初中				高中			
	第一选择		总提及频率		第一选择		总提及频率	
	频率	百分比	频率	百分比	频率	百分比	频率	百分比
城乡差距	1211	35.65	1639	16.13	470	30.28	638	13.73
干群矛盾	301	8.86	935	9.21	163	10.50	449	9.67
公民地位不平等	567	16.69	1437	14.15	290	18.69	691	14.87
民族矛盾	134	3.95	544	5.36	46	2.96	220	4.74
贫富差距	596	17.54	1993	19.62	324	20.88	946	20.36
区域差距	38	1.12	388	3.82	24	1.55	169	3.64
司法不公	252	7.42	1039	10.23	111	7.15	521	11.21
收入分配不公	136	4.00	1222	12.03	79	5.09	684	14.72
土地问题	127	3.74	701	6.90	35	2.26	236	5.08
宗教冲突	35	1.03	259	2.55	10	0.64	92	1.98
合计	3397	100.00	10157	100.00	1552	100.00	4646	100.00
选项	大专							
城乡差距	262	21.89	380	10.58				
干群矛盾	99	8.27	309	8.60				
公民地位不平等	225	18.80	553	15.40				
民族矛盾	36	3.01	185	5.15				
贫富差距	302	25.23	766	21.33				
区域差距	23	1.92	158	4.40				
司法不公	111	9.27	448	12.48				
收入分配不公	103	8.60	575	16.01				
土地问题	23	1.92	141	3.93				
宗教冲突	13	1.09	76	2.12				
合计	1197	100.00	3591	100.00				

(五) 不同学历被试的文化危机压力比较

对不同学历被试文化危机压力的差异性进行方差分析（见表4－22－1、表4－22－2、表4－22－3和图4－11），显示不同学历被试的文化危机压力得分之间差异显著，$F = 6.205$，$p < 0.01$，高中学历被试（$M = 2.71$，$SD = 0.61$）的得分显著低于初中及以下学历被试（$M = 2.77$，$SD = 0.60$）和大专及以上学历被试（$M = 2.78$，$SD = 0.63$），但初中及以下学历被试与大专及以上学历被试之间的得分差异不显著。

表4－22－1　　**不同学历被试文化危机压力得分的差异比较**

项目		N	均值	标准差	标准误	均值的95%置信区间		极小值	极大值
						下限	上限		
文化危机压力	初中	3396	2.7713	.59759	.01025	2.7512	2.7914	1.00	5.00
	高中	1548	2.7098	.60564	.01539	2.6796	2.7400	1.00	5.00
	大专	1197	2.7757	.63055	.01823	2.7399	2.8114	1.00	5.00
	总数	6141	2.7566	.60668	.00774	2.7415	2.7718	1.00	5.00

表4－22－2　　**不同学历被试文化危机压力得分的方差分析结果**

项目		平方和	df	均方	F	显著性
文化危机压力	组间	4.560	2	2.280	6.205	.002
	组内	2255.357	6138	.367		
	总数	2259.917	6140			

表4－22－3　　**不同学历被试文化危机压力得分的多重比较**

因变量	(I)学历	(J)学历	均值差(I—J)	标准误	显著性	95%置信区间	
						下限	上限
文化危机压力	初中	高中	.06149*	.01859	.001	.0250	.0979
		大专	-.00441	.02038	.828	-.0444	.0355
	高中	初中	-.06149*	.01859	.001	-.0979	-.0250
		大专	-.06590*	.02333	.005	-.1116	-.0202
	大专	初中	.00441	.02038	.828	-.0355	.0444
		高中	.06590*	.02333	.005	.0202	.1116

*. 均值差的显著性水平为0.05。

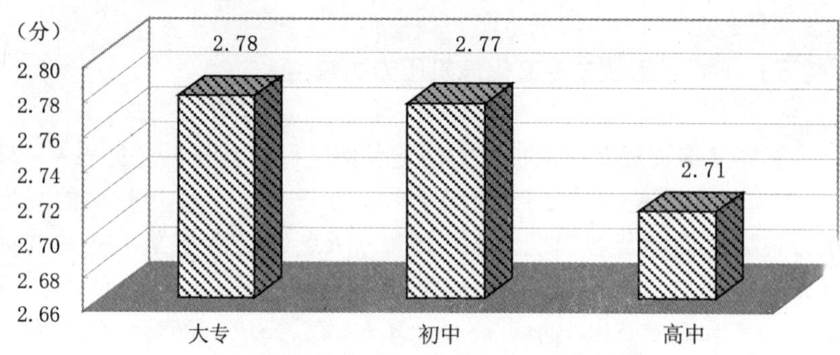

图4－11　不同学历被试文化危机压力的得分比较

（六）不同学历被试的生态危机压力比较

对不同学历被试生态危机压力的差异性进行方差分析（见表4－23－1、表4－23－2、表4－23－3和图4－12），显示不同学历被试的生态危机压力得分之间差异显著，$F=37.790$，$p<0.001$，初中及以下学历被试（$M=3.01$，$SD=0.86$）的得分显著低于高中学历被试（$M=3.08$，$SD=0.88$）和大专及以上学历被试（$M=3.26$，$SD=0.90$），高中学历被试的得分亦显著低于大专及以上学历被试。

表4－23－1　不同学历被试生态危机压力得分的差异比较

项目		*N*	均值	标准差	标准误	均值的95%置信区间		极小值	极大值
						下限	上限		
生态危机压力	初中	3401	3.0071	.86036	.01475	2.9781	3.0360	1.00	5.00
	高中	1552	3.0818	.87917	.02232	3.0381	3.1256	1.00	5.00
	大专	1199	3.2616	.89716	.02591	3.2108	3.3124	1.00	5.00
	总数	6152	3.0755	.87760	.01119	3.0536	3.0975	1.00	5.00

表4－23－2　不同学历被试生态危机压力得分的方差分析结果

项目		平方和	*df*	均方	*F*	显著性
生态危机压力	组间	57.522	2	28.761	37.790	.000
	组内	4679.825	6149	.761		
	总数	4737.348	6151			

表 4 - 23 - 3　　不同学历被试生态危机压力得分的多重比较

因变量	(I) 学历	(J) 学历	均值差 (I—J)	标准误	显著性	95%置信区间	
						下限	上限
生态危机压力	初中	高中	-.07477*	.02672	.005	-.1272	-.0224
		大专	-.25455*	.02930	.000	-.3120	-.1971
	高中	初中	.07477*	.02672	.005	.0224	.1272
		大专	-.17978*	.03354	.000	-.2455	-.1140
	大专	初中	.25455*	.02930	.000	.1971	.3120
		高中	.17978*	.03354	.000	.1140	.2455

*. 均值差的显著性水平为 0.05。

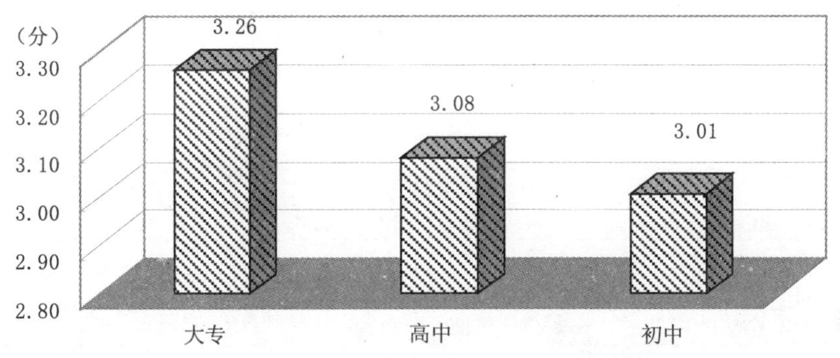

图 4 - 12　不同学历被试生态危机压力的得分比较

不同学历被试对可能引发生态危机因素的看法有所不同（见表 4 - 24），第一选择不同学历被试排在第一位的都是“国民的环境保护意识较弱”，但是排在第二位和第三位的，初中及以下学历被试是“人口过快增长”、“环境污染事故”，高中学历被试是“环境污染事故”、“人口过快增长”，大专及以上学历被试是“环境污染事故”、“生产性污染”；总提及频率不同学历被试排在第一位的都是“国民的环境保护意识较弱”，但是排在第二位和第三位的，初中及以下学历被试是“生产性污染”、“环境污染事故”，高中学历、大专及以上学历被试是“环境污染事故”、“生产性污染”。

表4－24　　不同学历被试对可能引发生态危机因素的看法

选项	初中				高中			
	第一选择		总提及频率		第一选择		总提及频率	
	频率	百分比	频率	百分比	频率	百分比	频率	百分比
环保意识弱	1274	37.50	1803	17.74	666	42.89	940	20.19
环境污染事故	489	14.39	1424	14.02	253	16.29	716	15.38
人口过快增长	524	15.43	1172	11.54	177	11.40	429	9.21
生产性污染	325	9.57	1446	14.23	133	8.56	663	14.24
生活性污染	333	9.80	1385	13.63	133	8.56	571	12.26
突发性传染病	67	1.97	625	6.15	25	1.61	286	6.14
重大自然灾害	239	7.04	1205	11.86	87	5.60	490	10.53
环保投入不足	146	4.30	1100	10.83	79	5.09	561	12.05
合计	3397	100.00	10160	100.00	1553	100.00	4656	100.00
选项	大专							
环保意识弱	516	43.11	781	21.76				
环境污染事故	176	14.70	567	15.80				
人口过快增长	109	9.10	315	8.78				
生产性污染	132	11.03	560	15.60				
生活性污染	95	7.94	431	12.01				
突发性传染病	14	1.17	161	4.49				
重大自然灾害	68	5.68	275	7.66				
环保投入不足	87	7.27	499	13.90				
合计	1197	100.00	3589	100.00				

（七）不同学历被试的国际压力比较

对不同学历被试国际压力的差异性进行方差分析（见表4－25－1、表4－25－2和图4－13），显示不同学历被试的得分之间差异均不显著。

表4－25－1　　不同学历被试国际压力得分的差异比较

项目		N	均值	标准差	标准误	均值的95%置信区间		极小值	极大值
						下限	上限		
国际压力	初中	3395	3.0185	.50408	.00865	3.0015	3.0354	1.00	5.00
	高中	1552	3.0253	.48879	.01241	3.0010	3.0497	1.00	5.00
	大专	1199	3.0300	.47788	.01380	3.0029	3.0571	1.00	4.67
	总数	6146	3.0225	.49516	.00632	3.0101	3.0348	1.00	5.00

表 4－25－2　　不同学历被试国际压力得分的方差分析结果

项目		平方和	*df*	均方	*F*	显著性
国际压力	组间	.136	2	.068	.277	.758
	组内	1506.543	6143	.245		
	总数	1506.679	6145			

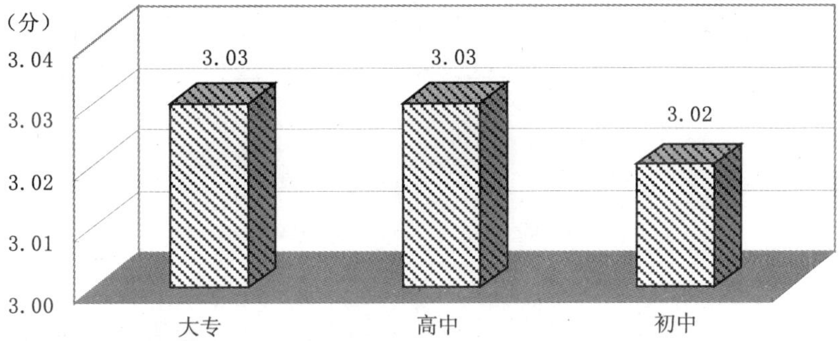

图 4－13　不同学历被试国际压力的得分比较

不同学历被试对中国应对国际压力做法的选择（见表 4－26），第一选择排在第一位的都是“创造有利于中国的国际话语权体系”，但是第二位和第三位的排序有所不同，初中及以下学历被试是“大力宣扬中国模式”、“韬光养晦，做好自己的事情”，高中学历被试是“大力宣扬中国模式”、“针锋相对”，大专及以上学历被试是“韬光养晦，做好自己的事情”、“针锋相对”；总提及频率不同学历被试排在第一位和第二位的都是“创造有利于中国的国际话语权体系”和“在世界范围内争取更多的朋友”，但是排在第三位的，初中及以下学历、高中学历是“大力宣扬中国模式”，大专及以上学历被试是“韬光养晦，做好自己的事情”。

表 4－26　　不同学历被试对于应付国际压力做法的选择

选项	初中				高中			
	第一选择		总提及频率		第一选择		总提及频率	
	频率	百分比	频率	百分比	频率	百分比	频率	百分比
中国话语体系	1382	40.70	1980	19.52	704	45.42	988	21.27

续表

选项	初中				高中			
	第一选择		总提及频率		第一选择		总提及频率	
	频率	百分比	频率	百分比	频率	百分比	频率	百分比
宣扬中国模式	553	16.29	1635	16.11	224	14.45	683	14.71
加入西方阵营	153	4.51	397	3.91	63	4.06	141	3.04
建社会主义阵营	219	6.45	1142	11.26	93	6.00	473	10.19
韬光养晦	411	12.11	1106	10.90	163	10.52	533	11.48
听取国外意见	124	3.65	963	9.49	46	2.97	420	9.04
针锋相对	336	9.90	1195	11.78	172	11.10	614	13.22
争取更多朋友	217	6.39	1728	17.03	85	5.48	792	17.05
合计	3395	100.00	10146	100.00	1550	100.00	4644	100.00
选项	大专							
中国话语体系	568	47.53	827	23.09				
宣扬中国模式	116	9.71	409	11.42				
加入西方阵营	24	2.01	70	1.95				
建社会主义阵营	46	3.85	291	8.12				
韬光养晦	168	14.06	485	13.54				
听取国外意见	52	4.35	357	9.97				
针锋相对	145	12.13	475	13.26				
争取更多朋友	76	6.36	668	18.65				
合计	1195	100.00	3582	100.00				

（八）不同学历被试危机压力总分比较

对不同学历被试危机压力总分的差异性进行方差分析（见表4－27－1、表4－27－2、表4－27－3和图4－14），显示不同学历被试的危机压力总分之间差异显著，$F=13.078$，$p<0.001$，大专及以上学历被试（$M=16.91$，$SD=2.86$）的得分显著高于高中学历被试（$M=16.51$，$SD=2.71$）和初中及以下学历被试（$M=16.46$，$SD=2.56$），但是初中及以下学历被试与高中学历被试之间的得分差异不显著。

表 4 - 27 - 1　　不同学历被试危机压力总分的差异比较

项目		N	均值	标准差	标准误	均值的 95% 置信区间		极小值	极大值
						下限	上限		
危机压力总分	初中	3375	16.4577	2.56371	.04413	16.3712	16.5443	7.33	27.00
	高中	1544	16.5078	2.70665	.06888	16.3727	16.6429	8.17	26.00
	大专	1193	16.9094	2.86166	.08285	16.7469	17.0720	7.33	26.92
	总数	6112	16.5585	2.66576	.03410	16.4917	16.6254	7.33	27.00

表 4 - 27 - 2　　不同学历被试危机压力总分的方差分析结果

项目		平方和	df	均方	F	显著性
危机压力总分	组间	185.143	2	92.571	13.078	.000
	组内	43241.257	6109	7.078		
	总数	43426.400	6111			

表 4 - 27 - 3　　不同学历被试危机压力总分的多重比较

因变量	(I) 学历	(J) 学历	均值差 (I—J)	标准误	显著性	95% 置信区间	
						下限	上限
危机压力总分	初中	高中	-.05004	.08174	.540	-.2103	.1102
		大专	-.45167 *	.08961	.000	-.6273	-.2760
	高中	初中	.05004	.08174	.540	-.1102	.2103
		大专	-.40163 *	.10256	.000	-.6027	-.2006
	大专	初中	.45167 *	.08961	.000	.2760	.6273
		高中	.40163 *	.10256	.000	.2006	.6027

*. 均值差的显著性水平为 0.05。

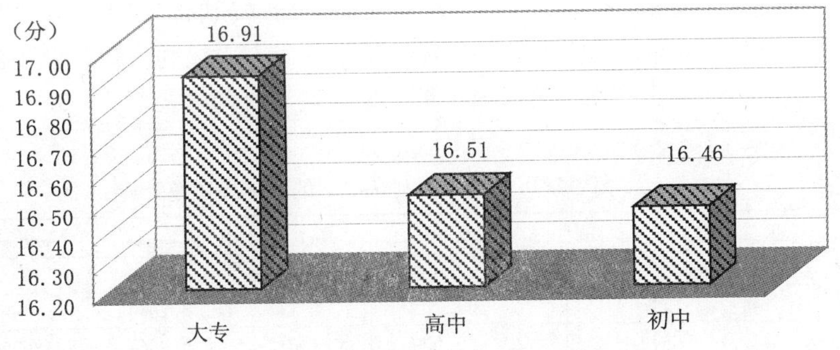

图 4 - 14　不同学历被试危机压力总分比较

三　五个因素对不同学历被试的影响

本次问卷调查涉及的权利、利益、政治沟通、政治参与和满意度五个影响因素，对不同学历被试的影响是否有所不同，可根据调查数据作具体说明。

（一）权利认知

调查结果显示，初中及以下学历被试的“权利重要性认知”得分在1.00—5.00分之间，均值为3.60，标准差为0.59；“权利保障评价”得分在1.00—5.00分之间，均值为3.26，标准差为0.51；“权利认知总分”的得分在3.60—10.00分之间，均值为6.86，标准差为0.86（见表4－28－1）。

表4－28－1　初中及以下学历被试“权利认知”的总体描述统计

项目	N	极小值	极大值	均值	标准差
权利重要性认知	3392	1.00	5.00	3.5985	.59410
权利保障评价	3383	1.00	5.00	3.2628	.50802
权利认知总分	3372	3.60	10.00	6.8632	.85930
有效的 N	3372				

调查结果显示，高中学历被试的“权利重要性认知”得分在1.40—5.00分之间，均值为3.72，标准差为0.59；“权利保障评价”得分在1.20—4.60分之间，均值为3.26，标准差为0.53；“权利认知总分”的得分在3.60—9.40分之间，均值为6.99，标准差为0.86（见表4－28－2）。

表4－28－2　高中学历被试“权利认知”的总体描述统计

项目	N	极小值	极大值	均值	标准差
权利重要性认知	1547	1.40	5.00	3.7242	.58855
权利保障评价	1544	1.20	4.60	3.2614	.52762
权利认知总分	1539	3.60	9.40	6.9867	.86250
有效的 N	1539				

调查结果显示，大专及以上学历被试的“权利重要性认知”得分在1.40—5.00分之间，均值为3.82，标准差为0.61；“权利保障评价”得分在1.00—4.80分之间，均值为3.21，标准差为0.58；“权利认知总分”的得分在3.60—9.20分之间，均值为7.03，标准差为0.91（见表4－28－3）。

表4－28－3　**大专及以上学历被试“权利认知”的总体描述统计**

项目	N	极小值	极大值	均值	标准差
权利重要性认知	1192	1.40	5.00	3.8221	.60547
权利保障评价	1197	1.00	4.80	3.2090	.57761
权利认知总分	1192	3.60	9.20	7.0319	.91234
有效的 N	1192				

对不同学历被试权利认知各指标的差异性进行方差分析（见表4－29－1、表4－29－2、表4－29－3和图4－15），显示在“权利重要性认知”方面，不同学历被试之间的差异显著，$F=69.809$，$p<0.001$，初中及以下学历被试（$M=3.60$，$SD=0.59$）的得分显著低于高中学历被试（$M=3.72$，$SD=0.59$）、大专及以上学历被试（$M=3.82$，$SD=0.61$），高中学历被试的得分亦显著低于大专及以上学历被试；在“权利保障评价”方面，不同学历被试之间的差异显著，$F=4.938$，$p<0.01$，大专及以上学历被试（$M=3.21$，$SD=0.58$）的得分显著低于初中及以下学历被试（$M=3.26$，$SD=0.51$）、高中学历被试（$M=3.26$，$SD=0.53$），初中及以下学历被试与高中学历被试之间的得分差异不显著；在“权利认知总分”方面，不同学历被试之间的差异显著，$F=21.314$，$p<0.001$，初中及以下学历被试（$M=6.86$，$SD=0.86$）的得分显著低于高中学历被试（$M=6.99$，$SD=0.86$）、大专及以上学历被试（$M=7.03$，$SD=0.91$），高中学历被试与大专及以上学历被试之间的得分差异不显著。

表4－29－1　　不同学历被试权利认知得分的差异比较

项目		N	均值	标准差	标准误	均值的95%置信区间		极小值	极大值
						下限	上限		
权利重要性认知	初中	3392	3.5985	.59410	.01020	3.5785	3.6185	1.00	5.00
	高中	1547	3.7242	.58855	.01496	3.6949	3.7536	1.40	5.00
	大专	1192	3.8221	.60547	.01754	3.7877	3.8566	1.40	5.00
	总数	6131	3.6737	.60158	.00768	3.6586	3.6888	1.00	5.00
权利保障评价	初中	3383	3.2628	.50802	.00873	3.2457	3.2800	1.00	5.00
	高中	1544	3.2614	.52762	.01343	3.2351	3.2877	1.20	4.60
	大专	1197	3.2090	.57761	.01669	3.1763	3.2418	1.00	4.80
	总数	6124	3.2520	.52756	.00674	3.2387	3.2652	1.00	5.00
权利认知总分	初中	3372	6.8632	.85930	.01480	6.8342	6.8922	3.60	10.00
	高中	1539	6.9867	.86250	.02199	6.9436	7.0299	3.60	9.40
	大专	1192	7.0319	.91234	.02643	6.9800	7.0837	3.60	9.20
	总数	6103	6.9273	.87360	.01118	6.9054	6.9492	3.60	10.00

表4－29－2　　不同学历被试权利认知得分的方差分析结果

项目		平方和	df	均方	F	显著性
权利重要性认知	组间	49.418	2	24.709	69.809	.000
	组内	2169.008	6128	.354		
	总数	2218.426	6130			
权利保障评价	组间	2.745	2	1.373	4.938	.007
	组内	1701.401	6121	.278		
	总数	1704.146	6123			
权利认知总分	组间	32.318	2	16.159	21.314	.000
	组内	4624.638	6100	.758		
	总数	4656.957	6102			

表4－29－3　　不同学历被试权利认知得分的多重比较

因变量	(I)学历	(J)学历	均值差(I—J)	标准误	显著性	95%置信区间	
						下限	上限
权利重要性认知	初中	高中	-.12577*	.01825	.000	-.1616	-.0900
		大专	-.22368*	.02003	.000	-.2630	-.1844
	高中	初中	.12577*	.01825	.000	.0900	.1616
		大专	-.09791*	.02293	.000	-.1429	-.0530
	大专	初中	.22368*	.02003	.000	.1844	.2630
		高中	.09791*	.02293	.000	.0530	.1429
权利保障评价	初中	高中	.00144	.01619	.929	-.0303	.0332
		大专	.05382*	.01773	.002	.0191	.0886
	高中	初中	-.00144	.01619	.929	-.0332	.0303
		大专	.05238*	.02030	.010	.0126	.0922
	大专	初中	-.05382*	.01773	.002	-.0886	-.0191
		高中	-.05238*	.02030	.010	-.0922	-.0126
权利认知总分	初中	高中	-.12352*	.02679	.000	-.1760	-.0710
		大专	-.16865*	.02934	.000	-.2262	-.1111
	高中	初中	.12352*	.02679	.000	.0710	.1760
		大专	-.04513	.03360	.179	-.1110	.0207
	大专	初中	.16865*	.02934	.000	.1111	.2262
		高中	.04513	.03360	.179	-.0207	.1110

*. 均值差的显著性水平为0.05。

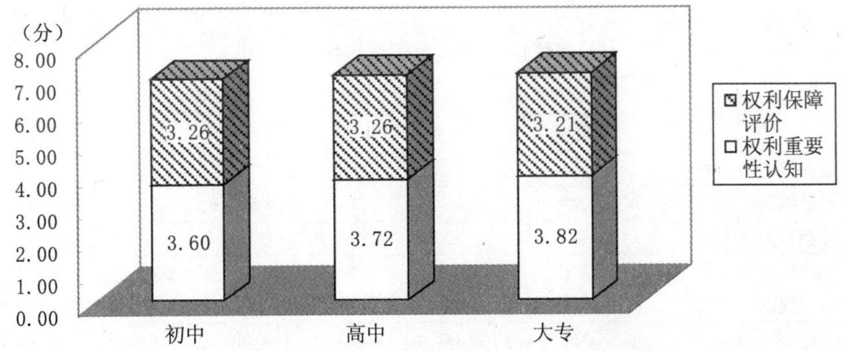

图4－15　不同学历被试权利认知的得分比较

在法律、政治、经济、社会、文化五类权利对个人发展的重要性方面，按选择比例由高到低排序，初中及以下学历被试是经济权利、法律权利、社会权利、文化权利、政治权利，高中学历被试是经济权利、法律权利、社会权利、政治权利、文化权利，大专及以上学历被试是法律权利、经济权利、社会权利、政治权利、文化权利（五位排序均有所不同，尤其需要注意的是大专及以上学历被试对法律权利的偏好，见表4－30）。

表4－30　不同学历被试认为最重要的权利

项目	初中		高中		大专	
	频率	有效百分比	频率	有效百分比	频率	有效百分比
法律权利	899	26.60	398	25.71	299	24.98
经济权利	1189	35.18	452	29.20	283	23.64
社会权利	511	15.12	308	19.90	281	23.48
文化权利	405	11.98	170	10.98	124	10.36
政治权利	376	11.12	220	14.21	210	17.54
合计	3380	100.00	1548	100.00	1197	100.00

在法律、政治、经济、社会、文化五类权利的保障方面，按选择比例由高到低排序，初中及以下学历和高中学历被试都是法律权利、经济权利、社会权利、文化权利、政治权利，大专及以上学历被试是法律权利、文化权利、经济权利、社会权利、政治权利（第二至四位排序不同，见表4－31）。

表4－31　不同学历被试认为保障最好的权利

项目	初中		高中		大专	
	频率	有效百分比	频率	有效百分比	频率	有效百分比
法律权利	1161	34.33	513	33.21	328	27.54
经济权利	780	23.06	307	19.87	223	18.72
社会权利	552	16.32	282	18.25	197	16.54
文化权利	462	13.66	235	15.21	256	21.50
政治权利	427	12.63	208	13.46	187	15.70
合计	3382	100.00	1545	100.00	1191	100.00

（二）利益认知

调查结果显示，初中及以下学历被试的“公民利益取向”得分在1.00—5.00分之间，均值为2.76，标准差为0.59；“利益保障评价”得分在1.00—5.00分之间，均值为3.21，标准差为0.65；“利益认知总分”的得分在2.40—9.20分之间，均值为5.97，标准差为0.74(见表4－32－1)。

表4－32－1　　**初中及以下学历被试“利益认知”的总体描述统计**

项目	N	极小值	极大值	均值	标准差
公民利益取向	3389	1.00	5.00	2.7590	.58996
利益保障评价	3387	1.00	5.00	3.2133	.64681
利益认知总分	3374	2.40	9.20	5.9721	.74305
有效的N	3374				

调查结果显示，高中学历被试的“公民利益取向”得分在1.00—5.00分之间，均值为2.76，标准差为0.59；“利益保障评价”得分在1.00—5.00分之间，均值为3.16，标准差为0.67；“利益认知总分”的得分在3.00—8.20分之间，均值为5.92，标准差为0.72（见表4－32－2）。

表4－32－2　　**高中学历被试“利益认知”的总体描述统计**

项目	N	极小值	极大值	均值	标准差
公民利益取向	1548	1.00	5.00	2.7579	.58906
利益保障评价	1548	1.00	5.00	3.1637	.67248
利益认知总分	1546	3.00	8.20	5.9211	.71524
有效的N	1546				

调查结果显示，大专及以上学历被试的“公民利益取向”得分在1.00—5.00分之间，均值为2.80，标准差为0.61；“利益保障评价”得分在1.00—5.00分之间，均值为3.03，标准差为0.71；“利益认知总分”的得分在2.40—8.20分之间，均值为5.82，标准差为0.73（见表4－32－3）。

表4－32－3　　大专及以上学历被试“利益认知”的总体描述统计

项目	N	极小值	极大值	均值	标准差
公民利益取向	1194	1.00	5.00	2.7990	.61242
利益保障评价	1191	1.00	5.00	3.0252	.71015
利益认知总分	1190	2.40	8.20	5.8225	.72909
有效的 N	1190				

对不同学历被试利益认知各指标的差异性进行方差分析（见表4－33－1、表4－33－2、表4－33－3和图4－16），显示在“利益保障评价”方面，不同学历被试之间的差异显著，$F=35.138$，$p<0.001$，大专及以上学历被试（$M=3.03$，$SD=0.71$）的得分显著低于初中及以下学历被试（$M=3.21$，$SD=0.65$）和高中学历被试（$M=3.16$，$SD=0.67$），高中学历被试的得分亦显著低于初中及以下学历被试；在“利益认知总分”方面，不同学历被试之间的差异显著，$F=18.447$，$p<0.001$，大专及以上学历被试（$M=5.82$，$SD=0.73$）的得分显著低于初中及以下学历被试（$M=5.97$，$SD=0.74$）和高中学历被试（$M=5.92$，$SD=0.72$），高中学历被试的得分亦显著低于初中及以下学历被试。在“公民利益取向”方面，不同学历被试两两之间的差异均不显著。

表4－33－1　　不同学历被试利益认知得分的差异比较

项目		N	均值	标准差	标准误	均值的95%置信区间		极小值	极大值
						下限	上限		
公民利益取向	初中	3389	2.7590	.58996	.01013	2.7391	2.7789	1.00	5.00
	高中	1548	2.7559	.58906	.01497	2.7266	2.7853	1.00	5.00
	大专	1194	2.7990	.61242	.01772	2.7642	2.8338	1.00	5.00
	总数	6131	2.7660	.59430	.00759	2.7511	2.7809	1.00	5.00
利益保障评价	初中	3387	3.2133	.64681	.01111	3.1915	3.2351	1.00	5.00
	高中	1548	3.1637	.67248	.01709	3.1302	3.1972	1.00	5.00
	大专	1191	3.0252	.71015	.02058	2.9848	3.0656	1.00	5.00
	总数	6126	3.1642	.66975	.00856	3.1474	3.1810	1.00	5.00

续表

项目		N	均值	标准差	标准误	均值的95%置信区间		极小值	极大值
						下限	上限		
利益认知总分	初中	3374	5.9721	.74305	.01279	5.9470	5.9972	2.40	9.20
	高中	1546	5.9211	.71524	.01819	5.8854	5.9568	3.00	8.20
	大专	1190	5.8225	.72909	.02114	5.7811	5.8640	2.40	8.20
	总数	6110	5.9300	.73548	.00941	5.9116	5.9485	2.40	9.20

表4－33－2　　不同学历被试利益认知得分的方差分析结果

项目		平方和	*df*	均方	*F*	显著性
公民利益取向	组间	1.623	2	.812	2.299	.100
	组内	2163.453	6128	.353		
	总数	2165.076	6130			
利益保障评价	组间	31.176	2	15.588	35.138	.000
	组内	2716.286	6123	.444		
	总数	2747.462	6125			
利益认知总分	组间	19.844	2	9.922	18.447	.000
	组内	3284.699	6107	.538		
	总数	3304.543	6109			

表4－33－3　　不同学历被试利益认知得分的多重比较

因变量	(I)学历	(J)学历	均值差(I—J)	标准误	显著性	95%置信区间	
						下限	上限
公民利益取向	初中	高中	.00304	.01823	.867	-.0327	.0388
		大专	-.04001*	.02000	.045	-.0792	-.0008
	高中	初中	-.00304	.01823	.867	-.0388	.0327
		大专	-.04305	.02289	.060	-.0879	.0018
	大专	初中	.04001*	.02000	.045	.0008	.0792
		高中	.04305	.02289	.060	-.0018	.0879
利益保障评价	初中	高中	.04959*	.02043	.015	.0095	.0896
		大专	.18810*	.02244	.000	.1441	.2321
	高中	初中	-.04959*	.02043	.015	-.0896	-.0095
		大专	.13851*	.02567	.000	.0882	.1888
	大专	初中	-.18810*	.02244	.000	-.2321	-.1441
		高中	-.13851*	.02567	.000	-.1888	-.0882

续表

因变量	(I)学历	(J)学历	均值差(I—J)	标准误	显著性	95%置信区间	
						下限	上限
利益认知总分	初中	高中	.05099*	.02252	.024	.0068	.0951
		大专	.14956*	.02473	.000	.1011	.1980
	高中	初中	-.05099*	.02252	.024	-.0951	-.0068
		大专	.09857*	.02828	.000	.0431	.1540
	大专	初中	-.14956*	.02473	.000	-.1980	-.1011
		高中	-.09857*	.02828	.000	-.1540	-.0431

*. 均值差的显著性水平为 0.05。

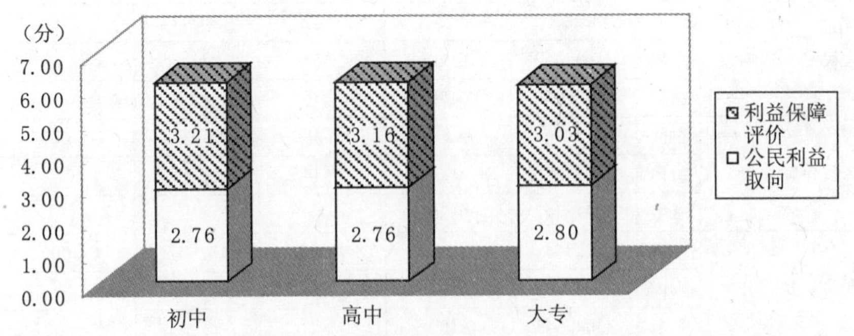

图 4－16　不同学历被试利益认知的得分比较

在经济、社会、文化、政治四类利益的重要性方面，按选择比例由高到低排序，初中及以下学历被试是经济利益、社会利益、文化利益、政治利益，高中学历、大专及以上学历被试是经济利益、社会利益、政治利益、文化利益（第三、四位排序不同，显示学历较高的被试在政治与文化两种利益中更看重政治利益，见表 4－34）。

表 4－34　不同学历被试认为最重要的利益

项目	初中		高中		大专	
	频率	有效百分比	频率	有效百分比	频率	有效百分比
经济利益	1600	47.32	713	46.09	567	47.53
社会利益	869	25.70	457	29.54	355	29.76
文化利益	501	14.82	186	12.02	124	10.39
政治利益	411	12.16	191	12.35	147	12.32
合计	3381	100.00	1547	100.00	1193	100.00

在经济、社会、文化、政治四类利益的保障方面，按选择比例由高到低排序，初中及以下学历、高中学历被试都是经济利益、社会利益、文化利益、政治利益，大专及以上学历被试是文化利益、社会利益、经济利益、政治利益（第一至三位排序不同，见表4－35）。

表4－35　　　　**不同学历被试认为保障最好的利益**

项目	初中		高中		大专	
	频率	有效百分比	频率	有效百分比	频率	有效百分比
经济利益	1243	36.89	475	30.84	296	24.92
社会利益	979	29.05	457	29.68	303	25.51
文化利益	667	19.79	363	23.57	401	33.75
政治利益	481	14.27	245	15.91	188	15.82
合计	3370	100.00	1540	100.00	1188	100.00

（三）政治沟通认知

调查结果显示，初中及以下学历被试的“政治沟通重要性认知”得分在1.60—5.00分之间，均值为3.58，标准差为0.50；“政治沟通现状评价”得分在1.00—5.00分之间，均值为3.24，标准差为0.69；“政治沟通认知总分”的得分在3.60—10.00分之间，均值为6.81，标准差为0.94（见表4－36－1）。

表4－36－1　　　**初中及以下学历被试“政治沟通认知”的总体描述统计**

项目	*N*	极小值	极大值	均值	标准差
政治沟通重要性认知	3394	1.60	5.00	3.5757	.49892
政治沟通现状评价	3389	1.00	5.00	3.2356	.68985
政治沟通认知总分	3381	3.60	10.00	6.8124	.94254
有效的 *N*	3381				

调查结果显示，高中学历被试的“政治沟通重要性认知”得分在1.40—5.00分之间，均值为3.63，标准差为0.46；“政治沟通现状评价”得分在1.00—5.00分之间，均值为3.21，标准差为0.73；“政治沟通认

知总分”的得分在3.60—10.00分之间，均值为6.84，标准差为0.91（见表4－36－2）。

表4－36－2　**高中学历被试“政治沟通认知”的总体描述统计**

项目	N	极小值	极大值	均值	标准差
政治沟通重要性认知	15[illegible]7	1.40	5.00	3.6288	.45765
政治沟通现状评价	1550	1.00	5.00	3.2121	.73007
政治沟通认知总分	1545	3.60	10.00	6.8401	.91243
有效的 N	1545				

调查结果显示，大专及以上学历被试的“政治沟通重要性认知”得分在2.20—5.00分之间，均值为3.69，标准差为0.45；“政治沟通现状评价”得分在1.00—5.00分之间，均值为3.02，标准差为0.79；“政治沟通认知总分”的得分在3.60—9.60分之间，均值为6.71，标准差为0.94（见表4－36－3）。

表4－36－3　**大专及以上学历被试“政治沟通认知”的总体描述统计**

项目	N	极小值	极大值	均值	标准差
政治沟通重要性认知	1196	2.20	5.00	3.6881	.44900
政治沟通现状评价	1195	1.00	5.00	3.0182	.78999
政治沟通认知总分	1193	3.60	9.60	6.7070	.94106
有效的 N	1193				

对不同学历被试政治沟通认知各指标的差异性进行方差分析（见表4－37－1、表4－37－2、表4－37－3和图4－17），显示在“政治沟通重要性认知”方面，不同学历被试之间的差异显著，$F=25.777$，$p<0.001$，初中及以下学历被试（$M=3.58$，$SD=0.50$）的得分显著低于高中学历被试（$M=3.63$，$SD=0.46$）、大专及以上学历被试（$M=3.69$，$SD=0.45$），高中学历被试的得分亦显著低于大专及以上学历被试；在“政治沟通现状评价”方面，不同学历被试之间的差异显著，$F=41.422$，$p<0.001$，大专及以上学历被试（$M=3.02$，$SD=0.79$）的得分显著低于初中及以下学历被试（$M=3.24$，$SD=0.69$）、高中学历被试（$M=$

3.21，$SD=0.73$)，初中及以下学历被试与高中学历被试之间的得分差异不显著；在“政治沟通认知总分”方面，不同学历被试之间的差异显著，$F=7.628$，$p<0.001$，大专及以上学历被试（$M=6.71$，$SD=0.94$）的得分显著低于初中及以下学历被试（$M=6.81$，$SD=0.94$）、高中学历被试（$M=6.84$，$SD=0.91$），初中及以下学历被试与高中学历被试之间的得分差异不显著。

表4-37-1　　不同学历被试政治沟通认知得分的差异比较

项目		N	均值	标准差	标准误	均值的95%置信区间		极小值	极大值
						下限	上限		
政治沟通重要性认知	初中	3394	3.5757	.49892	.00856	3.5589	3.5925	1.60	5.00
	高中	1547	3.6288	.45765	.01164	3.6060	3.6517	1.40	5.00
	大专	1196	3.6881	.44900	.01298	3.6627	3.7136	2.20	5.00
	总数	6137	3.6110	.48126	.00614	3.5989	3.6230	1.40	5.00
政治沟通现状评价	初中	3389	3.2356	.68985	.01185	3.2124	3.2588	1.00	5.00
	高中	1550	3.2121	.73007	.01854	3.1758	3.2485	1.00	5.00
	大专	1195	3.0182	.78999	.02285	2.9734	3.0631	1.00	5.00
	总数	6134	3.1873	.72527	.00926	3.1692	3.2055	1.00	5.00
政治沟通认知总分	初中	3381	6.8124	.94254	.01621	6.7806	6.8442	3.60	10.00
	高中	1545	6.8401	.91243	.02321	6.7946	6.8857	3.60	10.00
	大专	1193	6.7070	.94106	.02725	6.6535	6.7604	3.60	9.60
	总数	6119	6.7989	.93576	.01196	6.7754	6.8223	3.60	10.00

表4-37-2　　不同学历被试政治沟通认知得分的方差分析结果

项目		平方和	df	均方	F	显著性
政治沟通重要性认知	组间	11.844	2	5.922	25.777	.000
	组内	1409.295	6134	.230		
	总数	1421.140	6136			
政治沟通现状评价	组间	43.011	2	21.505	41.422	.000
	组内	3183.083	6131	.519		
	总数	3226.093	6133			
政治沟通认知总分	组间	13.330	2	6.665	7.628	.000
	组内	5343.822	6116	.874		
	总数	5357.152	6118			

表 4－37－3　不同学历被试政治沟通认知得分的多重比较

因变量	(I) 学历	(J) 学历	均值差 (I—J)	标准误	显著性	95%置信区间 下限	95%置信区间 上限
政治沟通重要性认知	初中	高中	-.05317*	.01470	.000	-.0820	-.0243
		大专	-.11246*	.01612	.000	-.1441	-.0809
	高中	初中	.05317*	.01470	.000	.0243	.0820
		大专	-.05930*	.01846	.001	-.0955	-.0231
	大专	初中	.11246*	.01612	.000	.0809	.1441
		高中	.05930*	.01846	.001	.0231	.0955
政治沟通现状评价	初中	高中	.02346	.02209	.288	-.0199	.0668
		大专	.21734*	.02424	.000	.1698	.2649
	高中	初中	-.02346	.02209	.288	-.0668	.0199
		大专	.19389*	.02774	.000	.1395	.2483
	大专	初中	-.21734*	.02424	.000	-.2649	-.1698
		高中	-.19389*	.02774	.000	-.2483	-.1395
政治沟通认知总分	初中	高中	-.02771	.02870	.334	-.0840	.0286
		大专	.10547*	.03148	.001	.0438	.1672
	高中	初中	.02771	.02870	.334	-.0286	.0840
		大专	.13317*	.03603	.000	.0625	.2038
	大专	初中	-.10547*	.03148	.001	-.1672	-.0438
		高中	-.13317*	.03603	.000	-.2038	-.0625

*. 均值差的显著性水平为 0.05。

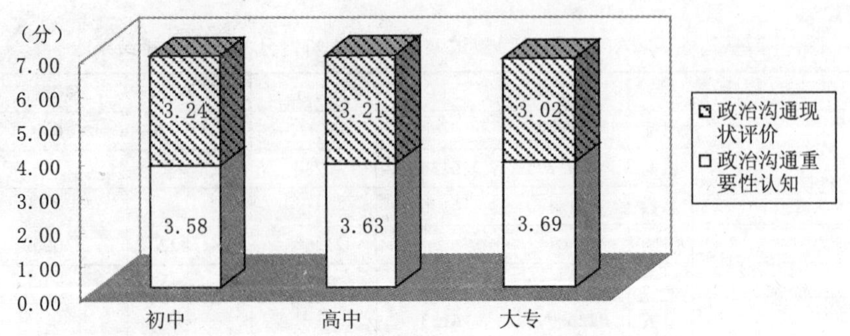

图 4－17　不同学历被试政治沟通认知的得分比较

不同学历被试对政府与百姓沟通最重要做法的选择（见表4－38），在六个选项中，初中及以下学历被试选择“政府愿意与民众沟通”的人最多，第二是“政府的公信力”，第三是“公民个人有强烈的沟通愿望”，第四是“为沟通提供必要的法律保障”，第五是“媒体愿意提供相互沟通的平台”，选择“社会团体和社会组织有参与沟通的意愿”的人最少；高中学历、大专及以上学历被试都是选择“政府的公信力”的人最多，第二是“政府愿意与民众沟通”，第三是“为沟通提供必要的法律保障”，第四是“媒体愿意提供相互沟通的平台”，第五是“公民个人有强烈的沟通愿望”，选择“社会团体和社会组织有参与沟通的意愿”的人最少（前五位排序不同）。

表4－38　**不同学历被试认为政府与百姓沟通最重要的做法**

项目	初中		高中		大专	
	频率	百分比	频率	百分比	频率	百分比
公民有强烈沟通愿望	590	17.35	188	12.11	120	10.02
媒体愿意提供沟通平台	458	13.47	202	13.02	129	10.78
社会组织有参与沟通意愿	255	7.50	111	7.15	68	5.68
为沟通提供法律保障	528	15.53	266	17.14	225	18.80
政府的公信力	628	18.47	420	27.06	387	32.33
政府愿意沟通	941	27.68	365	23.52	268	22.39
合计	3400	100.00	1552	100.00	1197	100.00

表4－39　**不同学历被试认为突发事件中信息处理最重要的做法**

项目	初中		高中		大专	
	频率	百分比	频率	百分比	频率	百分比
公民及时公布获得的信息	438	12.92	193	12.48	100	8.37
媒体及时发布准确信息	729	21.51	372	24.06	259	21.67
政府及时发布准确信息	1711	50.47	773	50.00	684	57.24
政府有效控制信息发布	512	15.10	208	13.46	152	12.72
合计	3390.	100.00	1546	100.00	1195	100.00

不同学历被试对突发事件中信息处理最重要做法的选择（见表4－39），都是选择“政府及时发布准确的信息”的最多，第二是“媒体及时

发布准确的信息”，第三是“政府有效控制各种信息发布”，选择“公民个人及时发布获得的信息”的人最少。

（四）政治参与行为

调查结果显示，初中及以下学历被试的“政治参与认知”得分在1.40—5.00分之间，均值为3.09，标准差为0.46；“实际政治参与”得分在1.00—5.00分之间，均值为3.03，标准差为0.68；“政治参与行为总分”的得分在3.20—10.00分之间，均值为6.12，标准差为0.88（见表4－40－1）。

表4－40－1　初中及以下学历被试“政治参与行为”的总体描述统计

项目	N	极小值	极大值	均值	标准差
政治参与认知	3395	1.40	5.00	3.0895	.46193
实际政治参与	3390	1.00	5.00	3.0330	.68021
政治参与行为总分	3382	3.20	10.00	6.1218	.87954
有效的 N	3382				

调查结果显示，高中学历被试的“政治参与认知”得分在1.80—4.80分之间，均值为3.10，标准差为0.44；“实际政治参与”得分在1.00—5.00分之间，均值为3.11，标准差为0.69；“政治参与行为总分”的得分在3.20—9.60分之间，均值为6.22，标准差为0.87（见表4－40－2）。

表4－40－2　高中学历被试“政治参与行为”的总体描述统计

项目	N	极小值	极大值	均值	标准差
政治参与认知	1547	1.80	4.80	3.1041	.44344
实际政治参与	1546	1.00	5.00	3.1111	.68609
政治参与行为总分	1541	3.20	9.60	6.2165	.87065
有效的 N	1541				

调查结果显示，大专及以上学历被试的“政治参与认知”得分在1.80—5.00分之间，均值为3.15，标准差为0.46；“实际政治参与”得分在1.00—5.00分之间，均值为3.15，标准差为0.67；“政治参与行为总分”的得分在2.80—9.40分之间，均值为6.30，标准差为0.87（见表4-40-3）。

表4-40-3　**大专及以上学历被试“政治参与行为”的总体描述统计**

项目	N	极小值	极大值	均值	标准差
政治参与认知	1193	1.80	5.00	3.1464	.46278
实际政治参与	1188	1.00	5.00	3.1520	.67490
政治参与行为总分	1184	2.80	9.40	6.2985	.87087
有效的 N	1184				

对不同学历被试政治参与行为各指标的差异性进行方差分析（见表4-41-1、表4-41-2、表4-41-3和图4-18），显示在“政治参与认知”方面，不同学历被试之间的差异显著，$F=6.820$，$p<0.01$，大专及以上学历被试（$M=3.15$，$SD=0.46$）的得分显著高于初中及以下学历被试（$M=3.09$，$SD=0.46$）、高中学历被试（$M=3.10$，$SD=0.44$），初中及以下学历被试与高中学历被试之间的得分差异不显著；在“实际政治参与”方面，不同学历被试之间的差异显著，$F=16.238$，$p<0.001$，初中及以下学历被试（$M=3.03$，$SD=0.68$）的得分显著低于高中学历被试（$M=3.11$，$SD=0.69$）、大专及以上学历被试（$M=3.15$，$SD=0.67$），高中学历被试与大专及以上学历被试之间的得分差异不显著；在“政治参与行为总分”方面，不同学历被试之间的差异显著，$F=19.656$，$p<0.001$，大专及以上学历被试（$M=6.30$，$SD=0.87$）的得分显著高于初中及以下学历被试（$M=6.12$，$SD=0.88$）、高中学历被试（$M=6.22$，$SD=0.87$），高中学历被试的得分亦显著高于初中及以下学历被试。

表 4-41-1　　不同学历被试政治参与行为得分的差异比较

项目		N	均值	标准差	标准误	均值的 95% 置信区间		极小值	极大值
						下限	上限		
政治参与认知	初中	3395	3.0895	.46193	.00793	3.0739	3.1050	1.40	5.00
	高中	1547	3.1041	.44344	.01127	3.0820	3.1262	1.80	4.80
	大专	1193	3.1464	.46278	.01340	3.1201	3.1726	1.80	5.00
	总数	6135	3.1042	.45794	.00585	3.0928	3.1157	1.40	5.00
实际政治参与	初中	3390	3.0330	.68021	.01168	3.0101	3.0559	1.00	5.00
	高中	1546	3.1111	.68609	.01745	3.0769	3.1454	1.00	5.00
	大专	1188	3.1520	.67490	.01958	3.1136	3.1904	1.00	5.00
	总数	6124	3.0758	.68237	.00872	3.0587	3.0929	1.00	5.00
政治参与行为总分	初中	3382	6.1218	.87954	.01512	6.0921	6.1514	3.20	10.00
	高中	1541	6.2165	.87065	.02218	6.1730	6.2600	3.20	9.60
	大专	1184	6.2985	.87087	.02531	6.2488	6.3481	2.80	9.40
	总数	6107	6.1799	.87830	.01124	6.1579	6.2020	2.80	10.00

表 4-41-2　　不同学历被试政治参与行为得分的方差分析结果

项目		平方和	*df*	均方	*F*	显著性
政治参与认知	组间	2.855	2	1.428	6.820	.001
	组内	1283.506	6132	.209		
	总数	1286.361	6134			
实际政治参与	组间	15.047	2	7.523	16.238	.000
	组内	2835.967	6121	.463		
	总数	2851.014	6123			
政治参与行为总分	组间	30.142	2	15.071	19.656	.000
	组内	4680.077	6104	.767		
	总数	4710.219	6106			

表 4 - 41 - 3　　不同学历被试政治参与行为得分的多重比较

因变量	(I)学历	(J)学历	均值差(I—J)	标准误	显著性	95%置信区间	
						下限	上限
政治参与认知	初中	高中	-.01459	.01403	.299	-.0421	.0129
		大专	-.05687*	.01540	.000	-.0871	-.0267
	高中	初中	.01459	.01403	.299	-.0129	.0421
		大专	-.04228*	.01763	.016	-.0768	-.0077
	大专	初中	.05687*	.01540	.000	.0267	.0871
		高中	.04228*	.01763	.016	.0077	.0768
实际政治参与	初中	高中	-.07815*	.02089	.000	-.1191	-.0372
		大专	-.11904*	.02295	.000	-.1640	-.0741
	高中	初中	.07815*	.02089	.000	.0372	.1191
		大专	-.04089	.02626	.119	-.0924	.0106
	大专	初中	.11904*	.02295	.000	.0741	.1640
		高中	.04089	.02626	.119	-.0106	.0924
政治参与行为总分	初中	高中	-.09472*	.02691	.000	-.1475	-.0420
		大专	-.17672*	.02957	.000	-.2347	-.1188
	高中	初中	.09472*	.02691	.000	.0420	.1475
		大专	-.08200*	.03384	.015	-.1483	-.0157
	大专	初中	.17672*	.02957	.000	.1188	.2347
		高中	.08200*	.03384	.015	.0157	.1483

*. 均值差的显著性水平为 0.05。

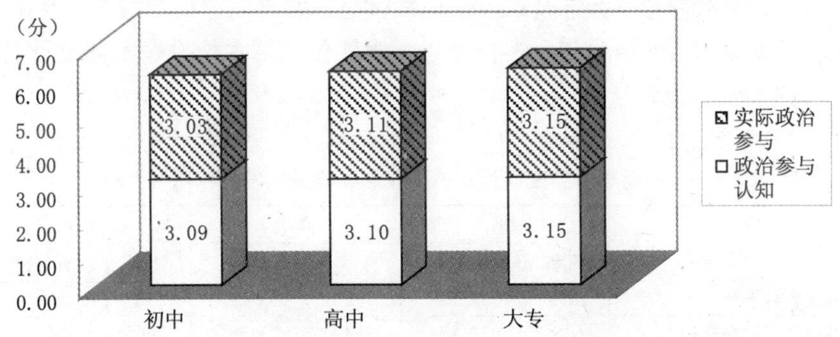

图 4 - 18　不同学历被试政治参与行为的得分比较

对于选举参与、自治参与、政策参与、维权参与、社团参与、网络参与六类参与，哪一类最为重要，按选择比例由高到低排序，初中及以下学历被试是选举参与、自治参与、维权参与、社团参与、政策参与、网络参与，高中学历被试是选举参与、自治参与、社团参与、维权参与、政策参与、网络参与，大专及以上学历被试是选举参与、自治参与、社团参与、政策参与、维权参与、网络参与（第三位至第五位排序不同，见表4－42）。

表4－42　　不同学历被试认为最重要的政治参与

项目	初中		高中		大专	
	频率	百分比	频率	百分比	频率	百分比
参加各种选举	1814	53.39	649	41.92	358	29.96
参加基层群众自治	554	16.30	322	20.80	274	22.93
参与政策讨论	231	6.80	147	9.50	169	14.14
以上访等形式维权	371	10.92	163	10.53	111	9.29
参与社会团体活动	347	10.21	197	12.73	182	15.23
在互联网发表个人意见	81	2.38	70	4.52	101	8.45
合计	3398	100.00	1548	100.00	1195	100.00

对于选举参与、自治参与、政策参与、维权参与、社团参与、网络参与六类参与，哪一类最能发挥作用，按选择比例由高到低排序，初中及以下学历、高中学历被试是选举参与、自治参与、社团参与、维权参与、政策参与、网络参与，大专及以上学历被试是选举参与、自治参与、社团参与、政策参与、网络参与、维权参与（第四位至第六位排序不同，见表4－43）。

表4－43　　不同学历被试认为哪一类政治参与最能发挥作用

项目	初中		高中		大专	
	频率	百分比	频率	百分比	频率	百分比
参加各种选举	1659	48.82	592	38.24	348	29.10
参加基层群众自治	606	17.83	365	23.58	294	24.58
参与政策讨论	255	7.50	137	8.85	167	13.96
以上访等形式维权	359	10.57	148	9.56	106	8.86
参与社会团体活动	409	12.04	206	13.31	168	14.05
在互联网发表个人意见	110	3.24	100	6.46	113	9.45
合计	3398	100.00	1548	100.00	1196	100.00

（五）公民满意度

调查结果显示，初中及以下学历被试的“个人生活满意度”得分在1.00—5.00分之间，均值为3.41，标准差为0.64；“公共服务满意度”得分在1.00—5.00分之间，均值为3.13，标准差为0.62；“公民满意度总分”的得分在2.00—10.00分之间，均值为6.55，标准差为1.06（见表4-44-1）。

表4-44-1　　初中及以下学历被试“公民满意度”的总体描述统计

项目	*N*	极小值	极大值	均值	标准差
个人生活满意度	3390	1.00	5.00	3.4135	.63865
公共服务满意度	3393	1.00	5.00	3.1348	.62393
公民满意度总分	3380	2.00	10.00	6.5480	1.05803
有效的 *N*	3380				

调查结果显示，高中学历被试的“个人生活满意度”得分在1.00—5.00分之间，均值为3.29，标准差为0.65；“公共服务满意度”得分在1.00—5.00分之间，均值为3.13，标准差为0.65；“公民满意度总分”的得分在2.00—10.00分之间，均值为6.42，标准差为1.09（见表4-44-2）。

表4-44-2　　高中学历被试“公民满意度”的总体描述统计

项目	*N*	极小值	极大值	均值	标准差
个人生活满意度	1545	1.00	5.00	3.2944	.64553
公共服务满意度	1543	1.00	5.00	3.1260	.65033
公民满意度总分	1537	2.00	10.00	6.4221	1.08543
有效的 *N*	1537				

调查结果显示，大专及以上学历被试的“个人生活满意度”得分在

1.00—5.00 分之间，均值为 3.22，标准差为 0.66；“公共服务满意度”得分在 1.00—5.00 分之间，均值为 3.07，标准差为 0.64；“公民满意度总分”的得分在 2.80—10.00 分之间，均值为 6.29，标准差为 1.09（见表 4－44－3）。

表 4－44－3　　大专及以上学历被试“公民满意度”的总体描述统计

项目	N	极小值	极大值	均值	标准差
个人生活满意度	1196	1.00	5.00	3.2199	.66464
公共服务满意度	1195	1.00	5.00	3.0654	.64106
公民满意度总分	1194	2.80	10.00	6.2851	1.09127
有效的 N	1194				

对不同学历被试公民满意度各指标的差异性进行方差分析（见表 4－45－1、表 4－45－2、表 4－45－3 和图 4－19），显示在“个人生活满意度”方面，不同学历被试之间的差异显著，$F = 46.299$，$p < 0.001$，初中及以下学历被试（$M = 3.41$，$SD = 0.64$）的得分显著高于高中学历被试（$M = 3.29$，$SD = 0.65$）、大专及以上学历被试（$M = 3.22$，$SD = 0.66$），高中学历被试的得分亦显著高于大专及以上学历被试；在“公共服务满意度”方面，不同学历被试之间的差异显著，$F = 5.412$，$p < 0.01$，大专及以上学历被试（$M = 3.07$，$SD = 0.64$）的得分显著低于初中及以下学历被试（$M = 3.13$，$SD = 0.62$）、高中学历被试（$M = 3.13$，$SD = 0.65$），初中及以下学历被试与高中学历被试之间的得分差异不显著；在“公民满意度总分”方面，不同学历被试之间的差异显著，$F = 28.212$，$p < 0.001$，初中及以下学历被试（$M = 6.55$，$SD = 1.06$）的得分显著高于高中学历被试（$M = 6.42$，$SD = 1.09$）、大专及以上学历被试（$M = 6.29$，$SD = 1.09$），高中学历被试的得分亦显著高于大专及以上学历被试。

表 4－45－1　　不同学历被试公民满意度得分的差异比较

项目		N	均值	标准差	标准误	均值的 95% 置信区间		极小值	极大值
						下限	上限		
个人生活满意度	初中	3390	3.4135	.63865	.01097	3.3920	3.4350	1.00	5.00
	高中	1545	3.2944	.64553	.01642	3.2622	3.3266	1.00	5.00
	大专	1196	3.2199	.66464	.01922	3.1822	3.2576	1.00	5.00
	总数	6131	3.3457	.65028	.00830	3.3294	3.3620	1.00	5.00
公共服务满意度	初中	3393	3.1348	.62393	.01071	3.1138	3.1558	1.00	5.00
	高中	1543	3.1260	.65033	.01656	3.0935	3.1585	1.00	5.00
	大专	1195	3.0654	.64106	.01854	3.0291	3.1018	1.00	5.00
	总数	6131	3.1191	.63447	.00810	3.1032	3.1350	1.00	5.00
公民满意度总分	初中	3380	6.5480	1.05803	.01820	6.5124	6.5837	2.00	10.00
	高中	1537	6.4221	1.08543	.02769	6.3678	6.4764	2.00	10.00
	大专	1194	6.2851	1.09127	.03158	6.2231	6.3471	2.80	10.00
	总数	6111	6.4650	1.07628	.01377	6.4380	6.4920	2.00	10.00

表 4－45－2　　不同学历被试公民满意度得分的方差分析结果

项目		平方和	df	均方	F	显著性
个人生活满意度	组间	38.586	2	19.293	46.299	.000
	组内	2553.589	6128	.417		
	总数	2592.175	6130			
公共服务满意度	组间	4.351	2	2.176	5.412	.004
	组内	2463.290	6128	.402		
	总数	2467.641	6130			
公民满意度总分	组间	64.783	2	32.392	28.212	.000
	组内	7012.920	6108	1.148		
	总数	7077.703	6110			

表 4－45－3　　不同学历被试公民满意度得分的多重比较

因变量	(I) 学历	(J) 学历	均值差 (I—J)	标准误	显著性	95% 置信区间	
						下限	上限
个人生活满意度	初中	高中	.11914*	.01982	.000	.0803	.1580
		大专	.19361*	.02171	.000	.1511	.2362
	高中	初中	-.11914*	.01982	.000	-.1580	-.0803
		大专	.07447*	.02486	.003	.0257	.1232
	大专	初中	-.19361*	.02171	.000	-.2362	-.1511
		高中	-.07447*	.02486	.003	-.1232	-.0257

续表

因变量	(I)学历	(J)学历	均值差(I—J)	标准误	显著性	95%置信区间	
						下限	上限
公共服务满意度	初中	高中	.00882	.01947	.651	-.0293	.0470
		大专	.06937*	.02133	.001	.0276	.1112
	高中	初中	-.00882	.01947	.651	-.0470	.0293
		大专	.06055*	.02443	.013	.0127	.1084
	大专	初中	-.06937*	.02133	.001	-.1112	-.0276
		高中	-.06055*	.02443	.013	-.1084	-.0127
公民满意度总分	初中	高中	.12593*	.03297	.000	.0613	.1905
		大专	.26296*	.03607	.000	.1922	.3337
	高中	初中	-.12593*	.03297	.000	-.1905	-.0613
		大专	.13703*	.04134	.001	.0560	.2181
	大专	初中	-.26296*	.03607	.000	-.3337	-.1922
		高中	-.13703*	.04134	.001	-.2181	-.0560

*. 均值差的显著性水平为 0.05。

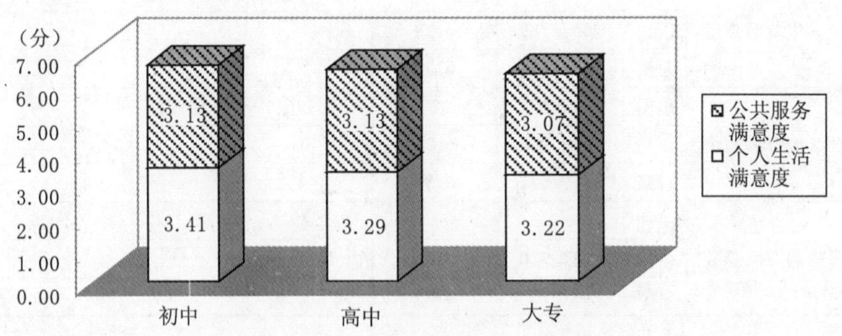

图 4－19　不同学历被试公民满意度的得分比较

不同学历被试最满意的公共服务项目（见表 4－46），第一选择排在第一位至第三位的都是“基本公共教育”、“社会保险”、“基本医疗卫生”；总提及频率初中及以下学历被试排在第一位至第三位的是“基本医疗卫生”、“社会保险”、“基本公共教育”，高中学历被试排在第一位至第三位的是“基本公共教育”、“社会保险”、“基本医疗卫生”，大专及以上学历被试排在第一位至第三位的是“基本公共教育”、“基本医疗卫生”、“社会保险”，显示出较高学历的人更看重的是教育服务，较低学历的人更看重的是医疗卫生服务。

表 4－46　　　　不同学历被试满意的公共服务

选项	初中				高中			
	第一选择		总提及频率		第一选择		总提及频率	
	频率	百分比	频率	百分比	频率	百分比	频率	百分比
基本公共教育	1112	32.74	1654	16.28	512	33.09	761	16.42
劳动就业服务	297	8.75	877	8.64	166	10.73	452	9.75
社会保险	810	23.85	1735	17.08	315	20.36	746	16.09
基本社会服务	101	2.97	615	6.06	43	2.78	358	7.73
基本医疗卫生	574	16.90	1994	19.63	195	12.61	727	15.69
人口和计划生育	96	2.83	617	6.08	54	3.49	284	6.13
基本住房保障	118	3.47	773	7.61	73	4.72	358	7.73
公共文化体育	45	1.33	382	3.76	41	2.65	230	4.96
残疾人服务	55	1.62	347	3.42	30	1.94	150	3.24
社会安全	188	5.54	1162	11.44	118	7.63	568	12.26
合计	3396	100.00	10156	100.00	1547	100.00	4634	100.00
选项	大专							
基本公共教育	418	35.07	644	18.03				
劳动就业服务	102	8.56	306	8.56				
社会保险	218	18.29	522	14.61				
基本社会服务	62	5.20	336	9.41				
基本医疗卫生	143	11.99	549	15.37				
人口和计划生育	50	4.19	228	6.38				
基本住房保障	48	4.03	250	7.00				
公共文化体育	36	3.02	225	6.30				
残疾人服务	22	1.85	131	3.67				
社会安全	93	7.80	381	10.67				
合计	1192	100.00	3572	100.00				

对于“六大建设”中满意的建设，按照选择比例由高到低排序，初

中及以下学历、高中学历被试是经济建设、党的建设、社会建设、文化建设、生态建设、政治建设，大专及以上学历被试是经济建设、文化建设、社会建设、党的建设、生态建设、政治建设（第二位至第五位排序不同，见表4－47）。

表4－47　　不同学历被试最满意的建设

项目	初中		高中		大专	
	频率	有效百分比	频率	有效百分比	频率	有效百分比
党的建设	806	23.73	296	19.10	191	16.01
经济建设	1190	35.04	577	37.23	419	35.12
社会建设	545	16.05	275	17.74	207	17.35
生态建设	346	10.19	167	10.77	120	10.06
文化建设	355	10.45	173	11.16	210	17.60
政治建设	154	4.54	62	4.00	46	3.86
合计	3396	100.00	1550	100.00	1193	100.00

四　不同学历被试的政治认同与危机压力差异

通过本章的数据分析，可以对不同学历被试在政治认同、危机压力以及影响因素等方面所反映出来的差异，作一个简单的小结。

在本次问卷调查涉及的六种认同中，体制认同、政党认同、政策认同三种认同呈现的是学历越低得分越高，身份认同、文化认同、发展认同呈现的是学历越高得分越高（见表4－48，表中括号内的数字，代表不同学历被试得分高低的排序，下同），并且在不同学历被试两两之间得分差异都显著的有体制认同、身份认同、政策认同和发展认同，由此显示的总体状况是，学历的高低对政治认同整体水平的影响并不明显，因为反映在政治认同总分上，尽管高中学历被试的得分最高，初中及以下学历被试得分居中，大专及以上学历被试得分最低，但是不同学历被试两两之间的得分差异均没有达到显著水平。

表 4-48 不同学历被试政治认同得分排序比较

项目	初中	高中	大专
体制认同	3.49 (1)	3.41 (2)	3.32 (3)
政党认同	3.65 (1)	3.62 (2)	3.58 (3)
身份认同	4.15 (3)	4.23 (2)	4.28 (1)
文化认同	3.40 (3)	3.48 (2)	3.50 (1)
政策认同	3.64 (1)	3.58 (2)	3.48 (3)
发展认同	3.71 (3)	3.75 (2)	3.82 (1)
政治认同总分	**22.04 (2)**	**22.07 (1)**	**21.97 (3)**

在本次问卷调查涉及的六种危机压力中，经济危机压力、社会危机压力、文化危机压力、生态危机压力、国际压力都是大专及以上学历被试得分最高（见表 4-49），只是政治危机压力初中及以下学历被试得分最高，但是在不同学历被试两两之间得分差异都显著的只有经济危机压力、生态危机压力，由此显示的总体状况是，学历的高低对危机压力的整体影响并不是很大，尽管大专及以上学历被试的得分最高，高中学历被试得分居中，初中及以下学历被试得分最低，但只是大专及以上学历被试的得分显著高于高中学历、初中及以下学历被试，高中学历被试与初中及以下学历被试之间的得分差异没有达到显著水平。

表 4-49 不同学历被试危机压力得分排序比较

项目	初中	高中	大专
政治危机压力	2.59 (1)	2.53 (2)	2.50 (3)
经济危机压力	2.24 (3)	2.36 (2)	2.47 (1)
社会危机压力	2.84 (2)	2.80 (3)	2.87 (1)
文化危机压力	2.77 (2)	2.71 (3)	2.78 (1)
生态危机压力	3.01 (3)	3.08 (2)	3.26 (1)
国际压力	3.02 (3)	3.03 (1)	3.03 (1)
危机压力总分	**16.46 (3)**	**16.51 (2)**	**16.91 (1)**

在本次问卷调查涉及的影响政治认同和危机压力的五个因素中，权利认知 和政治参与行为呈现的是学历越高总分越高，利益认知和公民满意度呈现的是学历越低总分越高，只有政治沟通认知是高中学历被试得分最

高（见表4－50），并且不同学历被试两两之间得分差异都显著的有利益认知总分、政治参与行为总分和公民满意度总分，由此显示的是将五个因素综合考虑，较难看出学历高低的全面影响。

表4－50　　不同学历被试五个影响因素得分排序比较

项目	初中	高中	大专
权利认知	6.86（3）	6.99（2）	7.03（1）
利益认知	5.97（1）	5.92（2）	5.82（3）
政治沟通认知	6.81（2）	6.84（1）	6.71（3）
政治参与行为	6.12（3）	6.22（2）	6.30（1）
公民满意度	6.55（1）	6.42（2）	6.29（3）

从总体情况看，学历高低并未造成民众政治认同和危机压力的重大差异，但是亦不能忽视不同学历的人在某些认同、压力上的差异，并需要认真对待不同学历群体在一些具体问题看法上表现出的差异。

第五章

政治认同与危机压力的差异比较:政治面貌

“政治认同与政治稳定”问卷调查涉及的6159名被试中，有6名被试的政治面貌信息缺失，在有政治面貌信息的6153份数据中，中共党员被试839人，有效百分比为13.63%（中共党员被试在本章的表格中均标注为“党员”）；共青团员被试620人，有效百分比为10.08%（共青团员被试在本章的表格中均标注为“团员”）；民主党派和群众被试4694人，有效百分比为76.29%（民主党派被试只有21人，由于人数过少，不具有代表性，所以与群众被试合为一类，统称为“群众被试”，在本章的表格中均标注为“群众”）。根据问卷调查的数据，可以比较不同政治面貌被试的政治认同和危机压力状况。

一　不同政治面貌被试的政治认同

不同政治面貌被试政治认同的得分情况以及六种认同的具体情况，可根据问卷调查的结果，分述于下。

（一）不同政治面貌被试政治认同的得分

调查结果显示，中共党员被试政治认同的总体得分在9.83—28.08之间，均值为22.65，标准差为2.68。在六种认同中，中共党员被试的体制认同得分在1.00—5.00分之间，均值为3.45，标准差为0.54；政党认同得分在1.00—5.00分之间，均值为3.80，标准差为0.71；身份认同得分在1.25—5.00分之间，均值为4.25，标准差为0.70；文化认同得分在1.00—5.00分之间，均值为3.55，标准差为0.59；政策认同得分在1.00—5.00分之间，均值为3.69，标准差为0.76；发展认同得分在2.00—5.00分之间，均值为3.91，标准差为0.62（见表5-1-1）。

表5-1-1　　中共党员被试政治认同的描述统计

项目	N	极小值	极大值	均值	标准差
政治认同总分	**831**	**9.83**	**28.08**	**22.6540**	**2.68094**
体制认同	839	1.00	5.00	3.4478	.54097
政党认同	837	1.00	5.00	3.8037	.71483
身份认同	837	1.25	5.00	4.2494	.69785
文化认同	836	1.00	5.00	3.5534	.59287
政策认同	836	1.00	5.00	3.6878	.75570
发展认同	839	2.00	5.00	3.9091	.61928
有效的N	831				

调查结果显示，共青团员被试政治认同的总体得分在14.08—27.75之间，均值为21.97，标准差为2.27。在六种认同中，共青团员被试的体制认同得分在1.00—5.00分之间，均值为3.38，标准差为0.57；政党认同得分在1.33—5.00分之间，均值为3.57，标准差为0.61；身份认同得分在1.25—5.00分之间，均值为4.33，标准差为0.66；文化认同得分在1.67—5.00分之间，均值为3.46，标准差为0.54；政策认同得分在1.00—5.00分之间，均值为3.46，标准差为0.65；发展认同得分在1.75—5.00分之间，均值为3.76，标准差为0.59（见表5-1-2）。

表5-1-2　　共青团员被试政治认同的描述统计

项目	N	极小值	极大值	均值	标准差
政治认同总分	**618**	**14.08**	**27.75**	**21.9721**	**2.26714**
体制认同	620	1.00	5.00	3.3780	.57312
政党认同	620	1.33	5.00	3.5656	.61499
身份认同	620	1.25	5.00	4.3315	.65847
文化认同	620	1.67	5.00	3.4640	.53954

续表

项目	N	极小值	极大值	均值	标准差
政策认同	620	1.00	5.00	3.4640	.65495
发展认同	618	1.75	5.00	3.7581	.58870
有效的 N	618				

调查结果显示，群众被试政治认同的总体得分在12.00—28.67之间，均值为21.94，标准差为2.33。在六种认同中，群众被试的体制认同得分在1.00—5.00分之间，均值为3.44，标准差为0.53；政党认同得分在1.00—5.00分之间，均值为3.61，标准差为0.61；身份认同得分在1.00—5.00分之间，均值为4.16，标准差为0.65；文化认同得分在1.00—5.00分之间，均值为3.42，标准差为0.56；政策认同得分在1.00—5.00分之间，均值为3.59，标准差为0.68；发展认同得分在1.00—5.00分之间，均值为3.71，标准差为0.62（见表5-1-3）。

表5-1-3　　**群众被试政治认同的描述统计**

项目	N	极小值	极大值	均值	标准差
政治认同总分	**4654**	**12.00**	**28.67**	**21.9411**	**2.33380**
体制认同	4687	1.00	5.00	3.4436	.53398
政党认同	4683	1.00	5.00	3.6057	.60649
身份认同	4690	1.00	5.00	4.1648	.65421
文化认同	4684	1.00	5.00	3.4163	.55623
政策认同	4690	1.00	5.00	3.5933	.68495
发展认同	4689	1.00	5.00	3.7094	.61625
有效的 N	4654				

六种认同的得分由高到低排序，中共党员被试是身份认同第一，发展认同第二，政党认同第三，政策认同第四，文化认同第五，体制认同第六；共青团员被试是身份认同第一，发展认同第二，政党认同第三，政策认同、文化认同并列第四，体制认同第五，群众被试是身份认同第一，发展认同第二，政党认同第三，政策认同第四，体制认同第五，文化认同第六（后三位排序有所不同）。

（二）不同政治面貌被试的体制认同比较

对不同政治面貌被试体制认同的差异性进行方差分析（见表 5－2－1、表 5－2－2、表 5－2－3 和图 5－1），显示不同政治面貌被试的体制认同得分之间差异显著，$F=4.232$，$p<0.05$，共青团员被试（$M=3.38$，$SD=0.57$）的得分显著低于中共党员被试（$M=3.45$，$SD=0.54$）和群众被试（$M=3.44$，$SD=0.53$），中共党员被试与群众被试之间的得分差异不显著。

表 5－2－1　　不同政治面貌被试体制认同得分的差异比较

项目		N	均值	标准差	标准误	均值的 95% 置信区间		极小值	极大值
						下限	上限		
体制认同	党员	839	3.4478	.54097	.01868	3.4111	3.4844	1.00	5.00
	团员	620	3.3780	.57312	.02302	3.3328	3.4232	1.00	5.00
	群众	4687	3.4436	.53398	.00780	3.4283	3.4589	1.00	5.00
	总数	6146	3.4375	.53929	.00688	3.4240	3.4510	1.00	5.00

表 5－2－2　　不同政治面貌被试体制认同得分的方差分析结果

项目		平方和	*df*	均方	*F*	显著性
体制认同	组间	2.459	2	1.229	4.232	.015
	组内	1784.716	6143	.291		
	总数	1787.174	6145			

表 5－2－3　　不同政治面貌被试体制认同得分的多重比较

因变量	(I) 政治面貌	(J) 政治面貌	均值差 (I－J)	标准误	显著性	95% 置信区间	
						下限	上限
体制认同	党员	团员	.06980*	.02855	.015	.0138	.1258
		群众	.00419	.02021	.836	－.0354	.0438
	团员	党员	－.06980*	.02855	.015	－.1258	－.0138
		群众	－.06561*	.02303	.004	－.1108	－.0205
	群众	党员	－.00419	.02021	.836	－.0438	.0354
		团员	.06561*	.02303	.004	.0205	.1108

*. 均值差的显著性水平为 0.05。

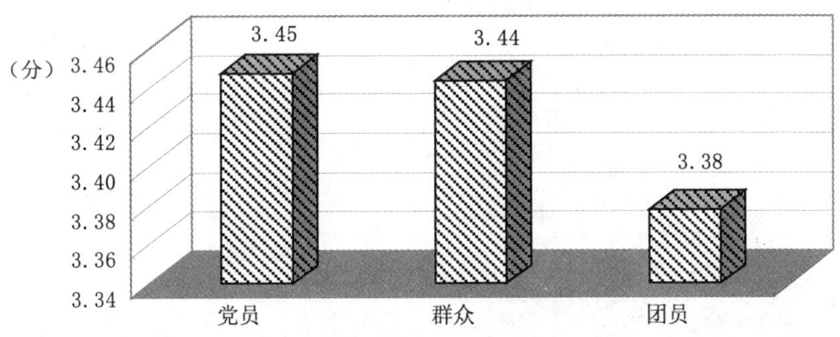

图 5-1 不同政治面貌被试体制认同的得分比较

对政治体制改革着重点的看法，不同政治面貌被试第一选择排在第一位至第三位的都是“基层群众自治制度改革”、“人民代表大会制度改革”、“中国共产党的领导体制改革”；总提及频率排在第一位和第二位的都是“基层群众自治制度改革”、“人民代表大会制度改革”，但是排在第三位的，中共党员被试是“行政管理制度改革”，共青团员、群众被试是“选举制度改革”（见表5-3）。

表5-3 **不同政治面貌被试对政治体制改革着重点的选择**

选项	党员				团员			
	第一选择		总提及频率		第一选择		总提及频率	
	频率	百分比	频率	百分比	频率	百分比	频率	百分比
基层自治改革	304	36.50	416	16.68	273	44.03	384	20.65
民族自治改革	31	3.72	119	4.77	32	5.16	138	7.42
人大制度改革	127	15.25	318	12.75	85	13.71	243	13.06
司法制度改革	68	8.16	298	11.95	35	5.64	177	9.52
行政制度改革	85	10.21	315	12.63	47	7.58	192	10.32
选举制度改革	54	6.48	292	11.71	28	4.52	195	10.48
党领导体制改革	99	11.88	287	11.51	54	8.71	188	10.11
决策体制改革	39	4.68	279	11.19	36	5.81	189	10.16
走向多党竞争	19	2.28	58	2.32	21	3.39	60	3.23
政协制度改革	7	0.84	112	4.49	9	1.45	94	5.05
合计	833	100.00	2494	100.00	620	100.00	1860	100.00

续表

选项	群众							
	第一选择		总提及频率					
	频率	百分比	频率	百分比				
基层自治改革	1903	40.69	2690	19.22				
民族自治改革	267	5.71	1039	7.42				
人大制度改革	840	17.96	2082	14.88				
司法制度改革	306	6.54	1394	9.96				
行政制度改革	316	6.76	1427	10.20				
选举制度改革	284	6.07	1654	11.82				
党领导体制改革	440	9.41	1486	10.62				
决策体制改革	176	3.76	1233	8.81				
走向多党竞争	92	1.97	392	2.80				
政协制度改革	53	1.13	598	4.27				
合计	4677	100.00	13995	100.00				

（三）不同政治面貌被试的政党认同比较

对不同政治面貌被试政党认同的差异性进行方差分析（见表5－4－1、表5－4－2、表5－4－3和图5－2），显示不同政治面貌被试的政党认同得分之间差异显著，$F=39.345$，$p<0.001$，中共党员被试（$M=3.80$，$SD=0.71$）的得分显著高于共青团员被试（$M=3.57$，$SD=0.61$）和群众被试（$M=3.61$，$SD=0.61$），但共青团员被试与群众被试之间的得分差异不显著。

表5－4－1　　**不同政治面貌被试政党认同得分的差异比较**

项目		N	均值	标准差	标准误	均值的95% 置信区间		极小值	极大值
						下限	上限		
政党认同	党员	837	3.8037	.71483	.02471	3.7552	3.8522	1.00	5.00
	团员	620	3.5656	.61499	.02470	3.5171	3.6141	1.33	5.00
	群众	4683	3.6057	.60649	.00886	3.5884	3.6231	1.00	5.00
	总数	6140	3.6287	.62708	.00800	3.6130	3.6444	1.00	5.00

表 5－4－2　　不同政治面貌被试政党认同得分的方差分析结果

项目		平方和	*df*	均方	*F*	显著性
政党认同	组间	30.561	2	15.281	39.345	.000
	组内	2383.461	6137	.388		
	总数	2414.022	6139			

表 5－4－3　　不同政治面貌被试政党认同得分的多重比较

因变量	(I) 政治面貌	(J) 政治面貌	均值差 (I－J)	标准误	显著性	95% 置信区间	
						下限	上限
政党认同	党员	团员	.23807*	.03302	.000	.1733	.3028
		群众	.19793*	.02339	.000	.1521	.2438
	团员	党员	－.23807*	.03302	.000	－.3028	－.1733
		群众	－.04015	.02663	.132	－.0924	.0121
	群众	党员	－.19793*	.02339	.000	－.2438	－.1521
		团员	.04015	.02663	.132	－.0121	.0924

*　均值差的显著性水平为 0.05。

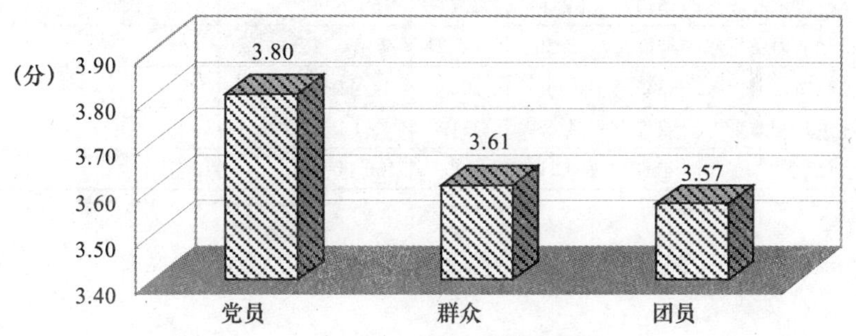

图 5－2　不同政治面貌被试政党认同的得分比较

对中国共产党应做事情的看法，不同政治面貌被试第一选择都是“保持党的先进性、纯洁性”排在第一位，“坚持反腐败”排在第二位，“坚持改革开放的基本方针和路线”排在第三位；总提及频率都是“坚持反腐败”排在第一位，但是排在第二位和第三位的，中共党员被试是“保持党的先进性、纯洁性”和“注重政策的科学化、民主化、法治化”，共青团员被试是“注重政策的科学化、民主化、法治化”和“保持党的先进性、纯洁性”，群众被试是“保持党的先进性、纯洁性”和“坚持改革开放的基本方针和路线”（见表5-5）。

表5-5　　不同政治面貌被试对中国共产党应做事情的选择

选项	党员				团员			
	第一选择		总提及频率		第一选择		总提及频率	
	频率	百分比	频率	百分比	频率	百分比	频率	百分比
保持先进性	487	58.05	627	24.97	260	42.07	373	20.13
坚持反腐败	198	23.60	657	26.17	173	28.00	416	22.45
坚持改革开放	64	7.63	367	14.62	85	13.75	309	16.68
推动党内民主	20	2.38	148	5.89	22	3.56	105	5.67
提高执政能力	39	4.65	341	13.58	26	4.21	253	13.65
注重政策质量	31	3.69	371	14.77	52	8.41	397	21.42
合计	839	100.00	2511	100.00	618	100.00	1853	100.00
选项	群众							
保持先进性	2149	45.92	3167	22.61				
坚持反腐败	1322	28.25	3472	24.79				
坚持改革开放	570	12.18	2277	16.25				
推动党内民主	117	2.50	851	6.07				
提高执政能力	305	6.52	2023	14.44				
注重政策质量	217	4.63	2219	15.84				
合计	4680	100.00	14009	100.00				

（四）不同政治面貌被试的身份认同比较

对不同政治面貌被试身份认同的差异性进行方差分析（见表5-6-1、表5-6-2、表5-6-3和图5-3），显示不同政治面貌被试的身份认同得分之间差异显著，$F=20.926$，$p<0.001$，共青团员被试（$M=4.33$，$SD=0.66$）的得分显著高于中共党员被试（$M=4.25$，$SD=0.70$）和群众被试（$M=4.16$，$SD=0.65$），中共党员被试的得分亦显著高于群众被试。

表 5－6－1　　不同政治面貌被试身份认同得分的差异比较

项目		N	均值	标准差	标准误	均值的 95% 置信区间		极小值	极大值
						下限	上限		
身份认同	党员	837	4.2494	.69785	.02412	4.2021	4.2967	1.25	5.00
	团员	620	4.3315	.65847	.02644	4.2795	4.3834	1.25	5.00
	群众	4690	4.1648	.65421	.00955	4.1461	4.1835	1.00	5.00
	总数	6147	4.1931	.66288	.00845	4.1766	4.2097	1.00	5.00

表 5－6－2　　不同政治面貌被试身份认同得分的方差分析结果

项目		平方和	*df*	均方	*F*	显著性
身份认同	组间	18.272	2	9.136	20.926	.000
	组内	2682.356	6144	.437		
	总数	2700.628	6146			

表 5－6－3　　不同政治面貌被试身份认同得分的多重比较

因变量	(I) 政治面貌	(J) 政治面貌	均值差 (I－J)	标准误	显著性	95% 置信区间	
						下限	上限
身份认同	党员	团员	−.08205*	.03501	.019	−.1507	−.0134
		群众	.08458*	.02479	.001	.0360	.1332
	团员	党员	.08205*	.03501	.019	.0134	.1507
		群众	.16663*	.02824	.000	.1113	.2220
	群众	党员	−.08458*	.02479	.001	−.1332	−.0360
		团员	−.16663*	.02824	.000	−.2220	−.1113

*. 均值差的显著性水平为 0.05。

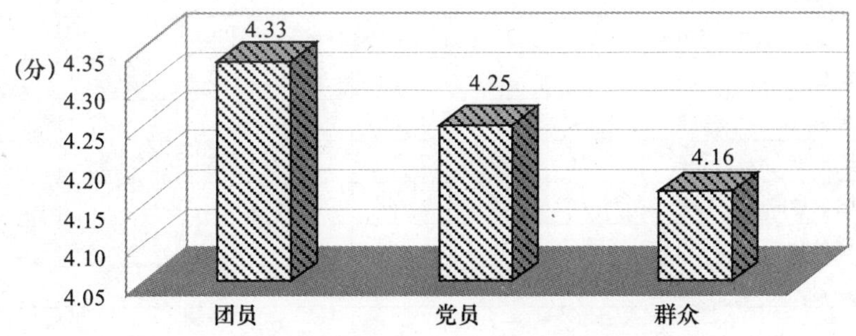

图 5－3　不同政治面貌被试身份认同的得分比较

不同政治面貌被试对身份的看重有所不同（见表5－7），第一选择中共党员、共青团员被试排在第一位的是"中国人身份"，排在第二位的是"户籍身份"，排在第三位的是"公民身份"；群众被试排在第一位的是"户籍身份"，排在第二位的是"中国人身份"，排在第三位的是"公民身份"。总提及频率不同政治面貌被试排在第一位和第二位的都是"中国人身份"、"公民身份"，但是排在第三位的，中共党员、共青团员被试是"职业身份"，群众被试是"户籍身份"。

表5－7　不同政治面貌被试对所看重身份的选择

选项	党员				团员			
	第一选择		总提及频率		第一选择		总提及频率	
	频率	百分比	频率	百分比	频率	百分比	频率	百分比
户籍身份	197	23.54	316	12.67	141	22.74	242	13.02
单位身份	37	4.42	178	7.13	32	5.16	142	7.64
干部身份	54	6.45	144	5.77	52	8.39	137	7.37
地域身份	19	2.27	145	5.81	23	3.71	114	6.14
民族身份	31	3.7	150	6.01	33	5.32	136	7.32
公民身份	193	23.06	599	24.01	122	19.68	389	20.94
中国人身份	273	32.62	607	24.33	197	31.77	426	22.93
职业身份	33	3.94	356	14.27	20	3.23	272	14.64
合计	837	100.00	2495	100.00	620	100.00	1858	100.00
选项	群众							
户籍身份	1498	31.97	2547	18.17				
单位身份	219	4.67	950	6.78				
干部身份	370	7.90	992	7.08				
地域身份	127	2.71	712	5.08				
民族身份	222	4.74	975	6.96				
公民身份	764	16.31	2949	21.04				
中国人身份	1345	28.71	3290	23.48				
职业身份	140	2.99	1599	11.41				
合计	4685	100.00	14014	100.00				

（五）不同政治面貌被试的文化认同比较

对不同政治面貌被试文化认同的差异性进行方差分析（见表5－8－1、表5－8－2、表5－8－3和图5－4），显示不同政治面貌被试的文化认同得分之间差异显著，$F=21.931$，$p<0.001$，中共党员被试（$M=3.55$，$SD=0.59$）的得分显著高于共青团员被试（$M=3.46$，$SD=0.54$）和群众被试（$M=3.42$，$SD=0.56$），共青团员被试的得分亦显著高于群众被试。

表5－8－1　不同政治面貌被试文化认同得分的差异比较

项目		N	均值	标准差	标准误	均值的95%置信区间		极小值	极大值
						下限	上限		
文化认同	党员	836	3.5534	.59287	.02050	3.5132	3.5937	1.00	5.00
	团员	620	3.4640	.53954	.02167	3.4214	3.5065	1.67	5.00
	群众	4684	3.4163	.55623	.00813	3.4004	3.4322	1.00	5.00
	总数	6140	3.4398	.56161	.00717	3.4257	3.4538	1.00	5.00

表5－8－2　不同政治面貌被试文化认同得分的方差分析结果

项目		平方和	df	均方	F	显著性
文化认同	组间	13.741	2	6.870	21.931	.000
	组内	1922.558	6137	.313		
	总数	1936.299	6139			

表5－8－3　不同政治面貌被试文化认同得分的多重比较

因变量	(I)政治面貌	(J)政治面貌	均值差(I－J)	标准误	显著性	95%置信区间	
						下限	上限
文化认同	党员	团员	.08945*	.02966	.003	.0313	.1476
		群众	.13712*	.02101	.000	.0959	.1783
	团员	党员	－.08945*	.02966	.003	－.1476	－.0313
		群众	.04767*	.02392	.046	.0008	.0946
	群众	党员	－.13712*	.02101	.000	－.1783	－.0959
		团员	－.04767*	.02392	.046	－.0946	－.0008

*. 均值差的显著性水平为0.05。

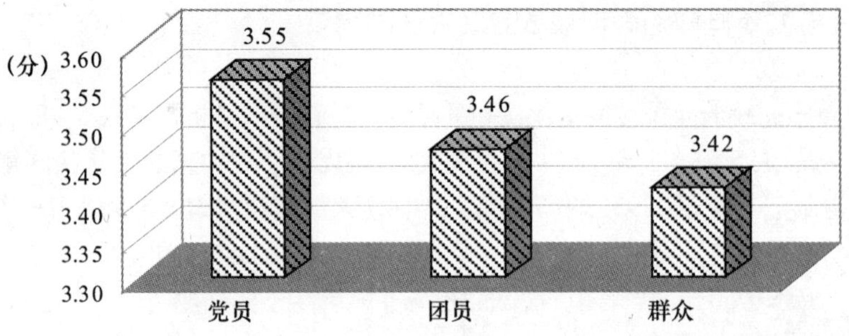

图5－4 不同政治面貌被试文化认同的得分比较

不同政治面貌被试对中国文化发展的看法，第一选择都是“多种文化融合的中国现代文化”排在第一位，“发扬光大中国传统文化”排在第二位，“以马克思主义主导中国文化发展”排在第三位；总提及频率前三位的排序则有所不同，中共党员、群众被试是“发扬光大中国传统文化”排在第一位，“多种文化融合的中国现代文化”排在第二位，“注重中国传统文化与马克思主义的结合”排在第三位；共青团员被试是“多种文化融合的中国现代文化”排在第一位，“发扬光大中国传统文化”排在第二位，“注重中国传统文化与马克思主义的结合”排在第三位（见表5－9）。

表5－9 不同政治面貌被试对中国文化发展的看法

选项	党员				团员			
	第一选择		总提及频率		第一选择		总提及频率	
	频率	百分比	频率	百分比	频率	百分比	频率	百分比
多种文化融合	393	46.90	638	25.47	307	49.52	504	27.15
发扬传统文化	277	33.06	729	29.10	174	28.06	494	26.62
马克思主义主导	83	9.90	362	14.45	58	9.35	246	13.25
西方改造中国	14	1.67	91	3.63	12	1.94	108	5.82
马克思结合传统	62	7.40	520	20.76	57	9.19	373	20.10
宗教对文化影响	9	1.07	165	6.59	12	1.94	131	7.06
合计	838	100.00	2505	100.00	620	100.00	1856	100.00

续表

选项	群众							
	第一选择		总提及频率					
	频率	百分比	频率	百分比				
多种文化融合	2145	45.78	3469	24.79				
发扬传统文化	1586	33.85	3884	27.76				
马克思主义主导	462	9.86	2129	15.22				
西方改造中国	115	2.45	856	6.12				
马克思结合传统	308	6.57	2590	18.51				
宗教对文化影响	70	1.49	1063	7.60				
合计	4686	100.00	13991	100.00				

（六）不同政治面貌被试的政策认同比较

对不同政治面貌被试政策认同的差异性进行方差分析（见表5-10-1、表5-10-2、表5-10-3和图5-5），显示不同政治面貌被试的政策认同得分之间差异显著，$F=18.618$，$p<0.001$，中共党员被试（$M=3.69$，$SD=0.76$）的得分显著高于共青团员被试（$M=3.46$，$SD=0.65$）和群众被试（$M=3.59$，$SD=0.68$），共青团员被试的得分则显著低于群众被试。

表5-10-1　　　　**不同政治面貌被试政策认同得分的差异比较**

项目		N	均值	标准差	标准误	均值的95%置信区间		极小值	极大值
						下限	上限		
政策认同	党员	836	3.6878	.75570	.02614	3.6365	3.7391	1.00	5.00
	团员	620	3.4640	.65495	.02630	3.4123	3.5156	1.00	5.00
	群众	4690	3.5933	.68495	.01000	3.5737	3.6129	1.00	5.00
	总数	6146	3.5931	.69405	.00885	3.5758	3.6105	1.00	5.00

表 5－10－2　不同政治面貌被试政策认同得分的方差分析结果

项目		平方和	*df*	均方	*F*	显著性
政策认同	组间	17.834	2	8.917	18.618	.000
	组内	2942.257	6143	.479		
	总数	2960.092	6145			

表 5－10－3　不同政治面貌被试政策认同得分的多重比较

因变量	(I) 政治面貌	(J) 政治面貌	均值差 (I－J)	标准误	显著性	95% 置信区间	
						下限	上限
政策认同	党员	团员	.22382*	.03668	.000	.1519	.2957
		群众	.09448*	.02598	.000	.0435	.1454
	团员	党员	－.22382*	.03668	.000	－.2957	－.1519
		群众	－.12934*	.02957	.000	－.1873	－.0714
	群众	党员	－.09448*	.02598	.000	－.1454	－.0435
		团员	.12934*	.02957	.000	.0714	.1873

*. 均值差的显著性水平为 0.05。

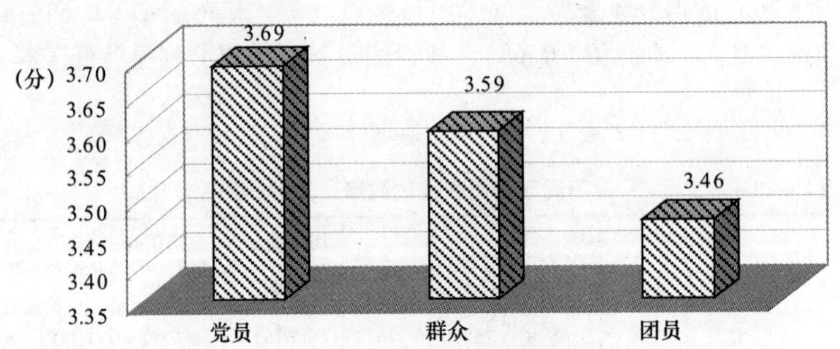

图 5－5　不同政治面貌被试政策认同的得分比较

对于政策的法治性、公平性、科学性、民主性、有效性，不同政治面貌被试都是选择“公平性”的最多，选择“民主性”的次多，选择“科学性”的最少，但是中共党员被试选择“法治性”的多于“有效性”，共青团员、群众被试选择“有效性”的多于“法治性”（见表5－11）。

表5－11　　不同政治面貌被试关注政策的重点

项目	党员		团员		群众	
	频率	有效百分比	频率	有效百分比	频率	有效百分比
法治性	147	17.52	64	10.34	619	13.20
公平性	313	37.31	246	39.74	2173	46.33
科学性	102	12.16	48	7.76	397	8.46
民主性	153	18.23	163	26.33	859	18.32
有效性	124	14.78	98	15.83	642	13.69
合计	839	100.00	619	100.00	4690	100.00

（七）不同政治面貌被试的发展认同比较

对不同政治面貌被试发展认同的差异性进行方差分析（见表5－12－1、表5－12－2、表5－12－3和图5－6），显示不同政治面貌被试的发展认同得分之间差异显著，$F=37.892$，$p<0.001$，中共党员被试（$M=3.91$，$SD=0.62$）的得分显著高于共青团员被试（$M=3.76$，$SD=0.59$）和群众被试（$M=3.71$，$SD=0.62$），但共青团员被试与群众被试的得分之间差异不显著。

表5－12－1　　不同政治面貌被试发展认同得分的差异比较

项目		N	均值	标准差	标准误	均值的95%置信区间		极小值	极大值
						下限	上限		
发展认同	党员	839	3.9091	.61928	.02138	3.8672	3.9511	2.00	5.00
	团员	618	3.7581	.58870	.02368	3.7116	3.8046	1.75	5.00
	群众	4689	3.7094	.61625	.00900	3.6918	3.7271	1.00	5.00
	总数	6146	3.7416	.61763	.00788	3.7261	3.7570	1.00	5.00

表 5-12-2　不同政治面貌被试发展认同得分的方差分析结果

项目		平方和	df	均方	F	显著性
发展认同	组间	28.566	2	14.283	37.892	.000
	组内	2315.561	6143	.377		
	总数	2344.127	6145			

表 5-12-3　不同政治面貌被试发展认同得分的多重比较

因变量	(I) 政治面貌	(J) 政治面貌	均值差 (I-J)	标准误	显著性	95% 置信区间	
						下限	上限
发展认同	党员	团员	.15103*	.03255	.000	.0872	.2148
		群众	.19969*	.02301	.000	.1546	.2448
	团员	党员	-.15103*	.03255	.000	-.2148	-.0872
		群众	.04866	.02627	.064	-.0028	.1002
	群众	党员	-.19969*	.02301	.000	-.2448	-.1546
		团员	-.04866	.02627	.064	-.1002	.0028

*. 均值差的显著性水平为 0.05。

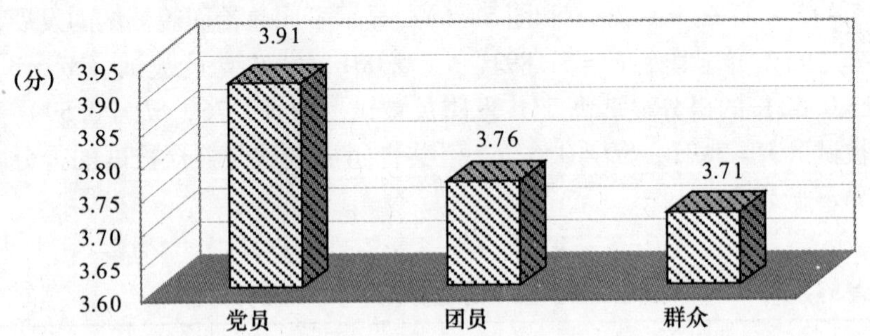

图 5-6　不同政治面貌被试发展认同的得分比较

对于党的建设、经济建设、社会建设、生态建设、文化建设、政治建设“六大建设”的关注，按选择比例由高到低排序，中共党员被试是经济建设、党的建设、社会建设、生态建设、政治建设、文化建设，共青团员被试是经济建设、社会建设、生态建设、党的建设、文化建设、政治建设，群众被试是经济建设、党的建设、社会建设、生态建设、文化建设、政治建设（第二位至第六位排序不同，见表 5-13）。

表5－13　不同政治面貌被试最关注何种建设

项目	党员		团员		群众	
	频率	有效百分比	频率	有效百分比	频率	有效百分比
党的建设	236	28.16	52	8.39	709	15.11
经济建设	331	39.50	277	44.68	2121	45.19
社会建设	113	13.48	106	17.10	655	13.96
生态建设	66	7.88	97	15.64	549	11.70
文化建设	42	5.01	52	8.39	390	8.31
政治建设	50	5.97	36	5.80	269	5.73
合计	838	100.00	620	100.00	4693	100.00

（八）不同政治面貌被试政治认同总分比较

对不同政治面貌被试政治认同总分的差异性进行方差分析（见表5－14－1、表5－14－2、表5－14－3和图5－7），显示不同政治面貌被试的政治认同总分之间差异显著，$F=31.992$，$p<0.001$，中共党员被试($M=22.65$，$SD=2.68$）的得分显著高于共青团员被试（$M=21.97$，$SD=2.27$）和群众被试（$M=21.94$，$SD=2.33$），但共青团员被试与群众被试的得分差异不显著。

表5－14－1　不同政治面貌被试政治认同总分的差异比较

项目		N	均值	标准差	标准误	均值的95% 置信区间		极小值	极大值
						下限	上限		
政治认同总分	党员	831	22.6540	2.68094	.09300	22.4715	22.8366	9.83	28.08
	团员	618	21.9721	2.26714	.09120	21.7930	22.1512	14.08	27.75
	群众	4654	21.9411	2.33380	.03421	21.8740	22.0082	12.00	28.67
	总数	6103	22.0413	2.38954	.03059	21.9814	22.1013	9.83	28.67

表5－14－2　不同政治面貌被试政治认同总分的方差分析结果

项目		平方和	df	均方	F	显著性
政治认同总分	组间	361.670	2	180.835	31.992	.000
	组内	34480.147	6100	5.652		
	总数	34841.817	6102			

表 5-14-3　　不同政治面貌被试政治认同总分的多重比较

因变量	(I) 政治面貌	(J) 政治面貌	均值差 (I-J)	标准误	显著性	95% 置信区间	
						下限	上限
政治认同总分	党员	团员	.68194*	.12629	.000	.4344	.9295
		群众	.71292*	.08954	.000	.5374	.8884
	团员	党员	-.68194*	.12629	.000	-.9295	-.4344
		群众	.03098	.10179	.761	-.1686	.2305
	群众	党员	-.71292*	.08954	.000	-.8884	-.5374
		团员	-.03098	.10179	.761	-.2305	.1686

*. 均值差的显著性水平为 0.05。

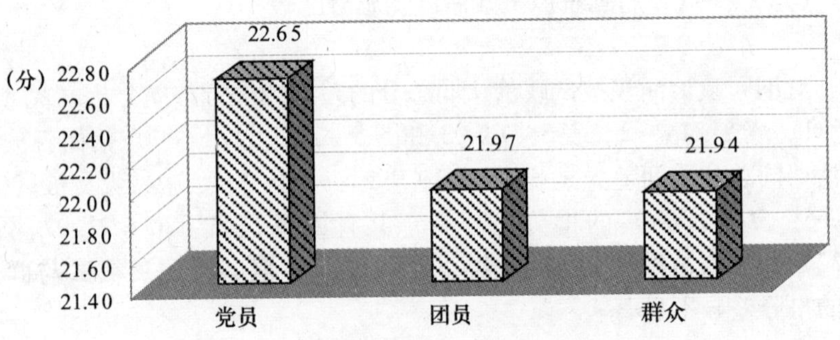

图 5-7　不同政治面貌被试政治认同总分比较

二　不同政治面貌被试的危机压力

不同政治面貌被试危机压力的得分情况以及六种危机压力的具体情况，可根据问卷调查的结果，分述于下。

（一）不同政治面貌被试危机压力的得分

调查结果显示，中共党员被试危机压力的总体得分在 7.33—25.17 之间，均值为 16.15，标准差为 2.82。在六种危机压力中，中共党员被试的政治危机压力得分在 1.00—4.33 分之间，均值为 2.40，标准差为 0.65；经济危机压力得分在 1.00—5.00 分之间，均值为 2.31，标准差为 0.72；

社会危机压力得分在1.00—5.00分之间，均值为2.75，标准差为0.76；文化危机压力得分在1.00—4.50分之间，均值为2.62，标准差为0.63；生态危机压力得分在1.00—5.00分之间，均值为3.05，标准差为0.87；国际压力得分在1.00—4.33分之间，均值为3.03，标准差为0.50（见表5-15-1）。

表5-15-1　　**中共党员被试的危机压力总体描述统计**

项目	*N*	极小值	极大值	均值	标准差
危机压力总分	**835**	**7.33**	**25.17**	**16.1473**	**2.81783**
政治危机压力	838	1.00	4.33	2.4006	.65023
经济危机压力	839	1.00	5.00	2.3119	.71952
社会危机压力	839	1.00	5.00	2.7489	.75507
文化危机压力	837	1.00	4.50	2.6174	.63352
生态危机压力	838	1.00	5.00	3.0489	.87435
国际压力	839	1.00	4.33	3.0258	.49740
有效的*N*	835				

调查结果显示，共青团员被试危机压力的总体得分在7.92—24.58之间，均值为17.06，标准差为2.42。在六种危机压力中，共青团员被试的政治危机压力得分在1.00—4.33分之间，均值为2.59，标准差为0.58；经济危机压力得分在1.00—5.00分之间，均值为2.42，标准差为0.68；社会危机压力得分在1.00—5.00分之间，均值为2.91，标准差为0.65；文化危机压力得分在1.00—4.75分之间，均值为2.79，标准差为0.58；生态危机压力得分在1.00—5.00分之间，均值为3.31，标准差为0.82；国际压力得分在1.67—4.33分之间，均值为3.03，标准差为0.49（见表5-15-2）。

表5-15-2　　**共青团员被试的危机压力总体描述统计**

项目	*N*	极小值	极大值	均值	标准差
危机压力总分	**616**	**7.92**	**24.58**	**17.0591**	**2.41511**
政治危机压力	619	1.00	4.33	2.5945	.58308
经济危机压力	619	1.00	5.00	2.4206	.67917

续表

项目	N	极小值	极大值	均值	标准差
社会危机压力	620	1.00	5.00	2.9129	.65412
文化危机压力	619	1.00	4.75	2.7932	.57879
生态危机压力	620	1.00	5.00	3.3124	.81634
国际压力	619	1.67	4.33	3.0275	.48841
有效的 N	616				

调查结果显示，群众被试危机压力的总体得分在7.33—27.00之间，均值为16.56，标准差为2.66。在六种危机压力中，群众被试的政治危机压力得分在1.00—5.00分之间，均值为2.58，标准差为0.65；经济危机压力得分在1.00—5.00分之间，均值为2.30，标准差为0.70；社会危机压力得分在1.00—5.00分之间，均值为2.84，标准差为0.71；文化危机压力得分在1.00—5.00分之间，均值为2.78，标准差为0.60；生态危机压力得分在1.00—5.00分之间，均值为3.05，标准差为0.88；国际压力得分在1.00—5.00分之间，均值为3.02，标准差为0.50（见表5-15-3）。

表5-15-3　**群众被试的危机压力总体描述统计**

项目	N	极小值	极大值	均值	标准差
危机压力总分	**4659**	**7.33**	**27.00**	**16.5628**	**2.66058**
政治危机压力	4688	1.00	5.00	2.5801	.65463
经济危机压力	4687	1.00	5.00	2.3025	.70125
社会危机压力	4689	1.00	5.00	2.8376	.71314
文化危机压力	4683	1.00	5.00	2.7768	.60226
生态危机压力	4692	1.00	5.00	3.0478	.88164
国际压力	4686	1.00	5.00	3.0213	.49565
有效的 N	4659				

从六种危机压力由高到低的得分排序看，不同政治面貌被试都是生态危机压力第一，国际压力第二，社会危机压力第三，文化危机压力第四，政治危机压力第五，经济危机压力第六。

（二）不同政治面貌被试的政治危机压力比较

对不同政治面貌被试政治危机压力的差异性进行方差分析（见表5－16－1、表5－16－2、表5－16－3和图5－8），显示不同政治面貌被试的政治危机压力得分之间差异显著，$F=28.518$，$p<0.001$，中共党员被试（$M=2.40$，$SD=0.65$）的得分显著低于共青团员被试（$M=2.59$，$SD=0.58$）和群众被试（$M=2.58$，$SD=0.65$），但是共青团员被试与群众被试之间的得分差异不显著。

表5－16－1　　不同政治面貌被试政治危机压力得分的差异比较

项目		N	均值	标准差	标准误	均值的95%置信区间		极小值	极大值
						下限	上限		
政治危机压力	党员	838	2.4006	.65023	.02246	2.3565	2.4446	1.00	4.33
	团员	619	2.5945	.58308	.02344	2.5485	2.6405	1.00	4.33
	群众	4688	2.5801	.65463	.00956	2.5614	2.5989	1.00	5.00
	总数	6145	2.5571	.65008	.00829	2.5408	2.5733	1.00	5.00

表5－16－2　　不同政治面貌被试政治危机压力得分的方差分析结果

项目		平方和	df	均方	F	显著性
政治危机压力	组间	23.889	2	11.945	28.518	.000
	组内	2572.553	6142	.419		
	总数	2596.442	6144			

表5－16－3　　不同政治面貌被试政治危机压力得分的多重比较

因变量	(I)政治面貌	(J)政治面貌	均值差(I－J)	标准误	显著性	95%置信区间	
						下限	上限
政治危机压力	党员	团员	－.19395*	.03430	.000	－.2612	－.1267
		群众	－.17958*	.02427	.000	－.2272	－.1320
	团员	党员	.19395*	.03430	.000	.1267	.2612
		群众	.01437	.02768	.604	－.0399	.0686
	群众	党员	.17958*	.02427	.000	.1320	.2272
		团员	－.01437	.02768	.604	－.0686	.0399

*. 均值差的显著性水平为0.05。

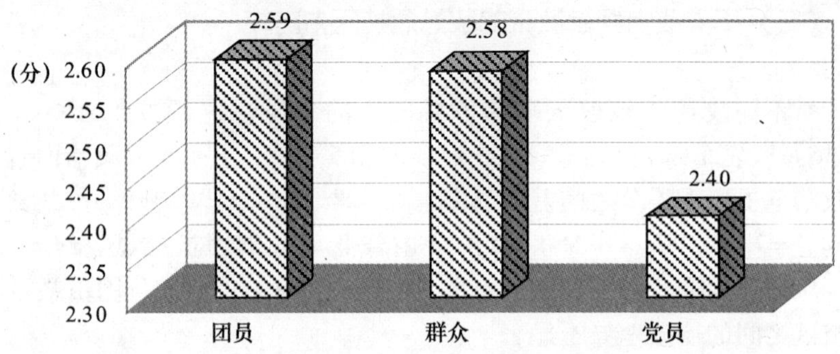

图 5-8　不同政治面貌被试政治危机压力的得分比较

不同政治面貌被试对可能引发政治危机因素的看法（见表 5-17），第一选择中共党员排在第一位至第三位的是“党和政府出现重大决策失误”、“政治腐败愈演愈烈”、“经济危机”，共青团员、群众被试排在第一位至第三位的都是“党和政府出现重大决策失误”、“经济危机”、“政治腐败愈演愈烈”（第二、三位排序不同）；总提及频率不同政治面貌被试排在第一位的都是“政治腐败愈演愈烈”，但是排在第二、三位的，中共党员被试是“党和政府出现重大决策失误”、“社会矛盾激化”，共青团员、群众被试都是“经济危机”、“党和政府出现重大决策失误”。

表 5-17　**不同政治面貌被试对可能引发政治危机因素的看法**

选项	党员				团员			
	第一选择		总提及频率		第一选择		总提及频率	
	频率	百分比	频率	百分比	频率	百分比	频率	百分比
重大决策失误	356	42.48	500	19.94	213	34.35	328	17.63
国外势力颠覆	94	11.22	320	12.76	80	12.90	274	14.73
经济危机	118	14.08	416	16.59	128	20.65	336	18.06
民族问题激化	21	2.51	158	6.30	25	4.04	145	7.80
社会矛盾激化	84	10.02	448	17.86	63	10.16	307	16.51
宗教问题激化	10	1.19	78	3.11	2	0.32	61	3.28
政治腐败严重	155	18.50	588	23.44	109	17.58	409	21.99
合计	838	100.00	2508	100.00	620	100.00	1860	100.00

续表

选项	群众							
	第一选择		总提及频率					
	频率	百分比	频率	百分比				
重大决策失误	1822	38.93	2692	19.25				
国外势力颠覆	446	9.53	1788	12.79				
经济危机	1050	22.44	2727	19.51				
民族问题激化	139	2.97	1021	7.30				
社会矛盾激化	359	7.67	2199	15.73				
宗教问题激化	51	1.09	541	3.87				
政治腐败严重	813	17.37	3013	21.55				
合计	4680	100.00	13981	100.00				

（三）不同政治面貌被试的经济危机压力比较

对不同政治面貌被试经济危机压力的差异性进行方差分析（见表5－18－1、表5－18－2、表5－18－3和图5－9），显示不同政治面貌被试的经济危机压力得分之间差异显著，$F=7.752$，$p<0.001$，共青团员被试（$M=2.42$，$SD=0.68$）的得分显著高于中共党员被试（$M=2.31$，$SD=0.72$）和群众被试（$M=2.30$，$SD=0.70$），中共党员被试与群众被试之间的得分差异不显著。

表5－18－1　**不同政治面貌被试经济危机压力得分的差异比较**

项目		N	均值	标准差	标准误	均值的95% 置信区间		极小值	极大值
						下限	上限		
经济危机压力	党员	839	2.3119	.71952	.02484	2.2631	2.3606	1.00	5.00
	团员	619	2.4206	.67917	.02730	2.3670	2.4742	1.00	5.00
	群众	4687	2.3025	.70125	.01024	2.2825	2.3226	1.00	5.00
	总数	6145	2.3157	.70236	.00896	2.2981	2.3333	1.00	5.00

表 5－18－2　不同政治面貌被试经济危机压力得分的方差分析结果

项目		平方和	*df*	均方	*F*	显著性
经济危机压力	组间	7.632	2	3.816	7.752	.000
	组内	3023.236	6142	.492		
	总数	3030.868	6144			

表 5－18－3　不同政治面貌被试经济危机压力得分的多重比较

因变量	(I) 政治面貌	(J) 政治面貌	均值差 (I－J)	标准误	显著性	95% 置信区间	
						下限	上限
经济危机压力	党员	团员	－.10869*	.03717	.003	－.1816	－.0358
		群众	.00934	.02630	.722	－.0422	.0609
	团员	党员	.10869*	.03717	.003	.0358	.1816
		群众	.11803*	.03000	.000	.0592	.1768
	群众	党员	－.00934	.02630	.722	－.0609	.0422
		团员	－.11803*	.03000	.000	－.1768	－.0592

*. 均值差的显著性水平为 0.05。

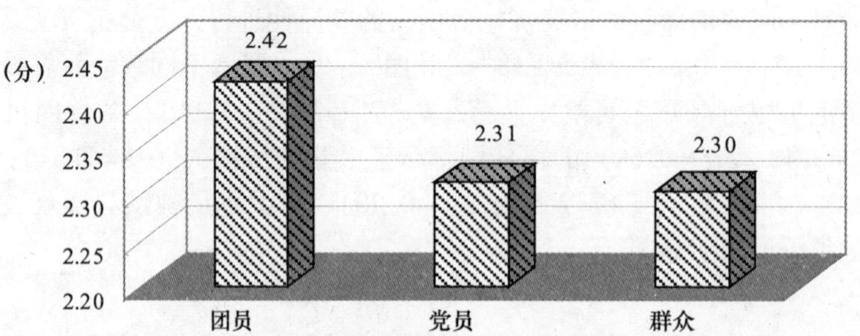

图 5－9　不同政治面貌被试经济危机压力的得分比较

不同政治面貌被试对可能引发经济危机因素的看法（见表 5－19），第一选择排在第一位至第三位的都是“公民收入差距过大”、“房市、股市崩盘”、“党和政府出现重大经济决策失误”；总提及频率中共党员被试是“收入差距过大”排在第一位，“物价快速上涨”排在第二位，“党和政府出现重大经济决策失误”排在第三位，共青团员、群众被试都是“物价快速上涨”排在第一位，“收入差距过大”排在第二位，群众被试是"党和政府出现重大经济决策失误"排在第三位，共青团员被试是"房市、股市崩盘"排在第三位。

表 5-19　　不同政治面貌被试对可能引发经济危机因素的看法

选项	党员				团员			
	第一选择		总提及频率		第一选择		总提及频率	
	频率	百分比	频率	百分比	频率	百分比	频率	百分比
房市股市崩盘	212	25.30	335	13.36	156	25.16	271	14.57
经济决策失误	212	25.30	414	16.52	115	18.55	250	13.44
收入差距过大	220	26.25	567	22.62	183	29.52	406	21.83
国际金融危机	51	6.09	252	10.05	53	8.55	235	12.63
政府债务	25	2.97	154	6.14	26	4.19	117	6.29
物价快速上涨	81	9.67	558	22.26	61	9.84	415	22.32
经济增速急减	37	4.42	227	9.05	26	4.19	166	8.92
合计	838	100.00	2507	100.00	620	100.00	1860	100.00
选项	群众							
房市股市崩盘	1174	25.08	1740	12.43				
经济决策失误	835	17.84	2020	14.43				
收入差距过大	1381	29.50	3120	22.28				
国际金融危机	308	6.58	1619	11.57				
政府债务	163	3.48	933	6.67				
物价快速上涨	564	12.05	3159	22.57				
经济增速急减	256	5.47	1407	10.05				
合计	4681	100.00	13998	100.00				

（四）不同政治面貌被试的社会危机压力比较

对不同政治面貌被试社会危机压力的差异性进行方差分析（见表 5-20-1、表 5-20-2、表 5-20-3 和图 5-10），显示不同政治面貌被试的社会危机压力得分之间差异显著，$F=9.819$，$p<0.001$，共青团员被试（$M=2.91$，$SD=0.65$）的得分显著高于中共党员被试（$M=2.75$，$SD=0.76$）和群众被试（$M=2.84$，$SD=0.71$），群众被试的得分亦显著高于中共党员被试。

表 5－20－1　不同政治面貌被试社会危机压力得分的差异比较

项目		N	均值	标准差	标准误	均值的 95% 置信区间		极小值	极大值
						下限	上限		
社会危机压力	党员	839	2.7489	.75507	.02607	2.6977	2.8001	1.00	5.00
	团员	620	2.9129	.65412	.02627	2.8613	2.9645	1.00	5.00
	群众	4689	2.8376	.71314	.01041	2.8172	2.8581	1.00	5.00
	总数	6148	2.8331	.71435	.00911	2.8153	2.8510	1.00	5.00

表 5－20－2　不同政治面貌被试社会危机压力得分的方差分析结果

项目		平方和	df	均方	F	显著性
社会危机压力	组间	9.992	2	4.996	9.819	.000
	组内	3126.785	6145	.509		
	总数	3136.777	6147			

表 5－20－3　不同政治面貌被试社会危机压力得分的多重比较

因变量	(I) 政治面貌	(J) 政治面貌	均值差 (I－J)	标准误	显著性	95% 置信区间	
						下限	上限
社会危机压力	党员	团员	－.16400*	.03778	.000	－.2381	－.0899
		群众	－.08873*	.02674	.001	－.1411	－.0363
	团员	党员	.16400*	.03778	.000	.0899	.2381
		群众	.07527*	.03048	.014	.0155	.1350
	群众	党员	.08873*	.02674	.001	.0363	.1411
		团员	－.07527*	.03048	.014	－.1350	－.0155

*. 均值差的显著性水平为 0.05。

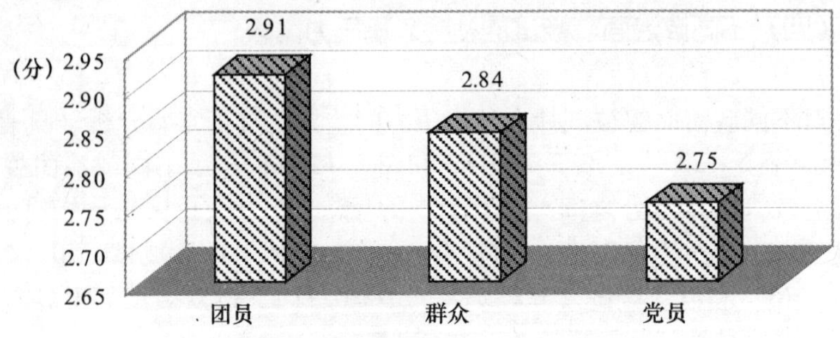

图 5－10　不同政治面貌被试社会危机压力的得分比较

不同政治面貌被试对可能引发社会危机因素的看法（见表5－21），第一选择排在第一位至第三位的都是“城乡差距”、“贫富差距”、“公民地位不平等”；总提及频率排在第一位的都是“贫富差距”，但是排在第二位和第三位的，中共党员被试是“收入分配不公”、“公民地位不平等”，共青团员被试是“公民地位不平等”、“收入分配不公”，群众被试是“城乡差距”、“公民地位不平等”。

表5－21　不同政治面貌被试对可能引发社会危机因素的看法

选项	党员				团员			
	第一选择		总提及频率		第一选择		总提及频率	
	频率	百分比	频率	百分比	频率	百分比	频率	百分比
城乡差距	218	25.98	287	11.43	160	25.81	237	12.75
干群矛盾	88	10.49	258	10.27	44	7.10	124	6.67
公民地位不平等	168	20.02	375	14.93	133	21.45	286	15.38
民族矛盾	20	2.38	120	4.77	27	4.35	116	6.24
贫富差距	190	22.65	530	21.10	140	22.58	389	20.93
区域差距	12	1.43	96	3.82	10	1.61	83	4.46
司法不公	63	7.51	290	11.54	46	7.42	208	11.19
收入分配不公	52	6.20	392	15.61	44	7.10	262	14.09
土地问题	23	2.74	121	4.82	8	1.29	101	5.44
宗教冲突	5	0.60	43	1.71	8	1.29	53	2.85
合计	839	100.00	2512	100.00	620	100.00	1859	100.00
选项	群众							
城乡差距	1564	33.38	2131	15.20				
干群矛盾	432	9.22	1311	9.35				
公民地位不平等	782	16.69	2022	14.43				
民族矛盾	169	3.61	713	5.09				
贫富差距	889	18.98	2783	19.85				
区域差距	63	1.34	535	3.82				
司法不公	365	7.79	1509	10.77				
收入分配不公	222	4.74	1828	13.04				
土地问题	154	3.29	854	6.09				
宗教冲突	45	0.96	331	2.36				
合计	4685	100.00	14017	100.00				

（五）不同政治面貌被试的文化危机压力比较

对不同政治面貌被试文化危机压力的差异性进行方差分析（见表5－22－1、表5－22－2、表5－22－3和图5－11），显示不同政治面貌被试的文化危机压力得分之间差异显著，$F=25.962$，$p<0.001$，中共党员被试（$M=2.62$，$SD=0.63$）的得分显著低于共青团员被试（$M=2.79$，$SD=0.58$）和群众被试（$M=2.78$，$SD=0.60$），共青团员被试与群众被试之间的得分差异不显著。

表5－22－1　不同政治面貌被试文化危机压力得分的差异比较

项目		N	均值	标准差	标准误	均值的95%置信区间		极小值	极大值
						下限	上限		
文化危机压力	党员	837	2.6174	.63352	.02190	2.5744	2.6604	1.00	4.50
	团员	619	2.7932	.57879	.02326	2.7475	2.8389	1.00	4.75
	群众	4683	2.7768	.60226	.00880	2.7595	2.7941	1.00	5.00
	总数	6139	2.7567	.60676	.00774	2.7415	2.7719	1.00	5.00

表5－22－2　不同政治面貌被试文化危机压力得分的方差分析结果

项目		平方和	df	均方	F	显著性
文化危机压力	组间	18.963	2	9.481	25.962	.000
	组内	2240.823	6136	.365		
	总数	2259.785	6138			

表5－22－3　不同政治面貌被试社会危机压力得分的多重比较

因变量	(I) 政治面貌	(J) 政治面貌	均值差 (I－J)	标准误	显著性	95%置信区间	
						下限	上限
文化危机压力	党员	团员	－.17583*	.03204	.000	－.2386	－.1130
		群众	－.15942*	.02268	.000	－.2039	－.1150
	团员	党员	.17583*	.03204	.000	.1130	.2386
		群众	.01642	.02584	.525	－.0342	.0671
	群众	党员	.15942*	.02268	.000	.1150	.2039
		团员	－.01642	.02584	.525	－.0671	.0342

*. 均值差的显著性水平为0.05。

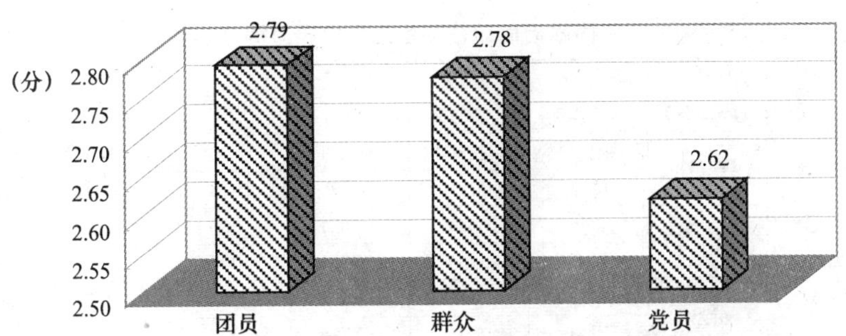

图 5－11　不同政治面貌被试文化危机压力的得分比较

（六）不同政治面貌被试的生态危机压力比较

对不同政治面貌被试生态危机压力的差异性进行方差分析（见表 5－23－1、表 5－23－2、表 5－23－3 和图 5－12），显示不同政治面貌被试的生态危机压力得分之间差异显著，$F=25.491$，$p<0.001$，共青团员被试（$M=3.31$，$SD=0.82$）的得分显著高于中共党员被试（$M=3.05$，$SD=0.87$）和群众被试（$M=3.05$，$SD=0.88$），中共党员被试与群众被试之间的得分差异不显著。

表 5－23－1　不同政治面貌被试生态危机压力得分的差异比较

项目		N	均值	标准差	标准误	均值的 95% 置信区间		极小值	极大值
						下限	上限		
生态危机压力	党员	838	3.0489	.87435	.03020	2.9896	3.1082	1.00	5.00
	团员	620	3.3124	.81634	.03278	3.2480	3.3767	1.00	5.00
	群众	4692	3.0478	.88164	.01287	3.0226	3.0730	1.00	5.00
	总数	6150	3.0746	.87777	.01119	3.0527	3.0966	1.00	5.00

表 5－23－2　不同政治面貌被试生态危机压力得分的方差分析结果

项目		平方和	df	均方	F	显著性
生态危机压力	组间	38.969	2	19.485	25.491	.000
	组内	4698.662	6147	.764		
	总数	4737.632	6149			

表 5－23－3　　不同政治面貌被试生态危机压力得分的多重比较

因变量	(I) 政治面貌	(J) 政治面貌	均值差 (I－J)	标准误	显著性	95% 置信区间	
						下限	上限
生态危机压力	党员	团员	－.26344*	.04631	.000	－.3542	－.1726
		群众	.00111	.03279	.973	－.0632	.0654
	团员	党员	.26344*	.04631	.000	.1726	.3542
		群众	.26455*	.03736	.000	.1913	.3378
	群众	党员	－.00111	.03279	.973	－.0654	.0632
		团员	－.26455*	.03736	.000	－.3378	－.1913

*. 均值差的显著性水平为 0.05。

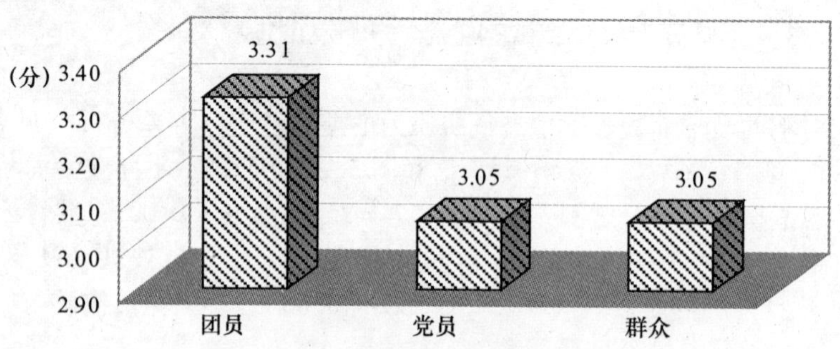

图 5－12　不同政治面貌被试生态危机压力的得分比较

不同政治面貌被试对可能引发生态危机因素的看法（见表 5－24），第一选择排在第一位和第二位的都是“国民的环境保护意识较弱”、“环境污染事故”，排第三位的，中共党员被试是“生产性污染”，共青团员、群众被试都是“人口过快增长”；总提及频率不同政治面貌被试排在第一位的都是“国民的环境保护意识较弱”，但是排在第二位和第三位的，中共党员、共青团员被试是“生产性污染”、“环境污染事故”，群众被试是“环境污染事故”、“生产性污染”。

表 5－24　　不同政治面貌被试对可能引发生态危机因素的看法

选项	党员				团员			
	第一选择		总提及频率		第一选择		总提及频率	
	频率	百分比	频率	百分比	频率	百分比	频率	百分比
环保意识弱	392	46.78	546	21.75	249	40.16	366	19.68

续表

选项	党员				团员			
	第一选择		总提及频率		第一选择		总提及频率	
	频率	百分比	频率	百分比	频率	百分比	频率	百分比
环境污染事故	116	13.84	378	15.06	116	18.71	281	15.11
人口过快增长	78	9.32	215	8.57	75	12.10	194	10.43
生产性污染	84	10.02	385	15.34	58	9.35	286	15.38
生活性污染	57	6.80	279	11.12	48	7.74	265	14.24
突发性传染病	14	1.67	109	4.34	4	0.65	85	4.57
重大自然灾害	43	5.13	226	9.00	36	5.81	155	8.33
环保投入不足	54	6.44	372	14.82	34	5.48	228	12.26
合计	838	100.00	2510	100.00	620	100.00	1860	100.00
选项	群众							
环保意识弱	1814	38.70	2611	18.61				
环境污染事故	687	14.66	2049	14.61				
人口过快增长	657	14.02	1505	10.72				
生产性污染	447	9.54	1996	14.23				
生活性污染	456	9.73	1840	13.12				
突发性传染病	88	1.87	879	6.26				
重大自然灾害	314	6.70	1589	11.33				
环保投入不足	224	4.78	1560	11.12				
合计	4687	100.00	14029	100.00				

（七）不同政治面貌被试的国际压力比较

对不同政治面貌被试国际压力的差异性进行方差分析（见表5－25－1、表5－25－2和图5－13），显示不同政治面貌被试的国际压力得分之间差异均未达到显著水平。

表5－25－1　**不同政治面貌被试国际压力得分的差异比较**

项目		N	均值	标准差	标准误	均值的95%置信区间		极小值	极大值
						下限	上限		
国际压力	党员	839	3.0258	.49740	.01717	2.9921	3.0595	1.00	4.33
	团员	619	3.0275	.48841	.01963	2.9889	3.0660	1.67	4.33
	群众	4686	3.0213	.49565	.00724	3.0071	3.0355	1.00	5.00
	总数	6144	3.0226	.49509	.00632	3.0102	3.0350	1.00	5.00

表 5 - 25 - 2　　不同政治面貌被试国际压力得分的方差分析结果

项目		平方和	df	均方	F	显著性
国际压力	组间	.031	2	.015	.063	.939
	组内	1505.728	6141	.245		
	总数	1505.759	6143			

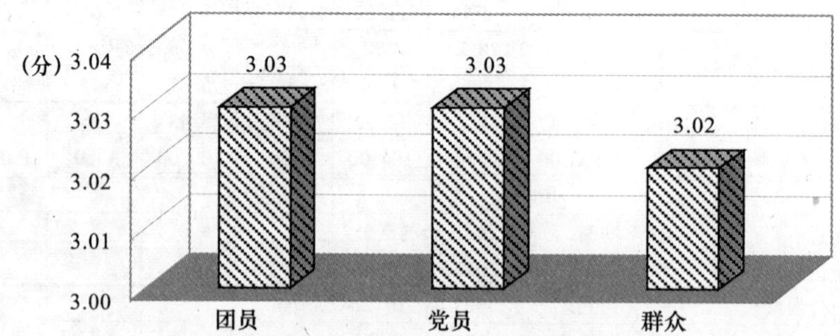

图 5 - 13　不同政治面貌被试国际压力的得分比较

不同政治面貌被试对中国应对国际压力做法的选择（见表 5 - 26），第一选择排在第一位的都是“创造有利于中国的国际话语权体系”，但是第二位和第三位的排序有所不同，中共党员被试是“韬光养晦，做好自己的事情”、“针锋相对，给予有力的反击”，共青团员被试是“韬光养晦，做好自己的事情”、“大力宣扬中国模式”，群众被试是“大力宣扬中国模式”、“韬光养晦，做好自己的事情”；总提及频率不同政治面貌被试排在第一位和第二位的都是“创造有利于中国的国际话语权体系”和“在世界范围内争取更多的朋友”，但是排在第三位的，中共党员被试是“针锋相对，给予有力的反击”，共青团员被试是“虚心听取来自国外的各种意见”，群众被试是“大力宣扬中国模式”。

表 5 - 26　　不同政治面貌被试对于应付国际压力做法的选择

选项	党员				团员			
	第一选择		总提及频率		第一选择		总提及频率	
	频率	百分比	频率	百分比	频率	百分比	频率	百分比
中国话语体系	382	45.58	530	21.09	310	50.00	440	23.66

续表

选项	党员				团员			
	第一选择		总提及频率		第一选择		总提及频率	
	频率	百分比	频率	百分比	频率	百分比	频率	百分比
宣扬中国模式	101	12.05	327	13.02	55	8.87	209	11.24
加入西方阵营	15	1.79	48	1.91	23	3.71	55	2.96
建社会主义阵营	43	5.13	224	8.91	41	6.61	203	10.91
韬光养晦	117	13.96	307	12.22	66	10.65	210	11.29
听取国外意见	24	2.86	223	8.87	34	5.48	235	12.63
针锋相对	108	12.89	364	14.48	47	7.58	189	10.16
争取更多朋友	48	5.74	490	19.50	44	7.10	319	17.15
合计	838	100.00	2513	100.00	620	100.00	1860	100.00
选项	群众							
中国话语体系	1961	41.91	2824	20.18				
宣扬中国模式	736	15.73	2190	15.66				
加入西方阵营	202	4.32	503	3.59				
建社会主义阵营	274	5.85	1479	10.57				
韬光养晦	559	11.94	1606	11.48				
听取国外意见	164	3.50	1283	9.17				
针锋相对	498	10.64	1730	12.36				
争取更多朋友	286	6.11	2378	16.99				
合计	4680	100.00	13993	100.00				

（八）不同政治面貌被试的危机压力总分比较

对不同政治面貌被试危机压力总分的差异性进行方差分析（见表5－27－1、表5－27－2、表5－27－3和图5－14），显示不同政治面貌被试的政治危机压力总分之间差异显著，$F = 20.903$，$p < 0.001$，中共党员被试（$M = 16.15$，$SD = 2.82$）的得分显著低于共青团员被试（$M = 17.06$，$SD = 2.42$）和群众被试（$M = 16.56$，$SD = 2.66$），群众被试的得分亦显著低于共青团员被试。

表 5－27－1　不同政治面貌被试危机压力总分的差异比较

项目		*N*	均值	标准差	标准误	均值的 95% 置信区间		极小值	极大值
						下限	上限		
危机压力总分	党员	835	16.1473	2.81783	.09752	15.9559	16.3387	7.33	25.17
	团员	616	17.0591	2.41511	.09731	16.8680	17.2502	7.92	24.58
	群众	4659	16.5628	2.66058	.03898	16.4864	16.6392	7.33	27.00
	总数	6110	16.5560	2.66776	.03413	16.4891	16.6229	7.33	27.00

表 5－27－2　不同政治面貌被试危机压力总分的方差分析结果

项目		平方和	*df*	均方	*F*	显著性
危机压力总分	组间	295.612	2	147.806	20.903	.000
	组内	43181.872	6107	7.071		
	总数	43477.484	6109			

表 5－27－3　不同政治面貌被试危机压力总分的多重比较

因变量	(I) 政治面貌	(J) 政治面貌	均值差 (I－J)	标准误	显著性	95% 置信区间	
						下限	上限
危机压力总分	党员	团员	−.91181*	.14123	.000	−1.1887	−.6349
		群众	−.41548*	.09993	.000	−.6114	−.2196
	团员	党员	.91181*	.14123	.000	.6349	1.1887
		群众	.49634*	.11400	.000	.2729	.7198
	群众	党员	.41548*	.09993	.000	.2196	.6114
		团员	−.49634*	.11400	.000	−.7198	−.2729

*. 均值差的显著性水平为 0.05。

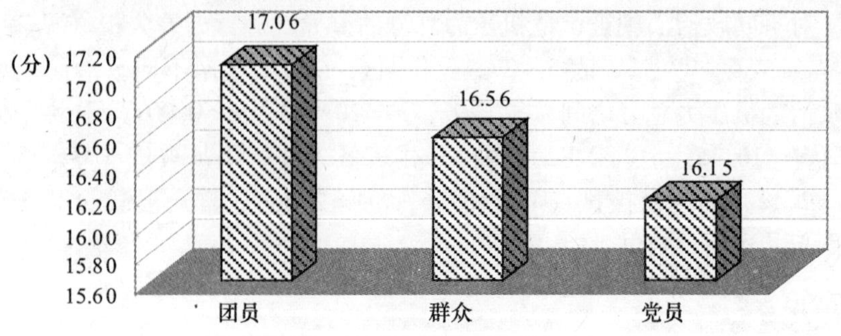

图 5－14　不同政治面貌被试危机压力总分的得分比较

三　五个因素对不同政治面貌被试的影响

本次问卷调查涉及的权利、利益、政治沟通、政治参与和满意度五个影响因素，对不同政治面貌被试的影响是否有所不同，可根据调查数据作具体说明。

（一）权利认知

调查结果显示，中共党员被试的“权利重要性认知”得分在2.00—5.00分之间，均值为3.86，标准差为0.63；“权利保障评价”得分在1.40—4.80分之间，均值为3.35，标准差为0.54；“权利认知总分”的得分在3.60—9.80分之间，均值为7.20，标准差为0.92（见表5－28－1）。

表5－28－1　　中共党员被试“权利认知”的总体描述统计

项目	N	极小值	极大值	均值	标准差
权利重要性认知	836	2.00	5.00	3.8593	.62546
权利保障评价	836	1.40	4.80	3.3462	.54130
权利认知总分	834	3.60	9.80	7.2046	.92490
有效的N	834				

调查结果显示，共青团员被试的“权利重要性认知”得分在1.40—5.00分之间，均值为3.77，标准差为0.59；“权利保障评价”得分在1.00—4.80分之间，均值为3.19，标准差为0.54；“权利认知总分”的得分在3.60—9.20分之间，均值为6.96，标准差为0.86（见表5－28－2）。

表5-28-2　　共青团员被试“权利认知”的总体描述统计

项目	N	极小值	极大值	均值	标准差
权利重要性认知	618	1.40	5.00	3.7702	.58983
权利保障评价	620	1.00	4.80	3.1894	.54004
权利认知总分	618	3.60	9.20	6.9599	.85693
有效的 N	618				

调查结果显示，群众被试的“权利重要性认知”得分在1.00—5.00分之间，均值为3.63，标准差为0.59；“权利保障评价”得分在1.00—5.00分之间，均值为3.24，标准差为0.52；“权利认知总分”的得分在3.60—10.00分之间，均值为6.87，标准差为0.86（见表5-28-3）。

表5-28-3　　群众被试“权利认知”的总体描述统计

项目	N	极小值	极大值	均值	标准差
权利重要性认知	4675	1.00	5.00	3.6280	.59053
权利保障评价	4666	1.00	5.00	3.2443	.52078
权利认知总分	4649	3.60	10.00	6.8744	.85548
有效的 N	4649				

对不同政治面貌被试权利认知各指标的差异性进行方差分析（见表5-29-1、表5-29-2、表5-29-3和图5-15），显示在“权利重要性认知”方面，不同政治面貌被试之间的差异显著，$F=62.521$，$p<0.001$，中共党员被试（$M=3.86$，$SD=0.63$）的得分显著高于共青团员被试（$M=3.77$，$SD=0.59$）和群众被试（$M=3.63$，$SD=0.59$），共青团员被试的得分亦显著高于群众被试；在“权利保障评价”方面，不同政治面貌被试之间的差异显著，$F=18.322$，$p<0.001$，中共党员被试（$M=3.35$，$SD=0.54$）的得分显著高于共青团员被试（$M=3.19$，$SD=0.54$）和群众被试（$M=3.24$，$SD=0.52$），共青团员被试的得分则显著低于群众被试；在“权利认知总分”方面，不同政治面貌被试之间的差异显著，$F=51.910$，$p<0.001$，中共党员被试（$M=7.20$，$SD=0.92$）的得分显著高于共青团员被试（$M=6.96$，$SD=0.86$）和群众被试（$M=6.87$，$SD=0.86$），共青团员被试的得分亦显著高于群众被试。

表 5－29－1　　不同政治面貌被试权利认知得分的差异比较

项目		N	均值	标准差	标准误	均值的 95% 置信区间		极小值	极大值
						下限	上限		
权利重要性认知	党员	836	3. 8593	. 62546	. 02163	3. 8169	3. 9018	2. 00	5. 00
	团员	618	3. 7702	. 58983	. 02373	3. 7236	3. 8168	1. 40	5. 00
	群众	4675	3. 6280	. 59053	. 00864	3. 6111	3. 6450	1. 00	5. 00
	总数	6129	3. 6739	. 60129	. 00768	3. 6589	3. 6890	1. 00	5. 00
权利保障评价	党员	836	3. 3462	. 54130	. 01872	3. 3094	3. 3829	1. 40	4. 80
	团员	620	3. 1894	. 54004	. 02169	3. 1468	3. 2319	1. 00	4. 80
	群众	4666	3. 2443	. 52078	. 00762	3. 2293	3. 2592	1. 00	5. 00
	总数	6122	3. 2526	. 52708	. 00674	3. 2394	3. 2658	1. 00	5. 00
权利认知总分	党员	834	7. 2046	. 92490	. 03203	7. 1417	7. 2674	3. 60	9. 80
	团员	618	6. 9599	. 85693	. 03447	6. 8922	7. 0276	3. 60	9. 20
	群众	4649	6. 8744	. 85548	. 01255	6. 8498	6. 8990	3. 60	10. 00
	总数	6101	6. 9282	. 87263	. 01117	6. 9063	6. 9501	3. 60	10. 00

表 5－29－2　　不同政治面貌被试权利认知得分的方差分析结果

项目		平方和	*df*	均方	*F*	显著性
权利重要性认知	组间	44. 320	2	22. 160	62. 521	. 000
	组内	2171. 279	6126	. 354		
	总数	2215. 598	6128			
权利保障评价	组间	10. 123	2	5. 061	18. 322	. 000
	组内	1690. 400	6119	. 276		
	总数	1700. 523	6121			
权利认知总分	组间	77. 759	2	38. 879	51. 910	. 000
	组内	4567. 277	6098	. 749		
	总数	4645. 035	6100			

表 5－29－3　　不同政治面貌被试权利认知得分的多重比较

因变量	(I) 政治面貌	(J) 政治面貌	均值差 (I－J)	标准误	显著性	95% 置信区间	
						下限	上限
权利重要性认知	党员	团员	.08910*	.03158	.005	.0272	.1510
		群众	.23131*	.02236	.000	.1875	.2751
	团员	党员	－.08910*	.03158	.005	－.1510	－.0272
		群众	.14221*	.02548	.000	.0923	.1922
	群众	党员	－.23131*	.02236	.000	－.2751	－.1875
		团员	－.14221*	.02548	.000	－.1922	－.0923
权利保障评价	党员	团员	.15682*	.02786	.000	.1022	.2114
		群众	.10189*	.01974	.000	.0632	.1406
	团员	党员	－.15682*	.02786	.000	－.2114	－.1022
		群众	－.05492*	.02247	.015	－.0990	－.0109
	群众	党员	－.10189*	.01974	.000	－.1406	－.0632
		团员	.05492*	.02247	.015	.0109	.0990
权利认知总分	党员	团员	.24469*	.04593	.000	.1546	.3347
		群众	.33013*	.03254	.000	.2663	.3939
	团员	党员	－.24469*	.04593	.000	－.3347	－.1546
		群众	.08545*	.03705	.021	.0128	.1581
	群众	党员	－.33013*	.03254	.000	－.3939	－.2663
		团员	－.08545*	.03705	.021	－.1581	－.0128

*. 均值差的显著性水平为 0.05。

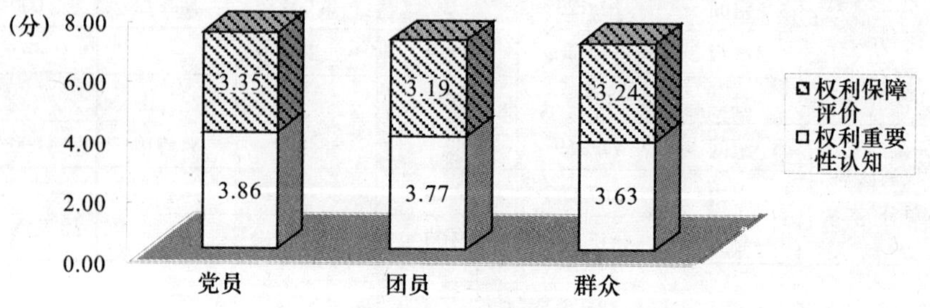

图 5－15　不同政治面貌被试权利认知的得分比较

在法律、政治、经济、社会、文化五类权利对个人发展的重要性方面，按选择比例由高到低排序，中共党员被试是法律权利、经济权利、政治权利、社会权利、文化权利，共青团员被试是法律权利、经济权利、社会权利、政治权利、文化权利，群众被试是经济权利、法律权利、社会权利、文化权利、政治权利（五位排序均有所不同，见表5－30）。

表5－30　　不同政治面貌被试认为最重要的权利

项目	党员		团员		群众	
	频率	有效百分比	频率	有效百分比	频率	有效百分比
法律权利	241	28.83	171	27.58	1184	25.37
经济权利	211	25.24	155	25.00	1558	33.38
社会权利	156	18.66	127	20.49	817	17.51
文化权利	61	7.30	81	13.06	556	11.91
政治权利	167	19.97	86	13.87	552	11.83
合计	836	100.00	620	100.00	4667	100.00

在法律、政治、经济、社会、文化五类权利的保障方面，按选择比例由高到低排序，中共党员被试是法律权利、政治权利、经济权利、社会权利、文化权利，共青团员被试是法律权利、文化权利、经济权利、政治权利、社会权利，群众被试是法律权利、经济权利、社会权利、文化权利、政治权利（第二至五位排序不同，见表5－31）。

表5－31　　不同政治面貌被试认为保障最好的权利

项目	党员		团员		群众	
	频率	有效百分比	频率	有效百分比	频率	有效百分比
法律权利	295	35.50	213	34.47	1495	32.03
经济权利	137	16.48	100	16.18	1072	22.97
社会权利	135	16.25	87	14.08	808	17.32
文化权利	106	12.76	122	19.74	725	15.53
政治权利	158	19.01	96	15.53	567	12.15
合计	831	100.00	618	100.00	4667	100.00

（二）利益认知

调查结果显示，中共党员被试的“公民利益取向”得分在 1.00—4.60 分之间，均值为 2.66，标准差为 0.62；“利益保障评价”得分在 1.00—5.00 分之间，均值为 3.26，标准差为 0.67；“利益认知总分”的得分在 2.40—8.20 分之间，均值为 5.92，标准差为 0.74（见表 5－32－1）。

表 5－32－1　**中共党员被试“利益认知”的总体描述统计**

项目	N	极小值	极大值	均值	标准差
公民利益取向	833	1.00	4.60	2.6641	.62348
利益保障评价	835	1.00	5.00	3.2572	.67125
利益认知总分	830	2.40	8.20	5.9243	.74268
有效的 N	830				

调查结果显示，共青团员被试的“公民利益取向”得分在 1.00—5.00 分之间，均值为 2.78，标准差为 0.60；“利益保障评价”得分在 1.00—5.00 分之间，均值为 3.08，标准差为 0.68；“利益认知总分”的得分在 3.20—8.00 分之间，均值为 5.87，标准差为 0.74（见表 5－32－2）。

表 5－32－2　**共青团员被试“利益认知”的总体描述统计**

项目	N	极小值	极大值	均值	标准差
公民利益取向	618	1.00	5.00	2.7841	.59947
利益保障评价	618	1.00	5.00	3.0812	.68240
利益认知总分	618	3.20	8.00	5.8654	.74364
有效的 N	618				

调查结果显示，群众被试的“公民利益取向”得分在 1.00—5.00 分之间，均值为 2.78，标准差为 0.59；“利益保障评价”得分在 1.00—5.00 分之间，均值为 3.16，标准差为 0.67；“利益认知总分”的得分在

2.40—9.20 分之间，均值为 5.94，标准差为 0.73（见表 5-32-3）。

表 5-32-3　　群众被试“利益认知”的总体描述统计

项目	N	极小值	极大值	均值	标准差
公民利益取向	4678	1.00	5.00	2.7814	.58690
利益保障评价	4671	1.00	5.00	3.1591	.66540
利益认知总分	4660	2.40	9.20	5.9398	.73260
有效的 N	4660				

对不同政治面貌被试利益认知各指标的差异性进行方差分析（见表 5-33-1、表 5-33-2、表 5-33-3 和图 5-16），显示在“公民利益取向”方面，不同政治面貌被试之间的差异显著，$F = 14.151$，$p < 0.001$，中共党员被试（$M = 2.66$，$SD = 0.62$）的得分显著低于共青团员被试（$M = 2.78$，$SD = 0.60$）和群众被试（$M = 2.78$，$SD = 0.59$），共青团员被试与群众被试之间的得分差异不显著；在“利益保障评价”方面，不同政治面貌被试之间的差异显著，$F = 13.007$，$p < 0.001$，中共党员被试（$M = 3.26$，$SD = 0.67$）的得分显著高于共青团员被试（$M = 3.08$，$SD = 0.68$）和群众被试（$M = 3.16$，$SD = 0.67$），共青团员被试的得分则显著低于群众被试；在“利益认知总分”方面，不同政治面貌被试之间的得分差异不显著。

表 5-33-1　　不同政治面貌被试利益认知得分的差异比较

项目		N	均值	标准差	标准误	均值的 95% 置信区间		极小值	极大值
						下限	上限		
公民利益取向	党员	833	2.6641	.62348	.02160	2.6217	2.7065	1.00	4.60
	团员	618	2.7841	.59947	.02411	2.7368	2.8315	1.00	5.00
	群众	4678	2.7814	.58690	.00858	2.7646	2.7982	1.00	5.00
	总数	6129	2.7657	.59454	.00759	2.7508	2.7806	1.00	5.00
利益保障评价	党员	835	3.2572	.67125	.02323	3.2117	3.3028	1.00	5.00
	团员	618	3.0812	.68240	.02745	3.0273	3.1351	1.00	5.00
	群众	4671	3.1591	.66540	.00974	3.1400	3.1782	1.00	5.00
	总数	6124	3.1646	.66924	.00855	3.1478	3.1814	1.00	5.00

续表

项目		N	均值	标准差	标准误	均值的95% 置信区间		极小值	极大值
						下限	上限		
利益认知总分	党员	830	5.9243	.74268	.02578	5.8737	5.9749	2.40	8.20
	团员	618	5.8654	.74364	.02991	5.8066	5.9241	3.20	8.00
	群众	4660	5.9398	.73260	.01073	5.9188	5.9609	2.40	9.20
	总数	6108	5.9302	.73532	.00941	5.9117	5.9486	2.40	9.20

表5－33－2　　不同政治面貌被试利益认知得分的方差分析结果

项目		平方和	df	均方	F	显著性
公民利益取向	组间	9.961	2	4.981	14.151	.000
	组内	2156.123	6126	.352		
	总数	2166.085	6128			
利益保障评价	组间	11.605	2	5.803	13.007	.000
	组内	2730.799	6121	.446		
	总数	2742.405	6123			
利益认知总分	组间	3.058	2	1.529	2.829	.059
	组内	3298.935	6105	.540		
	总数	3301.993	6107			

表5－33－3　　不同政治面貌被试利益认知得分的多重比较

因变量	(I) 政治面貌	(J) 政治面貌	均值差 (I－J)	标准误	显著性	95% 置信区间	
						下限	上限
公民利益取向	党员	团员	－.12004*	.03150	.000	－.1818	－.0583
		群众	－.11730*	.02231	.000	－.1610	－.0736
	团员	党员	.12004*	.03150	.000	.0583	.1818
		群众	.00274	.02539	.914	－.0470	.0525
	群众	党员	.11730*	.02231	.000	.0736	.1610
		团员	－.00274	.02539	.914	－.0525	.0470
利益保障评价	党员	团员	.17602*	.03544	.000	.1065	.2455
		群众	.09818*	.02510	.000	.0490	.1474
	团员	党员	－.17602*	.03544	.000	－.2455	－.1065
		群众	－.07784*	.02859	.006	－.1339	－.0218
	群众	党员	－.09818*	.02510	.000	－.1474	－.0490
		团员	.07784*	.02859	.006	.0218	.1339

续表

因变量	(I)政治面貌	(J)政治面貌	均值差(I-J)	标准误	显著性	95% 置信区间	
						下限	上限
利益认知总分	党员	团员	.05897	.03906	.131	-.0176	.1355
		群众	-.01549	.02769	.576	-.0698	.0388
	团员	党员	-.05897	.03906	.131	-.1355	.0176
		群众	-.07446*	.03147	.018	-.1361	-.0128
	群众	党员	.01549	.02769	.576	-.0388	.0698
		团员	.07446*	.03147	.018	.0128	.1361

*. 均值差的显著性水平为 0.05。

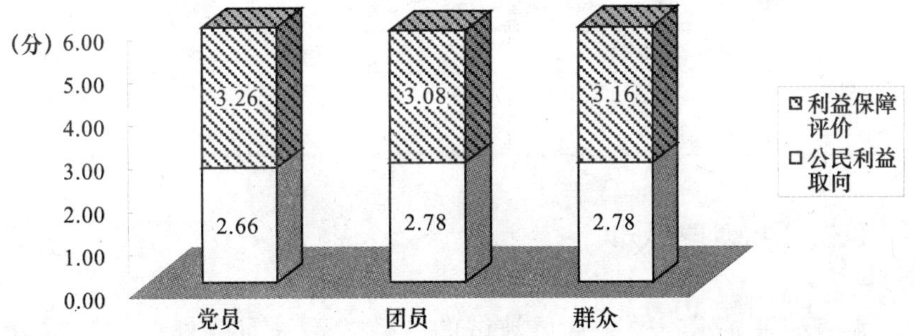

图 5-16　不同政治面貌被试利益认知的得分比较

在经济、社会、文化、政治四类利益的重要性方面，按选择比例由高到低排序，中共党员被试是经济利益、社会利益、政治利益、文化利益，共青团员、群众被试是经济利益、社会利益、文化利益、政治利益（第三、四位排序不同，见表 5-34）。

表 5-34　**不同政治面貌被试认为最重要的利益**

项目	党员		团员		群众	
	频率	有效百分比	频率	有效百分比	频率	有效百分比
经济利益	372	44.60	265	42.81	2241	48.03
社会利益	260	31.18	202	32.63	1219	26.13
文化利益	55	6.59	80	12.92	676	14.48
政治利益	147	17.63	72	11.64	530	11.36
合计	834	100.00	619	100.00	4666	100.00

在经济、社会、文化、政治四类利益的保障方面，按选择比例由高到低排序，中共党员被试是经济利益、社会利益、政治利益、文化利益，共青团员被试是文化利益、社会利益、经济利益、政治利益，群众被试是经济利益、社会利益、文化利益、政治利益（四位排序全不同，见表5－35）。

表5－35　**不同政治面貌被试认为保障最好的利益**

项目	党员		团员		群众	
	频率	有效百分比	频率	有效百分比	频率	有效百分比
经济利益	280	33.69	131	21.20	1603	34.50
社会利益	223	26.84	177	28.64	1338	28.79
文化利益	161	19.37	215	34.79	1054	22.68
政治利益	167	20.10	95	15.37	652	14.03
合计	831	100.00	618	100.00	4647	100.00

（三）政治沟通认知

调查结果显示，中共党员被试的“政治沟通重要性认知”得分在1.80—5.00分之间，均值为3.73，标准差为0.45；“政治沟通现状评价”得分在1.00—5.00分之间，均值为3.29，标准差为0.78；“政治沟通认知总分”的得分在4.20—10.00分之间，均值为7.01，标准差为0.96（见表5－36－1）。

表5－36－1　**中共党员被试“政治沟通认知”的总体描述统计**

项目	N	极小值	极大值	均值	标准差
政治沟通重要性认知	837	1.80	5.00	3.7281	.44832
政治沟通现状评价	836	1.00	5.00	3.2852	.77563
政治沟通认知总分	834	4.20	10.00	7.0139	.95678
有效的 N	834				

调查结果显示，共青团员被试的“政治沟通重要性认知”得分在1.80—5.00分之间，均值为3.65，标准差为0.47；“政治沟通现状评价”

得分在1.00—5.00分之间，均值为3.07，标准差为0.75；“政治沟通认知总分”的得分在3.60—9.80分之间，均值为6.72，标准差为0.93（见表5－36－2）。

表5－36－2　**共青团员被试“政治沟通认知”的总体描述统计**

项目	N	极小值	极大值	均值	标准差
政治沟通重要性认知	618	1.80	5.00	3.6502	.46701
政治沟通现状评价	620	1.00	5.00	3.0716	.74965
政治沟通认知总分	618	3.60	9.80	6.7230	.92697
有效的 N	618				

调查结果显示，群众被试的“政治沟通重要性认知”得分在1.40—5.00分之间，均值为3.59，标准差为0.49；“政治沟通现状评价”得分在1.00—5.00分之间，均值为3.19，标准差为0.71；“政治沟通认知总分”的得分在3.60—10.00分之间，均值为6.77，标准差为0.93（见表5－36－3）。

表5－36－3　**群众被试“政治沟通认知”的总体描述统计**

项目	N	极小值	极大值	均值	标准差
政治沟通重要性认知	4680	1.40	5.00	3.5853	.48541
政治沟通现状评价	4676	1.00	5.00	3.1855	.71006
政治沟通认知总分	4665	3.60	10.00	6.7712	.92847
有效的 N	4665				

对不同政治面貌被试政治沟通认知各指标的差异性进行方差分析（见表5－37－1、表5－37－2、表5－37－3和图5－17），显示在“政治沟通重要性认知”方面，不同政治面貌被试之间的差异显著，$F=33.870$，$p<0.001$，中共党员被试（$M=3.73$，$SD=0.45$）的得分显著高于共青团员被试（$M=3.65$，$SD=0.47$）和群众被试($M=3.59$，$SD=0.49$)，共青团员被试的得分显著高于群众被试；在“政治沟通现状评价”方面，不同政治面貌被试之间的差异显著，$F=15.593$，$p<0.001$，中共党员被试（$M=3.29$，$SD=0.78$）的得分显著高于共青团员被试

(M=3.07, SD=0.75) 和群众被试 (M=3.19, SD=0.71), 共青团员被试的得分则显著低于群众被试; 在"政治沟通认知总分"方面, 不同政治面貌被试之间的差异显著, F=26.292, $p<0.001$, 中共党员被试 (M=7.01, SD=0.96) 的得分显著高于共青团员被试 (M=6.72, SD=0.93) 和群众被试 (M=6.77, SD=0.93), 共青团员被试的得分则显著低于群众被试。

表 5-37-1　　不同政治面貌被试政治沟通认知得分的差异比较

项目		N	均值	标准差	标准误	均值的 95% 置信区间		极小值	极大值
						下限	上限		
政治沟通重要性认知	党员	837	3.7281	.44832	.01550	3.6977	3.7585	1.80	5.00
	团员	618	3.6502	.46701	.01879	3.6133	3.6871	1.80	5.00
	群众	4680	3.5853	.48541	.00710	3.5713	3.5992	1.40	5.00
	总数	6135	3.6113	.48124	.00614	3.5992	3.6233	1.40	5.00
政治沟通现状评价	党员	836	3.2852	.77563	.02683	3.2325	3.3378	1.00	5.00
	团员	620	3.0716	.74965	.03011	3.0125	3.1307	1.00	5.00
	群众	4676	3.1855	.71006	.01038	3.1651	3.2059	1.00	5.00
	总数	6132	3.1876	.72511	.00926	3.1694	3.2057	1.00	5.00
政治沟通认知总分	党员	834	7.0139	.95678	.03313	6.9489	7.0789	4.20	10.00
	团员	618	6.7230	.92697	.03729	6.6498	6.7962	3.60	9.80
	群众	4665	6.7712	.92847	.01359	6.7445	6.7978	3.60	10.00
	总数	6117	6.7994	.93607	.01197	6.7759	6.8229	3.60	10.00

表 5-37-2　　不同政治面貌被试政治沟通认知得分的方差分析结果

项目		平方和	df	均方	F	显著性
政治沟通重要性认知	组间	15.522	2	7.761	33.870	.000
	组内	1405.058	6132	.229		
	总数	1420.579	6134			
政治沟通现状评价	组间	16.320	2	8.160	15.593	.000
	组内	3207.253	6129	.523		
	总数	3223.573	6131			
政治沟通认知总分	组间	45.698	2	22.849	26.292	.000
	组内	5313.340	6114	.869		
	总数	5359.038	6116			

表 5－37－3　　不同政治面貌被试政治沟通认知得分的多重比较

因变量	(I) 政治面貌	(J) 政治面貌	均值差 (I－J)	标准误	显著性	95% 置信区间	
						下限	上限
政治沟通重要性认知	党员	团员	.07791 *	.02539	.002	.0281	.1277
		群众	.14282 *	.01796	.000	.1076	.1780
	团员	党员	－.07791 *	.02539	.002	－.1277	－.0281
		群众	.06491 *	.02049	.002	.0247	.1051
	群众	党员	－.14282 *	.01796	.000	－.1780	－.1076
		团员	－.06491 *	.02049	.002	－.1051	－.0247
政治沟通现状评价	党员	团员	.21355 *	.03834	.000	.1384	.2887
		群众	.09967 *	.02716	.000	.0464	.1529
	团员	党员	－.21355 *	.03834	.000	－.2887	－.1384
		群众	－.11389 *	.03092	.000	－.1745	－.0533
	群众	党员	－.09967 *	.02716	.000	－.1529	－.0464
		团员	.11389 *	.03092	.000	.0533	.1745
政治沟通认知总分	党员	团员	.29093 *	.04948	.000	.1939	.3879
		群众	.24272 *	.03505	.000	.1740	.3114
	团员	党员	－.29093 *	.04948	.000	－.3879	－.1939
		群众	－.04821	.03991	.227	－.1264	.0300
	群众	党员	－.24272 *	.03505	.000	－.3114	－.1740
		团员	.04821	.03991	.227	－.0300	.1264

*. 均值差的显著性水平为 0.05。

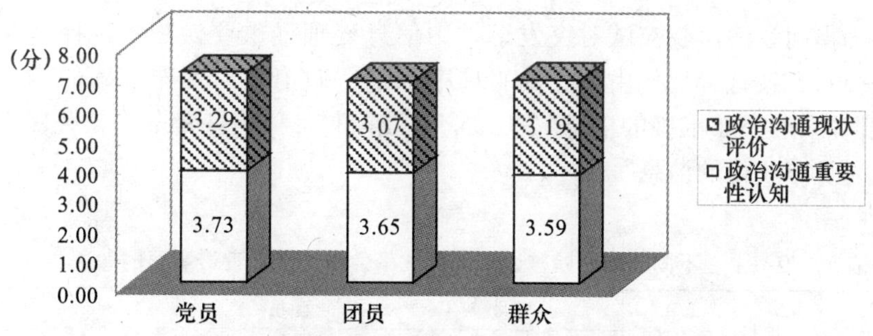

图 5－17　不同政治面貌被试政治沟通认知的得分比较

不同政治面貌被试对政府与百姓沟通最重要做法的选择（见表 5－

38)，在六个选项中，按选择比例由高到低排序，中共党员被试是“政府的公信力”、“政府愿意与民众沟通”、“为沟通提供必要的法律保障”、“公民个人有强烈的沟通愿望”、“媒体愿意提供相互沟通的平台”、“社会团体和社会组织有参与沟通的意愿”，共青团员被试是“政府愿意与民众沟通”、“政府的公信力”、“为沟通提供必要的法律保障”、“媒体愿意提供相互沟通的平台”、“公民个人有强烈的沟通愿望”、“社会团体和社会组织有参与沟通的意愿”，群众被试是“政府愿意与民众沟通”、“政府的公信力”、“为沟通提供必要的法律保障”、“公民个人有强烈的沟通愿望”、“媒体愿意提供相互沟通的平台”、“社会团体和社会组织有参与沟通的意愿”（前五位排序不同）。

表5－38　　不同政治面貌被试认为政府与百姓沟通最重要的做法

项目	党员		团员		群众	
	频率	百分比	频率	百分比	频率	百分比
公民有强烈沟通愿望	104	12.41	66	10.65	729	15.55
媒体愿意提供沟通平台	81	9.67	72	11.61	635	13.54
社会组织有参与沟通意愿	46	5.49	53	8.55	335	7.14
为沟通提供法律保障	139	16.58	125	20.16	755	16.10
政府的公信力	256	30.55	146	23.55	1032	22.01
政府愿意沟通	212	25.30	158	25.48	1203	25.66
合计	838	100.00	620	100.00	4689	100.00

不同政治面貌被试对突发事件中信息处理最重要做法的选择（见表5－39），按选择比例由高到低的排序都是“政府及时发布准确的信息”、“媒体及时发布准确的信息”、“政府有效控制各种信息发布”、“公民个人及时发布获得的信息”。

表5－39　　不同政治面貌被试认为突发事件中信息处理最重要的做法

项目	党员		团员		群众	
	频率	百分比	频率	百分比	频率	百分比
公民及时公布获得的信息	68	8.13	83	13.39	581	12.43
媒体及时发布准确信息	137	16.39	122	19.68	1101.	23.56

续表

项目	党员		团员		群众	
	频率	百分比	频率	百分比	频率	百分比
政府及时发布准确信息	522	62.44	310	50.00	2334.	49.95
政府有效控制信息发布	109	13.04	105	16.93	657	14.06
合计	836	100.00	620	100.00	4673	100.00

(四) 政治参与行为

调查结果显示，中共党员被试的“政治参与认知”得分在1.40—5.00分之间，均值为3.18，标准差为0.48；“实际政治参与”得分在1.00—5.00分之间，均值为3.36，标准差为0.66；“政治参与行为总分”的得分在2.80—9.40分之间，均值为6.54，标准差为0.91（见表5-40-1）。

表5-40-1　　**中共党员被试“政治参与行为”的总体描述统计**

项目	*N*	极小值	极大值	均值	标准差
政治参与认知	834	1.40	5.00	3.1760	.48428
实际政治参与	835	1.00	5.00	3.3643	.65746
政治参与行为总分	832	2.80	9.40	6.5377	.90774
有效的 *N*	832				

调查结果显示，共青团员被试的“政治参与认知”得分在1.80—5.00分之间，均值为3.09，标准差为0.45；“实际政治参与”得分在1.00—5.00分之间，均值为3.17，标准差为0.68；“政治参与行为总分”的得分在3.20—9.60分之间，均值为6.25，标准差为0.88（见表5-40-2）。

表5-40-2　　**共青团员被试“政治参与行为”的总体描述统计**

项目	*N*	极小值	极大值	均值	标准差
政治参与认知	619	1.80	5.00	3.0869	.45154
实际政治参与	617	1.00	5.00	3.1679	.67723

续表

项目	N	极小值	极大值	均值	标准差
政治参与行为总分	616	3.20	9.60	6.2545	.88412
有效的 N	616				

调查结果显示，群众被试的“政治参与认知”得分在1.60—5.00分之间，均值为3.09，标准差为0.45；“实际政治参与”得分在1.00—5.00分之间，均值为3.01，标准差为0.67；“政治参与行为总分”的得分在3.00—10.00分之间，均值为6.11，标准差为0.86（见表5－40－3）。

表5－40－3　**群众被试“政治参与行为”的总体描述统计**

项目	N	极小值	极大值	均值	标准差
政治参与认知	4681	1.60	5.00	3.0946	.45275
实际政治参与	4671	1.00	5.00	3.0117	.67256
政治参与行为总分	4659	3.00	10.00	6.1068	.85542
有效的 N	4659				

对不同政治面貌被试政治参与行为各指标的差异性进行方差分析（见表5－41－1、表5－41－2、表5－41－3和图5－18），显示在“政治参与认知”方面，不同政治面貌被试之间的差异显著，$F=11.776$，$p<0.001$，中共党员被试（$M=3.18$，$SD=0.48$）的得分显著高于共青团员被试（$M=3.09$，$SD=0.45$）和群众被试（$M=3.09$，$SD=0.45$），共青团员被试与群众被试的得分差异不显著；在“实际政治参与”方面，不同政治面貌被试之间的差异显著，$F=104.319$，$p<0.001$，中共党员被试（$M=3.36$，$SD=0.66$）的得分显著高于共青团员被试（$M=3.17$，$SD=0.68$）和群众被试（$M=3.01$，$SD=0.67$），共青团员被试的得分亦显著高于群众被试；在“政治参与行为总分”方面，不同政治面貌被试之间的差异显著，$F=90.007$，$p<0.001$，中共党员被试（$M=6.54$，$SD=0.91$）的得分显著高于共青团员被试（$M=6.25$，$SD=0.88$）和群众被试（$M=6.11$，$SD=$

0.86），共青团员被试的得分亦显著高于群众被试。

表5－41－1　　不同政治面貌被试政治参与行为得分的差异比较

项目		N	均值	标准差	标准误	均值的95% 置信区间		极小值	极大值
						下限	上限		
政治参与认知	党员	834	3.1760	.48428	.01677	3.1431	3.2089	1.40	5.00
	团员	619	3.0869	.45154	.01815	3.0513	3.1226	1.80	5.00
	群众	4681	3.0946	.45275	.00662	3.0816	3.1075	1.60	5.00
	总数	6134	3.1049	.45784	.00585	3.0934	3.1163	1.40	5.00
实际政治参与	党员	835	3.3643	.65746	.02275	3.3197	3.4090	1.00	5.00
	团员	617	3.1679	.67723	.02726	3.1144	3.2215	1.00	5.00
	群众	4671	3.0117	.67256	.00984	2.9924	3.0310	1.00	5.00
	总数	6123	3.0755	.68223	.00872	3.0584	3.0926	1.00	5.00
政治参与行为总分	党员	832	6.5377	.90774	.03147	6.4760	6.5995	2.80	9.40
	团员	616	6.2545	.88412	.03562	6.1846	6.3245	3.20	9.60
	群众	4659	6.1068	.85542	.01253	6.0822	6.1313	3.00	10.00
	总数	6107	6.1804	.87817	.01124	6.1584	6.2024	2.80	10.00

表5－41－2　　不同政治面貌被试政治参与行为得分的方差分析结果

项目		平方和	*df*	均方	*F*	显著性
政治参与认知	组间	4.920	2	2.460	11.776	.000
	组内	1280.675	6131	.209		
	总数	1285.595	6133			
实际政治参与	组间	93.937	2	46.969	104.319	.000
	组内	2755.463	6120	.450		
	总数	2849.400	6122			
政治参与行为总分	组间	134.891	2	67.445	90.007	.000
	组内	4573.919	6104	.749		
	总数	4708.810	6106			

表 5－41－3　不同政治面貌被试政治参与行为得分的多重比较

因变量	(I) 政治面貌	(J) 政治面貌	均值差 (I－J)	标准误	显著性	95% 置信区间	
						下限	上限
政治参与认知	党员	团员	.08910*	.02425	.000	.0416	.1366
		群众	.08147*	.01718	.000	.0478	.1151
	团员	党员	－.08910*	.02425	.000	－.1366	－.0416
		群众	－.00764	.01955	.696	－.0460	.0307
	群众	党员	－.08147*	.01718	.000	－.1151	－.0478
		团员	.00764	.01955	.696	－.0307	.0460
实际政治参与	党员	团员	.19640*	.03562	.000	.1266	.2662
		群众	.35262*	.02521	.000	.3032	.4020
	团员	党员	－.19640*	.03562	.000	－.2662	－.1266
		群众	.15622*	.02874	.000	.0999	.2126
	群众	党员	－.35262*	.02521	.000	－.4020	－.3032
		团员	－.15622*	.02874	.000	－.2126	－.0999
政治参与行为总分	党员	团员	.28319*	.04601	.000	.1930	.3734
		群众	.43098*	.03258	.000	.3671	.4948
	团员	党员	－.28319*	.04601	.000	－.3734	－.1930
		群众	.14778*	.03711	.000	.0750	.2205
	群众	党员	－.43098*	.03258	.000	－.4948	－.3671
		团员	－.14778*	.03711	.000	－.2205	－.0750

*. 均值差的显著性水平为 0.05。

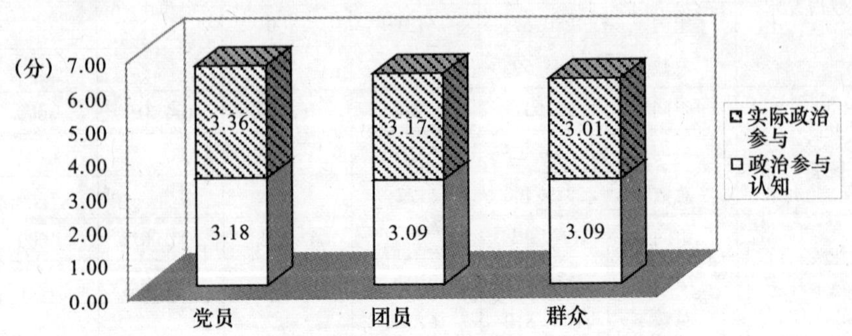

图 5－18　不同政治面貌被试政治参与行为的得分比较

对于选举参与、自治参与、政策参与、维权参与、社团参与、网络参与六类参与，哪一类最为重要，按选择比例由高到低排序，中共党员被试是选举参与、自治参与、社团参与、政策参与、维权参与、网络参与，共青团员被试是选举参与、自治参与、社团参与、维权参与、网络参与、政策参与，群众被试是选举参与、自治参与、社团参与、维权参与、政策参与、网络参与（第三位至第六位排序不同，见表5－42）。

表5－42　　**不同政治面貌被试认为最重要的政治参与**

项目	党员		团员		群众	
	频率	百分比	频率	百分比	频率	百分比
参加各种选举	378	45.11	175	28.27	2267	48.42
参加基层群众自治	168	20.05	120	19.39	862	18.41
参与政策讨论	101	12.05	56	9.05	390	8.33
以上访等形式维权	49	5.85	94	15.18	502	10.72
参与社会团体活动	102	12.17	110	17.77	513	10.96
在互联网发表个人意见	40	4.77	64	10.34	148	3.16
合计	838	100.00	619	100.00	4682	100.00

对于选举参与、自治参与、政策参与、维权参与、社团参与、网络参与六类参与，哪一类最能发挥作用，按选择比例由高到低排序，中共党员被试是选举参与、自治参与、政策参与、社团参与、维权参与、网络参与，共青团员被试是选举参与、自治参与、社团参与、维权参与、网络参与、政策参与，群众被试是选举参与、自治参与、社团参与、维权参与、政策参与、网络参与（第三位至第六位排序不同，见表5－43）。

表5－43　　**不同政治面貌被试认为哪一类政治参与最能发挥作用**

项目	党员		团员		群众	
	频率	百分比	频率	百分比	频率	百分比
参加各种选举	351	41.89	165	26.61	2084	44.51
参加基层群众自治	182	21.72	142	22.90	940	20.08

续表

项目	党员		团员		群众	
	频率	百分比	频率	百分比	频率	百分比
参与政策讨论	115	13.72	52	8.39	392	8.37
以上访等形式维权	43	5.13	81	13.06	488	10.42
参与社会团体活动	105	12.53	106	17.10	571	12.20
在互联网发表个人意见	42	5.01	74	11.94	207	4.42
合计	838	100.00	620	100.00	4682	100.00

（五）公民满意度

调查结果显示，中共党员被试的“个人生活满意度”得分在1.00—5.00分之间，均值为3.39，标准差为0.68；“公共服务满意度”得分在1.00—5.00分之间，均值为3.21，标准差为0.66；“公民满意度总分”的得分在2.80—10.00分之间，均值为6.60，标准差为1.13（见表5-44-1）。

表5-44-1　**中共党员被试“公民满意度”的总体描述统计**

项目	N	极小值	极大值	均值	标准差
个人生活满意度	834	1.00	5.00	3.3868	.68098
公共服务满意度	837	1.00	5.00	3.2146	.65980
公民满意度总分	833	2.80	10.00	6.6012	1.13012
有效的 N	833				

调查结果显示，共青团员被试的“个人生活满意度”得分在1.00—5.00分之间，均值为3.30，标准差为0.62；“公共服务满意度”得分在1.00—5.00分之间，均值为3.05，标准差为0.65；“公民满意度总分”的得分在2.00—10.00分之间，均值为6.34，标准差为1.07（见表5-44-2）。

表5-44-2　**共青团员被试“公民满意度”的总体描述统计**

项目	N	极小值	极大值	均值	标准差
个人生活满意度	620	1.00	5.00	3.2961	.61541
公共服务满意度	618	1.00	5.00	3.0479	.64537

续表

项目	N	极小值	极大值	均值	标准差
公民满意度总分	618	2.00	10.00	6.3437	1.07323
有效的 N	618				

调查结果显示，群众被试的“个人生活满意度”得分在1.00—5.00分之间，均值为3.35，标准差为0.65；“公共服务满意度”得分在1.00—5.00分之间，均值为3.11，标准差为0.63；“公民满意度总分”的得分在2.20—10.00分之间，均值为6.46，标准差为1.07（见表5-44-3）。

表5-44-3　**群众被试“公民满意度”的总体描述统计**

项目	N	极小值	极大值	均值	标准差
个人生活满意度	4675	1.00	5.00	3.3454	.64878
公共服务满意度	4674	1.00	5.00	3.1119	.62665
公民满意度总分	4658	2.20	10.00	6.4578	1.06457
有效的 N	4658				

对不同政治面貌被试政治参与行为各指标的差异性进行方差分析（见表5-45-1、表5-45-2、表5-45-3和图5-19），显示在“个人生活满意度”方面，不同政治面貌被试之间的差异显著，$F=3.471$，$p<0.05$，中共党员被试（$M=3.39$，$SD=0.68$）的得分显著高于共青团员被试（$M=3.30$，$SD=0.62$），与群众被试（$M=3.35$，$SD=0.65$）之间的得分差异不显著，共青团员被试与群众被试的得分差异亦不显著；在“公共服务满意度”方面，不同政治面貌被试之间的差异显著，$F=13.721$，$p<0.001$，中共党员被试（$M=3.21$，$SD=0.66$）的得分显著高于共青团员被试（$M=3.05$，$SD=0.65$）和群众被试（$M=3.11$，$SD=0.63$），共青团员被试的得分则显著低于群众被试；在“公民满意度总分”方面，不同政治面貌被试之间的差异显著，$F=10.733$，$p<0.001$，中共党员被试（$M=6.60$，$SD=1.13$）的得分显著高于共青团员被试（$M=6.34$，$SD=1.07$）和群众被试（$M=6.46$，$SD=1.06$），共青团员被试的得分则显著低于群众被试。

表 5 - 45 - 1　　不同政治面貌被试公民满意度得分的差异比较

项目		N	均值	标准差	标准误	均值的 95% 置信区间		极小值	极大值
						下限	上限		
个人生活满意度	党员	834	3.3868	.68098	.02358	3.3405	3.4331	1.00	5.00
	团员	620	3.2961	.61541	.02472	3.2476	3.3447	1.00	5.00
	群众	4675	3.3454	.64878	.00949	3.3268	3.3640	1.00	5.00
	总数	6129	3.3461	.65024	.00831	3.3298	3.3623	1.00	5.00
公共服务满意度	党员	837	3.2146	.65980	.02281	3.1698	3.2593	1.00	5.00
	团员	618	3.0479	.64537	.02596	2.9969	3.0989	1.00	5.00
	群众	4674	3.1119	.62665	.00917	3.0940	3.1299	1.00	5.00
	总数	6129	3.1195	.63449	.00810	3.1036	3.1354	1.00	5.00
公民满意度总分	党员	833	6.6012	1.13012	.03916	6.5243	6.6781	2.80	10.00
	团员	618	6.3437	1.07323	.04317	6.2589	6.4285	2.00	10.00
	群众	4658	6.4578	1.06457	.01560	6.4272	6.4883	2.20	10.00
	总数	6109	6.4658	1.07632	.01377	6.4388	6.4928	2.00	10.00

表 5 - 45 - 2　　不同政治面貌被试公民满意度得分的方差分析结果

项目		平方和	df	均方	F	显著性
个人生活满意度	组间	2.933	2	1.466	3.471	.031
	组内	2588.075	6126	.422		
	总数	2591.007	6128			
公共服务满意度	组间	11.002	2	5.501	13.721	.000
	组内	2455.958	6126	.401		
	总数	2466.960	6128			
公民满意度总分	组间	24.788	2	12.394	10.733	.000
	组内	7051.064	6106	1.155		
	总数	7075.853	6108			

表 5 - 45 - 3　　不同政治面貌被试公民满意度得分的多重比较

因变量	(I) 政治面貌	(J) 政治面貌	均值差 (I - J)	标准误	显著性	95% 置信区间	
						下限	上限
个人生活满意度	党员	团员	.09068*	.03447	.009	.0231	.1582
		群众	.04140	.02443	.090	-.0065	.0893
	团员	党员	-.09068*	.03447	.009	-.1582	-.0231
		群众	-.04928	.02778	.076	-.1037	.0052
	群众	党员	-.04140	.02443	.090	-.0893	.0065
		团员	.04928	.02778	.076	-.0052	.1037

续表

因变量	(I)政治面貌	(J)政治面貌	均值差(I-J)	标准误	显著性	95% 置信区间	
						下限	上限
公共服务满意度	党员	团员	.16668*	.03358	.000	.1008	.2325
		群众	.10264*	.02376	.000	.0561	.1492
	团员	党员	-.16668*	.03358	.000	-.2325	-.1008
		群众	-.06404*	.02710	.018	-.1172	-.0109
	群众	党员	-.10264*	.02376	.000	-.1492	-.0561
		团员	.06404*	.02710	.018	.0109	.1172
公民满意度总分	党员	团员	.25751*	.05705	.000	.1457	.3694
		群众	.14345*	.04043	.000	.0642	.2227
	团员	党员	-.25751*	.05705	.000	-.3694	-.1457
		群众	-.11406*	.04601	.013	-.2042	-.0239
	群众	党员	-.14345*	.04043	.000	-.2227	-.0642
		团员	.11406*	.04601	.013	.0239	.2042

*. 均值差的显著性水平为 0.05。

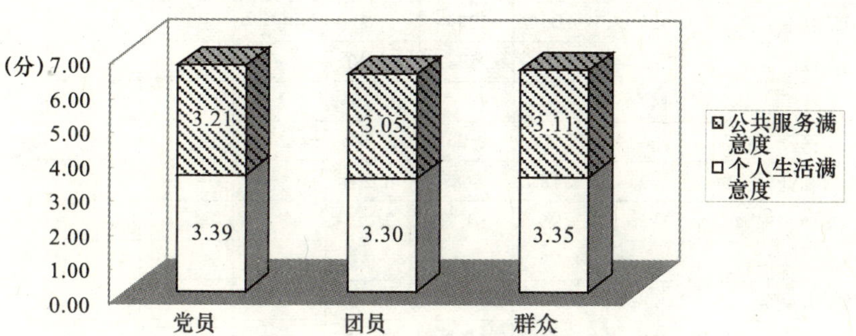

图 5-19 不同政治面貌被试公民满意度的得分比较

不同政治面貌被试满意的公共服务项目（见表 5-46），第一选择排在第一位至第三位的都是“基本公共教育”、“社会保险”、“基本医疗卫生”；总提及频率中共党员被试排在第一位至第三位的是“基本医疗卫生”、“社会保险”、“基本公共教育”，共青团员被试排在第一位至第三位的是“基本公共教育”、“基本医疗卫生”、“社会保险”，群众被试排在第一位至第三位的是“基本医疗卫生”、“基本公共教育”、“社会保险”。

表 5－46　　不同政治面貌被试满意的公共服务

选项	党员				团员			
	第一选择		总提及频率		第一选择		总提及频率	
	频率	百分比	频率	百分比	频率	百分比	频率	百分比
基本公共教育	278	33.17	393	15.66	233	37.64	336	18.09
劳动就业服务	75	8.95	199	7.93	67	10.82	176	9.48
社会保险	196	23.39	426	16.98	106	17.12	282	15.19
基本社会服务	29	3.46	212	8.45	27	4.36	152	8.19
基本医疗卫生	112	13.37	464	18.49	74	11.95	298	16.05
人口和计划生育	27	3.22	136	5.42	23	3.72	123	6.62
基本住房保障	29	3.47	165	6.58	26	4.21	140	7.54
公共文化体育	28	3.34	131	5.22	11	1.78	101	5.44
残疾人服务	8	0.95	71	2.83	11	1.78	73	3.93
社会安全	56	6.68	312	12.44	41	6.62	176	9.47
合计	838	100.00	2509	100.00	619	100.00	1857	100.00
选项	群众							
基本公共教育	1530	32.72	2328	16.64				
劳动就业服务	423	9.05	1259	9.00				
社会保险	1040	22.24	2294	16.40				
基本社会服务	149	3.19	945	6.75				
基本医疗卫生	726	15.53	2506	17.91				
人口和计划生育	149	3.18	868	6.20				
基本住房保障	185	3.96	1077	7.70				
公共文化体育	83	1.77	605	4.33				
残疾人服务	89	1.90	483	3.45				
社会安全	302	6.46	1625	11.62				
合计	4676	100.00	13990	100.00				

对于“六大建设”中最满意的建设，按照选择比例由高到低排序，中共党员被试是经济建设、党的建设、文化建设、社会建设、生态建设、政治建设，共青团员被试是经济建设、社会建设、文化建设、党的建设、生态建设、政治建设，群众被试是经济建设、党的建设、社会建设、文化建设、生态建设、政治建设（第二位至第四位排序不同，见表 5－47）。

表 5－47　　不同政治面貌被试最满意哪种建设

项目	党员		团员		群众	
	频率	有效百分比	频率	有效百分比	频率	有效百分比
党的建设	269	32.14	92	14.84	933	19.94
经济建设	315	37.63	203	32.74	1667	35.62
社会建设	80	9.56	117	18.87	829	17.71
生态建设	60	7.17	71	11.45	501	10.71
文化建设	83	9.92	110	17.75	545	11.65
政治建设	30	3.58	27	4.35	205	4.37
合计	837	100.00	620	100.00	4680	100.00

四　不同政治面貌被试的政治认同与危机压力差异

通过本章的数据分析，可以对不同政治面貌被试在政治认同、危机压力以及影响因素等方面所反映出来的差异，作一个简单的小结。

在本次问卷调查涉及的六种认同中，体制认同、政党认同、文化认同、政策认同、发展认同五种认同呈现的都是中共党员被试的得分最高（见表 5－48，表中括号内的数字，代表不同政治面貌被试得分高低的排序，下同），并且在政党认同、文化认同、政策认同、发展认同上，中共党员被试的得分均显著高于共青团员、群众被试，只是在身份认同上中共党员被试的得分显著低于共青团员被试，由此在政治认同总分上呈现出中共党员被试的得分显著高于共青团员、群众被试的态势。共青团员被试的体制认同、政党认同、政策认同得分低于群众被试，身份认同、文化认同、发展认同得分高于群众被试，尽管共青团员被试与群众被试的体制认同、身份认同、文化认同、政策认同得分差异显著，但是得分各有高低，使得在政治认同总分上共青团员被试虽然高于群众被试，但是两者之间的差异未达到显著水平。也就是说，不同政治面貌被试在政治认同方面的差异，主要表现为中共党员被试的政治认同水平显著高于共青团员和群众被试。

表 5－48 不同政治面貌被试政治认同得分排序比较

项目	党员	团员	群众
体制认同	3.45（1）	3.38（3）	3.44（2）
政党认同	3.80（1）	3.57（3）	3.61（2）
身份认同	4.25（2）	4.33（1）	4.16（3）
文化认同	3.55（1）	3.46（2）	3.42（3）
政策认同	3.69（1）	3.46（3）	3.59（2）
发展认同	3.91（1）	3.76（2）	3.71（3）
政治认同总分	**22.65（1）**	**21.97（2）**	**21.94（3）**

本次问卷调查涉及的六种危机压力，都是共青团员被试得分最高（见表 5－49），并且在经济危机压力、社会危机压力、生态危机压力上共青团员被试的得分均显著高于中共党员、群众被试，由此在危机压力总分上呈现出共青团员被试的得分显著高于中共党员、群众被试的态势。中共党员被试的政治危机压力、社会危机压力、文化危机压力显著低于群众被试，并在危机压力总分上呈现出得分显著低于群众被试的态势。由此可以看出，不同政治面貌被试在危机压力方面的差异，总体上是共青团员被试危机压力最强，群众被试次之，中共党员被试的危机压力最弱。

表 5－49 不同政治面貌被试危机压力得分排序比较

项目	党员	团员	群众
政治危机压力	2.40（3）	2.59（1）	2.58（2）
经济危机压力	2.31（2）	2.42（1）	2.30（3）
社会危机压力	2.75（3）	2.91（1）	2.84（2）
文化危机压力	2.62（3）	2.79（1）	2.78（2）
生态危机压力	3.05（2）	3.31（1）	3.05（2）
国际压力	3.03（1）	3.03（1）	3.02（3）
危机压力总分	**16.15（3）**	**17.06（1）**	**16.56（2）**

在本次问卷调查涉及的影响政治认同和危机压力的五个因素中，有四个因素（权利认知、政治沟通认知、政治参与行为、公民满意度）中共

党员被试总分最高（见表5－50），并且中共党员被试这四个因素的总分均显著高于共青团员和群众被试；只有在利益认知总分上，中共党员被试低于群众被试（得分差异不显著），但是高于共青团员被试（得分差异不显著）。共青团员被试的权利认知、政治参与行为总分显著高于群众被试，利益认知、政治沟通认知、公民满意度总分显著低于群众被试，显示这两种被试在影响因素上的表现各有千秋，难分谁强谁弱。也就是说，将五个因素综合考虑，只能看出中共党员被试有较突出的表现，而这样的表现对于在不同政治面貌的被试中，中共党员被试的政治认同水平最高、危机压力最低显然起了重要的作用。

表5－50　　不同政治面貌被试五个影响因素得分排序比较

项目	党员	团员	群众
权利认知	7.20（1）	6.96（2）	6.87（3）
利益认知	5.92（2）	5.87（3）	5.94（1）
政治沟通认知	7.01（1）	6.72（3）	6.77（2）
政治参与行为	6.54（1）	6.25（2）	6.11（3）
公民满意度	6.60（1）	6.34（3）	6.46（2）

第六章

政治认同与危机压力的差异比较:职业

在“政治认同与政治稳定”问卷调查中，项目组参考传统的农民、工人、知识分子、干部、学生的职业与身份划分方法，将被试的职业划分为六类：第一类是“务农人员”；第二类是“公司、企业、商业、服务业人员”，简称“工商业人员”；第三类是“专业技术人员”，简称“技术人员”；第四类是“公务员”；第五类是“在校学生”；第六类是“其他职业人员”（在本章的表格中均标注为“其他职业”）。在6159名被试中，有2名被试的职业信息缺失，在有职业信息的6157份数据中，务农人员被试2307人，有效百分比为37.47%；工商业人员被试1310人，有效百分比为21.28%；专业技术人员被试468人，有效百分比为7.60%；公务员被试152人，有效百分比为2.47%；在校学生被试256人，有效百分比为4.16%；其他职业人员被试1664人，有效百分比为27.02%。根据问卷调查的数据，可以比较不同职业被试的政治认同和危机压力状况。

一　不同职业被试的政治认同

不同职业被试政治认同的得分情况以及六种认同的具体情况，可根据问卷调查的结果，分述于下。

（一）不同职业被试政治认同的得分

调查结果显示，务农人员被试政治认同的总体得分在12.92—

28.67之间，均值为22.07，标准差为2.24。在六种认同中，务农人员被试的体制认同得分在1.00—5.00分之间，均值为3.50，标准差为0.48；政党认同得分在1.00—5.00分之间，均值为3.67，标准差为0.59；身份认同得分在1.25—5.00分之间，均值为4.14，标准差为0.66；文化认同得分在1.33—5.00分之间，均值为3.40，标准差为0.56；政策认同得分在1.00—5.00分之间，均值为3.65，标准差为0.68；发展认同得分在1.00—5.00分之间，均值为3.71，标准差为0.64（见表6－1－1）。

表6－1－1　**务农人员被试政治认同的描述统计**

项目	*N*	极小值	极大值	均值	标准差
政治认同总分	**2288**	**12.92**	**28.67**	**22.0687**	**2.23845**
体制认同	2304	1.00	5.00	3.5023	.48062
政党认同	2302	1.00	5.00	3.6665	.59074
身份认同	2307	1.25	5.00	4.1430	.65940
文化认同	2302	1.33	5.00	3.4005	.56078
政策认同	2304	1.00	5.00	3.6454	.67721
发展认同	2304	1.00	5.00	3.7055	.63549
有效的 *N*	2288				

调查结果显示，工商业人员被试政治认同的总体得分在12.33—28.08之间，均值为21.99，标准差为2.56。在六种认同中，工商业人员被试的体制认同得分在1.00—5.00分之间，均值为3.41，标准差为0.57；政党认同得分在1.00—5.00分之间，均值为3.59，标准差为0.65；身份认同得分在1.25—5.00分之间，均值为4.22，标准差为0.67；文化认同得分在1.00—5.00分之间，均值为3.46，标准差为0.57；政策认同得分在1.00—5.00分之间，均值为3.57，标准差为0.71；发展认同得分在2.00—5.00分之间，均值为3.74，标准差为0.61（见表6－1－2）。

表 6－1－2　工商业人员被试政治认同的描述统计

项目	*N*	极小值	极大值	均值	标准差
政治认同总分	**1302**	**12. 33**	**28. 08**	**21. 9907**	**2. 56133**
体制认同	1308	1. 00	5. 00	3. 4072	. 57326
政党认同	1308	1. 00	5. 00	3. 5869	. 64687
身份认同	1309	1. 25	5. 00	4. 2156	. 66810
文化认同	1307	1. 00	5. 00	3. 4626	. 56561
政策认同	1309	1. 00	5. 00	3. 5742	. 71466
发展认同	1310	2. 00	5. 00	3. 7410	. 61367
有效的 *N*	1302				

调查结果显示，专业技术人员被试政治认同的总体得分在 12. 67—27. 83 之间，均值为 21. 97，标准差为 2. 63。在六种认同中，专业技术人员被试的体制认同得分在 1. 00—5. 00 分之间，均值为 3. 33，标准差为 0. 64；政党认同得分在 1. 00—5. 00 分之间，均值为 3. 58，标准差为 0. 70；身份认同得分在 2. 00—5. 00 分之间，均值为 4. 24，标准差为 0. 68；文化认同得分在 1. 33—5. 00 分之间，均值为 3. 46，标准差为 0. 59；政策认同得分在 1. 00—5. 00 分之间，均值为 3. 54，标准差为 0. 75；发展认同得分在 2. 00—5. 00 分之间，均值为 3. 80，标准差为 0. 63（见表 6－1－3）。

表 6－1－3　专业技术人员被试政治认同的描述统计

项目	*N*	极小值	极大值	均值	标准差
政治认同总分	**466**	**12. 67**	**27. 83**	**21. 9680**	**2. 63090**
体制认同	468	1. 00	5. 00	3. 3333	. 64416
政党认同	468	1. 00	5. 00	3. 5791	. 69680
身份认同	468	2. 00	5. 00	4. 2388	. 67576
文化认同	467	1. 33	5. 00	3. 4632	. 58658
政策认同	467	1. 00	5. 00	3. 5389	. 75464
发展认同	467	2. 00	5. 00	3. 8030	. 62645
有效的 *N*	466				

调查结果显示，公务员被试政治认同的总体得分在 15. 17—27. 83 之

间，均值为22.61，标准差为2.55。在六种认同中，公务员被试的体制认同得分在1.67—4.67分之间，均值为3.44，标准差为0.58；政党认同得分在1.67—5.00分之间，均值为3.81，标准差为0.74；身份认同得分在1.50—5.00分之间，均值为4.22，标准差为0.74；文化认同得分在1.67—5.00分之间，均值为3.57，标准差为0.60；政策认同得分在1.33—5.00分之间，均值为3.71，标准差为0.73；发展认同得分在2.00—5.00分之间，均值为3.86，标准差为0.60（见表6－1－4）。

表6－1－4　　**公务员被试政治认同的描述统计**

项目	*N*	极小值	极大值	均值	标准差
政治认同总分	**150**	**15.17**	**27.83**	**22.6139**	**2.55458**
体制认同	152	1.67	4.67	3.4386	.58106
政党认同	151	1.67	5.00	3.8079	.73780
身份认同	152	1.50	5.00	4.2237	.74204
文化认同	152	1.67	5.00	3.5680	.59904
政策认同	151	1.33	5.00	3.7108	.73402
发展认同	152	2.00	5.00	3.8635	.59859
有效的*N*	150				

调查结果显示，在校学生被试政治认同的总体得分在14.75—27.67之间，均值为22.29，标准差为2.24。在六种认同中，在校学生被试的体制认同得分在2.00—4.67分之间，均值为3.37，标准差为0.55；政党认同得分在1.00—5.00分之间，均值为3.61，标准差为0.62；身份认同得分在2.00—5.00分之间，均值为4.43，标准差为0.62；文化认同得分在1.67—4.67分之间，均值为3.54，标准差为0.52；政策认同得分在2.00—5.00分之间，均值为3.46，标准差为0.61；发展认同得分在1.75—5.00分之间，均值为3.86，标准差为0.59（见表6－1－5）。

表6－1－5　　**在校学生被试政治认同的描述统计**

项目	*N*	极小值	极大值	均值	标准差
政治认同总分	**254**	**14.75**	**27.67**	**22.2923**	**2.23900**
体制认同	256	2.00	4.67	3.3672	.54886

续表

项目	N	极小值	极大值	均值	标准差
政党认同	255	1.00	5.00	3.6144	.62176
身份认同	256	2.00	5.00	4.4268	.61815
文化认同	255	1.67	4.67	3.5425	.52397
政策认同	256	2.00	5.00	3.4609	.60804
发展认同	256	1.75	5.00	3.8604	.59432
有效的 N	254				

调查结果显示，其他职业被试政治认同的总体得分在9.83—28.67之间，均值为21.97，标准差为2.38。在六种认同中，其他职业被试的体制认同得分在1.00—5.00分之间，均值为3.41，标准差为0.54；政党认同得分在1.00—5.00分之间，均值为3.61，标准差为0.62；身份认同得分在1.00—5.00分之间，均值为4.19，标准差为0.65；文化认同得分在1.00—5.00分之间，均值为3.44，标准差为0.55；政策认同得分在1.00—5.00分之间，均值为3.56，标准差为0.68；发展认同得分在1.75—5.00分之间，均值为3.74，标准差为0.60（见表6-1-6）。

表6-1-6　**其他职业被试政治认同的描述统计**

项目	N	极小值	极大值	均值	标准差
政治认同总分	**1647**	**9.83**	**28.67**	**21.9680**	**2.38426**
体制认同	1662	1.00	5.00	3.4095	.54321
政党认同	1660	1.00	5.00	3.6078	.62419
身份认同	1659	1.00	5.00	4.1927	.65037
文化认同	1661	1.00	5.00	3.4419	.54960
政策认同	1663	1.00	5.00	3.5606	.68491
发展认同	1661	1.75	5.00	3.7440	.59570
有效的 N	1647				

六种认同的得分由高到低排序，务农人员被试是身份认同第一，发展认同第二，政党认同第三，政策认同第四，体制认同第五，文化认同

第六；工商业人员、专业技术人员、公务员、其他职业被试是身份认同第一，发展认同第二，政党认同第三，政策认同第四，文化认同第五，体制认同第六；在校学生被试是身份认同第一，发展认同第二，政党认同第三，文化认同第四，政策认同第五，体制认同第六（后三位排序有所不同）。

（二）不同职业被试的体制认同比较

对不同职业被试体制认同的差异性进行方差分析（见表6－2－1、表6－2－2、表6－2－3和图6－1），显示不同职业被试的体制认同得分之间差异显著，$F=12.832$，$p<0.001$，具体表现是：务农人员被试（$M=3.50$，$SD=0.48$）的得分显著高于工商业人员被试（$M=3.41$，$SD=0.57$）、专业技术人员被试（$M=3.33$，$SD=0.64$）、在校学生被试（$M=3.37$，$SD=0.55$）和其他职业被试（$M=3.41$，$SD=0.54$），与公务员被试（$M=3.44$，$SD=0.58$）之间的得分差异不显著。工商业人员被试的得分显著高于专业技术人员被试，与公务员、在校学生、其他职业被试之间的得分差异不显著。专业技术人员的得分显著低于公务员、其他职业被试，与在校学生被试之间的得分差异不显著。公务员被试与在校学生、其他职业被试之间的得分差异不显著。在校学生被试与其他职业被试之间的得分差异不显著。

表6－2－1　　不同职业被试体制认同得分的差异比较

项目		N	均值	标准差	标准误	均值的95%置信区间		极小值	极大值
						下限	上限		
体制认同	务农人员	2304	3.5023	.48062	.01001	3.4827	3.5220	1.00	5.00
	工商业人员	1308	3.4072	.57326	.01585	3.3761	3.4383	1.00	5.00
	技术人员	468	3.3333	.64416	.02978	3.2748	3.3918	1.00	5.00
	公务员	152	3.4386	.58106	.04713	3.3455	3.5317	1.67	4.67
	在校学生	256	3.3672	.54886	.03430	3.2996	3.4347	2.00	4.67
	其他职业	1662	3.4095	.54321	.01332	3.3834	3.4357	1.00	5.00
	总数	6150	3.4370	.53980	.00688	3.4235	3.4505	1.00	5.00

表6-2-2　　不同职业被试体制认同得分的方差分析结果

项目		平方和	df	均方	F	显著性
体制认同	组间	18.518	5	3.704	12.832	.000
	组内	1773.212	6144	.289		
	总数	1791.730	6149			

表6-2-3　　不同职业被试体制认同得分的多重比较

因变量	(I)职业	(J)职业	均值差(I-J)	标准误	显著性	95% 置信区间	
						下限	上限
体制认同	务农人员	工商业人员	.09508*	.01860	.000	.0586	.1315
		技术人员	.16898*	.02724	.000	.1156	.2224
		公务员	.06372	.04499	.157	-.0245	.1519
		在校学生	.13513*	.03539	.000	.0657	.2045
		其他职业	.09277*	.01729	.000	.0589	.1267
	工商业人员	务农人员	-.09508*	.01860	.000	-.1315	-.0586
		技术人员	.07390*	.02894	.011	.0172	.1306
		公务员	-.03136	.04604	.496	-.1216	.0589
		在校学生	.04005	.03672	.275	-.0319	.1120
		其他职业	-.00231	.01986	.907	-.0412	.0366
	技术人员	务农人员	-.16898*	.02724	.000	-.2224	-.1156
		工商业人员	-.07390*	.02894	.011	-.1306	-.0172
		公务员	-.10526*	.05015	.036	-.2036	-.0069
		在校学生	-.03385	.04176	.418	-.1157	.0480
		其他职业	-.07621*	.02811	.007	-.1313	-.0211
	公务员	务农人员	-.06372	.04499	.157	-.1519	.0245
		工商业人员	.03136	.04604	.496	-.0589	.1216
		技术人员	.10526*	.05015	.036	.0069	.2036
		在校学生	.07141	.05501	.194	-.0364	.1792
		其他职业	.02905	.04552	.523	-.0602	.1183
	在校学生	务农人员	-.13513*	.03539	.000	-.2045	-.0657
		工商业人员	-.04005	.03672	.275	-.1120	.0319
		技术人员	.03385	.04176	.418	-.0480	.1157
		公务员	-.07141	.05501	.194	-.1792	.0364
		其他职业	-.04236	.03607	.240	-.1131	.0284
	其他职业	务农人员	-.09277*	.01729	.000	-.1267	-.0589
		工商业人员	.00231	.01986	.907	-.0366	.0412
		技术人员	.07621*	.02811	.007	.0211	.1313
		公务员	-.02905	.04552	.523	-.1183	.0602
		在校学生	.04236	.03607	.240	-.0284	.1131

*. 均值差的显著性水平为0.05。

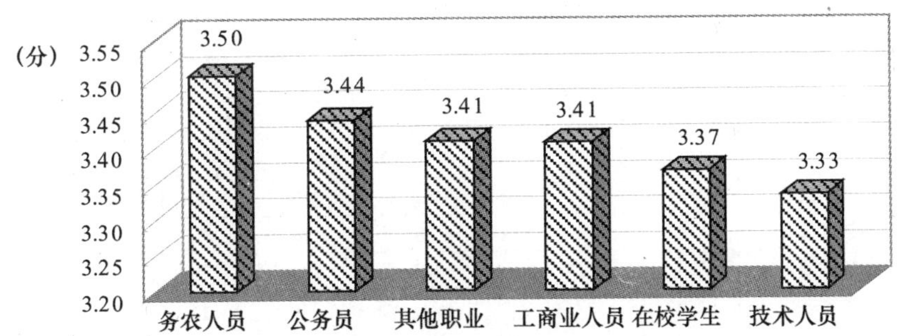

图6－1　不同职业被试体制认同的得分比较

不同职业被试对政治体制改革着重点的看法有所不同（见表6－3），第一选择务农人员、工商业人员、专业技术人员、其他职业人员被试排在第一位至第三位的都是"基层群众自治制度改革"、"人民代表大会制度改革"、"党的领导体制改革"；公务员被试排在第一位的是"基层群众自治制度改革"，排在第二位的是"行政制度改革"，并列第三位的是"人民代表大会制度改革"、"司法制度改革"、"党的领导体制改革"；在校学生被试排在第一位的是"基层群众自治制度改革"，排在第二位的是"人民代表大会制度改革"，并列第三位的是"行政制度改革"、"党的领导体制改革"。总提及频率不同职业被试排在第一位的都是"基层群众自治制度改革"，排在第二位和第三位的，务农人员、专业技术人员被试是"人民代表大会制度改革"、"选举制度改革"，工商业人员被试是"人民代表大会制度改革"、"司法制度改革"，公务员被试是"选举制度改革"、"行政制度改革"，在校学生被试是"人民代表大会制度改革"、"党的领导体制改革"，其他职业人员是"人民代表大会制度改革"、"行政制度改革"。

表6－3　　不同职业被试对政治体制改革着重点的选择

选项	务农人员				工商业人员			
	第一选择		总提及频率		第一选择		总提及频率	
	频率	百分比	频率	百分比	频率	百分比	频率	百分比
基层自治改革	998	43.47	1363	19.84	503	38.39	706	17.99
民族自治改革	107	4.66	454	6.61	80	6.11	274	6.98

续表

选项	务农人员				工商业人员			
	第一选择		总提及频率		第一选择		总提及频率	
	频率	百分比	频率	百分比	频率	百分比	频率	百分比
人大制度改革	410	17.86	1048	15.25	213	16.26	540	13.76
司法制度改革	119	5.18	606	8.82	114	8.70	477	12.16
行政制度改革	129	5.62	644	9.37	102	7.79	429	10.93
选举制度改革	128	5.57	823	11.98	80	6.11	465	11.85
党领导体制改革	237	10.32	786	11.44	115	8.78	385	9.81
决策体制改革	102	4.44	661	9.62	52	3.97	353	9.00
走向多党竞争	30	1.31	152	2.21	43	3.28	149	3.80
政协制度改革	36	1.57	334	4.86	8	0.61	146	3.72
合计	2296	100.00	6871	100.00	1310	100.00	3924	100.00
选项	技术人员				公务员			
基层自治改革	155	33.19	220	15.73	57	37.50	77	16.89
民族自治改革	19	4.07	84	6.01	10	6.58	38	8.33
人大制度改革	80	17.13	191	13.65	16	10.53	54	11.84
司法制度改革	47	10.06	162	11.58	16	10.53	53	11.62
行政制度改革	41	8.78	167	11.94	18	11.84	60	13.16
选举制度改革	31	6.64	178	12.72	11	7.23	61	13.38
党领导体制改革	61	13.06	151	10.79	16	10.53	44	9.65
决策体制改革	12	2.57	126	9.01	4	2.63	44	9.65
走向多党竞争	17	3.64	50	3.57	3	1.97	12	2.63
政协制度改革	4	0.86	70	5.00	1	0.66	13	2.85
合计	467	100.00	1399	100.00	152	100.00	456	100.00
选项	在校学生				其他职业			
基层自治改革	107	41.96	157	20.52	660	39.93	968	19.58
民族自治改革	11	4.31	58	7.58	103	6.23	390	7.89
人大制度改革	40	15.69	92	12.03	293	17.73	719	14.54
司法制度改革	13	5.10	67	8.76	101	6.11	505	10.21
行政制度改革	23	9.02	80	10.46	135	8.17	554	11.21
选举制度改革	11	4.31	85	11.11	106	6.41	531	10.74
党领导体制改革	23	9.02	90	11.76	141	8.53	506	10.23
决策体制改革	18	7.06	78	10.20	64	3.87	440	8.90
走向多党竞争	9	3.53	23	3.01	30	1.81	124	2.51
政协制度改革	0	0	35	4.57	20	1.21	207	4.19
合计	255	100.00	765	100.00	1653	100.00	4944	100.00

（三）不同职业被试的政党认同比较

对不同职业被试政党认同的差异性进行方差分析（见表6－4－1、表6－4－2、表6－4－3和图6－2），显示不同职业被试的政党认同得分之间差异显著，$F=6.313$，$p<0.001$，具体表现是：务农人员被试（$M=3.67$，$SD=0.59$）的得分显著高于工商业人员被试（$M=3.59$，$SD=0.65$）、专业技术人员被试（$M=3.58$，$SD=0.70$）和其他职业被试($M=3.61$，$SD=0.62$)，显著低于公务员被试（$M=3.81$，$SD=0.74$），与在校学生被试（$M=3.61$，$SD=0.62$）之间的得分差异不显著。公务员被试的得分显著高于另五种被试。工商业人员被试与专业技术人员、在校学生、其他职业被试之间的得分差异不显著。专业技术人员被试与在校学生、其他职业被试之间的得分差异不显著。在校学生被试与其他职业被试之间的得分差异不显著。

表6－4－1　　不同职业被试政党认同得分的差异比较

项目		N	均值	标准差	标准误	均值的95% 置信区间		极小值	极大值
						下限	上限		
政党认同	务农人员	2302	3.6665	.59074	.01231	3.6424	3.6907	1.00	5.00
	工商业人员	1308	3.5869	.64687	.01789	3.5518	3.6220	1.00	5.00
	技术人员	468	3.5791	.69680	.03221	3.5158	3.6424	1.00	5.00
	公务员	151	3.8079	.73780	.06004	3.6893	3.9266	1.67	5.00
	在校学生	255	3.6144	.62176	.03894	3.5377	3.6911	1.00	5.00
	其他职业	1660	3.6078	.62419	.01532	3.5778	3.6379	1.00	5.00
	总数	6144	3.6284	.62703	.00800	3.6127	3.6440	1.00	5.00

表6－4－2　　不同职业被试政党认同得分的方差分析结果

项目		平方和	df	均方	F	显著性
政党认同	组间	12.358	5	2.472	6.313	.000
	组内	2402.851	6138	.391		
	总数	2415.208	6143			

表 6-4-3 不同职业被试政党认同得分的多重比较

因变量	(I)职业	(J)职业	均值差(I-J)	标准误	显著性	95% 置信区间	
						下限	上限
政党认同	务农人员	工商业人员	.07962*	.02166	.000	.0372	.1221
		技术人员	.08746*	.03173	.006	.0253	.1497
		公务员	-.14143*	.05256	.007	-.2445	-.0384
		在校学生	.05214	.04129	.207	-.0288	.1331
		其他职业	.05869*	.02015	.004	.0192	.0982
	工商业人员	务农人员	-.07962*	.02166	.000	-.1221	-.0372
		技术人员	.00784	.03370	.816	-.0582	.0739
		公务员	-.22105*	.05378	.000	-.3265	-.1156
		在校学生	-.02748	.04283	.521	-.1114	.0565
		其他职业	-.02093	.02313	.366	-.0663	.0244
	技术人员	务农人员	-.08746*	.03173	.006	-.1497	-.0253
		工商业人员	-.00784	.03370	.816	-.0739	.0582
		公务员	-.22889*	.05856	.000	-.3437	-.1141
		在校学生	-.03532	.04870	.468	-.1308	.0601
		其他职业	-.02877	.03275	.380	-.0930	.0354
	公务员	务农人员	.14143*	.05256	.007	.0384	.2445
		工商业人员	.22105*	.05378	.000	.1156	.3265
		技术人员	.22889*	.05856	.000	.1141	.3437
		在校学生	.19357*	.06425	.003	.0676	.3195
		其他职业	.20012*	.05318	.000	.0959	.3044
	在校学生	务农人员	-.05214	.04129	.207	-.1331	.0288
		工商业人员	.02748	.04283	.521	-.0565	.1114
		技术人员	.03532	.04870	.468	-.0601	.1308
		公务员	-.19357*	.06425	.003	-.3195	-.0676
		其他职业	.00655	.04208	.876	-.0760	.0890
	其他职业	务农人员	-.05869*	.02015	.004	-.0982	-.0192
		工商业人员	.02093	.02313	.366	-.0244	.0663
		技术人员	.02877	.03275	.380	-.0354	.0930
		公务员	-.20012*	.05318	.000	-.3044	-.0959
		在校学生	-.00655	.04208	.876	-.0890	.0760

*. 均值差的显著性水平为 0.05。

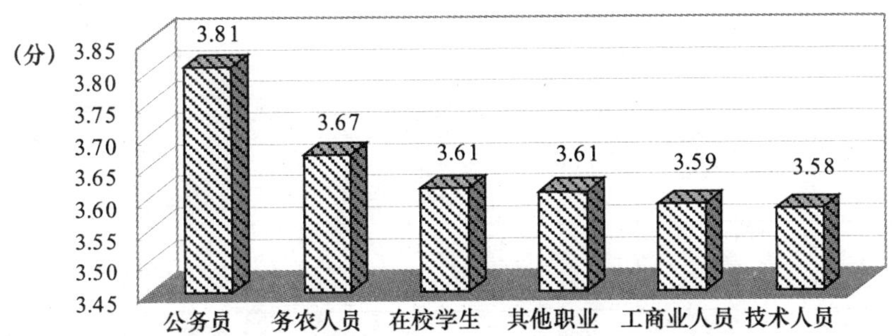

图 6-2　不同职业被试政党认同的得分比较

对中国共产党应做事情的看法，不同职业被试第一选择都是“保持党的先进性、纯洁性”排在第一位，“坚持反腐败”排在第二位，务农人员、工商业人员、专业技术人员、在校学生、其他职业被试都是“坚持改革开放的基本方针和路线”排在第三位，只有公务员被试排在第三位的是“提高执政能力”；不同职业被试的总提及频率前三位的排序有所不同，务农人员被试是“坚持反腐败”、“保持党的先进性、纯洁性”、“坚持改革开放”，工商业人员、专业技术人员、其他职业被试是“坚持反腐败”、“保持党的先进性、纯洁性”、“注重政策的科学化、民主化、法治化”，公务员被试是“保持党的先进性、纯洁性”、“坚持反腐败”、“坚持改革开放”，在校学生被试是“注重政策的科学化、民主化、法治化”、“坚持反腐败”、“保持党的先进性、纯洁性”（见表 6-5）。

表 6-5　　**不同职业被试对中国共产党应做事情的选择**

选项	务农人员				工商业人员			
	第一选择		总提及频率		第一选择		总提及频率	
	频率	百分比	频率	百分比	频率	百分比	频率	百分比
保持先进性	1123	48.80	1600	23.25	624	47.82	890	22.71
坚持反腐败	602	26.16	1649	23.96	402	30.80	1021	26.05
坚持改革开放	292	12.69	1200	17.44	124	9.50	556	14.18
推动党内民主	57	2.48	414	6.01	30	2.30	243	6.20
提高执政能力	144	6.26	993	14.43	66	5.06	583	14.87
注重政策质量	83	3.61	1026	14.91	59	4.52	627	15.99
合计	2301	100.00	6882	100.00	1305	100.00	3920	100.00

续表

选项	技术人员				公务员			
	第一选择		总提及频率		第一选择		总提及频率	
	频率	百分比	频率	百分比	频率	百分比	频率	百分比
保持先进性	216	46.25	311	22.25	86	56.58	121	26.54
坚持反腐败	125	26.77	381	27.25	33	21.71	109	23.90
坚持改革开放	45	9.64	188	13.45	9	5.92	75	16.45
推动党内民主	17	3.64	87	6.22	4	2.63	23	5.04
提高执政能力	34	7.28	177	12.66	11	7.24	54	11.84
注重政策质量	30	6.42	254	18.17	9	5.92	74	16.23
合计	467	100.00	1398	100.00	152	100.00	456	100.00
选项	在校学生				其他职业			
保持先进性	86	33.72	135	17.74	762	45.88	1111	22.36
坚持反腐败	67	26.27	154	20.24	464	27.93	1234	24.84
坚持改革开放	49	19.22	130	17.08	201	12.10	806	16.22
推动党内民主	13	5.10	49	6.44	40	2.41	290	5.84
提高执政能力	12	4.71	121	15.90	103	6.20	689	13.87
注重政策质量	28	10.98	172	22.60	91	5.48	838	16.87
合计	255	100.00	761	100.00	1661	100.00	4968	100.00

（四）不同职业被试的身份认同比较

对不同职业被试身份认同的差异性进行方差分析（见表6-6-1、表6-6-2、表6-6-3和图6-3），显示不同职业被试的身份认同得分之间差异显著，$F=9.872$，$p<0.001$，具体表现是：务农人员被试（$M=4.14$，$SD=0.66$）的得分显著低于工商业人员被试（$M=4.22$，$SD=0.67$）、专业技术人员被试（$M=4.24$，$SD=0.68$）、公务员被试（$M=4.22$，$SD=0.74$）、在校学生被试（$M=4.43$，$SD=0.62$）和其他职业被试（$M=4.19$，$SD=0.65$）。在校学生被试的得分显著高于另五种被试。工商业人员被试与专业技术人员、公务员、其他职业被试之间的得分差异不显著。专业技术人员被试与公务员、其他职业被试之间的得分差异不显著。公务员被试与其他职业被试之间的得分差异不显著。

表 6－6－1　　不同职业被试身份认同得分的差异比较

项目		N	均值	标准差	标准误	均值的 95% 置信区间		极小值	极大值
						下限	上限		
身份认同	务农人员	2307	4. 1430	. 65940	. 01373	4. 1161	4. 1700	1. 25	5. 00
	工商业人员	1309	4. 2156	. 66810	. 01847	4. 1794	4. 2518	1. 25	5. 00
	技术人员	468	4. 2388	. 67576	. 03124	4. 1774	4. 3002	2. 00	5. 00
	公务员	152	4. 2237	. 74204	. 06019	4. 1048	4. 3426	1. 50	5. 00
	在校学生	256	4. 4268	. 61815	. 03863	4. 3507	4. 5028	2. 00	5. 00
	其他职业	1659	4. 1927	. 65037	. 01597	4. 1614	4. 2241	1. 00	5. 00
	总数	6151	4. 1930	. 66298	. 00845	4. 1764	4. 2095	1. 00	5. 00

表 6－6－2　　不同职业被试身份认同得分的方差分析结果

项目		平方和	df	均方	F	显著性
身份认同	组间	21. 540	5	4. 308	9. 872	. 000
	组内	2681. 646	6145	. 436		
	总数	2703. 187	6150			

表 6－6－3　　不同职业被试身份认同得分的多重比较

因变量	(I) 职业	(J) 职业	均值差 (I－J)	标准误	显著性	95% 置信区间	
						下限	上限
身份认同	务农人员	工商业人员	－. 07258 *	. 02286	. 002	－. 1174	－. 0278
		技术人员	－. 09574 *	. 03349	. 004	－. 1614	－. 0301
		公务员	－. 08064	. 05532	. 145	－. 1891	. 0278
		在校学生	－. 28371 *	. 04352	. 000	－. 3690	－. 1984
		其他职业	－. 04969 *	. 02127	. 019	－. 0914	－. 0080
	工商业人员	务农人员	. 07258 *	. 02286	. 002	. 0278	. 1174
		技术人员	－. 02316	. 03558	. 515	－. 0929	. 0466
		公务员	－. 00806	. 05661	. 887	－. 1190	. 1029
		在校学生	－. 21114 *	. 04514	. 000	－. 2996	－. 1226
		其他职业	. 02289	. 02442	. 349	－. 0250	. 0708

续表

因变量	(I) 职业	(J) 职业	均值差 (I－J)	标准误	显著性	95% 置信区间	
						下限	上限
身份认同	技术人员	务农人员	.09574*	.03349	.004	.0301	.1614
		工商业人员	.02316	.03558	.515	－.0466	.0929
		公务员	.01510	.06167	.807	－.1058	.1360
		在校学生	－.18798*	.05135	.000	－.2886	－.0873
		其他职业	.04605	.03458	.183	－.0217	.1138
	公务员	务农人员	.08064	.05532	.145	－.0278	.1891
		工商业人员	.00806	.05661	.887	－.1029	.1190
		技术人员	－.01510	.06167	.807	－.1360	.1058
		在校学生	－.20307*	.06764	.003	－.3357	－.0705
		其他职业	.03095	.05598	.580	－.0788	.1407
	在校学生	务农人员	.28371*	.04352	.000	.1984	.3690
		工商业人员	.21114*	.04514	.000	.1226	.2996
		技术人员	.18798*	.05135	.000	.0873	.2886
		公务员	.20307*	.06764	.003	.0705	.3357
		其他职业	.23402*	.04436	.000	.1471	.3210
	其他职业	务农人员	.04969*	.02127	.019	.0080	.0914
		工商业人员	－.02289	.02442	.349	－.0708	.0250
		技术人员	－.04605	.03458	.183	－.1138	.0217
		公务员	－.03095	.05598	.580	－.1407	.0788
		在校学生	－.23402*	.04436	.000	－.3210	－.1471

*. 均值差的显著性水平为 0.05。

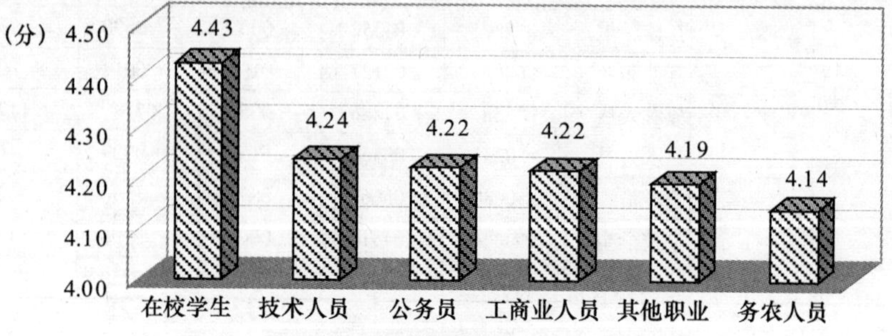

图 6－3　不同职业被试身份认同的得分比较

不同职业被试对身份的看重有所不同（见表6－7），第一选择排在前三位的，务农人员被试是“户籍身份”、“中国人身份”、“公民身份”，公务员、专业技术人员、在校学生被试是“中国人身份”、“公民身份”、“户籍身份”，商业人员、其他职业被试是“中国人身份”、“户籍身份”、“公民身份”；总提及频率不同职业被试排在第一位的都是“中国人身份”，排在第二位和第三位的，务农人员被试是“户籍身份”、“公民身份”，工商业人员、其他职业被试是“公民身份”、“户籍身份”，公务员、专业技术人员、在校学生被试是“公民身份”、“职业身份”。

表6－7　**不同职业被试对所看重身份的选择**

选项	务农人员				工商业人员			
	第一选择		总提及频率		第一选择		总提及频率	
	频率	百分比	频率	百分比	频率	百分比	频率	百分比
户籍身份	883	38.32	1440	20.91	341	26.05	566	14.45
单位身份	70	3.04	353	5.13	94	7.18	337	8.60
干部身份	187	8.12	518	7.52	113	8.63	276	7.05
地域身份	41	1.78	303	4.40	54	4.13	238	6.07
民族身份	109	4.73	542	7.87	57	4.35	222	5.67
公民身份	319	13.85	1425	20.69	213	16.27	826	21.08
中国人身份	641	27.82	1653	24.00	384	29.34	900	22.97
职业身份	54	2.34	653	9.48	53	4.05	553	14.11
合计	2304	100.00	6887	100.00	1309	100.00	3918	100.00
选项	技术人员				公务员			
户籍身份	94	20.21	161	11.57	25	16.45	40	8.77
单位身份	25	5.38	121	8.69	9	5.92	44	9.65
干部身份	31	6.67	83	5.96	13	8.55	37	8.12
地域身份	14	3.01	83	5.96	2	1.32	24	5.26
民族身份	22	4.73	80	5.75	6	3.95	22	4.83
公民身份	105	22.58	308	22.13	32	21.05	100	21.93
中国人身份	151	32.47	334	23.99	55	36.18	110	24.12
职业身份	23	4.95	222	15.95	10	6.58	79	17.32
合计	465	100.00	1392	100.00	152	100.00	456	100.00

续表

选项	在校学生				其他职业			
	第一选择		总提及频率		第一选择		总提及频率	
	频率	百分比	频率	百分比	频率	百分比	频率	百分比
户籍身份	49	19.22	93	12.17	445	26.79	807	16.27
单位身份	14	5.49	53	6.94	76	4.58	363	7.32
干部身份	20	7.84	56	7.33	112	6.74	304	6.13
地域身份	9	3.53	48	6.28	49	2.95	275	5.54
民族身份	20	7.84	60	7.86	73	4.40	336	6.77
公民身份	52	20.39	166	21.73	358	21.55	1113	22.43
中国人身份	84	32.94	173	22.64	502	30.22	1156	23.30
职业身份	7	2.75	115	15.05	46	2.77	607	12.24
合计	255	100.00	764	100.00	1661	100.00	4961	100.00

（五）不同职业被试的文化认同比较

对不同职业被试文化认同的差异性进行方差分析（见表6－8－1、表6－8－2、表6－8－3和图6－4），显示不同职业被试的文化认同得分之间差异显著，$F=6.168$，$p<0.001$，具体表现是：务农人员被试（$M=3.40$，$SD=0.56$）的得分显著低于工商业人员被试（$M=3.46$，$SD=0.57$）、专业技术人员被试（$M=3.46$，$SD=0.59$）、公务员被试（$M=3.57$，$SD=0.60$）、在校学生被试（$M=3.54$，$SD=0.52$）和其他职业被试（$M=3.44$，$SD=0.55$）。工商业人员被试的得分显著低于公务员、在校学生被试，与专业技术人员、其他职业被试之间的得分差异不显著。专业技术人员的得分显著低于公务员、在校学生被试，与其他职业被试之间的得分差异不显著。公务员被试的得分显著高于其他职业被试，与在校学生被试之间的得分差异不显著。在校学生被试的得分显著高于其他职业被试。

表6-8-1 不同职业被试文化认同得分的差异比较

项目		N	均值	标准差	标准误	均值的95%置信区间		极小值	极大值
						下限	上限		
文化认同	务农人员	2302	3.4005	.56078	.01169	3.3776	3.4234	1.33	5.00
	工商业人员	1307	3.4626	.56561	.01565	3.4319	3.4933	1.00	5.00
	技术人员	467	3.4632	.58658	.02714	3.4099	3.5166	1.33	5.00
	公务员	152	3.5680	.59904	.04859	3.4720	3.6640	1.67	5.00
	在校学生	255	3.5425	.52397	.03281	3.4779	3.6071	1.67	4.67
	其他职业	1661	3.4419	.54960	.01349	3.4155	3.4684	1.00	5.00
	总数	6144	3.4397	.56150	.00716	3.4257	3.4538	1.00	5.00

表6-8-2 不同职业被试文化认同得分的方差分析结果

项目		平方和	df	均方	F	显著性
文化认同	组间	9.683	5	1.937	6.168	.000
	组内	1927.106	6138	.314		
	总数	1936.789	6143			

表6-8-3 不同职业被试文化认同得分的多重比较

因变量	(I)职业	(J)职业	均值差(I-J)	标准误	显著性	95%置信区间	
						下限	上限
文化认同	务农人员	工商业人员	-.06212*	.01941	.001	-.1002	-.0241
		技术人员	-.06272*	.02844	.027	-.1185	-.0070
		公务员	-.16746*	.04692	.000	-.2595	-.0755
		在校学生	-.14196*	.03698	.000	-.2145	-.0695
		其他职业	-.04138*	.01804	.022	-.0767	-.0060
	工商业人员	务农人员	.06212*	.01941	.001	.0241	.1002
		技术人员	-.00060	.03021	.984	-.0598	.0586
		公务员	-.10535*	.04802	.028	-.1995	-.0112
		在校学生	-.07985*	.03836	.037	-.1550	-.0046
		其他职业	.02073	.02072	.317	-.0199	.0613
	技术人员	务农人员	.06272*	.02844	.027	.0070	.1185
		工商业人员	.00060	.03021	.984	-.0586	.0598
		公务员	-.10474*	.05232	.045	-.2073	-.0022
		在校学生	-.07924	.04363	.069	-.1648	.0063
		其他职业	.02134	.02935	.467	-.0362	.0789

续表

因变量	(I) 职业	(J) 职业	均值差 (I－J)	标准误	显著性	95% 置信区间	
						下限	上限
文化认同	公务员	务农人员	.16746*	.04692	.000	.0755	.2595
		工商业人员	.10535*	.04802	.028	.0112	.1995
		技术人员	.10474*	.05232	.045	.0022	.2073
		在校学生	.02550	.05742	.657	－.0871	.1381
		其他职业	.12608*	.04748	.008	.0330	.2192
	在校学生	务农人员	.14196*	.03698	.000	.0695	.2145
		工商业人员	.07985*	.03836	.037	.0046	.1550
		技术人员	.07924	.04363	.069	－.0063	.1648
		公务员	－.02550	.05742	.657	－.1381	.0871
		其他职业	.10058*	.03769	.008	.0267	.1745
	其他职业	务农人员	.04138*	.01804	.022	.0060	.0767
		工商业人员	－.02073	.02072	.317	－.0613	.0199
		技术人员	－.02134	.02935	.467	－.0789	.0362
		公务员	－.12608*	.04748	.008	－.2192	－.0330
		在校学生	－.10058*	.03769	.008	－.1745	－.0267

*. 均值差的显著性水平为 0.05。

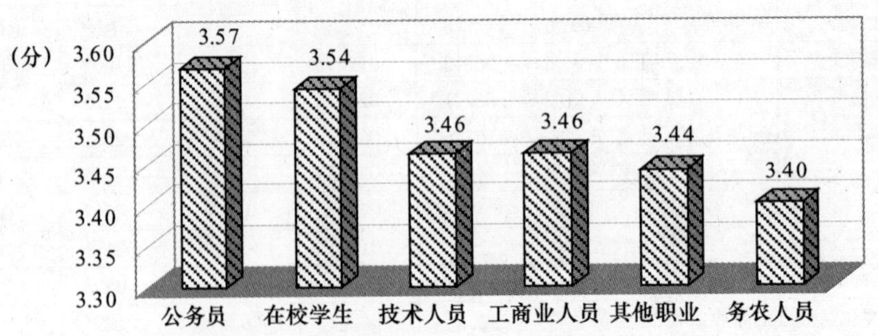

图 6－4　不同职业被试文化认同的得分比较

不同职业被试对中国文化发展的看法，除在校学生被试外，另五种被试第一选择都是“多种文化融合的中国现代文化”排在第一位，“发扬光大中国传统文化”排在第二位，“以马克思主义主导中国文化发展”排在第三位；总提及频率也都是“发扬光大中国传统文化”排在第一位，“多种文化融合的中国现代文化”排在第二位，“注重中国传统文化与马克思主义的结合”排在第三位。在校学生被试第一选择的前两位与另五种被试相同，排在第三位的是“注重中国传统文化与马克思主义的结合”；总提及频率排在第一位的是“多种文化融合的中国现代文化”，排在第二位的是“发扬光大中国传统文化”，第三位与另五种被试相同（见表6-9）。

表6-9　　**不同职业被试对中国文化发展的看法**

选项	务农人员				工商业人员			
	第一选择		总提及频率		第一选择		总提及频率	
	频率	百分比	频率	百分比	频率	百分比	频率	百分比
多种文化融合	1030	44.72	1660	24.16	605	46.22	1006	25.66
发扬传统文化	780	33.87	1888	27.48	461	35.21	1099	28.04
马克思主义主导	266	11.55	1139	16.58	95	7.26	506	12.91
西方改造中国	49	2.13	417	6.07	42	3.21	237	6.05
马克思结合传统	151	6.56	1256	18.28	81	6.19	754	19.23
宗教对文化影响	27	1.17	510	7.43	25	1.91	318	8.11
合计	2303	100.00	6870	100.00	1309	100.00	3920	100.00
选项	技术人员				公务员			
多种文化融合	243	51.92	371	26.58	73	48.03	120	26.37
发扬传统文化	141	30.13	401	28.73	43	28.29	132	29.01
马克思主义主导	38	8.12	180	12.89	20	13.16	61	13.41
西方改造中国	9	1.92	76	5.44	4	2.63	18	3.96
马克思结合传统	32	6.84	266	19.05	11	7.23	101	22.20
宗教对文化影响	5	1.07	102	7.31	1	0.66	23	5.05
合计	468	100.00	1396	100.00	152	100.00	455	100.00
选项	在校学生				其他职业			
多种文化融合	123	48.24	213	27.88	771	46.42	1242	25.05
发扬传统文化	65	25.49	196	25.65	548	32.99	1395	28.14
马克思主义主导	29	11.37	107	14.01	157	9.45	747	15.06
西方改造中国	2	0.78	35	4.58	36	2.17	272	5.49
马克思结合传统	35	13.73	173	22.64	117	7.04	935	18.86
宗教对文化影响	1	0.39	40	5.24	32	1.93	367	7.40
合计	255	100.00	764	100.00	1661	100.00	4958	100.00

（六）不同职业被试的政策认同比较

对不同职业被试政策认同的差异性进行方差分析（见表6－10－1、表6－10－2、表6－10－3和图6－5），显示不同职业被试的政策认同得分之间差异显著，$F=6.868$，$p<0.001$，具体表现是：务农人员被试（$M=3.65$，$SD=0.68$）的得分显著高于工商业人员被试（$M=3.57$，$SD=0.71$）、专业技术人员被试（$M=3.54$，$SD=0.75$）、在校学生被试（$M=3.46$，$SD=0.61$）和其他职业被试（$M=3.56$，$SD=0.68$），与公务员被试（$M=3.71$，$SD=0.73$）之间的得分差异不显著。工商业人员被试的得分显著低于公务员被试，显著高于在校学生被试，与专业技术人员、其他职业被试之间的得分差异不显著。专业技术人员的得分显著低于公务员被试，与在校学生、其他职业被试之间的得分差异不显著。公务员被试的得分显著高于在校学生、其他职业被试。在校学生被试的得分显著低于其他职业被试。

表6－10－1　不同职业被试政策认同得分的差异比较

项目		N	均值	标准差	标准误	均值的95%置信区间		极小值	极大值
						下限	上限		
政策认同	务农人员	2304	3.6454	.67721	.01411	3.6177	3.6731	1.00	5.00
	工商业人员	1309	3.5742	.71466	.01975	3.5355	3.6130	1.00	5.00
	技术人员	467	3.5389	.75464	.03492	3.4703	3.6075	1.00	5.00
	公务员	151	3.7108	.73402	.05973	3.5928	3.8288	1.33	5.00
	在校学生	256	3.4609	.60804	.03800	3.3861	3.5358	2.00	5.00
	其他职业	1663	3.5606	.68491	.01680	3.5277	3.5936	1.00	5.00
	总数	6150	3.5932	.69391	.00885	3.5758	3.6105	1.00	5.00

表6－10－2　不同职业被试政策认同得分的方差分析结果

项目		平方和	df	均方	F	显著性
政策认同	组间	16.457	5	3.291	6.868	.000
	组内	2944.323	6144	.479		
	总数	2960.780	6149			

表6-10-3 不同职业被试政策认同得分的多重比较

因变量	(I)职业	(J)职业	均值差(I-J)	标准误	显著性	95%置信区间	
						下限	上限
政策认同	务农人员	工商业人员	.07117*	.02396	.003	.0242	.1181
		技术人员	.10650*	.03513	.002	.0376	.1754
		公务员	-.06542	.05815	.261	-.1794	.0486
		在校学生	.18446*	.04561	.000	.0951	.2739
		其他职业	.08477*	.02227	.000	.0411	.1284
	工商业人员	务农人员	-.07117*	.02396	.003	-.1181	-.0242
		技术人员	.03533	.03731	.344	-.0378	.1085
		公务员	-.13659*	.05950	.022	-.2532	-.0200
		在校学生	.11329*	.04731	.017	.0206	.2060
		其他职业	.01360	.02558	.595	-.0365	.0637
	技术人员	务农人员	-.10650*	.03513	.002	-.1754	-.0376
		工商业人员	-.03533	.03731	.344	-.1085	.0378
		公务员	-.17192*	.06481	.008	-.2990	-.0449
		在校学生	.07796	.05383	.148	-.0276	.1835
		其他职业	-.02173	.03625	.549	-.0928	.0493
	公务员	务农人员	.06542	.05815	.261	-.0486	.1794
		工商业人员	.13659*	.05950	.022	.0200	.2532
		技术人员	.17192*	.06481	.008	.0449	.2990
		在校学生	.24988*	.07103	.000	.1106	.3891
		其他职业	.15018*	.05884	.011	.0348	.2655
	在校学生	务农人员	-.18446*	.04561	.000	-.2739	-.0951
		工商业人员	-.11329*	.04731	.017	-.2060	-.0206
		技术人员	-.07796	.05383	.148	-.1835	.0276
		公务员	-.24988*	.07103	.000	-.3891	-.1106
		其他职业	-.09970*	.04648	.032	-.1908	-.0086
	其他职业	务农人员	-.08477*	.02227	.000	-.1284	-.0411
		工商业人员	-.01360	.02558	.595	-.0637	.0365
		技术人员	.02173	.03625	.549	-.0493	.0928
		公务员	-.15018*	.05884	.011	-.2655	-.0348
		在校学生	.09970*	.04648	.032	.0086	.1908

*. 均值差的显著性水平为0.05。

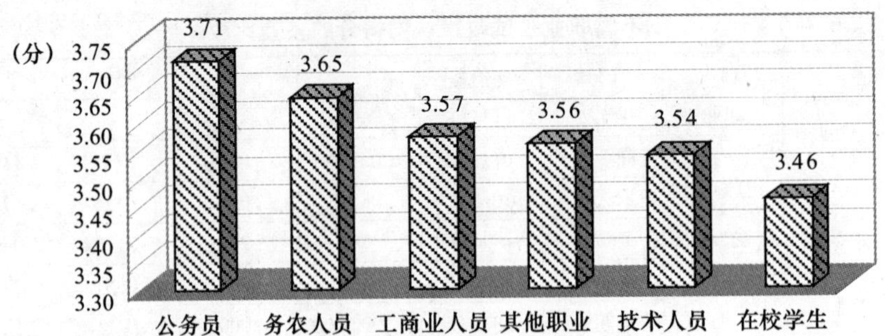

图 6－5 不同职业被试政策认同的得分比较

对于政策的法治性、公平性、科学性、民主性、有效性，不同职业被试按选择比例由高到低的排序，务农人员被试是公平性、民主性、法治性、有效性、科学性，工商业人员、专业技术人员、其他职业被试是公平性、民主性、有效性、法治性、科学性，公务员被试是公平性、法治性、有效性、民主性、科学性，在校学生、其他职业被试是公平性、民主性、有效性、科学性、法治性（后五位排序不同，见表 6－11）。

表 6－11 不同职业被试关注政策的重点

项目	务农人员		工商业人员		技术人员	
	频率	有效百分比	频率	有效百分比	频率	有效百分比
法治性	349	15.14	144	11.01	66	14.10
公平性	1070	46.42	560	42.81	192	41.03
科学性	201	8.72	120	9.17	49	10.47
民主性	439	19.05	243	18.58	81	17.31
有效性	246	10.67	241	18.43	80	17.09
合计	2305	100.00	1308	100.00	468	100.00
项目	公务员		在校学生		其他职业	
法治性	35	23.03	24	9.38	212	12.75
公平性	61	40.13	87	33.98	762	45.82
科学性	16	10.53	28	10.94	135	8.12
民主性	19	12.50	81	31.64	315	18.94
有效性	21	13.81	36	14.06	239	14.37
合计	152	100.00	256	100.00	1663	100.00

（七）不同职业被试的发展认同比较

对不同职业被试发展认同的差异性进行方差分析（见表 6－12－1、表 6－12－2、表 6－12－3 和图 6－6），显示不同职业被试的发展认同得分之间差异显著，$F=5.588$，$p<0.001$，具体表现是：务农人员被试（$M=3.71$，$SD=0.64$）的得分显著低于专业技术人员被试（$M=3.80$，$SD=0.63$）、公务员被试（$M=3.86$，$SD=0.60$）和在校学生被试（$M=3.86$，$SD=0.59$），与工商业人员被试（$M=3.74$，$SD=0.61$）、其他职业被试（$M=3.74$，$SD=0.60$）之间的得分差异不显著。工商业人员被试的得分显著低于公务员、在校学生被试，与专业技术人员、其他职业被试之间的得分差异不显著。专业技术人员被试与公务员、在校学生、其他职业被试之间的得分差异不显著。公务员被试的得分显著高于其他职业被试，与在校学生被试之间的得分差异不显著。在校学生被试的得分显著高于其他职业被试。

表 6－12－1　　不同职业被试发展认同得分的差异比较

项目		N	均值	标准差	标准误	均值的 95% 置信区间		极小值	极大值
						下限	上限		
发展认同	务农人员	2304	3.7055	.63549	.01324	3.6795	3.7315	1.00	5.00
	工商业人员	1310	3.7410	.61367	.01696	3.7078	3.7743	2.00	5.00
	技术人员	467	3.8030	.62645	.02899	3.7460	3.8600	2.00	5.00
	公务员	152	3.8635	.59859	.04855	3.7676	3.9594	2.00	5.00
	在校学生	256	3.8604	.59432	.03714	3.7872	3.9335	1.75	5.00
	其他职业	1661	3.7440	.59570	.01462	3.7153	3.7726	1.75	5.00
	总数	6150	3.7412	.61817	.00788	3.7258	3.7567	1.00	5.00

表 6－12－2　　不同职业被试发展认同得分的方差分析结果

项目		平方和	df	均方	F	显著性
发展认同	组间	10.638	5	2.128	5.588	.000
	组内	2339.138	6144	.381		
	总数	2349.776	6149			

表 6－12－3　　不同职业被试发展认同得分的多重比较

因变量	(I)职业	(J)职业	均值差(I－J)	标准误	显著性	95% 置信区间	
						下限	上限
发展认同	务农人员	工商业人员	－.03552	.02135	.096	－.0774	.0063
		技术人员	－.09749*	.03131	.002	－.1589	－.0361
		公务员	－.15797*	.05167	.002	－.2593	－.0567
		在校学生	－.15484*	.04065	.000	－.2345	－.0752
		其他职业	－.03847	.01986	.053	－.0774	.0005
	工商业人员	务农人员	.03552	.02135	.096	－.0063	.0774
		技术人员	－.06197	.03325	.062	－.1272	.0032
		公务员	－.12246*	.05287	.021	－.2261	－.0188
		在校学生	－.11932*	.04216	.005	－.2020	－.0367
		其他职业	－.00295	.02280	.897	－.0476	.0417
	技术人员	务农人员	.09749*	.03131	.002	.0361	.1589
		工商业人员	.06197	.03325	.062	－.0032	.1272
		公务员	－.06049	.05762	.294	－.1734	.0525
		在校学生	－.05735	.04798	.232	－.1514	.0367
		其他职业	.05902	.03232	.068	－.0043	.1224
	公务员	务农人员	.15797*	.05167	.002	.0567	.2593
		工商业人员	.12246*	.05287	.021	.0188	.2261
		技术人员	.06049	.05762	.294	－.0525	.1734
		在校学生	.00314	.06318	.960	－.1207	.1270
		其他职业	.11951*	.05229	.022	.0170	.2220
	在校学生	务农人员	.15484*	.04065	.000	.0752	.2345
		工商业人员	.11932*	.04216	.005	.0367	.2020
		技术人员	.05735	.04798	.232	－.0367	.1514
		公务员	－.00314	.06318	.960	－.1270	.1207
		其他职业	.11637*	.04143	.005	.0352	.1976
	其他职业	务农人员	.03847	.01986	.053	－.0005	.0774
		工商业人员	.00295	.02280	.897	－.0417	.0476
		技术人员	－.05902	.03232	.068	－.1224	.0043
		公务员	－.11951*	.05229	.022	－.2220	－.0170
		在校学生	－.11637*	.04143	.005	－.1976	－.0352

*. 均值差的显著性水平为 0.05。

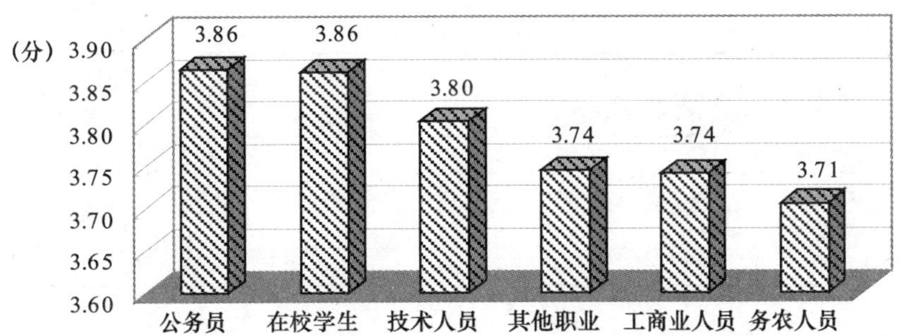

图6－6　不同职业被试发展认同的得分比较

不同职业被试对于党的建设、经济建设、社会建设、生态建设、文化建设、政治建设“六大建设”的关注，按选择比例由高到低的排序，务农人员、其他职业被试是经济建设、党的建设、社会建设、生态建设、文化建设、政治建设，工商业人员、专业技术人员被试是经济建设、社会建设、党的建设、生态建设、文化建设、政治建设，公务员被试是经济建设、党的建设、生态建设、政治建设、社会建设、文化建设，在校学生被试是经济建设、生态建设、社会建设、文化建设、政治建设、党的建设（第二位至第六位排序不同，见表6－13）。

表6－13　不同职业被试最关注何种建设

项目	务农人员		工商业人员		技术人员	
	频率	有效百分比	频率	有效百分比	频率	有效百分比
党的建设	424	18.38	180	13.74	73	15.67
经济建设	982	42.57	615	46.95	201	43.13
社会建设	313	13.57	215	16.41	75	16.09
生态建设	239	10.36	151	11.53	57	12.23
文化建设	211	9.14	87	6.64	32	6.87
政治建设	138	5.98	62	4.73	28	6.01
合计	2307	100.00	1310	100.00	466	100.00
项目	公务员		在校学生		其他职业	
党的建设	35	23.03	13	5.08	273	16.41
经济建设	65	42.76	115	44.92	752	45.19
社会建设	13	8.55	41	16.02	218	13.10

续表

项目	公务员		在校学生		其他职业	
	频率	有效百分比	频率	有效百分比	频率	有效百分比
生态建设	15	9.87	52	20.31	199	11.96
文化建设	10	6.58	19	7.42	125	7.51
政治建设	14	9.21	16	6.25	97	5.83
合计	152	100.00	256	100.00	1664	100.00

（八）不同职业被试政治认同总分比较

对不同职业被试政治认同总分的差异性进行方差分析（见表6－14－1、表6－14－2、表6－14－3和图6－7），不同职业被试的政治认同总分之间差异显著，$F=2.859$，$p<0.05$，具体表现是：务农人员被试（$M=22.07$，$SD=2.24$）的得分显著低于公务员被试（$M=22.61$，$SD=2.55$），与工商业人员被试（$M=21.99$，$SD=2.56$）、专业技术人员被试（$M=21.97$，$SD=2.63$）、在校学生被试（$M=22.29$，$SD=2.24$）、其他职业被试（$M=21.97$，$SD=2.38$）之间的得分差异均不显著。工商业人员被试的得分显著低于公务员、在校学生被试，与专业技术人员、其他职业被试之间的得分差异不显著。专业技术人员被试与公务员、在校学生、其他职业被试之间的得分差异不显著。公务员被试的得分显著高于其他职业被试，与在校学生被试之间的得分差异不显著。在校学生被试的得分显著高于其他职业被试。

表6－14－1　　不同职业被试政治认同总分的差异比较

项目		N	均值	标准差	标准误	均值的95% 置信区间		极小值	极大值
						下限	上限		
政治认同总分	务农人员	2288	22.0687	2.23845	.04680	21.9769	22.1604	12.92	28.67
	工商业人员	1302	21.9907	2.56133	.07098	21.8515	22.1300	12.33	28.08
	技术人员	466	21.9680	2.63090	.12187	21.7285	22.2075	12.67	27.83
	公务员	150	22.6139	2.55458	.20858	22.2017	23.0260	15.17	27.83
	在校学生	254	22.2923	2.23900	.14049	22.0156	22.5690	14.75	27.67
	其他职业	1647	21.9680	2.38426	.05875	21.8527	22.0832	9.83	28.67
	总数	6107	22.0399	2.39049	.03059	21.9799	22.0999	9.83	28.67

表6-14-2　　不同职业被试政治认同总分的方差分析结果

项目		平方和	*df*	均方	*F*	显著性
政治认同总分	组间	81.575	5	16.315	2.859	.014
	组内	34810.730	6101	5.706		
	总数	34892.306	6106			

表6-14-3　　不同职业被试政治认同总分的多重比较

因变量	(I)职业	(J)职业	均值差(I-J)	标准误	显著性	95%置信区间	
						下限	上限
政治认同总分	务农人员	工商业人员	.07794	.08292	.347	-.0846	.2405
		技术人员	.10067	.12140	.407	-.1373	.3387
		公务员	-.54523*	.20133	.007	-.9399	-.1506
		在校学生	-.22367	.15798	.157	-.5334	.0860
		其他职业	.10068	.07719	.192	-.0506	.2520
	工商业人员	务农人员	-.07794	.08292	.347	-.2405	.0846
		技术人员	.02273	.12894	.860	-.2300	.2755
		公务员	-.62317*	.20596	.002	-1.0269	-.2194
		在校学生	-.30160	.16385	.066	-.6228	.0196
		其他职业	.02275	.08858	.797	-.1509	.1964
	技术人员	务农人员	-.10067	.12140	.407	-.3387	.1373
		工商业人员	-.02273	.12894	.860	-.2755	.2300
		公务员	-.64590*	.22424	.004	-1.0855	-.2063
		在校学生	-.32433	.18630	.082	-.6895	.0409
		其他职业	.00002	.12533	1.000	-.2457	.2457
	公务员	务农人员	.54523*	.20133	.007	.1506	.9399
		工商业人员	.62317*	.20596	.002	.2194	1.0269
		技术人员	.64590*	.22424	.004	.2063	1.0855
		在校学生	.32157	.24597	.191	-.1606	.8038
		其他职业	.64592*	.20372	.002	.2466	1.0453
	在校学生	务农人员	.22367	.15798	.157	-.0860	.5334
		工商业人员	.30160	.16385	.066	-.0196	.6228
		技术人员	.32433	.18630	.082	-.0409	.6895
		公务员	-.32157	.24597	.191	-.8038	.1606
		其他职业	.32435*	.16102	.044	.0087	.6400

续表

因变量	(I) 职业	(J) 职业	均值差 (I-J)	标准误	显著性	95% 置信区间	
						下限	上限
政治认同总分	其他职业	务农人员	-.10068	.07719	.192	-.2520	.0506
		工商业人员	-.02275	.08858	.797	-.1964	.1509
		技术人员	-.00002	.12533	1.000	-.2457	.2457
		公务员	-.64592*	.20372	.002	-1.0453	-.2466
		在校学生	-.32435*	.16102	.044	-.6400	-.0087

*. 均值差的显著性水平为 0.05。

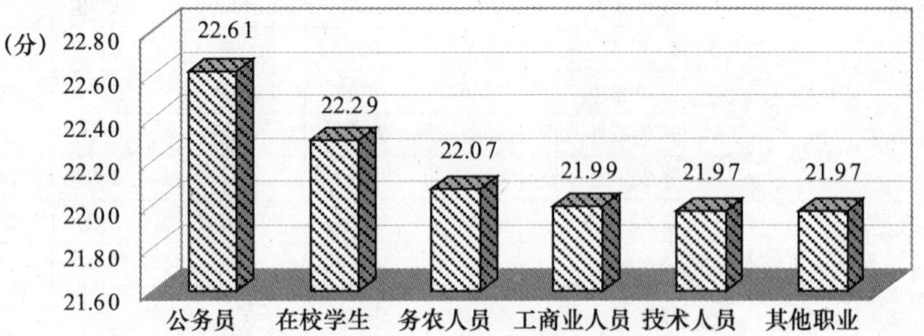

图 6-7　不同职业被试政治认同总分比较

二　不同职业被试的危机压力

不同职业被试危机压力的得分情况以及六种危机压力的具体情况，可根据问卷调查的结果，分述于下。

（一）不同职业被试危机压力的得分

调查结果显示，务农人员被试危机压力的总体得分在 7.33—26.00 之间，均值为 16.42，标准差为 2.56。在六种危机压力中，务农人员被试的政治危机压力得分在 1.00—5.00 分之间，均值为 2.60，标准差为 0.65；经济危机压力得分在1.00—5.00分之间，均值为2.21，标准差为0.68；社会危机压力得分在1.00—5.00分之间，均值为2.84，标准差为0.70；文化危机压力得分在1.00—5.00分之间，均值为2.77，标准差为0.62；生态危机压力得分在1.00—5.00分之间，均值为2.99，标准差为0.86；国际压力得分在1.00—5.00分之间，均值为3.03，标准差为0.50（见表6－15－1）。

表6－15－1　　**务农人员被试的危机压力总体描述统计**

项目	*N*	极小值	极大值	均值	标准差
危机压力总分	**2289**	**7.33**	**26.00**	**16.4237**	**2.55914**
政治危机压力	2305	1.00	5.00	2.5983	.65159
经济危机压力	2301	1.00	5.00	2.2069	.684135
社会危机压力	2306	1.00	5.00	2.8351	.69639
文化危机压力	2302	1.00	5.00	2.7707	.61792
生态危机压力	2306	1.00	5.00	2.9890	.85945
国际压力	2302	1.00	5.00	3.0275	.49947
有效的 *N*	2289				

调查结果显示，工商业人员被试危机压力的总体得分在8.00—24.83之间，均值为16.44，标准差为2.92。在六种危机压力中，工商业人员被试的政治危机压力得分在1.00—4.67分之间，均值为2.51，标准差为0.66；经济危机压力得分在1.00—5.00分之间，均值为2.34，标准差为0.71；社会危机压力得分在1.00—5.00分之间，均值为2.81，标准差为0.76；文化危机压力得分在1.00—4.50分之间，均值为2.72，标准差为0.63；生态危机压力得分在1.00—5.00分之间，均值为3.04，标准差为0.93；国际压力得分在1.00—4.67分之间，均值为3.02，标准差为0.49（见表6－15－2）。

表6－15－2　　**工商业人员被试的危机压力总体描述统计**

项目	*N*	极小值	极大值	均值	标准差
危机压力总分	**1303**	**8.00**	**24.83**	**16.4350**	**2.91932**
政治危机压力	1308	1.00	4.67	2.5061	.66364

续表

项目	N	极小值	极大值	均值	标准差
经济危机压力	1309	1.00	5.00	2.3379	.71128
社会危机压力	1308	1.00	5.00	2.8129	.75943
文化危机压力	1308	1.00	4.50	2.7211	.63399
生态危机压力	1309	1.00	5.00	3.0430	.93253
国际压力	1309	1.00	4.67	3.0158	.48517
有效的 N	1303				

调查结果显示，专业技术人员被试危机压力的总体得分在7.33—24.08之间，均值为16.70，标准差为2.85。在六种危机压力中，专业技术人员被试的政治危机压力得分在1.00—4.33分之间，均值为2.47，标准差为0.66；经济危机压力得分在1.00—5.00分之间，均值为2.42，标准差为0.75；社会危机压力得分在1.00—5.00分之间，均值为2.88，标准差为0.75；文化危机压力得分在1.00—4.50分之间，均值为2.77，标准差为0.66；生态危机压力得分在1.00—5.00分之间，均值为3.16，标准差为0.89；国际压力得分在1.33—4.67分之间，均值为3.01，标准差为0.50（见表6－15－3）。

表6－15－3　**专业技术人员被试的危机压力总体描述统计**

项目	N	极小值	极大值	均值	标准差
危机压力总分	**465**	**7.33**	**24.08**	**16.7018**	**2.85109**
政治危机压力	468	1.00	4.33	2.4729	.66343
经济危机压力	468	1.00	5.00	2.4152	.74595
社会危机压力	468	1.00	5.00	2.8832	.75196
文化危机压力	465	1.00	4.50	2.7656	.65522
生态危机压力	468	1.00	5.00	3.1574	.89019
国际压力	468	1.33	4.67	3.0064	.50428
有效的 N	465				

调查结果显示，公务员被试危机压力的总体得分在 9. 67—24. 75 之间，均值为 15. 83，标准差为 2. 75。在六种危机压力中，公务员被试的政治危机压力得分在 1. 00—4. 33 分之间，均值为 2. 39，标准差为 0. 73；经济危机压力得分在 1. 00—5. 00 分之间，均值为 2. 32，标准差为 0. 74；社会危机压力得分在 1. 00—4. 67 分之间，均值为 2. 71，标准差为 0. 76；文化危机压力得分在 1. 00—4. 25 分之间，均值为 2. 53，标准差为 0. 63；生态危机压力得分在 1. 00—5. 00 分之间，均值为 2. 93，标准差为 0. 90；国际压力得分在 1. 33—4. 00 分之间，均值为 2. 95，标准差为 0. 43（见表 6 -15 -4）。

表 6 -15 -4　**公务员被试的危机压力总体描述统计**

项目	*N*	极小值	极大值	均值	标准差
危机压力总分	**152**	**9. 67**	**24. 75**	**15. 8311**	**2. 74701**
政治危机压力	152	1. 00	4. 33	2. 3925	. 73100
经济危机压力	152	1. 00	5. 00	2. 3158	. 73870
社会危机压力	152	1. 00	4. 67	2. 7061	. 75559
文化危机压力	152	1. 00	4. 25	2. 5329	. 63015
生态危机压力	152	1. 00	5. 00	2. 9320	. 89832
国际压力	152	1. 33	4. 00	2. 9518	. 42960
有效的 *N*	152				

调查结果显示，在校学生被试危机压力的总体得分在 7. 92—27. 00 之间，均值为 17. 08，标准差为 2. 49。在六种危机压力中，在校学生被试的政治危机压力得分在 1. 00—4. 33 分之间，均值为 2. 61，标准差为 0. 62；经济危机压力得分在 1. 00—5. 00 分之间，均值为 2. 47，标准差为 0. 66；社会危机压力得分在 1. 00—5. 00 分之间，均值为 2. 81，标准差为 0. 66；文化危机压力得分在 1. 00—4. 75 分之间，均值为 2. 76，标准差为 0. 59；生态危机压力得分在 1. 00—5. 00 分之间，均值为 3. 40，标准差为 0. 83；国际压力得分在 1. 00—4. 67 分之间，均值为 3. 04，标准差为 0. 52（见表 6 -15 -5）。

表 6－15－5　　在校学生被试的危机压力总体描述统计

项目	N	极小值	极大值	均值	标准差
危机压力总分	**253**	**7.92**	**27.00**	**17.0810**	**2.49005**
政治危机压力	255	1.00	4.33	2.6052	.61703
经济危机压力	255	1.00	5.00	2.4667	.65582
社会危机压力	256	1.00	5.00	2.8086	.66029
文化危机压力	255	1.00	4.75	2.7608	.59371
生态危机压力	256	1.00	5.00	3.4023	.83393
国际压力	256	1.00	4.67	3.0443	.52206
有效的 N	253				

调查结果显示，其他职业被试危机压力的总体得分在 7.67—26.92 之间，均值为 16.78，标准差为 2.54。在六种危机压力中，其他职业被试的政治危机压力得分在 1.00—4.33 分之间，均值为 2.57，标准差为 0.62；经济危机压力得分在 1.00—5.00 分之间，均值为 2.40，标准差为 0.69；社会危机压力得分在 1.00—5.00 分之间，均值为 2.85，标准差为 0.69；文化危机压力得分在 1.00—5.00 分之间，均值为 2.78，标准差为 0.55；生态危机压力得分在 1.00—5.00 分之间，均值为 3.16，标准差为 0.84；国际压力得分在 1.00—5.00 分之间，均值为 3.03，标准差为 0.50（见表 6－15－6）。

表 6－15－6　　其他职业被试的危机压力总体描述统计

项目	N	极小值	极大值	均值	标准差
危机压力总分	**1652**	**7.67**	**26.92**	**16.7809**	**2.53766**
政治危机压力	1661	1.00	4.33	2.5719	.62360
经济危机压力	1664	1.00	5.00	2.3972	.69406
社会危机压力	1662	1.00	5.00	2.8480	.69430
文化危机压力	1661	1.00	5.00	2.7821	.54764
生态危机压力	1663	1.00	5.00	3.1587	.83850
国际压力	1661	1.00	5.00	3.0283	.49556
有效的 N	1652				

从六种危机压力由高到低的得分排序看，工商业人员、专业技术人员、在校学生、其他职业被试是生态危机压力第一，国际压力第二，社会危机压力第三，文化危机压力第四，政治危机压力第五，经济危机压力第六；务农人员、公务员被试是国际压力第一，生态危机压力第二，社会危机压力第三，文化危机压力第四，政治危机压力第五，经济危机压力第六（前两位排序有所不同）。

（二）不同职业被试的政治危机压力比较

对不同职业被试政治危机压力的差异性进行方差分析（见表6－16－1、表6－16－2、表6－16－3和图6－8），显示不同职业被试的政治危机压力得分之间差异显著，$F=7.467$，$p<0.001$，具体表现是：务农人员被试（$M=2.60$，$SD=0.65$）的得分显著高于工商业人员被试（$M=2.51$，$SD=0.66$）、专业技术人员被试（$M=2.47$，$SD=0.66$）和公务员被试（$M=2.39$，$SD=0.73$），与在校学生被试（$M=2.61$，$SD=0.62$）和其他职业被试（$M=2.57$，$SD=0.62$）之间的得分差异不显著。工商业人员被试的得分显著低于在校学生、其他职业被试，显著高于公务员被试，与专业技术人员被试之间的得分差异不显著。专业技术人员被试的得分显著低于在校学生、其他职业被试，与公务员被试之间的得分差异不显著。公务员被试的得分显著低于在校学生、其他职业被试。在校学生被试与其他职业被试之间的得分差异不显著。

表6－16－1　　不同职业被试政治危机压力得分的差异比较

项目		N	均值	标准差	标准误	均值的95% 置信区间		极小值	极大值
						下限	上限		
政治危机压力	务农人员	2305	2.5983	.65159	.01357	2.5717	2.6249	1.00	5.00
	工商业人员	1308	2.5061	.66364	.01835	2.4701	2.5421	1.00	4.67
	技术人员	468	2.4729	.66343	.03067	2.4127	2.5332	1.00	4.33
	公务员	152	2.3925	.73100	.05929	2.2754	2.5097	1.00	4.33
	在校学生	255	2.6052	.61703	.03864	2.5291	2.6813	1.00	4.33
	其他职业	1661	2.5719	.62360	.01530	2.5419	2.6020	1.00	4.33
	总数	6149	2.5572	.65006	.00829	2.5410	2.5735	1.00	5.00

表 6-16-2　不同职业被试政治危机压力得分的方差分析结果

项目		平方和	df	均方	F	显著性
政治危机压力	组间	15.694	5	3.139	7.467	.000
	组内	2582.314	6143	.420		
	总数	2598.008	6148			

表 6-16-3　不同职业被试政治危机压力得分的多重比较

因变量	(I) 职业	(J) 职业	均值差 (I-J)	标准误	显著性	95% 置信区间	
						下限	上限
政治危机压力	务农人员	工商业人员	.09215*	.02244	.000	.0481	.1361
		技术人员	.12533*	.03287	.000	.0609	.1898
		公务员	.20572*	.05429	.000	.0993	.3122
		在校学生	-.00696	.04279	.871	-.0908	.0769
		其他职业	.02632	.02087	.207	-.0146	.0672
	工商业人员	务农人员	-.09215*	.02244	.000	-.1361	-.0481
		技术人员	.03318	.03492	.342	-.0353	.1016
		公务员	.11357*	.05556	.041	.0047	.2225
		在校学生	-.09911*	.04438	.026	-.1861	-.0121
		其他职业	-.06583*	.02397	.006	-.1128	-.0188
	技术人员	务农人员	-.12533*	.03287	.000	-.1898	-.0609
		工商业人员	-.03318	.03492	.342	-.1016	.0353
		公务员	.08039	.06053	.184	-.0383	.1990
		在校学生	-.13229*	.05047	.009	-.2312	-.0334
		其他职业	-.09901*	.03393	.004	-.1655	-.0325
	公务员	务农人员	-.20572*	.05429	.000	-.3122	-.0993
		工商业人员	-.11357*	.05556	.041	-.2225	-.0047
		技术人员	-.08039	.06053	.184	-.1990	.0383
		在校学生	-.21268*	.06644	.001	-.3429	-.0824
		其他职业	-.17940*	.05494	.001	-.2871	-.0717
	在校学生	务农人员	.00696	.04279	.871	-.0769	.0908
		工商业人员	.09911*	.04438	.026	.0121	.1861
		技术人员	.13229*	.05047	.009	.0334	.2312
		公务员	.21268*	.06644	.001	.0824	.3429
		其他职业	.03328	.04361	.445	-.0522	.1188

续表

因变量	(I) 职业	(J) 职业	均值差 (I-J)	标准误	显著性	95% 置信区间	
						下限	上限
政治危机压力	其他职业	务农人员	-.02632	.02087	.207	-.0672	.0146
		工商业人员	.06583*	.02397	.006	.0188	.1128
		技术人员	.09901*	.03393	.004	.0325	.1655
		公务员	.17940*	.05494	.001	.0717	.2871
		在校学生	-.03328	.04361	.445	-.1188	.0522

*. 均值差的显著性水平为 0.05。

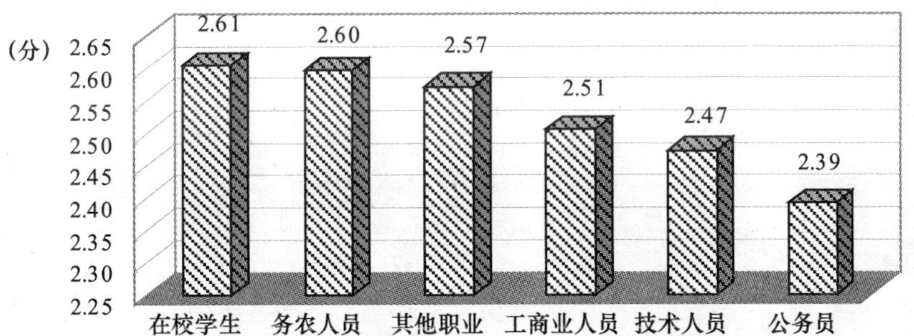

图 6-8　不同职业被试政治危机压力的得分比较

不同职业被试对可能引发政治危机因素的看法（见表 6-17），除在校学生被试外，另五种被试第一选择排在第一位至第三位的都是“党和政府出现重大决策失误”、“经济危机”、“政治腐败愈演愈烈”，总提及频率排在第一位的都是“政治腐败愈演愈烈”，只是排在第二、三位的“经济危机”、“党和政府出现重大决策失误”排序有所不同（务农人员、其他职业被试“经济危机”排在第二位，工商业人员、专业技术人员、公务员被试“经济危机”排在第三位）。在校学生第一选择排在第一位至第三位的是“党和政府出现重大决策失误”、“政治腐败愈演愈烈”、“经济危机”（第二、三位排序与另五种被试不同），总提及频率排在第一位至第三位的是“政治腐败愈演愈烈”、“社会矛盾激化”、“经济危机”（第二、三位与另五种被试不同）。

表 6-17　不同职业被试对可能引发政治危机因素的看法

选项	务农人员				工商业人员			
	第一选择		总提及频率		第一选择		总提及频率	
	频率	百分比	频率	百分比	频率	百分比	频率	百分比
重大决策失误	937	40.74	1347	19.63	513	39.19	746	19.04
国外势力颠覆	207	9.00	822	11.98	138	10.54	534	13.62
经济危机	517	22.48	1360	19.82	244	18.64	703	17.94
民族问题激化	65	2.82	513	7.48	37	2.83	261	6.66
社会矛盾激化	155	6.74	1085	15.81	123	9.40	632	16.13
宗教问题激化	26	1.13	307	4.47	13	0.99	132	3.37
政治腐败严重	393	17.09	1428	20.81	241	18.41	911	23.24
合计	2300	100.00	6862	100.00	1309	100.00	3919	100.00
选项	技术人员				公务员			
重大决策失误	181	38.68	272	19.41	62	40.79	86	18.86
国外势力颠覆	43	9.19	193	13.78	17	11.18	69	15.13
经济危机	96	20.51	260	18.56	27	17.76	75	16.45
民族问题激化	9	1.92	84	6.00	4	2.63	36	7.90
社会矛盾激化	44	9.40	231	16.49	17	11.19	80	17.54
宗教问题激化	4	0.86	45	3.21	4	2.63	16	3.51
政治腐败严重	91	19.44	316	22.55	21	13.82	94	20.61
合计	468	100.00	1401	100.00	152	100.00	456	100.00
选项	在校学生				其他职业			
重大决策失误	74	28.91	119	15.56	624	37.65	952	19.20
国外势力颠覆	30	11.72	111	14.51	186	11.22	655	13.21
经济危机	52	20.31	129	16.86	360	21.73	953	19.22
民族问题激化	18	7.03	65	8.50	53	3.20	367	7.40
社会矛盾激化	28	10.94	140	18.30	139	8.39	787	15.87
宗教问题激化	1	0.39	22	2.87	15	0.91	159	3.21
政治腐败严重	53	20.70	179	23.40	280	16.90	1085	21.89
合计	256	100.00	765	100.00	1657	100.00	4958	100.00

（三）不同职业被试的经济危机压力比较

对不同职业被试经济危机压力的差异性进行方差分析（见表 6-18-1、表 6-18-2、表 6-18-3 和图 6-9），显示不同职业被试的经济危机压力得分之间差异显著，$F=20.357$，$p<0.001$，具体表现是：务农人员

被试（$M = 2.21$，$SD = 0.68$）的得分显著低于工商业人员被试（$M = 2.34$，$SD = 0.71$）、专业技术人员被试（$M = 2.42$，$SD = 0.75$）、在校学生被试（$M = 2.47$，$SD = 0.66$）和其他职业被试（$M = 2.40$，$SD = 0.69$），与公务员被试（$M = 2.32$，$SD = 0.74$）之间的得分差异不显著。工商业人员被试的得分显著低于专业技术人员、在校学生、其他职业被试，与公务员被试之间的得分差异不显著。专业技术人员被试与公务员、在校学生、其他职业被试之间的得分差异不显著。公务员被试的得分显著低于在校学生被试，与其他职业被试之间的得分差异不显著。在校学生被试与其他职业被试之间的得分差异不显著。

表 6 - 18 - 1　　不同职业被试经济危机压力得分的差异比较

项目		N	均值	标准差	标准误	均值的 95% 置信区间		极小值	极大值
						下限	上限		
经济危机压力	务农人员	2301	2.2069	.68135	.01420	2.1790	2.2347	1.00	5.00
	工商业人员	1309	2.3379	.71128	.01966	2.2993	2.3765	1.00	5.00
	技术人员	468	2.4152	.74595	.03448	2.3475	2.4830	1.00	5.00
	公务员	152	2.3158	.73870	.05992	2.1974	2.4342	1.00	5.00
	在校学生	255	2.4667	.65582	.04107	2.3858	2.5475	1.00	5.00
	其他职业	1664	2.3972	.69406	.01701	2.3639	2.4306	1.00	5.00
	总数	6149	2.3156	.70220	.00895	2.2981	2.3332	1.00	5.00

表 6 - 18 - 2　　不同职业被试经济危机压力得分的方差分析结果

项目		平方和	df	均方	F	显著性
经济危机压力	组间	49.412	5	9.882	20.357	.000
	组内	2982.100	6143	.485		
	总数	3031.512	6148			

表 6－18－3 不同职业被试经济危机压力得分的多重比较

因变量	(I) 职业	(J) 职业	均值差 (I－J)	标准误	显著性	95% 置信区间	
						下限	上限
经济危机压力	务农人员	工商业人员	－.13105*	.02412	.000	－.1783	－.0838
		技术人员	－.20838*	.03533	.000	－.2776	－.1391
		公务员	－.10892	.05835	.062	－.2233	.0055
		在校学生	－.25980*	.04599	.000	－.3499	－.1697
		其他职业	－.19037*	.02242	.000	－.2343	－.1464
	工商业人员	务农人员	.13105*	.02412	.000	.0838	.1783
		技术人员	－.07733*	.03753	.039	－.1509	－.0038
		公务员	.02213	.05970	.711	－.0949	.1392
		在校学生	－.12875*	.04769	.007	－.2222	－.0353
		其他职业	－.05932*	.02574	.021	－.1098	－.0089
	技术人员	务农人员	.20838*	.03533	.000	.1391	.2776
		工商业人员	.07733*	.03753	.039	.0038	.1509
		公务员	.09945	.06505	.126	－.0281	.2270
		在校学生	－.05142	.05423	.343	－.1577	.0549
		其他职业	.01801	.03646	.621	－.0535	.0895
	公务员	务农人员	.10892	.05835	.062	－.0055	.2233
		工商业人员	－.02213	.05970	.711	－.1392	.0949
		技术人员	－.09945	.06505	.126	－.2270	.0281
		在校学生	－.15088*	.07140	.035	－.2908	－.0109
		其他职业	－.08145	.05904	.168	－.1972	.0343
	在校学生	务农人员	.25980*	.04599	.000	.1697	.3499
		工商业人员	.12875*	.04769	.007	.0353	.2222
		技术人员	.05142	.05423	.343	－.0549	.1577
		公务员	.15088*	.07140	.035	.0109	.2908
		其他职业	.06943	.04686	.138	－.0224	.1613

续表

因变量	(I) 职业	(J) 职业	均值差 (I-J)	标准误	显著性	95% 置信区间	
						下限	上限
经济危机压力	其他职业	务农人员	.19037*	.02242	.000	.1464	.2343
		工商业人员	.05932*	.02574	.021	.0089	.1098
		技术人员	-.01801	.03646	.621	-.0895	.0535
		公务员	.08145	.05904	.168	-.0343	.1972
		在校学生	-.06943	.04686	.138	-.1613	.0224

*. 均值差的显著性水平为 0.05。

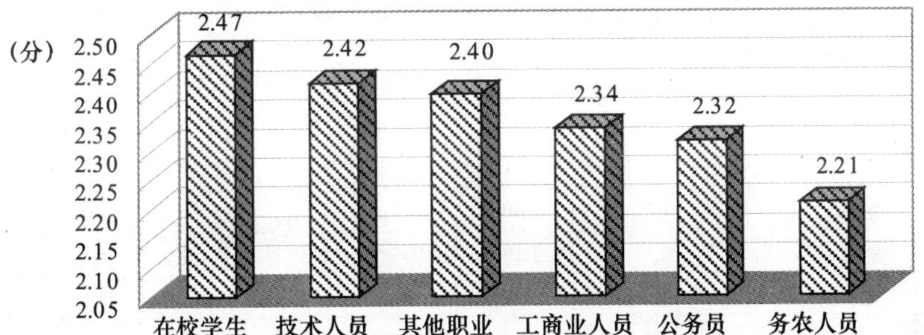

图 6-9　不同职业被试经济危机压力的得分比较

不同职业被试对可能引发经济危机因素的看法有所不同（见表 6-19），第一选择排在第一位至第三位的，务农人员被试是“公民收入差距过大”、“党和政府出现重大经济决策失误”、“房市、股市崩盘”，公务员、在校学生被试是“公民收入差距过大”、“房市、股市崩盘”、“党和政府出现重大经济决策失误”，工商业人员、专业技术人员、其他职业被试是“房市、股市崩盘”、“公民收入差距过大”、“党和政府出现重大经济决策失误”（第一位至第三位的排序有所不同）；总提及频率排在第一位至第三位的，务农人员、公务员被试是“公民收入差距过大”、“物价快速上涨”、“党和政府出现重大经济决策失误”，工商业人员被试是“物价快速上涨”、“公民收入差距过大”、“房市、股市崩盘”，专业技术人员、在校学生被试是“公民收入差距过大”、“物价快速上涨”、“房市、股市崩盘”，其他职业被试是“物价快速上涨”、“公民收入差距过大”、“党和政府出现重大经济决策失误”（第一位至第三位的排序有所不同）。

表 6－19　　不同职业被试对可能引发经济危机因素的看法

选项	务农人员				工商业人员			
	第一选择		总提及频率		第一选择		总提及频率	
	频率	百分比	频率	百分比	频率	百分比	频率	百分比
房市股市崩盘	436	18.95	653	9.51	417	31.86	622	15.86
经济决策失误	442	19.21	1048	15.25	215	16.43	539	13.75
收入差距过大	783	34.03	1581	23.01	344	26.28	835	21.30
国际金融危机	166	7.21	861	12.53	71	5.42	406	10.35
政府债务	86	3.74	489	7.12	38	2.90	238	6.07
物价快速上涨	264	11.47	1520	22.12	143	10.92	909	23.18
经济增速急减	124	5.39	719	10.46	81	6.19	372	9.49
合计	2301	100.00	6871	100.00	1309	100.00	3921	100.00
选项	技术人员				公务员			
房市股市崩盘	135	28.97	221	15.76	42	27.63	66	14.48
经济决策失误	96	20.60	216	15.41	33	21.71	77	16.89
收入差距过大	117	25.11	305	21.76	44	28.95	110	24.12
国际金融危机	31	6.65	153	10.91	10	6.58	46	10.09
政府债务	19	4.08	85	6.06	7	4.60	28	6.14
物价快速上涨	44	9.44	301	21.47	11	7.24	93	20.39
经济增速急减	24	5.15	121	8.63	5	3.29	36	7.89
合计	466	100.00	1402	100.00	152	100.00	456	100.00
选项	在校学生				其他职业			
房市股市崩盘	59	23.14	109	14.25	455	27.41	678	13.66
经济决策失误	37	14.51	93	12.16	340	20.48	714	14.39
收入差距过大	77	30.20	169	22.09	420	25.30	1096	22.09
国际金融危机	26	10.19	110	14.38	108	6.51	530	10.68
政府债务	9	3.53	49	6.40	55	3.31	315	6.35
物价快速上涨	28	10.98	158	20.65	216	13.01	1153	23.24
经济增速急减	19	7.45	77	10.07	66	3.98	476	9.59
合计	255	100.00	765	100.00	1660	100.00	4962	100.00

（四）不同职业被试的社会危机压力比较

对不同职业被试社会危机压力的差异性进行方差分析（见表 6－20－1、表 6－20－2 和图 6－10），结果显示不同职业被试两两之间的社会危机压力得分差异不显著。

表 6-20-1　　不同职业被试社会危机压力得分的差异比较

项目		N	均值	标准差	标准误	均值的 95% 置信区间		极小值	极大值
						下限	上限		
社会危机压力	务农人员	2306	2.8351	.69639	.01450	2.8066	2.8635	1.00	5.00
	工商业人员	1308	2.8129	.75943	.02100	2.7718	2.8541	1.00	5.00
	技术人员	468	2.8832	.75196	.03476	2.8149	2.9515	1.00	5.00
	公务员	152	2.7061	.75559	.06129	2.5851	2.8272	1.00	4.67
	在校学生	256	2.8086	.66029	.04127	2.7273	2.8899	1.00	5.00
	其他职业	1662	2.8480	.69430	.01703	2.8146	2.8814	1.00	5.00
	总数	6152	2.8332	.71431	.00911	2.8154	2.8511	1.00	5.00

表 6-20-2　　不同职业被试社会危机压力得分的方差分析结果

项目		平方和	df	均方	F	显著性
社会危机压力	组间	4.686	5	.937	1.838	.102
	组内	3133.758	6146	.510		
	总数	3138.444	6151			

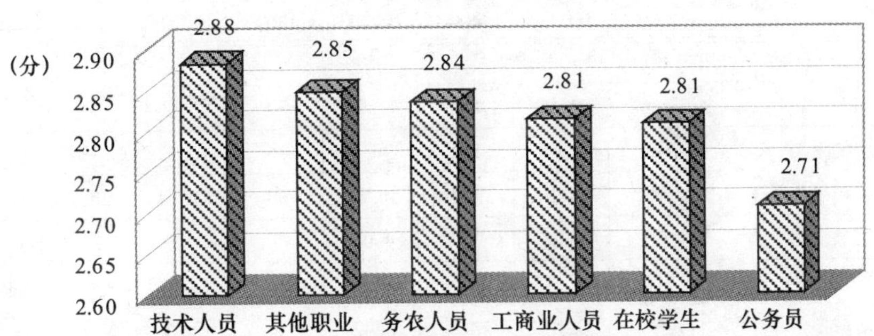

图 6-10　不同职业被试社会危机压力的得分比较

不同职业被试对可能引发社会危机因素的看法（见表 6-21），第一选择排在第一位至第三位的都是“城乡差距”、“贫富差距”、“公民地位不平等”；总提及频率排在第一位的都是“贫富差距”，但是排在第二位和第三位的，务农人员被试是“城乡差距”、“公民地位不平等”，工商业人员、公务员被试是“收入分配不公”、“公民地位不平等”，专业技术人员被试是“公民地位不平等”、“收入分配不公”，在校学生、其他职业被试是“公民地位不平等”、“城乡差距”。

表6－21　不同职业被试对可能引发社会危机因素的看法

选项	务农人员				工商业人员			
	第一选择		总提及频率		第一选择		总提及频率	
	频率	百分比	频率	百分比	频率	百分比	频率	百分比
城乡差距	878	38.11	1156	16.79	346	26.43	472	12.04
干群矛盾	216	9.38	647	9.40	132	10.08	378	9.64
公民地位不平等	360	15.63	942	13.68	248	18.95	600	15.30
民族矛盾	65	2.82	337	4.90	45	3.44	187	4.77
贫富差距	391	16.97	1322	19.20	302	23.07	830	21.17
区域差距	22	0.95	267	3.88	19	1.45	151	3.85
司法不公	166	7.20	700	10.17	101	7.72	454	11.58
收入分配不公	71	3.08	777	11.29	86	6.57	620	15.81
土地问题	109	4.73	577	8.38	21	1.60	146	3.72
宗教冲突	26	1.13	159	2.31	9	0.69	83	2.12
合计	2304	100.00	6884	100.00	1309	100.00	3921	100.00
选项	技术人员				公务员			
城乡差距	126	26.92	168	11.98	39	25.66	54	11.84
干群矛盾	45	9.62	134	9.55	16	10.52	51	11.18
公民地位不平等	96	20.51	237	16.89	30	19.74	65	14.25
民族矛盾	6	1.28	57	4.06	5	3.29	31	6.80
贫富差距	100	21.37	290	20.67	34	22.37	85	18.64
区域差距	5	1.07	48	3.42	6	3.95	21	4.61
司法不公	37	7.91	164	11.69	10	6.58	53	11.62
收入分配不公	37	7.91	219	15.61	9	5.92	71	15.57
土地问题	9	1.92	54	3.85	3	1.97	19	4.17
宗教冲突	7	1.49	32	2.28	0	0	6	1.32
合计	468	100.00	1403	100.00	152	100.00	456	100.00

续表

选项	在校学生				其他职业			
	第一选择		总提及频率		第一选择		总提及频率	
	频率	百分比	频率	百分比	频率	百分比	频率	百分比
城乡差距	68	26.67	104	13.61	487	29.34	704	14.16
干群矛盾	11	4.31	40	5.24	144	8.68	444	8.93
公民地位不平等	53	20.78	129	16.89	296	17.83	710	14.28
民族矛盾	17	6.67	58	7.59	78	4.70	280	5.63
贫富差距	56	21.96	160	20.94	338	20.36	1018	20.48
区域差距	6	2.35	32	4.19	27	1.63	196	3.94
司法不公	20	7.84	91	11.91	140	8.43	546	10.98
收入分配不公	18	7.06	102	13.35	97	5.84	693	13.94
土地问题	2	0.79	25	3.27	41	2.47	257	5.17
宗教冲突	4	1.57	23	3.01	12	0.72	124	2.49
合计	255	100.00	764	100.00	1660	100.00	4972	100.00

（五）不同职业被试的文化危机压力比较

对不同职业被试文化危机压力的差异性进行方差分析（见表6－22－1、表6－22－2、表6－22－3和图6－11），显示不同职业被试的文化危机压力得分之间差异显著，$F=5.907$，$p<0.001$，具体表现是：务农人员被试（$M=2.77$，$SD=0.62$）的得分显著高于工商业人员被试（$M=2.72$，$SD=0.63$）和公务员被试（$M=2.53$，$SD=0.63$），与专业技术人员被试（$M=2.77$，$SD=0.66$）、在校学生被试（$M=2.76$，$SD=0.59$）和其他职业被试（$M=2.78$，$SD=0.55$）之间的得分差异不显著。公务员被试的得分显著低于另五种职业被试。工商业人员被试的得分显著低于其他职业被试，与专业技术人员、在校学生被试之间的得分差异不显著。专业技术人员被试与在校学生、其他职业被试之间的得分差异不显著。在校学生被试与其他职业被试之间的得分差异不显著。

表 6－22－1　　不同职业被试文化危机压力得分的差异比较

项目		N	均值	标准差	标准误	均值的 95% 置信区间		极小值	极大值
						下限	上限		
文化危机压力	务农人员	2302	2.7707	.61792	.01288	2.7455	2.7960	1.00	5.00
	工商业人员	1308	2.7211	.63399	.01753	2.6867	2.7555	1.00	4.50
	技术人员	465	2.7656	.65522	.03038	2.7059	2.8253	1.00	4.50
	公务员	152	2.5329	.63015	.05111	2.4319	2.6339	1.00	4.25
	在校学生	255	2.7608	.59371	.03718	2.6876	2.8340	1.00	4.75
	其他职业	1661	2.7821	.54764	.01344	2.7557	2.8084	1.00	5.00
	总数	6143	2.7566	.60677	.00774	2.7414	2.7717	1.00	5.00

表 6－22－2　　不同职业被试文化危机压力得分的方差分析结果

项目		平方和	df	均方	F	显著性
文化危机压力	组间	10.831	5	2.166	5.907	.000
	组内	2250.468	6137	.367		
	总数	2261.299	6142			

表 6－22－3　　不同职业被试文化危机压力得分的多重比较

因变量	(I) 职业	(J) 职业	均值差 (I－J)	标准误	显著性	95% 置信区间	
						下限	上限
文化危机压力	务农人员	工商业人员	.04960*	.02097	.018	.0085	.0907
		技术人员	.00515	.03079	.867	－.0552	.0655
		公务员	.23785*	.05071	.000	.1384	.3373
		在校学生	.00996	.03997	.803	－.0684	.0883
		其他职业	－.01132	.01950	.562	－.0495	.0269
	工商业人员	务农人员	－.04960*	.02097	.018	－.0907	－.0085
		技术人员	－.04445	.03270	.174	－.1085	.0196
		公务员	.18824*	.05189	.000	.0865	.2900
		在校学生	－.03965	.04145	.339	－.1209	.0416
		其他职业	－.06092*	.02239	.007	－.1048	－.0170

续表

因变量	(I) 职业	(J) 职业	均值差 (I-J)	标准误	显著性	95% 置信区间	
						下限	上限
文化危机压力	技术人员	务农人员	-.00515	.03079	.867	-.0655	.0552
		工商业人员	.04445	.03270	.174	-.0196	.1085
		公务员	.23270*	.05658	.000	.1218	.3436
		在校学生	.00481	.04719	.919	-.0877	.0973
		其他职业	-.01647	.03177	.604	-.0787	.0458
	公务员	务农人员	-.23785*	.05071	.000	-.3373	-.1384
		工商业人员	-.18824*	.05189	.000	-.2900	-.0865
		技术人员	-.23270*	.05658	.000	-.3436	-.1218
		在校学生	-.22789*	.06205	.000	-.3495	-.1062
		其他职业	-.24916*	.05132	.000	-.3498	-.1486
	在校学生	务农人员	-.00996	.03997	.803	-.0883	.0684
		工商业人员	.03965	.04145	.339	-.0416	.1209
		技术人员	-.00481	.04719	.919	-.0973	.0877
		公务员	.22789*	.06205	.000	.1062	.3495
		其他职业	-.02127	.04073	.601	-.1011	.0586
	其他职业	务农人员	.01132	.01950	.562	-.0269	.0495
		工商业人员	.06092*	.02239	.007	.0170	.1048
		技术人员	.01647	.03177	.604	-.0458	.0787
		公务员	.24916*	.05132	.000	.1486	.3498
		在校学生	.02127	.04073	.601	-.0586	.1011

*. 均值差的显著性水平为 0.05。

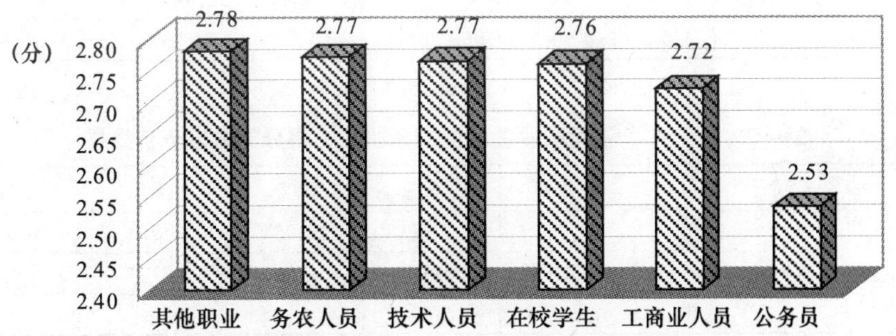

图 6-11　不同职业被试文化危机压力的得分比较

（六）不同职业被试的生态危机压力比较

对不同职业被试生态危机压力的差异性进行方差分析（见表6－23－1、表6－23－2、表6－23－3和图6－12），显示不同职业被试的生态危机压力得分之间差异显著，$F = 16.762$，$p < 0.001$，具体表现是：务农人员被试（$M = 2.99$，$SD = 0.86$）的得分显著低于专业技术人员被试（$M = 3.16$，$SD = 0.89$）、在校学生被试（$M = 3.40$，$SD = 0.83$）和其他职业被试（$M = 3.16$，$SD = 0.84$），与工商业人员被试（$M = 3.04$，$SD = 0.93$）和公务员被试（$M = 2.93$，$SD = 0.90$）之间的得分差异不显著。在校学生被试的得分显著高于另五种职业被试。工商业人员被试的得分显著低于专业技术人员、其他职业被试，与公务员被试之间的得分差异不显著。专业技术人员被试的得分显著高于公务员被试，与其他职业被试之间的得分差异不显著。公务员被试的得分显著低于其他职业被试。

表6－23－1　　不同职业被试生态危机压力得分的差异比较

项目		N	均值	标准差	标准误	均值的95% 置信区间		极小值	极大值
						下限	上限		
生态危机压力	务农人员	2306	2.9890	.85945	.01790	2.9539	3.0241	1.00	5.00
	工商业人员	1309	3.0430	.93253	.02577	2.9925	3.0936	1.00	5.00
	技术人员	468	3.1574	.89019	.04115	3.0765	3.2383	1.00	5.00
	公务员	152	2.9320	.89832	.07286	2.7881	3.0760	1.00	5.00
	在校学生	256	3.4023	.83393	.05212	3.2997	3.5050	1.00	5.00
	其他职业	1663	3.1587	.83850	.02056	3.1184	3.1991	1.00	5.00
	总数	6154	3.0750	.87785	.01119	3.0530	3.0969	1.00	5.00

表6－23－2　　不同职业被试生态危机压力得分的方差分析结果

项目		平方和	df	均方	F	显著性
生态危机压力	组间	63.768	5	12.754	16.762	.000
	组内	4677.870	6148	.761		
	总数	4741.638	6153			

表 6-23-3　　不同职业被试生态危机压力得分的多重比较

因变量	(I) 职业	(J) 职业	均值差 (I-J)	标准误	显著性	95% 置信区间	
						下限	上限
生态危机压力	务农人员	工商业人员	-.05402	.03019	.074	-.1132	.0052
		技术人员	-.16839*	.04422	.000	-.2551	-.0817
		公务员	.05700	.07305	.435	-.0862	.2002
		在校学生	-.41333*	.05746	.000	-.5260	-.3007
		其他职业	-.16974*	.02806	.000	-.2247	-.1147
	工商业人员	务农人员	.05402	.03019	.074	-.0052	.1132
		技术人员	-.11437*	.04698	.015	-.2065	-.0223
		公务员	.11102	.07475	.138	-.0355	.2575
		在校学生	-.35931*	.05961	.000	-.4762	-.2425
		其他职业	-.11571*	.03223	.000	-.1789	-.0525
	技术人员	务农人员	.16839*	.04422	.000	.0817	.2551
		工商业人员	.11437*	.04698	.015	.0223	.2065
		公务员	.22539*	.08143	.006	.0657	.3850
		在校学生	-.24494*	.06781	.000	-.3779	-.1120
		其他职业	-.00134	.04564	.977	-.0908	.0881
	公务员	务农人员	-.05700	.07305	.435	-.2002	.0862
		工商业人员	-.11102	.07475	.138	-.2575	.0355
		技术人员	-.22539*	.08143	.006	-.3850	-.0657
		在校学生	-.47033*	.08932	.000	-.6454	-.2952
		其他职业	-.22673*	.07391	.002	-.3716	-.0818
	在校学生	务农人员	.41333*	.05746	.000	.3007	.5260
		工商业人员	.35931*	.05961	.000	.2425	.4762
		技术人员	.24494*	.06781	.000	.1120	.3779
		公务员	.47033*	.08932	.000	.2952	.6454
		其他职业	.24359*	.05856	.000	.1288	.3584
	其他职业	务农人员	.16974*	.02806	.000	.1147	.2247
		工商业人员	.11571*	.03223	.000	.0525	.1789
		技术人员	.00134	.04564	.977	-.0881	.0908
		公务员	.22673*	.07391	.002	.0818	.3716
		在校学生	-.24359*	.05856	.000	-.3584	-.1288

*. 均值差的显著性水平为 0.05。

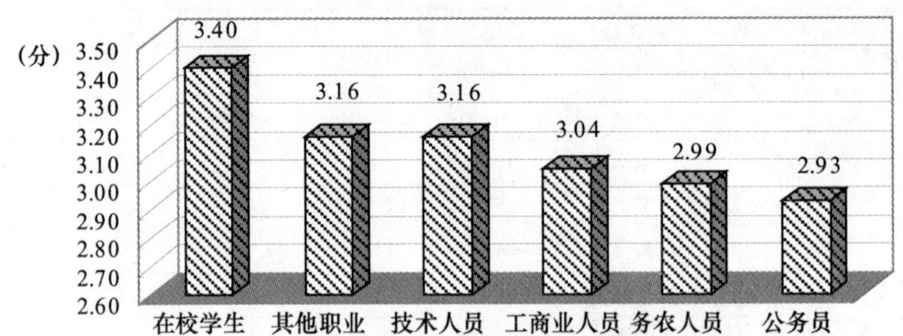

图 6-12　不同职业被试生态危机压力的得分比较

不同职业被试对可能引发生态危机因素的看法（见表 6-24），第一选择排在第一位的都是“国民的环境保护意识较弱”，排在第二位和第三位的，工商业人员、公务员、在校学生、其他职业被试都是“环境污染事故”、“人口过快增长”，务农人员被试是“人口过快增长”、“环境污染事故”，专业技术人员被试是“环境污染事故”、“生产性污染”；总提及频率不同职业被试排在第一位的都是“国民的环境保护意识较弱”，排在第二位和第三位的，务农人员、工商业人员被试是“环境污染事故”、“生产性污染”，专业技术人员、其他职业被试是“生产性污染”、“环境污染事故”，公务员被试是“环境污染事故”、“环保投入不足”，在校学生是“生产性污染”、“生活性污染”。

表 6-24　　**不同职业被试对可能引发生态危机因素的看法**

选项	务农人员				工商业人员			
	第一选择		总提及频率		第一选择		总提及频率	
	频率	百分比	频率	百分比	频率	百分比	频率	百分比
环保意识弱	883	38.33	1238	17.98	560	42.78	794	20.22
环境污染事故	332	14.41	951	13.81	216	16.50	623	15.86
人口过快增长	336	14.58	766	11.13	142	10.85	344	8.76
生产性污染	193	8.38	927	13.46	130	9.93	565	14.39
生活性污染	212	9.20	889	12.91	120	9.17	488	12.43
突发性传染病	50	2.17	451	6.55	14	1.07	255	6.49

续表

选项	务农人员				工商业人员			
	第一选择		总提及频率		第一选择		总提及频率	
	频率	百分比	频率	百分比	频率	百分比	频率	百分比
重大自然灾害	189	8.20	870	12.64	63	4.81	388	9.88
环保投入不足	109	4.73	793	11.52	64	4.89	470	11.97
合计	2304	100.00	6885	100.00	1309	100.00	3927	100.00
选项	技术人员				公务员			
环保意识弱	205	43.81	301	21.46	68	45.03	99	21.81
环境污染事故	65	13.89	206	14.68	20	13.25	68	14.98
人口过快增长	41	8.76	110	7.84	19	12.58	48	10.57
生产性污染	48	10.26	225	16.04	10	6.62	58	12.78
生活性污染	39	8.33	167	11.90	12	7.95	56	12.33
突发性传染病	9	1.92	70	4.99	5	3.31	22	4.84
重大自然灾害	28	5.98	136	9.69	7	4.64	36	7.93
环保投入不足	33	7.05	188	13.40	10	6.62	67	14.76
合计	468	100.00	1403	100.00	151	100.00	454	100.00
选项	在校学生				其他职业			
环保意识弱	108	42.35	165	21.57	632	38.03	927	18.63
环境污染事故	35	13.73	102	13.33	252	15.16	759	15.25
人口过快增长	35	13.73	100	13.07	237	14.26	548	11.01
生产性污染	24	9.41	127	16.60	185	11.13	767	15.41
生活性污染	22	8.63	108	14.12	156	9.39	678	13.62
突发性传染病	2	0.78	20	2.62	26	1.56	256	5.14
重大自然灾害	16	6.27	58	7.58	91	5.48	483	9.71
环保投入不足	13	5.10	85	11.11	83	4.99	559	11.23
合计	255	100.00	765	100.00	1662	100.00	4977	100.00

（七）不同职业被试的国际压力比较

对不同职业被试国际压力的差异性进行方差分析（见表6－25－1、表6－25－2和图6－13），显示不同职业被试的国际压力得分之间的差异均未达到显著水平。

表6－25－1　　不同职业被试国际压力得分的差异比较

项目		*N*	均值	标准差	标准误	均值的95%置信区间		极小值	极大值
						下限	上限		
国际压力	务农人员	2302	3.0275	.49947	.01041	3.0071	3.0479	1.00	5.00
	工商业人员	1309	3.0158	.48517	.01341	2.9895	3.0421	1.00	4.67
	技术人员	468	3.0064	.50428	.02331	2.9606	3.0522	1.33	4.67
	公务员	152	2.9518	.42960	.03485	2.8829	3.0206	1.33	4.00
	在校学生	256	3.0443	.52206	.03263	2.9800	3.1085	1.00	4.67
	其他职业	1661	3.0283	.49556	.01216	3.0044	3.0521	1.00	5.00
	总数	6148	3.0224	.49512	.00631	3.0101	3.0348	1.00	5.00

表6－25－2　　不同职业被试国际压力得分的方差分析结果

项目		平方和	*df*	均方	*F*	显著性
国际压力	组间	1.176	5	.235	.959	.441
	组内	1505.727	6142	.245		
	总数	1506.902	6147			

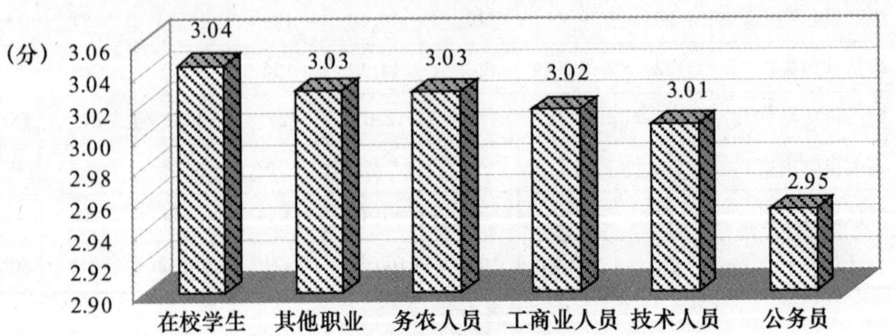

图6－13　不同职业被试国际压力的得分比较

不同职业被试对中国应对国际压力做法的选择（见表6－26），第一选择排在第一位的都是“创造有利于中国的国际话语权体系”，但是第二位和第三位的排序有所不同，务农人员被试是“大力宣扬中国模式”、“针锋相对，给予有力的反击”，工商业人员、其他职业被试是“大力宣扬中国模式”、“韬光养晦，做好自己的事情”，专业技术人员被试是“韬光养晦，做好自己的事情”、“针锋相对，给予有力的反击”，公务员、在校学生被试是“韬光养晦，做好自己的事情”、“大力宣扬中国模式”；总提及频率不同职业被试排在第一位和第二位的都是“创造有利于中国的国际话语权体系”和“在世界范围内争取更多的朋友”，排在第三位的，务农人员、工商业人员、专业技术人员、其他职业被试都是“大力宣扬中国模式”，公务员被试是“韬光养晦，做好自己的事情”，在校学生被试是“虚心听取来自国外的各种意见”。

表6－26　**不同职业被试对于应付国际压力做法的选择**

选项	务农人员				工商业人员			
	第一选择		总提及频率		第一选择		总提及频率	
	频率	百分比	频率	百分比	频率	百分比	频率	百分比
中国话语体系	903	39.23	1289	18.74	591	45.15	846	21.58
宣扬中国模式	409	17.77	1125	16.35	179	13.68	567	14.46
加入西方阵营	108	4.69	280	4.07	41	3.12	109	2.78
建社会主义阵营	163	7.08	832	12.10	60	4.58	330	8.41
韬光养晦	237	10.30	679	9.87	179	13.68	483	12.32
听取国外意见	83	3.60	639	9.29	34	2.60	354	9.03
针锋相对	262	11.38	847	12.31	159	12.15	565	14.41
争取更多朋友	137	5.95	1188	17.27	66	5.04	667	17.01
合计	2302	100.00	6879	100.00	1309	100.00	3921	100.00
选项	技术人员				公务员			
中国话语体系	214	45.73	299	21.31	73	48.34	103	22.69
宣扬中国模式	44	9.40	189	13.47	17	11.26	48	10.57
加入西方阵营	15	3.21	33	2.35	2	1.33	10	2.20
建社会主义阵营	25	5.34	123	8.77	6	3.97	37	8.15
韬光养晦	60	12.82	173	12.33	23	15.23	75	16.52
听取国外意见	20	4.27	144	10.26	4	2.65	45	9.91

续表

选项	技术人员				公务员			
	第一选择		总提及频率		第一选择		总提及频率	
	频率	百分比	频率	百分比	频率	百分比	频率	百分比
针锋相对	57	12.18	187	13.33	16	10.60	59	13.00
争取更多朋友	33	7.05	255	18.18	10	6.62	77	16.96
合计	468	100.00	1403	100.00	151	100.00	454	100.00
选项	在校学生				其他职业			
中国话语体系	120	47.06	175	22.88	754	45.50	1084	21.87
宣扬中国模式	24	9.41	77	10.06	220	13.28	722	14.57
加入西方阵营	12	4.71	27	3.53	62	3.74	149	3.01
建社会主义阵营	17	6.67	81	10.59	87	5.25	503	10.15
韬光养晦	25	9.80	92	12.03	219	13.22	623	12.57
听取国外意见	20	7.84	103	13.46	61	3.68	456	9.20
针锋相对	20	7.84	72	9.41	139	8.39	554	11.18
争取更多朋友	17	6.67	138	18.04	115	6.94	865	17.45
合计	255	100.00	765	100.00	1657	100.00	4956	100.00

（八）不同职业被试危机压力总分比较

对不同职业被试危机压力总分的差异性进行方差分析（见表6－27－1、表6－27－2、表6－27－3和图6－14），显示不同职业被试的危机压力总分之间差异显著，$F=8.549$，$p<0.001$，具体表现是：务农人员被试（$M=16.42$，$SD=2.56$）的得分显著低于专业技术人员被试（$M=16.70$，$SD=2.85$）、在校学生被试（$M=17.08$，$SD=2.49$）和其他职业被试（$M=16.78$，$SD=2.54$），显著高于公务员被试（$M=15.83$，$SD=2.75$），与工商业人员被试（$M=16.44$，$SD=2.92$）之间的得分差异不显著。公务员被试的得分显著低于另五种职业被试。工商业人员被试的得分显著低于在校学生、其他职业被试，与专业技术人员被试之间的得分差异不显著。专业技术人员被试与在校学生、其他职业被试之间的得分差异不显著。在校学生被试与其他职业被试之间的得分差异不显著。

表 6－27－1　　不同职业被试危机压力总分的差异比较

项目		N	均值	标准差	标准误	均值的 95% 置信区间		极小值	极大值
						下限	上限		
危机压力总分	务农人员	2289	16.4237	2.55914	.05349	16.3188	16.5286	7.33	26.00
	工商业人员	1303	16.4350	2.91932	.08087	16.2763	16.5936	8.00	24.83
	技术人员	465	16.7018	2.85109	.13222	16.4420	16.9616	7.33	24.08
	公务员	152	15.8311	2.74701	.22281	15.3909	16.2714	9.67	24.75
	在校学生	253	17.0810	2.49005	.15655	16.7727	17.3893	7.92	27.00
	其他职业	1652	16.7809	2.53766	.06244	16.6585	16.9034	7.67	26.92
	总数	6114	16.5562	2.66723	.03411	16.4894	16.6231	7.33	27.00

表 6－27－2　　不同职业被试危机压力总分的方差分析结果

项目		平方和	df	均方	F	显著性
危机压力总分	组间	302.244	5	60.449	8.549	.000
	组内	43186.408	6108	7.070		
	总数	43488.652	6113			

表 6－27－3　　不同职业被试危机压力总分的多重比较

因变量	(I) 职业	(J) 职业	均值差 (I－J)	标准误	显著性	95% 置信区间	
						下限	上限
危机压力总分	务农人员	工商业人员	－.01130	.09228	.903	－.1922	.1696
		技术人员	－.27814*	.13526	.040	－.5433	－.0130
		公务员	.59252*	.22272	.008	.1559	1.0291
		在校学生	－.65737*	.17617	.000	－1.0027	－.3120
		其他职业	－.35727*	.08584	.000	－.5255	－.1890
	工商业人员	务农人员	.01130	.09228	.903	－.1696	.1922
		技术人员	－.26683	.14364	.063	－.5484	.0147
		公务员	.60382*	.22791	.008	.1570	1.0506
		在校学生	－.64607*	.18268	.000	－1.0042	－.2879
		其他职业	－.34596*	.09852	.000	－.5391	－.1528
	技术人员	务农人员	.27814*	.13526	.040	.0130	.5433
		工商业人员	.26683	.14364	.063	－.0147	.5484
		公务员	.87065*	.24844	.000	.3836	1.3577

续表

因变量	(I)职业	(J)职业	均值差(I-J)	标准误	显著性	95% 置信区间	
						下限	上限
危机压力总分	技术人员	在校学生	-.37924	.20773	.068	-.7865	.0280
		其他职业	-.07913	.13959	.571	-.3528	.1945
	公务员	务农人员	-.59252*	.22272	.008	-1.0291	-.1559
		工商业人员	-.60382*	.22791	.008	-1.0506	-.1570
		技术人员	-.87065*	.24844	.000	-1.3577	-.3836
		在校学生	-1.24989*	.27288	.000	-1.7848	-.7149
		其他职业	-.94978*	.22538	.000	-1.3916	-.5080
	在校学生	务农人员	.65737*	.17617	.000	.3120	1.0027
		工商业人员	.64607*	.18268	.000	.2879	1.0042
		技术人员	.37924	.20773	.068	-.0280	.7865
		公务员	1.24989*	.27288	.000	.7149	1.7848
		其他职业	.30011	.17952	.095	-.0518	.6520
	其他职业	务农人员	.35727*	.08584	.000	.1890	.5255
		工商业人员	.34596*	.09852	.000	.1528	.5391
		技术人员	.07913	.13959	.571	-.1945	.3528
		公务员	.94978*	.22538	.000	.5080	1.3916
		在校学生	-.30011	.17952	.095	-.6520	.0518

*. 均值差的显著性水平为 0.05。

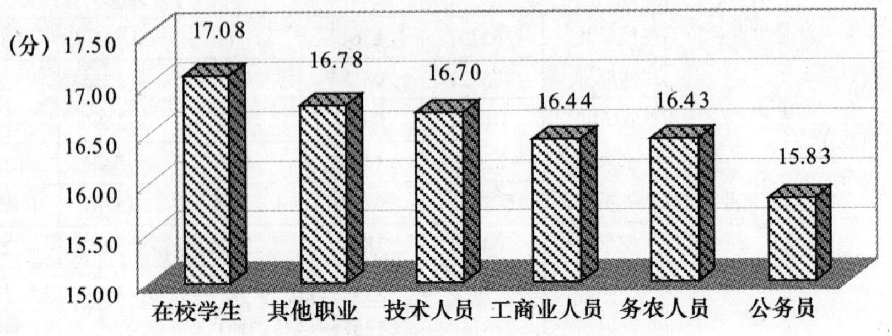

图 6-14 不同职业被试危机压力总分比较

三　五个因素对不同职业被试的影响

本次问卷调查涉及的权利、利益、政治沟通、政治参与和满意度五个影响因素，对不同职业被试的影响是否有所不同，可根据调查数据作具体说明。

（一）权利认知

调查结果显示，务农人员被试的“权利重要性认知”得分在1.00—5.00分之间，均值为3.59，标准差为0.60；“权利保障评价”得分在1.00—5.00分之间，均值为3.26，标准差为0.51；“权利认知总分”的得分在3.60—10.00分之间，均值为6.85，标准差为0.86（见表6－28－1）。

表6－28－1　　**务农人员被试“权利认知”的总体描述统计**

项目	*N*	极小值	极大值	均值	标准差
权利重要性认知	2297	1.00	5.00	3.5876	.60037
权利保障评价	2293	1.00	5.00	3.2626	.51139
权利认知总分	2283	3.60	10.00	6.8513	.86351
有效的 *N*	2283				

调查结果显示，工商业人员被试的“权利重要性认知”得分在1.40—5.00分之间，均值为3.71，标准差为0.59；“权利保障评价”得分在1.00—4.60分之间，均值为3.25，标准差为0.55；“权利认知总分”的得分在3.80—9.40分之间，均值为6.96，标准差为0.88（见表6－28－2）。

表6－28－2　　**工商业人员被试“权利认知”的总体描述统计**

项目	*N*	极小值	极大值	均值	标准差
权利重要性认知	1303	1.40	5.00	3.7128	.58639
权利保障评价	1304	1.00	4.60	3.2482	.54626
权利认知总分	1299	3.80	9.40	6.9627	.87624
有效的 *N*	1299				

调查结果显示，专业技术人员被试的“权利重要性认知”得分在1.80—5.00分之间，均值为3.77，标准差为0.58；“权利保障评价”得分在1.00—4.60分之间，均值为3.20，标准差为0.57；“权利认知总分”的得分在4.40—9.20分之间，均值为6.96，标准差为0.88（见表6－28－3）。

表6－28－3　**专业技术人员被试“权利认知”的总体描述统计**

项目	N	极小值	极大值	均值	标准差
权利重要性认知	467	1.80	5.00	3.7683	.58098
权利保障评价	465	1.00	4.60	3.1957	.56749
权利认知总分	464	4.40	9.20	6.9638	.88084
有效的 N	464				

调查结果显示，公务员被试的“权利重要性认知”得分在2.00—5.00分之间，均值为3.84，标准差为0.63；“权利保障评价”得分在1.80—4.80分之间，均值为3.43，标准差为0.54；“权利认知总分”的得分在4.60—9.20分之间，均值为7.26，标准差为0.94（见表6－28－4）。

表6－28－4　**公务员被试“权利认知”的总体描述统计**

项目	N	极小值	极大值	均值	标准差
权利重要性认知	151	2.00	5.00	3.8384	.63444
权利保障评价	151	1.80	4.80	3.4265	.53798
权利认知总分	151	4.60	9.20	7.2649	.94475
有效的 N	151				

调查结果显示，在校学生被试的“权利重要性认知”得分在1.60—5.00分之间，均值为3.84，标准差为0.62；“权利保障评价”得分在1.40—4.40分之间，均值为3.21，标准差为0.50；“权利认知总分”的得分在3.60—9.20分之间，均值为7.05，标准差为0.86（见表6－28－5）。

表 6－28－5　　在校学生被试“权利认知”的总体描述统计

项目	N	极小值	极大值	均值	标准差
权利重要性认知	256	1.60	5.00	3.8391	.62097
权利保障评价	256	1.40	4.40	3.2086	.50169
权利认知总分	256	3.60	9.20	7.0477	.86360
有效的 N	256				

调查结果显示，其他职业被试的“权利重要性认知”得分在 1.40—5.00 分之间，均值为 3.69，标准差为 0.60；“权利保障评价”得分在 1.00—5.00 分之间，均值为 3.25，标准差为 0.52；“权利认知总分”的得分在 4.00—10.00 分之间，均值为 6.95，标准差为 0.87（见表 6－28－6）。

表 6－28－6　　其他职业被试“权利认知”的总体描述统计

项目	N	极小值	极大值	均值	标准差
权利重要性认知	1659	1.40	5.00	3.6949	.59826
权利保障评价	1657	1.00	5.00	3.2477	.52357
权利认知总分	1652	4.00	10.00	6.9455	.86789
有效的 N	1652				

对不同职业被试“权利重要性认知”的差异性进行方差分析（见表 6－29－1、表 6－29－2、表 6－29－3 和图 6－15－1），显示不同职业被试的得分之间差异显著，$F=19.648$，$p<0.001$，具体表现是：务农人员被试（$M=3.59$，$SD=0.60$）的得分显著低于工商业人员被试（$M=3.71$，$SD=0.59$）、专业技术人员被试（$M=3.77$，$SD=0.58$）、公务员被试（$M=3.84$，$SD=0.63$）、在校学生被试（$M=3.84$，$SD=0.62$）和其他职业被试（$M=3.69$，$SD=0.60$）。工商业人员被试的得分显著低于公务员、在校学生被试，与专业技术人员、其他职业被试之间的得分差异不显著。专业技术人员被试的得分显著高于其他职业被试，与公务员、在校学生被试之间的得分差异不显著。公务员被试的得分显著高于其他职业被试，与在校学生被试之间的得分差异不显著。在校学生被试的得分显著高于其他职业被试。

表6－29－1　　不同职业被试“权利重要性认知”得分的差异比较

项目		N	均值	标准差	标准误	均值的95% 置信区间		极小值	极大值
						下限	上限		
权利重要性认知	务农人员	2297	3.5876	.60037	.01253	3.5631	3.6122	1.00	5.00
	工商业人员	1303	3.7128	.58639	.01624	3.6809	3.7447	1.40	5.00
	技术人员	467	3.7683	.58098	.02688	3.7155	3.8211	1.80	5.00
	公务员	151	3.8384	.63444	.05163	3.7364	3.9404	2.00	5.00
	在校学生	256	3.8391	.62097	.03881	3.7626	3.9155	1.60	5.00
	其他职业	1659	3.6949	.59826	.01469	3.6661	3.7237	1.40	5.00
	总数	6133	3.6737	.60166	.00768	3.6586	3.6887	1.00	5.00

表6－29－2　　不同职业被试“权利重要性认知”得分的方差分析结果

项目		平方和	*df*	均方	*F*	显著性
权利重要性认知	组间	35.028	5	7.006	19.648	.000
	组内	2184.689	6127	.357		
	总数	2219.717	6132			

表6－29－3　　不同职业被试“权利重要性认知”得分的多重比较

因变量	(I)职业	(J)职业	均值差(I－J)	标准误	显著性	95% 置信区间	
						下限	上限
权利重要性认知	务农人员	工商业人员	－.12518*	.02071	.000	－.1658	－.0846
		技术人员	－.18067*	.03031	.000	－.2401	－.1213
		公务员	－.25077*	.05017	.000	－.3491	－.1524
		在校学生	－.25143*	.03935	.000	－.3286	－.1743
		其他职业	－.10724*	.01924	.000	－.1450	－.0695
	工商业人员	务农人员	.12518*	.02071	.000	.0846	.1658
		技术人员	－.05549	.03221	.085	－.1186	.0076
		公务员	－.12559*	.05133	.014	－.2262	－.0250
		在校学生	－.12625*	.04082	.002	－.2063	－.0462
		其他职业	.01794	.02210	.417	－.0254	.0613
	技术人员	务农人员	.18067*	.03031	.000	.1213	.2401
		工商业人员	.05549	.03221	.085	－.0076	.1186

续表

因变量	(I)职业	(J)职业	均值差(I－J)	标准误	显著性	95% 置信区间	
						下限	上限
权利重要性认知	技术人员	公务员	－.07010	.05590	.210	－.1797	.0395
		在校学生	－.07075	.04644	.128	－.1618	.0203
		其他职业	.07343*	.03128	.019	.0121	.1348
	公务员	务农人员	.25077*	.05017	.000	.1524	.3491
		工商业人员	.12559*	.05133	.014	.0250	.2262
		技术人员	.07010	.05590	.210	－.0395	.1797
		在校学生	－.00065	.06127	.992	－.1208	.1195
		其他职业	.14353*	.05076	.005	.0440	.2430
	在校学生	务农人员	.25143*	.03935	.000	.1743	.3286
		工商业人员	.12625*	.04082	.002	.0462	.2063
		技术人员	.07075	.04644	.128	－.0203	.1618
		公务员	.00065	.06127	.992	－.1195	.1208
		其他职业	.14419*	.04010	.000	.0656	.2228
	其他职业	务农人员	.10724*	.01924	.000	.0695	.1450
		工商业人员	－.01794	.02210	.417	－.0613	.0254
		技术人员	－.07343*	.03128	.019	－.1348	－.0121
		公务员	－.14353*	.05076	.005	－.2430	－.0440
		在校学生	－.14419*	.04010	.000	－.2228	－.0656

*. 均值差的显著性水平为 0.05。

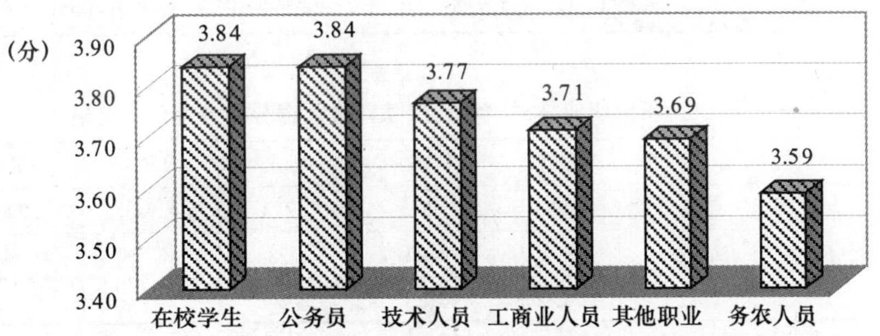

图 6－15－1　不同职业被试权利重要性认知的得分比较

对不同职业被试“权利保障评价”的差异性进行方差分析（见表6－29－4、表6－29－5、表6－29－6和图6－15－2），显示不同职业被试的得分之间差异显著，$F = 4.943$，$p < 0.001$，具体表现是：务农人员被试（$M = 3.26$，$SD = 0.51$）的得分显著高于专业技术人员被试（$M = 3.20$，$SD = 0.57$），显著低于公务员被试（$M = 3.43$，$SD = 0.54$），与工商业人员被试（$M = 3.25$，$SD = 0.55$）、在校学生被试（$M = 3.21$，$SD = 0.50$）和其他职业被试（$M = 3.25$，$SD = 0.52$）之间的得分差异不显著。公务员被试的得分显著高于另五种职业被试。工商业人员被试与专业技术人员、在校学生、其他职业被试之间的得分差异不显著。专业技术人员被试与在校学生、其他职业被试之间的得分差异不显著。在校学生被试与其他职业被试之间的得分差异不显著。

表6－29－4　　不同职业被试“权利保障评价”得分的差异比较

项目		N	均值	标准差	标准误	均值的95% 置信区间		极小值	极大值
						下限	上限		
权利保障评价	务农人员	2293	3.2626	.51139	.01068	3.2417	3.2836	1.00	5.00
	工商业人员	1304	3.2482	.54626	.01513	3.2185	3.2778	1.00	4.60
	技术人员	465	3.1957	.56749	.02632	3.1440	3.2474	1.00	4.60
	公务员	151	3.4265	.53798	.04378	3.3400	3.5130	1.80	4.80
	在校学生	256	3.2086	.50169	.03136	3.1468	3.2703	1.40	4.40
	其他职业	1657	3.2477	.52357	.01286	3.2224	3.2729	1.00	5.00
	总数	6126	3.2522	.52777	.00674	3.2390	3.2654	1.00	5.00

表6－29－5　　不同职业被试“权利保障评价”得分的方差分析结果

项目		平方和	df	均方	F	显著性
权利保障评价	组间	6.863	5	1.373	4.943	.000
	组内	1699.203	6120	.278		
	总数	1706.065	6125			

表 6-29-6　　不同职业被试“权利保障评价”得分的多重比较

因变量	(I) 职业	(J) 职业	均值差 (I-J)	标准误	显著性	95% 置信区间	
						下限	上限
权利保障评价	务农人员	工商业人员	.01447	.01828	.429	-.0214	.0503
		技术人员	.06693*	.02680	.013	.0144	.1195
		公务员	-.16386*	.04427	.000	-.2506	-.0771
		在校学生	.05403	.03472	.120	-.0140	.1221
		其他职业	.01495	.01699	.379	-.0184	.0483
	工商业人员	务农人员	-.01447	.01828	.429	-.0503	.0214
		技术人员	.05246	.02846	.065	-.0033	.1083
		公务员	-.17833*	.04530	.000	-.2671	-.0895
		在校学生	.03957	.03602	.272	-.0310	.1102
		其他职业	.00048	.01951	.980	-.0378	.0387
	技术人员	务农人员	-.06693*	.02680	.013	-.1195	-.0144
		工商业人员	-.05246	.02846	.065	-.1083	.0033
		公务员	-.23079*	.04935	.000	-.3275	-.1340
		在校学生	-.01289	.04101	.753	-.0933	.0675
		其他职业	-.05198	.02765	.060	-.1062	.0022
	公务员	务农人员	.16386*	.04427	.000	.0771	.2506
		工商业人员	.17833*	.04530	.000	.0895	.2671
		技术人员	.23079*	.04935	.000	.1340	.3275
		在校学生	.21790*	.05407	.000	.1119	.3239
		其他职业	.17881*	.04479	.000	.0910	.2666
	在校学生	务农人员	-.05403	.03472	.120	-.1221	.0140
		工商业人员	-.03957	.03602	.272	-.1102	.0310
		技术人员	.01289	.04101	.753	-.0675	.0933
		公务员	-.21790*	.05407	.000	-.3239	-.1119
		其他职业	-.03908	.03539	.269	-.1085	.0303
	其他职业	务农人员	-.01495	.01699	.379	-.0483	.0184
		工商业人员	-.00048	.01951	.980	-.0387	.0378
		技术人员	.05198	.02765	.060	-.0022	.1062
		公务员	-.17881*	.04479	.000	-.2666	-.0910
		在校学生	.03908	.03539	.269	-.0303	.1085

*. 均值差的显著性水平为 0.05。

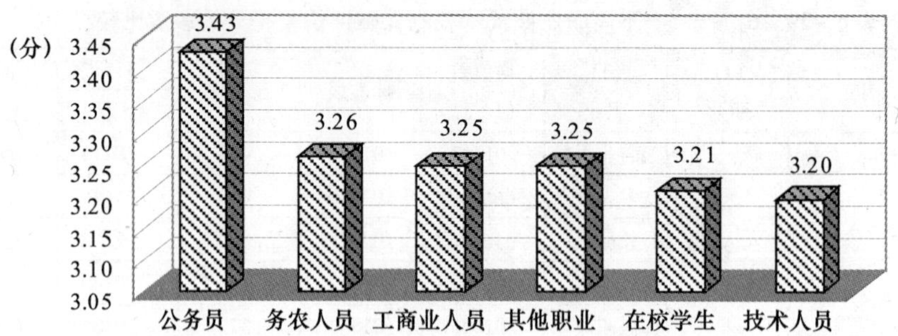

图 6－15－2　不同职业被试权利保障评价的得分比较

对不同职业被试“权利认知总分”的差异性进行方差分析（见表 6－29－7、表 6－29－8、表 6－29－9），显示不同职业被试的得分之间差异显著，$F=9.729$，$p<0.001$，具体表现是：务农人员被试（$M=6.85$，$SD=0.86$）的得分显著低于工商业人员被试（$M=6.96$，$SD=0.88$）、专业技术人员被试（$M=6.96$，$SD=0.88$）、公务员被试（$M=7.26$，$SD=0.94$）、在校学生被试（$M=7.05$，$SD=0.86$）和其他职业被试（$M=6.95$，$SD=0.87$）。公务员被试的得分显著高于另五种职业被试。工商业人员被试与专业技术人员、在校学生、其他职业被试之间的得分差异不显著。专业技术人员被试与在校学生、其他职业被试之间的得分差异不显著。在校学生被试与其他职业被试之间的得分差异不显著。

表 6－29－7　不同职业被试“权利认知总分”得分的差异比较

项目		*N*	均值	标准差	标准误	均值的 95% 置信区间		极小值	极大值
						下限	上限		
权利认知总分	务农人员	2283	6.8513	.86351	.01807	6.8159	6.8868	3.60	10.00
	工商业人员	1299	6.9627	.87624	.02431	6.9150	7.0104	3.80	9.40
	技术人员	464	6.9638	.88084	.04089	6.8834	7.0441	4.40	9.20
	公务员	151	7.2649	.94475	.07688	7.1130	7.4168	4.60	9.20
	在校学生	256	7.0477	.86360	.05397	6.9414	7.1539	3.60	9.20
	其他职业	1652	6.9455	.86789	.02135	6.9036	6.9874	4.00	10.00
	总数	6105	6.9275	.87393	.01118	6.9056	6.9495	3.60	10.00

表6-29-8　　不同职业被试"权利认知总分"得分的方差分析结果

项目		平方和	df	均方	F	显著性
权利认知总分	组间	36.890	5	7.378	9.729	.000
	组内	4625.051	6099	.758		
	总数	4661.941	6104			

表6-29-9　　不同职业被试"权利认知总分"得分的多重比较

因变量	(I)职业	(J)职业	均值差(I-J)	标准误	显著性	95% 置信区间	
						下限	上限
权利认知总分	务农人员	工商业人员	-.11140*	.03026	.000	-.1707	-.0521
		技术人员	-.11246*	.04435	.011	-.1994	-.0255
		公务员	-.41356*	.07317	.000	-.5570	-.2701
		在校学生	-.19632*	.05740	.001	-.3088	-.0838
		其他职业	-.09418*	.02813	.001	-.1493	-.0390
	工商业人员	务农人员	.11140*	.03026	.000	.0521	.1707
		技术人员	-.00105	.04710	.982	-.0934	.0913
		公务员	-.30216*	.07487	.000	-.4489	-.1554
		在校学生	-.08492	.05955	.154	-.2017	.0318
		其他职业	.01722	.03229	.594	-.0461	.0805
	技术人员	务农人员	.11246*	.04435	.011	.0255	.1994
		工商业人员	.00105	.04710	.982	-.0913	.0934
		公务员	-.30111*	.08159	.000	-.4610	-.1412
		在校学生	-.08386	.06780	.216	-.2168	.0490
		其他职业	.01827	.04575	.690	-.0714	.1080
	公务员	务农人员	.41356*	.07317	.000	.2701	.5570
		工商业人员	.30216*	.07487	.000	.1554	.4489
		技术人员	.30111*	.08159	.000	.1412	.4610
		在校学生	.21724*	.08935	.015	.0421	.3924
		其他职业	.31938*	.07403	.000	.1742	.4645
	在校学生	务农人员	.19632*	.05740	.001	.0838	.3088
		工商业人员	.08492	.05955	.154	-.0318	.2017
		技术人员	.08386	.06780	.216	-.0490	.2168
		公务员	-.21724*	.08935	.015	-.3924	-.0421
		其他职业	.10214	.05849	.081	-.0125	.2168

续表

因变量	(I) 职业	(J) 职业	均值差 (I－J)	标准误	显著性	95% 置信区间	
						下限	上限
权利认知总分	其他职业	务农人员	.09418*	.02813	.001	.0390	.1493
		工商业人员	－.01722	.03229	.594	－.0805	.0461
		技术人员	－.01827	.04575	.690	－.1080	.0714
		公务员	－.31938*	.07403	.000	－.4645	－.1742
		在校学生	－.10214	.05849	.081	－.2168	.0125

*. 均值差的显著性水平为 0.05。

在法律、政治、经济、社会、文化五类权利对个人发展的重要性方面，按选择比例由高到低排序，务农人员、工商业人员、其他职业被试是经济权利、法律权利、社会权利、政治权利、文化权利，专业技术人员被试是法律权利、经济权利、社会权利、政治权利、文化权利，公务员被试是法律权利、经济权利、政治权利、社会权利、文化权利，在校学生是法律权利与社会权利并列第一，其下是经济权利、文化权利、政治权利（见表6－30）。

表6－30　**不同职业被试认为最重要的权利**

项目	务农人员		工商业人员		技术人员	
	频率	有效百分比	频率	有效百分比	频率	有效百分比
法律权利	614	26.85	310	23.70	121	25.97
经济权利	772	33.76	387	29.59	120	25.75
社会权利	337	14.73	258	19.72	112	24.03
文化权利	280	12.24	166	12.69	38	8.16
政治权利	284	12.42	187	14.30	75	16.09
合计	2287	100.00	1308	100.00	466	100.00

项目	公务员		在校学生		其他职业	
法律权利	48	31.58	66	25.78	438	26.42
经济权利	37	24.34	46	17.97	562	33.90
社会权利	22	14.47	66	25.78	306	18.45
文化权利	14	9.21	40	15.63	161	9.71
政治权利	31	20.40	38	14.84	191	11.52
合计	152	100.00	256	100.00	1658	100.00

在法律、政治、经济、社会、文化五类权利的保障方面，按选择比例由高到低排序，务农人员被试是法律权利、经济权利、社会权利、政治权利、文化权利，工商业人员被试是法律权利、文化权利、经济权利、社会权利、政治权利，专业技术人员、其他职业被试是法律权利、经济权利、社会权利、文化权利、政治权利，公务员被试是法律权利、经济权利、政治权利、文化权利、社会权利，在校学生被试是法律权利、文化权利、社会权利、经济权利、政治权利（第二位至第五位排序不同，见表6－31）。

表6－31　**不同职业被试认为保障最好的权利**

项目	务农人员		工商业人员		技术人员	
	频率	有效百分比	频率	有效百分比	频率	有效百分比
法律权利	812	35.37	399	30.60	147	31.55
经济权利	494	21.51	241	18.48	101	21.67
社会权利	382	16.64	239	18.33	81	17.38
文化权利	295	12.85	249	19.09	80	17.17
政治权利	313	13.63	176	13.50	57	12.23
合计	2296	100.00	1304	100.00	466	100.00
项目	公务员		在校学生		其他职业	
法律权利	48	31.79	89	34.90	508	30.82
经济权利	32	21.19	33	12.94	408	24.76
社会权利	19	12.58	50	19.61	262	15.90
文化权利	22	14.57	54	21.18	253	15.35
政治权利	30	19.87	29	11.37	217	13.17
合计	151	100.00	255	100.00	1648	100.00

（二）利益认知

调查结果显示，务农人员被试的“公民利益取向”得分在1.00—5.00分之间，均值为2.72，标准差为0.60；“利益保障评价”得分在1.00—5.00分之间，均值为3.24，标准差为0.65；“利益认知总分”的得分在3.00—9.20分之间，均值为5.96，标准差为0.75（见表6－32－1）。

表 6－32－1　　务农人员被试“利益认知”的总体描述统计

项目	N	极小值	极大值	均值	标准差
公民利益取向	2297	1.00	5.00	2.7182	.59845
利益保障评价	2296	1.00	5.00	3.2397	.65001
利益认知总分	2286	3.00	9.20	5.9585	.74966
有效的 N	2286				

调查结果显示，工商业人员被试的“公民利益取向”得分在 1.00—5.00 分之间，均值为 2.80，标准差为 0.57；“利益保障评价”得分在 1.00—5.00 分之间，均值为 3.12，标准差为 0.68；“利益认知总分”的得分在 2.40—7.80 分之间，均值为 5.93，标准差为 0.70（见表 6－32－2）。

表 6－32－2　　工商业人员被试“利益认知”的总体描述统计

项目	N	极小值	极大值	均值	标准差
公民利益取向	1306	1.00	5.00	2.8049	.56998
利益保障评价	1305	1.00	5.00	3.1217	.67699
利益认知总分	1304	2.40	7.80	5.9268	.70146
有效的 N	1304				

调查结果显示，专业技术人员被试的“公民利益取向”得分在 1.00—5.00 分之间，均值为 2.76，标准差为 0.62；“利益保障评价”得分在 1.00—5.00 分之间，均值为 3.08，标准差为 0.71；“利益认知总分”的得分在 2.40—8.40 分之间，均值为 5.84，标准差为 0.75（见表 6－32－3）。

表 6－32－3　　专业技术人员被试“利益认知”的总体描述统计

项目	N	极小值	极大值	均值	标准差
公民利益取向	466	1.00	5.00	2.7584	.62126
利益保障评价	465	1.00	5.00	3.0809	.70698
利益认知总分	465	2.40	8.40	5.8409	.75290
有效的 N	463				

调查结果显示，公务员被试的“公民利益取向”得分在1.20—4.60分之间，均值为2.66，标准差为0.63；“利益保障评价”得分在1.00—5.00分之间，均值为3.25，标准差为0.68；“利益认知总分”的得分在3.40—8.20分之间，均值为5.91，标准差为0.69（见表6－32－4）。

表6－32－4　　**公务员被试“利益认知”的总体描述统计**

项目	N	极小值	极大值	均值	标准差
公民利益取向	152	1.20	4.60	2.6645	.63480
利益保障评价	151	1.00	5.00	3.2464	.67506
利益认知总分	151	3.40	8.20	5.9086	.68692
有效的 N	151				

调查结果显示，在校学生被试的“公民利益取向”得分在1.20—5.00分之间，均值为2.82，标准差为0.63；“利益保障评价”得分在1.00—4.60分之间，均值为3.02，标准差为0.66；“利益认知总分”的得分在3.20—8.60分之间，均值为5.84，标准差为0.76（见表6－32－5）。

表6－32－5　　**在校学生被试“利益认知”的总体描述统计**

项目	N	极小值	极大值	均值	标准差
公民利益取向	255	1.20	5.00	2.8235	.63002
利益保障评价	255	1.00	4.60	3.0173	.65666
利益认知总分	255	3.20	8.60	5.8408	.75613
有效的 N	255				

调查结果显示，其他职业被试的“公民利益取向”得分在1.00—5.00分之间，均值为2.80，标准差为0.59；“利益保障评价”得分在1.00—5.00分之间，均值为3.13，标准差为0.67；“利益认知总分”的得分在3.00—9.20分之间，均值为5.93，标准差为0.74（见表6－32－6）。

表 6－32－6　　其他职业被试"利益认知"的总体描述统计

项目	N	极小值	极大值	均值	标准差
公民利益取向	1657	1.00	5.00	2.8036	.58519
利益保障评价	1656	1.00	5.00	3.1320	.67033
利益认知总分	1651	3.00	9.20	5.9340	.73676
有效的 N	1652				

对不同职业被试"公民利益取向"的差异性进行方差分析（见表 6－33－1、表 6－33－2、表 6－33－3 和图 6－16－1），显示不同职业被试的得分之间差异显著，$F = 6.824$，$p < 0.001$，具体表现是：务农人员被试（$M = 2.72$，$SD = 0.60$）的得分显著低于工商业人员被试（$M = 2.80$，$SD = 0.57$）、在校学生被试（$M = 2.82$，$SD = 0.63$）和其他职业被试（$M = 2.80$，$SD = 0.59$），与专业技术人员被试（$M = 2.76$，$SD = 0.62$）、公务员被试（$M = 2.66$，$SD = 0.63$）之间的得分差异不显著。专业技术人员被试与另五种职业被试之间的得分差异均不显著。工商业人员被试的得分显著高于公务员被试，与在校学生、其他职业被试之间的得分差异不显著。公务员被试的得分显著低于在校学生、其他职业被试。在校学生被试与其他职业被试之间的得分差异不显著。

表 6－33－1　　不同职业被试"公民利益取向"得分的差异比较

项目		N	均值	标准差	标准误	均值的 95% 置信区间		极小值	极大值
						下限	上限		
公民利益取向	务农人员	2297	2.7182	.59845	.01249	2.6938	2.7427	1.00	5.00
	工商业人员	1306	2.8049	.56998	.01577	2.7740	2.8358	1.00	5.00
	技术人员	466	2.7584	.62126	.02878	2.7018	2.8149	1.00	5.00
	公务员	152	2.6645	.63480	.05149	2.5627	2.7662	1.20	4.60
	在校学生	255	2.8235	.63002	.03945	2.7458	2.9012	1.20	5.00
	其他职业	1657	2.8036	.58519	.01438	2.7754	2.8318	1.00	5.00
	总数	6133	2.7659	.59440	.00759	2.7510	2.7807	1.00	5.00

表 6 - 33 - 2　　不同职业被试"公民利益取向"得分的方差分析结果

项目		平方和	*df*	均方	*F*	显著性
公民利益取向	组间	11. 998	5	2. 400	6. 824	. 000
	组内	2154. 492	6127	. 352		
	总数	2166. 490	6132			

表 6 - 33 - 3　　不同职业被试"公民利益取向"得分的多重比较

因变量	(I) 职业	(J) 职业	均值差 (I - J)	标准误	显著性	95% 置信区间	
						下限	上限
公民利益取向	务农人员	工商业人员	-. 08666 *	. 02055	. 000	-. 1269	-. 0464
		技术人员	-. 04013	. 03013	. 183	-. 0992	. 0189
		公务员	. 05377	. 04966	. 279	-. 0436	. 1511
		在校学生	-. 10529 *	. 03914	. 007	-. 1820	-. 0286
		其他职业	-. 08538 *	. 01911	. 000	-. 1228	-. 0479
	工商业人员	务农人员	. 08666 *	. 02055	. 000	. 0464	. 1269
		技术人员	. 04653	. 03200	. 146	-. 0162	. 1093
		公务员	. 14043 *	. 05082	. 006	. 0408	. 2401
		在校学生	-. 01863	. 04060	. 646	-. 0982	. 0610
		其他职业	. 00128	. 02194	. 954	-. 0417	. 0443
	技术人员	务农人员	. 04013	. 03013	. 183	-. 0189	. 0992
		工商业人员	-. 04653	. 03200	. 146	-. 1093	. 0162
		公务员	. 09390	. 05539	. 090	-. 0147	. 2025
		在校学生	-. 06516	. 04619	. 158	-. 1557	. 0254
		其他职业	-. 04525	. 03109	. 146	-. 1062	. 0157
	公务员	务农人员	-. 05377	. 04966	. 279	-. 1511	. 0436
		工商业人员	-. 14043 *	. 05082	. 006	-. 2401	-. 0408
		技术人员	-. 09390	. 05539	. 090	-. 2025	. 0147
		在校学生	-. 15906 *	. 06077	. 009	-. 2782	-. 0399
		其他职业	-. 13915 *	. 05026	. 006	-. 2377	-. 0406
	在校学生	务农人员	. 10529 *	. 03914	. 007	. 0286	. 1820
		工商业人员	. 01863	. 04060	. 646	-. 0610	. 0982
		技术人员	. 06516	. 04619	. 158	-. 0254	. 1557
		公务员	. 15906 *	. 06077	. 009	. 0399	. 2782
		其他职业	. 01991	. 03989	. 618	-. 0583	. 0981

续表

因变量	(I) 职业	(J) 职业	均值差 (I-J)	标准误	显著性	95% 置信区间	
						下限	上限
公民利益取向	其他职业	务农人员	.08538*	.01911	.000	.0479	.1228
		工商业人员	-.00128	.02194	.954	-.0443	.0417
		技术人员	.04525	.03109	.146	-.0157	.1062
		公务员	.13915*	.05026	.006	.0406	.2377
		在校学生	-.01991	.03989	.618	-.0981	.0583

*. 均值差的显著性水平为 0.05。

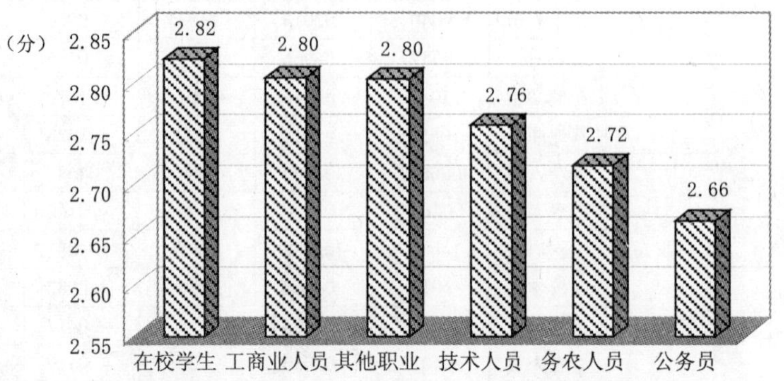

图 6-16-1　不同职业被试公民利益取向的得分比较

对不同职业被试“利益保障评价”的差异性进行方差分析（见表 6-33-4、表 6-33-5、表 6-33-6 和图 6-16-2），显示不同职业被试的得分之间差异显著，$F=12.117$，$p<0.001$，具体表现是：务农人员被试（$M=3.24$，$SD=0.65$）的得分显著高于工商业人员被试（$M=3.12$，$SD=0.68$）、专业技术人员被试（$M=3.08$，$SD=0.71$）、在校学生被试（$M=3.02$，$SD=0.66$）和其他职业被试（$M=3.13$，$SD=0.67$），与公务员被试（$M=3.25$，$SD=0.68$）之间的得分差异不显著。工商业人员被试的得分显著低于公务员被试，显著高于在校学生被试，与专业技术人员、其他职业被试之间的得分差异不显著。专业技术人员被试的得分显著低于公务员被试，与在校学生、其他职业被试之间的得分差异不显著。公务员被试的得分显著高于在校学生、其他职业被试。在校学生被试的得分显著低于其他职业被试。

表 6－33－4　不同职业被试“利益保障评价”得分的差异比较

项目		N	均值	标准差	标准误	均值的 95% 置信区间		极小值	极大值
						下限	上限		
利益保障评价	务农人员	2296	3.2397	.65001	.01357	3.2131	3.2663	1.00	5.00
	工商业人员	1305	3.1217	.67699	.01874	3.0849	3.1585	1.00	5.00
	技术人员	465	3.0809	.70698	.03279	3.0164	3.1453	1.00	5.00
	公务员	151	3.2464	.67506	.05494	3.1378	3.3549	1.00	5.00
	在校学生	255	3.0173	.65666	.04112	2.9363	3.0982	1.00	4.60
	其他职业	1656	3.1320	.67033	.01647	3.0997	3.1643	1.00	5.00
	总数	6128	3.1643	.66967	.00855	3.1476	3.1811	1.00	5.00

表 6－33－5　不同职业被试“利益保障评价”得分的方差分析结果

项目		平方和	df	均方	F	显著性
利益保障评价	组间	26.925	5	5.385	12.117	.000
	组内	2720.757	6122	.444		
	总数	2747.682	6127			

表 6－33－6　不同职业被试“利益保障评价”得分的多重比较

因变量	(I) 职业	(J) 职业	均值差 (I－J)	标准误	显著性	95% 置信区间	
						下限	上限
利益保障评价	务农人员	工商业人员	.11804*	.02311	.000	.0727	.1633
		技术人员	.15886*	.03390	.000	.0924	.2253
		公务员	－.00664	.05601	.906	－.1164	.1032
		在校学生	.22247*	.04400	.000	.1362	.3087
		其他职业	.10772*	.02149	.000	.0656	.1498
	工商业人员	务农人员	－.11804*	.02311	.000	－.1633	－.0727
		技术人员	.04083	.03600	.257	－.0298	.1114
		公务员	－.12467*	.05730	.030	－.2370	－.0123
		在校学生	.10443*	.04564	.022	.0150	.1939
		其他职业	－.01032	.02468	.676	－.0587	.0381

续表

因变量	(I) 职业	(J) 职业	均值差 (I-J)	标准误	显著性	95% 置信区间	
						下限	上限
利益保障评价	技术人员	务农人员	-.15886*	.03390	.000	-.2253	-.0924
		工商业人员	-.04083	.03600	.257	-.1114	.0298
		公务员	-.16550*	.06244	.008	-.2879	-.0431
		在校学生	.06361	.05195	.221	-.0382	.1654
		其他职业	-.05114	.03499	.144	-.1197	.0174
	公务员	务农人员	.00664	.05601	.906	-.1032	.1164
		工商业人员	.12467*	.05730	.030	.0123	.2370
		技术人员	.16550*	.06244	.008	.0431	.2879
		在校学生	.22910*	.06845	.001	.0949	.3633
		其他职业	.11435*	.05667	.044	.0033	.2254
	在校学生	务农人员	-.22247*	.04400	.000	-.3087	-.1362
		工商业人员	-.10443*	.04564	.022	-.1939	-.0150
		技术人员	-.06361	.05195	.221	-.1654	.0382
		公务员	-.22910*	.06845	.001	-.3633	-.0949
		其他职业	-.11475*	.04485	.011	-.2027	-.0268
	其他职业	务农人员	-.10772*	.02149	.000	-.1498	-.0656
		工商业人员	.01032	.02468	.676	-.0381	.0587
		技术人员	.05114	.03499	.144	-.0174	.1197
		公务员	-.11435*	.05667	.044	-.2254	-.0033
		在校学生	.11475*	.04485	.011	.0268	.2027

*. 均值差的显著性水平为 0.05。

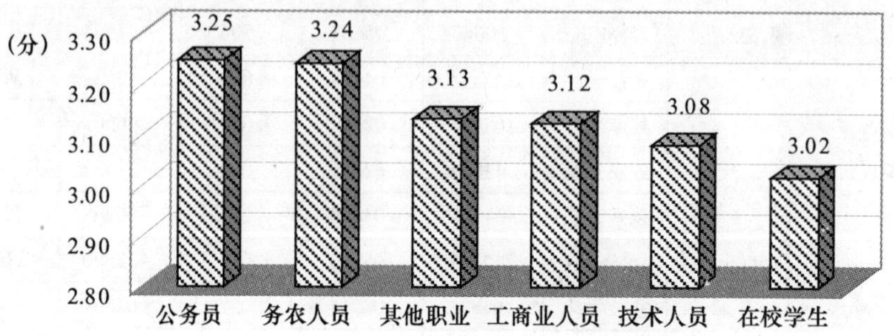

图 6-16-2　不同职业被试利益保障评价的得分比较

对不同职业被试“利益认知总分”的差异性进行方差分析（见表6-33-7、表6-33-8、表6-33-9），显示务农人员被试（$M=5.96$，$SD=0.75$）的得分显著高于在校学生被试（$M=5.84$，$SD=0.75$）、专业技术人员被试（$M=5.84$，$SD=0.75$），与工商业人员被试（$M=5.93$，$SD=0.70$）、其他职业被试（$M=5.93$，$SD=0.74$）、公务员被试（$M=5.91$，$SD=0.69$）之间的得分差异不显著。公务员被试与另五种职业被试之间的得分差异均不显著。工商业人员被试的得分显著高于专业技术人员被试，与在校学生、其他职业被试之间的得分差异均不显著；专业技术人员被试的得分显著低于其他职业被试，与在校学生被试之间的得分差异不显著。在校学生被试与其他职业被试之间的得分差异不显著。

表6-33-7　　不同职业被试“利益认知总分”得分的差异比较

项目		N	均值	标准差	标准误	均值的95%置信区间		极小值	极大值
						下限	上限		
利益认知总分	务农人员	2286	5.9585	.74966	.01568	5.9278	5.9893	3.00	9.20
	工商业人员	1304	5.9268	.70146	.01943	5.8887	5.9649	2.40	7.80
	技术人员	465	5.8409	.75290	.03491	5.7722	5.9095	2.40	8.40
	公务员	151	5.9086	.68692	.05590	5.7982	6.0191	3.40	8.20
	在校学生	255	5.8408	.75163	.04707	5.7481	5.9335	3.20	8.60
	其他职业	1651	5.9340	.73676	.01813	5.8984	5.9695	3.00	9.20
	总数	6112	5.9300	.73551	.00941	5.9116	5.9485	2.40	9.20

表6-33-8　　不同职业被试“利益认知总分”得分的方差分析结果

项目		平方和	df	均方	F	显著性
利益认知总分	组间	7.693	5	1.539	2.849	.014
	组内	3298.231	6106	.540		
	总数	3305.925	6111			

表6－33－9　　不同职业被试“利益认知总分”得分的多重比较

因变量	(I)职业	(J)职业	均值差(I－J)	标准误	显著性	95% 置信区间	
						下限	上限
利益认知总分	务农人员	工商业人员	.03169	.02551	.214	-.0183	.0817
		技术人员	.11767*	.03739	.002	.0444	.1910
		公务员	.04992	.06175	.419	-.0711	.1710
		在校学生	.11775*	.04852	.015	.0226	.2129
		其他职业	.02455	.02374	.301	-.0220	.0711
	工商业人员	务农人员	-.03169	.02551	.214	-.0817	.0183
		技术人员	.08598*	.03970	.030	.0082	.1638
		公务员	.01823	.06318	.773	-.1056	.1421
		在校学生	.08606	.05032	.087	-.0126	.1847
		其他职业	-.00714	.02723	.793	-.0605	.0462
	技术人员	务农人员	-.11767*	.03739	.002	-.1910	-.0444
		工商业人员	-.08598*	.03970	.030	-.1638	-.0082
		公务员	-.06775	.06884	.325	-.2027	.0672
		在校学生	.00008	.05727	.999	-.1122	.1123
		其他职业	-.09312*	.03859	.016	-.1688	-.0175
	公务员	务农人员	-.04992	.06175	.419	-.1710	.0711
		工商业人员	-.01823	.06318	.773	-.1421	.1056
		技术人员	.06775	.06884	.325	-.0672	.2027
		在校学生	.06782	.07547	.369	-.0801	.2158
		其他职业	-.02537	.06249	.685	-.1479	.0971
	在校学生	务农人员	-.11775*	.04852	.015	-.2129	-.0226
		工商业人员	-.08606	.05032	.087	-.1847	.0126
		技术人员	-.00008	.05727	.999	-.1123	.1122
		公务员	-.06782	.07547	.369	-.2158	.0801
		其他职业	-.09320	.04945	.060	-.1901	.0037
	其他职业	务农人员	-.02455	.02374	.301	-.0711	.0220
		工商业人员	.00714	.02723	.793	-.0462	.0605
		技术人员	.09312*	.03859	.016	.0175	.1688
		公务员	.02537	.06249	.685	-.0971	.1479
		在校学生	.09320	.04945	.060	-.0037	.1901

*. 均值差的显著性水平为0.05。

在经济、社会、文化、政治四类利益的重要性方面，按选择比例由高到低排序，务农人员、在校学生、其他职业被试是经济利益、社会利益、文化利益、政治利益，工商业人员、专业技术人员、公务员被试是经济利益、社会利益、政治利益、文化利益（第三、四位排序不同，见表6－34）。

表6－34　**不同职业被试认为最重要的利益**

项目	务农人员		工商业人员		技术人员	
	频率	有效百分比	频率	有效百分比	频率	有效百分比
经济利益	1026	44.79	641	49.16	225	48.38
社会利益	614	26.80	349	26.76	136	29.25
文化利益	354	15.45	155	11.89	47	10.11
政治利益	297	12.96	159	12.19	57	12.26
合计	2291	100.00	1304	100.00	465	100.00
项目	公务员		在校学生		其他职业	
经济利益	68	45.64	84	32.94	835	50.33
社会利益	44	29.53	79	30.98	461	27.79
文化利益	16	10.74	47	18.43	192	11.57
政治利益	21	14.09	45	17.65	171	10.31
合计	149	100.00	255	100.00	1659	100.00

在经济、社会、文化、政治四类利益的保障方面，按选择比例由高到低排序，务农人员、工商业人员、公务员、其他职业被试是经济利益、社会利益、文化利益、政治利益，专业技术人员被试是经济利益、文化利益、社会利益、政治利益，在校学生被试是文化利益、社会利益、政治利益、经济利益（五位排序有所不同，应注意在校学生对文化利益保障的高度肯定，见表6－35）。

表6－35　**不同职业被试认为保障最好的利益**

项目	务农人员		工商业人员		技术人员	
	频率	有效百分比	频率	有效百分比	频率	有效百分比
经济利益	811	35.37	433	33.52	156	33.48
社会利益	709	30.92	341	26.39	119	25.54
文化利益	435	18.97	327	25.31	121	25.96

续表

项目	务农人员		工商业人员		技术人员	
	频率	有效百分比	频率	有效百分比	频率	有效百分比
政治利益	338	14.74	191	14.78	70	15.02
合计	2293	100.00	1292	100.00	466	100.00
项目	公务员		在校学生		其他职业	
经济利益	49	32.45	31	12.21	534	32.48
社会利益	44	29.14	63	24.80	465	28.29
文化利益	31	20.53	116	45.67	401	24.39
政治利益	27	17.88	44	17.32	244	14.84
合计	151	100.00	254	100.00	1644	100.00

（三）政治沟通认知

调查结果显示，务农人员被试的“政治沟通重要性认知”得分在1.60—5.00分之间，均值为3.57，标准差为0.51；“政治沟通现状评价”得分在1.00—5.00分之间，均值为3.27，标准差为0.69；“政治沟通认知总分”的得分在3.60—10.00分之间，均值为6.84，标准差为0.95（见表6－36－1）。

表6－36－1　　**务农人员被试“政治沟通认知”的总体描述统计**

项目	N	极小值	极大值	均值	标准差
政治沟通重要性认知	2297	1.60	5.00	3.5697	.51044
政治沟通现状评价	2296	1.00	5.00	3.2662	.68597
政治沟通认知总分	2287	3.60	10.00	6.8370	.94809
有效的 N	2287				

调查结果显示，工商业人员被试的“政治沟通重要性认知”得分在1.60—5.00分之间，均值为3.62，标准差为0.46；“政治沟通现状评价”得分在1.00—5.00分之间，均值为3.14，标准差为0.77；“政治沟通认知总分”的得分在3.60—10.00分之间，均值为6.76，标准差为0.94（见表6－36－2）。

表6-36-2　　工商业人员被试“政治沟通认知”的总体描述统计

项目	*N*	极小值	极大值	均值	标准差
政治沟通重要性认知	1304	1.60	5.00	3.6235	.45686
政治沟通现状评价	1306	1.00	5.00	3.1358	.77122
政治沟通认知总分	1302	3.60	10.00	6.7584	.94009
有效的 *N*	1302				

调查结果显示，专业技术人员被试的“政治沟通重要性认知”得分在2.20—5.00分之间，均值为3.65，标准差为0.45；“政治沟通现状评价”得分在1.00—5.00分之间，均值为3.08，标准差为0.79；“政治沟通认知总分”的得分在3.80—9.60分之间，均值为6.74，标准差为0.94（见表6-36-3）。

表6-36-3　　专业技术人员被试“政治沟通认知”的总体描述统计

项目	*N*	极小值	极大值	均值	标准差
政治沟通重要性认知	468	2.20	5.00	3.6517	.45469
政治沟通现状评价	465	1.00	5.00	3.0826	.79159
政治沟通认知总分	465	3.80	9.60	6.7351	.93725
有效的 *N*	465				

调查结果显示，公务员被试的“政治沟通重要性认知”得分在2.20—4.80分之间，均值为3.74，标准差为0.48；“政治沟通现状评价”得分在1.00—5.00分之间，均值为3.31，标准差为0.72；“政治沟通认知总分”的得分在4.40—9.40分之间，均值为7.05，标准差为0.92（见表6-36-4）。

表6-36-4　　公务员被试“政治沟通认知”的总体描述统计

项目	*N*	极小值	极大值	均值	标准差
政治沟通重要性认知	152	2.20	4.80	3.7368	.47753
政治沟通现状评价	151	1.00	5.00	3.3073	.72250
政治沟通认知总分	151	4.40	9.40	7.0477	.92165
有效的 *N*	151				

调查结果显示，在校学生被试的“政治沟通重要性认知”得分在1.40—5.00分之间，均值为3.65，标准差为0.49；“政治沟通现状评价”得分在1.20—5.00分之间，均值为3.14，标准差为0.70；“政治沟通认知总分”的得分在3.60—9.80分之间，均值为6.78，标准差为0.93（见表6-36-5）。

表6-36-5 在校学生被试“政治沟通认知”的总体描述统计

项目	N	极小值	极大值	均值	标准差
政治沟通重要性认知	256	1.40	5.00	3.6484	.49038
政治沟通现状评价	256	1.20	5.00	3.1352	.70116
政治沟通认知总分	256	3.60	9.80	6.7836	.92979
有效的 N	256				

调查结果显示，其他职业被试的“政治沟通重要性认知”得分在1.80—5.00分之间，均值为3.63，标准差为0.46；“政治沟通现状评价”得分在1.00—5.00分之间，均值为3.15，标准差为0.71；“政治沟通认知总分”的得分在3.80—10.00分之间，均值为6.78，标准差为0.91（见表6-36-6）。

表6-36-6 其他职业被试“政治沟通认知”的总体描述统计

项目	N	极小值	极大值	均值	标准差
政治沟通重要性认知	1662	1.80	5.00	3.6296	.46044
政治沟通现状评价	1662	1.00	5.00	3.1457	.71443
政治沟通认知总分	1660	3.80	10.00	6.7763	.91331
有效的 N	1660				

对不同职业被试“政治沟通重要性”的差异性进行方差分析（见表6-37-1、表6-37-2、表6-37-3和图6-17-1），显示不同职业被试的得分之间差异显著，$F=7.143$，$p<0.001$，具体表现是：务农人员被试（$M=3.57$，$SD=0.51$）的得分显著低于工商业人员被试（$M=3.62$，$SD=0.46$）、专业技术人员被试（$M=3.65$，$SD=0.45$）、公务员被试（$M=3.74$，$SD=0.48$）、在校学生被试（$M=3.65$，$SD=0.49$）和其他职业被试

($M=3.63$, $SD=0.46$)。工商业人员被试的得分显著低于公务员被试,与专业技术人员、在校学生、其他职业被试之间的得分差异不显著。专业技术人员被试与公务员、在校学生、其他职业被试之间的得分差异不显著。公务员被试的得分显著高于其他职业被试,与在校学生被试之间的得分差异不显著。在校学生被试与其他职业被试之间的得分差异不显著。

表6-37-1　不同职业被试“政治沟通重要性认知”得分的差异比较

项目		N	均值	标准差	标准误	均值的95% 置信区间		极小值	极大值
						下限	上限		
政治沟通重要性认知	务农人员	2297	3.5697	.51044	.01065	3.5488	3.5906	1.60	5.00
	工商业人员	1304	3.6235	.45686	.01265	3.5986	3.6483	1.60	5.00
	技术人员	468	3.6517	.45469	.02102	3.6104	3.6930	2.20	5.00
	公务员	152	3.7368	.47753	.03873	3.6603	3.8134	2.20	4.80
	在校学生	256	3.6484	.49038	.03065	3.5881	3.7088	1.40	5.00
	其他职业	1662	3.6296	.46044	.01129	3.6075	3.6518	1.80	5.00
	总数	6139	3.6110	.48147	.00614	3.5990	3.6231	1.40	5.00

表6-37-2　不同职业被试“政治沟通重要性认知”得分的方差分析结果

项目		平方和	df	均方	F	显著性
政治沟通重要性认知	组间	8.237	5	1.647	7.143	.000
	组内	1414.618	6133	.231		
	总数	1422.856	6138			

表6-37-3　不同职业被试“政治沟通重要性认知”得分的多重比较

因变量	(I)职业	(J)职业	均值差(I-J)	标准误	显著性	95% 置信区间	
						下限	上限
政治沟通重要性认知	务农人员	工商业人员	-.05377*	.01665	.001	-.0864	-.0211
		技术人员	-.08201*	.02436	.001	-.1298	-.0343
		公务员	-.16714*	.04022	.000	-.2460	-.0883
		在校学生	-.07874*	.03165	.013	-.1408	-.0167
		其他职业	-.05990*	.01547	.000	-.0902	-.0296

续表

因变量	(I) 职业	(J) 职业	均值差 (I－J)	标准误	显著性	95% 置信区间	
						下限	上限
政治沟通重要性认知	工商业人员	务农人员	.05377*	.01665	.001	.0211	.0864
		技术人员	－.02824	.02588	.275	－.0790	.0225
		公务员	－.11338*	.04116	.006	－.1941	－.0327
		在校学生	－.02497	.03283	.447	－.0893	.0394
		其他职业	－.00614	.01777	.730	－.0410	.0287
	技术人员	务农人员	.08201*	.02436	.001	.0343	.1298
		工商业人员	.02824	.02588	.275	－.0225	.0790
		公务员	－.08513	.04484	.058	－.1730	.0028
		在校学生	.00327	.03733	.930	－.0699	.0765
		其他职业	.02211	.02513	.379	－.0272	.0714
	公务员	务农人员	.16714*	.04022	.000	.0883	.2460
		工商业人员	.11338*	.04116	.006	.0327	.1941
		技术人员	.08513	.04484	.058	－.0028	.1730
		在校学生	.08840	.04918	.072	－.0080	.1848
		其他职业	.10724*	.04070	.008	.0275	.1870
	在校学生	务农人员	.07874*	.03165	.013	.0167	.1408
		工商业人员	.02497	.03283	.447	－.0394	.0893
		技术人员	－.00327	.03733	.930	－.0765	.0699
		公务员	－.08840	.04918	.072	－.1848	.0080
		其他职业	.01883	.03225	.559	－.0444	.0820
	其他职业	务农人员	.05990*	.01547	.000	.0296	.0902
		工商业人员	.00614	.01777	.730	－.0287	.0410
		技术人员	－.02211	.02513	.379	－.0714	.0272
		公务员	－.10724*	.04070	.008	－.1870	－.0275
		在校学生	－.01883	.03225	.559	－.0820	.0444

*. 均值差的显著性水平为 0.05。

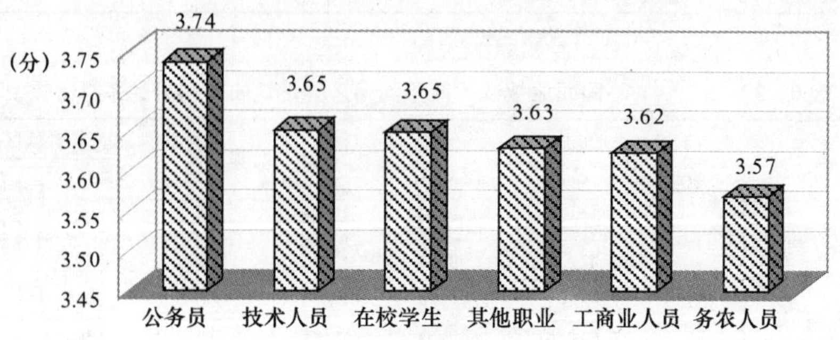

图 6－17－1　不同职业被试政治沟通重要性认知的得分比较

对不同职业被试“政治沟通现状评价”的差异性进行方差分析（见表6－37－4、表6－37－5、表6－37－6和图6－17－2），显示不同职业被试的得分之间差异显著，$F=10.961$，$p<0.001$，具体表现是：务农人员被试（$M=3.27$，$SD=0.69$）的得分显著高于工商业人员被试（$M=3.14$，$SD=0.77$）、专业技术人员被试（$M=3.08$，$SD=0.79$）、在校学生被试（$M=3.14$，$SD=0.70$）和其他职业被试（$M=3.15$，$SD=0.71$），与公务员被试（$M=3.31$，$SD=0.72$）之间的得分差异不显著。工商业人员被试的得分显著低于公务员被试，与专业技术人员、在校学生、其他职业被试之间的得分差异不显著。专业技术人员被试的得分显著低于公务员被试，与在校学生、其他职业被试之间的得分差异不显著。公务员被试的得分显著高于在校学生、其他职业被试。在校学生被试与其他职业被试之间的得分差异不显著。

表6－37－4　　不同职业被试“政治沟通现状评价”得分的差异比较

项目		*N*	均值	标准差	标准误	均值的95% 置信区间		极小值	极大值
						下限	上限		
政治沟通现状评价	务农人员	2296	3.2662	.68597	.01432	3.2381	3.2943	1.00	5.00
	工商业人员	1306	3.1358	.77122	.02134	3.0940	3.1777	1.00	5.00
	技术人员	465	3.0826	.79159	.03671	3.0104	3.1547	1.00	5.00
	公务员	151	3.3073	.72250	.05880	3.1911	3.4235	1.00	5.00
	在校学生	256	3.1352	.70116	.04382	3.0489	3.2215	1.20	5.00
	其他职业	1662	3.1457	.71443	.01752	3.1114	3.1801	1.00	5.00
	总数	6136	3.1875	.72525	.00926	3.1693	3.2056	1.00	5.00

表6－37－5　　不同职业被试“政治沟通现状评价”得分的方差分析结果

项目		平方和	*df*	均方	*F*	显著性
政治沟通现状评价	组间	28.594	5	5.719	10.961	.000
	组内	3198.319	6130	.522		
	总数	3226.914	6135			

表 6 - 37 - 6　　不同职业被试“政治沟通现状评价”得分的多重比较

因变量	(I) 职业	(J) 职业	均值差 (I - J)	标准误	显著性	95% 置信区间	
						下限	上限
政治沟通现状评价	务农人员	工商业人员	.13037*	.02503	.000	.0813	.1794
		技术人员	.18362*	.03673	.000	.1116	.2556
		公务员	-.04108	.06068	.498	-.1600	.0779
		在校学生	.13105*	.04760	.006	.0377	.2243
		其他职业	.12047*	.02326	.000	.0749	.1661
	工商业人员	务农人员	-.13037*	.02503	.000	-.1794	-.0813
		技术人员	.05325	.03901	.172	-.0232	.1297
		公务员	-.17145*	.06209	.006	-.2932	-.0497
		在校学生	.00068	.04937	.989	-.0961	.0975
		其他职业	-.00989	.02671	.711	-.0623	.0425
	技术人员	务农人员	-.18362*	.03673	.000	-.2556	-.1116
		工商业人员	-.05325	.03901	.172	-.1297	.0232
		公务员	-.22470*	.06766	.001	-.3573	-.0921
		在校学生	-.05258	.05621	.350	-.1628	.0576
		其他职业	-.06315	.03789	.096	-.1374	.0111
	公务员	务农人员	.04108	.06068	.498	-.0779	.1600
		工商业人员	.17145*	.06209	.006	.0497	.2932
		技术人员	.22470*	.06766	.001	.0921	.3573
		在校学生	.17213*	.07412	.020	.0268	.3174
		其他职业	.16156*	.06139	.009	.0412	.2819
	在校学生	务农人员	-.13105*	.04760	.006	-.2243	-.0377
		工商业人员	-.00068	.04937	.989	-.0975	.0961
		技术人员	.05258	.05621	.350	-.0576	.1628
		公务员	-.17213*	.07412	.020	-.3174	-.0268
		其他职业	-.01057	.04850	.827	-.1056	.0845
	其他职业	务农人员	-.12047*	.02326	.000	-.1661	-.0749
		工商业人员	.00989	.02671	.711	-.0425	.0623
		技术人员	.06315	.03789	.096	-.0111	.1374
		公务员	-.16156*	.06139	.009	-.2819	-.0412
		在校学生	.01057	.04850	.827	-.0845	.1056

*. 均值差的显著性水平为 0.05。

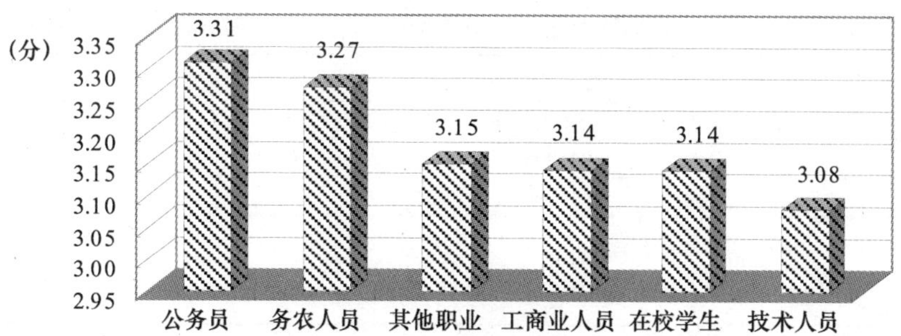

图 6－17－2　不同职业被试政治沟通现状评价的得分比较

对不同职业被试“政治沟通认知总分”的差异性进行方差分析（见表 6－37－7、表 6－37－8、表 6－37－9），显示不同职业被试的得分之间差异显著，$F = 4.030$，$p < 0.01$，具体表现是：务农人员被试（$M = 6.84$，$SD = 0.95$）的得分显著高于工商业人员被试（$M = 6.76$，$SD = 0.94$）、专业技术人员被试（$M = 6.74$，$SD = 0.94$）和其他职业被试（$M = 6.78$，$SD = 0.91$），显著低于公务员被试（$M = 7.05$，$SD = 0.92$），与在校学生被试（$M = 6.78$，$SD = 0.93$）之间的得分差异不显著。公务员被试的得分显著高于另五种职业被试。工商业人员被试与专业技术人员、在校学生、其他职业被试之间的得分差异不显著。专业技术人员被试与在校学生、其他职业被试之间的得分差异不显著。在校学生被试与其他职业被试之间的得分差异不显著。

表 6－37－7　**不同职业被试“政治沟通认知总分”得分的差异比较**

项目		*N*	均值	标准差	标准误	均值的 95% 置信区间		极小值	极大值
						下限	上限		
政治沟通认知总分	务农人员	2287	6. 8370	. 94809	. 01983	6. 7981	6. 8759	3. 60	10. 00
	工商业人员	1302	6. 7584	. 94009	. 02605	6. 7073	6. 8095	3. 60	10. 00
	技术人员	465	6. 7351	. 93725	. 04346	6. 6496	6. 8205	3. 80	9. 60
	公务员	151	7. 0477	. 92165	. 07500	6. 8995	7. 1959	4. 40	9. 40
	在校学生	256	6. 7836	. 92979	. 05811	6. 6692	6. 8980	3. 60	9. 80
	其他职业	1660	6. 7763	. 91331	. 02242	6. 7323	6. 8202	3. 80	10. 00
	总数	6121	6. 7990	. 93598	. 01196	6. 7756	6. 8225	3. 60	10. 00

表 6－37－8　　不同职业被试“政治沟通认知总分”得分的方差分析结果

项目		平方和	df	均方	F	显著性
政治沟通认知总分	组间	17.609	5	3.522	4.030	.001
	组内	5343.906	6115	.874		
	总数	5361.514	6120			

表 6－37－9　　不同职业被试“政治沟通认知总分”得分的多重比较

因变量	(I)职业	(J)职业	均值差(I－J)	标准误	显著性	95% 置信区间 下限	上限
政治沟通认知总分	务农人员	工商业人员	.07862*	.03245	.015	.0150	.1422
		技术人员	.10194*	.04755	.032	.0087	.1952
		公务员	-.21069*	.07855	.007	-.3647	-.0567
		在校学生	.05340	.06161	.386	-.0674	.1742
		其他职业	.06073*	.03014	.044	.0016	.1198
	工商业人员	务农人员	-.07862*	.03245	.015	-.1422	-.0150
		技术人员	.02332	.05050	.644	-.0757	.1223
		公务员	-.28931*	.08037	.000	-.4469	-.1318
		在校学生	-.02522	.06391	.693	-.1505	.1001
		其他职业	-.01789	.03461	.605	-.0857	.0499
	技术人员	务农人员	-.10194*	.04755	.032	-.1952	-.0087
		工商业人员	-.02332	.05050	.644	-.1223	.0757
		公务员	-.31263*	.08756	.000	-.4843	-.1410
		在校学生	-.04854	.07275	.505	-.1912	.0941
		其他职业	-.04121	.04905	.401	-.1374	.0549
	公务员	务农人员	.21069*	.07855	.007	.0567	.3647
		工商业人员	.28931*	.08037	.000	.1318	.4469
		技术人员	.31263*	.08756	.000	.1410	.4843
		在校学生	.26409*	.09592	.006	.0760	.4521
		其他职业	.27142*	.07946	.001	.1156	.4272
	在校学生	务农人员	-.05340	.06161	.386	-.1742	.0674
		工商业人员	.02522	.06391	.693	-.1001	.1505
		技术人员	.04854	.07275	.505	-.0941	.1912
		公务员	-.26409*	.09592	.006	-.4521	-.0760
		其他职业	.00733	.06277	.907	-.1157	.1304

续表

因变量	(I) 职业	(J) 职业	均值差 (I-J)	标准误	显著性	95% 置信区间	
						下限	上限
政治沟通认知总分	其他职业	务农人员	-.06073*	.03014	.044	-.1198	-.0016
		工商业人员	.01789	.03461	.605	-.0499	.0857
		技术人员	.04121	.04905	.401	-.0549	.1374
		公务员	-.27142*	.07946	.001	-.4272	-.1156
		在校学生	-.00733	.06277	.907	-.1304	.1157

*. 均值差的显著性水平为 0.05。

不同职业被试对政府与百姓沟通最重要做法的选择（见表6-38），六个选项由高到低的排序，务农人员被试是“政府愿意与民众沟通”、“政府的公信力”、“公民个人有强烈的沟通愿望”、“为沟通提供必要的法律保障”、“媒体愿意提供相互沟通的平台”、“社会团体和社会组织有参与沟通的意愿”，工商业人员、专业技术人员被试是“政府的公信力”、“政府愿意与民众沟通”、“为沟通提供必要的法律保障”、“媒体愿意提供相互沟通的平台”、“公民个人有强烈的沟通愿望”、“社会团体和社会组织有参与沟通的意愿”，公务员被试是“政府的公信力”、“政府愿意与民众沟通”、“为沟通提供必要的法律保障”、“公民个人有强烈的沟通愿望”、“社会团体和社会组织有参与沟通的意愿”、“媒体愿意提供相互沟通的平台”，在校学生被试是“政府愿意与民众沟通”、“政府的公信力”、“为沟通提供必要的法律保障”、“社会团体和社会组织有参与沟通的意愿”、“公民个人有强烈的沟通愿望”、“媒体愿意提供相互沟通的平台”，其他职业被试是“政府愿意与民众沟通”、“政府的公信力”、“为沟通提供必要的法律保障”、“媒体愿意提供相互沟通的平台”、“公民个人有强烈的沟通愿望”、“社会团体和社会组织有参与沟通的意愿”（六位排序都有所不同）。

表6-38　**不同职业被试认为政府与百姓沟通最重要的做法**

项目	务农人员		工商业人员		技术人员	
	频率	百分比	频率	百分比	频率	百分比
公民有强烈沟通愿望	415	18.00	156	11.91	63	13.52
媒体愿意提供沟通平台	270	11.71	181	13.82	71	15.24

续表

项目	务农人员		工商业人员		技术人员	
	频率	百分比	频率	百分比	频率	百分比
社会组织有参与沟通意愿	169	7.33	84	6.41	27	5.79
为沟通提供法律保障	351	15.23	225	17.18	73	15.66
政府的公信力	439	19.05	376	28.70	130	27.90
政府愿意沟通	661	28.68	288	21.98	102	21.89
合计	2305	100.00	1310	100.00	466	100.00
项目	公务员		在校学生		其他职业	
公民有强烈沟通愿望	18	11.84	27	10.55	220	13.24
媒体愿意提供沟通平台	9	5.92	21	8.20	237	14.26
社会组织有参与沟通意愿	17	11.18	28	10.94	109	6.56
为沟通提供法律保障	26	17.11	54	21.09	290	17.45
政府的公信力	53	34.87	57	22.27	380	22.86
政府愿意沟通	29	19.08	69	26.95	426	25.63
合计	152	100.00	256	100.00	1662	100.00

不同职业被试对突发事件中信息处理最重要做法的选择（见表6－39），四个选项按选择比例由高到低的排序，务农人员、工商业人员、公务员、其他职业被试是“政府及时发布准确的信息”、“媒体及时发布准确的信息”、“政府有效控制各种信息发布”、“公民个人及时发布获得的信息”，专业技术人员被试是“政府及时发布准确的信息”、“媒体及时发布准确的信息”、“公民个人及时发布获得的信息”、“政府有效控制各种信息发布”，在校学生被试是“政府及时发布准确的信息”、“政府有效控制各种信息发布”、“媒体及时发布准确的信息”、“公民个人及时发布获得的信息”（第二位至第四位排序不同）。

表6－39　　不同职业被试认为突发事件中信息处理最重要的做法

项目	务农人员		工商业人员		技术人员	
	频率	百分比	频率	百分比	频率	百分比
公民及时公布获得的信息	328	14.30	143	10.97	46	9.85
媒体及时发布准确信息	437	19.05	334	25.63	105	22.48
政府及时发布准确信息	1153	50.26	671	51.50	271	58.03

续表

项目	务农人员		工商业人员		技术人员	
	频率	百分比	频率	百分比	频率	百分比
政府有效控制信息发布	376	16.39	155	11.90	45	9.64
合计	2294	100.00	1303	100.00	467	100.00
项目	公务员		在校学生		其他职业	
公民及时公布获得的信息	14	9.21	27	10.59	174	10.47
媒体及时发布准确信息	35	23.03	34	13.33	416	25.03
政府及时发布准确信息	89	58.55	132	51.77	852	51.26
政府有效控制信息发布	14	9.21	62	24.31	220	13.24
合计	152	100.00	255	100.00	1662	100.00

（四）政治参与行为

调查结果显示，务农人员被试的“政治参与认知”得分在1.40—5.00分之间，均值为3.09，标准差为0.47；“实际政治参与”得分在1.00—5.00分之间，均值为3.10，标准差为0.68；“政治参与行为总分”的得分在3.20—10.00分之间，均值为6.19，标准差为0.90（见表6－40－1）。

表6－40－1　**务农人员被试“政治参与行为”的总体描述统计**

项目	*N*	极小值	极大值	均值	标准差
政治参与认知	2299	1.40	5.00	3.0906	.47065
实际政治参与	2295	1.00	5.00	3.0975	.67628
政治参与行为总分	2288	3.20	10.00	6.1870	.89959
有效的 *N*	2288				

调查结果显示，工商业人员被试的“政治参与认知”得分在1.80—4.80分之间，均值为3.12，标准差为0.46；“实际政治参与”得分在1.00—5.00分之间，均值为3.02，标准差为0.69；“政治参与行为总分”的得分在3.00—9.20分之间，均值为6.14，标准差为0.87（见表6－40－2）。

表 6 - 40 - 2　　工商业人员被试“政治参与行为”的总体描述统计

项目	N	极小值	极大值	均值	标准差
政治参与认知	1305	1.80	4.80	3.1175	.46445
实际政治参与	1301	1.00	5.00	3.0240	.68763
政治参与行为总分	1297	3.00	9.20	6.1442	.87261
有效的 N	1297				

调查结果显示，专业技术人员被试的“政治参与认知”得分在 1.80—5.00 分之间，均值为 3.13，标准差为 0.46；“实际政治参与”得分在 1.00—5.00 分之间，均值为 3.09，标准差为 0.68；“政治参与行为总分”的得分在 2.80—8.80 分之间，均值为 6.22，标准差为 0.86（见表 6 - 40 - 3）。

表 6 - 40 - 3　　专业技术人员被试“政治参与行为”的总体描述统计

项目	N	极小值	极大值	均值	标准差
政治参与认知	466	1.80	5.00	3.1318	.46251
实际政治参与	465	1.00	5.00	3.0869	.68091
政治参与行为总分	464	2.80	8.80	6.2172	.86219
有效的 N	464				

调查结果显示，公务员被试的“政治参与认知”得分在 2.00—4.60 分之间，均值为 3.21，标准差为 0.50；“实际政治参与”得分在 1.00—5.00 分之间，均值为 3.28，标准差为 0.71；“政治参与行为总分”的得分在 4.40—9.40 分之间，均值为 6.49，标准差为 0.94（见表 6 - 40 - 4）。

表 6 - 40 - 4　　公务员被试“政治参与行为”的总体描述统计

项目	N	极小值	极大值	均值	标准差
政治参与认知	151	2.00	4.60	3.2053	.50064
实际政治参与	151	1.00	5.00	3.2821	.71303
政治参与行为总分	150	4.40	9.40	6.4867	.94077
有效的 N	150				

调查结果显示，在校学生被试的“政治参与认知”得分在 2.20—4.40 分之间，均值为 3.11，标准差为 0.44；“实际政治参与”得分在 1.20—

5.00分之间，均值为3.24，标准差为0.64；“政治参与行为总分”的得分在4.40—9.00分之间，均值为6.34，标准差为0.81（见表6－40－5）。

表6－40－5　　在校学生被试“政治参与行为”的总体描述统计

项目	N	极小值	极大值	均值	标准差
政治参与认知	255	2.20	4.40	3.1082	.43892
实际政治参与	256	1.20	5.00	3.2359	.63638
政治参与行为总分	255	4.40	9.00	6.3443	.81029
有效的 N	255				

调查结果显示，其他职业被试的“政治参与认知”得分在1.80—5.00分之间，均值为3.10，标准差为0.43；“实际政治参与”得分在1.00—5.00分之间，均值为3.04，标准差为0.68；“政治参与行为总分”的得分在3.20—9.60分之间，均值为6.13，标准差为0.85（见表6－40－6）。

表6－40－6　　其他职业被试“政治参与行为”的总体描述统计

项目	N	极小值	极大值	均值	标准差
政治参与认知	1661	1.80	5.00	3.0957	.43126
实际政治参与	1658	1.00	5.00	3.0392	.68273
政治参与行为总分	1655	3.20	9.60	6.1346	.85282
有效的 N	1655				

对不同职业被试“政治参与认知”的差异性进行方差分析（见表6－41－1、表6－41－2、表6－41－3和图6－18－1），结果显示：不同职业被试在“政治参与认知”方面的得分差异显著，$F=2.558$，$p<0.05$，公务员被试（$M=3.21$，$SD=0.50$）的得分显著高于务农人员被试（$M=3.09$，$SD=0.47$）、工商业人员被试（$M=3.12$，$SD=0.46$）、在校学生被试（$M=3.11$，$SD=0.44$）和其他职业被试（$M=3.10$，$SD=0.43$），与专业技术人员被试（$M=3.13$，$SD=0.46$）之间的得分差异不显著；另五种职业被试两两之间的得分差异均不显著。

表6-41-1　　不同职业被试“政治参与认知”得分的差异比较

项目		N	均值	标准差	标准误	均值的95% 置信区间		极小值	极大值
						下限	上限		
政治参与认知	务农人员	2299	3.0906	.47065	.00982	3.0713	3.1098	1.40	5.00
	工商业人员	1305	3.1175	.46445	.01286	3.0923	3.1428	1.80	4.80
	技术人员	466	3.1318	.46251	.02143	3.0897	3.1739	1.80	5.00
	公务员	151	3.2053	.50064	.04074	3.1248	3.2858	2.00	4.60
	在校学生	255	3.1082	.43892	.02749	3.0541	3.1624	2.20	4.40
	其他职业	1661	3.0957	.43126	.01058	3.0750	3.1165	1.80	5.00
	总数	6137	3.1044	.45811	.00585	3.0929	3.1158	1.40	5.00

表6-41-2　　不同职业被试“政治参与认知”得分的方差分析结果

项目		平方和	df	均方	F	显著性
政治参与认知	组间	2.681	5	.536	2.558	.026
	组内	1285.051	6131	.210		
	总数	1287.732	6136			

表6-41-3　　不同职业被试“政治参与认知”得分的多重比较

因变量	(I)职业	(J)职业	均值差(I-J)	标准误	显著性	95% 置信区间	
						下限	上限
政治参与认知	务农人员	工商业人员	-.02699	.01587	.089	-.0581	.0041
		技术人员	-.04120	.02326	.077	-.0868	.0044
		公务员	-.11474*	.03846	.003	-.1901	-.0393
		在校学生	-.01767	.03022	.559	-.0769	.0416
		其他职业	-.00516	.01474	.726	-.0341	.0237
	工商业人员	务农人员	.02699	.01587	.089	-.0041	.0581
		技术人员	-.01421	.02471	.565	-.0626	.0342
		公务员	-.08775*	.03935	.026	-.1649	-.0106
		在校学生	.00931	.03135	.766	-.0521	.0708
		其他职业	.02182	.01694	.198	-.0114	.0550
	技术人员	务农人员	.04120	.02326	.077	-.0044	.0868
		工商业人员	.01421	.02471	.565	-.0342	.0626
		公务员	-.07354	.04287	.086	-.1576	.0105
		在校学生	.02352	.03566	.509	-.0464	.0934
		其他职业	.03603	.02400	.133	-.0110	.0831

续表

因变量	(I)职业	(J)职业	均值差(I-J)	标准误	显著性	95% 置信区间	
						下限	上限
政治参与认知	公务员	务农人员	.11474*	.03846	.003	.0393	.1901
		工商业人员	.08775*	.03935	.026	.0106	.1649
		技术人员	.07354	.04287	.086	-.0105	.1576
		在校学生	.09706*	.04701	.039	.0049	.1892
		其他职业	.10957*	.03891	.005	.0333	.1859
	在校学生	务农人员	.01767	.03022	.559	-.0416	.0769
		工商业人员	-.00931	.03135	.766	-.0708	.0521
		技术人员	-.02352	.03566	.509	-.0934	.0464
		公务员	-.09706*	.04701	.039	-.1892	-.0049
		其他职业	.01251	.03079	.685	-.0479	.0729
	其他职业	务农人员	.00516	.01474	.726	-.0237	.0341
		工商业人员	-.02182	.01694	.198	-.0550	.0114
		技术人员	-.03603	.02400	.133	-.0831	.0110
		公务员	-.10957*	.03891	.005	-.1859	-.0333
		在校学生	-.01251	.03079	.685	-.0729	.0479

*. 均值差的显著性水平为 0.05。

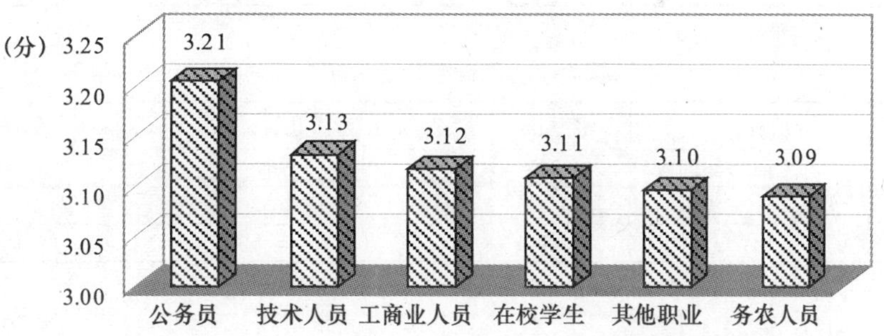

图 6-18-1 不同职业被试政治参与认知的得分比较

对不同职业被试“实际政治参与”的差异性进行方差分析(见表 6-41-4、表 6-41-5、表 6-41-6 和图 6-18-2),显示不同职业被试的得分之间差异显著,$F=8.581$,$p<0.001$,具体表现是:务农人员被试($M=3.10$,$SD=0.68$)的得分显著高于工商业人员被试($M=3.02$,$SD=0.69$)和其他职业被试($M=3.04$,$SD=0.68$),显著低于在校学生

被试（$M=3.24$，$SD=0.64$）和公务员被试（$M=3.28$，$SD=0.71$），与专业技术人员被试（$M=3.09$，$SD=0.68$）之间的得分差异不显著。工商业人员被试的得分显著低于公务员、在校学生被试，与专业技术人员、其他职业被试之间的得分差异不显著。专业技术人员被试的得分显著低于公务员、在校学生被试，与其他职业被试之间的得分差异不显著。公务员被试的得分显著高于其他职业被试，与在校学生被试之间的得分差异不显著。在校学生被试的得分显著高于其他职业被试。

表 6-41-4　　不同职业被试“实际政治参与”得分的差异比较

项目		*N*	均值	标准差	标准误	均值的 95% 置信区间		极小值	极大值
						下限	上限		
实际政治参与	务农人员	2295	3.0975	.67628	.01412	3.0698	3.1252	1.00	5.00
	工商业人员	1301	3.0240	.68763	.01906	2.9866	3.0614	1.00	5.00
	技术人员	465	3.0869	.68091	.03158	3.0248	3.1489	1.00	5.00
	公务员	151	3.2821	.71303	.05803	3.1675	3.3968	1.00	5.00
	在校学生	256	3.2359	.63638	.03977	3.1576	3.3143	1.20	5.00
	其他职业	1658	3.0392	.68273	.01677	3.0063	3.0721	1.00	5.00
	总数	6126	3.0756	.68222	.00872	3.0586	3.0927	1.00	5.00

表 6-41-5　　不同职业被试“实际政治参与”得分的方差分析结果

项目		平方和	*df*	均方	*F*	显著性
实际政治参与	组间	19.846	5	3.969	8.581	.000
	组内	2830.900	6120	.463		
	总数	2850.746	6125			

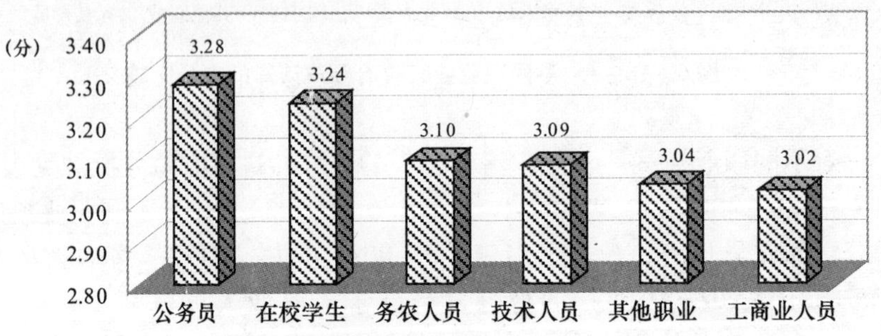

图 6-18-2　不同职业被试实际政治参与的得分比较

表6-41-6　　不同职业被试“实际政治参与”得分的多重比较

因变量	(I)职业	(J)职业	均值差(I-J)	标准误	显著性	95% 置信区间	
						下限	上限
实际政治参与	务农人员	工商业人员	.07353*	.02360	.002	.0273	.1198
		技术人员	.01063	.03459	.758	-.0572	.0784
		公务员	-.18460*	.05714	.001	-.2966	-.0726
		在校学生	-.13842*	.04482	.002	-.2263	-.0506
		其他职业	.05831*	.02192	.008	.0153	.1013
	工商业人员	务农人员	-.07353*	.02360	.002	-.1198	-.0273
		技术人员	-.06290	.03675	.087	-.1349	.0091
		公务员	-.25814*	.05847	.000	-.3728	-.1435
		在校学生	-.21196*	.04650	.000	-.3031	-.1208
		其他职业	-.01522	.02519	.546	-.0646	.0342
	技术人员	务农人员	-.01063	.03459	.758	-.0784	.0572
		工商业人员	.06290	.03675	.087	-.0091	.1349
		公务员	-.19524*	.06370	.002	-.3201	-.0704
		在校学生	-.14906*	.05293	.005	-.2528	-.0453
		其他职业	.04768	.03569	.182	-.0223	.1176
	公务员	务农人员	.18460*	.05714	.001	.0726	.2966
		工商业人员	.25814*	.05847	.000	.1435	.3728
		技术人员	.19524*	.06370	.002	.0704	.3201
		在校学生	.04618	.06979	.508	-.0906	.1830
		其他职业	.24292*	.05781	.000	.1296	.3562
	在校学生	务农人员	.13842*	.04482	.002	.0506	.2263
		工商业人员	.21196*	.04650	.000	.1208	.3031
		技术人员	.14906*	.05293	.005	.0453	.2528
		公务员	-.04618	.06979	.508	-.1830	.0906
		其他职业	.19673*	.04567	.000	.1072	.2863
	其他职业	务农人员	-.05831*	.02192	.008	-.1013	-.0153
		工商业人员	.01522	.02519	.546	-.0342	.0646
		技术人员	-.04768	.03569	.182	-.1176	.0223
		公务员	-.24292*	.05781	.000	-.3562	-.1296
		在校学生	-.19673*	.04567	.000	-.2863	-.1072

*. 均值差的显著性水平为 0.05。

对不同职业被试“政治参与行为总分”的差异性进行方差分析（见表6－41－7、表6－41－8、表6－41－9），显示不同职业被试的得分之间差异显著，$F = 6.989$，$p < 0.001$，具体表现是：务农人员被试（$M = 6.19$，$SD = 0.90$）的得分显著低于公务员被试（$M = 6.49$，$SD = 0.94$）和在校学生被试（$M = 6.34$，$SD = 0.81$），与工商业人员被试（$M = 6.14$，$SD = 0.87$）、专业技术人员被试（$M = 6.22$，$SD = 0.86$）和其他职业被试（$M = 6.13$，$SD = 0.85$）之间的得分差异不显著。工商业人员被试的得分显著低于公务员、在校学生被试，与专业技术人员、其他职业被试之间的得分差异不显著。专业技术人员被试的得分显著低于公务员被试，与在校学生、其他职业被试之间的得分差异不显著。公务员被试的得分显著高于其他职业被试，与在校学生被试之间的得分差异不显著。在校学生被试的得分显著高于其他职业被试。

表6－41－7　**不同职业被试“政治参与行为总分”得分的差异比较**

项目		N	均值	标准差	标准误	均值的95% 置信区间		极小值	极大值
						下限	上限		
政治参与行为总分	务农人员	2288	6.1870	.89959	.01881	6.1501	6.2239	3.20	10.00
	工商业人员	1297	6.1442	.87261	.02423	6.0966	6.1917	3.00	9.20
	技术人员	464	6.2172	.86219	.04003	6.1386	6.2959	2.80	8.80
	公务员	150	6.4867	.94077	.07681	6.3349	6.6385	4.40	9.40
	在校学生	255	6.3443	.81029	.05074	6.2444	6.4442	4.40	9.00
	其他职业	1655	6.1346	.85282	.02096	6.0935	6.1757	3.20	9.60
	总数	6109	6.1799	.87815	.01124	6.1579	6.2020	2.80	10.00

表6－41－8　**不同职业被试“政治参与行为总分”得分的方差分析结果**

项目		平方和	df	均方	F	显著性
政治参与行为总分	组间	26.818	5	5.364	6.989	.000
	组内	4683.401	6103	.767		
	总数	4710.220	6108			

表 6－41－9　不同职业被试“政治参与行为总分”得分的多重比较

因变量	(I) 职业	(J) 职业	均值差 (I－J)	标准误	显著性	95% 置信区间	
						下限	上限
政治参与行为总分	务农人员	工商业人员	.04280	.03045	.160	－.0169	.1025
		技术人员	－.03027	.04460	.497	－.1177	.0572
		公务员	－.29969*	.07383	.000	－.4444	－.1550
		在校学生	－.15734*	.05783	.007	－.2707	－.0440
		其他职业	.05235	.02827	.064	－.0031	.1078
	工商业人员	务农人员	－.04280	.03045	.160	－.1025	.0169
		技术人员	－.07306	.04739	.123	－.1660	.0198
		公务员	－.34249*	.07555	.000	－.4906	－.1944
		在校学生	－.20013*	.06001	.001	－.3178	－.0825
		其他职业	.00956	.03249	.769	－.0541	.0732
	技术人员	务农人员	.03027	.04460	.497	－.0572	.1177
		工商业人员	.07306	.04739	.123	－.0198	.1660
		公务员	－.26943*	.08228	.001	－.4307	－.1081
		在校学生	－.12707	.06829	.063	－.2609	.0068
		其他职业	.08262	.04602	.073	－.0076	.1728
	公务员	务农人员	.29969*	.07383	.000	.1550	.4444
		工商业人员	.34249*	.07555	.000	.1944	.4906
		技术人员	.26943*	.08228	.001	.1081	.4307
		在校学生	.14235	.09014	.114	－.0344	.3191
		其他职业	.35204*	.07470	.000	.2056	.4985
	在校学生	务农人员	.15734*	.05783	.007	.0440	.2707
		工商业人员	.20013*	.06001	.001	.0825	.3178
		技术人员	.12707	.06829	.063	－.0068	.2609
		公务员	－.14235	.09014	.114	－.3191	.0344
		其他职业	.20969*	.05893	.000	.0942	.3252
	其他职业	务农人员	－.05235	.02827	.064	－.1078	.0031
		工商业人员	－.00956	.03249	.769	－.0732	.0541
		技术人员	－.08262	.04602	.073	－.1728	.0076
		公务员	－.35204*	.07470	.000	－.4985	－.2056
		在校学生	－.20969*	.05893	.000	－.3252	－.0942

*. 均值差的显著性水平为 0.05。

对于选举参与、自治参与、政策参与、维权参与、社团参与、网络参与六类参与，哪一类最为重要，不同职业被试按选择比例由高到低排序，务农人员被试是选举参与、自治参与、维权参与和社团参与并列、政策参与、网络参与，工商业人员被试是选举参与、自治参与、社团参与、维权参与、政策参与、网络参与，专业技术人员、公务员被试是选举参与、自治参与、政策参与、社团参与、维权参与、网络参与，在校学生被试是选举参与、社团参与、自治参与、维权参与、政策参与、网络参与，其他职业被试是选举参与、自治参与、社团参与、维权参与、政策参与、网络参与（第三位至第五位排序不同，见表6－42）。

表6－42　　　　不同职业被试认为最重要的政治参与

项目	务农人员		工商业人员		技术人员	
	频率	百分比	频率	百分比	频率	百分比
参加各种选举	1347	58.49	470	36.04	168	36.05
参加基层群众自治	314	13.63	306	23.47	110	23.61
参与政策讨论	158	6.86	132	10.12	64	13.74
以上访等形式维权	219	9.51	152	11.66	44	9.44
参与社会团体活动	219	9.51	175	13.42	53	11.37
在互联网发表个人意见	46	2.00	69	5.29	27	5.79
合计	2303	100.00	1304	100.00	466	100.00

项目	公务员		在校学生		其他职业	
参加各种选举	67	44.08	67	26.17	705	42.42
参加基层群众自治	24	15.79	44	17.19	352	21.18
参与政策讨论	23	15.13	35	13.67	135	8.12
以上访等形式维权	9	5.92	38	14.84	183	11.01
参与社会团体活动	22	14.47	47	18.36	209	12.58
在互联网发表个人意见	7	4.61	25	9.77	78	4.69
合计	152	100.00	256	100.00	1662	100.00

对于选举参与、自治参与、政策参与、维权参与、社团参与、网络参与六类参与，哪一类最能发挥作用，不同职业被试按选择比例由高到低排序，务农人员、工商业人员被试是选举参与、自治参与、社团参与、维权参与、政策参与、网络参与，专业技术人员、公务员被试是选举参与、自

治参与、政策参与、社团参与、维权参与、网络参与，在校学生被试是选举参与、自治参与、社团参与、维权参与、网络参与、政策参与，其他职业被试是选举参与、自治参与、社团参与、维权参与、政策参与、网络参与（第三位至第六位排序不同，见表6－43）。

表6－43　　不同职业被试认为哪一类政治参与最能发挥作用

项目	务农人员		工商业人员		技术人员	
	频率	百分比	频率	百分比	频率	百分比
参加各种选举	1212	52.63	461	35.30	160	34.33
参加基层群众自治	362	15.72	303	23.20	115	24.68
参与政策讨论	181	7.86	126	9.65	64	13.73
以上访等形式维权	213	9.25	142	10.87	45	9.66
参与社会团体活动	265	11.50	182	13.94	56	12.02
在互联网发表个人意见	70	3.04	92	7.04	26	5.58
合计	2303	100.00	1306	100.00	466	100.00
项目	公务员		在校学生		其他职业	
参加各种选举	56	36.84	70	27.34	643	38.71
参加基层群众自治	33	21.71	56	21.88	396	23.84
参与政策讨论	28	18.42	24	9.37	136	8.19
以上访等形式维权	9	5.92	34	13.28	170	10.24
参与社会团体活动	17	11.19	44	17.19	218	13.12
在互联网发表个人意见	9	5.92	28	10.94	98	5.90
合计	152	100.00	256	100.00	1661	100.00

（五）公民满意度

调查结果显示，务农人员被试的“个人生活满意度”得分在1.00—5.00分之间，均值为3.46，标准差为0.63；“公共服务满意度”得分在1.00—5.00分之间，均值为3.13，标准差为0.63；“公民满意度总分”的得分在2.00—10.00分之间，均值为6.59，标准差为1.05（见表6－44－1）。

表6－44－1　　务农人员被试“公民满意度”的总体描述统计

项目	N	极小值	极大值	均值	标准差
个人生活满意度	2298	1.00	5.00	3.4564	.62683
公共服务满意度	2299	1.00	5.00	3.1310	.62681
公民满意度总分	2290	2.00	10.00	6.5883	1.04993
有效的 N	2290				

调查结果显示，工商业人员被试的“个人生活满意度”得分在1.00—5.00分之间，均值为3.27，标准差为0.63；“公共服务满意度”得分在1.00—5.00分之间，均值为3.10，标准差为0.62；“公民满意度总分”的得分在2.60—9.80分之间，均值为6.37，标准差为1.06（见表6－44－2）。

表6－44－2　　工商业人员被试“公民满意度”的总体描述统计

项目	N	极小值	极大值	均值	标准差
个人生活满意度	1301	1.00	5.00	3.2747	.62518
公共服务满意度	1301	1.00	5.00	3.0956	.62429
公民满意度总分	1295	2.60	9.80	6.3688	1.05641
有效的 N	1295				

调查结果显示，专业技术人员被试的“个人生活满意度”得分在1.00—5.00分之间，均值为3.22，标准差为0.69；“公共服务满意度”得分在1.00—4.80分之间，均值为3.00，标准差为0.66；“公民满意度总分”的得分在2.80—9.80分之间，均值为6.22，标准差为1.12（见表6－44－3）。

表6－44－3　　专业技术人员被试“公民满意度”的总体描述统计

项目	N	极小值	极大值	均值	标准差
个人生活满意度	466	1.00	5.00	3.2193	.68987
公共服务满意度	466	1.00	4.80	2.9987	.65799
公民满意度总分	465	2.80	9.80	6.2176	1.12370
有效的 N	465				

调查结果显示，公务员被试的“个人生活满意度”得分在1.40—5.00分之间，均值为3.39，标准差为0.68；“公共服务满意度”得分在1.00—5.00分之间，均值为3.31，标准差为0.67；“公民满意度总分”的得分在2.80—9.40分之间，均值为6.70，标准差为1.13（见表6－44－4）。

表6－44－4　**公务员被试“公民满意度”的总体描述统计**

项目	N	极小值	极大值	均值	标准差
个人生活满意度	152	1.40	5.00	3.3855	.68478
公共服务满意度	152	1.00	5.00	3.3132	.67133
公民满意度总分	152	2.80	9.40	6.6987	1.12903
有效的 N	152				

调查结果显示，在校学生被试的“个人生活满意度”得分在1.60—4.80分之间，均值为3.34，标准差为0.56；“公共服务满意度”得分在1.20—4.80分之间，均值为3.13，标准差为0.65；“公民满意度总分”的得分在3.40—9.20分之间，均值为6.47，标准差为1.01（见表6－44－5）。

表6－44－5　**在校学生被试“公民满意度”的总体描述统计**

项目	N	极小值	极大值	均值	标准差
个人生活满意度	256	1.60	4.80	3.3398	.55615
公共服务满意度	256	1.20	4.80	3.1336	.64750
公民满意度总分	256	3.40	9.20	6.4734	1.01483
有效的 N	256				

调查结果显示，其他职业被试的“个人生活满意度”得分在1.00—5.00分之间，均值为3.28，标准差为0.68；“公共服务满意度”得分在1.00—5.00分之间，均值为3.13，标准差为0.63；“公民满意度总分”的得分在2.00—10.00分之间，均值为6.42，标准差为1.10（见表6－44－6）。

表 6－44－6　　其他职业被试“公民满意度”的总体描述统计

项目	N	极小值	极大值	均值	标准差
个人生活满意度	1660	1.00	5.00	3.2818	.67775
公共服务满意度	1659	1.00	5.00	3.1348	.63483
公民满意度总分	1655	2.00	10.00	6.4174	1.09515
有效的 N					

对不同职业被试“个人生活满意度”的差异性进行方差分析（见表 6－45－1、表 6－45－2、表 6－45－3 和图 6－19－1），显示不同职业被试的得分之间差异显著，$F=23.695$，$p<0.001$，具体表现是：务农人员被试（$M=3.46$，$SD=0.63$）的得分显著高于工商业人员被试（$M=3.27$，$SD=0.63$）、专业技术人员被试（$M=3.22$，$SD=0.69$）、在校学生被试（$M=3.34$，$SD=0.56$）和其他职业被试（$M=3.28$，$SD=0.68$），与公务员被试（$M=3.39$，$SD=0.68$）之间的得分差异不显著。工商业人员被试的得分显著低于公务员被试，与专业技术人员、在校学生、其他职业被试之间的得分差异不显著。专业技术人员被试的得分显著低于公务员、在校学生被试，与其他职业被试之间的得分差异不显著。公务员被试与在校学生、其他职业被试之间的得分差异不显著。在校学生被试与其他职业被试之间的得分差异不显著。

表 6－45－1　不同职业被试“个人生活满意度”得分的差异比较

项目		N	均值	标准差	标准误	均值的 95% 置信区间		极小值	极大值
						下限	上限		
个人生活满意度	务农人员	2298	3.4564	.62683	.01308	3.4308	3.4820	1.00	5.00
	工商业人员	1301	3.2747	.62518	.01733	3.2407	3.3087	1.00	5.00
	技术人员	466	3.2193	.68987	.03196	3.1565	3.2821	1.00	5.00
	公务员	152	3.3855	.68478	.05554	3.2758	3.4953	1.40	5.00
	在校学生	256	3.3398	.55615	.03476	3.2714	3.4083	1.60	4.80
	其他职业	1660	3.2818	.67775	.01663	3.2492	3.3144	1.00	5.00
	总数	6133	3.3460	.65026	.00830	3.3297	3.3622	1.00	5.00

表 6-45-2 不同职业被试"个人生活满意度"得分的方差分析结果

项目		平方和	*df*	均方	*F*	显著性
个人生活满意度	组间	49.185	5	9.837	23.695	.000
	组内	2543.667	6127	.415		
	总数	2592.853	6132			

表 6-45-3 不同职业被试"个人生活满意度"得分的多重比较

因变量	(I) 职业	(J) 职业	均值差 (I-J)	标准误	显著性	95% 置信区间 下限	上限
个人生活满意度	务农人员	工商业人员	.18169*	.02236	.000	.1379	.2255
		技术人员	.23708*	.03273	.000	.1729	.3013
		公务员	.07087	.05396	.189	-.0349	.1767
		在校学生	.11655*	.04245	.006	.0333	.1998
		其他职业	.17459*	.02075	.000	.1339	.2153
	工商业人员	务农人员	-.18169*	.02236	.000	-.2255	-.1379
		技术人员	.05540	.03479	.111	-.0128	.1236
		公务员	-.11081*	.05523	.045	-.2191	-.0025
		在校学生	-.06513	.04405	.139	-.1515	.0212
		其他职业	-.00710	.02386	.766	-.0539	.0397
	技术人员	务农人员	-.23708*	.03273	.000	-.3013	-.1729
		工商业人员	-.05540	.03479	.111	-.1236	.0128
		公务员	-.16621*	.06018	.006	-.2842	-.0482
		在校学生	-.12053*	.05013	.016	-.2188	-.0223
		其他职业	-.06249	.03378	.064	-.1287	.0037
	公务员	务农人员	-.07087	.05396	.189	-.1767	.0349
		工商业人员	.11081*	.05523	.045	.0025	.2191
		技术人员	.16621*	.06018	.006	.0482	.2842
		在校学生	.04568	.06598	.489	-.0837	.1750
		其他职业	.10372	.05460	.058	-.0033	.2108
	在校学生	务农人员	-.11655*	.04245	.006	-.1998	-.0333
		工商业人员	.06513	.04405	.139	-.0212	.1515
		技术人员	.12053*	.05013	.016	.0223	.2188
		公务员	-.04568	.06598	.489	-.1750	.0837
		其他职业	.05804	.04326	.180	-.0268	.1428

续表

因变量	(I) 职业	(J) 职业	均值差 (I-J)	标准误	显著性	95% 置信区间	
						下限	上限
个人生活满意度	其他职业	务农人员	-.17459*	.02075	.000	-.2153	-.1339
		工商业人员	.00710	.02386	.766	-.0397	.0539
		技术人员	.06249	.03378	.064	-.0037	.1287
		公务员	-.10372	.05460	.058	-.2108	.0033
		在校学生	-.05804	.04326	.180	-.1428	.0268

*. 均值差的显著性水平为 0.05。

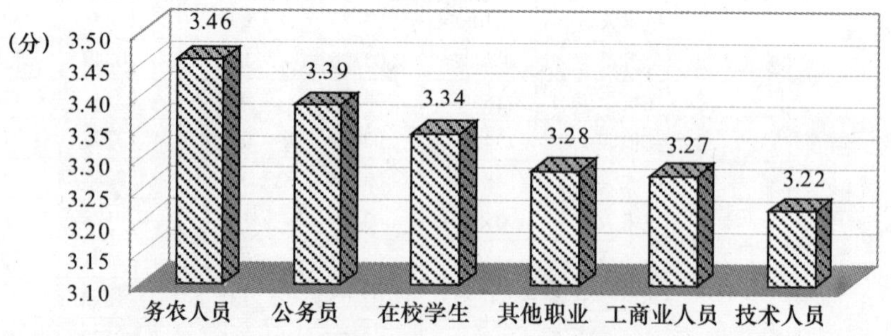

图 6-19-1　不同职业被试个人生活满意度的得分比较

对不同职业被试“公共服务满意度”的差异性进行方差分析（见表 6-45-4、表 6-45-5、表 6-45-6 和图 6-19-2），显示不同职业被试的得分之间差异显著，$F=6.983$，$p<0.001$，具体表现是：务农人员被试（$M=3.13$，$SD=0.63$）的得分显著高于专业技术人员被试（$M=3.00$，$SD=0.66$），显著低于公务员被试（$M=3.31$，$SD=0.67$），与工商业人员被试（$M=3.10$，$SD=0.62$）、在校学生被试（$M=3.13$，$SD=0.65$）和其他职业被试（$M=3.13$，$SD=0.63$）之间的得分差异不显著。专业技术人员被试的得分显著低于另五种职业被试。公务员被试的得分显著高于另五种职业被试。工商业人员被试与在校学生、其他职业被试之间的得分差异不显著。在校学生被试与其他职业被试之间的得分差异不显著。

表6－45－4　　不同职业被试“公共服务满意度”得分的差异比较

项目		N	均值	标准差	标准误	均值的95% 置信区间		极小值	极大值
						下限	上限		
公共服务满意度	务农人员	2299	3.1310	.62681	.01307	3.1054	3.1566	1.00	5.00
	工商业人员	1301	3.0956	.62429	.01731	3.0617	3.1296	1.00	5.00
	技术人员	466	2.9987	.65799	.03048	2.9388	3.0586	1.00	4.80
	公务员	152	3.3132	.67133	.05445	3.2056	3.4207	1.00	5.00
	在校学生	256	3.1336	.64750	.04047	3.0539	3.2133	1.20	4.80
	其他职业	1659	3.1348	.63483	.01559	3.1042	3.1654	1.00	5.00
	总数	6133	3.1191	.63441	.00810	3.1032	3.1350	1.00	5.00

表6－45－5　　不同职业被试“公共服务满意度”得分的方差分析结果

项目		平方和	df	均方	F	显著性
公共服务满意度	组间	13.983	5	2.797	6.983	.000
	组内	2453.991	6127	.401		
	总数	2467.974	6132			

表6－45－6　　不同职业被试“公共服务满意度”得分的多重比较

因变量	(I)职业	(J)职业	均值差(I－J)	标准误	显著性	95% 置信区间	
						下限	上限
公共服务满意度	务农人员	工商业人员	.03539	.02196	.107	－.0076	.0784
		技术人员	.13230*	.03215	.000	.0693	.1953
		公务员	－.18214*	.05300	.001	－.2860	－.0782
		在校学生	－.00258	.04170	.951	－.0843	.0792
		其他职业	－.00377	.02039	.853	－.0437	.0362
	工商业人员	务农人员	－.03539	.02196	.107	－.0784	.0076
		技术人员	.09691*	.03417	.005	.0299	.1639
		公务员	－.21754*	.05425	.000	－.3239	－.1112
		在校学生	－.03797	.04327	.380	－.1228	.0469
		其他职业	－.03916	.02344	.095	－.0851	.0068
	技术人员	务农人员	－.13230*	.03215	.000	－.1953	－.0693
		工商业人员	－.09691*	.03417	.005	－.1639	－.0299
		公务员	－.31445*	.05911	.000	－.4303	－.1986
		在校学生	－.13488*	.04923	.006	－.2314	－.0384
		其他职业	－.13607*	.03318	.000	－.2011	－.0710

续表

因变量	(I)职业	(J)职业	均值差(I-J)	标准误	显著性	95% 置信区间	
						下限	上限
公共服务满意度	公务员	务农人员	.18214*	.05300	.001	.0782	.2860
		工商业人员	.21754*	.05425	.000	.1112	.3239
		技术人员	.31445*	.05911	.000	.1986	.4303
		在校学生	.17956*	.06480	.006	.0525	.3066
		其他职业	.17838*	.05363	.001	.0732	.2835
	在校学生	务农人员	.00258	.04170	.951	-.0792	.0843
		工商业人员	.03797	.04327	.380	-.0469	.1228
		技术人员	.13488*	.04923	.006	.0384	.2314
		公务员	-.17956*	.06480	.006	-.3066	-.0525
		其他职业	-.00119	.04250	.978	-.0845	.0821
	其他职业	务农人员	.00377	.02039	.853	-.0362	.0437
		工商业人员	.03916	.02344	.095	-.0068	.0851
		技术人员	.13607*	.03318	.000	.0710	.2011
		公务员	-.17838*	.05363	.001	-.2835	-.0732
		在校学生	.00119	.04250	.978	-.0821	.0845

*. 均值差的显著性水平为 0.05。

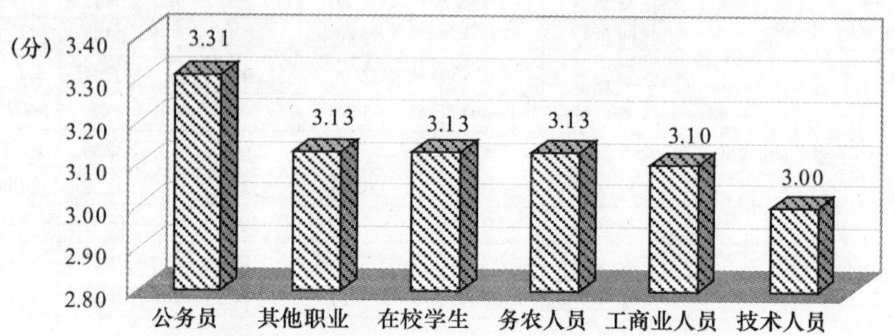

图 6-19-2　不同职业被试公共服务满意度的得分比较

对不同职业被试“公民满意度总分”的差异性进行方差分析（见表6－45－7、表6－45－8、表6－45－9），显示不同职业被试的得分之间差异显著，$F=15.253$，$p<0.001$，具体表现是：务农人员被试（$M=6.59$，$SD=1.05$）的得分显著高于工商业人员被试（$M=6.37$，$SD=1.06$）、专业技术人员被试（$M=6.22$，$SD=1.12$）和其他职业被试（$M=6.42$，$SD=1.10$），与公务员被试（$M=6.70$，$SD=1.13$）、在校学生被试（$M=6.47$，$SD=1.01$）之间的得分差异不显著。专业技术人员被试的得分显著低于另五种职业被试。工商业人员被试的得分显著低于公务员被试，与在校学生、其他职业被试之间的得分差异不显著。公务员被试的得分显著高于在校学生、其他职业被试。在校学生被试与其他职业被试之间的得分差异不显著。

表6－45－7　　不同职业被试“公民满意度总分”得分的差异比较

项目		N	均值	标准差	标准误	均值的95% 置信区间		极小值	极大值
						下限	上限		
公民满意度总分	务农人员	2290	6.5883	1.04993	.02194	6.5453	6.6313	2.00	10.00
	工商业人员	1295	6.3688	1.05641	.02936	6.3112	6.4264	2.60	9.80
	技术人员	465	6.2176	1.12370	.05211	6.1152	6.3200	2.80	9.80
	公务员	152	6.6987	1.12903	.09158	6.5177	6.8796	2.80	9.40
	在校学生	256	6.4734	1.01483	.06343	6.3485	6.5983	3.40	9.20
	其他职业	1655	6.4174	1.09515	.02692	6.3646	6.4702	2.00	10.00
	总数	6113	6.4653	1.07624	.01377	6.4383	6.4923	2.00	10.00

表6－45－8　　不同职业被试“公民满意度总分”得分的方差分析结果

项目		平方和	df	均方	F	显著性
公民满意度总分	组间	87.318	5	17.464	15.253	.000
	组内	6992.119	6107	1.145		
	总数	7079.437	6112			

表 6－45－9　　不同职业被试“公民满意度总分”得分的多重比较

因变量	(I) 职业	(J) 职业	均值差 (I－J)	标准误	显著性	95% 置信区间 下限	上限
公民满意度总分	务农人员	工商业人员	.21949*	.03720	.000	.1466	.2924
		技术人员	.37066*	.05443	.000	.2640	.4774
		公务员	－.11039	.08962	.218	－.2861	.0653
		在校学生	.11486	.07052	.103	－.0234	.2531
		其他职业	.17090*	.03452	.000	.1032	.2386
	工商业人员	务农人员	－.21949*	.03720	.000	－.2924	－.1466
		技术人员	.15117*	.05785	.009	.0378	.2646
		公务员	－.32988*	.09174	.000	－.5097	－.1500
		在校学生	－.10463	.07319	.153	－.2481	.0388
		其他职业	－.04860	.03970	.221	－.1264	.0292
	技术人员	务农人员	－.37066*	.05443	.000	－.4774	－.2640
		工商业人员	－.15117*	.05785	.009	－.2646	－.0378
		公务员	－.48105*	.09997	.000	－.6770	－.2851
		在校学生	－.25580*	.08327	.002	－.4191	－.0926
		其他职业	－.19977*	.05616	.000	－.3099	－.0897
	公务员	务农人员	.11039	.08962	.218	－.0653	.2861
		工商业人员	.32988*	.09174	.000	.1500	.5097
		技术人员	.48105*	.09997	.000	.2851	.6770
		在校学生	.22525*	.10957	.040	.0105	.4400
		其他职业	.28128*	.09069	.002	.1035	.4591
	在校学生	务农人员	－.11486	.07052	.103	－.2531	.0234
		工商业人员	.10463	.07319	.153	－.0388	.2481
		技术人员	.25580*	.08327	.002	.0926	.4191
		公务员	－.22525*	.10957	.040	－.4400	－.0105
		其他职业	.05604	.07186	.436	－.0848	.1969
	其他职业	务农人员	－.17090*	.03452	.000	－.2386	－.1032
		工商业人员	.04860	.03970	.221	－.0292	.1264
		技术人员	.19977*	.05616	.000	.0897	.3099
		公务员	－.28128*	.09069	.002	－.4591	－.1035
		在校学生	－.05604	.07186	.436	－.1969	.0848

*. 均值差的显著性水平为 0.05。

不同职业被试满意的公共服务项目（见表6－46），第一选择务农人员、专业技术人员、公务员、在校学生、其他职业被试排在第一位至第三位的都是“基本公共教育”、“社会保险”、“基本医疗卫生”，只有工商业人员被试排在第一位至第三位的是“基本公共教育”、“社会保险”、“劳动就业服务”（第三位不同）；总提及频率不同职业被试排在第一位至第三位的有所不同，务农人员被试是“基本医疗卫生”、“社会保险”、“基本公共教育”，工商业人员被试是“基本公共教育”、“社会保险”、“基本医疗卫生”，专业技术人员、公务员、在校学生被试是“基本公共教育”、“基本医疗卫生”、“社会保险”，其他职业被试是“社会保险”、“基本医疗卫生”、“基本公共教育”。

表6－46　**不同职业被试满意的公共服务**

选项	务农人员				工商业人员			
	第一选择		总提及频率		第一选择		总提及频率	
	频率	百分比	频率	百分比	频率	百分比	频率	百分比
基本公共教育	770	33.42	1118	16.22	421	32.26	660	16.88
劳动就业服务	195	8.46	580	8.41	150	11.49	379	9.70
社会保险	503	21.83	1131	16.41	274	21.00	596	15.25
基本社会服务	55	2.39	387	5.61	59	4.52	350	8.95
基本医疗卫生	442	19.18	1416	20.54	129	9.88	564	14.43
人口和计划生育	61	2.65	436	6.33	54	4.14	253	6.47
基本住房保障	85	3.69	498	7.22	48	3.68	285	7.29
公共文化体育	19	0.83	247	3.58	42	3.22	236	6.04
残疾人服务	32	1.39	237	3.44	32	2.45	128	3.27
社会安全	142	6.16	844	12.24	96	7.36	458	11.72
合计	2304	100.00	6894	100.00	1305	100.00	3909	100.00
选项	技术人员				公务员			
基本公共教育	159	34.12	250	17.90	56	36.84	80	17.58
劳动就业服务	38	8.15	123	8.80	11	7.24	43	9.45
社会保险	107	22.96	231	16.54	31	20.40	62	13.63
基本社会服务	18	3.86	109	7.80	3	1.97	32	7.03
基本医疗卫生	60	12.88	238	17.04	24	15.79	78	17.14
人口和计划生育	15	3.22	84	6.01	6	3.95	31	6.81

续表

选项	技术人员				公务员			
	第一选择		总提及频率		第一选择		总提及频率	
	频率	百分比	频率	百分比	频率	百分比	频率	百分比
基本住房保障	23	4.94	106	7.59	8	5.26	42	9.23
公共文化体育	8	1.72	65	4.65	4	2.63	18	3.96
残疾人服务	5	1.07	33	2.36	1	0.66	18	3.96
社会安全	33	7.08	158	11.31	8	5.26	51	11.21
合计	466	100.00	1397	100.00	152	100.00	455	100.00
选项	在校学生				其他职业			
基本公共教育	99	38.98	152	19.90	538	32.49	800	16.16
劳动就业服务	22	8.66	53	6.94	149	9.00	457	9.23
社会保险	38	14.96	111	14.53	389	23.49	872	17.62
基本社会服务	13	5.12	67	8.77	58	3.50	365	7.38
基本医疗卫生	33	12.99	127	16.62	224	13.53	846	17.09
人口和计划生育	9	3.54	58	7.59	55	3.32	267	5.40
基本住房保障	9	3.54	51	6.68	67	4.05	401	8.10
公共文化体育	8	3.15	48	6.28	41	2.47	223	4.51
残疾人服务	4	1.58	27	3.53	34	2.05	186	3.76
社会安全	19	7.48	70	9.16	101	6.10	532	10.75
合计	254	100.00	764	100.00	1656	100.00	4949	100.00

对于“六大建设”中最满意哪种建设，按照选择比例由高到低排序，务农人员被试是经济建设、党的建设、社会建设、生态建设、文化建设、政治建设，工商业人员、专业技术人员被试是经济建设、社会建设、党的建设、文化建设、生态建设、政治建设，公务员、其他职业被试是经济建设、党的建设、社会建设、文化建设、生态建设、政治建设，在校学生被试是经济建设、党的建设、文化建设、社会建设、生态建设、政治建设（第二位至第五位排序不同，见表6－47）。

表 6－47　　　　不同职业被试最满意哪种建设

项目	务农人员		工商业人员		技术人员	
	频率	有效百分比	频率	有效百分比	频率	有效百分比
党的建设	590	25.60	207	15.86	83	17.85
经济建设	816	35.40	491	37.62	175	37.63
社会建设	336	14.58	255	19.54	87	18.71
生态建设	231	10.02	140	10.73	47	10.11
文化建设	226	9.80	167	12.80	58	12.47
政治建设	106	4.60	45	3.45	15	3.23
合计	2305	100.00	1305	100.00	465	100.00
项目	公务员		在校学生		其他职业	
党的建设	40	26.31	48	18.75	327	19.72
经济建设	58	38.16	83	32.42	564	34.02
社会建设	19	12.50	42	16.41	287	17.31
生态建设	11	7.24	22	8.59	182	10.98
文化建设	18	11.84	48	18.75	221	13.33
政治建设	6	3.95	13	5.08	77	4.64
合计	152	100.00	256	100.00	1658	100.00

四　不同职业被试的政治认同与危机压力差异

通过本章的数据分析，可以对不同职业被试在政治认同、危机压力以及影响因素等方面所反映出来的差异，作一个简单的小结。

在本次问卷调查涉及的六种认同中，公务员被试在政党认同、文化认同、政策认同、发展认同四种认同上的得分都是最高（发展认同的得分与在校学生得分并列第一，见表 6－48，表中括号内的数字，代表不同职业被试得分高低的排序，下同），并且政党认同的得分显著高于另五种职业被试，文化认同、政策认同的得分显著高于四种被试，发展认同的得分显著高于三种被试，在政治认同总分上呈现出公务员被试的得分显著高于务农人员、工商业人员、专业技术人员、其他职业被试（与在校学生被试之间的得分差异不显著）。在校学生被试在身份认同、发展认同上都得到了最高分，但是其他认同得分有高有低，虽然该种被试的政治认同总分名列第二，但是其得分仅显著地高于其他职业被试，与另几种职业被试的得分差异均未达到显著水平。务农人员被试在体制认同上得到了最高分，政治认同总分名列第三，但是与政治认同总分名列第四位至第六位的工商业人员、专业技术人员、其他职业被试的得分差异均未达到显著水平。也就是说，不同职业被试在政治认同方面的差异，主要表现为公务员被试的政治认同水平显著高于务农人员、工商业人员、专业技术人员、其他职业被试。

表6－48　　不同职业被试政治认同得分排序比较

项目	务农人员	工商业人员	技术人员	公务员	在校学生	其他职业
体制认同	3.50（1）	3.41（3）	3.33（6）	3.44（2）	3.37（5）	3.41（3）
政党认同	3.67（2）	3.59（5）	3.58（6）	3.81（1）	3.61（3）	3.61（3）
身份认同	4.14（6）	4.22（3）	4.24（2）	4.22（3）	4.43（1）	4.19（5）
文化认同	3.40（6）	3.46（3）	3.46（3）	3.57（1）	3.54（2）	3.44（5）
政策认同	3.65（2）	3.57（3）	3.54（5）	3.71（1）	3.46（6）	3.56（4）
发展认同	3.71（6）	3.74（4）	3.80（3）	3.86（1）	3.86（1）	3.74（4）
认同总分	**22.07（3）**	**21.99（4）**	**21.97（5）**	**22.61（1）**	**22.29（2）**	**21.97（5）**

在本次问卷调查涉及的六种危机压力中，在校学生被试在政治危机压力、经济危机压力、生态危机压力、国际压力上得分最高（生态危机压力的得分在校学生被试显著高于另五种职业被试），专业技术人员被试在社会危机压力上得分最高（只显著高于公务员被试，与另四种职业被试之间的得分差异不显著），其他职业被试在文化危机压力上得分最高（只显著高于工商业人员、公务员被试，与另三种职业被试之间的得分差异不显著），由此显示在危机压力总分上，在校学生被试名列第一，其他职业被试名列第二，专业技术人员被试名列第三，但是这三种被试两两之间的危机压力总分的差异均未达到显著水平。工商业人员被试在五种压力上得分排名第四，在一种压力（文化危机压力）上得分排名第五，在危机压力总分上亦排名第四（显著低于其他职业、在校学生被试）；务农人员被试的六种压力得分有高有低，但是经济危机压力的得分显著低于另五种职业被试，在危机压力总分上排名第五（显著低于专业技术人员、其他职业、在校学生被试）；公务员被试在五种压力上得分最低，在一种压力

（经济危机压力）上得分排名第五，并且在文化危机压力上得分显著低于另五种职业被试，由此呈现的是在危机压力总分上，公务员被试不仅得分最低，并且显著低于另五种职业被试。也就是说，不同职业被试在危机压力方面显示出了较大的差异，主要表现为在校学生、专业技术人员、其他职业被试压力较强，工商业人员、务农人员、公务员被试压力较弱，并呈现出在校学生被试压力最强、公务员被试压力最弱的现象。

表6－49　**不同职业被试危机压力得分排序比较**

项目	务农人员	工商业人员	技术人员	公务员	在校学生	其他职业
政治危机	2.60（2）	2.51（4）	2.47（5）	2.39（6）	2.61（1）	2.57（3）
经济危机	2.21（6）	2.34（4）	2.42（2）	2.32（5）	2.47（1）	2.40（3）
社会危机	2.84（3）	2.81（4）	2.88（1）	2.71（6）	2.81（4）	2.85（2）
文化危机	2.77（2）	2.72（5）	2.77（2）	2.53（6）	2.76（4）	2.78（1）
生态危机	2.99（5）	3.04（4）	3.16（2）	2.93（6）	3.40（1）	3.16（2）
国际压力	3.03（2）	3.02（4）	3.01（5）	2.95（6）	3.04（1）	3.03（2）
压力总分	**16.42（5）**	**16.44（4）**	**16.70（3）**	**15.83（6）**	**17.08（1）**	**16.78（2）**

在本次问卷调查涉及的影响政治认同和危机压力的五个因素中，有四个因素公务员被试总分最高（只有利益认知总分排序第四，见表6－50），并且在权利认知和政治沟通认知总分上，公务员被试都显著高于另五种职业被试；在政治参与行为、公民满意度总分上，公务员被试都显著高于四种职业被试。另五种职业被试，在五个因素上的得分各有高低，总体看差异不是很大。也就是说，将五个因素综合考虑，只能看出公务员被试有较突出的表现。

表6－50　**不同职业被试五个影响因素得分排序比较**

项目	务农人员	工商业人员	技术人员	公务员	在校学生	其他职业
权利	6.85（6）	6.96（3）	6.96（3）	7.26（1）	7.05（2）	6.95（5）
利益	5.96（1）	5.93（2）	5.84（5）	5.91（4）	5.84（5）	5.93（2）
政治沟通	6.84（2）	6.76（5）	6.74（6）	7.05（1）	6.78（3）	6.78（3）
政治参与	6.19（4）	6.14（5）	6.22（3）	6.49（1）	6.34（2）	6.13（6）
满意度	6.58（2）	6.37（5）	6.22（6）	6.70（1）	6.47（3）	6.42（4）

本次问卷调查确实显示出了不同职业被试在政治认同和危机压力方面的一定差异，并可以得出以下基本结论：（1）在本次问卷调查设定的六种职业被试中，公务员被试的政治认同水平最高，危机压力最弱，并且在权利和政治沟通层面的认知水平显著高于另几种职业被试，在政治参与行为和公民满意度层面亦有较突出的表现。（2）在校学生被试的危机压力最强，但是并非政治认同水平最低，而是处于偏高水平。（3）其他职业被试和专业技术人员被试呈现的是危机压力较强、政治认同水平偏低的态势。（4）工商业人员被试和务农人员被试所呈现的，大体上是政治认同水平居中、危机压力较弱的态势。

第七章

政治认同与危机压力的差异比较：户籍

“政治认同与政治稳定”问卷调查涉及的6159名被试中，有13名被试的户籍信息缺失，在有户籍信息的6146份数据中，城镇户口被试2649人，有效百分比为43.10%；农村户口被试3497人，有效百分比为56.90%。根据问卷调查的数据，可以比较不同户籍被试的政治认同和危机压力状况。

一 不同户籍被试的政治认同

调查结果显示，城镇户籍被试政治认同的总体得分在12.00—28.67之间，均值为22.16，标准差为2.46。在六种认同中，城镇户籍被试的体制认同得分在1.00—5.00分之间，均值为3.42，标准差为0.56；政党认同得分在1.00—5.00分之间，均值为3.63，标准差为0.63；身份认同得分在1.25—5.00分之间，均值为4.23，标准差为0.65；文化认同得分在1.00—5.00分之间，均值为3.49，标准差为0.56；政策认同得分在1.00—5.00分之间，均值为3.59，标准差为0.71；发展认同得分在2.00—5.00分之间，均值为3.79，标准差为0.60（见表7－1－1）。

表 7－1－1 **城镇户籍被试政治认同的描述统计**

项目	N	极小值	极大值	均值	标准差
政治认同总分	**2628**	**12.00**	**28.67**	**22.1634**	**2.46036**
体制认同	2645	1.00	5.00	3.4159	.56091
政党认同	2642	1.00	5.00	3.6341	.63183
身份认同	2646	1.25	5.00	4.2325	.65199
文化认同	2646	1.00	5.00	3.4946	.55743
政策认同	2648	1.00	5.00	3.5938	.71027
发展认同	2646	2.00	5.00	3.7881	.60131
有效的 N	2630				

调查结果显示，农村户籍被试政治认同的总体得分在9.83—28.67之间，均值为21.95，标准差为2.33。在六种认同中，农村户籍被试的体制认同得分在1.00—5.00分之间，均值为3.45，标准差为0.52；政党认同得分在1.00—5.00分之间，均值为3.62，标准差为0.62；身份认同得分在1.00—5.00分之间，均值为4.16，标准差为0.67；文化认同得分在1.00—5.00分之间，均值为3.40，标准差为0.56；政策认同得分在1.00—5.00分之间，均值为3.59，标准差为0.68；发展认同得分在1.00—5.00分之间，均值为3.71，标准差为0.63（见表7－1－2）。

表 7－1－2 **城镇户籍被试政治认同的描述统计**

项目	N	极小值	极大值	均值	标准差
政治认同总分	**3468**	**9.83**	**28.67**	**21.9474**	**2.33183**
体制认同	3494	1.00	5.00	3.4530	.52333
政党认同	3491	1.00	5.00	3.6245	.62420
身份认同	3494	1.00	5.00	4.1634	.66929
文化认同	3487	1.00	5.00	3.3986	.56137
政策认同	3491	1.00	5.00	3.5915	.68167
发展认同	3493	1.00	5.00	3.7066	.62825
有效的 N	3468				

六种认同的得分由高到低排序，不同户籍被试的前四位排序相同

(身份认同第一,发展认同第二,政党认同第三,政策认同第四),第五、六位排序不同,城镇户籍被试的文化认同得分高于体制认同,农村户籍被试的体制认同得分高于文化认同。

对不同户籍被试政治认同各指标的差异性进行方差分析(见表7-2-1、表7-2-2和图7-1),可以发现在体制认同方面,不同户籍被试之间的差异显著,$F=7.105$,$p<0.01$,城镇户籍被试($M=3.42$,$SD=0.56$)的得分显著低于农村户籍被试($M=3.45$,$SD=0.52$);在身份认同方面,不同户籍被试之间的差异显著,$F=16.443$,$p<0.001$,城镇户籍被试($M=4.23$,$SD=0.65$)的得分显著高于农村户籍被试($M=4.16$,$SD=0.67$);在文化认同方面,不同户籍被试之间的差异显著,$F=44.226$,$p<0.001$,城镇户籍被试($M=3.49$,$SD=0.56$)的得分显著高于农村户籍被试($M=3.40$,$SD=0.56$);在发展认同方面,不同户籍被试之间的差异显著,$F=26.254$,$p<0.001$,城镇户籍被试($M=3.79$,$SD=0.60$)的得分显著高于农村户籍被试($M=3.71$,$SD=0.63$);在政治认同总分上,不同户籍被试之间的差异显著,$F=12.231$,$p<0.001$,城镇户籍被试($M=22.16$,$SD=2.46$)的得分显著高于农村户籍被试($M=21.95$,$SD=2.33$);在政党认同和政策认同方面,不同户籍被试之间的得分差异均不显著。

表7-2-1 **不同户籍被试政治认同得分的差异比较**

项目		N	均值	标准差	标准误	均值的95%置信区间		极小值	极大值
						下限	上限		
体制认同	城镇	2645	3.4159	.56091	.01091	3.3945	3.4373	1.00	5.00
	农村	3494	3.4530	.52333	.00885	3.4356	3.4703	1.00	5.00
	总数	6139	3.4370	.54011	.00689	3.4235	3.4505	1.00	5.00
政党认同	城镇	2642	3.6341	.63183	.01229	3.6100	3.6582	1.00	5.00
	农村	3491	3.6245	.62420	.01056	3.6037	3.6452	1.00	5.00
	总数	6133	3.6286	.62746	.00801	3.6129	3.6443	1.00	5.00
身份认同	城镇	2646	4.2325	.65199	.01268	4.2077	4.2574	1.25	5.00
	农村	3494	4.1634	.66929	.01132	4.1412	4.1856	1.00	5.00
	总数	6140	4.1932	.66273	.00846	4.1766	4.2097	1.00	5.00

续表

项目		N	均值	标准差	标准误	均值的95%置信区间		极小值	极大值
						下限	上限		
文化认同	城镇	2646	3.4946	.55743	.01084	3.4733	3.5158	1.00	5.00
	农村	3487	3.3986	.56137	.00951	3.3800	3.4173	1.00	5.00
	总数	6133	3.4400	.56164	.00717	3.4260	3.4541	1.00	5.00
政策认同	城镇	2648	3.5938	.71027	.01380	3.5667	3.6208	1.00	5.00
	农村	3491	3.5915	.68167	.01154	3.5689	3.6141	1.00	5.00
	总数	6139	3.5925	.69410	.00886	3.5751	3.6099	1.00	5.00
发展认同	城镇	2646	3.7881	.60131	.01169	3.7652	3.8110	2.00	5.00
	农村	3493	3.7066	.62825	.01063	3.6858	3.7275	1.00	5.00
	总数	6139	3.7417	.61805	.00789	3.7263	3.7572	1.00	5.00
政治认同总分	城镇	2628	22.1634	2.46036	.04799	22.0693	22.2575	12.00	28.67
	农村	3468	21.9474	2.33183	.03960	21.8698	22.0250	9.83	28.67
	总数	6096	22.0405	2.39028	.03061	21.9805	22.1005	9.83	28.67

表7-2-2　　不同户籍被试政治认同得分的方差分析结果

项目		平方和	*df*	均方	*F*	显著性
体制认同	组间	2.071	1	2.071	7.105	.008
	组内	1788.526	6137	.291		
	总数	1790.597	6138			
政党认同	组间	.140	1	.140	.356	.551
	组内	2414.094	6131	.394		
	总数	2414.234	6132			
身份认同	组间	7.204	1	7.204	16.443	.000
	组内	2689.084	6138	.438		
	总数	2696.288	6139			
文化认同	组间	13.853	1	13.853	44.226	.000
	组内	1920.447	6131	.313		
	总数	1934.300	6132			

续表

项目		平方和	*df*	均方	*F*	显著性
政策认同	组间	.008	1	.008	.016	.899
	组内	2957.109	6137	.482		
	总数	2957.117	6138			
发展认同	组间	9.988	1	9.988	26.254	.000
	组内	2334.655	6137	.380		
	总数	2344.643	6138			
政治认同总分	组间	69.754	1	69.754	12.231	.000
	组内	34753.752	6094	5.703		
	总数	34823.506	6095			

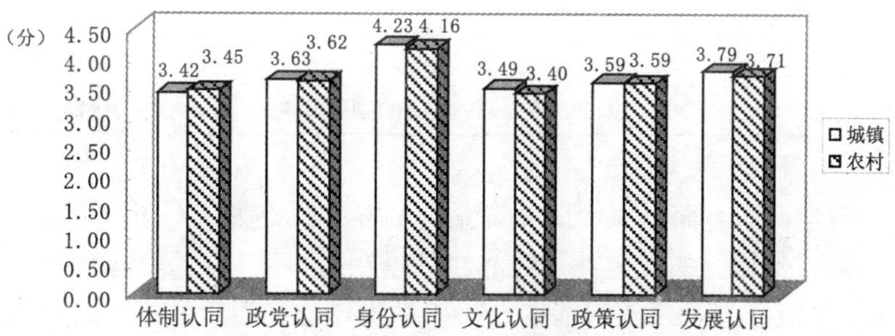

图7-1　不同户籍被试政治认同的得分比较

在涉及六种认同的一些具体问题的看法上，不同户籍被试也显示出了一定的差异。

在体制认同方面，对政治体制改革着重点的看法，不同户籍被试第一选择排在第一位至第三位的都是“基层群众自治制度改革”、“人民代表大会制度改革”、“中国共产党的领导体制改革”。总提及频率不同性别被试排在第一位至第二位的都是“基层群众自治制度改革”、“人民代表大会制度改革”，排在第三位的，城镇户籍被试是“司法制度改革”，农村户籍被试是“选举制度改革”（见表7-3）。

表7-3　不同户籍被试对政治体制改革着重点的选择

选项	城镇				农村			
	第一选择		总提及频率		第一选择		总提及频率	
	频率	百分比	频率	百分比	频率	百分比	频率	百分比
基层自治改革	948	35.92	1373	17.38	1527	43.84	2111	20.24
民族自治改革	162	6.14	577	7.30	168	4.82	717	6.87
人大制度改革	435	16.48	1101	13.94	613	17.60	1538	14.75
司法制度改革	234	8.87	963	12.19	176	5.05	905	8.68
行政制度改革	235	8.90	915	11.59	211	6.06	1016	9.74
选举制度改革	171	6.48	910	11.52	196	5.63	1230	11.80
党领导体制改革	267	10.12	804	10.18	326	9.36	1155	11.08
决策体制改革	96	3.64	697	8.83	156	4.48	1000	9.59
走向多党竞争	68	2.58	248	3.14	64	1.84	262	2.51
政协制度改革	23	0.87	310	3.93	46	1.32	494	4.74
合计	2639	100.00	7898	100.00	3483	100.00	10428	100.00

在政党认同方面，对中国共产党应做事情的看法，不同户籍被试第一选择都是“保持党的先进性、纯洁性”排在第一位，“坚持反腐败”排在第二位，“坚持改革开放的基本方针和路线”排在第三位。不同户籍被试的总提及频率都是“坚持反腐败”排在第一位，“保持党的先进性、纯洁性”排在第二位，城镇户籍被试排在第三位的是“注重政策的科学化、民主化、法治化”，农村户籍被试排在第三位的是“坚持改革开放的基本方针和路线”（见表7-4）。

表7-4　不同户籍被试对中国共产党应做事情的选择

选项	城镇				农村			
	第一选择		总提及频率		第一选择		总提及频率	
	频率	百分比	频率	百分比	频率	百分比	频率	百分比
保持先进性	1285	48.65	1841	23.26	1607	46.06	2320	22.23
坚持反腐败	742	28.10	2048	25.88	950	27.23	2495	23.90
坚持改革开放	247	9.35	1142	14.43	470	13.47	1807	17.31
推动党内民主	69	2.61	462	5.84	92	2.64	640	6.13

续表

选项	城镇				农村			
	第一选择		总提及频率		第一选择		总提及频率	
	频率	百分比	频率	百分比	频率	百分比	频率	百分比
提高执政能力	161	6.10	1133	14.32	207	5.93	1478	14.16
注重政策质量	137	5.19	1288	16.27	163	4.67	1698	16.27
合计	2641	100.00	7914	100.00	3489	100	10438	100

在身份认同方面，不同户籍被试对身份的看重有所不同（见表7－5），城镇户籍被试第一选择排在第一位的是“中国人身份”，排在第二位的是“户籍身份”，排在第三位的是“公民身份”；农村户籍被试排在第一位的是“户籍身份”，排在第二位的是“中国人身份”，排在第三位的是“公民身份”（前两位排序不同）。不同户籍被试的总提及频率排在第一位和第二位的都是“中国人身份”、“公民身份”，但是排在第三位的，城镇户籍被试是“职业身份”，农村户籍被试是“户籍身份”。

表7－5　**不同户籍被试对所看重身份的选择**

选项	城镇				农村			
	第一选择		总提及频率		第一选择		总提及频率	
	频率	百分比	频率	百分比	频率	百分比	频率	百分比
户籍身份	568	21.51	1011	12.80	1263	36.15	2089	20.00
单位身份	167	6.32	669	8.47	121	3.46	600	5.75
干部身份	196	7.42	520	6.58	280	8.01	752	7.20
地域身份	86	3.26	453	5.73	83	2.37	515	4.93
民族身份	118	4.47	465	5.89	168	4.81	794	7.60
公民身份	560	21.20	1777	22.49	518	14.83	2155	20.63
中国人身份	841	31.84	1873	23.71	973	27.85	2445	23.41
职业身份	105	3.98	1132	14.33	88	2.52	1095	10.48
合计	2641	100.00	7900	100.00	3494	100.00	10445	100.00

在文化认同方面，对中国文化发展的看法，不同户籍被试第一选择都

是“多种文化融合的中国现代文化”排在第一位，“发扬光大中国传统文化”排在第二位，“以马克思主义主导中国文化发展”排在第三位。不同户籍被试的总提及频率都是“发扬光大中国传统文化”排在第一位，“多种文化融合的中国现代文化”排在第二位，“注重中国传统文化与马克思主义的结合”排在第三位（见表7－6）。

表7－6　**不同户籍被试对中国文化发展的看法**

选项	城镇				农村			
	第一选择		总提及频率		第一选择		总提及频率	
	频率	百分比	频率	百分比	频率	百分比	频率	百分比
多种文化融合	1248	47.18	2033	25.70	1592	45.59	2571	24.68
发扬传统文化	880	33.27	2234	28.24	1153	33.02	2868	27.53
马克思主义主导	226	8.55	1098	13.88	379	10.85	1640	15.74
西方改造中国	63	2.38	394	4.98	79	2.26	658	6.31
马克思结合传统	187	7.07	1581	19.98	239	6.85	1895	18.19
宗教对文化影响	41	1.55	571	7.22	50	1.43	787	7.55
合计	2645	100.00	7911	100.00	3492	100.00	10419	100.00

在政策认同方面，对于政策的法治性、公平性、科学性、民主性、有效性，不同户籍被试都是选择“公平性”的最多，选择“民主性”的次多，选择“科学性”的被试最少，但是农村户籍被试选择“法治性”的多于“有效性”，城镇户籍被试选择“有效性”的多于“法治性”（见表7－7）。

表7－7　**不同户籍被试关注政策的重点**

项目	城镇		农村	
	频率	有效百分比	频率	有效百分比
法治性	343	12.96	484	13.85
公平性	1129	42.67	1598	45.72
科学性	252	9.52	296	8.47
民主性	472	17.84	704	20.14
有效性	450	17.01	413	11.82
合计	2646	100.00	3495	100.00

在发展认同方面，对于党的建设、经济建设、社会建设、生态建设、文化建设、政治建设“六大建设”，不同户籍被试都是关注“经济建设”的最多，第二是“党的建设”，第三是“社会建设”，第四是“生态建设”，第五是“文化建设”，关注“政治建设”的最少（见表7－8）。

表7－8　**不同户籍被试最关注何种建设**

项目	城镇		农村	
	频率	有效百分比	频率	有效百分比
党的建设	447	16.89	547	15.64
经济建设	1192	45.03	1532	43.81
社会建设	377	14.24	498	14.24
生态建设	318	12.01	395	11.30
文化建设	169	6.39	314	8.98
政治建设	144	5.44	211	6.03
合计	2647	100.00	3497	100.00

二　不同户籍被试的危机压力

调查结果显示，城镇户籍被试危机压力的总体得分在7.33—26.92之间，均值为16.49，标准差为2.84。在六种危机压力中，城镇户籍被试的政治危机压力得分在1.00—4.67分之间，均值为2.50，标准差为0.66；经济危机压力得分在1.00—5.00分之间，均值为2.37，标准差为0.71；社会危机压力得分在1.00—5.00分之间，均值为2.80，标准差为0.74；文化危机压力得分在1.00—4.75分之间，均值为2.73，标准差为0.61；生态危机压力得分在1.00—5.00分之间，均值为3.08，标准差为0.91；国际压力得分在1.00—5.00分之间，均值为3.02，标准差为0.49（见表7－9－1）。

表 7－9－1　　城镇户籍被试的危机压力总体描述统计

项目	N	极小值	极大值	均值	标准差
危机压力总分	**2630**	**7.33**	**26.92**	**16.4905**	**2.83922**
政治危机压力	2643	1.00	4.67	2.4985	.66207
经济危机压力	2648	1.00	5.00	2.3730	.71031
社会危机压力	2646	1.00	5.00	2.7996	.74472
文化危机压力	2643	1.00	4.75	2.7286	.61466
生态危机压力	2647	1.00	5.00	3.0785	.90829
国际压力	2646	1.00	5.00	3.0166	.48956
有效的 N	2630				

调查结果显示，农村户籍被试危机压力的总体得分在 7.33—27.00 之间，均值为 16.61，标准差为 2.53。在六种危机压力中，农村户籍被试的政治危机压力得分在 1.00—5.00 分之间，均值为 2.60，标准差为 0.64；经济危机压力得分在 1.00—5.00 分之间，均值为 2.27，标准差为 0.69；社会危机压力得分在 1.00—5.00 分之间，均值为 2.86，标准差为 0.69；文化危机压力得分在 1.00—5.00 分之间，均值为 2.78，标准差为 0.60；生态危机压力得分在 1.00—5.00 分之间，均值为 3.07，标准差为 0.85；国际压力得分在 1.00—5.00 分之间，均值为 3.03，标准差为 0.50（见表 7－9－2）。

表 7－9－2　　农村户籍被试的危机压力总体描述统计

项目	N	极小值	极大值	均值	标准差
危机压力总分	**3473**	**7.33**	**27.00**	**16.6081**	**2.53144**
政治危机压力	3495	1.00	5.00	2.6021	.63705
经济危机压力	3490	1.00	5.00	2.2715	.69279
社会危机压力	3495	1.00	5.00	2.8594	.68951
文化危机压力	3489	1.00	5.00	2.7782	.60025
生态危机压力	3496	1.00	5.00	3.0734	.85455
国际压力	3491	1.00	5.00	3.0266	.49880
有效的 N	3475				

从六种危机压力由高到低的得分排序看，不同户籍被试都是生态危机

压力第一，国际压力第二，社会危机压力第三，文化危机压力第四，政治危机压力第五，经济危机压力第六。

对不同户籍被试危机压力各指标的差异性进行方差分析（见表7－10－1、表7－10－2和图7－2），可以发现在政治危机压力方面，不同户籍被试之间的得分差异显著，$F=38.436$，$p<0.001$，城镇户籍被试（$M=2.50$，$SD=0.66$）的得分显著低于农村户籍被试（$M=2.60$，$SD=0.64$）；在经济危机压力方面，不同户籍被试之间的差异显著，$F=31.587$，$p<0.001$，城镇户籍被试（$M=2.37$，$SD=0.71$）的得分显著高于农村户籍被试（$M=2.27$，$SD=0.69$）；在社会危机压力方面，不同户籍被试之间的差异显著，$F=10.585$，$p<0.01$，城镇户籍被试（$M=2.80$，$SD=0.74$）的得分显著低于农村户籍被试（$M=2.86$，$SD=0.69$）；在文化危机压力方面，不同户籍被试之间的差异显著，$F=10.061$，$p<0.01$，城镇户籍被试（$M=2.73$，$SD=0.61$）的得分显著低于农村户籍被试（$M=2.78$，$SD=0.60$）；在生态危机压力、国际压力以及危机压力总分方面，不同户籍被试之间的得分差异不显著。

表7－10－1　**不同户籍被试危机压力得分的差异比较**

项目		N	均值	标准差	标准误	均值的95%置信区间		极小值	极大值
						下限	上限		
政治危机压力	城镇	2643	2.4985	.66207	.01288	2.4733	2.5238	1.00	4.67
	农村	3495	2.6021	.63705	.01078	2.5810	2.6232	1.00	5.00
	总数	6138	2.5575	.64991	.00830	2.5412	2.5738	1.00	5.00
经济危机压力	城镇	2648	2.3730	.71031	.01380	2.3459	2.4001	1.00	5.00
	农村	3490	2.2715	.69279	.01173	2.2485	2.2945	1.00	5.00
	总数	6138	2.3153	.70214	.00896	2.2977	2.3329	1.00	5.00
社会危机压力	城镇	2646	2.7996	.74472	.01448	2.7712	2.8280	1.00	5.00
	农村	3495	2.8594	.68951	.01166	2.8366	2.8823	1.00	5.00
	总数	6141	2.8336	.71438	.00912	2.8158	2.8515	1.00	5.00
文化危机压力	城镇	2643	2.7286	.61466	.01196	2.7052	2.7521	1.00	4.75
	农村	3489	2.7782	.60025	.01016	2.7583	2.7982	1.00	5.00
	总数	6132	2.7568	.60695	.00775	2.7417	2.7720	1.00	5.00

续表

项目		N	均值	标准差	标准误	均值的95%置信区间		极小值	极大值
						下限	上限		
生态危机压力	城镇	2647	3.0785	.90829	.01765	3.0438	3.1131	1.00	5.00
	农村	3496	3.0734	.85455	.01445	3.0451	3.1018	1.00	5.00
	总数	6143	3.0756	.87804	.01120	3.0536	3.0975	1.00	5.00
国际压力	城镇	2646	3.0166	.48956	.00952	2.9980	3.0353	1.00	5.00
	农村	3491	3.0266	.49880	.00844	3.0101	3.0432	1.00	5.00
	总数	6137	3.0223	.49482	.00632	3.0099	3.0347	1.00	5.00
危机压力总分	城镇	2630	16.4905	2.83922	.05536	16.3820	16.5991	7.33	26.92
	农村	3473	16.6081	2.53144	.04296	16.5239	16.6923	7.33	27.00
	总数	6103	16.5574	2.66884	.03416	16.4904	16.6244	7.33	27.00

表7-10-2　不同户籍被试危机压力得分的方差分析结果

项目		平方和	df	均方	F	显著性
政治危机压力	组间	16.136	1	16.136	38.436	.000
	组内	2576.062	6136	.420		
	总数	2592.199	6137			
经济危机压力	组间	15.495	1	15.495	31.587	.000
	组内	3010.065	6136	.491		
	总数	3025.560	6137			
社会危机压力	组间	5.394	1	5.394	10.585	.001
	组内	3128.078	6139	.510		
	总数	3133.472	6140			
文化危机压力	组间	3.701	1	3.701	10.061	.002
	组内	2254.886	6130	.368		
	总数	2258.587	6131			
生态危机压力	组间	.038	1	.038	.050	.824
	组内	4735.197	6141	.771		
	总数	4735.236	6142			
国际压力	组间	.151	1	.151	.616	.433
	组内	1502.235	6135	.245		
	总数	1502.386	6136			

续表

项目		平方和	*df*	均方	*F*	显著性
危机压力总分	组间	20.679	1	20.679	2.904	.088
	组内	43442.069	6101	7.120		
	总数	43462.748	6102			

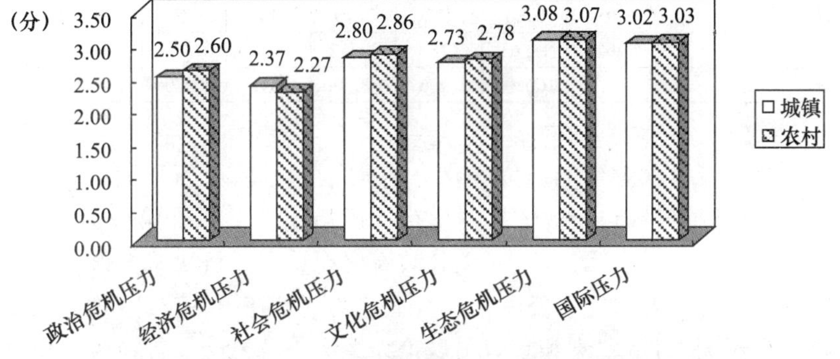

图7－2　不同户籍被试危机压力的得分比较

在涉及六种危机压力的一些具体问题的看法上，不同户籍被试显示出了一定的不同。

不同户籍被试对可能引发政治危机因素的看法（见表7－11），第一选择排在第一位至第三位的都是“党和政府出现重大决策失误”、“经济危机”、“政治腐败愈演愈烈”；总提及频率排在第一位的都是“政治腐败愈演愈烈”，但是城镇户籍被试排在第二位的是“党和政府出现重大决策失误”，排在第三位的是“经济危机”；农村被试排在第二位的是“经济危机”，排在第三位的是“党和政府出现重大决策失误”。

表7－11　　不同户籍被试对可能引发政治危机因素的看法

选项	城镇				农村			
	第一选择		总提及频率		第一选择		总提及频率	
	频率	百分比	频率	百分比	频率	百分比	频率	百分比
重大决策失误	997	37.75	1514	19.15	1387	39.74	1999	19.18

续表

选项	城镇				农村			
	第一选择		总提及频率		第一选择		总提及频率	
	频率	百分比	频率	百分比	频率	百分比	频率	百分比
国外势力颠覆	292	11.06	1062	13.43	327	9.37	1318	12.65
经济危机	507	19.20	1447	18.30	788	22.58	2028	19.46
民族问题激化	88	3.33	571	7.22	97	2.78	750	7.20
社会矛盾激化	245	9.27	1280	16.19	261	7.48	1669	16.01
宗教问题激化	20	0.76	252	3.19	43	1.23	429	4.11
政治腐败严重	492	18.63	1780	22.52	587	16.82	2229	21.39
合计	2641	100.00	7906	100.00	3490	100.00	10422	100

不同户籍被试对可能引发经济危机因素的看法有所不同（见表7－12），第一选择城镇户籍被试是“房市、股市崩盘”排在第一位，“公民收入差距过大”排在第二位，“党和政府出现重大经济决策失误”排在第三位；农村户籍被试是“公民收入差距过大”排在第一位，“房市、股市崩盘”排在第二位，“党和政府出现重大经济决策失误”排在第三位（前两位排序不同）。总提及频率城镇户籍被试是“物价快速上涨”排在第一位，“公民收入差距过大”排在第二位，“房市、股市崩盘”排在第三位；农村户籍被试是“公民收入差距过大”排在第一位，“物价快速上涨”排在第二位，“党和政府出现重大经济决策失误”排在第三位。

表7－12　不同户籍被试对可能引发经济危机因素的看法

选项	城镇				农村			
	第一选择		总提及频率		第一选择		总提及频率	
	频率	百分比	频率	百分比	频率	百分比	频率	百分比
房市股市崩盘	802	30.33	1227	15.49	742	21.27	1120	10.74
经济决策失误	491	18.57	1144	14.44	667	19.12	1535	14.73
收入差距过大	664	25.11	1733	21.88	1116	32.00	2353	22.57
国际金融危机	161	6.09	792	10.00	251	7.20	1312	12.59
政府债务	88	3.33	483	6.10	126	3.61	716	6.87
物价快速上涨	313	11.84	1830	23.10	393	11.27	2298	22.05
经济增速急减	125	4.73	712	8.99	193	5.53	1089	10.45
合计	2644	100.00	7921	100.00	3488	100.00	10423	100.00

不同户籍被试对可能引发社会危机因素的看法（见表7－13），第一选择都是“城乡差距”排在第一位，但是排在第二、三位的，城镇户籍被试是“贫富差距”、“公民社会地位不平等”，农村户籍被试是“公民社会地位不平等”、“贫富差距”。总提及频率不同户籍被试都是“贫富差距”排在第一位，但是城镇户籍被试是“收入分配不公”排在第二位，“公民社会地位不平等”排在第三位；农村户籍被试是“城乡差距”排在第二位，“公民社会地位不平等”排在第三位。

表7－13　　不同户籍被试对可能引发社会危机因素的看法

选项	城镇				农村			
	第一选择		总提及频率		第一选择		总提及频率	
	频率	百分比	频率	百分比	频率	百分比	频率	百分比
城乡差距	677	25.61	953	12.04	1262	36.13	1698	16.25
干群矛盾	256	9.68	743	9.38	304	8.70	943	9.03
公民地位不平等	480	18.15	1185	14.96	604	17.29	1495	14.31
民族矛盾	93	3.52	416	5.25	123	3.52	534	5.11
贫富差距	619	23.41	1684	21.27	601	17.21	2019	19.32
区域差距	49	1.85	326	4.12	36	1.03	387	3.70
司法不公	194	7.34	895	11.30	279	7.99	1108	10.60
收入分配不公	200	7.56	1251	15.80	118	3.38	1227	11.75
土地问题	52	1.97	288	3.64	132	3.78	788	7.54
宗教冲突	24	0.91	177	2.24	34	0.97	250	2.39
合计	2644	100.00	7918	100.00	3493	100.00	10449	100.00

不同户籍被试对可能引发生态危机因素的看法（见表7－14），第一选择排在第一位至第三位的都是“国民的环境保护意识较弱”、“环境污染事故”、“人口过快增长”；总提及频率排在第一位至第三位的都是“国民的环境保护意识较弱”、“环境污染事故”、“生产性污染”。

表 7 - 14 不同户籍被试对可能引发生态危机因素的看法

选项	城镇				农村			
	第一选择		总提及频率		第一选择		总提及频率	
	频率	百分比	频率	百分比	频率	百分比	频率	百分比
环保意识弱	1099	41.53	1598	20.15	1355	38.80	1921	18.39
环境污染事故	392	14.81	1212	15.29	524	15.01	1489	14.25
人口过快增长	294	11.11	738	9.31	514	14.72	1176	11.25
生产性污染	283	10.70	1196	15.08	305	8.74	1468	14.05
生活性污染	241	9.11	1004	12.66	320	9.16	1380	13.21
突发性传染病	41	1.55	466	5.88	65	1.86	605	5.79
重大自然灾害	146	5.52	764	9.64	248	7.10	1204	11.52
环保投入不足	150	5.67	951	11.99	161	4.61	1206	11.54
合计	2646	100.00	7929	100.00	3492	100.00	10449	100.00

不同户籍被试对中国应对国际压力做法的选择（见表 7 - 15），第一选择排在第一位的都是“创造有利于中国的国际话语权体系”，城镇户籍被试排在第二位的是“韬光养晦，做好自己的事情”，排在第三位的是“大力宣扬中国模式”；农村户籍排在第二位的是“大力宣扬中国模式”，排在第三位的是“韬光养晦，做好自己的事情”；总提及频率不同户籍被试排在第一位和第二位的都是“创造有利于中国的国际话语权体系”、“在世界范围内争取更多的朋友”，排在第三位的，城镇户籍被试是“针锋相对，给予有力的反击”，农村户籍被试是“大力宣扬中国模式”。

表 7 - 15 不同户籍被试对于应付国际压力做法的选择

选项	城镇				农村			
	第一选择		总提及频率		第一选择		总提及频率	
	频率	百分比	频率	百分比	频率	百分比	频率	百分比
中国话语体系	1167	44.20	1674	21.17	1483	42.48	2117	20.28
宣扬中国模式	336	12.73	1091	13.80	555	15.90	1631	15.63
加入西方阵营	82	3.11	205	2.59	157	4.50	401	3.84
建社会主义阵营	117	4.43	680	8.60	240	6.88	1219	11.68
韬光养晦	367	13.90	1039	13.14	376	10.77	1084	10.39

续表

选项	城镇				农村			
	第一选择		总提及频率		第一选择		总提及频率	
	频率	百分比	频率	百分比	频率	百分比	频率	百分比
听取国外意见	91	3.45	721	9.12	131	3.75	1016	9.73
针锋相对	313	11.86	1095	13.85	338	9.68	1185	11.35
争取更多朋友	167	6.32	1402	17.73	211	6.04	1785	17.10
合计	2640	100.00	7907	100.00	3491	100.00	10438	100.00

三　五个因素对不同户籍被试的影响

本次问卷调查涉及的权利、利益、政治沟通、政治参与和满意度五个中介因素，对不同户籍被试的影响是否有所不同，可根据调查数据作具体说明。

（一）权利认知

调查结果显示，城镇户籍被试的“权利重要性认知”得分在1.40—5.00分之间，均值为3.75，标准差为0.59；“权利保障评价”得分在1.00—5.00分之间，均值为3.28，标准差为0.52；“权利认知总分”的得分在3.80—10.00分之间，均值为7.03，标准差为0.87（见表7－16－1）。

表7－16－1　**城镇户籍被试“权利认知”的总体描述统计**

项目	*N*	极小值	极大值	均值	标准差
权利重要性认知	2642	1.40	5.00	3.7487	.58790
权利保障评价	2635	1.00	5.00	3.2806	.52102
权利认知总分	2630	3.80	10.00	7.0307	.86629
有效的 *N*	2630				

调查结果显示，农村户籍被试的“权利重要性认知”得分在1.00—5.00分之间，均值为3.62，标准差为0.60；“权利保障评价”得分在1.00—5.00分之间，均值为3.23，标准差为0.53；“权利认知总分”的得分在3.60—10.00分之间，均值为6.85，标准差为0.87（见表7－16－2）。

表7－16－2　　农村户籍被试“权利认知”的总体描述统计

项目	N	极小值	极大值	均值	标准差
权利重要性认知	3480	1.00	5.00	3.6182	.60455
权利保障评价	3480	1.00	5.00	3.2316	.53205
权利认知总分	3464	3.60	10.00	6.8515	.86990
有效的 N	3464				

对不同户籍被试权利认知各指标的差异性进行方差分析（见表7－17－1、表7－17－2和图7－3），可以发现在“权利重要性认知”方面，不同户籍被试之间的得分差异显著，$F=71.676$，$p<0.001$，城镇户籍被试（$M=3.75$，$SD=0.59$）的得分显著高于农村户籍被试（$M=3.62$，$SD=0.60$）；在“权利保障评价”方面，不同户籍被试之间的得分差异显著，$F=12.977$，$p<0.001$，城镇户籍被试（$M=3.28$，$SD=0.52$）的得分显著高于农村户籍被试（$M=3.23$，$SD=0.53$）；在“权利认知总分”方面，不同户籍被试之间的得分差异显著，$F=63.683$，$p<0.001$，城镇户籍被试（$M=7.03$，$SD=0.87$）的得分显著高于农村户籍被试（$M=6.85$，$SD=0.87$）。

表7－17－1　　不同户籍被试权利认知得分的差异比较

项目		N	均值	标准差	标准误	均值的95%置信区间		极小值	极大值
						下限	上限		
权利重要性认知	城镇	2642	3.7487	.58790	.01144	3.7262	3.7711	1.40	5.00
	农村	3480	3.6182	.60455	.01025	3.5981	3.6383	1.00	5.00
	总数	6122	3.6745	.60086	.00768	3.6594	3.6895	1.00	5.00

续表

项目		N	均值	标准差	标准误	均值的95%置信区间		极小值	极大值
						下限	上限		
权利保障评价	城镇	2635	3.2806	.52102	.01015	3.2607	3.3005	1.00	5.00
	农村	3480	3.2316	.53205	.00902	3.2139	3.2492	1.00	5.00
	总数	6115	3.2527	.52784	.00675	3.2395	3.2659	1.00	5.00
权利认知总分	城镇	2630	7.0307	.86629	.01689	6.9976	7.0638	3.80	10.00
	农村	3464	6.8515	.86990	.01478	6.8225	6.8805	3.60	10.00
	总数	6094	6.9288	.87280	.01118	6.9069	6.9508	3.60	10.00

表7-17-2　　不同户籍被试权利认知得分的方差分析结果

项目		平方和	df	均方	F	显著性
权利重要性认知	组间	25.582	1	25.582	71.676	.000
	组内	2184.293	6120	.357		
	总数	2209.875	6121			
权利保障评价	组间	3.609	1	3.609	12.977	.000
	组内	1699.855	6113	.278		
	总数	1703.463	6114			
权利认知总分	组间	48.019	1	48.019	63.683	.000
	组内	4593.530	6092	.754		
	总数	4641.549	6093			

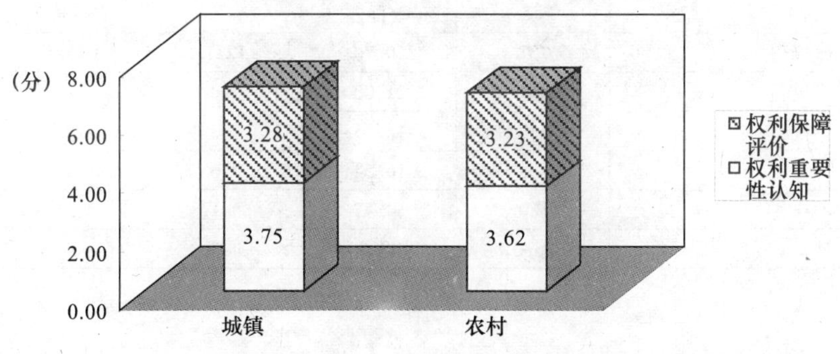

图7-3　不同户籍被试权利认知的得分比较

在法律、政治、经济、社会、文化五类权利对个人发展的重要性方面，不同户籍被试都是选择经济权利最重要的最多，第二是法律权利，第三是社会权利，但是城镇户籍被试选择政治权利重要的人多于文化权利，农村户籍被试选择文化权利重要的人多于政治权利（见表7－18）。

表7－18　　**不同户籍被试认为最重要的权利**

项目	城镇		农村	
	频率	有效百分比	频率	有效百分比
法律权利	679	25.71	915	26.33
经济权利	763	28.89	1155	33.24
社会权利	534	20.22	566	16.29
文化权利	274	10.37	424	12.20
政治权利	391	14.81	415	11.94
合计	2641	100.00	3475	100.00

在法律、政治、经济、社会、文化五类权利的保障方面，不同户籍被试都是选择法律权利保障最好的最多，第二是经济权利，第三是社会权利，第四是文化权利，选择政治权利保障最好的最少（见表7－19）。

表7－19　　**不同户籍被试认为保障最好的权利**

项目	城镇		农村	
	频率	有效百分比	频率	有效百分比
法律权利	781	29.70	1221	35.10
经济权利	554	21.06	748	21.50
社会权利	480	18.25	553	15.89
文化权利	435	16.54	516	14.83
政治权利	380	14.45	441	12.68
合计	2630	100.00	3479	100.00

（二）利益认知

调查结果显示，城镇被试的“公民利益取向”得分在1.00—5.00分之间，均值为2.77，标准差为0.57；“利益保障评价”得分在1.00—5.00分之间，均值为3.14，标准差为0.66；“利益认知总分”的得分在2.40—8.40分之间，均值为5.91，标准差为0.71（见表7-20-1）。

表7-20-1 **城镇户籍被试“利益认知”的总体描述统计**

项目	*N*	极小值	极大值	均值	标准差
公民利益取向	2641	1.00	5.00	2.7704	.57421
利益保障评价	2637	1.00	5.00	3.1408	.65824
利益认知总分	2636	2.40	8.40	5.9103	.71308
有效的 *N*	2636				

调查结果显示，农村被试的“公民利益取向”得分在1.00—5.00分之间，均值为2.76，标准差为0.61；“利益保障评价”得分在1.00—5.00分之间，均值为3.18，标准差为0.68；“利益认知总分”的得分在3.00—9.20分之间，均值为5.94，标准差为0.75（见表7-20-2）。

表7-20-2 **农村户籍被试“利益认知”的总体描述统计**

项目	*N*	极小值	极大值	均值	标准差
公民利益取向	3481	1.00	5.00	2.7619	.60985
利益保障评价	3480	1.00	5.00	3.1816	.67677
利益认知总分	3465	3.00	9.20	5.9440	.75098
有效的 *N*	3465				

对不同户籍被试利益认知各指标的差异性进行方差分析（见表7-21-1、表7-21-2和图7-4），可以发现在“利益保障评价”方面，不同户籍被试之间的得分差异显著，$F=5.573$，$p<0.05$，城镇户籍被试（$M=3.14$，$SD=0.66$）的得分显著低于农村户籍被试（$M=3.18$，$SD=0.68$）；在“公民利益取向”和“利益认知总分”方面，不同户籍被试之间的得分差异不显著。

表 7－21－1　　不同户籍被试利益认知得分的差异比较

项目		N	均值	标准差	标准误	均值的 95% 置信区间		极小值	极大值
						下限	上限		
公民利益取向	城镇	2641	2.7704	.57421	.01117	2.7485	2.7923	1.00	5.00
	农村	3481	2.7619	.60985	.01034	2.7416	2.7822	1.00	5.00
	总数	6122	2.7656	.59470	.00760	2.7507	2.7805	1.00	5.00
利益保障评价	城镇	2637	3.1408	.65824	.01282	3.1157	3.1660	1.00	5.00
	农村	3480	3.1816	.67677	.01147	3.1591	3.2041	1.00	5.00
	总数	6117	3.1640	.66910	.00856	3.1473	3.1808	1.00	5.00
利益认知总分	城镇	2636	5.9103	.71308	.01389	5.8831	5.9376	2.40	8.40
	农村	3465	5.9440	.75098	.01276	5.9190	5.9690	3.00	9.20
	总数	6101	5.9295	.73498	.00941	5.9110	5.9479	2.40	9.20

表 7－21－2　　不同户籍被试利益认知得分的方差分析结果

项目		平方和	df	均方	F	显著性
公民利益取向	组间	.108	1	.108	.305	.580
	组内	2164.713	6120	.354		
	总数	2164.821	6121			
利益保障评价	组间	2.493	1	2.493	5.573	.018
	组内	2735.594	6115	.447		
	总数	2738.088	6116			
利益认知总分	组间	1.700	1	1.700	3.147	.076
	组内	3293.458	6099	.540		
	总数	3295.157	6100			

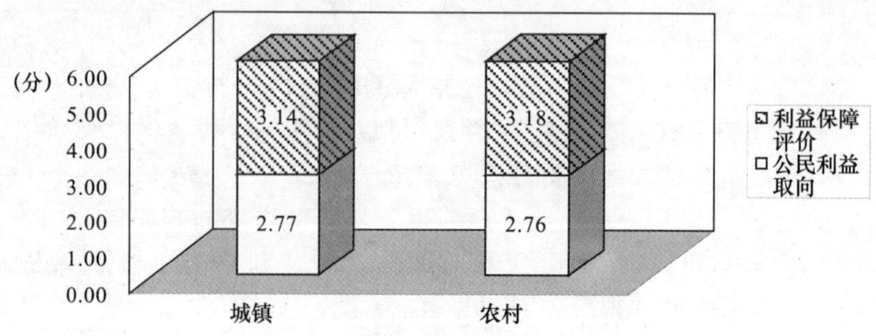

图 7－4　不同户籍被试利益认知的得分比较

在经济、社会、文化、政治四类利益的重要性方面，不同户籍被试都是选择经济利益最重要的最多，第二是社会利益，但是城镇户籍被试选择政治利益重要的人多于文化利益，农村户籍被试选择文化利益重要的人多于政治利益（见表7－22）。

表7－22　**不同户籍被试认为最重要的利益**

项目	城镇		农村	
	频率	有效百分比	频率	有效百分比
经济利益	1299	49.32	1576	45.30
社会利益	731	27.75	953	27.39
文化利益	280	10.63	526	15.12
政治利益	324	12.30	424	12.19
合计	2634	100	3479	100.00

在经济、社会、文化、政治四类利益的保障方面，不同户籍被试都是选择经济利益保障最好的最多，第二是社会利益，第三是文化利益，选择政治利益保障最好的最少（见表7－23）。

表7－23　**不同户籍被试认为保障最好的利益**

项目	城镇		农村	
	频率	有效百分比	频率	有效百分比
经济利益	842	32.09	1167	33.68
社会利益	726	27.67	1015	29.29
文化利益	653	24.88	776	22.40
政治利益	403	15.36	507	14.63
合计	2624	100.00	3465	100.00

（三）政治沟通认知

调查结果显示，城镇户籍被试的“政治沟通重要性认知”得分在1.40—5.00分之间，均值为3.64，标准差为0.45；“政治沟通现状评价”得分在1.00—5.00分之间，均值为3.15，标准差为0.74；“政治沟通认知总分”的得分在3.60—10.00分之间，均值为6.79，标准差为0.92（见表7-24-1）。

表7-24-1 城镇户籍被试“政治沟通认知”的总体描述统计

项目	N	极小值	极大值	均值	标准差
政治沟通重要性认知	2642	1.40	5.00	3.6438	.45170
政治沟通现状评价	2641	1.00	5.00	3.1509	.74410
政治沟通认知总分	2636	3.60	10.00	6.7948	.91577
有效的 N	2636				

调查结果显示，农村户籍被试的“政治沟通重要性认知”得分在1.60—5.00分之间，均值为3.59，标准差为0.50；“政治沟通现状评价”得分在1.00—5.00分之间，均值为3.22，标准差为0.71；“政治沟通认知总分”的得分在3.60—10.00分之间，均值为6.80，标准差为0.95（见表7-24-2）。

表7-24-2 农村户籍被试“政治沟通认知”的总体描述统计

项目	N	极小值	极大值	均值	标准差
政治沟通重要性认知	3486	1.60	5.00	3.5873	.50133
政治沟通现状评价	3484	1.00	5.00	3.2150	.71022
政治沟通认知总分	3474	3.60	10.00	6.8032	.95118
有效的 N	3474				

对不同户籍被试政治沟通认知各指标的差异性进行方差分析（见表7-25-1、表7-25-2和图7-5），可以发现在“政治沟通重要性认知”方面，不同户籍被试之间的得分差异显著，$F=20.726$，$p<0.001$，城镇

户籍被试（$M=3.64$，$SD=0.45$）的得分显著高于农村户籍被试（$M=3.59$，$SD=0.50$）；在“政治沟通现状评价”方面，不同户籍被试之间的得分差异显著，$F=11.775$，$p<0.01$，城镇户籍被试（$M=3.15$，$SD=0.74$）的得分显著低于农村户籍被试（$M=3.22$，$SD=0.71$）；在“政治沟通认知总分”方面，不同户籍被试之间的得分差异不显著。

表7-25-1 不同户籍被试政治沟通认知得分的差异比较

项目		N	均值	标准差	标准误	均值的95%置信区间		极小值	极大值
						下限	上限		
政治沟通重要性认知	城镇	2642	3.6438	.45170	.00879	3.6265	3.6610	1.40	5.00
	农村	3486	3.5873	.50133	.00849	3.5707	3.6040	1.60	5.00
	总数	6128	3.6117	.48134	.00615	3.5996	3.6237	1.40	5.00
政治沟通现状评价	城镇	2641	3.1509	.74410	.01448	3.1225	3.1792	1.00	5.00
	农村	3484	3.2150	.71022	.01203	3.1914	3.2386	1.00	5.00
	总数	6125	3.1874	.72566	.00927	3.1692	3.2055	1.00	5.00
政治沟通认知总分	城镇	2636	6.7948	.91577	.01784	6.7598	6.8297	3.60	10.00
	农村	3474	6.8032	.95118	.01614	6.7716	6.8349	3.60	10.00
	总数	6110	6.7996	.93600	.01197	6.7761	6.8230	3.60	10.00

表7-25-2 不同户籍被试政治沟通认知得分的方差分析结果

项目		平方和	df	均方	F	显著性
政治沟通重要性认知	组间	4.787	1	4.787	20.726	.000
	组内	1414.742	6126	.231		
	总数	1419.528	6127			
政治沟通现状评价	组间	6.189	1	6.189	11.775	.001
	组内	3218.632	6123	.526		
	总数	3224.822	6124			
政治沟通认知总分	组间	.107	1	.107	.122	.726
	组内	5352.012	6108	.876		
	总数	5352.119	6109			

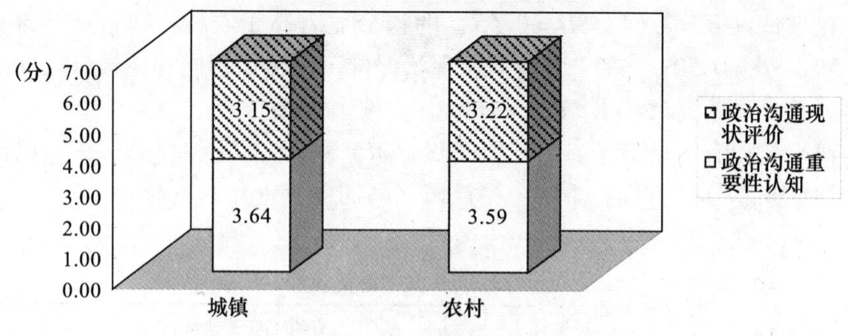

图7－5　不同户籍被试政治沟通认知的得分比较

不同户籍被试对政府与百姓沟通最重要做法的选择，在六个选项中，城镇户籍被试选择“政府的公信力”的人最多，第二是“政府愿意与民众沟通”，第三是“为沟通提供必要的法律保障”，第四是“公民个人有强烈的沟通愿望”，第五是“媒体愿意提供相互沟通的平台”，选择“社会团体和社会组织有参与沟通的意愿”的人最少；农村户籍被试选择“政府愿意与民众沟通”的人最多，第二是“政府的公信力”，后四项选择的排序与城镇户籍被试相同（见表7－26）。

表7－26　不同户籍被试认为政府与百姓沟通最重要的做法

项目	城镇		农村	
	频率	有效百分比	频率	有效百分比
公民有强烈沟通愿望	357	13.49	541	15.48
媒体愿意提供沟通平台	342	12.93	443	12.68
社会组织有参与沟通意愿	160	6.05	274	7.84
为沟通提供法律保障	462	17.46	556	15.91
政府的公信力	756	28.57	676	19.34
政府愿意沟通	569	21.50	1005	28.75
合计	2646	100.00	3495	100.00

不同户籍对突发事件中信息处理最重要做法的选择，在四个选项中，都是选择“政府及时发布准确的信息”的最多，第二是“媒体及时发布

准确的信息”，第三是“政府有效控制各种信息发布”，选择“公民个人及时发布获得的信息”的人最少（见表7－27）。

表7－27　不同户籍被试认为突发事件中信息处理最重要的做法

项目	城镇		农村	
	频率	有效百分比	频率	有效百分比
公民及时公布获得的信息	281	10.64	449	12.89
媒体及时发布准确信息	652	24.69	708	20.33
政府及时发布准确信息	1424	53.92	1738	49.90
政府有效控制信息发布	284	10.75	588	16.88
合计	2641	100.00	3483	100.00

（四）政治参与行为

调查结果显示，城镇户籍被试的“政治参与认知”得分在1.80—5.00分之间，均值为3.13，标准差为0.45；“实际政治参与”得分在1.00—5.00分之间，均值为3.06，标准差为0.68；“政治参与行为总分”的得分在2.80—9.40分之间，均值为6.19，标准差为0.86（见表7－28－1）。

表7－28－1　城镇户籍被试“政治参与行为”的总体描述统计

项目	N	极小值	极大值	均值	标准差
政治参与认知	2638	1.80	5.00	3.1310	.45202
实际政治参与	2635	1.00	5.00	3.0573	.68225
政治参与行为总分	2626	2.80	9.40	6.1890	.85930
有效的 N	2626				

调查结果显示，农村户籍被试的“政治参与认知”得分在1.40—5.00分之间，均值为3.08，标准差为0.46；“实际政治参与”得分在

1.00—5.00 分之间，均值为 3.09，标准差为 0.68；“政治参与行为总分”的得分在 3.00—10.00 分之间，均值为 6.17，标准差为 0.89（见表 7－28－2）。

表 7－28－2　**农村户籍被试“政治参与行为”的总体描述统计**

项目	*N*	极小值	极大值	均值	标准差
政治参与认知	3488	1.40	5.00	3.0847	.46166
实际政治参与	3480	1.00	5.00	3.0897	.68184
政治参与行为总分	3472	3.00	10.00	6.1737	.89171
有效的 *N*	3472				

对不同户籍被试政治参与行为各指标的差异性进行方差分析（见表 7－29－1、表 7－29－2 和图 7－6），可以发现在“政治参与认知”方面，不同户籍被试之间的得分差异显著，$F = 15.393$，$p < 0.001$，城镇户籍被试（$M = 3.13$，$SD = 0.45$）的得分显著高于农村户籍被试（$M = 3.08$，$SD = 0.46$）；在“实际政治参与”和“政治参与行为总分”方面，不同户籍被试之间的得分差异不显著。

表 7－29－1　**不同户籍被试政治参与行为得分的差异比较**

项目		*N*	均值	标准差	标准误	均值的 95% 置信区间		极小值	极大值
						下限	上限		
政治参与认知	城镇	2638	3.1310	.45202	.00880	3.1138	3.1483	1.80	5.00
	农村	3488	3.0847	.46166	.00782	3.0694	3.1000	1.40	5.00
	总数	6126	3.1046	.45807	.00585	3.0932	3.1161	1.40	5.00
实际政治参与	城镇	2635	3.0573	.68225	.01329	3.0312	3.0834	1.00	5.00
	农村	3480	3.0897	.68184	.01156	3.0670	3.1123	1.00	5.00
	总数	6115	3.0757	.68215	.00872	3.0586	3.0928	1.00	5.00
政治参与行为总分	城镇	2626	6.1890	.85930	.01677	6.1561	6.2218	2.80	9.40
	农村	3472	6.1737	.89171	.01513	6.1440	6.2033	3.00	10.00
	总数	6098	6.1803	.87786	.01124	6.1582	6.2023	2.80	10.00

表 7－29－2　　不同户籍被试政治参与行为得分的方差分析结果

项目		平方和	*df*	均方	*F*	显著性
政治参与认知	组间	3.222	1	3.222	15.393	.000
	组内	1281.986	6124	.209		
	总数	1285.208	6125			
实际政治参与	组间	1.569	1	1.569	3.374	.066
	组内	2843.414	6113	.465		
	总数	2844.984	6114			
政治参与行为总分	组间	.349	1	.349	.453	.501
	组内	4698.234	6096	.771		
	总数	4698.583	6097			

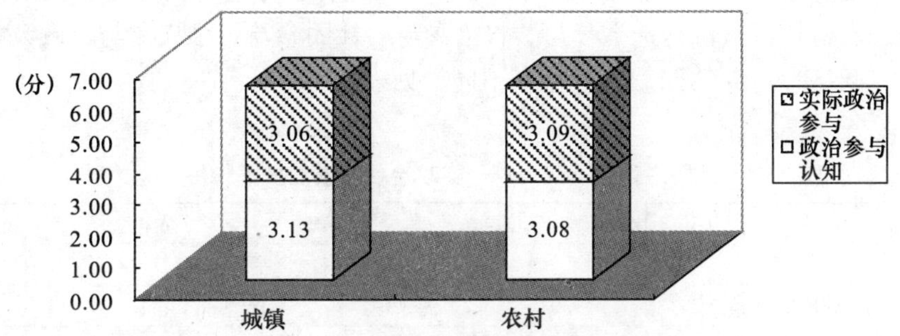

图 7－6　不同户籍被试政治参与行为的得分比较

对于选举参与、自治参与、政策参与、维权参与、社团参与、网络参与六类参与，哪一类最为重要，按选择比例由高到低排序，城镇户籍被试是选举参与、自治参与、社团参与、政策参与、维权参与、网络参与，农村户籍被试是选举参与、自治参与、维权参与、社团参与、政策参与、网络参与（第三位至第五位排序不同，见表 7－30）。

表 7－30　不同户籍被试认为最重要的政治参与

项目	城镇		农村	
	频率	有效百分比	频率	有效百分比
参加各种选举	999	37.83	1818	52.08
参加基层群众自治	606	22.94	543	15.55
参与政策讨论	287	10.87	258	7.39
以上访等形式维权	257	9.73	387	11.08
参与社会团体活动	345	13.06	380	10.89
在互联网发表个人意见	147	5.57	105	3.01
合计	2641	100.00	3491	100.00

对于选举参与、自治参与、政策参与、维权参与、社团参与、网络参与六类参与，哪一类最能发挥作用，按选择比例由高到低排序，城镇户籍被试是选举参与、自治参与、社团参与、政策参与、维权参与、网络参与，农村户籍被试是选举参与、自治参与、社团参与、维权参与、政策参与、网络参与（第四、五位排序不同，见表 7－31）。

表 7－31　不同户籍被试认为哪一类政治参与最能发挥作用

项目	城镇		农村	
	频率	有效百分比	频率	有效百分比
参加各种选举	930	35.20	1669	47.81
参加基层群众自治	651	24.64	612	17.53
参与政策讨论	292	11.05	265	7.59
以上访等形式维权	258	9.77	354	10.14
参与社会团体活动	339	12.83	441	12.63
在互联网发表个人意见	172	6.51	150	4.30
合计	2642	100.00	3491	100.00

（五）公民满意度

调查结果显示，城镇户籍被试的“个人生活满意度”得分在 1.00—

5.00 分之间，均值为 3.26，标准差为 0.66；“公共服务满意度”得分在 1.00—5.00 分之间，均值为 3.15，标准差为 0.62；“公民满意度总分”的得分在 2.00—10.00 分之间，均值为 6.41，标准差为 1.08（见表 7－32－1）。

表 7－32－1　**城镇户籍被试“公民满意度”的总体描述统计**

项目	*N*	极小值	极大值	均值	标准差
个人生活满意度	2635	1.00	5.00	3.2575	.66323
公共服务满意度	2639	1.00	5.00	3.1477	.62434
公民满意度总分	2629	2.00	10.00	6.4064	1.08181
有效的 *N*	2629				

调查结果显示，农村户籍被试的“个人生活满意度”得分在 1.00—5.00 分之间，均值为 3.41，标准差为 0.63；“公共服务满意度”得分在 1.00—5.00 分之间，均值为 3.10，标准差为 0.64；“公民满意度总分”的得分在 2.00—10.00 分之间，均值为 6.51，标准差为 1.07（见表 7－32－2）。

表 7－32－2　**农村户籍被试“公民满意度”的总体描述统计**

项目	*N*	极小值	极大值	均值	标准差
个人生活满意度	3487	1.00	5.00	3.4126	.63261
公共服务满意度	3483	1.00	5.00	3.0978	.64117
公民满意度总分	3473	2.00	10.00	6.5100	1.07099
有效的 *N*	3473				

对不同户籍被试公民满意度各指标的差异性进行方差分析（见表 7－33－1、表 7－33－2 和图 7－7），在“个人生活满意度”方面，不同户籍被试之间的得分差异显著，$F=86.444$，$p<0.001$，城镇户籍被试（$M=3.26$，$SD=0.66$）的得分显著低于农村户籍被试（$M=3.41$，$SD=0.63$）；在“公共服务满意度”方面，不同户籍被试之间的得分差异显著，$F=9.287$，$p<0.01$，城镇户籍被试（$M=3.15$，$SD=0.62$）的得分

显著高于农村户籍被试（$M=3.10$，$SD=0.64$）；在“公民满意度总分”方面，不同户籍被试之间的差异显著，$F=13.896$，$p<0.001$，城镇户籍被试（$M=6.41$，$SD=1.08$）的得分显著低于农村户籍被试（$M=6.51$，$SD=1.07$）。

表 7－33－1　　不同户籍被试公民满意度得分的差异比较

项目		N	均值	标准差	标准误	均值的95%置信区间		极小值	极大值
						下限	上限		
个人生活满意度	城镇	2635	3.2575	.66323	.01292	3.2322	3.2829	1.00	5.00
	农村	3487	3.4126	.63261	.01071	3.3916	3.4336	1.00	5.00
	总数	6122	3.3458	.65046	.00831	3.3295	3.3621	1.00	5.00
公共服务满意度	城镇	2639	3.1477	.62434	.01215	3.1239	3.1715	1.00	5.00
	农村	3483	3.0978	.64117	.01086	3.0765	3.1191	1.00	5.00
	总数	6122	3.1193	.63440	.00811	3.1034	3.1352	1.00	5.00
公民满意度总分	城镇	2629	6.4064	1.08181	.02110	6.3650	6.4478	2.00	10.00
	农村	3473	6.5100	1.07099	.01817	6.4744	6.5457	2.00	10.00
	总数	6102	6.4654	1.07680	.01378	6.4384	6.4924	2.00	10.00

表 7－33－2　　不同户籍被试公民满意度得分的方差分析结果

项目		平方和	df	均方	F	显著性
个人生活满意度	组间	36.071	1	36.071	86.444	.000
	组内	2553.728	6120	.417		
	总数	2589.799	6121			
公共服务满意度	组间	3.733	1	3.733	9.287	.002
	组内	2459.757	6120	.402		
	总数	2463.490	6121			
公民满意度总分	组间	16.078	1	16.078	13.896	.000
	组内	7058.032	6100	1.157		
	总数	7074.110	6101			

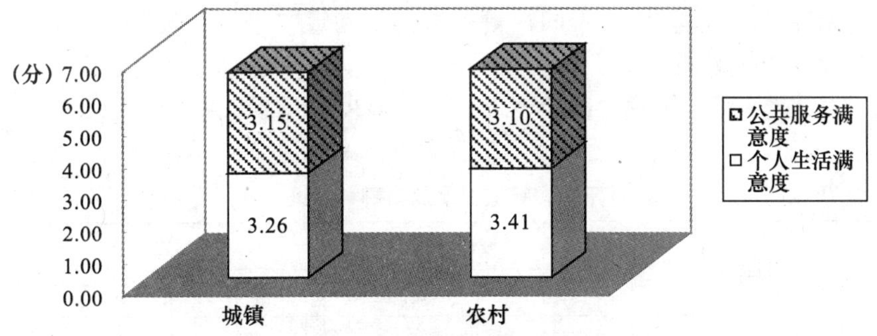

图7-7　不同户籍被试公民满意度的得分比较

不同户籍被试满意的公共服务项目（见表7-34），第一选择排在第一位至第三位的都是"基本公共教育"、"社会保险"、"基本医疗卫生"；总提及频率城镇户籍被试排在第一位至第三位的是"基本公共教育"、"社会保险"、"基本医疗卫生"，农村户籍被试排在第一位至第三位的是"基本医疗卫生"、"基本公共教育"、"社会保险"（排序有所不同）。

表7-34　不同户籍被试满意的公共服务

选项	城镇				农村			
	第一选择		总提及频率		第一选择		总提及频率	
	频率	百分比	频率	百分比	频率	百分比	频率	百分比
基本公共教育	857	32.52	1312	16.63	1182	33.86	1743	16.68
劳动就业服务	239	9.07	679	8.61	326	9.34	952	9.11
社会保险	601	22.81	1281	16.24	736	21.08	1716	16.43
基本社会服务	117	4.44	665	8.43	88	2.52	643	6.16
基本医疗卫生	299	11.35	1260	15.97	612	17.53	2005	19.19
人口和计划生育	101	3.83	464	5.88	99	2.84	663	6.35
基本住房保障	111	4.21	637	8.07	129	3.70	745	7.13
公共文化体育	71	2.70	432	5.48	50	1.43	402	3.85
残疾人服务	52	1.97	257	3.26	57	1.63	373	3.57
社会安全	187	7.10	902	11.43	212	6.07	1204	11.53
合计	2635	100.00	7889	100.00	3491	100.00	10446	100.00

对于“六大建设”，不同户籍被试都是满意“经济建设”的人最多，第二是“党的建设”，第三是“社会建设”，第四是“文化建设”，第五是“生态建设”，满意“政治建设”的人最少（见表7－35）。

表7－35　不同户籍被试最满意哪种建设

项目	城镇		农村	
	频率	有效百分比	频率	有效百分比
党的建设	506	19.17	788	22.57
经济建设	976	36.98	1208	34.60
社会建设	465	17.62	558	15.99
生态建设	268	10.16	363	10.40
文化建设	337	12.77	399	11.43
政治建设	87	3.30	175	5.01
合计	2639	100.00	3491	100.00

四　不同户籍被试的政治认同与危机压力差异

通过本章的数据分析，可以对不同户籍被试在政治认同、危机压力以及影响因素等方面所反映出来的差异，作一个简单的小结。

第一，在政治认同总体得分方面，不同户籍被试存在显著的差异，城镇户籍被试的得分（22.16分）显著高于农村户籍被试（21.95分）。在六种认同中，有五种认同的得分城镇户籍被试高于农村户籍被试（政党认同城镇户籍3.63分，农村户籍3.62分；身份认同城镇户籍4.23分，农村户籍4.16分；文化认同城镇户籍3.49分，农村户籍3.40分；政策认同城镇户籍3.594分，农村户籍3.592分；发展认同城镇户籍3.79分，农村户籍3.71分），只有一种认同的得分农村户籍被试高于城镇户籍被试（体制认同城镇户籍3.42分，农村户籍3.45分），并且有四种认同（体制认同、身份认同、文化认同和发展认同）的得分差异达到了显著水平。

第二，在危机压力总体得分方面，尽管农村户籍被试的得分（16.61

分）高于城镇户籍被试（16.49 分），但是不同户籍被试的得分差异未达到显著水平。在六种危机压力中，有四种压力的得分农村户籍被试高于城镇户籍被试（政治危机压力城镇户籍 2.50 分，农村户籍 2.60 分；社会危机压力城镇户籍 2.80 分，农村户籍 2.86 分；文化危机压力城镇户籍 2.73 分，农村户籍 2.78 分；国际压力城镇户籍 3.02 分，农村户籍 3.03 分），两种压力的得分城镇户籍被试高于农村户籍被试（经济危机压力城镇户籍 2.37 分，农村户籍 2.27 分；生态危机压力城镇户籍 3.08 分，农村户籍 3.07 分），并且有四种压力（政治危机压力、经济危机压力、社会危机压力和文化危机压力）的得分差异达到了显著水平。

第三，在五个影响因素中，两个因素的总分城镇户籍被试高于农村户籍被试（权利认知总分城镇户籍 7.03 分，农村户籍 6.85 分；政治参与行为总分城镇户籍 6.19 分，农村户籍 6.17 分），三个因素的总分城镇户籍被试低于农村户籍被试（利益认知总分城镇户籍 5.91 分，农村户籍 5.94 分；政治沟通认知总分城镇户籍 6.79 分，农村户籍 6.80 分；公民满意度总分城镇户籍 6.41 分，农村户籍 6.51 分），但是得分差异达到显著水平的只有权利认知和公民满意度。

从调查数据反映的情况看，不同户籍被试的差异主要反映在政治认同上，在危机压力总体水平上差异不明显，但是显然不应忽视不同户籍被试在具体危机压力上存在的一些明显差异。

第八章

政治认同与危机压力的差异比较:单位

“政治认同与政治稳定”问卷调查将被试的“单位”分为五大类:第一类是“国家机关”;第二类是“国有企事业单位”(简称“国营单位”);第三类是“民营私营合资单位”(简称“民营单位”);第四类是“基层群众组织和社会团体”(简称“组织社团”);第五类是“其他性质单位”。调查中有79名被试的单位信息缺失,在有单位信息的6080份数据中,国家机关被试166人,有效百分比为2.73%;国营单位被试946人,有效百分比为15.56%;民营单位被试958人,有效百分比为15.76%;组织社团被试760人,有效百分比为12.50%;其他性质单位被试3250人,有效百分比为53.45%。根据问卷调查的数据,可以比较不同单位性质被试的政治认同和危机压力状况。

一 不同单位性质被试的政治认同

不同单位性质被试政治认同的得分情况以及六种认同的具体情况,可根据问卷调查的结果,分述于下。

(一)不同单位性质被试政治认同的得分

调查结果显示,国家机关被试政治认同的总体得分在13.25—27.83之间,均值为22.50,标准差为2.62。在六种认同中,国家机关被试的体制认同得分在1.67—4.67分之间,均值为3.42,标准差为0.58;政党认同得分在1.33—5.00分之间，均值为3.67，标准差为0.77；身份认同得分在2.00—5.00分之间，均值为4.28，标准差为0.71；文化认同得分在2.00—5.00分之间，均值为3.53，标准差为0.63；政策认同得分在1.00—5.00分之间，均值为3.68，标准差为0.75；发展认同得分在2.25—5.00分之间，均值为3.88，标准差为0.63（见表8－1－1）。

表8－1－1 **国家机关被试政治认同的描述统计**

项目	*N*	极小值	极大值	均值	标准差
政治认同总分	**162**	**13.25**	**27.83**	**22.4995**	**2.62043**
体制认同	166	1.67	4.67	3.4177	.57757
政党认同	165	1.33	5.00	3.6747	.77210
身份认同	166	2.00	5.00	4.2801	.70860
文化认同	165	2.00	5.00	3.5313	.62675
政策认同	164	1.00	5.00	3.6809	.74796
发展认同	166	2.25	5.00	3.8810	.63347
有效的 *N*	162				

调查结果显示，国营单位被试政治认同的总体得分在12.67—27.83之间，均值为22.33，标准差为2.55。在六种认同中，国营单位被试的体制认同得分在1.00—5.00分之间，均值为3.42，标准差为0.59；政党认同得分在1.00—5.00分之间，均值为3.69，标准差为0.68；身份认同得分在1.25—5.00分之间，均值为4.26，标准差为0.65；文化认同得分在1.33—5.00分之间，均值为3.53，标准差为0.57；政策认同得分在1.00—5.00分之间，均值为3.62，标准差为0.73；发展认同得分在1.00—5.00分之间，均值为3.80，标准差为0.62（见表8－1－2）。

表8－1－2 **国营单位被试政治认同的描述统计**

项目	*N*	极小值	极大值	均值	标准差
政治认同总分	**940**	**12.67**	**27.83**	**22.3340**	**2.55191**
体制认同	945	1.00	5.00	3.4236	.59409
政党认同	942	1.00	5.00	3.6897	.67813
身份认同	945	1.25	5.00	4.2590	.65068

续表

项目	N	极小值	极大值	均值	标准差
文化认同	946	1.33	5.00	3.5349	.56636
政策认同	946	1.00	5.00	3.6209	.72514
发展认同	946	1.00	5.00	3.8021	.62393
有效的 N	940				

调查结果显示，民营单位被试政治认同的总体得分在 12.33—28.08 之间，均值为 21.65，标准差为 2.52。在六种认同中，民营单位被试的体制认同得分在 1.00—5.00 分之间，均值为 3.35，标准差为 0.58；政党认同得分在 1.00—5.00 分之间，均值为 3.51，标准差为 0.63；身份认同得分在 1.25—5.00 分之间，均值为 4.18，标准差为 0.68；文化认同得分在 1.00—5.00 分之间，均值为 3.41，标准差为 0.57；政策认同得分在 1.00—5.00 分之间，均值为 3.50，标准差为 0.72；发展认同得分在 2.00—5.00 分之间，均值为 3.70，标准差为 0.61（见表 8-1-3）。

表 8-1-3　**民营单位被试政治认同的描述统计**

项目	N	极小值	极大值	均值	标准差
政治认同总分	**950**	**12.33**	**28.08**	**21.6548**	**2.51873**
体制认同	957	1.00	5.00	3.3469	.57527
政党认同	958	1.00	5.00	3.5132	.63308
身份认同	958	1.25	5.00	4.1756	.67701
文化认同	954	1.00	5.00	3.4081	.57197
政策认同	956	1.00	5.00	3.4983	.71865
发展认同	955	2.00	5.00	3.7013	.60893
有效的 N	951				

调查结果显示，组织社团被试政治认同的总体得分在 14.17—27.83 之间，均值为 22.25，标准差为 2.22。在六种认同中，组织社团被试的体制认同得分在 1.00—5.00 分之间，均值为 3.49，标准差为 0.49；政党认同得分在 1.67—5.00 分之间，均值为 3.69，标准差为 0.59；身份认同得分在 1.75—5.00 分之间，均值为 4.21，标准差为 0.67；文化认同得分在 1.33—5.00 分之间，均值为 3.45，标准差为 0.55；政策认同得分在

1.33—5.00分之间，均值为3.70，标准差为0.64；发展认同得分在1.50—5.00分之间，均值为3.71，标准差为0.64（见表8－1－4）。

表8－1－4 组织社团被试政治认同的描述统计

项目	N	极小值	极大值	均值	标准差
政治认同总分	**756**	**14.17**	**27.83**	**22.2542**	**2.22424**
体制认同	760	1.00	5.00	3.4873	.49428
政党认同	758	1.67	5.00	3.6944	.58678
身份认同	759	1.75	5.00	4.2111	.67009
文化认同	760	1.33	5.00	3.4509	.54962
政策认同	759	1.33	5.00	3.7040	.63807
发展认同	760	1.50	5.00	3.7102	.63597
有效的N	756				

调查结果显示，其他性质单位被试政治认同的总体得分在9.83—28.67之间，均值为22.00，标准差为2.32。在六种认同中，其他性质单位被试的体制认同得分在1.00—5.00分之间，均值为3.46，标准差为0.52；政党认同得分在1.00—5.00分之间，均值为3.63，标准差为0.61；身份认同得分在1.00—5.00分之间，均值为4.17，标准差为0.66；文化认同得分在1.00—5.00分之间，均值为3.42，标准差为0.55；政策认同得分在1.00—5.00分之间，均值为3.58，标准差为0.68；发展认同得分在1.50—5.00分之间，均值为3.74，标准差为0.61（见表8－1－5）。

表8－1－5 其他性质单位被试政治认同的描述统计

项目	N	极小值	极大值	均值	标准差
政治认同总分	**3224**	**9.83**	**28.67**	**22.0029**	**2.31835**
体制认同	3245	1.00	5.00	3.4581	.51827
政党认同	3245	1.00	5.00	3.6271	.60926
身份认同	3247	1.00	5.00	4.1715	.65664
文化认同	3243	1.00	5.00	3.4186	.55228
政策认同	3246	1.00	5.00	3.5823	.68269
发展认同	3246	1.50	5.00	3.7379	.61324
有效的N	3224				

六种认同的得分由高到低排序，国家机关被试是身份认同第一，发展认同第二，政策认同第三，政党认同第四，文化认同第五，体制认同第六；组织社团被试是身份认同第一，发展认同第二，政策认同第三，政党认同第四，体制认同第五，文化认同第六；国营单位、民营单位被试是身份认同第一，发展认同第二，政党认同第三，政策认同第四，文化认同第五，体制认同第六；其他性质单位被试是身份认同第一，发展认同第二，政党认同第三，政策认同第四，体制认同第五，文化认同第六（后三位排序有所不同）。

（二）不同单位性质被试的体制认同比较

对不同单位性质被试体制认同的差异性进行方差分析（见表8-2-1、表8-2-2、表8-2-3和图8-1），显示不同单位性质被试的体制认同得分之间差异显著，$F=9.788$，$p<0.001$，具体表现是：国家机关被试（$M=3.42$，$SD=0.58$）与国营单位被试（$M=3.42$，$SD=0.59$）、民营单位被试（$M=3.35$，$SD=0.58$）、组织社团被试（$M=3.49$，$SD=0.49$）、其他性质单位被试（$M=3.46$，$SD=0.52$）的得分之间，差异均不显著。国营单位被试的得分显著高于民营单位被试，显著低于组织社团被试，与其他性质单位被试之间的得分差异不显著。民营单位被试的得分显著低于组织社团、其他性质单位被试。组织社团被试与其他性质单位被试之间的得分差异不显著。

表8-2-1　　不同单位性质被试体制认同得分的差异比较

项目		N	均值	标准差	标准误	均值的95%置信区间		极小值	极大值
						下限	上限		
体制认同	国家机关	166	3.4177	.57757	.04483	3.3292	3.5062	1.67	4.67
	国营单位	945	3.4236	.59409	.01933	3.3857	3.4616	1.00	5.00
	民营单位	957	3.3469	.57527	.01860	3.3104	3.3834	1.00	5.00
	组织社团	760	3.4873	.49428	.01793	3.4521	3.5225	1.00	5.00
	其他性质	3245	3.4581	.51827	.00910	3.4403	3.4760	1.00	5.00
	总数	6073	3.4378	.54033	.00693	3.4242	3.4514	1.00	5.00

表 8-2-2 不同单位性质被试体制认同得分的方差分析结果

项目		平方和	df	均方	F	显著性
体制认同	组间	11.365	4	2.841	9.788	.000
	组内	1761.378	6068	.290		
	总数	1772.743	6072			

表 8-2-3 不同单位性质被试体制认同得分的多重比较

因变量	(I) 单位	(J) 单位	均值差 (I-J)	标准误	显著性	95% 置信区间	
						下限	上限
体制认同	国家机关	国营单位	-.00596	.04534	.895	-.0948	.0829
		民营单位	.07075	.04530	.118	-.0180	.1596
		组织社团	-.06961	.04616	.132	-.1601	.0209
		其他性质	-.04047	.04287	.345	-.1245	.0436
	国营单位	国家机关	.00596	.04534	.895	-.0829	.0948
		民营单位	.07672*	.02471	.002	.0283	.1252
		组织社团	-.06365*	.02625	.015	-.1151	-.0122
		其他性质	-.03451	.01992	.083	-.0735	.0045
	民营单位	国家机关	-.07075	.04530	.118	-.1596	.0180
		国营单位	-.07672*	.02471	.002	-.1252	-.0283
		组织社团	-.14036*	.02618	.000	-.1917	-.0890
		其他性质	-.11122*	.01982	.000	-.1501	-.0724
	组织社团	国家机关	.06961	.04616	.132	-.0209	.1601
		国营单位	.06365*	.02625	.015	.0122	.1151
		民营单位	.14036*	.02618	.000	.0890	.1917
		其他性质	.02914	.02171	.180	-.0134	.0717
	其他性质	国家机关	.04047	.04287	.345	-.0436	.1245
		国营单位	.03451	.01992	.083	-.0045	.0735
		民营单位	.11122*	.01982	.000	.0724	.1501
		组织社团	-.02914	.02171	.180	-.0717	.0134

*. 均值差的显著性水平为 0.05。

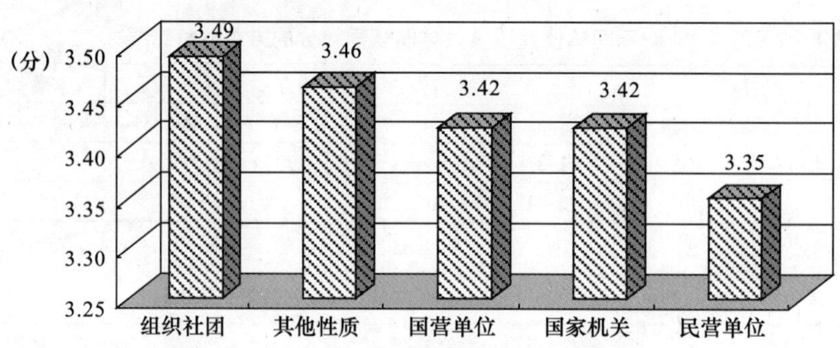

图 8－1　不同单位性质被试体制认同的得分比较

不同单位性质被试对政治体制改革着重点的看法有所不同（见表 8－3），第一选择国家机关、国营单位、组织社团、其他性质单位被试排在第一位至第三位的都是“基层群众自治制度改革”、“人民代表大会制度改革”、“党的领导体制改革”；只有民营单位被试排在第一位至第三位的是“基层群众自治制度改革”、“人民代表大会制度改革”、“司法制度改革”（第三位不同）；总提及频率不同单位性质被试排在第一位的都是“基层群众自治制度改革”，排在第二位和第三位的，国家机关被试是“行政制度改革”、“人民代表大会制度改革”，国营单位被试是“人民代表大会制度改革”、“司法制度改革”，民营单位、组织社团、其他性质单位被试是“人民代表大会制度改革”、“选举制度改革”。

表 8－3　　　不同单位性质被试对政治体制改革着重点的选择

选项	国家机关				国营单位			
	第一选择		总提及频率		第一选择		总提及频率	
	频率	百分比	频率	百分比	频率	百分比	频率	百分比
基层自治改革	66	39.76	87	17.50	296	31.42	440	15.59
民族自治改革	10	6.02	39	7.85	52	5.52	194	6.87
人大制度改革	23	13.86	65	13.08	159	16.88	385	13.64
司法制度改革	13	7.83	51	10.26	87	9.24	366	12.97
行政制度改革	15	9.04	70	14.08	93	9.87	335	11.87
选举制度改革	13	7.83	57	11.47	70	7.43	345	12.23
党领导体制改革	17	10.24	50	10.06	104	11.04	292	10.35

续表

选项	国家机关				国营单位			
	第一选择		总提及频率		第一选择		总提及频率	
	频率	百分比	频率	百分比	频率	百分比	频率	百分比
决策体制改革	4	2.41	46	9.26	41	4.35	261	9.25
走向多党竞争	4	2.41	15	3.02	30	3.19	86	3.05
政协制度改革	1	0.60	17	3.42	10	1.06	118	4.18
合计	166	100.00	497	100.00	942	100.00	2822	100.00
选项	民营单位				组织社团			
基层自治改革	389	40.61	523	18.22	350	46.17	466	20.46
民族自治改革	60	6.26	200	6.97	35	4.62	133	5.84
人大制度改革	154	16.08	404	14.07	123	16.23	295	12.95
司法制度改革	90	9.39	338	11.77	42	5.54	212	9.31
行政制度改革	66	6.89	297	10.34	58	7.65	242	10.63
选举制度改革	55	5.74	355	12.36	29	3.82	272	11.95
党领导体制改革	75	7.83	262	9.13	71	9.37	262	11.51
决策体制改革	29	3.03	250	8.71	29	3.83	227	9.97
走向多党竞争	35	3.65	130	4.53	7	0.92	53	2.33
政协制度改革	5	0.52	112	3.90	14	1.85	115	5.05
合计	958	100.00	2871	100.00	758	100.00	2277	100.00
选项	其他性质							
基层自治改革	1346	41.65	1925	19.92				
民族自治改革	167	5.17	715	7.40				
人大制度改革	577	17.85	1456	15.07				
司法制度改革	173	5.35	876	9.07				
行政制度改革	211	6.53	960	9.94				
选举制度改革	196	6.06	1085	11.23				
党领导体制改革	321	9.93	1079	11.17				
决策体制改革	149	4.61	907	9.39				
走向多党竞争	54	1.67	221	2.29				
政协制度改革	38	1.18	437	4.52				
合计	3232	100.00	9661	100.00				

（三）不同单位性质被试的政党认同比较

对不同单位性质被试政党认同的差异性进行方差分析（见表 8－4－1、表 8－4－2、表 8－4－3 和图 8－2），显示不同单位性质被试的政党认同得分之间差异显著，$F = 12.682$，$p < 0.001$，具体表现是：国家机关被试（$M = 3.67$，$SD = 0.77$）的得分显著高于民营单位被试（$M = 3.51$，$SD = 0.63$），与国营单位被试（$M = 3.69$，$SD = 0.68$）、组织社团被试（$M = 3.69$，$SD = 0.59$）、其他性质单位被试（$M = 3.63$，$SD = 0.61$）之间的得分差异均不显著。民营单位被试的得分显著低于另四种单位被试。国营单位被试的得分显著高于其他性质单位被试，与组织社团被试之间的得分差异不显著。组织社团被试的得分显著高于其他性质单位被试。

表 8－4－1　　不同单位性质被试政党认同得分的差异比较

项目		N	均值	标准差	标准误	均值的 95% 置信区间		极小值	极大值
						下限	上限		
政党认同	国家机关	165	3.6747	.77210	.06011	3.5561	3.7934	1.33	5.00
	国营单位	942	3.6897	.67813	.02209	3.6463	3.7330	1.00	5.00
	民营单位	958	3.5132	.63308	.02045	3.4731	3.5534	1.00	5.00
	组织社团	758	3.6944	.58678	.02131	3.6525	3.7362	1.67	5.00
	其他性质	3245	3.6271	.60926	.01070	3.6061	3.6481	1.00	5.00
	总数	6068	3.6285	.62879	.00807	3.6127	3.6444	1.00	5.00

表 8－4－2　　不同单位性质被试政党认同得分的方差分析结果

项目		平方和	df	均方	F	显著性
政党认同	组间	19.903	4	4.976	12.682	.000
	组内	2378.833	6063	.392		
	总数	2398.736	6067			

表 8-4-3　　不同单位性质被试政党认同得分的多重比较

因变量	(I) 单位	(J) 单位	均值差 (I-J)	标准误	显著性	95%置信区间	
						下限	上限
政党认同	国家机关	国营单位	-.01492	.05286	.778	-.1185	.0887
		民营单位	.16153*	.05280	.002	.0580	.2650
		组织社团	-.01962	.05381	.715	-.1251	.0859
		其他性质	.04763	.04999	.341	-.0504	.1456
	国营单位	国家机关	.01492	.05286	.778	-.0887	.1185
		民营单位	.17645*	.02874	.000	.1201	.2328
		组织社团	-.00470	.03056	.878	-.0646	.0552
		其他性质	.06255*	.02318	.007	.0171	.1080
	民营单位	国家机关	-.16153*	.05280	.002	-.2650	-.0580
		国营单位	-.17645*	.02874	.000	-.2328	-.1201
		组织社团	-.18115*	.03045	.000	-.2408	-.1215
		其他性质	-.11390*	.02303	.000	-.1590	-.0687
	组织社团	国家机关	.01962	.05381	.715	-.0859	.1251
		国营单位	.00470	.03056	.878	-.0552	.0646
		民营单位	.18115*	.03045	.000	.1215	.2408
		其他性质	.06725*	.02527	.008	.0177	.1168
	其他性质	国家机关	-.04763	.04999	.341	-.1456	.0504
		国营单位	-.06255*	.02318	.007	-.1080	-.0171
		民营单位	.11390*	.02303	.000	.0687	.1590
		组织社团	-.06725*	.02527	.008	-.1168	-.0177

*. 均值差的显著性水平为 0.05。

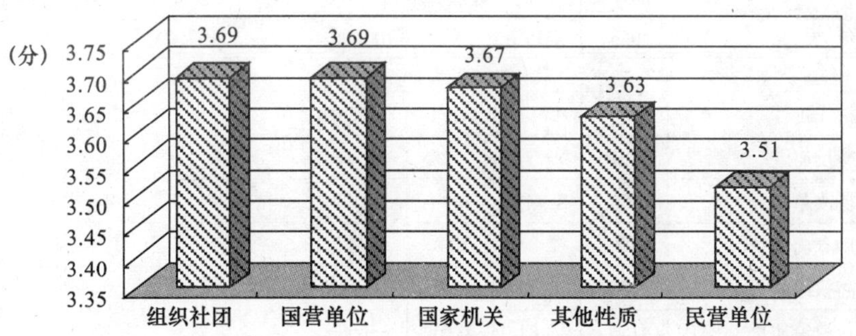

图 8-2　不同单位性质被试政党认同的得分比较

对中国共产党应做事情的看法，不同单位性质被试第一选择都是“保持党的先进性、纯洁性”排在第一位，“坚持反腐败”排在第二位，“坚持改革开放的基本方针和路线”排在第三位；总提及频率不同单位性质被试排在第一位、第二位的都是“坚持反腐败”、“保持党的先进性、纯洁性”，排在第三位的，国家机关、国营单位、民营单位被试是“注重政策的科学化、民主化、法治化”，组织社团、其他性质单位被试是“坚持改革开放”（见表8－5）。

表8－5　不同单位性质被试对中国共产党应做事情的选择

选项	国家机关				国营单位			
	第一选择		总提及频率		第一选择		总提及频率	
	频率	百分比	频率	百分比	频率	百分比	频率	百分比
保持先进性	90	54.22	123	24.80	480	50.90	675	23.84
坚持反腐败	36	21.69	127	25.61	259	27.47	760	26.84
坚持改革开放	15	9.04	76	15.32	74	7.85	370	13.06
推动党内民主	5	3.01	22	4.44	30	3.18	174	6.14
提高执政能力	10	6.02	65	13.10	50	5.30	388	13.70
注重政策质量	10	6.02	83	16.73	50	5.30	465	16.42
合计	166	100.00	496	100.00	943	100.00	2832	
选项	民营单位				组织社团			
保持先进性	414	43.35	618	21.57	402	52.97	535	23.49
坚持反腐败	324	33.92	748	26.11	174	22.93	540	23.71
坚持改革开放	99	10.37	422	14.73	94	12.38	423	18.58
推动党内民主	21	2.20	185	6.46	11	1.45	137	6.02
提高执政能力	55	5.76	409	14.27	42	5.53	319	14.01
注重政策质量	42	4.40	483	16.86	36	4.74	323	14.19
合计	955	100.00	2865	100.00	759	100.00	2277	100.00
选项	其他性质							
保持先进性	1481	45.70	2164	22.34				
坚持反腐败	881	27.18	2325	24.00				
坚持改革开放	426	13.14	1623	16.76				
推动党内民主	92	2.84	577	5.96				
提高执政能力	205	6.33	1396	14.41				
注重政策质量	156	4.81	1601	16.53				
合计	3241	100.00	9686	100.00				

(四) 不同单位性质被试的身份认同比较

对不同单位性质被试身份认同的差异性进行方差分析(见表8-6-1、表8-6-2、表8-6-3和图8-3),显示不同单位性质被试的身份认同得分之间差异显著,$F=4.230$,$p<0.01$,具体表现是:国家机关被试($M=4.28$,$SD=0.71$)的得分显著高于其他性质单位被试($M=4.17$,$SD=0.66$),与国营单位被试($M=4.26$,$SD=0.65$)、民营单位被试($M=4.18$,$SD=0.68$)、组织社团被试($M=4.21$,$SD=0.67$)之间的得分差异均不显著。组织社团被试与另四种单位被试之间的得分差异均不显著。国营单位被试的得分显著高于民营单位、其他性质单位被试。民营单位被试与其他性质单位被试之间的得分差异不显著。

表8-6-1　不同单位性质被试身份认同得分的差异比较

项目		N	均值	标准差	标准误	均值的95%置信区间		极小值	极大值
						下限	上限		
身份认同	国家机关	166	4.2801	.70860	.05500	4.1715	4.3887	2.00	5.00
	国营单位	945	4.2590	.65068	.02117	4.2175	4.3005	1.25	5.00
	民营单位	958	4.1756	.67701	.02187	4.1327	4.2186	1.25	5.00
	组织社团	759	4.2111	.67009	.02432	4.1634	4.2589	1.75	5.00
	其他性质	3247	4.1715	.65664	.01152	4.1489	4.1941	1.00	5.00
	总数	6075	4.1937	.66282	.00850	4.1770	4.2103	1.00	5.00

表8-6-2　不同单位性质被试身份认同得分的方差分析结果

项目		平方和	df	均方	F	显著性
身份认同	组间	7.417	4	1.854	4.230	.002
	组内	2661.114	6070	.438		
	总数	2668.531	6074			

表 8-6-3 不同单位性质被试身份认同得分的多重比较

因变量	(I) 单位	(J) 单位	均值差 (I-J)	标准误	显著性	95%置信区间	
						下限	上限
身份认同	国家机关	国营单位	.02113	.05572	.705	-.0881	.1304
		民营单位	.10449	.05567	.061	-.0046	.2136
		组织社团	.06899	.05673	.224	-.0422	.1802
		其他性质	.10865*	.05269	.039	.0054	.2119
	国营单位	国家机关	-.02113	.05572	.705	-.1304	.0881
		民营单位	.08337*	.03036	.006	.0239	.1429
		组织社团	.04786	.03227	.138	-.0154	.1111
		其他性质	.08753*	.02447	.000	.0396	.1355
	民营单位	国家机关	-.10449	.05567	.061	-.2136	.0046
		国营单位	-.08337*	.03036	.006	-.1429	-.0239
		组织社团	-.03551	.03218	.270	-.0986	.0276
		其他性质	.00416	.02434	.864	-.0436	.0519
	组织社团	国家机关	-.06899	.05673	.224	-.1802	.0422
		国营单位	-.04786	.03227	.138	-.1111	.0154
		民营单位	.03551	.03218	.270	-.0276	.0986
		其他性质	.03967	.02670	.137	-.0127	.0920
	其他性质	国家机关	-.10865*	.05269	.039	-.2119	-.0054
		国营单位	-.08753*	.02447	.000	-.1355	-.0396
		民营单位	-.00416	.02434	.864	-.0519	.0436
		组织社团	-.03967	.02670	.137	-.0920	.0127

*. 均值差的显著性水平为 0.05。

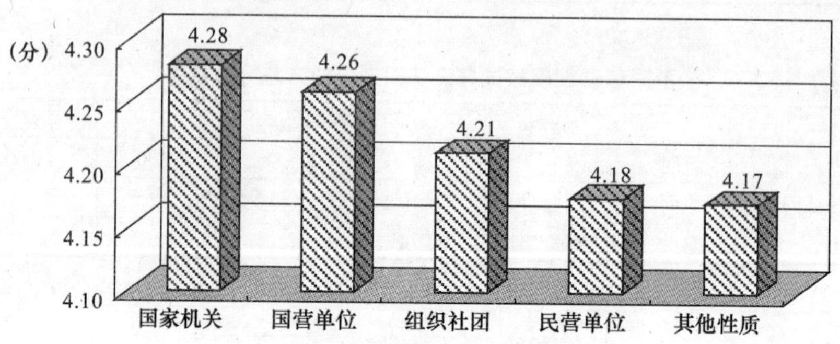

图 8-3 不同单位性质被试身份认同的得分比较

不同单位性质被试对身份的看重有所不同（见表8－7），第一选择排在前三位的，国家机关、国营单位被试是“中国人身份”、“公民身份”、“户籍身份”，民营单位被试是“中国人身份”、“户籍身份”、“公民身份”，组织社团、其他性质单位被试是“户籍身份”、“中国人身份”、“公民身份”；总提及频率排在第一位至第三位的，国家机关被试是“公民身份”、“中国人身份”、“职业身份”，国营单位、民营单位被试是“中国人身份”、“公民身份”、“职业身份”，组织社团、其他性质单位被试是“中国人身份”、“公民身份”、“户籍身份”。

表8－7　　不同单位性质被试对所看重身份的选择

选项	国家机关				国营单位			
	第一选择		总提及频率		第一选择		总提及频率	
	频率	百分比	频率	百分比	频率	百分比	频率	百分比
户籍身份	28	16.87	51	10.26	189	20.04	317	11.23
单位身份	15	9.04	48	9.66	62	6.57	264	9.36
干部身份	10	6.02	35	7.04	59	6.26	163	5.78
地域身份	3	1.81	23	4.63	31	3.29	160	5.67
民族身份	4	2.41	18	3.62	41	4.35	144	5.10
公民身份	36	21.69	124	24.95	194	20.57	651	23.07
中国人身份	60	36.14	114	22.94	324	34.36	685	24.27
职业身份	10	6.02	84	16.90	43	4.56	438	15.52
合计	166	100.00	497	100.00	943	100.00	2822	100.00
选项	民营单位				组织社团			
户籍身份	241	25.21	413	14.42	252	33.20	398	17.56
单位身份	55	5.75	230	8.03	31	4.09	129	5.69
干部身份	91	9.52	221	7.71	58	7.64	137	6.04
地域身份	40	4.19	176	6.14	17	2.24	123	5.43
民族身份	39	4.08	180	6.28	41	5.40	189	8.34
公民身份	178	18.62	589	20.56	138	18.18	498	21.97
中国人身份	274	28.66	641	22.37	201	26.48	546	24.08
职业身份	38	3.97	415	14.49	21	2.77	247	10.89
合计	956	100.00	2865	100.00	759	100.00	2267	100.00

续表

选项	其他性质							
	第一选择		总提及频率					
	频率	百分比	频率	百分比				
户籍身份	1103	33.99	1886	19.45				
单位身份	117	3.61	580	5.98				
干部身份	248	7.64	699	7.21				
地域身份	75	2.31	475	4.90				
民族身份	160	4.93	722	7.45				
公民身份	522	16.09	2027	20.90				
中国人身份	942	29.03	2293	23.65				
职业身份	78	2.40	1014	10.46				
合计	3245	100.00	9696	100.00				

（五）不同单位性质被试的文化认同比较

对不同单位性质被试文化认同的差异性进行方差分析（见表8－8－1、表8－8－2、表8－8－3和图8－4），显示不同单位性质被试的文化认同得分之间差异显著，$F=9.907$，$p<0.001$，具体表现是：国家机关被试（$M=3.53$，$SD=0.63$）的得分显著高于民营单位被试（$M=3.41$，$SD=0.57$）、其他性质单位被试（$M=3.42$，$SD=0.55$），与国营单位被试（$M=3.53$，$SD=0.57$）、组织社团被试（$M=3.45$，$SD=0.55$）之间的得分差异不显著。国营单位被试的得分显著高于民营单位、组织社团、其他性质单位被试。民营单位被试与组织社团、其他性质单位被试之间的得分差异不显著。组织社团被试与其他性质单位被试之间的得分差异不显著。

表 8－8－1　　不同单位性质被试文化认同得分的差异比较

项目		N	均值	标准差	标准误	均值的 95% 置信区间		极小值	极大值
						下限	上限		
文化认同	国家机关	165	3.5313	.62675	.04879	3.4350	3.6277	2.00	5.00
	国营单位	946	3.5349	.56636	.01841	3.4987	3.5710	1.33	5.00
	民营单位	954	3.4081	.57197	.01852	3.3718	3.4444	1.00	5.00
	组织社团	760	3.4509	.54962	.01994	3.4117	3.4900	1.33	5.00
	其他性质	3243	3.4186	.55228	.00970	3.3996	3.4377	1.00	5.00
	总数	6068	3.4422	.56106	.00720	3.4281	3.4563	1.00	5.00

表 8－8－2　　不同单位性质被试文化认同得分的方差分析结果

项目		平方和	df	均方	F	显著性
文化认同	组间	12.402	4	3.101	9.907	.000
	组内	1897.444	6063	.313		
	总数	1909.846	6067			

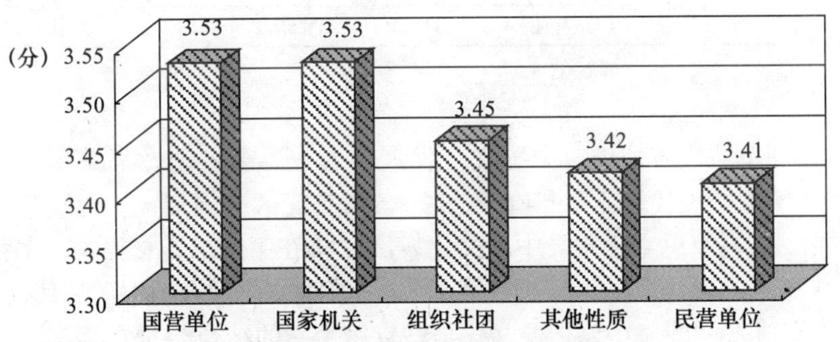

图 8－4　不同单位性质被试文化认同的得分比较

表 8－8－3　　不同单位性质被试文化认同得分的多重比较

因变量	(I) 单位	(J) 单位	均值差 (I－J)	标准误	显著性	95% 置信区间	
						下限	上限
文化认同	国家机关	国营单位	－.00357	.04720	.940	－.0961	.0890
		民营单位	.12321*	.04717	.009	.0307	.2157
		组织社团	.08044	.04805	.094	－.0138	.1746
		其他性质	.11267*	.04465	.012	.0251	.2002
	国营单位	国家机关	.00357	.04720	.940	－.0890	.0961
		民营单位	.12678*	.02567	.000	.0765	.1771
		组织社团	.08401*	.02725	.002	.0306	.1374
		其他性质	.11624*	.02067	.000	.0757	.1568
	民营单位	国家机关	－.12321*	.04717	.009	－.2157	－.0307
		国营单位	－.12678*	.02567	.000	－.1771	－.0765
		组织社团	－.04277	.02720	.116	－.0961	.0106
		其他性质	－.01054	.02060	.609	－.0509	.0299
	组织社团	国家机关	－.08044	.04805	.094	－.1746	.0138
		国营单位	－.08401*	.02725	.002	－.1374	－.0306
		民营单位	.04277	.02720	.116	－.0106	.0961
		其他性质	.03223	.02255	.153	－.0120	.0764
	其他性质	国家机关	－.11267*	.04465	.012	－.2002	－.0251
		国营单位	－.11624*	.02067	.000	－.1568	－.0757
		民营单位	.01054	.02060	.609	－.0299	.0509
		组织社团	－.03223	.02255	.153	－.0764	.0120

*. 均值差的显著性水平为 0.05。

不同单位性质被试对中国文化发展的看法，第一选择都是“多种文化融合的中国现代文化”排在第一位，“发扬光大中国传统文化”排在第二位，“以马克思主义主导中国文化发展”排在第三位；总提及频率都是“发扬光大中国传统文化”排在第一位，“多种文化融合的中国现代文化”排在第二位，“注重中国传统文化与马克思主义的结合”排在第三位（见表 8－9）。

表 8－9　　不同单位性质被试对中国文化发展的看法

选项	国家机关				国营单位			
	第一选择		总提及频率		第一选择		总提及频率	
	频率	百分比	频率	百分比	频率	百分比	频率	百分比
多种文化融合	86	51.81	127	25.61	460	48.68	730	25.80
发扬传统文化	42	25.30	132	26.61	343	36.30	820	28.99
马克思主义主导	21	12.65	76	15.32	61	6.45	360	12.73
西方改造中国	4	2.41	24	4.84	17	1.80	120	4.24
马克思结合传统	12	7.23	107	21.57	53	5.61	610	21.56
宗教对文化影响	1	0.60	30	6.05	11	1.16	189	6.68
合计	166	100.00	496	100.00	945	100.00	2829	100.00
选项	民营单位				组织社团			
多种文化融合	446	46.55	745	25.99	347	45.72	536	23.58
发扬传统文化	321	33.51	816	28.46	246	32.41	641	28.20
马克思主义主导	72	7.51	382	13.32	92	12.12	361	15.88
西方改造中国	36	3.76	186	6.49	11	1.45	116	5.10
马克思结合传统	59	6.16	503	17.54	55	7.25	437	19.23
宗教对文化影响	24	2.51	235	8.20	8	1.05	182	8.01
合计	958	100.00	2867	100.00	759	100.00	2273	100.00
选项	其他性质							
多种文化融合	1475	45.48	2421	25.04				
发扬传统文化	1059	32.65	2640	27.31				
马克思主义主导	347	10.70	1523	15.75				
西方改造中国	70	2.16	595	6.16				
马克思结合传统	247	7.62	1779	18.40				
宗教对文化影响	45	1.39	710	7.34				
合计	3243	100.00	9668	100.00				

（六）不同单位性质被试的政策认同比较

对不同单位性质被试政策认同的差异性进行方差分析（见表8－10－1、表8－10－2、表8－10－3和图8－5），显示不同单位性质被试的政策认同得分之间差异显著，$F = 10.610$，$p < 0.001$，具体表现是：国家机关被试（$M = 3.68$，$SD = 0.75$）的得分显著高于民营单位被试（$M = 3.50$，$SD = 0.72$），与国营单位被试（$M = 3.62$，$SD = 0.73$）、组织社团被试（$M = 3.70$，$SD = 0.64$）、其他性质单位被试（$M = 3.58$，$SD = 0.68$）之间的得分差异不显著。民营单位被试的得分显著低于另四种单位被试。国营单位被试的得分显著低于组织社团被试，与其他性质单位被试之间的得分差异不显著。组织社团被试的得分显著高于其他性质单位被试。

表8－10－1　　**不同单位性质被试政策认同得分的差异比较**

项目		N	均值	标准差	标准误	均值的95%置信区间		极小值	极大值
						下限	上限		
政策认同	国家机关	164	3.6809	.74796	.05841	3.5656	3.7962	1.00	5.00
	国营单位	946	3.6209	.72514	.02358	3.5746	3.6671	1.00	5.00
	民营单位	956	3.4983	.71865	.02324	3.4526	3.5439	1.00	5.00
	组织社团	759	3.7040	.63807	.02316	3.6585	3.7495	1.33	5.00
	其他性质	3248	3.5823	.68269	.01198	3.5588	3.6058	1.00	5.00
	总数	6073	3.5930	.69389	.00890	3.5755	3.6104	1.00	5.00

表8－10－2　　**不同单位性质被试政策认同得分的方差分析结果**

项目		平方和	df	均方	F	显著性
政策认同	组间	20.305	4	5.076	10.610	.000
	组内	2903.251	6068	.478		
	总数	2923.556	6072			

表 8-10-3　　不同单位性质被试政策认同得分的多重比较

因变量	(I) 单位	(J) 单位	均值差(I-J)	标准误	显著性	95% 置信区间	
						下限	上限
政策认同	国家机关	国营单位	.06003	.05851	.305	-.0547	.1747
		民营单位	.18264*	.05846	.002	.0680	.2972
		组织社团	-.02310	.05956	.698	-.1399	.0937
		其他性质	.09859	.05536	.075	-.0099	.2071
	国营单位	国家机关	-.06003	.05851	.305	-.1747	.0547
		民营单位	.12260*	.03172	.000	.0604	.1848
		组织社团	-.08314*	.03371	.014	-.1492	-.0171
		其他性质	.03855	.02556	.131	-.0115	.0887
	民营单位	国家机关	-.18264*	.05846	.002	-.2972	-.0680
		国营单位	-.12260*	.03172	.000	-.1848	-.0604
		组织社团	-.20574*	.03363	.000	-.2717	-.1398
		其他性质	-.08405*	.02545	.001	-.1339	-.0342
	组织社团	国家机关	.02310	.05956	.698	-.0937	.1399
		国营单位	.08314*	.03371	.014	.0171	.1492
		民营单位	.20574*	.03363	.000	.1398	.2717
		其他性质	.12169*	.02789	.000	.0670	.1764
	其他性质	国家机关	-.09859	.05536	.075	-.2071	.0099
		国营单位	-.03855	.02556	.131	-.0887	.0115
		民营单位	.08405*	.02545	.001	.0342	.1339
		组织社团	-.12169*	.02789	.000	-.1764	-.0670

*. 均值差的显著性水平为 0.05。

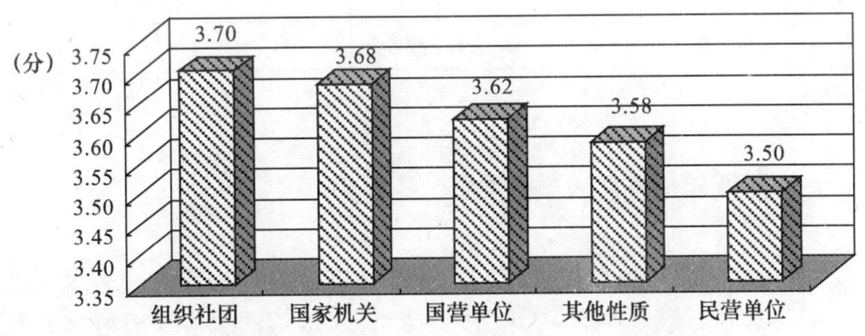

图 8-5　不同单位性质被试政策认同的得分比较

对于政策的法治性、公平性、科学性、民主性、有效性，不同单位性质被试选择比例由高到低的排序，国家机关被试是公平性、法治性、有效性、民主性、科学性，国营单位被试是公平性、有效性、民主性、法治性、科学性，民营单位被试是公平性、民主性、有效性、法治性、科学性，组织社团、其他性质单位被试是公平性、民主性、法治性、有效性、科学性（后四位排序不同，见表8－11）。

表8－11 不同单位性质被试关注政策的重点

项目	国家机关		国营单位		民营单位	
	频率	有效百分比	频率	有效百分比	频率	有效百分比
法治性	33	19.88	126	13.33	103	10.78
公平性	69	41.57	402	42.54	407	42.62
科学性	19	11.44	106	11.22	74	7.75
民主性	22	13.25	153	16.19	191	20.00
有效性	23	13.86	158	16.72	180	18.85
合计	166	100.00	945	100.00	955	100.00
项目	组织社团		其他性质			
法治性	106	13.95	446	13.73		
公平性	338	44.47	1480	45.55		
科学性	63	8.29	279	8.59		
民主性	162	21.32	642	19.76		
有效性	91	11.97	402	12.37		
合计	760	100.00	3249	100.00		

（七）不同单位性质被试的发展认同比较

对不同单位性质被试发展认同的差异性进行方差分析（见表8－12－1、表8－12－2、表8－12－3和图8－6），显示不同单位性质被试的发展认同得分之间差异显著，$F=5.912$，$p<0.001$，具体表现是：国家机关被

试（$M=3.88$，$SD=0.63$）的得分显著高于民营单位被试（$M=3.70$，$SD=0.61$）、组织社团被试（$M=3.71$，$SD=0.64$）、其他性质单位被试（$M=3.74$，$SD=0.61$），与国营单位被试（$M=3.80$，$SD=0.62$）之间的得分差异不显著。国营单位被试的得分显著高于民营单位、组织社团、其他性质单位被试。民营单位被试与组织社团、其他性质单位被试之间的得分差异不显著。组织社团被试与其他性质单位被试之间的得分差异不显著。

表8－12－1　　不同单位性质被试发展认同得分的差异比较

项目		N	均值	标准差	标准误	均值的95% 置信区间		极小值	极大值
						下限	上限		
发展认同	国家机关	166	3.8810	.63347	.04917	3.7839	3.9781	2.25	5.00
	国营单位	946	3.8021	.62393	.02029	3.7623	3.8419	1.00	5.00
	民营单位	955	3.7013	.60893	.01970	3.6626	3.7400	2.00	5.00
	组织社团	760	3.7102	.63597	.02307	3.6649	3.7555	1.50	5.00
	其他性质	3246	3.7379	.61324	.01076	3.7168	3.7590	1.50	5.00
	总数	6073	3.7426	.61868	.00794	3.7270	3.7582	1.00	5.00

表8－12－2　　不同单位性质被试发展认同得分的方差分析结果

项目		平方和	df	均方	F	显著性
发展认同	组间	9.023	4	2.256	5.912	.000
	组内	2315.143	6068	.382		
	总数	2324.167	6072			

表 8-12-3　　不同单位性质被试发展认同得分的多重比较

因变量	(I) 单位	(J) 单位	均值差 (I-J)	标准误	显著性	95% 置信区间	
						下限	上限
发展认同	国家机关	国营单位	.07896	.05198	.129	-.0229	.1809
		民营单位	.17972*	.05194	.001	.0779	.2815
		组织社团	.17083*	.05292	.001	.0671	.2746
		其他性质	.14312*	.04915	.004	.0468	.2395
	国营单位	国家机关	-.07896	.05198	.129	-.1809	.0229
		民营单位	.10075*	.02833	.000	.0452	.1563
		组织社团	.09186*	.03009	.002	.0329	.1508
		其他性质	.06415*	.02282	.005	.0194	.1089
	民营单位	国家机关	-.17972*	.05194	.001	-.2815	-.0779
		国营单位	-.10075*	.02833	.000	-.1563	-.0452
		组织社团	-.00889	.03003	.767	-.0677	.0500
		其他性质	-.03660	.02274	.108	-.0812	.0080
	组织社团	国家机关	-.17083*	.05292	.001	-.2746	-.0671
		国营单位	-.09186*	.03009	.002	-.1508	-.0329
		民营单位	.00889	.03003	.767	-.0500	.0677
		其他性质	-.02771	.02489	.266	-.0765	.0211
	其他性质	国家机关	-.14312*	.04915	.004	-.2395	-.0468
		国营单位	-.06415*	.02282	.005	-.1089	-.0194
		民营单位	.03660	.02274	.108	-.0080	.0812
		组织社团	.02771	.02489	.266	-.0211	.0765

*. 均值差的显著性水平为 0.05。

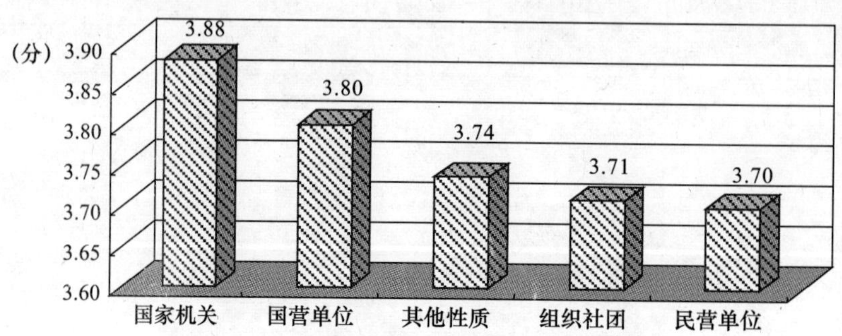

图 8-6　不同单位性质被试发展认同的得分比较

不同单位性质被试对于党的建设、经济建设、社会建设、生态建设、文化建设、政治建设“六大建设”的关注，按选择比例由高到低排序，国家机关被试是经济建设、党的建设、生态建设、社会建设、文化建设、政治建设，国营单位、其他性质单位被试是经济建设、党的建设、社会建设、生态建设、文化建设、政治建设，民营单位被试是经济建设、社会建设、生态建设、党的建设、文化建设、政治建设，组织社团被试是经济建设、党的建设、社会建设、生态建设、政治建设、文化建设（第二位至第六位排序不同，见表8－13）。

表8－13　**不同单位性质被试最关注何种建设**

项目	国家机关		国营单位		民营单位	
	频率	有效百分比	频率	有效百分比	频率	有效百分比
党的建设	33	19.88	181	19.18	101	10.54
经济建设	74	44.58	416	44.07	454	47.39
社会建设	15	9.04	127	13.45	164	17.12
生态建设	19	11.44	108	11.44	120	12.53
文化建设	13	7.83	61	6.46	71	7.41
政治建设	12	7.23	51	5.40	48	5.01
合计	166	100.00	944	100.00	958	100.00
项目	组织社团		其他性质			
党的建设	165	21.71	506	15.57		
经济建设	296	38.95	1458	44.86		
社会建设	114	15.00	444	13.66		
生态建设	86	11.31	370	11.38		
文化建设	48	6.32	283	8.71		
政治建设	51	6.71	189	5.82		
合计	760	100.00	3250	100.00		

（八）不同单位性质被试政治认同总分比较

对不同单位性质被试政治认同总分的差异性进行方差分析（见表 8－14－1、表 8－14－2、表 8－14－3 和图 8－7），显示不同单位性质被试的政治认同总分之间差异显著，$F=12.975$，$p<0.001$，具体表现是：国家机关被试（$M=22.50$，$SD=2.62$）的得分显著高于民营单位被试（$M=21.65$，$SD=2.52$）、其他性质单位被试（$M=22.00$，$SD=2.32$），与国营单位被试（$M=22.33$，$SD=2.55$）、组织社团被试（$M=22.25$，$SD=2.22$）之间的得分差异不显著。民营单位被试的得分显著低于另四种单位被试。国营单位被试的得分显著高于其他性质单位被试，与组织社团被试之间的得分差异不显著。组织社团被试的得分显著高于其他性质单位被试。

表 8－14－1　　不同单位性质被试政治认同总分的差异比较

项目		N	均值	标准差	标准误	均值的 95% 置信区间		极小值	极大值
						下限	上限		
政治认同总分	国家机关	162	22.4995	2.62043	.20588	22.0929	22.9061	13.25	27.83
	国营单位	940	22.3340	2.55191	.08323	22.1706	22.4973	12.67	27.83
	民营单位	950	21.6548	2.51873	.08172	21.4945	21.8152	12.33	28.08
	组织社团	756	22.2542	2.22424	.08089	22.0954	22.4130	14.17	27.83
	其他性质	3224	22.0029	2.31835	.04083	21.9229	22.0830	9.83	28.67
	总数	6032	22.0445	2.39501	.03084	21.9841	22.1050	9.83	28.67

表 8－14－2　　不同单位性质被试政治认同总分的方差分析结果

项目		平方和	df	均方	F	显著性
政治认同总分	组间	295.355	4	73.839	12.975	.000
	组内	34298.874	6027	5.691		
	总数	34594.228	6031			

表 8－14－3　　不同单位性质被试政治认同总分的多重比较

因变量	(I) 单位	(J) 单位	均值差 (I－J)	标准误	显著性	95% 置信区间	
						下限	上限
政治认同总分	国家机关	国营单位	.16553	.20294	.415	－.2323	.5634
		民营单位	.84466*	.20278	.000	.4471	1.2422
		组织社团	.24530	.20653	.235	－.1596	.6502
		其他性质	.49654*	.19208	.010	.1200	.8731
	国营单位	国家机关	－.16553	.20294	.415	－.5634	.2323
		民营单位	.67913*	.10975	.000	.4640	.8943
		组织社团	.07977	.11654	.494	－.1487	.3082
		其他性质	.33101*	.08843	.000	.1577	.5044
	民营单位	国家机关	－.84466*	.20278	.000	－1.2422	－.4471
		国营单位	－.67913*	.10975	.000	－.8943	－.4640
		组织社团	－.59936*	.11627	.000	－.8273	－.3714
		其他性质	－.34812*	.08807	.000	－.5208	－.1755
	组织社团	国家机关	－.24530	.20653	.235	－.6502	.1596
		国营单位	－.07977	.11654	.494	－.3082	.1487
		民营单位	.59936*	.11627	.000	.3714	.8273
		其他性质	.25124*	.09640	.009	.0623	.4402
	其他性质	国家机关	－.49654*	.19208	.010	－.8731	－.1200
		国营单位	－.33101*	.08843	.000	－.5044	－.1577
		民营单位	.34812*	.08807	.000	.1755	.5208
		组织社团	－.25124*	.09640	.009	－.4402	.16553

*. 均值差的显著性水平为 0.05。

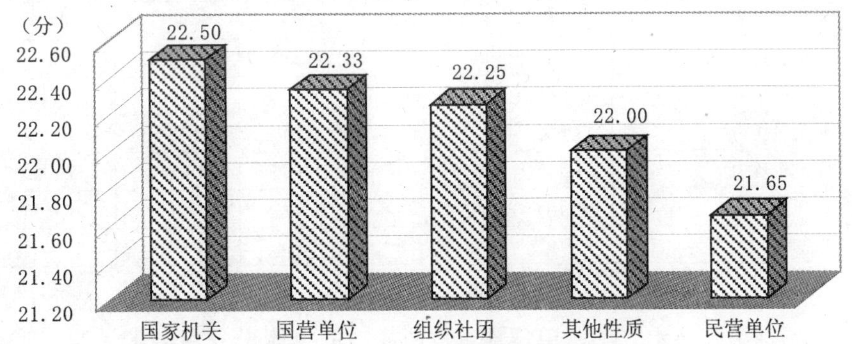

图 8－7　不同单位性质被试政府认同总分比较

二　不同单位性质被试的危机压力

不同单位性质被试危机压力的得分情况以及六种危机压力的具体情况，可根据问卷调查的结果，分述于下。

（一）不同单位性质被试危机压力的得分

调查结果显示，国家机关被试危机压力的总体得分在 7. 33—21. 92 之间，均值为 16. 03，标准差为 2. 68。在六种危机压力中，国家机关被试的政治危机压力得分在 1. 00—4. 33 分之间，均值为 2. 42，标准差为 0. 75；经济危机压力得分在 1. 00—4. 33 分之间，均值为 2. 35，标准差为 0. 77；社会危机压力得分在 1. 00—4. 67 分之间，均值为 2. 73，标准差为 0. 71；文化危机压力得分在 1. 00—4. 25 分之间，均值为 2. 59，标准差为 0. 65；生态危机压力得分在 1. 00—5. 00 分之间，均值为 2. 97，标准差为 0. 89；国际压力得分在 1. 33—4. 00 分之间，均值为 2. 97，标准差为 0. 45（见表 8 – 15 – 1）。

表 8 – 15 – 1　　**国家机关被试的危机压力总体描述统计**

项目	*N*	极小值	极大值	均值	标准差
危机压力总分	**165**	**7. 33**	**21. 92**	**16. 0273**	**2. 67555**
政治危机压力	166	1. 00	4. 33	2. 4217	. 74956
经济危机压力	166	1. 00	4. 33	2. 3494	. 77051
社会危机压力	166	1. 00	4. 67	2. 7349	. 70926
文化危机压力	166	1. 00	4. 25	2. 5889	. 64726
生态危机压力	166	1. 00	5. 00	2. 9739	. 89065
国际压力	165	1. 33	4. 00	2. 9717	. 44540
有效的 *N*	165				

调查结果显示，国营单位被试危机压力的总体得分在 7. 67—24. 75 之间，均值为 16. 18，标准差为 2. 95。在六种危机压力中，国营单位被试的

政治危机压力得分在 1.00—4.67 分之间，均值为 2.42，标准差为 0.66；经济危机压力得分在 1.00—5.00 分之间，均值为 2.35，标准差为 0.73；社会危机压力得分在 1.00—5.00 分之间，均值为 2.75，标准差为 0.77；文化危机压力得分在 1.00—4.50 分之间，均值为 2.69，标准差为 0.64；生态危机压力得分在 1.00—5.00 分之间，均值为 2.99，标准差为 0.93；国际压力得分在 1.00—4.67 分之间，均值为 2.98，标准差为 0.49（见表 8－15－2）。

表 8－15－2　　国营单位被试的危机压力总体描述统计

项目	N	极小值	极大值	均值	标准差
危机压力总分	**939**	**7.67**	**24.75**	**16.1808**	**2.94665**
政治危机压力	946	1.00	4.67	2.4168	.65740
经济危机压力	945	1.00	5.00	2.3496	.73195
社会危机压力	944	1.00	5.00	2.7525	.76866
文化危机压力	943	1.00	4.50	2.6930	.64344
生态危机压力	945	1.00	5.00	2.9922	.93021
国际压力	944	1.00	4.67	2.9760	.48872
有效的 N	939				

调查结果显示，民营单位被试危机压力的总体得分在 8.17—24.83 之间，均值为 16.83，标准差为 2.78。在六种危机压力中，民营单位被试的政治危机压力得分在 1.00—4.33 分之间，均值为 2.56，标准差为 0.65；经济危机压力得分在 1.00—4.67 分之间，均值为 2.39，标准差为 0.70；社会危机压力得分在 1.00—5.00 分之间，均值为 2.91，标准差为 0.73；文化危机压力得分在 1.00—4.50 分之间，均值为 2.78，标准差为 0.61；生态危机压力得分在 1.00—5.00 分之间，均值为 3.15，标准差为 0.91；国际压力得分在 1.00—4.67 分之间，均值为 3.04，标准差为 0.49（见表 8－15－3）。

表 8－15－3　　民营单位被试的危机压力总体描述统计

项目	N	极小值	极大值	均值	标准差
危机压力总分	**953**	**8.17**	**24.83**	**16.8257**	**2.78039**
政治危机压力	956	1.00	4.33	2.5600	.64503

续表

项目	N	极小值	极大值	均值	标准差
经济危机压力	958	1.00	4.67	2.3866	.70084
社会危机压力	957	1.00	5.00	2.9077	.72557
文化危机压力	957	1.00	4.50	2.7832	.61387
生态危机压力	958	1.00	5.00	3.1486	.90733
国际压力	957	1.00	4.67	3.0390	.49013
有效的 N	953				

调查结果显示，组织社团被试危机压力的总体得分在 8.58—25.17 之间，均值为 16.54，标准差为 2.63。在六种危机压力中，组织社团被试的政治危机压力得分在 1.00—5.00 分之间，均值为 2.55，标准差为 0.69；经济危机压力得分在 1.00—5.00 分之间，均值为 2.22，标准差为 0.66；社会危机压力得分在 1.00—5.00 分之间，均值为 2.83，标准差为 0.72；文化危机压力得分在 1.00—4.75 分之间，均值为 2.77，标准差为 0.63；生态危机压力得分在 1.00—5.00 分之间，均值为 3.13，标准差为 0.86；国际压力得分在 1.00—4.33 分之间，均值为 3.04，标准差为 0.49（见表 8－15－4）。

表 8－15－4　**组织社团被试的危机压力总体描述统计**

项目	N	极小值	极大值	均值	标准差
危机压力总分	**757**	**8.58**	**25.17**	**16.5364**	**2.62541**
政治危机压力	759	1.00	5.00	2.5529	.68858
经济危机压力	759	1.00	5.00	2.2200	.65851
社会危机压力	760	1.00	5.00	2.8272	.72148
文化危机压力	759	1.00	4.75	2.7744	.63230
生态危机压力	760	1.00	5.00	3.1294	.86138
国际压力	760	1.00	4.33	3.0382	.49282
有效的 N	757				

调查结果显示，其他性质单位被试危机压力的总体得分在 7.33—27.00 之间，均值为 16.62，标准差为 2.54。在六种危机压力中，其他性质被试的政治危机压力得分在 1.00—5.00 分之间，均值为 2.60，标准差

为0.63；经济危机压力得分在1.00—5.00分之间，均值为2.31，标准差为0.70；社会危机压力得分在1.00—5.00分之间，均值为2.84，标准差为0.69；文化危机压力得分在1.00—5.00分之间，均值为2.77，标准差为0.58；生态危机压力得分在1.00—5.00分之间，均值为3.08，标准差为0.85；国际压力得分在1.00—5.00分之间，均值为3.03，标准差为0.50（见表8－15－5）。

表8－15－5 **其他性质单位被试的危机压力总体描述统计**

项目	*N*	极小值	极大值	均值	标准差
危机压力总分	**3223**	**7.33**	**27.00**	**16.6215**	**2.53915**
政治危机压力	3245	1.00	5.00	2.6034	.62780
经济危机压力	3244	1.00	5.00	2.3055	.69609
社会危机压力	3248	1.00	5.00	2.8413	.69265
文化危机压力	3241	1.00	5.00	2.7725	.58386
生态危机压力	3248	1.00	5.00	3.0754	.85006
国际压力	3245	1.00	5.00	3.0290	.50077
有效的 *N*	3223				

从六种危机压力由高到低的得分排序看，不同单位性质被试都是生态危机压力第一，国际压力第二，社会危机压力第三，文化危机压力第四，政治危机压力第五，经济危机压力第六。

（二）不同单位性质被试的政治危机压力比较

对不同单位性质被试政治危机压力的差异性进行方差分析（见表8－16－1、表8－16－2、表8－16－3和图8－8），显示不同单位性质被试的政治危机压力得分之间差异显著，$F=17.116$，$p<0.001$，具体表现是：国家机关被试（$M=2.42$，$SD=0.75$）的得分显著低于民营单位被试（$M=2.56$，$SD=0.65$）、组织社团被试（$M=2.55$，$SD=0.69$）和其他性质单位被试（$M=2.60$，$SD=0.63$），与国营单位被试（$M=2.42$，$SD=0.66$）之间的得分差异不显著。国营单位被试的得分显著低于民营单位、组织社团、其他性质单位被试。民营单位被试与组织社团、其他性质单位

被试之间的得分差异不显著。组织社团被试与其他性质单位被试之间的得分差异不显著。

表 8－16－1　　不同单位性质被试政治危机压力得分的差异比较

项目		N	均值	标准差	标准误	均值的 95% 置信区间		极小值	极大值
						下限	上限		
政治危机压力	国家机关	166	2.4217	.74956	.05818	2.3068	2.5366	1.00	4.33
	国营单位	946	2.4168	.65740	.02137	2.3749	2.4588	1.00	4.67
	民营单位	956	2.5600	.64503	.02086	2.5190	2.6009	1.00	4.33
	组织社团	759	2.5529	.68858	.02499	2.5039	2.6020	1.00	5.00
	其他性质	3245	2.6034	.62780	.01102	2.5818	2.6250	1.00	5.00
	总数	6072	2.5562	.65000	.00834	2.5399	2.5726	1.00	5.00

表 8－16－2　　不同单位性质被试政治危机压力得分的方差分析结果

项目		平方和	*df*	均方	*F*	显著性
政治危机压力	组间	28.623	4	7.156	17.116	.000
	组内	2536.411	6067	.418		
	总数	2565.034	6071			

表 8－16－3　　不同单位性质被试政治危机压力得分的多重比较

因变量	(I) 单位	(J) 单位	均值差 (I－J)	标准误	显著性	95% 置信区间	
						下限	上限
政治危机压力	国家机关	国营单位	.00484	.05441	.929	－.1018	.1115
		民营单位	－.13829*	.05437	.011	－.2449	－.0317
		组织社团	－.13123*	.05540	.018	－.2398	－.0226
		其他性质	－.18170*	.05145	.000	－.2826	－.0808
	国营单位	国家机关	－.00484	.05441	.929	－.1115	.1018
		民营单位	－.14313*	.02965	.000	－.2013	－.0850
		组织社团	－.13608*	.03151	.000	－.1978	－.0743
		其他性质	－.18655*	.02389	.000	－.2334	－.1397
	民营单位	国家机关	.13829*	.05437	.011	.0317	.2449
		国营单位	.14313*	.02965	.000	.0850	.2013
		组织社团	.00705	.03143	.823	－.0546	.0687
		其他性质	－.04342	.02379	.068	－.0901	.0032

续表

因变量	(I) 单位	(J) 单位	均值差 (I－J)	标准误	显著性	95% 置信区间	
						下限	上限
政治危机压力	组织社团	国家机关	.13123*	.05540	.018	.0226	.2398
		国营单位	.13608*	.03151	.000	.0743	.1978
		民营单位	-.00705	.03143	.823	-.0687	.0546
		其他性质	-.05047	.02607	.053	-.1016	.0006
	其他性质	国家机关	.18170*	.05145	.000	.0808	.2826
		国营单位	.18655*	.02389	.000	.1397	.2334
		民营单位	.04342	.02379	.068	-.0032	.0901
		组织社团	.05047	.02607	.053	-.0006	.1016

*. 均值差的显著性水平为 0.05。

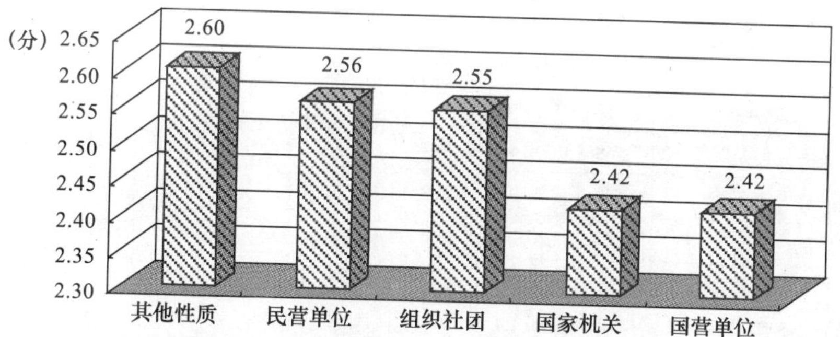

图 8－8　不同单位性质被试政治危机压力的得分比较

不同单位性质被试对可能引发政治危机因素的看法（见表 8－17），第一选择排在第一位至第三位的，国家机关被试是“党和政府出现重大决策失误”、“政治腐败愈演愈烈”、“国外势力颠覆”，国营单位被试是“党和政府出现重大决策失误”、“政治腐败愈演愈烈”、“经济危机”，民营单位、组织社团、其他性质单位被试是“党和政府出现重大决策失误”、“经济危机”、“政治腐败愈演愈烈”（第二、三位排序不同）；总提及频率不同单位性质被试排在第一位的都是“政治腐败愈演愈烈”，排在第二、三位的，国家机关被试是“党和政府出现重大决策失误”、“社会矛盾激化”，国营单位被试是“党和政府出现重大决策失误”、“经济危机”，民营单位、组织社团、其他性质单位被试是“经济危机”、“党和政府出现重大决策失误”。

表 8－17 不同单位性质被试对可能引发政治危机因素的看法

选项	国家机关				国营单位			
	第一选择		总提及频率		第一选择		总提及频率	
	频率	百分比	频率	百分比	频率	百分比	频率	百分比
重大决策失误	75	45.18	97	19.48	363	38.37	549	19.37
国外势力颠覆	23	13.86	76	15.26	106	11.21	382	13.48
经济危机	22	13.25	77	15.46	163	17.23	481	16.97
民族问题激化	5	3.01	42	8.43	23	2.43	192	6.77
社会矛盾激化	14	8.43	82	16.47	91	9.62	458	16.16
宗教问题激化	3	1.81	24	4.82	9	0.95	88	3.11
政治腐败严重	24	14.46	100	20.08	191	20.19	684	24.14
合计	166	100.00	498	100.00	946	100.00	2834	100.00
选项	民营单位				组织社团			
重大决策失误	368	38.45	543	18.94	334	43.95	445	19.55
国外势力颠覆	88	9.19	379	13.22	81	10.66	291	12.79
经济危机	197	20.59	568	19.81	171	22.50	448	19.68
民族问题激化	28	2.93	178	6.21	15	1.97	180	7.91
社会矛盾激化	98	10.24	481	16.78	46	6.05	355	15.60
宗教问题激化	7	0.73	92	3.21	8	1.05	84	3.69
政治腐败严重	171	17.87	626	21.83	105	13.82	473	20.78
合计	957	100.00	2867	100.00	760	100.00	2276	100.00
选项	其他性质							
重大决策失误	1224	37.82	1846	19.12				
国外势力颠覆	313	9.67	1227	12.71				
经济危机	718	22.19	1854	19.20				
民族问题激化	112	3.46	719	7.45				
社会矛盾激化	252	7.79	1538	15.93				
宗教问题激化	35	1.08	385	3.99				
政治腐败严重	582	17.99	2086	21.60				
合计	3236	100.00	9655	100.00				

(三) 不同单位性质被试的经济危机压力比较

对不同单位性质被试经济危机压力的差异性进行方差分析(见表8-18-1、表8-18-2、表8-18-3和图8-9),显示不同单位性质被试的经济危机压力得分之间差异显著,$F=6.819$,$p<0.001$,具体表现是:国家机关被试($M=2.35$,$SD=0.77$)的得分显著高于组织社团被试($M=2.22$,$SD=0.66$),与国营单位被试($M=2.35$,$SD=0.73$)、民营单位被试($M=2.39$,$SD=0.70$)和其他性质单位被试($M=2.31$,$SD=0.70$)之间的得分差异不显著。组织社团被试的得分显著低于另四种单位被试。国营单位被试与民营单位、其他性质单位被试之间的得分差异不显著。民营单位被试的得分显著高于其他性质单位被试。

表8-18-1　不同单位性质被试经济危机压力得分的差异比较

项目		N	均值	标准差	标准误	均值的95% 置信区间		极小值	极大值
						下限	上限		
经济危机压力	国家机关	166	2.3494	.77051	.05980	2.2313	2.4675	1.00	4.33
	国营单位	945	2.3496	.73195	.02381	2.3028	2.3963	1.00	5.00
	民营单位	958	2.3866	.70084	.02264	2.3421	2.4310	1.00	4.67
	组织社团	759	2.2200	.65851	.02390	2.1731	2.2669	1.00	5.00
	其他性质	3244	2.3055	.69609	.01222	2.2815	2.3294	1.00	5.00
	总数	6072	2.3157	.70146	.00900	2.2980	2.3333	1.00	5.00

表8-18-2　不同单位性质被试经济危机压力得分的方差分析结果

项目		平方和	df	均方	F	显著性
经济危机压力	组间	13.369	4	3.342	6.819	.000
	组内	2973.845	6067	.490		
	总数	2987.214	6071			

表 8－18－3 不同单位性质被试经济危机压力得分的多重比较

因变量	(I) 单位	(J) 单位	均值差 (I－J)	标准误	显著性	95% 置信区间	
						下限	上限
经济危机压力	国家机关	国营单位	－.00016	.05892	.998	－.1157	.1153
		民营单位	－.03717	.05886	.528	－.1526	.0782
		组织社团	.12937*	.05999	.031	.0118	.2470
		其他性质	.04391	.05571	.431	－.0653	.1531
	国营单位	国家机关	.00016	.05892	.998	－.1153	.1157
		民营单位	－.03701	.03210	.249	－.0999	.0259
		组织社团	.12953*	.03412	.000	.0626	.1964
		其他性质	.04407	.02588	.089	－.0067	.0948
	民营单位	国家机关	.03717	.05886	.528	－.0782	.1526
		国营单位	.03701	.03210	.249	－.0259	.0999
		组织社团	.16654*	.03402	.000	.0998	.2332
		其他性质	.08108*	.02574	.002	.0306	.1315
	组织社团	国家机关	－.12937*	.05999	.031	－.2470	－.0118
		国营单位	－.12953*	.03412	.000	－.1964	－.0626
		民营单位	－.16654*	.03402	.000	－.2332	－.0998
		其他性质	－.08546*	.02823	.002	－.1408	－.0301
	其他性质	国家机关	－.04391	.05571	.431	－.1531	.0653
		国营单位	－.04407	.02588	.089	－.0948	.0067
		民营单位	－.08108*	.02574	.002	－.1315	－.0306
		组织社团	.08546*	.02823	.002	.0301	.1408

*. 均值差的显著性水平为 0.05。

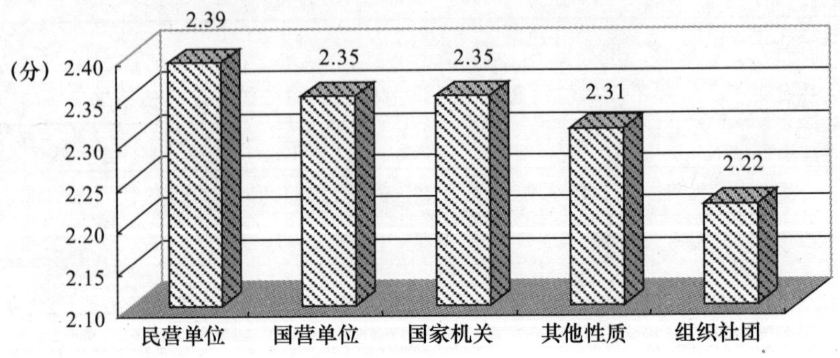

图 8－9 不同单位性质被试经济危机压力的得分比较

不同单位性质被试对可能引发经济危机因素的看法有所不同（见表8－19），第一选择排在第一位至第三位的，国家机关、国营单位、民营单位被试是“房市、股市崩盘”、“公民收入差距过大”、“党和政府出现重大经济决策失误”，组织社团被试是“公民收入差距过大”、“党和政府出现重大经济决策失误”、“房市、股市崩盘”，其他性质单位被试是“公民收入差距过大”、“房市、股市崩盘”、“党和政府出现重大经济决策失误”（第一至三位的排序有所不同）；总提及频率排在第一位至第三位的，国家机关被试是“物价快速上涨”、“公民收入差距过大”、“党和政府出现重大经济决策失误”，国营单位、民营单位被试是“物价快速上涨”、“公民收入差距过大”、“房市、股市崩盘”，组织社团、其他性质单位被试是“公民收入差距过大”、“物价快速上涨”、“党和政府出现重大经济决策失误”（第一至三位的排序有所不同）。

表8－19　不同单位性质被试对可能引发经济危机因素的看法

选项	国家机关				国营单位			
	第一选择		总提及频率		第一选择		总提及频率	
	频率	百分比	频率	百分比	频率	百分比	频率	百分比
房市股市崩盘	47	28.31	74	14.86	294	31.18	454	16.04
经济决策失误	37	22.29	77	15.46	190	20.15	425	15.01
收入差距过大	39	23.49	104	20.88	217	23.01	623	22.01
国际金融危机	7	4.22	46	9.24	64	6.79	275	9.71
政府债务	7	4.22	40	8.03	30	3.18	161	5.69
物价快速上涨	20	12.05	109	21.89	103	10.92	651	22.99
经济增速急减	9	5.42	48	9.64	45	4.77	242	8.55
合计	166	100.00	498	100.00	943	100.00	2831	100.00
选项	民营单位				组织社团			
房市股市崩盘	307	32.05	462	16.09	160	21.05	229	10.06
经济决策失误	140	14.61	390	13.59	163	21.45	337	14.81
收入差距过大	268	27.97	616	21.46	232	30.53	493	21.67
国际金融危机	50	5.22	311	10.83	62	8.16	305	13.41
政府债务	34	3.55	168	5.85	40	5.26	187	8.22
物价快速上涨	103	10.75	650	22.64	62	8.16	487	21.41

续表

选项	民营单位				组织社团			
	第一选择		总提及频率		第一选择		总提及频率	
	频率	百分比	频率	百分比	频率	百分比	频率	百分比
经济增速急减	56	5.85	274	9.54	41	5.39	237	10.42
合计	958	100.00	2871	100.00	760	100.00	2275	100.00
选项	其他性质							
房市股市崩盘	712	21.98	1096	11.33				
经济决策失误	620	19.14	1429	14.78				
收入差距过大	1008	31.12	2206	22.81				
国际金融危机	222	6.85	1138	11.77				
政府债务	101	3.12	632	6.53				
物价快速上涨	408	12.60	2194	22.68				
经济增速急减	168	5.19	977	10.10				
合计	3239	100.00	9672	100.00				

（四）不同单位性质被试的社会危机压力比较

对不同单位性质被试社会危机压力的差异性进行方差分析（见表8－20－1、表8－20－2、表8－20－3和图8－10），显示不同单位性质被试的社会危机压力得分之间差异显著，$F=6.522$，$p<0.001$，具体表现是：国家机关被试（$M=2.73$，$SD=0.71$）的得分显著低于民营单位被试（$M=2.91$，$SD=0.73$），与国营单位被试（$M=2.75$，$SD=0.77$）、组织社团被试（$M=2.83$，$SD=0.72$）和其他性质单位被试（$M=2.84$，$SD=0.69$）之间的得分差异不显著。民营单位被试的得分显著高于另四种单位被试。国营单位被试的得分显著低于组织社团、其他性质单位被试。组织社团被试与其他性质单位被试之间的得分差异不显著。

表 8－20－1　　不同单位性质被试社会危机压力得分的差异比较

项目		N	均值	标准差	标准误	均值的 95% 置信区间		极小值	极大值
						下限	上限		
社会危机压力	国家机关	166	2.7349	.70926	.05505	2.6262	2.8436	1.00	4.67
	国营单位	944	2.7525	.76866	.02502	2.7034	2.8016	1.00	5.00
	民营单位	957	2.9077	.72557	.02345	2.8617	2.9537	1.00	5.00
	组织社团	760	2.8272	.72148	.02617	2.7758	2.8786	1.00	5.00
	其他性质	3248	2.8413	.69265	.01215	2.8175	2.8652	1.00	5.00
	总数	6075	2.8333	.71551	.00918	2.8153	2.8513	1.00	5.00

表 8－20－2　　不同单位性质被试社会危机压力得分的方差分析结果

项目		平方和	df	均方	F	显著性
社会危机压力	组间	13.309	4	3.327	6.522	.000
	组内	3096.330	6070	.510		
	总数	3109.639	6074			

表 8－20－3　　不同单位性质被试社会危机压力得分的多重比较

因变量	(I) 单位	(J) 单位	均值差 (I－J)	标准误	显著性	95% 置信区间	
						下限	上限
社会危机压力	国家机关	国营单位	－.01753	.06011	.771	－.1354	.1003
		民营单位	－.17276*	.06005	.004	－.2905	－.0550
		组织社团	－.09225	.06119	.132	－.2122	.0277
		其他性质	－.10640	.05683	.061	－.2178	.0050
	国营单位	国家机关	.01753	.06011	.771	－.1003	.1354
		民营单位	－.15523*	.03276	.000	－.2195	－.0910
		组织社团	－.07472*	.03481	.032	－.1430	－.0065
		其他性质	－.08887*	.02641	.001	－.1406	－.0371

续表

因变量	(I) 单位	(J) 单位	均值差 (I-J)	标准误	显著性	95% 置信区间	
						下限	上限
社会危机压力	民营单位	国家机关	.17276*	.06005	.004	.0550	.2905
		国营单位	.15523*	.03276	.000	.0910	.2195
		组织社团	.08050*	.03470	.020	.0125	.1485
		其他性质	.06636*	.02627	.012	.0149	.1179
	组织社团	国家机关	.09225	.06119	.132	-.0277	.2122
		国营单位	.07472*	.03481	.032	.0065	.1430
		民营单位	-.08050*	.03470	.020	-.1485	-.0125
		其他性质	-.01415	.02878	.623	-.0706	.0423
	其他性质	国家机关	.10640	.05683	.061	-.0050	.2178
		国营单位	.08887*	.02641	.001	.0371	.1406
		民营单位	-.06636*	.02627	.012	-.1179	-.0149
		组织社团	.01415	.02878	.623	-.0423	.0706

*. 均值差的显著性水平为 0.05。

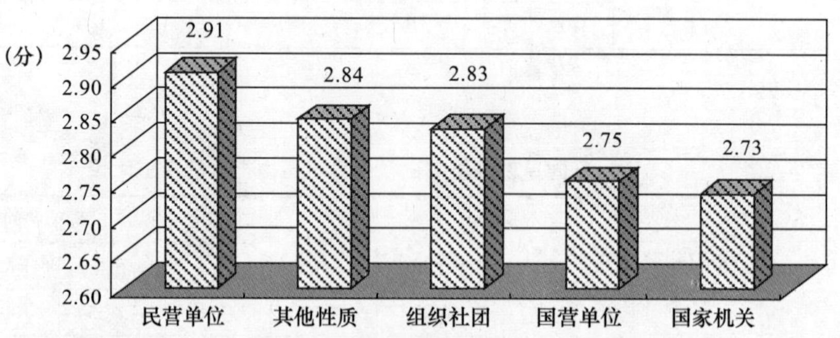

图 8-10 不同单位性质被试社会危机压力的得分比较

不同单位性质被试对可能引发社会危机因素的看法（见表 8-21），第一选择排在第一位的都是“城乡差距”，排在第二位和第三位的，国家机关、组织社团被试是“公民地位不平等”、“贫富差距”，国营单位、民营单位、其他性质单位被试是“贫富差距”、“公民地位不平等”；不同单位性质被试总提及频率排在第一位的都是“贫富差距”，排在第二位和第三位的，国家机关、民营单位被试是“公民地位不平等”、“收入分配不公”，国营单位被试是“收入分配不公”、“公民地位不平等”，组织社团、其他性质单位被试是“城乡差距”、“公民地位不平等”。

表 8-21 不同单位性质被试对可能引发社会危机因素的看法

选项	国家机关				国营单位			
	第一选择		总提及频率		第一选择		总提及频率	
	频率	百分比	频率	百分比	频率	百分比	频率	百分比
城乡差距	49	29.52	64	12.85	237	25.11	323	11.41
干群矛盾	20	12.05	56	11.24	82	8.69	261	9.22
公民地位不平等	34	20.48	78	15.66	179	18.96	426	15.05
民族矛盾	3	1.81	28	5.62	31	3.28	131	4.63
贫富差距	29	17.47	87	17.47	224	23.73	614	21.69
区域差距	4	2.41	19	3.82	15	1.59	122	4.31
司法不公	14	8.43	59	11.85	73	7.73	336	11.87
收入分配不公	9	5.42	74	14.86	83	8.79	489	17.27
土地问题	3	1.81	19	3.82	15	1.59	81	2.86
宗教冲突	1	0.60	14	2.81	5	0.53	48	1.69
合计	166	100.00	498	100.00	944	100.00	2831	100.00
选项	民营单位				组织社团			
城乡差距	262	27.35	361	12.58	293	38.55	385	16.90
干群矛盾	93	9.71	274	9.55	67	8.82	223	9.79
公民地位不平等	179	18.68	438	15.26	143	18.82	323	14.18
民族矛盾	28	2.92	132	4.60	22	2.89	130	5.71
贫富差距	210	21.92	607	21.15	130	17.11	444	19.49
区域差距	18	1.88	116	4.04	6	0.79	98	4.30
司法不公	86	8.98	338	11.78	47	6.18	200	8.78
收入分配不公	59	6.16	406	14.14	26	3.42	283	12.42
土地问题	11	1.15	132	4.60	19	2.50	144	6.32
宗教冲突	12	1.25	66	2.30	7	0.92	48	2.11
合计	958	100.00	2870	100.00	760	100.00	2278	100.00
选项	其他性质							
城乡差距	1074	33.12	1484	15.31				
干群矛盾	296	9.13	860	8.87				
公民地位不平等	531	16.37	1385	14.29				
民族矛盾	131	4.04	516	5.32				
贫富差距	617	19.02	1904	19.64				
区域差距	40	1.23	346	3.57				
司法不公	249	7.68	1053	10.87				
收入分配不公	139	4.29	1203	12.41				
土地问题	134	4.13	694	7.16				
宗教冲突	32	0.99	248	2.56				
合计	3243	100.00	9693	100.00				

（五）不同单位性质被试的文化危机压力比较

对不同单位性质被试文化危机压力的差异性进行方差分析（见表8-22-1、表8-22-2、表8-22-3和图8-11），显示不同单位性质被试的文化危机压力得分之间差异显著，$F=6.955$，$p<0.001$，具体表现是：国家机关被试（$M=2.59$，$SD=0.65$）的得分显著低于国营单位被试（$M=2.69$，$SD=0.64$）、民营单位被试（$M=2.78$，$SD=0.61$）、组织社团被试（$M=2.77$，$SD=0.63$）和其他性质单位被试（$M=2.77$，$SD=0.58$）。国营单位被试的得分显著低于民营单位、组织社团、其他性质单位被试。民营单位被试与组织社团、其他性质单位被试之间的得分差异不显著。组织社团被试与其他性质单位被试之间的得分差异不显著。

表8-22-1　不同单位性质被试文化危机压力得分的差异比较

项目		N	均值	标准差	标准误	均值的95% 置信区间		极小值	极大值
						下限	上限		
文化危机压力	国家机关	166	2.5889	.64726	.05024	2.4897	2.6880	1.00	4.25
	国营单位	943	2.6930	.64344	.02095	2.6519	2.7341	1.00	4.50
	民营单位	957	2.7832	.61387	.01984	2.7442	2.8221	1.00	4.50
	组织社团	759	2.7744	.63230	.02295	2.7293	2.8194	1.00	4.75
	其他性质	3241	2.7725	.58386	.01026	2.7524	2.7926	1.00	5.00
	总数	6066	2.7570	.60734	.00780	2.7418	2.7723	1.00	5.00

表8-22-2　不同单位性质被试文化危机压力得分的方差分析结果

项目		平方和	df	均方	F	显著性
文化危机压力	组间	10.222	4	2.555	6.955	.000
	组内	2226.915	6061	.367		
	总数	2237.136	6065			

表 8－22－3　　不同单位性质被试文化危机压力得分的多重比较

因变量	(I) 单位	(J) 单位	均值差 (I－J)	标准误	显著性	95% 置信区间	
						下限	上限
文化危机压力	国家机关	国营单位	－.10415*	.05102	.041	－.2042	－.0041
		民营单位	－.19432*	.05096	.000	－.2942	－.0944
		组织社团	－.18552*	.05194	.000	－.2873	－.0837
		其他性质	－.18367*	.04824	.000	－.2782	－.0891
	国营单位	国家机关	.10415*	.05102	.041	.0041	.2042
		民营单位	－.09018*	.02781	.001	－.1447	－.0357
		组织社团	－.08137*	.02956	.006	－.1393	－.0234
		其他性质	－.07952*	.02243	.000	－.1235	－.0356
	民营单位	国家机关	.19432*	.05096	.000	.0944	.2942
		国营单位	.09018*	.02781	.001	.0357	.1447
		组织社团	.00880	.02946	.765	－.0490	.0666
		其他性质	.01065	.02230	.633	－.0331	.0544
	组织社团	国家机关	.18552*	.05194	.000	.0837	.2873
		国营单位	.08137*	.02956	.006	.0234	.1393
		民营单位	－.00880	.02946	.765	－.0666	.0490
		其他性质	.00185	.02444	.940	－.0461	.0498
	其他性质	国家机关	.18367*	.04824	.000	.0891	.2782
		国营单位	.07952*	.02243	.000	.0356	.1235
		民营单位	－.01065	.02230	.633	－.0544	.0331
		组织社团	－.00185	.02444	.940	－.0498	.0461

*. 均值差的显著性水平为 0.05。

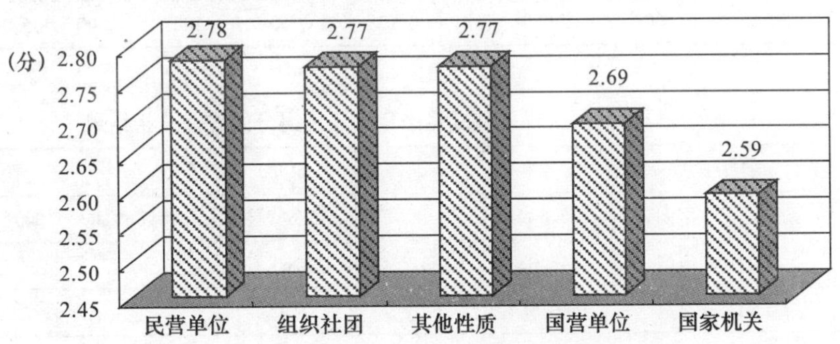

图 8－11　不同单位性质被试文化危机压力的得分比较

（六）不同单位性质被试的生态危机压力比较

对不同单位性质被试生态危机压力的差异性进行方差分析（见表8－23－1、表8－23－2、表8－23－3和图8－12），显示不同单位性质被试的生态危机压力得分之间差异显著，$F = 5.081$，$p < 0.001$，具体表现是：国家机关被试（$M = 2.97$，$SD = 0.89$）的得分显著低于民营单位被试（$M = 3.15$，$SD = 0.91$）和组织社团被试（$M = 3.13$，$SD = 0.86$），与国营单位被试（$M = 2.99$，$SD = 0.93$）和其他性质单位被试（$M = 3.08$，$SD = 0.85$）之间的得分差异不显著。国营单位被试的得分显著低于民营单位、组织社团、其他性质单位被试。民营单位被试的得分显著高于其他性质单位被试，与组织社团被试之间的得分差异不显著。组织社团被试与其他性质单位被试之间的得分差异不显著。

表8－23－1　不同单位性质被试生态危机压力得分的差异比较

项目		N	均值	标准差	标准误	均值的95% 置信区间		极小值	极大值
						下限	上限		
生态危机压力	国家机关	166	2.9739	.89065	.06913	2.8374	3.1104	1.00	5.00
	国营单位	945	2.9922	.93021	.03026	2.9329	3.0516	1.00	5.00
	民营单位	958	3.1486	.90733	.02931	3.0910	3.2061	1.00	5.00
	组织社团	760	3.1294	.86138	.03125	3.0680	3.1907	1.00	5.00
	其他性质	3248	3.0754	.85006	.01492	3.0462	3.1047	1.00	5.00
	总数	6077	3.0780	.87581	.01123	3.0560	3.1000	1.00	5.00

表8－23－2　不同单位性质被试生态危机压力得分的方差分析结果

项目		平方和	df	均方	F	显著性
生态危机压力	组间	15.549	4	3.887	5.081	.000
	组内	4645.035	6072	.765		
	总数	4660.584	6076			

表 8－23－3　不同单位性质被试生态危机压力得分的多重比较

因变量	(I) 单位	(J) 单位	均值差 (I－J)	标准误	显著性	95% 置信区间 下限	95% 置信区间 上限
生态危机压力	国家机关	国营单位	－.01834	.07361	.803	－.1626	.1260
		民营单位	－.17468*	.07353	.018	－.3188	－.0305
		组织社团	－.15549*	.07493	.038	－.3024	－.0086
		其他性质	－.10154	.06960	.145	－.2380	.0349
	国营单位	国家机关	.01834	.07361	.803	－.1260	.1626
		民营单位	－.15633*	.04010	.000	－.2349	－.0777
		组织社团	－.13715*	.04262	.001	－.2207	－.0536
		其他性质	－.08319*	.03233	.010	－.1466	－.0198
	民营单位	国家机关	.17468*	.07353	.018	.0305	.3188
		国营单位	.15633*	.04010	.000	.0777	.2349
		组织社团	.01919	.04249	.652	－.0641	.1025
		其他性质	.07314*	.03216	.023	.0101	.1362
	组织社团	国家机关	.15549*	.07493	.038	.0086	.3024
		国营单位	.13715*	.04262	.001	.0536	.2207
		民营单位	－.01919	.04249	.652	－.1025	.0641
		其他性质	.05395	.03524	.126	－.0151	.1230
	其他性质	国家机关	.10154	.06960	.145	－.0349	.2380
		国营单位	.08319*	.03233	.010	.0198	.1466
		民营单位	－.07314*	.03216	.023	－.1362	－.0101
		组织社团	－.05395	.03524	.126	－.1230	.0151

*. 均值差的显著性水平为 0.05。

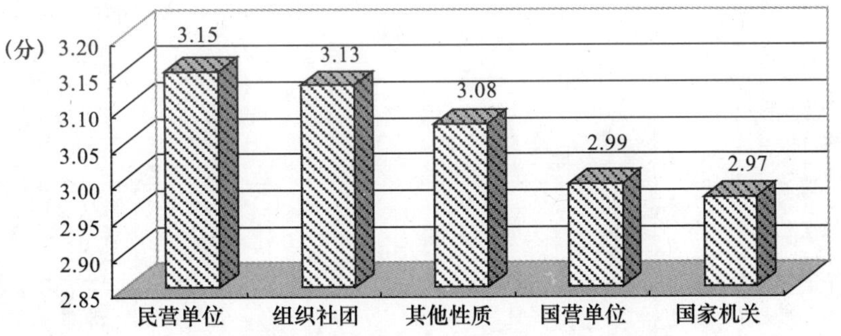

图 8－12　不同单位性质被试生态危机压力的得分比较

不同单位性质被试对可能引发生态危机因素的看法（见表8－24），第一选择排在第一位的都是“国民的环境保护意识较弱”，排在第二位和第三位的，国家机关、民营单位、其他性质单位被试是“环境污染事故”、“人口过快增长”，国营单位被试是“环境污染事故”、“生产性污染”，组织社团被试是“人口过快增长”、“环境污染事故”；总提及频率不同单位性质被试排在第一位的都是“国民的环境保护意识较弱”，排在第二位和第三位的，国家机关被试是“环境污染事故”、“环保投入不足”，国营单位、民营单位、其他性质单位被试是“环境污染事故”、“生产性污染”，组织社团被试是“生产性污染”、“环境污染事故”。

表8－24 **不同单位性质被试对可能引发生态危机因素的看法**

选项	国家机关				国营单位			
	第一选择		总提及频率		第一选择		总提及频率	
	频率	百分比	频率	百分比	频率	百分比	频率	百分比
环保意识弱	79	47.88	110	22.18	430	45.50	606	21.40
环境污染事故	25	15.15	76	15.32	136	14.39	443	15.64
人口过快增长	22	13.33	52	10.48	94	9.95	243	8.58
生产性污染	10	6.06	64	12.90	102	10.79	416	14.69
生活性污染	7	4.24	53	10.69	67	7.09	316	11.16
突发性传染病	4	2.43	29	5.85	14	1.48	169	5.97
重大自然灾害	6	3.64	45	9.07	46	4.87	258	9.11
环保投入不足	12	7.27	67	13.51	56	5.93	381	13.45
合计	165	100.00	496	100.00	945	100.00	2832	100.00
选项	民营单位				组织社团			
环保意识弱	369	38.52	541	18.82	306	40.26	420	18.44
环境污染事故	160	16.70	437	15.21	98	12.90	323	14.18
人口过快增长	120	12.53	274	9.53	114	15.00	239	10.49
生产性污染	84	8.77	432	15.03	84	11.05	340	14.92
生活性污染	106	11.06	396	13.78	57	7.50	277	12.16
突发性传染病	19	1.98	182	6.33	12	1.58	136	5.97
重大自然灾害	47	4.91	274	9.54	56	7.37	280	12.29
环保投入不足	53	5.53	338	11.76	33	4.34	263	11.55

续表

选项	民营单位				组织社团			
	第一选择		总提及频率		第一选择		总提及频率	
	频率	百分比	频率	百分比	频率	百分比	频率	百分比
合计	958	100.00	2874	100.00	760	100.00	2278	100.00
选项	其他性质							
环保意识弱	1242	38.29	1810	18.66				
环境污染事故	487	15.01	1390	14.33				
人口过快增长	446	13.75	1081	11.14				
生产性污染	305	9.40	1385	14.28				
生活性污染	316	9.74	1311	13.51				
突发性传染病	55	1.69	543	5.60				
重大自然灾害	238	7.34	1084	11.18				
环保投入不足	155	4.78	1096	11.30				
合计	3244	100.00	9700	100.00				

（七）不同单位性质被试的国际压力比较

对不同单位性质被试国际压力的差异性进行方差分析（见表8－25－1、表8－25－2、表8－25－3和图8－13），结果显示不同单位性质的被试得分差异显著，$F=3.113$，$p<0.05$。国营单位被试（$M=2.98$，$SD=0.49$）的得分显著低于民营单位被试（$M=3.04$，$SD=0.49$）、组织社团被试（$M=3.04$，$SD=0.49$）和其他性质单位被试（$M=3.03$，$SD=0.50$），与国家机关被试（$M=2.97$，$SD=0.45$）之间的得分差异不显著；另四种单位被试两两之间的得分差异均不显著。

表 8－25－1　　不同单位性质被试国际压力得分的差异比较

项目		N	均值	标准差	标准误	均值的 95% 置信区间		极小值	极大值
						下限	上限		
国际压力	国家机关	165	2. 9717	. 44540	. 03467	2. 9033	3. 0402	1. 33	4. 00
	国营单位	944	2. 9760	. 48872	. 01591	2. 9448	3. 0072	1. 00	4. 67
	民营单位	957	3. 0390	. 49013	. 01584	3. 0079	3. 0701	1. 00	4. 67
	组织社团	760	3. 0382	. 49282	. 01788	3. 0031	3. 0733	1. 00	4. 33
	其他性质	3245	3. 0290	. 50077	. 00879	3. 0117	3. 0462	1. 00	5. 00
	总数	6071	3. 0219	. 49517	. 00636	3. 0094	3. 0344	1. 00	5. 00

表 8－25－2　　不同单位性质被试国际压力得分的方差分析结果

项目		平方和	*df*	均方	*F*	显著性
国际压力	组间	3. 048	4	. 762	3. 113	. 014
	组内	1485. 260	6066	. 245		
	总数	1488. 309	6070			

表 8－25－3　　不同单位性质被试国际压力得分的多重比较

因变量	(I) 单位	(J) 单位	均值差 (I－J)	标准误	显著性	95% 置信区间	
						下限	上限
国际压力	国家机关	国营单位	－. 00427	. 04175	. 919	－. 0861	. 0776
		民营单位	－. 06729	. 04171	. 107	－. 1491	. 0145
		组织社团	－. 06644	. 04250	. 118	－. 1498	. 0169
		其他性质	－. 05725	. 03949	. 147	－. 1347	. 0202
	国营单位	国家机关	. 00427	. 04175	. 919	－. 0776	. 0861
		民营单位	－. 06302*	. 02270	. 006	－. 1075	－. 0185
		组织社团	－. 06217*	. 02412	. 010	－. 1094	－. 0149
		其他性质	－. 05298*	. 01830	. 004	－. 0889	－. 0171
	民营单位	国家机关	. 06729	. 04171	. 107	－. 0145	. 1491
		国营单位	. 06302*	. 02270	. 006	. 0185	. 1075
		组织社团	. 00085	. 02404	. 972	－. 0463	. 0480
		其他性质	. 01004	. 01820	. 581	－. 0256	. 0457

续表

因变量	(I) 单位	(J) 单位	均值差 (I-J)	标准误	显著性	95% 置信区间	
						下限	上限
国际压力	组织社团	国家机关	.06644	.04250	.118	-.0169	.1498
		国营单位	.06217*	.02412	.010	.0149	.1094
		民营单位	-.00085	.02404	.972	-.0480	.0463
		其他性质	.00919	.01994	.645	-.0299	.0483
	其他性质	国家机关	.05725	.03949	.147	-.0202	.1347
		国营单位	.05298*	.01830	.004	.0171	.0889
		民营单位	-.01004	.01820	.581	-.0457	.0256
		组织社团	-.00919	.01994	.645	-.0483	.0299

*. 均值差的显著性水平为 0.05。

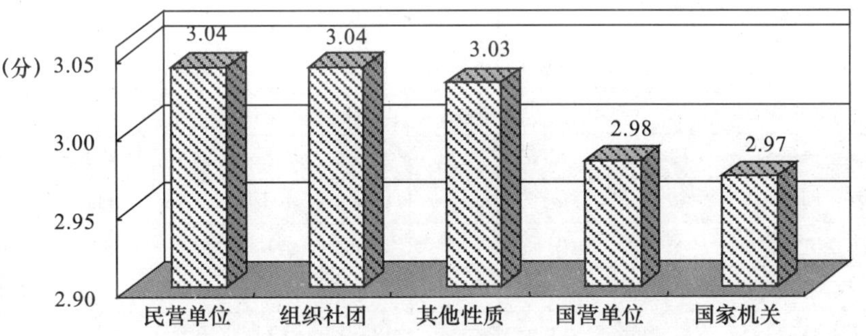

图 8-13 不同单位性质被试国际压力的得分比较

不同单位性质被试对中国应对国际压力做法的选择（见表 8-26），第一选择排在第一位的都是“创造有利于中国的国际话语权体系”，但是第二位和第三位的排序有所不同，国家机关、国营单位被试是“韬光养晦，做好自己的事情”、“大力宣扬中国模式”，民营单位、组织社团、其他性质单位被试是“大力宣扬中国模式”、“韬光养晦，做好自己的事情”；总提及频率不同单位性质被试排在第一位和第二位的都是“创造有利于中国的国际话语权体系”和“在世界范围内争取更多的朋友”，排在第三位的，国家机关被试是“韬光养晦，做好自己的事情”，国营单位被试是“针锋相对，给予有力的反击”，民营单位、组织社团、其他性质单位被试都是“大力宣扬中国模式”。

表 8 - 26　　不同单位性质被试对于应付国际压力做法的选择

选项	国家机关				国营单位			
	第一选择		总提及频率		第一选择		总提及频率	
	频率	百分比	频率	百分比	频率	百分比	频率	百分比
中国话语体系	73	44.24	102	20.56	443	46.93	592	20.95
宣扬中国模式	20	12.12	64	12.90	121	12.82	387	13.70
加入西方阵营	5	3.03	12	2.42	19	2.01	56	1.98
建社会主义阵营	14	8.49	52	10.48	38	4.02	228	8.07
韬光养晦	26	15.76	74	14.92	125	13.24	372	13.16
听取国外意见	4	2.42	48	9.68	28	2.97	253	8.95
针锋相对	15	9.09	60	12.10	114	12.08	437	15.46
争取更多朋友	8	4.85	84	16.94	56	5.93	501	17.73
合计	165	100.00	496	100.00	944	100.00	2826	100.00
选项	民营单位				组织社团			
中国话语体系	409	42.69	630	21.93	328	43.16	439	19.27
宣扬中国模式	135	14.09	421	14.65	106	13.95	336	14.75
加入西方阵营	35	3.65	85	2.96	40	5.26	84	3.69
建社会主义阵营	48	5.01	251	8.74	60	7.90	280	12.29
韬光养晦	125	13.05	354	12.32	83	10.92	224	9.83
听取国外意见	32	3.34	254	8.84	22	2.89	226	9.92
针锋相对	110	11.49	379	13.19	78	10.26	271	11.90
争取更多朋友	64	6.68	499	17.37	43	5.66	418	18.35
合计	958	100.00	2873	100.00	760	100.00	2278	100.00
选项	其他性质							
中国话语体系	1373	42.40	1990	20.57				
宣扬中国模式	499	15.41	1482	15.32				
加入西方阵营	132	4.08	355	3.67				
建社会主义阵营	196	6.05	1071	11.07				
韬光养晦	375	11.58	1071	11.07				
听取国外意见	131	4.05	943	9.75				

续表

选项	其他性质							
	第一选择		总提及频率					
	频率	百分比	频率	百分比				
针锋相对	329	10.16	1110	11.47				
争取更多朋友	203	6.27	1653	17.08				
合计	3238	100.00	9675	100.00				

（八）不同单位性质被试危机压力总分比较

对不同单位性质被试危机压力总分的差异性进行方差分析（见表 8－27－1、表 8－27－2、表 8－27－3 和图 8－14），显示不同单位性质被试的危机压力总分之间差异显著，$F=9.253$，$p<0.001$，具体表现是：国家机关被试（$M=16.03$，$SD=2.68$）的得分显著低于民营单位被试（$M=16.83$，$SD=2.78$）、组织社团被试（$M=16.54$，$SD=2.63$）和其他性质单位被试（$M=16.62$，$SD=2.54$），与国营单位被试（$M=16.18$，$SD=2.95$）之间的得分差异不显著。民营单位被试的得分显著高于另四种单位被试。国营单位被试的得分显著低于组织社团、其他性质单位被试。组织社团被试与其他性质单位被试之间的得分差异不显著。

表 8－27－1　　不同单位性质被试危机压力总分的差异比较

项目		N	均值	标准差	标准误	均值的 95% 置信区间		极小值	极大值
						下限	上限		
危机压力总分	国家机关	165	16.0273	2.67555	.20829	15.6160	16.4386	7.33	21.92
	国营单位	939	16.1808	2.94665	.09616	15.9921	16.3695	7.67	24.75
	民营单位	953	16.8257	2.78039	.09007	16.6490	17.0025	8.17	24.83
	组织社团	757	16.5364	2.62541	.09542	16.3491	16.7238	8.58	25.17
	其他性质	3223	16.6215	2.53915	.04473	16.5339	16.7092	7.33	27.00
	总数	6037	16.5583	2.66670	.03432	16.4910	16.6256	7.33	27.00

表 8－27－2　　不同单位性质被试危机压力总分的方差分析结果

项目		平方和	*df*	均方	*F*	显著性
危机压力总分	组间	261.768	4	65.442	9.253	.000
	组内	42662.000	6032	7.073		
	总数	42923.768	6036			

表 8－27－3　　不同单位性质被试危机压力总分的多重比较

因变量	(I) 单位	(J) 单位	均值差(I－J)	标准误	显著性	95% 置信区间	
						下限	上限
危机压力总分	国家机关	国营单位	－.15350	.22449	.494	－.5936	.2866
		民营单位	－.79845*	.22424	.000	－1.2381	－.3589
		组织社团	－.50916*	.22849	.026	－.9571	－.0612
		其他性质	－.59428*	.21227	.005	－1.0104	－.1781
	国营单位	国家机关	.15350	.22449	.494	－.2866	.5936
		民营单位	－.64495*	.12228	.000	－.8847	－.4052
		组织社团	－.35566*	.12990	.006	－.6103	－.1010
		其他性质	－.44077*	.09862	.000	－.6341	－.2474
	民营单位	国家机关	.79845*	.22424	.000	.3589	1.2381
		国营单位	.64495*	.12228	.000	.4052	.8847
		组织社团	.28929*	.12948	.026	.0355	.5431
		其他性质	.20418*	.09806	.037	.0119	.3964
	组织社团	国家机关	.50916*	.22849	.026	.0612	.9571
		国营单位	.35566*	.12990	.006	.1010	.6103
		民营单位	－.28929*	.12948	.026	－.5431	－.0355
		其他性质	－.08511	.10741	.428	－.2957	.1255
	其他性质	国家机关	.59428*	.21227	.005	.1781	1.0104
		国营单位	.44077*	.09862	.000	.2474	.6341
		民营单位	－.20418*	.09806	.037	－.3964	－.0119
		组织社团	.08511	.10741	.428	－.1255	.2957

*. 均值差的显著性水平为 0.05。

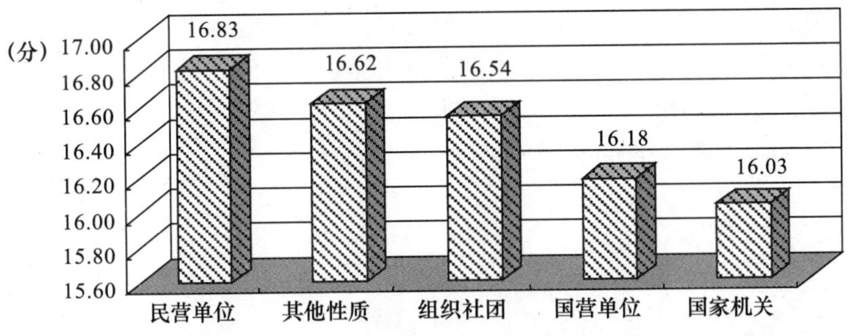

图 8－14　不同单位性质被试危机压力总分比较

三　五个因素对不同单位性质被试的影响

本次问卷调查涉及的权利、利益、政治沟通、政治参与和满意度五个中介因素，对不同单位性质被试的影响是否有所不同，可根据调查数据作具体说明。

(一) 权利认知

调查结果显示，国家机关被试的“权利重要性认知”得分在 1.40—5.00 分之间，均值为 3.79，标准差为 0.65；“权利保障评价”得分在 2.00—4.80 分之间，均值为 3.45，标准差为 0.52；“权利认知总分”的得分在 4.80—9.20 分之间，均值为 7.24，标准差为 0.94（见表8－28－1）。

表 8－28－1　　国家机关被试“权利认知”的总体描述统计

项目	N	极小值	极大值	均值	标准差
权利重要性认知	165	1.40	5.00	3.7915	.65083
权利保障评价	165	2.00	4.80	3.4497	.52004
权利认知总分	165	4.80	9.20	7.2412	.93743
有效的 N	165				

调查结果显示，国营单位被试的“权利重要性认知”得分在1.40—5.00分之间，均值为3.79，标准差为0.59；“权利保障评价”得分在1.20—4.60分之间，均值为3.29，标准差为0.54；“权利认知总分”的得分在3.80—9.20分之间，均值为7.09，标准差为0.88（见表8－28－2）。

表8－28－2 国营单位被试“权利认知”的总体描述统计

项目	N	极小值	极大值	均值	标准差
权利重要性认知	942	1.40	5.00	3.7932	.59158
权利保障评价	943	1.20	4.60	3.2929	.54076
权利认知总分	939	3.80	9.20	7.0875	.88154
有效的 N	939				

调查结果显示，民营单位被试的“权利重要性认知”得分在1.80—5.00分之间，均值为3.68，标准差为0.57；“权利保障评价”得分在1.00—4.60分之间，均值为3.18，标准差为0.55；“权利认知总分”的得分在3.80—9.20分之间，均值为6.86，标准差为0.83（见表8－28－3）。

表8－28－3 民营单位被试“权利认知”的总体描述统计

项目	N	极小值	极大值	均值	标准差
权利重要性认知	954	1.80	5.00	3.6790	.57093
权利保障评价	954	1.00	4.60	3.1807	.54748
权利认知总分	951	3.80	9.20	6.8618	.82781
有效的 N	951				

调查结果显示，组织社团被试的“权利重要性认知”得分在1.60—5.00分之间，均值为3.69，标准差为0.60；“权利保障评价”得分在1.20—4.60分之间，均值为3.31，标准差为0.53；“权利认知总分”的得分在3.60—9.40分之间，均值为7.00，标准差为0.93（见表8－28－4）。

表 8－28－4　　组织社团被试"权利认知"的总体描述统计

项目	N	极小值	极大值	均值	标准差
权利重要性认知	757	1.60	5.00	3.6851	.60418
权利保障评价	757	1.20	4.60	3.3115	.53019
权利认知总分	754	3.60	9.40	6.9976	.93334
有效的 N	754				

调查结果显示，其他性质单位被试的"权利重要性认知"得分在 1.00—5.00 分之间，均值为 3.63，标准差为 0.60；"权利保障评价"得分在 1.00—5.00 分之间，均值为 3.24，标准差为 0.51；"权利认知总分"的得分在 3.60—10.00 分之间，均值为 6.87，标准差为 0.86（见表 8－28－5）。

表 8－28－5　　其他性质单位被试"权利认知"的总体描述统计

项目	N	极小值	极大值	均值	标准差
权利重要性认知	3238	1.00	5.00	3.6293	.60369
权利保障评价	3233	1.00	5.00	3.2370	.51461
权利认知总分	3222	3.60	10.00	6.8672	.85665
有效的 N	3222				

对不同单位性质被试"权利重要性认知"的差异性进行方差分析（见表 8－29－1、表 8－29－2、表 8－29－3 和图 8－15－1），显示不同单位性质被试的得分之间差异显著，$F = 15.552$，$p < 0.001$，具体表现是：国家机关被试（$M = 3.79$，$SD = 0.65$）的得分显著高于民营单位被试（$M = 3.68$，$SD = 0.57$）、组织社团被试（$M = 3.69$，$SD = 0.60$）和其他性质单位被试（$M = 3.63$，$SD = 0.60$），与国营单位被试（$M = 3.79$，$SD = 0.59$）之间的得分差异不显著。国营单位被试的得分显著高于民营单位、组织社团、其他性质单位被试。民营单位被试的得分显著高于其他性质单位被试，与组织社团被试之间的得分差异不显著。组织社团被试的得分显著高于其他性质单位被试。

表 8-29-1　不同单位性质被试"权利重要性认知"得分的差异比较

项目		N	均值	标准差	标准误	均值的 95% 置信区间		极小值	极大值
						下限	上限		
权利重要性认知	国家机关	165	3.7915	.65083	.05067	3.6915	3.8916	1.40	5.00
	国营单位	942	3.7932	.59158	.01927	3.7554	3.8310	1.40	5.00
	民营单位	954	3.6790	.57093	.01848	3.6428	3.7153	1.80	5.00
	组织社团	757	3.6851	.60418	.02196	3.6420	3.7282	1.60	5.00
	其他性质	3238	3.6293	.60369	.01061	3.6085	3.6501	1.00	5.00
	总数	6056	3.6740	.60104	.00772	3.6589	3.6891	1.00	5.00

表 8-29-2　不同单位性质被试"权利重要性认知"得分的方差分析结果

项目		平方和	*df*	均方	*F*	显著性
权利重要性认知	组间	22.258	4	5.564	15.552	.000
	组内	2165.091	6051	.358		
	总数	2187.349	6055			

表 8-29-3　不同单位性质被试"权利重要性认知"得分的多重比较

因变量	(I) 单位	(J) 单位	均值差 (I-J)	标准误	显著性	95% 置信区间	
						下限	上限
权利重要性认知	国家机关	国营单位	-.00169	.05048	.973	-.1007	.0973
		民营单位	.11248*	.05043	.026	.0136	.2113
		组织社团	.10644*	.05139	.038	.0057	.2072
		其他性质	.16224*	.04774	.001	.0687	.2558
	国营单位	国家机关	.00169	.05048	.973	-.0973	.1007
		民营单位	.11417*	.02748	.000	.0603	.1680
		组织社团	.10813*	.02920	.000	.0509	.1654
		其他性质	.16393*	.02214	.000	.1205	.2073
	民营单位	国家机关	-.11248*	.05043	.026	-.2113	-.0136
		国营单位	-.11417*	.02748	.000	-.1680	-.0603
		组织社团	-.00604	.02912	.836	-.0631	.0510
		其他性质	.04976*	.02204	.024	.0066	.0930

续表

因变量	(I) 单位	(J) 单位	均值差 (I-J)	标准误	显著性	95% 置信区间	
						下限	上限
权利重要性认知	组织社团	国家机关	-.10644*	.05139	.038	-.2072	-.0057
		国营单位	-.10813*	.02920	.000	-.1654	-.0509
		民营单位	.00604	.02912	.836	-.0510	.0631
		其他性质	.05580*	.02415	.021	.0085	.1031
	其他性质	国家机关	-.16224*	.04774	.001	-.2558	-.0687
		国营单位	-.16393*	.02214	.000	-.2073	-.1205
		民营单位	-.04976*	.02204	.024	-.0930	-.0066
		组织社团	-.05580*	.02415	.021	-.1031	-.0085

*. 均值差的显著性水平为 0.05。

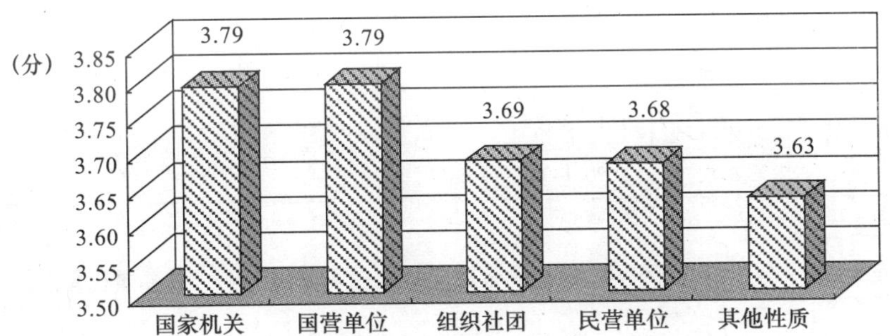

图 8-15-1　不同单位性质被试权利重要性认知的得分比较

对不同单位性质被试“权利保障评价”的差异性进行方差分析（见表 8-29-4、表 8-29-5、表 8-29-6 和图 8-15-2），显示不同单位性质被试的得分之间差异显著，$F=14.705$，$p<0.001$，具体表现是：国家机关被试（$M=3.45$，$SD=0.52$）的得分显著高于国营单位被试（$M=3.29$，$SD=0.54$）、民营单位被试（$M=3.18$，$SD=0.55$）、组织社团被试（$M=3.31$，$SD=0.53$）和其他性质单位被试（$M=3.24$，$SD=0.51$）。民营单位被试的得分显著低于另四种被试。国营单位被试的得分显著高于其他性质单位被试，与组织社团被试之间的得分差异不显著。组织社团被试的得分显著高于其他性质单位被试。

表 8-29-4　不同单位性质被试“权利保障评价”得分的差异比较

项目		N	均值	标准差	标准误	均值的 95% 置信区间		极小值	极大值
						下限	上限		
权利保障评价	国家机关	165	3.4497	.52004	.04049	3.3698	3.5296	2.00	4.80
	国营单位	943	3.2929	.54076	.01761	3.2583	3.3275	1.20	4.60
	民营单位	954	3.1807	.54748	.01773	3.1459	3.2155	1.00	4.60
	组织社团	757	3.3115	.53019	.01927	3.2737	3.3493	1.20	4.60
	其他性质	3233	3.2370	.51461	.00905	3.2192	3.2547	1.00	5.00
	总数	6052	3.2519	.52850	.00679	3.2386	3.2653	1.00	5.00

表 8-29-5　不同单位性质被试“权利保障评价”得分的方差分析结果

项目		平方和	*df*	均方	*F*	显著性
权利保障评价	组间	16.281	4	4.070	14.705	.000
	组内	1673.866	6047	.277		
	总数	1690.147	6051			

表 8-29-6　不同单位性质被试“权利保障评价”得分的多重比较

因变量	(I) 单位	(J) 单位	均值差 (I-J)	标准误	显著性	95% 置信区间	
						下限	上限
权利保障评价	国家机关	国营单位	.15680*	.04440	.000	.0698	.2438
		民营单位	.26898*	.04436	.000	.1820	.3559
		组织社团	.13820*	.04520	.002	.0496	.2268
		其他性质	.21270*	.04199	.000	.1304	.2950
	国营单位	国家机关	-.15680*	.04440	.000	-.2438	-.0698
		民营单位	.11218*	.02416	.000	.0648	.1595
		组织社团	-.01860	.02568	.469	-.0689	.0317
		其他性质	.05590*	.01947	.004	.0177	.0941
	民营单位	国家机关	-.26898*	.04436	.000	-.3559	-.1820
		国营单位	-.11218*	.02416	.000	-.1595	-.0648
		组织社团	-.13078*	.02561	.000	-.1810	-.0806
		其他性质	-.05628*	.01938	.004	-.0943	-.0183

续表

因变量	(I) 单位	(J) 单位	均值差 (I-J)	标准误	显著性	95% 置信区间	
						下限	上限
权利保障评价	组织社团	国家机关	-.13820*	.04520	.002	-.2268	-.0496
		国营单位	.01860	.02568	.469	-.0317	.0689
		民营单位	.13078*	.02561	.000	.0806	.1810
		其他性质	.07450*	.02124	.000	.0329	.1161
	其他性质	国家机关	-.21270*	.04199	.000	-.2950	-.1304
		国营单位	-.05590*	.01947	.004	-.0941	-.0177
		民营单位	.05628*	.01938	.004	.0183	.0943
		组织社团	-.07450*	.02124	.000	-.1161	-.0329

*. 均值差的显著性水平为 0.05。

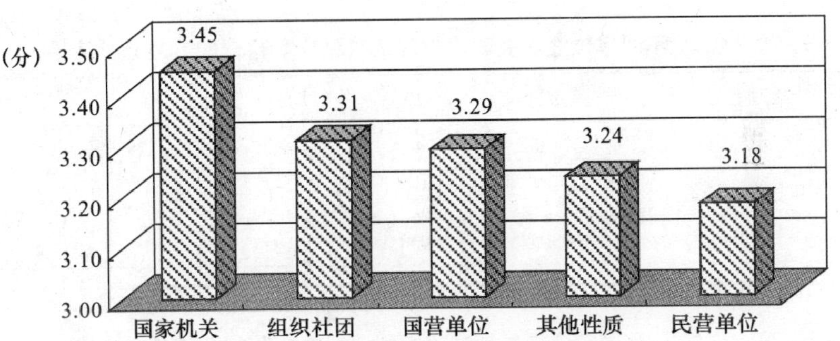

图 8-15-2　不同单位性质被试权利保障评价的得分比较

对不同单位性质被试“权利认知总分”的差异性进行方差分析（见表8-29-7、表8-29-8和表8-29-9），显示不同单位性质被试的得分之间差异显著，$F=19.828$，$p<0.001$，具体表现是：国家机关被试（$M=7.24$，$SD=0.94$）的得分显著高于国营单位被试（$M=7.09$，$SD=0.88$）、民营单位被试（$M=6.86$，$SD=0.83$）、组织社团被试（$M=7.00$，$SD=0.93$）和其他性质单位被试（$M=6.87$，$SD=0.86$）。国营单位被试的得分显著高于民营单位、组织社团、其他性质单位被试。民营单

位被试的得分显著低于组织社团被试，与其他性质单位被试之间的得分差异不显著。组织社团被试的得分显著高于其他性质单位被试。

表8-29-7 不同单位性质被试“权利认知总分”得分的差异比较

项目		N	均值	标准差	标准误	均值的95%置信区间		极小值	极大值
						下限	上限		
权利认知总分	国家机关	165	7.2412	.93743	.07298	7.0971	7.3853	4.80	9.20
	国营单位	939	7.0875	.88154	.02877	7.0311	7.1440	3.80	9.20
	民营单位	951	6.8618	.82781	.02684	6.8092	6.9145	3.80	9.20
	组织社团	754	6.9976	.93334	.03399	6.9309	7.0643	3.60	9.40
	其他性质	3222	6.8672	.85665	.01509	6.8376	6.8968	3.60	10.00
	总数	6031	6.9272	.87375	.01125	6.9052	6.9493	3.60	10.00

表8-29-8 不同单位性质被试“权利认知总分”得分的方差分析结果

项目		平方和	df	均方	F	显著性
权利认知总分	组间	59.802	4	14.950	19.828	.000
	组内	4543.723	6026	.754		
	总数	4603.525	6030			

表8-29-9 不同单位性质被试“权利认知总分”得分的多重比较

因变量	(I)单位	(J)单位	均值差(I-J)	标准误	显著性	95%置信区间	
						下限	上限
权利认知总分	国家机关	国营单位	.15367*	.07330	.036	.0100	.2974
		民营单位	.37938*	.07323	.000	.2358	.5229
		组织社团	.24360*	.07463	.001	.0973	.3899
		其他性质	.37399*	.06931	.000	.2381	.5099
	国营单位	国家机关	-.15367*	.07330	.036	-.2974	-.0100
		民营单位	.22571*	.03995	.000	.1474	.3040
		组织社团	.08993*	.04246	.034	.0067	.1732
		其他性质	.22031*	.03220	.000	.1572	.2834

续表

因变量	(I) 单位	(J) 单位	均值差 (I-J)	标准误	显著性	95% 置信区间	
						下限	上限
权利认知总分	民营单位	国家机关	-.37938*	.07323	.000	-.5229	-.2358
		国营单位	-.22571*	.03995	.000	-.3040	-.1474
		组织社团	-.13578*	.04234	.001	-.2188	-.0528
		其他性质	-.00540	.03205	.866	-.0682	.0574
	组织社团	国家机关	-.24360*	.07463	.001	-.3899	-.0973
		国营单位	-.08993*	.04246	.034	-.1732	-.0067
		民营单位	.13578*	.04234	.001	.0528	.2188
		其他性质	.13039*	.03513	.000	.0615	.1993
	其他性质	国家机关	-.37399*	.06931	.000	-.5099	-.2381
		国营单位	-.22031*	.03220	.000	-.2834	-.1572
		民营单位	.00540	.03205	.866	-.0574	.0682
		组织社团	-.13039*	.03513	.000	-.1993	-.0615

*. 均值差的显著性水平为 0.05。

在法律、政治、经济、社会、文化五类权利对个人发展的重要性方面，按选择比例由高到低排序，国家机关被试是法律权利、经济权利、政治权利、社会权利、文化权利，国营单位被试是法律权利、经济权利、社会权利、政治权利、文化权利，民营单位被试是经济权利、法律权利、社会权利、文化权利、政治权利，组织社团、其他性质单位被试是经济权利、法律权利、社会权利、政治权利、文化权利（五位排序都有所不同，见表 8-30）。

表 8-30 **不同单位性质被试认为最重要的权利**

项目	国家机关		国营单位		民营单位	
	频率	有效百分比	频率	有效百分比	频率	有效百分比
法律权利	52	31.33	245	25.95	227	23.77
经济权利	37	22.29	234	24.79	306	32.04
社会权利	25	15.06	208	22.03	206	21.57
文化权利	21	12.65	86	9.11	118	12.36
政治权利	31	18.67	171	18.12	98	10.26

续表

项目	国家机关		国营单位		民营单位	
	频率	有效百分比	频率	有效百分比	频率	有效百分比
合计	166	100.00	944	100.00	955	100.00
项目	组织社团		其他性质			
法律权利	202	26.69	849	26.30		
经济权利	211	27.87	1116	34.57		
社会权利	145	19.15	502	15.55		
文化权利	99	13.08	363	11.25		
政治权利	100	13.21	398	12.33		
合计	757	100.00	3228	100.00		

在法律、政治、经济、社会、文化五类权利的保障方面，按选择比例由高到低排序，国家机关被试是法律权利、经济权利、政治权利、文化权利、社会权利，国营单位、其他性质单位被试是法律权利、经济权利、社会权利、文化权利、政治权利，民营单位被试是法律权利、经济权利、文化权利、社会权利、政治权利，组织社团被试是法律权利、社会权利、经济权利、文化权利、政治权利（第二位至第五位排序不同，见表8－31）。

表8－31　**不同单位性质被试认为保障最好的权利**

项目	国家机关		国营单位		民营单位	
	频率	有效百分比	频率	有效百分比	频率	有效百分比
法律权利	49	29.88	285	30.35	295	30.92
经济权利	38	23.17	177	18.85	202	21.18
社会权利	21	12.81	175	18.64	173	18.13
文化权利	23	14.02	152	16.19	186	19.50
政治权利	33	20.12	150	15.97	98	10.27
合计	164	100.00	939	100.00	954	100.00
项目	组织社团		其他性质			
法律权利	259	34.31	1088	33.66		
经济权利	120	15.89	751	23.24		
社会权利	151	20.00	503	15.56		
文化权利	114	15.10	469	14.51		
政治权利	111	14.70	421	13.03		
合计	755	100.00	3232	100.00		

(二) 利益认知

调查结果显示，国家机关被试的“公民利益取向”得分在1.20—4.40分之间，均值为2.72，标准差为0.58；“利益保障评价”得分在1.00—5.00分之间，均值为3.26，标准差为0.64；“利益认知总分”的得分在3.40—8.20分之间，均值为5.97，标准差为0.75（见表8-32-1）。

表8-32-1　**国家机关被试“利益认知”的总体描述统计**

项目	*N*	极小值	极大值	均值	标准差
公民利益取向	166	1.20	4.40	2.7157	.58351
利益保障评价	165	1.00	5.00	3.2570	.64157
利益认知总分	165	3.40	8.20	5.9709	.75264
有效的*N*	165				

调查结果显示，国营单位被试的“公民利益取向”得分在1.00—5.00分之间，均值为2.72，标准差为0.59；“利益保障评价”得分在1.00—5.00分之间，均值为3.18，标准差为0.65；“利益认知总分”的得分在2.40—7.80分之间，均值为5.89，标准差为0.69（见表8-32-2）。

表8-32-2　**国营单位被试“利益认知”的总体描述统计**

项目	*N*	极小值	极大值	均值	标准差
公民利益取向	942	1.00	5.00	2.7159	.59095
利益保障评价	940	1.00	5.00	3.1789	.65439
利益认知总分	940	2.40	7.80	5.8940	.69122
有效的*N*	940				

调查结果显示，民营单位被试的“公民利益取向”得分在1.00—5.00分之间，均值为2.85，标准差为0.59；“利益保障评价”得分在1.00—

5.00分之间，均值为3.04，标准差为0.69；“利益认知总分”的得分在2.40—8.40分之间，均值为5.89，标准差为0.72（见表8－32－3）。

表8－32－3　　民营单位被试“利益认知”的总体描述统计

项目	*N*	极小值	极大值	均值	标准差
公民利益取向	955	1.00	5.00	2.8503	.59020
利益保障评价	953	1.00	5.00	3.0378	.68501
利益认知总分	952	2.40	8.40	5.8895	.72473
有效的 *N*	952				

调查结果显示，组织社团被试的“公民利益取向”得分在1.00—4.40分之间，均值为2.66，标准差为0.59；“利益保障评价”得分在1.00—5.00分之间，均值为3.29，标准差为0.68；“利益认知总分”的得分在3.20—9.20分之间，均值为5.95，标准差为0.77（见表8－32－4）。

表8－32－4　　组织社团被试“利益认知”的总体描述统计

项目	*N*	极小值	极大值	均值	标准差
公民利益取向	758	1.00	4.40	2.6586	.58637
利益保障评价	754	1.00	5.00	3.2873	.68151
利益认知总分	753	3.20	9.20	5.9458	.77448
有效的 *N*	753				

调查结果显示，其他性质单位被试的“公民利益取向”得分在1.00—5.00分之间，均值为2.78，标准差为0.60；“利益保障评价”得分在1.00—5.00分之间，均值为3.16，标准差为0.66；“利益认知总分”的得分在3.00—9.20分之间，均值为5.94，标准差为0.74（见表8－32－5）。

表8－32－5　　其他性质单位被试“利益认知”的总体描述统计

项目	*N*	极小值	极大值	均值	标准差
公民利益取向	3236	1.00	5.00	2.7811	.59721
利益保障评价	3239	1.00	5.00	3.1628	.66436
利益认知总分	3226	3.00	9.20	5.9434	.74286
有效的 *N*	3227				

对不同单位性质被试"公民利益取向"的差异性进行方差分析（见表8－33－1、表8－33－2、表8－33－3和图8－16－1），显示不同单位性质被试的得分之间差异显著，$F = 13.515$，$p < 0.001$，具体表现是：国家机关被试（$M = 2.72$，$SD = 0.58$）的得分显著低于民营单位被试（$M = 2.85$，$SD = 0.59$），与组织社团被试（$M = 2.66$，$SD = 0.59$）、国营单位被试（$M = 2.72$，$SD = 0.59$）、其他性质单位被试（$M = 2.78$，$SD = 0.60$）之间的得分差异不显著。民营单位被试的得分显著高于另四种被试。国营单位被试的得分显著低于其他性质单位被试，显著高于组织社团被试。组织社团被试的得分显著低于其他性质单位被试。

表8－33－1　　**不同单位性质被试"公民利益取向"得分的差异比较**

项目		N	均值	标准差	标准误	均值的95% 置信区间		极小值	极大值
						下限	上限		
公民利益取向	国家机关	166	2.7157	.58351	.04529	2.6262	2.8051	1.20	4.40
	国营单位	942	2.7159	.59095	.01925	2.6781	2.7537	1.00	5.00
	民营单位	955	2.8503	.59020	.01910	2.8128	2.8877	1.00	5.00
	组织社团	758	2.6586	.58637	.02130	2.6168	2.7004	1.00	4.40
	其他性质	3236	2.7811	.59721	.01050	2.7605	2.8017	1.00	5.00
	总数	6057	2.7647	.59587	.00766	2.7497	2.7797	1.00	5.00

表8－33－2　　**不同单位性质被试"公民利益取向"得分的方差分析结果**

项目		平方和	df	均方	F	显著性
公民利益取向	组间	19.038	4	4.759	13.515	.000
	组内	2131.190	6052	.352		
	总数	2150.227	6056			

表 8-33-3　　不同单位性质被试“公民利益取向”得分的多重比较

因变量	(I) 单位	(J) 单位	均值差 (I-J)	标准误	显著性	95% 置信区间	
						下限	上限
公民利益取向	国家机关	国营单位	-.00026	.04995	.996	-.0982	.0977
		民营单位	-.13460*	.04990	.007	-.2324	-.0368
		组织社团	.05709	.05085	.262	-.0426	.1568
		其他性质	-.06543	.04722	.166	-.1580	.0272
	国营单位	国家机关	.00026	.04995	.996	-.0977	.0982
		民营单位	-.13434*	.02725	.000	-.1878	-.0809
		组织社团	.05735*	.02896	.048	.0006	.1141
		其他性质	-.06516*	.02197	.003	-.1082	-.0221
	民营单位	国家机关	.13460*	.04990	.007	.0368	.2324
		国营单位	.13434*	.02725	.000	.0809	.1878
		组织社团	.19169*	.02887	.000	.1351	.2483
		其他性质	.06917*	.02185	.002	.0263	.1120
	组织社团	国家机关	-.05709	.05085	.262	-.1568	.0426
		国营单位	-.05735*	.02896	.048	-.1141	-.0006
		民营单位	-.19169*	.02887	.000	-.2483	-.1351
		其他性质	-.12251*	.02395	.000	-.1695	-.0756
	其他性质	国家机关	.06543	.04722	.166	-.0272	.1580
		国营单位	.06516*	.02197	.003	.0221	.1082
		民营单位	-.06917*	.02185	.002	-.1120	-.0263
		组织社团	.12251*	.02395	.000	.0756	.1695

*. 均值差的显著性水平为 0.05。

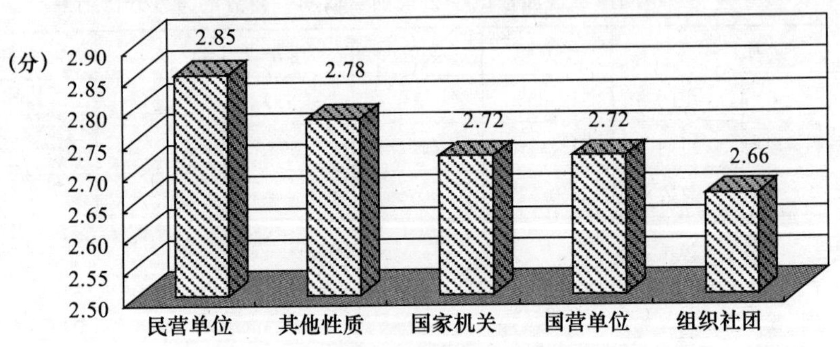

图 8-16-1　不同单位性质被试公民利益取向的得分比较

对不同单位性质被试“利益保障评价”的差异性进行方差分析（见表8－33－4、表8－33－5、表8－33－6和图8－16－2），显示不同单位性质被试的得分之间差异显著，$F=15.860$，$p<0.001$，具体表现是：国家机关被试（$M=3.26$，$SD=0.64$）的得分显著高于民营单位被试（$M=3.04$，$SD=0.69$），与国营单位被试（$M=3.18$，$SD=0.65$）、组织社团被试（$M=3.29$，$SD=0.68$）、其他性质单位被试（$M=3.16$，$SD=0.66$）之间的得分差异不显著。民营单位被试的得分显著低于另四种单位被试。国营单位被试的得分显著低于组织社团被试，与其他性质单位被试之间的得分差异不显著。组织社团被试的得分显著高于其他性质单位被试。

表8－33－4　**不同单位性质被试“利益保障评价”得分的差异比较**

项目		N	均值	标准差	标准误	均值的95% 置信区间		极小值	极大值
						下限	上限		
利益保障评价	国家机关	165	3.2570	.64157	.04995	3.1583	3.3556	1.00	5.00
	国营单位	940	3.1789	.65439	.02134	3.1370	3.2208	1.00	5.00
	民营单位	953	3.0378	.68501	.02219	2.9942	3.0813	1.00	5.00
	组织社团	754	3.2873	.68151	.02482	3.2385	3.3360	1.00	5.00
	其他性质	3239	3.1628	.66436	.01167	3.1399	3.1857	1.00	5.00
	总数	6051	3.1637	.67094	.00863	3.1468	3.1806	1.00	5.00

表8－33－5　**不同单位性质被试“利益保障评价”得分的方差分析结果**

项目		平方和	df	均方	F	显著性
利益保障评价	组间	28.281	4	7.070	15.860	.000
	组内	2695.215	6046	.446		
	总数	2723.496	6050			

表 8-33-6　　不同单位性质被试“利益保障评价”得分的多重比较

因变量	(I) 单位	(J) 单位	均值差 (I-J)	标准误	显著性	95% 置信区间	
						下限	上限
利益保障评价	国家机关	国营单位	.07803	.05636	.166	-.0324	.1885
		民营单位	.21919*	.05630	.000	.1088	.3296
		组织社团	-.03030	.05738	.598	-.1428	.0822
		其他性质	.09420	.05329	.077	-.0103	.1987
	国营单位	国家机关	-.07803	.05636	.166	-.1885	.0324
		民营单位	.14116*	.03069	.000	.0810	.2013
		组织社团	-.10833*	.03264	.001	-.1723	-.0443
		其他性质	.01617	.02474	.513	-.0323	.0647
	民营单位	国家机关	-.21919*	.05630	.000	-.3296	-.1088
		国营单位	-.14116*	.03069	.000	-.2013	-.0810
		组织社团	-.24949*	.03254	.000	-.3133	-.1857
		其他性质	-.12499*	.02460	.000	-.1732	-.0768
	组织社团	国家机关	.03030	.05738	.598	-.0822	.1428
		国营单位	.10833*	.03264	.001	.0443	.1723
		民营单位	.24949*	.03254	.000	.1857	.3133
		其他性质	.12450*	.02700	.000	.0716	.1774
	其他性质	国家机关	-.09420	.05329	.077	-.1987	.0103
		国营单位	-.01617	.02474	.513	-.0647	.0323
		民营单位	.12499*	.02460	.000	.0768	.1732
		组织社团	-.12450*	.02700	.000	-.1774	-.0716

*. 均值差的显著性水平为 0.05。

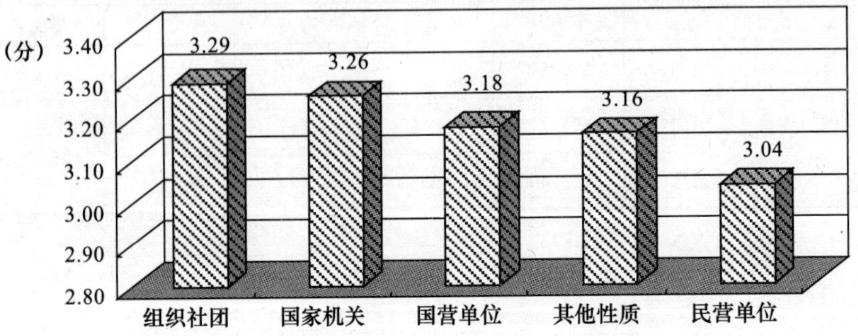

图 8-16-2　不同单位性质被试利益保障评价的得分比较

对不同单位性质被试“利益认知总分”的差异性进行方差分析（见表8－33－7、表8－33－8），显示不同单位性质被试两两之间的得分差异均不显著。

表8－33－7　　不同单位性质被试“利益认知总分”得分的差异比较

项目		N	均值	标准差	标准误	均值的95% 置信区间		极小值	极大值
						下限	上限		
利益认知总分	国家机关	165	5.9709	.75264	.05859	5.8552	6.0866	3.40	8.20
	国营单位	940	5.8940	.69122	.02255	5.8498	5.9383	2.40	7.80
	民营单位	952	5.8895	.72473	.02349	5.8434	5.9356	2.40	8.40
	组织社团	753	5.9458	.77448	.02822	5.8904	6.0012	3.20	9.20
	其他性质	3226	5.9434	.74286	.01308	5.9178	5.9690	3.00	9.20
	总数	6036	5.9283	.73673	.00948	5.9097	5.9469	2.40	9.20

表8－33－8　　不同单位性质被试“利益认知总分”得分的方差分析结果

项目		平方和	*df*	均方	*F*	显著性
利益认知总分	组间	3.803	4	.951	1.752	.136
	组内	3271.816	6031	.542		
	总数	3275.618	6035			

在经济、社会、文化、政治四类利益的重要性方面，按选择比例由高到低排序，国家机关、国营单位被试是经济利益、社会利益、政治利益、文化利益，民营单位、组织社团、其他单位性质被试是经济利益、社会利益、文化利益、政治利益（第三、四位排序不同，见表8－34）。

表8－34　　不同单位性质被试认为最重要的利益

项目	国家机关		国营单位		民营单位	
	频率	有效百分比	频率	有效百分比	频率	有效百分比
经济利益	75	45.73	473	50.37	457	47.85
社会利益	44	26.83	248	26.41	280	29.32
文化利益	20	12.20	96	10.23	118	12.36
政治利益	25	15.24	122	12.99	100	10.47
合计	164	100.00	939	100.00	955	100.00

续表

项目	组织社团		其他性质			
	频率	有效百分比	频率	有效百分比		
经济利益	309	40.82	1535	47.51		
社会利益	245	32.36	839	25.97		
文化利益	105	13.87	458	14.17		
政治利益	98	12.95	399	12.35		
合计	757	100.00	3231	100.00		

在经济、社会、文化、政治四类利益的保障方面，按选择比例由高到低排序，国家机关被试是经济利益、社会利益、政治利益、文化利益，国营单位、其他性质单位被试是经济利益、社会利益、文化利益、政治利益，民营单位被试是经济利益、文化利益、社会利益、政治利益，组织社团被试是社会利益、经济利益、文化利益、政治利益（五位排序有所不同，见表8－35）。

表8－35　不同单位性质被试认为保障最好的利益

项目	国家机关		国营单位		民营单位	
	频率	有效百分比	频率	有效百分比	频率	有效百分比
经济利益	61	37.20	317	33.90	319	33.76
社会利益	44	26.83	244	26.10	250	26.45
文化利益	29	17.68	232	24.81	254	26.88
政治利益	30	18.29	142	15.19	122	12.91
合计	164	100.00	935	100.00	945	100.00
项目	组织社团		其他性质			
经济利益	221	29.23	1071	33.21		
社会利益	266	35.19	908	28.16		
文化利益	135	17.86	767	23.78		
政治利益	134	17.72	479	14.85		
合计	756	100.00	3225	100.00		

(三) 政治沟通认知

调查结果显示，国家机关被试的“政治沟通重要性认知”得分在1.80—5.00分之间，均值为3.72，标准差为0.50；“政治沟通现状评价”得分在1.40—5.00分之间，均值为3.35，标准差为0.74；“政治沟通认知总分”的得分在4.80—9.60分之间，均值为7.07，标准差为0.96（见表8-36-1）。

表8-36-1　**国家机关被试“政治沟通认知”的总体描述统计**

项目	N	极小值	极大值	均值	标准差
政治沟通重要性认知	166	1.80	5.00	3.7205	.50302
政治沟通现状评价	166	1.40	5.00	3.3458	.74326
政治沟通认知总分	166	4.80	9.60	7.0663	.96116
有效的 N	166				

调查结果显示，国营单位被试的“政治沟通重要性认知”得分在1.60—5.00分之间，均值为3.68，标准差为0.46；“政治沟通现状评价”得分在1.00—5.00分之间，均值为3.19，标准差为0.78；“政治沟通认知总分”的得分在3.80—10.00分之间，均值为6.86，标准差为0.95（见表8-36-2）。

表8-36-2　**国营单位被试“政治沟通认知”的总体描述统计**

项目	N	极小值	极大值	均值	标准差
政治沟通重要性认知	944	1.60	5.00	3.6775	.45581
政治沟通现状评价	943	1.00	5.00	3.1860	.77792
政治沟通认知总分	942	3.80	10.00	6.8628	.94793
有效的 N	942				

调查结果显示，民营单位被试的“政治沟通重要性认知”得分在1.80—5.00分之间，均值为3.59，标准差为0.46；“政治沟通现状评价”得分在1.00—5.00分之间，均值为3.05，标准差为0.75；“政治沟通认知总分”的得分在3.60—9.60分之间，均值为6.64，标准差为0.90（见

表 8 –36 –3）。

表 8 –36 –3 民营单位被试“政治沟通认知”的总体描述统计

项目	N	极小值	极大值	均值	标准差
政治沟通重要性认知	953	1. 80	5. 00	3. 5908	. 45550
政治沟通现状评价	953	1. 00	5. 00	3. 0489	. 75220
政治沟通认知总分	949	3. 60	9. 60	6. 6409	. 90340
有效的 N	949				

调查结果显示，组织社团被试的“政治沟通重要性认知”得分在 2. 00—5. 00 分之间，均值为 3. 61，标准差为 0. 49；“政治沟通现状评价”得分在 1. 00—5. 00 分之间，均值为 3. 30，标准差为 0. 70；“政治沟通认知总分”的得分在 4. 40—10. 00 分之间，均值为 6. 91，标准差为 0. 95（见表 8 –36 –4）。

表 8 –36 –4 组织社团被试“政治沟通认知”的总体描述统计

项目	N	极小值	极大值	均值	标准差
政治沟通重要性认知	756	2. 00	5. 00	3. 6111	. 48804
政治沟通现状评价	756	1. 00	5. 00	3. 2960	. 70075
政治沟通认知总分	753	4. 40	10. 00	6. 9081	. 94978
有效的 N	753				

调查结果显示，其他性质单位被试的“政治沟通重要性认知”得分在 1. 40—5. 00 分之间，均值为 3. 59，标准差为 0. 49；“政治沟通现状评价”得分在 1. 00—5. 00 分之间，均值为 3. 19，标准差为 0. 70；“政治沟通认知总分”的得分在 3. 60—10. 00 分之间，均值为 6. 79，标准差为 0. 93（见表 8 –36 –5）。

表 8 –36 –5 其他性质单位被试“政治沟通认知”的总体描述统计

项目	N	极小值	极大值	均值	标准差
政治沟通重要性认知	3243	1. 40	5. 00	3. 5927	. 49204
政治沟通现状评价	3241	1. 00	5. 00	3. 1941	. 70109
政治沟通认知总分	3234	3. 60	10. 00	6. 7873	. 93178
有效的 N	3234				

对不同单位性质被试“政治沟通重要性认知”的差异性进行方差分析（见表8－37－1、表8－37－2、表8－37－3和图8－17－1），显示不同单位性质被试的得分之间差异显著，$F=8.274$，$p<0.001$，具体表现是：国家机关被试（$M=3.72$，$SD=0.50$）的得分显著高于民营单位被试（$M=3.59$，$SD=0.46$）、组织社团被试（$M=3.61$，$SD=0.49$）和其他性质单位被试（$M=3.59$，$SD=0.49$），与国营单位被试（$M=3.68$，$SD=0.46$）之间的得分差异不显著。国营单位被试的得分显著高于民营单位、组织社团、其他性质单位被试。民营单位被试与组织社团、其他性质单位被试之间的得分差异不显著。组织社团被试与其他性质单位被试之间的得分差异不显著。

表8－37－1　不同单位性质被试“政治沟通重要性认知”得分的差异比较

项目		N	均值	标准差	标准误	均值的95% 置信区间		极小值	极大值
						下限	上限		
政治沟通重要性认知	国家机关	166	3.7205	.50302	.03904	3.6434	3.7976	1.80	5.00
	国营单位	944	3.6775	.45581	.01484	3.6484	3.7067	1.60	5.00
	民营单位	953	3.5908	.45550	.01476	3.5618	3.6197	1.80	5.00
	组织社团	756	3.6111	.48804	.01775	3.5763	3.6460	2.00	5.00
	其他性质	3243	3.5927	.49204	.00864	3.5757	3.6096	1.40	5.00
	总数	6062	3.6114	.48191	.00619	3.5992	3.6235	1.40	5.00

表8－37－2　不同单位性质被试“政治沟通重要性认知”得分的方差分析结果

项目		平方和	df	均方	F	显著性
政治沟通重要性认知	组间	7.650	4	1.912	8.274	.000
	组内	1399.925	6057	.231		
	总数	1407.575	6061			

表 8－37－3　　不同单位性质被试“政治沟通重要性认知”得分的多重比较

因变量	(I) 单位	(J) 单位	均值差 (I－J)	标准误	显著性	95% 置信区间	
						下限	上限
政治沟通重要性认知	国家机关	国营单位	.04294	.04046	.289	－.0364	.1223
		民营单位	.12972*	.04043	.001	.0505	.2090
		组织社团	.10937*	.04121	.008	.0286	.1902
		其他性质	.12782*	.03826	.001	.0528	.2028
	国营单位	国家机关	－.04294	.04046	.289	－.1223	.0364
		民营单位	.08678*	.02208	.000	.0435	.1301
		组织社团	.06643*	.02346	.005	.0204	.1124
		其他性质	.08488*	.01778	.000	.0500	.1197
	民营单位	国家机关	－.12972*	.04043	.001	－.2090	－.0505
		国营单位	－.08678*	.02208	.000	－.1301	－.0435
		组织社团	－.02035	.02341	.385	－.0662	.0256
		其他性质	－.00190	.01771	.915	－.0366	.0328
	组织社团	国家机关	－.10937*	.04121	.008	－.1902	－.0286
		国营单位	－.06643*	.02346	.005	－.1124	－.0204
		民营单位	.02035	.02341	.385	－.0256	.0662
		其他性质	.01845	.01942	.342	－.0196	.0565
	其他性质	国家机关	－.12782*	.03826	.001	－.2028	－.0528
		国营单位	－.08488*	.01778	.000	－.1197	－.0500
		民营单位	.00190	.01771	.915	－.0328	.0366
		组织社团	－.01845	.01942	.342	－.0565	.0196

*. 均值差的显著性水平为 0.05。

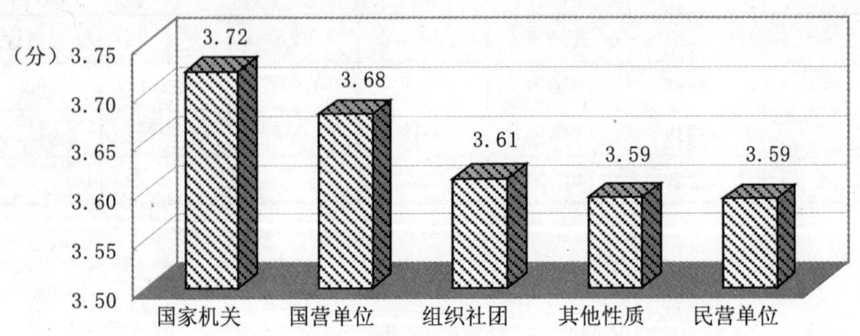

图 8－17－1　不同单位被试政治沟通重要性认知的得分比较

对不同单位性质被试“政治沟通现状评价”的差异性进行方差分析（见表8－37－4、表8－37－5、表8－37－6和图8－17－2），显示不同单位性质被试的得分之间差异显著，$F=15.078$，$p<0.001$，具体表现是：国家机关被试（$M=3.35$，$SD=0.74$）的得分显著高于国营单位被试（$M=3.19$，$SD=0.78$）、民营单位被试（$M=3.05$，$SD=0.75$）和其他性质单位被试（$M=3.19$，$SD=0.70$），与组织社团被试（$M=3.30$，$SD=0.70$）之间的得分差异不显著。民营单位被试的得分显著低于另四种单位被试。国营单位被试的得分显著低于组织社团被试，与其他性质单位之间的得分差异不显著。组织社团被试的得分显著高于其他性质单位被试。

表8－37－4　不同单位性质被试“政治沟通现状评价”得分的差异比较

项目		N	均值	标准差	标准误	均值的95% 置信区间		极小值	极大值
						下限	上限		
政治沟通现状评价	国家机关	166	3.3458	.74326	.05769	3.2319	3.4597	1.40	5.00
	国营单位	943	3.1860	.77792	.02533	3.1363	3.2357	1.00	5.00
	民营单位	953	3.0489	.75220	.02437	3.0011	3.0967	1.00	5.00
	组织社团	756	3.2960	.70075	.02549	3.2460	3.3461	1.00	5.00
	其他性质	3241	3.1941	.70109	.01231	3.1699	3.2182	1.00	5.00
	总数	6059	3.1869	.72618	.00933	3.1686	3.2052	1.00	5.00

表8－37－5　不同单位性质被试“政治沟通现状评价”得分的方差分析结果

项目		平方和	df	均方	F	显著性
政治沟通现状评价	组间	31.511	4	7.878	15.078	.000
	组内	3163.123	6054	.522		
	总数	3194.634	6058			

表 8－37－6　　不同单位性质被试“政治沟通现状评价”得分的多重比较

因变量	(I) 单位	(J) 单位	均值差 (I－J)	标准误	显著性	95% 置信区间	
						下限	上限
政治沟通现状评价	国家机关	国营单位	.15978*	.06084	.009	.0405	.2791
		民营单位	.29688*	.06079	.000	.1777	.4161
		组织社团	.04975	.06196	.422	－.0717	.1712
		其他性质	.15171*	.05752	.008	.0389	.2645
	国营单位	国家机关	－.15978*	.06084	.009	－.2791	－.0405
		民营单位	.13710*	.03320	.000	.0720	.2022
		组织社团	－.11003*	.03529	.002	－.1792	－.0409
		其他性质	－.00807	.02674	.763	－.0605	.0444
	民营单位	国家机关	－.29688*	.06079	.000	－.4161	－.1777
		国营单位	－.13710*	.03320	.000	－.2022	－.0720
		组织社团	－.24713*	.03520	.000	－.3161	－.1781
		其他性质	－.14518*	.02664	.000	－.1974	－.0930
	组织社团	国家机关	－.04975	.06196	.422	－.1712	.0717
		国营单位	.11003*	.03529	.002	.0409	.1792
		民营单位	.24713*	.03520	.000	.1781	.3161
		其他性质	.10196*	.02919	.000	.0447	.1592
	其他性质	国家机关	－.15171*	.05752	.008	－.2645	－.0389
		国营单位	.00807	.02674	.763	－.0444	.0605
		民营单位	.14518*	.02664	.000	.0930	.1974
		组织社团	－.10196*	.02919	.000	－.1592	－.0447

*. 均值差的显著性水平为 0.05。

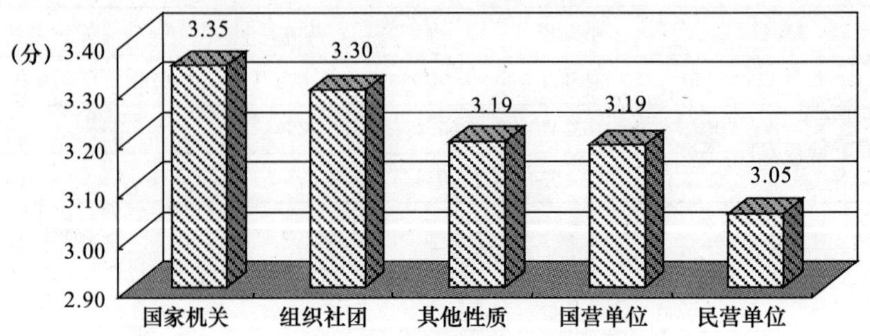

图 8－17－2　不同单位性质被试政治沟通现状评价的得分比较

对不同单位性质被试"政治沟通认知总分"的差异性进行方差分析(见表8-37-7、表8-37-8、表8-37-9),显示不同单位性质被试的得分之间差异显著,$F=14.022$,$p<0.001$,具体表现是:国家机关被试($M=7.07$,$SD=0.96$)的得分显著高于国营单位被试($M=6.86$,$SD=0.95$)、民营单位被试($M=6.64$,$SD=0.90$)、组织社团被试($M=6.91$,$SD=0.95$)和其他性质单位被试($M=6.79$,$SD=0.93$)。民营单位被试的得分显著低于另四种单位被试。国营单位被试的得分显著高于其他性质单位被试,与组织社团被试之间的得分差异不显著。组织社团被试的得分显著高于其他性质单位被试。

表8-37-7 不同单位性质被试"政治沟通认知总分"得分的差异比较

项目		N	均值	标准差	标准误	均值的95% 置信区间		极小值	极大值
						下限	上限		
政治沟通认知总分	国家机关	166	7.0663	.96116	.07460	6.9190	7.2136	4.80	9.60
	国营单位	942	6.8628	.94793	.03089	6.8022	6.9235	3.80	10.00
	民营单位	949	6.6409	.90340	.02933	6.5833	6.6984	3.60	9.60
	组织社团	753	6.9081	.94978	.03461	6.8402	6.9760	4.40	10.00
	其他性质	3234	6.7873	.93178	.01638	6.7552	6.8194	3.60	10.00
	总数	6044	6.7988	.93702	.01205	6.7752	6.8224	3.60	10.00

表8-37-8 不同单位性质被试"政治沟通认知总分"得分的方差分析结果

项目		平方和	df	均方	F	显著性
政治沟通认知总分	组间	48.826	4	12.207	14.022	.000
	组内	5257.005	6039	.871		
	总数	5305.831	6043			

表 8－37－9　　不同单位性质被试“政治沟通认知总分”得分的多重比较

因变量	(I) 单位	(J) 单位	均值差 (I－J)	标准误	显著性	95% 置信区间	
						下限	上限
政治沟通认知总分	国家机关	国营单位	.20342*	.07854	.010	.0495	.3574
		民营单位	.42538*	.07849	.000	.2715	.5793
		组织社团	.15816*	.08000	.048	.0013	.3150
		其他性质	.27894*	.07425	.000	.1334	.4245
	国营单位	国家机关	-.20342*	.07854	.010	-.3574	-.0495
		民营单位	.22196*	.04291	.000	.1378	.3061
		组织社团	-.04526	.04561	.321	-.1347	.0442
		其他性质	.07552*	.03454	.029	.0078	.1432
	民营单位	国家机关	-.42538*	.07849	.000	-.5793	-.2715
		国营单位	-.22196*	.04291	.000	-.3061	-.1378
		组织社团	-.26722*	.04553	.000	-.3565	-.1780
		其他性质	-.14644*	.03445	.000	-.2140	-.0789
	组织社团	国家机关	-.15816*	.08000	.048	-.3150	-.0013
		国营单位	.04526	.04561	.321	-.0442	.1347
		民营单位	.26722*	.04553	.000	.1780	.3565
		其他性质	.12078*	.03775	.001	.0468	.1948
	其他性质	国家机关	-.27894*	.07425	.000	-.4245	-.1334
		国营单位	-.07552*	.03454	.029	-.1432	-.0078
		民营单位	.14644*	.03445	.000	.0789	.2140
		组织社团	-.12078*	.03775	.001	-.1948	-.0468

*. 均值差的显著性水平为 0.05。

不同单位性质被试对政府与百姓沟通最重要做法的选择（见表 8－38），六个选项按选择比例由高到低排序，国家机关被试是“政府的公信力”、“为沟通提供必要的法律保障”、“政府愿意与民众沟通”、“媒体愿意提供相互沟通的平台”、“公民个人有强烈的沟通愿望”、“社会团体和社会组织有参与沟通的意愿”，国营单位被试是“政府的公信力”、“政府愿意与民众沟通”、“为沟通提供必要的法律保障”、“公民个人有强烈的沟通愿望”、“媒体愿意提供相互沟通的平台”、“社会团体和社会组织有参与沟通的意愿”，民营单位被试是“政府的公信力”、“政府愿意与民众沟通”、“为沟通提供必要的法律保障”、“媒体愿意提供相互沟通的平台”、“公民个人有强烈的沟通愿望”、“社会团体和社会组织有参与沟通的意愿”，组织社团被试是“政府愿意与民众沟通”、“政府的公信力”、“为沟通提供必要的法律保障”、“公民个人有强烈的沟通愿望”、“媒体愿意提供相互沟通的平台”、“社会团体和社会组织有参与沟通的意愿”，其他性质单位被试是“政府愿意与民众沟通”、“政府的公信力”、“公民个人有强烈的沟通愿望”、“为沟通提供必要的法律保障”、“媒体愿意提供相互沟通的平台”、“社会团体和社会组织有参与沟通的意愿”（六位排序都有所不同）。

表 8－38　**不同单位性质被试认为政府与百姓沟通最重要的做法**

项目	国家机关		国营单位		民营单位	
	频率	百分比	频率	百分比	频率	百分比
公民有强烈沟通愿望	14	8.43	120	12.72	110	11.48
媒体愿意提供沟通平台	20	12.05	96	10.18	158	16.49
社会组织有参与沟通意愿	12	7.23	48	5.09	70	7.31
为沟通提供法律保障	32	19.28	160	16.97	175	18.27
政府的公信力	57	34.34	299	31.71	243	25.36
政府愿意沟通	31	18.67	220	23.33	202	21.09
合计	166	100.00	943	100.00	958	100.00
项目	组织社团		其他性质			
公民有强烈沟通愿望	120	15.79	525	16.16		
媒体愿意提供沟通平台	101	13.29	400	12.32		
社会组织有参与沟通意愿	78	10.26	219	6.74		
为沟通提供法律保障	129	16.98	507	15.61		
政府的公信力	147	19.34	670	20.63		
政府愿意沟通	185	24.34	927	28.54		
合计	760	100.00	3248	100.00		

不同单位性质被试对突发事件中信息处理最重要的做法，按选择比例排序，排在第一位和第二位的都是“政府及时发布准确的信息”、“媒体及时发布准确的信息”，排在第三位和第四位的，国家机关被试是“公民个人及时发布获得的信息”、“政府有效控制各种信息发布”，国营单位、民营单位、组织社团、其他性质单位被试是“政府有效控制各种信息发

布”、“公民个人及时发布获得的信息”（见表8－39）。

表8－39　不同单位性质被试认为突发事件中信息处理最重要的做法

项目	国家机关		国营单位		民营单位	
	频率	百分比	频率	百分比	频率	百分比
公民及时公布获得的信息	19	11.51	72	7.65	114	11.95
媒体及时发布准确信息	31	18.79	212	22.53	263	27.57
政府及时发布准确信息	99	60.00	549	58.34	453	47.48
政府有效控制信息发布	16	9.70	108	11.48	124	13.00
合计	165	100.00	941	100.00	954	100.00
项目	组织社团		其他性质			
公民及时公布获得的信息	98	12.95	418	12.90		
媒体及时发布准确信息	138	18.23	695	21.45		
政府及时发布准确信息	415	54.82	1618	49.94		
政府有效控制信息发布	106	14.00	509	15.71		
合计	757	100.00	3240	100.00		

（四）政治参与行为

调查结果显示，国家机关被试的“政治参与认知”得分在2.20—4.60分之间，均值为3.19，标准差为0.50；“实际政治参与”得分在1.00—5.00分之间，均值为3.13，标准差为0.70；“政治参与行为总分”的得分在4.00—9.40分之间，均值为6.32，标准差为0.96（见表8－40－1）。

表8－40－1　国家机关被试“政治参与行为”的总体描述统计

项目	*N*	极小值	极大值	均值	标准差
政治参与认知	165	2.20	4.60	3.1891	.49645
实际政治参与	166	1.00	5.00	3.1289	.70359
政治参与行为总分	165	4.00	9.40	6.3188	.96421
有效的 *N*	165				

调查结果显示，国营单位被试的“政治参与认知”得分在 1. 80—5. 00 分之间，均值为 3. 18，标准差为 0. 47；“实际政治参与”得分在 1. 00—5. 00 分之间，均值为 3. 10，标准差为 0. 69；“政治参与行为总分”的得分在 2. 80—9. 20 分之间，均值为 6. 28，标准差为 0. 87（见表 8 -40 -2）。

表 8 -40 -2　　**国营单位被试“政治参与行为”的总体描述统计**

项目	*N*	极小值	极大值	均值	标准差
政治参与认知	940	1. 80	5. 00	3. 1781	. 46737
实际政治参与	939	1. 00	5. 00	3. 1010	. 69284
政治参与行为总分	934	2. 80	9. 20	6. 2794	. 86849
有效的 *N*	934				

调查结果显示，民营单位被试的“政治参与认知”得分在 1. 80—5. 00 分之间，均值为 3. 08，标准差为 0. 46；“实际政治参与”得分在 1. 00—5. 00 分之间，均值为 2. 99，标准差为 0. 67；“政治参与行为总分”的得分在 3. 00—9. 40 分之间，均值为 6. 07，标准差为 0. 83（见表8 -40 -3）。

表 8 -40 -3　　**民营单位被试“政治参与行为”的总体描述统计**

项目	*N*	极小值	极大值	均值	标准差
政治参与认知	955	1. 80	5. 00	3. 0813	. 45614
实际政治参与	953	1. 00	5. 00	2. 9901	. 66777
政治参与行为总分	951	3. 00	9. 40	6. 0719	. 83444
有效的 *N*	951				

调查结果显示，组织社团被试的“政治参与认知”得分在 1. 40—5. 00 分之间，均值为 3. 14，标准差为 0. 49；“实际政治参与”得分在 1. 00—5. 00 分之间，均值为 3. 22，标准差为 0. 64；“政治参与行为总分”的得分在 3. 60—9. 40 分之间，均值为 6. 36，标准差为 0. 90（见表8 -40 -4）。

表 8－40－4　　组织社团被试“政治参与行为”的总体描述统计

项目	N	极小值	极大值	均值	标准差
政治参与认知	757	1.40	5.00	3.1419	.49388
实际政治参与	757	1.00	5.00	3.2185	.63511
政治参与行为总分	754	3.60	9.40	6.3610	.90030
有效的 N	754				

调查结果显示，其他性质单位被试的“政治参与认知”得分在1.60—5.00分之间，均值为3.08，标准差为0.44；“实际政治参与”得分在1.00—5.00分之间，均值为3.06，标准差为0.69；“政治参与行为总分”的得分在3.20—10.00分之间，均值为6.14，标准差为0.88（见表8－40－5）。

表 8－40－5　　其他性质单位被试“政治参与行为”的总体描述统计

项目	N	极小值	极大值	均值	标准差
政治参与认知	3243	1.60	5.00	3.0778	.44298
实际政治参与	3234	1.00	5.00	3.0597	.68843
政治参与行为总分	3228	3.20	10.00	6.1370	.87680
有效的 N	3228				

对不同单位性质被试“政治参与认知”的差异性进行方差分析（见表8－41－1、表8－41－2、表8－41－3和图8－18－1），显示不同单位性质被试的得分之间差异显著，$F=12.162$，$p<0.001$，具体表现是：国家机关被试（$M=3.19$，$SD=0.50$）的得分显著高于民营单位被试（$M=3.08$，$SD=0.46$）和其他性质单位被试（$M=3.08$，$SD=0.44$），与国营单位被试（$M=3.18$，$SD=0.47$）、组织社团被试（$M=3.14$，$SD=0.49$）之间的得分差异不显著。国营单位被试的得分显著高于民营单位、其他性质单位被试，与组织社团被试之间的得分差异不显著。民营单位被试的得分显著低于组织社团被试，与其他性质单位之间的得分差异不显著。组织社团被试的得分显著高于其他性质单位被试。

表 8－41－1　　不同单位性质被试“政治参与认知”得分的差异比较

项目		N	均值	标准差	标准误	均值的 95% 置信区间		极小值	极大值
						下限	上限		
政治参与认知	国家机关	165	3.1891	.49645	.03865	3.1128	3.2654	2.20	4.60
	国营单位	940	3.1781	.46737	.01524	3.1482	3.2080	1.80	5.00
	民营单位	955	3.0813	.45614	.01476	3.0523	3.1102	1.80	5.00
	组织社团	757	3.1419	.49388	.01795	3.1066	3.1771	1.40	5.00
	其他性质	3243	3.0778	.44298	.00778	3.0625	3.0930	1.60	5.00
	总数	6060	3.1049	.45869	.00589	3.0934	3.1165	1.40	5.00

表 8－41－2　　不同单位性质被试“政治参与认知”得分的方差分析结果

项目		平方和	df	均方	F	显著性
政治参与认知	组间	10.160	4	2.540	12.162	.000
	组内	1264.613	6055	.209		
	总数	1274.773	6059			

表 8－41－3　　不同单位性质被试“政治参与认知”得分的多重比较

因变量	(I) 单位	(J) 单位	均值差 (I－J)	标准误	显著性	95% 置信区间	
						下限	上限
政治参与认知	国家机关	国营单位	.01101	.03857	.775	-.0646	.0866
		民营单位	.10783*	.03853	.005	.0323	.1834
		组织社团	.04722	.03926	.229	-.0298	.1242
		其他性质	.11132*	.03647	.002	.0398	.1828
	国营单位	国家机关	-.01101	.03857	.775	-.0866	.0646
		民营单位	.09683*	.02100	.000	.0557	.1380
		组织社团	.03621	.02232	.105	-.0075	.0800
		其他性质	.10032*	.01693	.000	.0671	.1335
	民营单位	国家机关	-.10783*	.03853	.005	-.1834	-.0323
		国营单位	-.09683*	.02100	.000	-.1380	-.0557
		组织社团	-.06062*	.02224	.006	-.1042	-.0170
		其他性质	.00349	.01683	.836	-.0295	.0365

续表

因变量	(I) 单位	(J) 单位	均值差 (I-J)	标准误	显著性	95% 置信区间	
						下限	上限
政治参与认知	组织社团	国家机关	-.04722	.03926	.229	-.1242	.0298
		国营单位	-.03621	.02232	.105	-.0800	.0075
		民营单位	.06062 *	.02224	.006	.0170	.1042
		其他性质	.06411 *	.01845	.001	.0279	.1003
	其他性质	国家机关	-.11132 *	.03647	.002	-.1828	-.0398
		国营单位	-.10032 *	.01693	.000	-.1335	-.0671
		民营单位	-.00349	.01683	.836	-.0365	.0295
		组织社团	-.06411 *	.01845	.001	-.1003	-.0279

*. 均值差的显著性水平为 0.05。

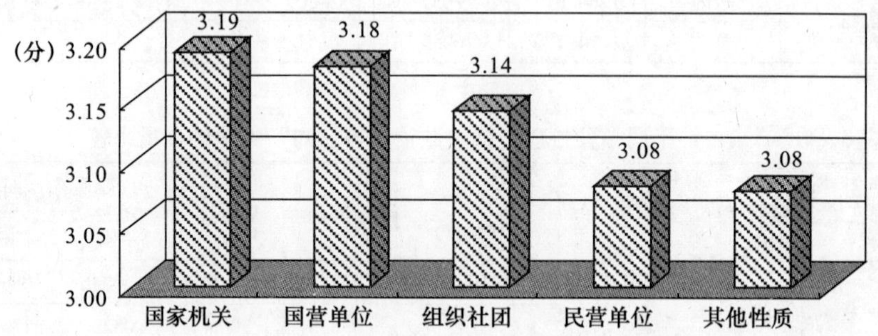

图 8-18-1 不同单位性质被试政治参与认知的得分比较

对不同单位性质被试“实际政治参与”的差异性进行方差分析（见表 8-41-4、表 8-41-5、表 8-41-6 和图 8-18-2），显示不同单位性质被试的得分之间差异显著，$F=13.141$，$p<0.001$，具体表现是：国家机关被试（$M=3.13$，$SD=0.70$）的得分显著高于民营单位被试（$M=2.99$，$SD=0.67$），与国营单位被试（$M=3.10$，$SD=0.69$）、组织社团被试（$M=3.22$，$SD=0.64$）和其他性质单位被试（$M=3.06$，$SD=0.69$）之间的得分差异不显著。民营单位被试的得分显著低于另四种单位被试。国营单位被试的得分显著低于组织社团被试，与其他性质单位被试之间的得分差异不显著。组织社团被试的得分

显著高于其他性质单位被试。

表 8－41－4　　不同单位性质被试“实际政治参与”得分的差异比较

项目		N	均值	标准差	标准误	均值的 95% 置信区间		极小值	极大值
						下限	上限		
实际政治参与	国家机关	166	3.1289	.70359	.05461	3.0211	3.2367	1.00	5.00
	国营单位	939	3.1010	.69284	.02261	3.0566	3.1453	1.00	5.00
	民营单位	953	2.9901	.66777	.02163	2.9477	3.0326	1.00	5.00
	组织社团	757	3.2185	.63511	.02308	3.1732	3.2638	1.00	5.00
	其他性质	3234	3.0597	.68843	.01211	3.0360	3.0835	1.00	5.00
	总数	6049	3.0769	.68259	.00878	3.0597	3.0941	1.00	5.00

表 8－41－5　　不同单位性质被试“实际政治参与”得分的方差分析结果

项目		平方和	df	均方	F	显著性
实际政治参与	组间	24.296	4	6.074	13.141	.000
	组内	2793.617	6044	.462		
	总数	2817.913	6048			

表 8－41－6　　不同单位性质被试“实际政治参与”得分的多重比较

因变量	(I) 单位	(J) 单位	均值差 (I－J)	标准误	显著性	95% 置信区间	
						下限	上限
实际政治参与	国家机关	国营单位	.02796	.05724	.625	－.0843	.1402
		民营单位	.13878*	.05718	.015	.0267	.2509
		组织社团	－.08958	.05827	.124	－.2038	.0246
		其他性质	.06918	.05410	.201	－.0369	.1752
	国营单位	国家机关	－.02796	.05724	.625	－.1402	.0843
		民营单位	.11082*	.03126	.000	.0495	.1721
		组织社团	－.11754*	.03321	.000	－.1826	－.0524
		其他性质	.04122	.02520	.102	－.0082	.0906

续表

因变量	(I) 单位	(J) 单位	均值差 (I-J)	标准误	显著性	95% 置信区间	
						下限	上限
实际政治参与	民营单位	国家机关	-.13878*	.05718	.015	-.2509	-.0267
		国营单位	-.11082*	.03126	.000	-.1721	-.0495
		组织社团	-.22836*	.03310	.000	-.2932	-.1635
		其他性质	-.06960*	.02506	.005	-.1187	-.0205
	组织社团	国家机关	.08958	.05827	.124	-.0246	.2038
		国营单位	.11754*	.03321	.000	.0524	.1826
		民营单位	.22836*	.03310	.000	.1635	.2932
		其他性质	.15875*	.02745	.000	.1049	.2126
	其他性质	国家机关	-.06918	.05410	.201	-.1752	.0369
		国营单位	-.04122	.02520	.102	-.0906	.0082
		民营单位	.06960*	.02506	.005	.0205	.1187
		组织社团	-.15875*	.02745	.000	-.2126	-.1049

*. 均值差的显著性水平为 0.05。

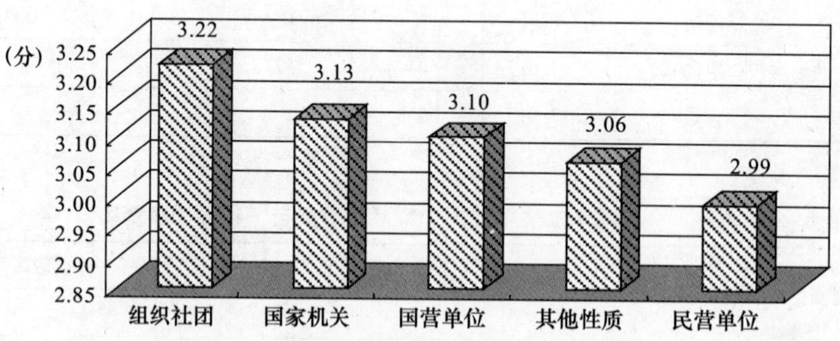

图 8-18-2 不同单位性质被试实际政治参与的得分比较

对不同单位性质被试“政治参与行为总分”的差异性进行方差分析（见表 8-41-7、表 8-41-8、表 8-41-9），显示不同单位性质被试的得分之间差异显著，$F=17.713$，$p<0.001$，具体表现是：国家机关被试（$M=6.32$，$SD=0.96$）的得分显著高于民营单位被试（$M=6.07$，$SD=0.83$）和其他性质单位被试（$M=6.14$，$SD=0.88$），与国营单位被试（$M=6.28$，$SD=0.87$）、组织社团被试（$M=6.36$，$SD=0.90$）之间的得分差异不显著。民营单位被试的得分显著低于另四种单位被试。国营单

位被试的得分显著高于其他性质单位被试，与组织社团被试之间的得分差异不显著。组织社团被试的得分显著高于其他性质单位被试。

表 8-41-7 不同单位性质被试“政治参与行为总分”得分的差异比较

项目		N	均值	标准差	标准误	均值的 95% 置信区间		极小值	极大值
						下限	上限		
政治参与行为总分	国家机关	165	6.3188	.96421	.07506	6.1706	6.4670	4.00	9.40
	国营单位	934	6.2794	.86849	.02842	6.2237	6.3352	2.80	9.20
	民营单位	951	6.0719	.83444	.02706	6.0188	6.1250	3.00	9.40
	组织社团	754	6.3610	.90030	.03279	6.2966	6.4254	3.60	9.40
	其他性质	3228	6.1370	.87680	.01543	6.1067	6.1672	3.20	10.00
	总数	6032	6.1818	.87931	.01132	6.1596	6.2040	2.80	10.00

表 8-41-8 不同单位性质被试“政治参与行为总分”得分的方差分析结果

项目		平方和	*df*	均方	*F*	显著性
政治参与行为总分	组间	54.179	4	13.545	17.713	.000
	组内	4608.855	6027	.765		
	总数	4663.034	6031			

表 8-41-9 不同单位性质被试“政治参与行为总分”得分的多重比较

因变量	(I) 单位	(J) 单位	均值差 (I-J)	标准误	显著性	95% 置信区间	
						下限	上限
政治参与行为总分	国家机关	国营单位	.03934	.07385	.594	-.1054	.1841
		民营单位	.24686*	.07375	.001	.1023	.3914
		组织社团	-.04222	.07516	.574	-.1896	.1051
		其他性质	.18180*	.06980	.009	.0450	.3186
	国营单位	国家机关	-.03934	.07385	.594	-.1841	.1054
		民营单位	.20752*	.04028	.000	.1285	.2865
		组织社团	-.08156	.04281	.057	-.1655	.0024
		其他性质	.14245*	.03249	.000	.0788	.2061

续表

因变量	(I) 单位	(J) 单位	均值差 (I－J)	标准误	显著性	95% 置信区间	
						下限	上限
政治参与行为总分	民营单位	国家机关	－.24686*	.07375	.001	－.3914	－.1023
		国营单位	－.20752*	.04028	.000	－.2865	－.1285
		组织社团	－.28908*	.04264	.000	－.3727	－.2055
		其他性质	－.06506*	.03226	.044	－.1283	－.0018
	组织社团	国家机关	.04222	.07516	.574	－.1051	.1896
		国营单位	.08156	.04281	.057	－.0024	.1655
		民营单位	.28908*	.04264	.000	.2055	.3727
		其他性质	.22402*	.03537	.000	.1547	.2934
	其他性质	国家机关	－.18180*	.06980	.009	－.3186	－.0450
		国营单位	－.14245*	.03249	.000	－.2061	－.0788
		民营单位	.06506*	.03226	.044	.0018	.1283
		组织社团	－.22402*	.03537	.000	－.2934	－.1547

*. 均值差的显著性水平为 0.05。

对于选举参与、自治参与、政策参与、维权参与、社团参与、网络参与六类参与，哪一类最为重要，不同单位性质被试按选择比例由高到低排序，国家机关、国营单位被试是选举参与、自治参与、社团参与、政策参与、维权参与、网络参与，民营单位被试是选举参与、自治参与、维权参与、社团参与、政策参与、网络参与，组织社团、其他性质单位被试是选举参与、自治参与、社团参与、维权参与、政策参与、网络参与（第三位至第五位排序不同，见表 8－42）。

表 8－42　**不同单位性质被试认为最重要的政治参与**

项目	国家机关		国营单位		民营单位	
	频率	百分比	频率	百分比	频率	百分比
参加各种选举	70	42.42	335	35.60	328	34.27
参加基层群众自治	34	20.61	226	24.02	225	23.51
参与政策讨论	19	11.51	121	12.86	97	10.13
以上访等形式维权	13	7.88	77	8.18	135	14.11
参与社会团体活动	24	14.55	132	14.03	117	12.23

续表

项目	国家机关		国营单位		民营单位	
	频率	百分比	频率	百分比	频率	百分比
在互联网发表个人意见	5	3.03	50	5.31	55	5.75
合计	165	100.00	941	100.00	957	100.00
项目	组织社团		其他性质			
参加各种选举	432	56.84	1623	50.03		
参加基层群众自治	117	15.40	539	16.61		
参与政策讨论	46	6.05	255	7.86		
以上访等形式维权	65	8.55	345	10.64		
参与社会团体活动	81	10.66	364	11.22		
在互联网发表个人意见	19	2.50	118	3.64		
合计	760	100.00	3244	100.00		

对于选举参与、自治参与、政策参与、维权参与、社团参与、网络参与六类参与，哪一类最能发挥作用，不同单位性质被试按选择比例由高到低排序，国家机关被试是选举参与、自治参与、政策参与、社团参与、维权参与、网络参与，国营单位被试是选举参与、自治参与、社团参与、政策参与、维权参与、网络参与，民营单位被试是选举参与、自治参与、维权参与、社团参与、政策参与、网络参与，组织社团、其他性质单位被试是选举参与、自治参与、社团参与、维权参与、政策参与、网络参与（第三位至第六位排序不同，见表8-43）。

表8-43 **不同单位性质被试认为哪一类政治参与最能发挥作用**

项目	国家机关		国营单位		民营单位	
	频率	百分比	频率	百分比	频率	百分比
参加各种选举	62	37.58	310	32.94	321	33.54
参加基层群众自治	43	26.06	227	24.12	224	23.41
参与政策讨论	22	13.33	131	13.92	93	9.72
以上访等形式维权	12	7.27	79	8.40	131	13.69
参与社会团体活动	19	11.52	137	14.56	115	12.01

续表

项目	国家机关		国营单位		民营单位	
	频率	百分比	频率	百分比	频率	百分比
在互联网发表个人意见	7	4.24	57	6.06	73	7.63
合计	165	100.00	941	100.00	957	100.00
项目	组织社团		其他性质			
参加各种选举	384	50.59	1479	45.58		
参加基层群众自治	166	21.87	595	18.34		
参与政策讨论	53	6.98	256	7.89		
以上访等形式维权	62	8.17	322	9.92		
参与社会团体活动	77	10.15	429	13.22		
在互联网发表个人意见	17	2.24	164	5.05		
合计	759	100.00	3245	100.00		

（五）公民满意度

调查结果显示，国家机关被试的“个人生活满意度”得分在1.80—5.00分之间，均值为3.43，标准差为0.62；“公共服务满意度”得分在1.00—5.00分之间，均值为3.30，标准差为0.64；“公民满意度总分”的得分在2.80—9.40分之间，均值为6.72，标准差为0.98（见表8－44－1）。

表8－44－1　**国家机关被试“公民满意度”的总体描述统计**

项目	N	极小值	极大值	均值	标准差
个人生活满意度	166	1.80	5.00	3.4289	.62446
公共服务满意度	166	1.00	5.00	3.2952	.64336
公民满意度总分	166	2.80	9.40	6.7241	.98067
有效的 N	166				

调查结果显示，国营单位被试的“个人生活满意度”得分在1.00—5.00分之间，均值为3.29，标准差为0.69；“公共服务满意度”得分在1.00—5.00分之间，均值为3.16，标准差为0.65；“公民满意度总

分”的得分在2.60—10.00分之间，均值为6.45，标准差为1.14（见表8－44－2）。

表8－44－2　　国营单位被试“公民满意度”的总体描述统计

项目	*N*	极小值	极大值	均值	标准差
个人生活满意度	940	1.00	5.00	3.2894	.68833
公共服务满意度	942	1.00	5.00	3.1628	.65043
公民满意度总分	939	2.60	10.00	6.4511	1.14379
有效的*N*	939				

调查结果显示，民营单位被试的“个人生活满意度”得分在1.40—5.00分之间，均值为3.22，标准差为0.60；“公共服务满意度”得分在1.00—5.00分之间，均值为3.02，标准差为0.62；“公民满意度总分”的得分在2.60—9.80分之间，均值为6.24，标准差为1.02（见表8－44－3）。

表8－44－3　　民营单位被试“公民满意度”的总体描述统计

项目	*N*	极小值	极大值	均值	标准差
个人生活满意度	951	1.40	5.00	3.2212	.60113
公共服务满意度	951	1.00	5.00	3.0185	.61852
公民满意度总分	945	2.60	9.80	6.2389	1.01539
有效的*N*	945				

调查结果显示，组织社团被试的“个人生活满意度”得分在1.00—5.00分之间，均值为3.39，标准差为0.61；“公共服务满意度”得分在1.00—5.00分之间，均值为3.13，标准差为0.63；“公民满意度总分”的得分在2.40—10.00分之间，均值为6.52，标准差为1.03（见表8－44－4）。

表 8－44－4　　组织社团被试“公民满意度”的总体描述统计

项目	N	极小值	极大值	均值	标准差
个人生活满意度	757	1.00	5.00	3.3894	.61135
公共服务满意度	758	1.00	5.00	3.1293	.62857
公民满意度总分	755	2.40	10.00	6.5219	1.03375
有效的 N	755				

调查结果显示，其他性质单位被试的“个人生活满意度”得分在1.00—5.00分之间，均值为3.39，标准差为0.66；“公共服务满意度”得分在1.00—5.00分之间，均值为3.12，标准差为0.63；“公民满意度总分”的得分在2.00—10.00分之间，均值为6.51，标准差为1.08（见表8－44－5）。

表 8－44－5　　其他性质单位被试“公民满意度”的总体描述统计

项目	N	极小值	极大值	均值	标准差
个人生活满意度	3242	1.00	5.00	3.3853	.65522
公共服务满意度	3239	1.00	5.00	3.1235	.63282
公民满意度总分	3231	2.00	10.00	6.5088	1.07899
有效的 N	3231				

对不同单位性质被试“个人生活满意度”的差异性进行方差分析（见表8－45－1、表8－45－2、表8－45－3和图8－19－1），显示不同单位性质被试的得分之间差异显著，$F = 15.198$，$p < 0.001$，具体表现是：国家机关被试（$M = 3.43$，$SD = 0.62$）的得分显著高于国营单位被试（$M = 3.29$，$SD = 0.69$）和民营单位被试（$M = 3.22$，$SD = 0.60$），与组织社团被试（$M = 3.39$，$SD = 0.61$）和其他性质单位被试（$M = 3.39$，$SD = 0.66$）之间的得分差异不显著。民营单位被试的得分显著低于另四种单位被试。国营单位被试的得分显著低于组织社团、其他性质单位被试。组织社团被试与其他性质单位被试之间的得分差异不显著。

表 8-45-1　不同单位性质被试"个人生活满意度"得分的差异比较

项目		N	均值	标准差	标准误	均值的 95% 置信区间		极小值	极大值
						下限	上限		
个人生活满意度	国家机关	166	3.4289	.62446	.04847	3.3332	3.5246	1.80	5.00
	国营单位	940	3.2894	.68833	.02245	3.2453	3.3334	1.00	5.00
	民营单位	951	3.2212	.60113	.01949	3.1830	3.2595	1.40	5.00
	组织社团	757	3.3894	.61135	.02222	3.3458	3.4331	1.00	5.00
	其他性质	3242	3.3853	.65522	.01151	3.3627	3.4078	1.00	5.00
	总数	6056	3.3463	.64919	.00834	3.3300	3.3627	1.00	5.00

表 8-45-2　不同单位性质被试"个人生活满意度"得分的方差分析结果

项目		平方和	df	均方	F	显著性
个人生活满意度	组间	25.382	4	6.346	15.198	.000
	组内	2526.496	6051	.418		
	总数	2551.879	6055			

表 8-45-3　不同单位性质被试"个人生活满意度"得分的多重比较

因变量	(I) 单位	(J) 单位	均值差 (I-J)	标准误	显著性	95% 置信区间	
						下限	上限
个人生活满意度	国家机关	国营单位	.13955*	.05440	.010	.0329	.2462
		民营单位	.20767*	.05435	.000	.1011	.3142
		组织社团	.03948	.05538	.476	-.0691	.1480
		其他性质	.04366	.05142	.396	-.0571	.1445
	国营单位	国家机关	-.13955*	.05440	.010	-.2462	-.0329
		民营单位	.06812*	.02972	.022	.0099	.1264
		组织社团	-.10007*	.03156	.002	-.1619	-.0382
		其他性质	-.09589*	.02394	.000	-.1428	-.0490
	民营单位	国家机关	-.20767*	.05435	.000	-.3142	-.1011
		国营单位	-.06812*	.02972	.022	-.1264	-.0099
		组织社团	-.16819*	.03147	.000	-.2299	-.1065
		其他性质	-.16402*	.02383	.000	-.2107	-.1173

续表

因变量	(I) 单位	(J) 单位	均值差 (I－J)	标准误	显著性	95% 置信区间	
						下限	上限
个人生活满意度	组织社团	国家机关	－.03948	.05538	.476	－.1480	.0691
		国营单位	.10007 *	.03156	.002	.0382	.1619
		民营单位	.16819 *	.03147	.000	.1065	.2299
		其他性质	.00418	.02608	.873	－.0470	.0553
	其他性质	国家机关	－.04366	.05142	.396	－.1445	.0571
		国营单位	.09589 *	.02394	.000	.0490	.1428
		民营单位	.16402 *	.02383	.000	.1173	.2107
		组织社团	－.00418	.02608	.873	－.0553	.0470

*. 均值差的显著性水平为 0.05。

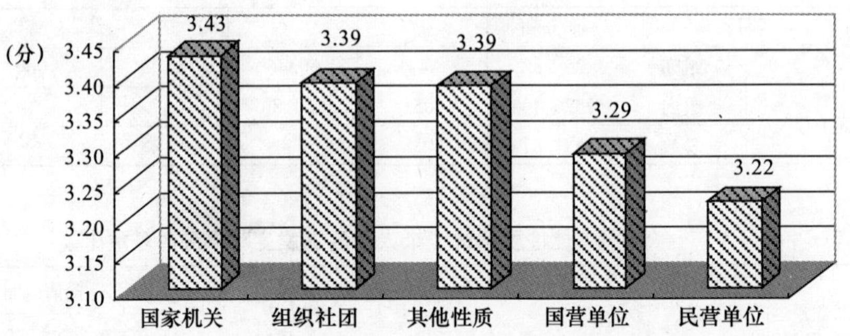

图 8－19－1　不同单位性质被试个人生活满意度的得分比较

对不同单位性质被试“公共服务满意度”的差异性进行方差分析（见表 8－45－4、表 8－45－5、表 8－45－6 和图 8－19－2），显示不同单位性质被试的得分之间差异显著，$F = 10.423$，$p < 0.001$，具体表现是：国家机关被试（$M = 3.30$，$SD = 0.64$）的得分显著高于国营单位被试（$M = 3.16$，$SD = 0.65$）、民营单位被试（$M = 3.02$，$SD = 0.62$）、组织社团被试（$M = 3.13$，$SD = 0.63$）和其他性质单位被试（$M = 3.12$，$SD = 0.63$）。民营单位被试的得分显著低于另四种单位被试。国营单位被试与组织社团、其他性质单位被试之间的得分差异不显著。组织社团被试与其他性质单位被试之间的得分差异不显著。

表 8－45－4　不同单位性质被试“公共服务满意度”得分的差异比较

项目		N	均值	标准差	标准误	均值的 95% 置信区间		极小值	极大值
						下限	上限		
公共服务满意度	国家机关	166	3.2952	.64336	.04993	3.1966	3.3938	1.00	5.00
	国营单位	942	3.1628	.65043	.02119	3.1213	3.2044	1.00	5.00
	民营单位	951	3.0185	.61852	.02006	2.9791	3.0579	1.00	5.00
	组织社团	758	3.1293	.62857	.02283	3.0845	3.1741	1.00	5.00
	其他性质	3239	3.1235	.63282	.01112	3.1017	3.1453	1.00	5.00
	总数	6056	3.1186	.63510	.00816	3.1026	3.1346	1.00	5.00

表 8－45－5　不同单位性质被试“公共服务满意度”得分的方差分析结果

项目		平方和	df	均方	F	显著性
公共服务满意度	组间	16.712	4	4.178	10.423	.000
	组内	2425.602	6051	.401		
	总数	2442.314	6055			

表 8－45－6　不同单位性质被试“公共服务满意度”得分的多重比较

因变量	(I) 单位	(J) 单位	均值差 (I－J)	标准误	显著性	95% 置信区间	
						下限	上限
公共服务满意度	国家机关	国营单位	.13234*	.05330	.013	.0279	.2368
		民营单位	.27667*	.05326	.000	.1723	.3811
		组织社团	.16589*	.05426	.002	.0595	.2723
		其他性质	.17169*	.05038	.001	.0729	.2705
	国营单位	国家机关	－.13234*	.05330	.013	－.2368	－.0279
		民营单位	.14434*	.02910	.000	.0873	.2014
		组织社团	.03356	.03089	.277	－.0270	.0941
		其他性质	.03935	.02344	.093	－.0066	.0853
	民营单位	国家机关	－.27667*	.05326	.000	－.3811	－.1723
		国营单位	－.14434*	.02910	.000	－.2014	－.0873
		组织社团	－.11078*	.03083	.000	－.1712	－.0503
		其他性质	－.10499*	.02335	.000	－.1508	－.0592
	组织社团	国家机关	－.16589*	.05426	.002	－.2723	－.0595
		国营单位	－.03356	.03089	.277	－.0941	.0270
		民营单位	.11078*	.03083	.000	.0503	.1712
		其他性质	.00579	.02555	.821	－.0443	.0559

续表

因变量	(I) 单位	(J) 单位	均值差(I-J)	标准误	显著性	95% 置信区间	
						下限	上限
公共服务满意度	其他性质	国家机关	-.17169*	.05038	.001	-.2705	-.0729
		国营单位	-.03935	.02344	.093	-.0853	.0066
		民营单位	.10499*	.02335	.000	.0592	.1508
		组织社团	-.00579	.02555	.821	-.0559	.0443

*. 均值差的显著性水平为 0.05。

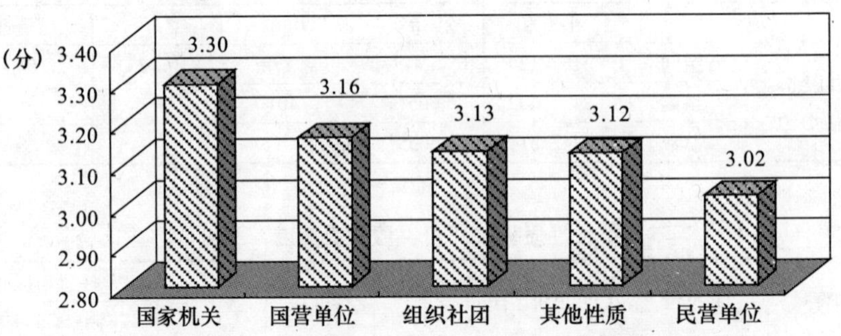

图 8-19-2 不同单位性质被试公共服务满意度的得分比较

对不同单位性质被试“公民满意度总分”的差异性进行方差分析(见表8-45-7、表8-45-8、表8-45-9)，显示不同单位性质被试的得分之间差异显著，$F=14.858$，$p<0.001$，具体表现是：国家机关被试（$M=6.72$，$SD=0.98$）的得分显著高于国营单位被试（$M=6.45$，$SD=1.14$）、民营单位被试（$M=6.24$，$SD=1.02$）、组织社团被试（$M=6.52$，$SD=1.03$）和其他性质单位被试（$M=6.51$，$SD=1.08$）。民营单位被试的得分显著低于另四种单位被试。国营单位被试与组织社团、其他性质单位被试之间的得分差异不显著。组织社团被试与其他性质单位被试之间的得分差异不显著。

表 8－45－7 不同单位性质被试“公民满意度总分”得分的差异比较

项目		N	均值	标准差	标准误	均值的 95% 置信区间		极小值	极大值
						下限	上限		
公民满意度总分	国家机关	166	6. 7241	. 98067	. 07611	6. 5738	6. 8744	2. 80	9. 40
	国营单位	939	6. 4511	1. 14379	. 03733	6. 3779	6. 5244	2. 60	10. 00
	民营单位	945	6. 2389	1. 01539	. 03303	6. 1741	6. 3038	2. 60	9. 80
	组织社团	755	6. 5219	1. 03375	. 03762	6. 4480	6. 5957	2. 40	10. 00
	其他性质	3231	6. 5088	1. 07899	. 01898	6. 4715	6. 5460	2. 00	10. 00
	总数	6036	6. 4651	1. 07649	. 01386	6. 4379	6. 4923	2. 00	10. 00

表 8－45－8 不同单位性质被试“公民满意度总分”得分的方差分析结果

项目		平方和	df	均方	F	显著性
公民满意度总分	组间	68. 244	4	17. 061	14. 858	. 000
	组内	6925. 328	6031	1. 148		
	总数	6993. 572	6035			

表 8－45－9 不同单位性质被试“公民满意度总分”得分的多重比较

因变量	(I) 单位	(J) 单位	均值差 (I－J)	标准误	显著性	95% 置信区间	
						下限	上限
公民满意度总分	国家机关	国营单位	. 27298 *	. 09022	. 002	. 0961	. 4498
		民营单位	. 48515 *	. 09018	. 000	. 3084	. 6619
		组织社团	. 20224 *	. 09186	. 028	. 0222	. 3823
		其他性质	. 21534 *	. 08528	. 012	. 0482	. 3825
	国营单位	国家机关	－. 27298 *	. 09022	. 002	－. 4498	－. 0961
		民营单位	. 21218 *	. 04938	. 000	. 1154	. 3090
		组织社团	－. 07074	. 05238	. 177	－. 1734	. 0319
		其他性质	－. 05764	. 03973	. 147	－. 1355	. 0202
	民营单位	国家机关	－. 48515 *	. 09018	. 000	－. 6619	－. 3084
		国营单位	－. 21218 *	. 04938	. 000	－. 3090	－. 1154
		组织社团	－. 28291 *	. 05231	. 000	－. 3855	－. 1804
		其他性质	－. 26982 *	. 03963	. 000	－. 3475	－. 1921
	组织社团	国家机关	－. 20224 *	. 09186	. 028	－. 3823	－. 0222
		国营单位	. 07074	. 05238	. 177	－. 0319	. 1734
		民营单位	. 28291 *	. 05231	. 000	. 1804	. 3855
		其他性质	. 01310	. 04332	. 762	－. 0718	. 0980

续表

因变量	(I) 单位	(J) 单位	均值差 (I-J)	标准误	显著性	95% 置信区间	
						下限	上限
公民满意度总分	其他性质	国家机关	-.21534*	.08528	.012	-.3825	-.0482
		国营单位	.05764	.03973	.147	-.0202	.1355
		民营单位	.26982*	.03963	.000	.1921	.3475
		组织社团	-.01310	.04332	.762	-.0980	.0718

*. 均值差的显著性水平为 0.05。

不同单位性质被试满意的公共服务项目，第一选择排在第一位和第二位的都是“基本公共教育”、“社会保险”，排在第三位的，国家机关、国营单位、组织社团、其他性质单位被试都是“基本医疗卫生”，只有民营单位被试是“劳动就业服务”；总提及频率不同单位性质被试排在第一位至第三位的有所不同，国家机关、国营单位、组织社团被试是“基本医疗卫生”、“基本公共教育”、“社会保险”，民营单位被试是“基本公共教育”、“社会保险”、“基本医疗卫生”，其他性质单位被试是“基本医疗卫生”、“社会保险”、“基本公共教育”（见表 8-46）。

表 8-46　**不同单位性质被试满意的公共服务**

选项	国家机关				国营单位			
	第一选择		总提及频率		第一选择		总提及频率	
	频率	百分比	频率	百分比	频率	百分比	频率	百分比
基本公共教育	56	33.74	84	16.87	286	30.43	453	16.08
劳动就业服务	9	5.42	39	7.83	86	9.15	240	8.52
社会保险	42	25.30	78	15.66	220	23.40	453	16.08
基本社会服务	5	3.01	30	6.02	42	4.47	256	9.09
基本医疗卫生	29	17.47	95	19.08	118	12.55	465	16.51
人口和计划生育	7	4.22	32	6.43	32	3.40	151	5.36
基本住房保障	6	3.61	43	8.63	47	5.00	243	8.62
公共文化体育	3	1.81	15	3.01	26	2.77	149	5.29
残疾人服务	2	1.20	20	4.02	17	1.81	80	2.84
社会安全	7	4.22	62	12.45	66	7.02	327	11.61
合计	166	100.00	498	100.00	940	100.00	2817	100.00

续表

选项	民营单位				组织社团			
	第一选择		总提及频率		第一选择		总提及频率	
	频率	百分比	频率	百分比	频率	百分比	频率	百分比
基本公共教育	310	32.50	489	17.10	283	37.24	397	17.44
劳动就业服务	120	12.58	305	10.66	65	8.55	183	8.04
社会保险	184	19.29	437	15.28	165	21.71	367	16.13
基本社会服务	40	4.19	235	8.22	25	3.29	147	6.46
基本医疗卫生	96	10.06	414	14.48	122	16.05	453	19.90
人口和计划生育	44	4.61	206	7.20	22	2.89	140	6.15
基本住房保障	39	4.09	195	6.82	18	2.37	158	6.94
公共文化体育	32	3.35	162	5.66	11	1.45	99	4.35
残疾人服务	20	2.10	94	3.29	12	1.58	59	2.59
社会安全	69	7.23	323	11.29	37	4.87	273	12.00
合计	954	100.00	2860	100.00	760	100.00	2276	100.00
选项	其他性质							
基本公共教育	1080	33.32	1596	16.47				
劳动就业服务	281	8.67	845	8.72				
社会保险	705	21.75	1619	16.71				
基本社会服务	92	2.84	623	6.43				
基本医疗卫生	539	16.63	1811	18.69				
人口和计划生育	94	2.90	590	6.09				
基本住房保障	126	3.89	720	7.43				
公共文化体育	49	1.51	405	4.18				
残疾人服务	56	1.73	370	3.82				
社会安全	219	6.76	1110	11.46				
合计	3241	100.00	9689	100.00				

对于“六大建设”中满意的建设，按照选择比例由高到低排序，不同单位性质被试排在第一位的都是经济建设，排在第四位至第六位的都是文化建设、生态建设、政治建设，排在第二位和第三位的，国家机关、国营单位、组织社团、其他性质单位被试都是党的建设、社会建设，只有民营单位被试是社会建设、党的建设（见表8－47）。

表 8－47　　　　不同单位性质被试最满意哪种建设

项目	国家机关		国营单位		民营单位	
	频率	有效百分比	频率	有效百分比	频率	有效百分比
党的建设	31	18.67	193	20.51	133	13.93
经济建设	75	45.18	345	36.66	367	38.43
社会建设	23	13.86	156	16.58	193	20.21
生态建设	14	8.43	98	10.41	100	10.47
文化建设	16	9.64	124	13.18	123	12.88
政治建设	7	4.22	25	2.66	39	4.08
合计	166	100.00	941	100.00	955	100.00

项目	组织社团		其他性质			
党的建设	198	26.09	725	22.34		
经济建设	267	35.18	1105	34.05		
社会建设	128	16.86	514	15.84		
生态建设	67	8.83	348	10.72		
文化建设	68	8.96	398	12.27		
政治建设	31	4.08	155	4.78		
合计	759	100.00	3245	100.00		

四　不同单位性质被试的政治认同与危机压力差异

通过本章的数据分析，可以对不同单位性质被试在政治认同、危机压力以及影响因素等方面所反映出来的差异，作一个简单的小结。

在本次问卷调查涉及的六种认同中，身份认同、发展认同得分最高的是国家机关被试，文化认同得分最高的是国家机关被试与国营单位被试（并列第一），政党认同得分最高的是国营单位被试与组织社团被试（并列第一），体制认同、政策认同得分最高的是组织社团被试（见表 8－48，表中括号内的数字，代表不同单位性质被试得分高低的排序，下同）；政治认同总分国家机关被试的得分最高，国营单位被试的得分名列第二，组织社团被试的得分名列第三，但是这三种被试之间的得分差异均不显著。其他单位性质被试的六种认同得分有高有低，政治认同总分名列第四，并显著低于国家机关、国营单位和组织社团被试。最需要注意的是民营单位被试，在六种认同中有五种得分最低（只有身份认同得分次低），并且在政党认同和政策认同上的得分显著低于另四种单位被试，不仅使民营单位被试的政治认同总分名列第五（末位），还显著地低于另四种单位被试。也就是说，不同单位性质被试在政治认同方面的差异，主要表现为民营单位被试的政治认同水平显著低于国家机关、国营单位、组织社团和其他性质单位被试。

表 8－48　　不同单位性质被试政治认同得分排序比较

项目	国家机关	国营单位	民营单位	组织社团	其他性质
体制认同	3.42（3）	3.42（3）	3.35（5）	3.49（1）	3.46（2）
政党认同	3.67（3）	3.69（1）	3.51（5）	3.69（1）	3.63（4）
身份认同	4.28（1）	4.26（2）	4.18（4）	4.21（3）	4.17（5）
文化认同	3.53（1）	3.53（1）	3.41（5）	3.45（3）	3.42（4）
政策认同	3.68（2）	3.62（3）	3.50（5）	3.70（1）	3.58（4）
发展认同	3.88（1）	3.80（2）	3.70（5）	3.71（4）	3.74（3）
认同总分	22.50（1）	22.33（2）	21.65（5）	22.25（3）	22.00（4）

在本次问卷调查涉及的六种危机压力中，经济危机压力、社会危机压力、文化危机压力、生态危机压力得分最高的是民营单位被试，国际压力得分最高的是民营单位被试和组织社团被试（并列第一），政治危机压力得分最高的是其他性质单位被试（见表 8－49）；危机压力总分民营单位被试名列第一，并显著高于另四种单位被试；其他性质单位危机压力总分名列第二，组织社团被试危机压力总分名列第三，但是两者之间的得分差异不显著。国营单位被试在六种危机压力上的得分均名列第三或第四，国家机关被试在四种危机压力（社会危机压力、文化危机压力、生态危机压力、国际压力）上得分最低，使得这两种被试的危机压力总分（国营单位名列第四，国家机关被试名列第五）显著低于民营单位、组织社团和其他性质单位被试，但是两者之间的得分差异不显著。也就是说，不同单位性质被试在危机压力方面显示出的差异，主要表现为民营单位被试的危机压力明显强于国家机关、国营单位、组织社团和其他性质单位被试。

表 8 - 49　　不同单位性质被试危机压力得分排序比较

项目	国家机关	国营单位	民营单位	组织社团	其他性质
政治危机	2.42（4）	2.42（4）	2.56（2）	2.55（3）	2.60（1）
经济危机	2.35（3）	2.35（3）	2.39（1）	2.22（5）	2.31（2）
社会危机	2.73（5）	2.75（4）	2.91（1）	2.83（3）	2.84（2）
文化危机	2.59（5）	2.69（4）	2.78（1）	2.77（2）	2.77（2）
生态危机	2.97（5）	2.99（4）	3.15（1）	3.13（2）	3.08（3）
国际压力	2.97（5）	2.98（4）	3.04（1）	3.04（1）	3.03（3）
压力总分	16.03（5）	16.18（4）	16.83（1）	16.54（3）	16.62（2）

在本次问卷调查涉及的影响政治认同和危机压力的五个因素中，国家机关被试在权利认知、利益认知、政治沟通认知和公民满意度四个因素的总分最高（见表 8 - 50），并且在权利认知、政治沟通认知和公民满意度的总分上均显著高于另四种单位被试，只是在政治参与行为的得分上略低于组织社团被试。国营单位、组织社团和其他性质单位三种被试，在五个因素上的得分各有高低，差异不是很大。民营单位被试在五个因素上都是总分最低（利益认知总分与国营单位被试并列第四），并且政治沟通认知、政治参与行为、公民满意度的总分均显著低于另四种单位被试。也就是说，将五个因素综合考虑，能够明显看出国家机关被试在权利、利益、政治沟通认知层面具有较高水平，并有较高的满意度；民营单位被试则在权利、利益、政治沟通认知层面的水平相对较低，政治参与行为相对较少，满意度亦相对较低。

表 8 - 50　　不同单位性质被试五个影响因素得分排序比较

项目	国家机关	国营单位	民营单位	组织社团	其他性质
权利	7.24（1）	7.09（2）	6.86（5）	7.00（3）	6.87（4）
利益	5.97（1）	5.89（4）	5.89（4）	5.95（2）	5.94（3）
政治沟通	7.07（1）	6.86（3）	6.64（5）	6.91（2）	6.79（4）
政治参与	6.32（2）	6.28（3）	6.07（5）	6.36（1）	6.14（4）
满意度	6.72（1）	6.45（4）	6.23（5）	6.52（2）	6.51（3）

本次问卷调查确实显示出了不同单位性质被试在政治认同和危机压力方面的一定差异，并可以得出以下基本结论：（1）在本次问卷调查设定

的五种单位被试中，民营单位被试的政治认同水平最低，危机压力最强，并且在权利、利益和政治沟通层面的认知水平偏低，政治参与行为和公民满意度的水平亦处于较低水平。（2）国家机关被试和国营单位被试的水平较为接近，呈现的都是政治认同水平较高、危机压力较弱的态势。（3）组织社团被试和其他性质单位被试的水平较为接近，呈现的是危机压力偏强、政治认同水平偏低的态势。

第九章

政治认同与危机压力的差异比较:收入

在“政治认同与政治稳定”问卷调查中，项目组将被试的月可支配平均收入分为六大类：第一类是500元及以下，对应“低收入”；第二类是501—1500元，对应“较低收入”；第三类是1501—2500元，对应“中低收入”；第四类是2501—3500元，对应“中高收入”；第五类是3501—5000元，对应“较高收入”；第六类是5001元及以上，对应“高收入”。调查中有17名被试的收入信息缺失，在有收入信息的6142份数据中，按月可支配平均收入划定的标准，低收入（500元及以下）被试2017人，有效百分比为32.84%；较低收入（501—1500元）被试1583人，有效百分比为25.77%；中低收入（1501—2500元）被试1238人，有效百分比为20.16%；中高收入（2501—3500元）被试689人，有效百分比为11.22%；较高收入（3501—5000元）被试428人，有效百分比为6.97%；高收入（5001元及以上）被试187人，有效百分比为3.04%。根据问卷调查的数据，可以比较不同收入被试的政治认同和危机压力状况。

一 不同收入被试的政治认同

不同收入被试政治认同的得分情况以及六种认同的具体情况，可根据问卷调查的结果，分述于下。

（一）不同收入被试政治认同的得分

调查结果显示，低收入被试政治认同的总体得分在9.83—28.67之间，均值为22.08，标准差为2.33。在六种认同中，低收入被试的体制认同得分在1.00—5.00分之间，均值为3.49，标准差为0.51；政党认同得分在1.00—5.00分之间，均值为3.65，标准差为0.59；身份认同得分在1.00—5.00分之间，均值为4.15，标准差为0.67；文化认同得分在1.00—5.00分之间，均值为3.42，标准差为0.56；政策认同得分在1.00—5.00分之间，均值为3.65，标准差为0.68；发展认同得分在1.50—5.00分之间，均值为3.72，标准差为0.64（见表9-1-1）。

表9-1-1　**低收入被试政治认同的描述统计**

项目	*N*	极小值	极大值	均值	标准差
政治认同总分	**2001**	**9.83**	**28.67**	**22.0778**	**2.32631**
体制认同	2014	1.00	5.00	3.4856	.50813
政党认同	2014	1.00	5.00	3.6493	.59368
身份认同	2016	1.00	5.00	4.1469	.66591
文化认同	2013	1.00	5.00	3.4179	.56396
政策认同	2014	1.00	5.00	3.6468	.67681
发展认同	2015	1.50	5.00	3.7215	.64021
有效的*N*	2001				

调查结果显示，较低收入被试政治认同的总体得分在13.17—28.08之间，均值为22.13，标准差为2.24。在六种认同中，较低收入被试的体制认同得分在1.00—5.00分之间，均值为3.47，标准差为0.52；政党认同得分在1.33—5.00分之间，均值为3.67，标准差为0.61；身份认同得分在1.25—5.00分之间，均值为4.21，标准差为0.65；文化认同得分在1.00—5.00分之间，均值为3.43，标准差为0.56；政策认同得分在1.00—5.00分之间，均值为3.61，标准差为0.67；发展认同得分在1.00—5.00分之间，均值为3.73，标准差为0.61（见表9-1-2）。

表9－1－2　　较低收入被试政治认同的描述统计

项目	N	极小值	极大值	均值	标准差
政治认同总分	**1571**	**13.17**	**28.08**	**22.1301**	**2.24271**
体制认同	1581	1.00	5.00	3.4657	.52212
政党认同	1579	1.33	5.00	3.6679	.60661
身份认同	1583	1.25	5.00	4.2142	.64671
文化认同	1580	1.00	5.00	3.4281	.55816
政策认同	1581	1.00	5.00	3.6140	.67289
发展认同	1581	1.00	5.00	3.7274	.60588
有效的 N	1571				

调查结果显示，中低收入被试政治认同的总体得分在13.42—28.08之间，均值为21.99，标准差为2.42。在六种认同中，中低收入被试的体制认同得分在1.00—5.00分之间，均值为3.42，标准差为0.54；政党认同得分在1.00—5.00分之间，均值为3.58，标准差为0.62；身份认同得分在1.25—5.00分之间，均值为4.21，标准差为0.66；文化认同得分在1.67—5.00分之间，均值为3.48，标准差为0.54；政策认同得分在1.00—5.00分之间，均值为3.56，标准差为0.70；发展认同得分在2.00—5.00分之间，均值为3.75，标准差为0.62（见表9－1－3）。

表9－1－3　　中低收入被试政治认同的描述统计

项目	N	极小值	极大值	均值	标准差
政治认同总分	**1230**	**13.42**	**28.08**	**21.9946**	**2.41552**
体制认同	1238	1.00	5.00	3.4249	.53802
政党认同	1235	1.00	5.00	3.5835	.61651
身份认同	1236	1.25	5.00	4.2091	.65914
文化认同	1236	1.67	5.00	3.4752	.53674
政策认同	1238	1.00	5.00	3.5552	.69784
发展认同	1237	2.00	5.00	3.7474	.61792
有效的 N	1230				

调查结果显示，中高收入被试政治认同的总体得分在12.75—27.83之间，均值为21.93，标准差为2.69。在六种认同中，中高收入被试的体

制认同得分在1.00—5.00分之间，均值为3.35，标准差为0.57；政党认同得分在1.00—5.00分之间，均值为3.61，标准差为0.71；身份认同得分在1.25—5.00分之间，均值为4.20，标准差为0.71；文化认同得分在1.67—5.00分之间，均值为3.46，标准差为0.60；政策认同得分在1.00—5.00分之间，均值为3.53，标准差为0.76；发展认同得分在2.00—5.00分之间，均值为3.77，标准差为0.59（见表9-1-4）。

表9-1-4　　　　中高收入被试政治认同的描述统计

项目	*N*	极小值	极大值	均值	标准差
政治认同总分	**685**	**12.75**	**27.83**	**21.9331**	**2.69034**
体制认同	689	1.00	5.00	3.3498	.57459
政党认同	689	1.00	5.00	3.6110	.71096
身份认同	689	1.25	5.00	4.2010	.70508
文化认同	687	1.67	5.00	3.4600	.59935
政策认同	688	1.00	5.00	3.5271	.76278
发展认同	687	2.00	5.00	3.7744	.59029
有效的 *N*	685				

调查结果显示，较高收入被试政治认同的总体得分在12.33—27.83之间，均值为21.90，标准差为2.61。在六种认同中，较高收入被试的体制认同得分在1.00—5.00分之间，均值为3.33，标准差为0.63；政党认同得分在1.00—5.00分之间，均值为3.56，标准差为0.71；身份认同得分在2.00—5.00分之间，均值为4.25，标准差为0.64；文化认同得分在1.33—5.00分之间，均值为3.46，标准差为0.56；政策认同得分在1.33—5.00分之间，均值为3.54，标准差为0.67；发展认同得分在1.75—5.00分之间，均值为3.78，标准差为0.62（见表9-1-5）。

表9-1-5　　　　较高收入被试政治认同的描述统计

项目	*N*	极小值	极大值	均值	标准差
政治认同总分	**424**	**12.33**	**27.83**	**21.9035**	**2.60614**
体制认同	428	1.00	5.00	3.3287	.62806
政党认同	427	1.00	5.00	3.5597	.71263

续表

项目	N	极小值	极大值	均值	标准差
身份认同	427	2.00	5.00	4.2529	.64036
文化认同	427	1.33	5.00	3.4582	.56411
政策认同	427	1.33	5.00	3.5363	.67167
发展认同	428	1.75	5.00	3.7763	.61598
有效的 N	424				

调查结果显示，高收入被试政治认同的总体得分在 12.92—27.50 之间，均值为21.85，标准差为2.40。在六种认同中，高收入被试的体制认同得分在1.67—5.00 分之间，均值为3.33，标准差为0.58；政党认同得分在1.67—5.00 分之间，均值为3.58，标准差为0.66；身份认同得分在1.75—5.00 分之间，均值为 4.24，标准差为 0.65；文化认同得分在1.67—5.00 分之间，均值为 3.41，标准差为 0.57；政策认同得分在1.00—5.00 分之间，均值为 3.47，标准差为 0.75；发展认同得分在2.25—5.00 分之间，均值为3.82，标准差为0.57（见表9-1-6）。

表9-1-6　　**高收入被试政治认同的描述统计**

项目	N	极小值	极大值	均值	标准差
政治认同总分	**184**	**12.92**	**27.50**	**21.8510**	**2.40161**
体制认同	187	1.67	5.00	3.3316	.58403
政党认同	186	1.67	5.00	3.5824	.66266
身份认同	185	1.75	5.00	4.2419	.64737
文化认同	186	1.67	5.00	3.4104	.56688
政策认同	187	1.00	5.00	3.4688	.75377
发展认同	187	2.25	5.00	3.8195	.56545
有效的 N	184				

六种认同的得分由高到低排序，低收入、较低收入被试是身份认同第一，发展认同第二，政党认同第三，政策认同第四，体制认同第五，文化认同第六；中低收入、中高收入、较高收入、高收入被试身份认同第一，发展认同第二，政党认同第三，政策认同第四，文化认同第五，体制认同

第六（后两位排序有所不同）。

（二）不同收入被试的体制认同比较

对不同收入被试体制认同的差异性进行方差分析（见表9-2-1、表9-2-2、表9-2-3和图9-1），显示不同收入被试的体制认同得分之间差异显著，$F = 12.895$，$p < 0.001$，具体表现是：低收入被试（$M = 3.49$，$SD = 0.51$）的得分显著高于中低收入被试（$M = 3.42$，$SD = 0.54$）、中高收入被试（$M = 3.35$，$SD = 0.57$）、较高收入被试（$M = 3.33$，$SD = 0.63$）、高收入被试（$M = 3.33$，$SD = 0.58$），与较低收入被试（$M = 3.47$，$SD = 0.52$）之间的得分差异不显著。较低收入被试的得分显著高于中低收入、中高收入、较高收入、高收入被试。中低收入被试显著高于中高收入、较高收入、高收入被试。中高收入被试与较高收入、高收入被试之间的得分差异不显著。较高收入被试与高收入被试之间的得分差异不显著。

表9-2-1　　不同收入被试体制认同得分的差异比较

项目		N	均值	标准差	标准误	均值的95%置信区间		极小值	极大值
						下限	上限		
体制认同	低收入	2014	3.4856	.50813	.01132	3.4634	3.5078	1.00	5.00
	较低收入	1581	3.4657	.52212	.01313	3.4400	3.4915	1.00	5.00
	中低收入	1238	3.4249	.53802	.01529	3.3949	3.4549	1.00	5.00
	中高收入	689	3.3498	.57459	.02189	3.3068	3.3928	1.00	5.00
	较高收入	428	3.3287	.62806	.03036	3.2690	3.3883	1.00	5.00
	高收入	187	3.3316	.58403	.04271	3.2473	3.4158	1.67	5.00
	总数	6137	3.4373	.53953	.00689	3.4238	3.4508	1.00	5.00

表9-2-2　　不同收入被试体制认同得分的方差分析结果

项目		平方和	df	均方	F	显著性
体制认同	组间	18.588	5	3.718	12.895	.000
	组内	1767.572	6131	.288		
	总数	1786.160	6136			

表 9-2-3　不同收入被试体制认同得分的多重比较

因变量	(I) 收入	(J) 收入	均值差 (I-J)	标准误	显著性	95%置信区间	
						下限	上限
体制认同	低收入	较低收入	.01986	.01804	.271	-.0155	.0552
		中低收入	.06072*	.01939	.002	.0227	.0987
		中高收入	.13582*	.02370	.000	.0894	.1823
		较高收入	.15694*	.02858	.000	.1009	.2130
		高收入	.15405*	.04105	.000	.0736	.2345
	较低收入	低收入	-.01986	.01804	.271	-.0552	.0155
		中低收入	.04086*	.02038	.045	.0009	.0808
		中高收入	.11596*	.02451	.000	.0679	.1640
		较高收入	.13708*	.02926	.000	.0797	.1944
		高收入	.13419*	.04152	.001	.0528	.2156
	中低收入	低收入	-.06072*	.01939	.002	-.0987	-.0227
		较低收入	-.04086*	.02038	.045	-.0808	-.0009
		中高收入	.07510*	.02552	.003	.0251	.1251
		较高收入	.09622*	.03011	.001	.0372	.1552
		高收入	.09333*	.04213	.027	.0107	.1759
	中高收入	低收入	-.13582*	.02370	.000	-.1823	-.0894
		较低收入	-.11596*	.02451	.000	-.1640	-.0679
		中低收入	-.07510*	.02552	.003	-.1251	-.0251
		较高收入	.02112	.03305	.523	-.0437	.0859
		高收入	.01823	.04427	.681	-.0686	.1050
	较高收入	低收入	-.15694*	.02858	.000	-.2130	-.1009
		较低收入	-.13708*	.02926	.000	-.1944	-.0797
		中低收入	-.09622*	.03011	.001	-.1552	-.0372
		中高收入	-.02112	.03305	.523	-.0859	.0437
		高收入	-.00289	.04707	.951	-.0952	.0894
	高收入	低收入	-.15405*	.04105	.000	-.2345	-.0736
		较低收入	-.13419*	.04152	.001	-.2156	-.0528
		中低收入	-.09333*	.04213	.027	-.1759	-.0107
		中高收入	-.01823	.04427	.681	-.1050	.0686
		较高收入	.00289	.04707	.951	-.0894	.0952

*. 均值差的显著性水平为 0.05。

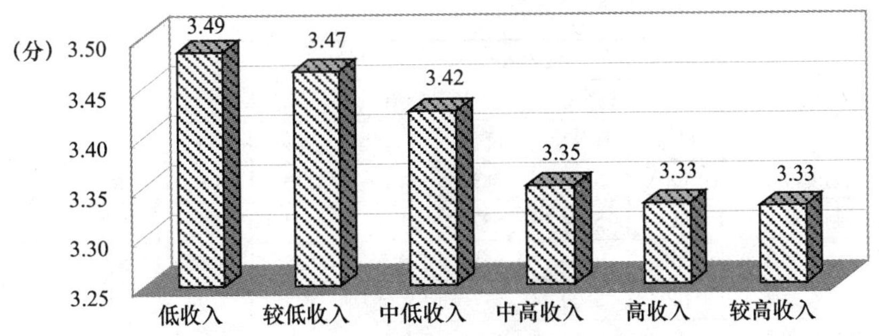

图9－1　不同收入被试体制认同的得分比较

不同收入被试对政治体制改革着重点的看法，第一选择排在第一位和第二位的都是“基层群众自治制度改革”、“人民代表大会制度改革”，排在第三位的，低收入、较低收入、中低收入、中高收入被试是“党的领导体制改革”，较高收入被试是“司法制度改革”，高收入被试是“行政制度改革”；总提及频率排在第一位至第三位的，低收入、较低收入被试是“基层群众自治制度改革”、“人民代表大会制度改革”、“选举制度改革”，中低收入被试是“基层群众自治制度改革”、“人民代表大会制度改革”、“行政制度改革”（与“党的领导体制改革”并列第三位），中高收入被试是“基层群众自治制度改革”、“人民代表大会制度改革”、“行政制度改革”，较高收入被试是“基层群众自治制度改革”、“司法制度改革”、“选举制度改革”（与“行政制度改革”并列第三位），高收入被试是“选举制度改革”、“人民代表大会制度改革”、“基层群众自治制度改革”（见表9－3）。

表9－3　不同收入被试对政治体制改革着重点的选择

选项	低收入				较低收入			
	第一选择		总提及频率		第一选择		总提及频率	
	频率	百分比	频率	百分比	频率	百分比	频率	百分比
基层自治改革	873	43.61	1201	20.09	691	43.76	953	20.13
民族自治改革	102	5.09	442	7.39	75	4.75	337	7.12
人大制度改革	351	17.53	904	15.12	277	17.54	685	14.47
司法制度改革	89	4.45	544	9.10	94	5.95	446	9.42

续表

选项	低收入				较低收入			
	第一选择		总提及频率		第一选择		总提及频率	
	频率	百分比	频率	百分比	频率	百分比	频率	百分比
行政制度改革	106	5.29	583	9.75	110	6.96	461	9.74
选举制度改革	117	5.84	687	11.49	104	6.59	581	12.27
党领导体制改革	204	10.19	655	10.95	137	8.68	527	11.13
决策体制改革	100	5.00	537	8.98	53	3.36	432	9.13
走向多党竞争	30	1.50	135	2.26	24	1.52	102	2.15
政协制度改革	30	1.50	291	4.87	14	0.89	210	4.44
合计	2002	100.00	5979	100.00	1579	100.00	4734	100.00
选项	中低收入				中高收入			
基层自治改革	459	37.20	676	18.28	245	35.61	357	17.33
民族自治改革	85	6.89	282	7.62	30	4.36	112	5.44
人大制度改革	219	17.75	526	14.22	112	16.28	283	13.74
司法制度改革	95	7.70	399	10.79	64	9.30	239	11.60
行政制度改革	103	8.34	401	10.84	67	9.74	252	12.23
选举制度改革	60	4.86	376	10.16	36	5.23	239	11.60
党领导体制改革	121	9.80	401	10.84	73	10.61	205	9.95
决策体制改革	46	3.73	364	9.84	29	4.22	211	10.25
走向多党竞争	31	2.51	119	3.22	27	3.92	81	3.93
政协制度改革	15	1.22	155	4.19	5	0.73	81	3.93
合计	1234	100.00	3699	100.00	688	100.00	2060	100.00
选项	较高收入				高收入			
基层自治改革	151	35.28	216	16.82	53	28.34	77	13.75
民族自治改革	26	6.08	90	7.01	11	5.88	33	5.89
人大制度改革	60	14.02	159	12.38	31	16.58	78	13.93
司法制度改革	50	11.68	167	13.01	17	9.09	72	12.86
行政制度改革	40	9.35	166	12.93	22	11.76	67	11.96
选举制度改革	30	7.01	166	12.93	20	10.70	89	15.89
党领导体制改革	41	9.58	114	8.88	15	8.02	57	10.18
决策体制改革	15	3.50	108	8.41	9	4.81	47	8.39
走向多党竞争	11	2.57	53	4.13	8	4.28	18	3.22
政协制度改革	4	0.93	45	3.50	1	0.54	22	3.93
合计	428	100.00	1284	100.00	187	100.00	560	100.00

(三)不同收入被试的政党认同比较

对不同收入被试政党认同的差异性进行方差分析(见表9-4-1、表9-4-2、表9-4-3和图9-2),显示不同收入被试的政党认同得分之间差异显著,$F=4.303$,$p<0.01$,具体表现是:低收入被试($M=3.65$,$SD=0.59$)的得分显著高于中低收入被试($M=3.58$,$SD=0.62$)、较高收入被试($M=3.56$,$SD=0.71$),与较低收入被试($M=3.67$,$SD=0.61$)、中高收入被试($M=3.61$,$SD=0.71$)、高收入被试($M=3.58$,$SD=0.66$)之间的得分差异均不显著。较低收入被试的得分显著高于中低收入、中高收入、较高收入被试,与高收入被试之间的得分差异不显著。中低收入被试与中高收入、较高收入、高收入被试之间的得分差异不显著。中高收入被试与较高收入、高收入被试之间的得分差异不显著。较高收入被试与高收入被试之间的得分差异不显著。

表9-4-1 不同收入被试政党认同得分的差异比较

项目		N	均值	标准差	标准误	均值的95%置信区间		极小值	极大值
						下限	上限		
政党认同	低收入	2014	3.6493	.59368	.01323	3.6233	3.6752	1.00	5.00
	较低收入	1579	3.6679	.60661	.01527	3.6380	3.6979	1.33	5.00
	中低收入	1235	3.5835	.61651	.01754	3.5491	3.6180	1.00	5.00
	中高收入	689	3.6110	.71096	.02709	3.5579	3.6642	1.00	5.00
	较高收入	427	3.5597	.71263	.03449	3.4919	3.6275	1.00	5.00
	高收入	186	3.5824	.66266	.04859	3.4866	3.6783	1.67	5.00
	总数	6130	3.6283	.62745	.00801	3.6126	3.6440	1.00	5.00

表9-4-2 不同收入被试政党认同得分的方差分析结果

项目		平方和	df	均方	F	显著性
政党认同	组间	8.447	5	1.689	4.303	.001
	组内	2404.518	6124	.393		
	总数	2412.965	6129			

表 9－4－3　　不同收入被试政党认同得分的多重比较

因变量	(I) 收入	(J) 收入	均值差 (I－J)	标准误	显著性	95%置信区间	
						下限	上限
政党认同	低收入	较低收入	－.01864	.02106	.376	－.0599	.0226
		中低收入	.06575*	.02265	.004	.0214	.1101
		中高收入	.03826	.02766	.167	－.0160	.0925
		较高收入	.08957*	.03338	.007	.0241	.1550
		高收入	.06685	.04802	.164	－.0273	.1610
	较低收入	低收入	.01864	.02106	.376	－.0226	.0599
		中低收入	.08440*	.02380	.000	.0377	.1311
		中高收入	.05690*	.02861	.047	.0008	.1130
		较高收入	.10821*	.03418	.002	.0412	.1752
		高收入	.08550	.04858	.078	－.0097	.1807
	中低收入	低收入	－.06575*	.02265	.004	－.1101	－.0214
		较低收入	－.08440*	.02380	.000	－.1311	－.0377
		中高收入	－.02749	.02980	.356	－.0859	.0309
		较高收入	.02382	.03518	.498	－.0451	.0928
		高收入	.00110	.04928	.982	－.0955	.0977
	中高收入	低收入	－.03826	.02766	.167	－.0925	.0160
		较低收入	－.05690*	.02861	.047	－.1130	－.0008
		中低收入	.02749	.02980	.356	－.0309	.0859
		较高收入	.05131	.03859	.184	－.0243	.1270
		高收入	.02859	.05178	.581	－.0729	.1301
	较高收入	低收入	－.08957*	.03338	.007	－.1550	－.0241
		较低收入	－.10821*	.03418	.002	－.1752	－.0412
		中低收入	－.02382	.03518	.498	－.0928	.0451
		中高收入	－.05131	.03859	.184	－.1270	.0243
		高收入	－.02272	.05505	.680	－.1306	.0852
	高收入	低收入	－.06685	.04802	.164	－.1610	.0273
		较低收入	－.08550	.04858	.078	－.1807	.0097
		中低收入	－.00110	.04928	.982	－.0977	.0955
		中高收入	－.02859	.05178	.581	－.1301	.0729
		较高收入	.02272	.05505	.680	－.0852	.1306

*. 均值差的显著性水平为 0.05。

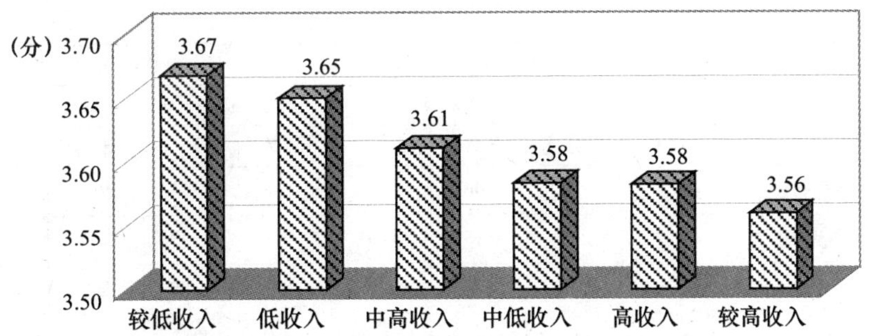

图9－2　不同收入被试政党认同的得分比较

对中国共产党应做事情的看法，不同收入被试第一选择都是“保持党的先进性、纯洁性”排在第一位，“坚持反腐败”排在第二位，“坚持改革开放的基本方针和路线”排在第三位；总提及频率排在第一位和第二位的都是“坚持反腐败”、“保持党的先进性、纯洁性”，排在第三位的，低收入、较低收入被试是“坚持改革开放”，中低收入、中高收入、较高收入、高收入被试都是“注重政策的科学化、民主化、法治化”（见表9－5）。

表9－5　不同收入被试对中国共产党应做事情的选择

选项	低收入				较低收入			
	第一选择		总提及频率		第一选择		总提及频率	
	频率	百分比	频率	百分比	频率	百分比	频率	百分比
保持先进性	939	46.67	1355	22.56	776	49.08	1119	23.64
坚持反腐败	516	25.65	1411	23.50	445	28.14	1189	25.12
坚持改革开放	271	13.47	1044	17.39	184	11.64	774	16.35
推动党内民主	61	3.03	387	6.44	30	1.90	262	5.53
提高执政能力	128	6.36	863	14.37	76	4.81	652	13.77
注重政策质量	97	4.82	945	15.74	70	4.43	738	15.59
合计	2012	100.00	6005	100.00	1581	100.00	4734	100.00
选项	中低收入				中高收入			
保持先进性	590	47.97	851	23.03	298	43.31	430	20.84
坚持反腐败	360	29.27	950	25.71	202	29.36	525	25.45
坚持改革开放	120	9.75	547	14.80	74	10.76	320	15.51

续表

选项	中低收入				中高收入			
	第一选择		总提及频率		第一选择		总提及频率	
	频率	百分比	频率	百分比	频率	百分比	频率	百分比
推动党内民主	23	1.87	206	5.57	23	3.34	131	6.35
提高执政能力	83	6.75	515	13.93	48	6.98	304	14.74
注重政策质量	54	4.39	627	16.96	43	6.25	353	17.11
合计	1230	100.00	3696	100.00	688	100.00	2063	100.00
选项	较高收入				高收入			
保持先进性	204	47.66	284	22.17	82	43.85	119	21.21
坚持反腐败	108	25.23	315	24.59	60	32.08	149	26.56
坚持改革开放	52	12.15	190	14.83	17	9.09	74	13.19
推动党内民主	16	3.74	81	6.32	6	3.21	35	6.24
提高执政能力	24	5.61	201	15.69	10	5.35	73	13.01
注重政策质量	24	5.61	210	16.40	12	6.42	111	19.79
合计	428	100.00	1281	100.00	187	100.00	561	100.00

（四）不同收入被试的身份认同比较

对不同收入被试身份认同的差异性进行方差分析（见表9－6－1、表9－6－2、表9－6－3和图9－3），显示不同收入被试的身份认同得分之间差异显著，$F=3.344$，$p<0.01$，具体表现是：低收入被试（$M=4.15$，$SD=0.67$）的得分显著低于较低收入被试（$M=4.21$，$SD=0.65$）、中低收入被试（$M=4.21$，$SD=0.66$）、较高收入被试（$M=4.25$，$SD=0.64$），与中高收入被试（$M=4.20$，$SD=0.71$）、高收入被试（$M=4.24$，$SD=0.65$）之间的得分差异不显著。中高收入被试与另五种收入被试之间的得分差异均不显著。较低收入被试与中低收入、较高收入、高收入被试之间的得分差异不显著。中低收入被试与较高收入、高收入被试之间的得分差异不显著。较高收入被试与高收入被试之间的得分差异不显著。

表9-6-1　　不同收入被试身份认同得分的差异比较

项目		N	均值	标准差	标准误	均值的95%置信区间		极小值	极大值
						下限	上限		
身份认同	低收入	2016	4.1469	.66591	.01483	4.1179	4.1760	1.00	5.00
	较低收入	1583	4.2142	.64671	.01625	4.1823	4.2460	1.25	5.00
	中低收入	1236	4.2091	.65914	.01875	4.1724	4.2459	1.25	5.00
	中高收入	689	4.2010	.70508	.02686	4.1483	4.2538	1.25	5.00
	较高收入	427	4.2529	.64036	.03099	4.1920	4.3138	2.00	5.00
	高收入	185	4.2419	.64737	.04760	4.1480	4.3358	1.75	5.00
	总数	6136	4.1931	.66253	.00846	4.1765	4.2097	1.00	5.00

表9-6-2　　不同收入被试身份认同得分的方差分析结果

项目		平方和	df	均方	F	显著性
身份认同	组间	7.325	5	1.465	3.344	.005
	组内	2685.574	6130	.438		
	总数	2692.900	6135			

表9-6-3　　不同收入被试身份认同得分的多重比较

因变量	(I) 收入	(J) 收入	均值差(I-J)	标准误	显著性	95%置信区间	
						下限	上限
身份认同	低收入	较低收入	-.06720*	.02223	.003	-.1108	-.0236
		中低收入	-.06219*	.02391	.009	-.1091	-.0153
		中高收入	-.05407	.02921	.064	-.1113	.0032
		较高收入	-.10598*	.03526	.003	-.1751	-.0369
		高收入	-.09494	.05085	.062	-.1946	.0047
	较低收入	低收入	.06720*	.02223	.003	.0236	.1108
		中低收入	.00501	.02512	.842	-.0442	.0543
		中高收入	.01313	.03021	.664	-.0461	.0724
		较高收入	-.03878	.03609	.283	-.1095	.0320
		高收入	-.02774	.05143	.590	-.1286	.0731
	中低收入	低收入	.06219*	.02391	.009	.0153	.1091
		较低收入	-.00501	.02512	.842	-.0543	.0442
		中高收入	.00813	.03147	.796	-.0536	.0698
		较高收入	-.04379	.03715	.239	-.1166	.0291
		高收入	-.03275	.05218	.530	-.1350	.0695

续表

因变量	(I) 收入	(J) 收入	均值差 (I-J)	标准误	显著性	95%置信区间	
						下限	上限
身份认同	中高收入	低收入	.05407	.02921	.064	-.0032	.1113
		较低收入	-.01313	.03021	.664	-.0724	.0461
		中低收入	-.00813	.03147	.796	-.0698	.0536
		较高收入	-.05191	.04077	.203	-.1318	.0280
		高收入	-.04088	.05481	.456	-.1483	.0666
	较高收入	低收入	.10598*	.03526	.003	.0369	.1751
		较低收入	.03878	.03609	.283	-.0320	.1095
		中低收入	.04379	.03715	.239	-.0291	.1166
		中高收入	.05191	.04077	.203	-.0280	.1318
		高收入	.01104	.05826	.850	-.1032	.1252
	高收入	低收入	.09494	.05085	.062	-.0047	.1946
		较低收入	.02774	.05143	.590	-.0731	.1286
		中低收入	.03275	.05218	.530	-.0695	.1350
		中高收入	.04088	.05481	.456	-.0666	.1483
		较高收入	-.01104	.05826	.850	-.1252	.1032

*. 均值差的显著性水平为 0.05。

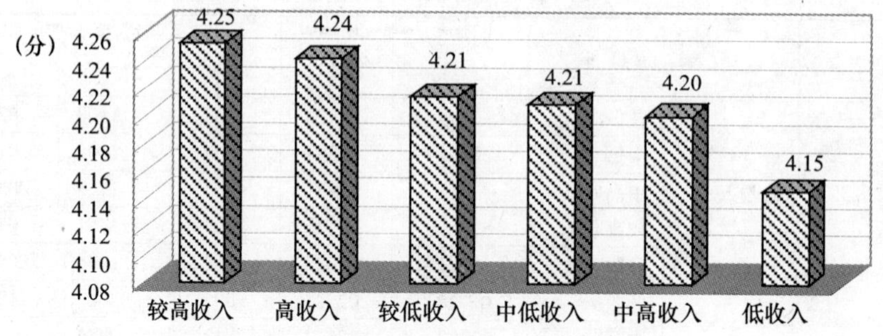

图 9-3　不同收入被试身份认同的得分比较

不同收入被试对身份的看重有所不同（见表 9-7），第一选择排在前三位的，低收入、较低收入被试是“户籍身份”、“中国人身份”、“公民身份”，中低收入、中高收入、较高收入、高收入被试是“中国人身份”、“户籍身份”、“公民身份”；总提及频率不同收入被试排在第一位和第二位的都是“中国人身份”、“公民身份”，排在第三位的，低收入、较低收入、中低收入被试是“户籍身份”，中高收入、较高收入、高收入被试是

“职业身份”。

表9－7 不同收入被试对所看重身份的选择

选项	低收入				较低收入			
	第一选择		总提及频率		第一选择		总提及频率	
	频率	百分比	频率	百分比	频率	百分比	频率	百分比
户籍身份	750	37.29	1212	20.16	461	29.12	827	17.48
单位身份	66	3.28	333	5.54	77	4.86	295	6.24
干部身份	163	8.11	471	7.84	119	7.52	310	6.55
地域身份	39	1.94	281	4.67	38	2.40	231	4.88
民族身份	100	4.97	491	8.17	81	5.12	335	7.08
公民身份	290	14.42	1223	20.35	298	18.83	1067	22.55
中国人身份	549	27.30	1415	23.54	461	29.12	1106	23.38
职业身份	54	2.69	585	9.73	48	3.03	560	11.84
合计	2011	100.00	6011	100.00	1583	100.00	4731	100.00
选项	中低收入				中高收入			
户籍身份	317	25.65	541	14.63	153	22.24	282	13.68
单位身份	68	5.50	316	8.55	41	5.96	166	8.06
干部身份	100	8.09	246	6.65	48	6.98	134	6.50
地域身份	46	3.72	226	6.11	23	3.34	122	5.92
民族身份	45	3.64	217	5.87	38	5.52	128	6.21
公民身份	238	19.25	790	21.36	126	18.31	437	21.20
中国人身份	383	30.99	862	23.31	231	33.58	493	23.92
职业身份	39	3.16	500	13.52	28	4.07	299	14.51
合计	1236	100.00	3698	100.00	688	100.00	2061	100.00
选项	较高收入				高收入			
户籍身份	103	24.12	169	13.20	50	26.88	73	13.18
单位身份	28	6.56	107	8.36	8	4.30	49	8.84
干部身份	33	7.73	81	6.33	12	6.45	30	5.42
地域身份	16	3.75	79	6.17	7	3.76	30	5.42
民族身份	19	4.45	62	4.84	3	1.61	25	4.51
公民身份	79	18.50	288	22.50	45	24.19	123	22.20
中国人身份	134	31.38	301	23.52	52	27.96	137	24.73
职业身份	15	3.51	193	15.08	9	4.85	87	15.70
合计	427	100.00	1280	100.00	186	100.00	554	100.00

（五）不同收入被试的文化认同比较

对不同收入被试文化认同的差异性进行方差分析（见表9－8－1、表9－8－2和图9－4），结果显示不同收入被试文化认同的表现差异不显著。

表9－8－1　　不同收入被试文化认同得分的差异比较

项目		N	均值	标准差	标准误	均值的95%置信区间		极小值	极大值
						下限	上限		
文化认同	低收入	2013	3.4179	.56396	.01257	3.3933	3.4426	1.00	5.00
	较低收入	1580	3.4281	.55816	.01404	3.4005	3.4556	1.00	5.00
	中低收入	1236	3.4752	.53674	.01527	3.4452	3.5051	1.67	5.00
	中高收入	687	3.4600	.59935	.02287	3.4151	3.5049	1.67	5.00
	较高收入	427	3.4582	.56411	.02730	3.4046	3.5119	1.33	5.00
	高收入	186	3.4104	.56688	.04157	3.3284	3.4924	1.67	5.00
	总数	6129	3.4394	.56155	.00717	3.4253	3.4534	1.00	5.00

表9－8－2　　不同收入被试文化认同得分的方差分析结果

项目		平方和	df	均方	F	显著性
文化认同	组间	3.311	5	.662	2.102	.062
	组内	1929.088	6123	.315		
	总数	1932.399	6128			

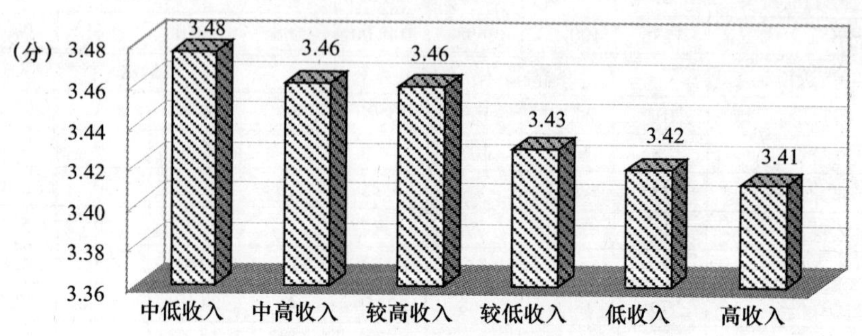

图9－4　不同收入被试文化认同的得分比较

不同收入被试对中国文化发展的看法，除中高收入被试外，另五种被试第一选择都是“多种文化融合的中国现代文化”排在第一位,“发扬光大中国传统文化”排在第二位,“以马克思主义主导中国文化发展”排在第三位;中高收入被试第一选择的前两位与另五种被试相同,排在第三位的是“注重中国传统文化与马克思主义的结合”。总提及频率不同收入被试都是“发扬光大中国传统文化”排在第一位,“多种文化融合的中国现代文化”排在第二位,“注重中国传统文化与马克思主义的结合”排在第三位(见表9-9)。

表9-9　**不同收入被试对中国文化发展的看法**

选项	低收入				较低收入			
	第一选择		总提及频率		第一选择		总提及频率	
	频率	百分比	频率	百分比	频率	百分比	频率	百分比
多种文化融合	912	45.35	1472	24.58	727	45.92	1178	24.90
发扬传统文化	654	32.52	1629	27.21	536	33.86	1311	27.71
马克思主义主导	223	11.09	976	16.30	153	9.67	748	15.81
西方改造中国	43	2.14	366	6.11	41	2.59	245	5.18
马克思结合传统	151	7.51	1094	18.27	102	6.44	920	19.45
宗教对文化影响	28	1.39	451	7.53	24	1.52	329	6.95
合计	2011	100.00	5988	100.00	1583	100.00	4731	100.00
选项	中低收入				中高收入			
多种文化融合	563	45.55	925	24.99	325	47.24	533	25.86
发扬传统文化	443	35.84	1048	28.32	226	32.85	588	28.53
马克思主义主导	117	9.46	537	14.51	51	7.41	234	11.35
西方改造中国	23	1.86	201	5.43	20	2.91	125	6.07
马克思结合传统	73	5.91	715	19.32	55	7.99	415	20.14
宗教对文化影响	17	1.38	275	7.43	11	1.60	166	8.05
合计	1236	100.00	3701	100.00	688	100.00	2061	100.00
选项	较高收入				高收入			
多种文化融合	220	51.40	345	26.98	89	47.59	146	26.17
发扬传统文化	117	27.34	369	28.85	60	32.09	155	27.78
马克思主义主导	44	10.28	163	12.75	15	8.02	73	13.08
西方改造中国	10	2.34	80	6.25	4	2.14	36	6.45
马克思结合传统	31	7.24	235	18.37	14	7.49	97	17.38
宗教对文化影响	6	1.40	87	6.80	5	2.67	51	9.14
合计	428	100.00	1279	100.00	187	100.00	558	100.00

（六）不同收入被试的政策认同比较

对不同收入被试政策认同的差异性进行方差分析（见表9－10－1、表9－10－2、表9－10－3和图9－5），显示不同收入被试的政策认同得分之间差异显著，$F=6.483$，$p<0.001$，具体表现是：低收入被试（$M=3.65$，$SD=0.68$）的得分显著高于中低收入被试（$M=3.56$，$SD=0.70$）、中高收入被试（$M=3.53$，$SD=0.76$）、较高收入被试（$M=3.54$，$SD=0.67$）、高收入被试（$M=3.47$，$SD=0.75$），与较低收入被试（$M=3.61$，$SD=0.67$）之间的得分差异不显著。较低收入被试的得分显著高于中低收入、中高收入、较高收入、高收入被试。中低收入被试与中高收入、较高收入、高收入被试之间的得分差异不显著。中高收入被试与较高收入、高收入被试之间的得分差异不显著。较高收入被试与高收入被试之间的得分差异不显著。

表9－10－1　不同收入被试政策认同得分的差异比较

项目		N	均值	标准差	标准误	均值的95%置信区间		极小值	极大值
						下限	上限		
政策认同	低收入	2014	3.6468	.67681	.01508	3.6172	3.6764	1.00	5.00
	较低收入	1581	3.6140	.67289	.01692	3.5808	3.6472	1.00	5.00
	中低收入	1238	3.5552	.69784	.01983	3.5163	3.5941	1.00	5.00
	中高收入	688	3.5271	.76278	.02908	3.4700	3.5842	1.00	5.00
	较高收入	427	3.5363	.67167	.03250	3.4724	3.6002	1.33	5.00
	高收入	187	3.4688	.75377	.05512	3.3601	3.5775	1.00	5.00
	总数	6135	3.5933	.69384	.00886	3.5760	3.6107	1.00	5.00

表9－10－2　不同收入被试政策认同得分的方差分析结果

项目		平方和	df	均方	F	显著性
政策认同	组间	15.536	5	3.107	6.483	.000
	组内	2937.457	6129	.479		
	总数	2952.993	6134			

表 9－10－3　　不同收入被试政策认同得分的多重比较

因变量	(I) 收入	(J) 收入	均值差 (I－J)	标准误	显著性	95%置信区间	
						下限	上限
政策认同	低收入	较低收入	.03285	.02326	.158	－.0128	.0784
		中低收入	.09161*	.02500	.000	.0426	.1406
		中高收入	.11967*	.03057	.000	.0597	.1796
		较高收入	.11051*	.03688	.003	.0382	.1828
		高收入	.17800*	.05292	.001	.0743	.2817
	较低收入	低收入	－.03285	.02326	.158	－.0784	.0128
		中低收入	.05876*	.02627	.025	.0073	.1103
		中高收入	.08683*	.03162	.006	.0248	.1488
		较高收入	.07766*	.03776	.040	.0036	.1517
		高收入	.14515*	.05354	.007	.0402	.2501
	中低收入	低收入	－.09161*	.02500	.000	－.1406	－.0426
		较低收入	－.05876*	.02627	.025	－.1103	－.0073
		中高收入	.02806	.03292	.394	－.0365	.0926
		较高收入	.01890	.03885	.627	－.0573	.0951
		高收入	.08639	.05431	.112	－.0201	.1929
	中高收入	低收入	－.11967*	.03057	.000	－.1796	－.0597
		较低收入	－.08683*	.03162	.006	－.1488	－.0248
		中低收入	－.02806	.03292	.394	－.0926	.0365
		较高收入	－.00917	.04265	.830	－.0928	.0744
		高收入	.05833	.05709	.307	－.0536	.1702
	较高收入	低收入	－.11051*	.03688	.003	－.1828	－.0382
		较低收入	－.07766*	.03776	.040	－.1517	－.0036
		中低收入	－.01890	.03885	.627	－.0951	.0573
		中高收入	.00917	.04265	.830	－.0744	.0928
		高收入	.06749	.06071	.266	－.0515	.1865
	高收入	低收入	－.17800*	.05292	.001	－.2817	－.0743
		较低收入	－.14515*	.05354	.007	－.2501	－.0402
		中低收入	－.08639	.05431	.112	－.1929	.0201
		中高收入	－.05833	.05709	.307	－.1702	.0536
		较高收入	－.06749	.06071	.266	－.1865	.0515

*. 均值差的显著性水平为 0.05。

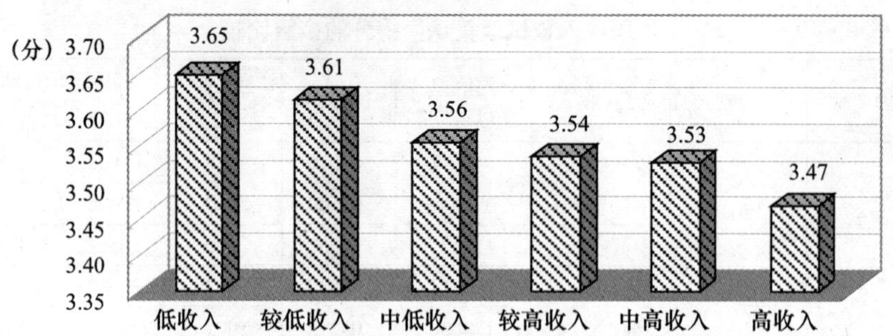

图9－5　不同收入被试政策认同的得分比较

对于政策的法治性、公平性、科学性、民主性、有效性，除高收入被试外，另五种收入被试按选择比例由高到低的排序，第一位都是公平性，第二位都是民主性，第五位都是科学性，不同的是第三位和第四位，低收入、较低收入被试是法治性第三、有效性第四，中低收入、较高收入被试是有效性第三、法治性第四；高收入被试按选择比例由高到低的排序是公平性、有效性、民主性、法治性、科学性（见表9－11）。

表9－11　不同收入被试关注政策的重点

项目	低收入		较低收入		中低收入	
	频率	有效百分比	频率	有效百分比	频率	有效百分比
法治性	289	14.34	204	12.89	150	12.14
公平性	951	47.17	720	45.48	552	44.70
科学性	178	8.83	141	8.91	101	8.18
民主性	377	18.70	316	19.96	228	18.46
有效性	221	10.96	202	12.76	204	16.52
合计	2016	100.00	1583	100.00	1235	100.00
项目	中高收入		较高收入		高收入	
法治性	94	13.64	67	15.69	25	13.37
公平性	283	41.08	159	37.24	62	33.15
科学性	68	9.87	41	9.60	19	10.16
民主性	133	19.30	84	19.67	35	18.72
有效性	111	16.11	76	17.80	46	24.60
合计	689	100.00	427	100.00	187	100.00

（七）不同收入被试的发展认同比较

对不同收入被试发展认同的差异性进行方差分析（见表9－12－1、表9－12－2和图9－6），结果显示不同收入被试发展认同的表现差异不显著。

表9－12－1　　不同收入被试发展认同得分的差异比较

项目		N	均值	标准差	标准误	均值的95%置信区间		极小值	极大值
						下限	上限		
发展认同	低收入	2015	3.7215	.64021	.01426	3.6935	3.7494	1.50	5.00
	较低收入	1581	3.7274	.60588	.01524	3.6975	3.7573	1.00	5.00
	中低收入	1237	3.7474	.61792	.01757	3.7129	3.7818	2.00	5.00
	中高收入	687	3.7744	.59029	.02252	3.7302	3.8186	2.00	5.00
	较高收入	428	3.7763	.61598	.02977	3.7178	3.8348	1.75	5.00
	高收入	187	3.8195	.56545	.04135	3.7379	3.9011	2.25	5.00
	总数	6135	3.7410	.61784	.00789	3.7255	3.7564	1.00	5.00

表9－12－2　　不同收入被试发展认同得分的方差分析结果

项目		平方和	df	均方	F	显著性
发展认同	组间	3.564	5	.713	1.868	.096
	组内	2337.934	6129	.381		
	总数	2341.498	6134			

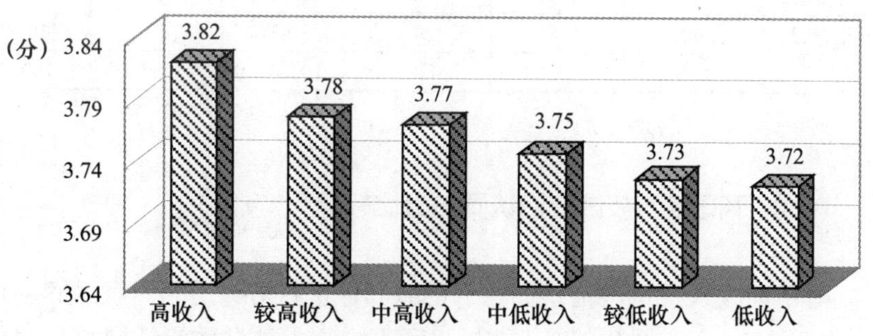

图9－6　不同收入被试发展认同的得分比较

不同收入被试对于党的建设、经济建设、社会建设、生态建设、文化建设、政治建设“六大建设”的关注，按选择比例由高到低排序，低收入、较低收入被试是经济建设、党的建设、社会建设、生态建设、文化建设、政治建设，中低收入、中高收入被试是经济建设、社会建设、党的建设、生态建设、文化建设、政治建设，较高收入被试是经济建设、党的建设和社会建设（并列第二）、生态建设、文化建设、政治建设，高收入被试是经济建设、生态建设、社会建设、党的建设、政治建设、文化建设（第二位至第六位排序不同，见表9－13）。

表9－13 **不同收入被试最关注何种建设**

项目	低收入		较低收入		中低收入	
	频率	有效百分比	频率	有效百分比	频率	有效百分比
党的建设	355	17.60	271	17.13	183	14.78
经济建设	860	42.64	725	45.83	548	44.26
社会建设	262	12.99	205	12.96	200	16.16
生态建设	221	10.96	179	11.31	152	12.28
文化建设	197	9.76	119	7.52	90	7.27
政治建设	122	6.05	83	5.25	65	5.25
合计	2017	100.00	1582	100.00	1238	100.00

项目	中高收入		较高收入		高收入	
党的建设	95	13.81	66	15.42	25	13.37
经济建设	311	45.20	203	47.43	76	40.64
社会建设	112	16.28	66	15.42	27	14.44
生态建设	89	12.94	41	9.58	30	16.04
文化建设	41	5.96	28	6.54	9	4.81
政治建设	40	5.81	24	5.61	20	10.70
合计	688	100.00	428	100.00	187	100.00

（八）不同收入被试政治认同总分比较

对不同收入被试政治认同总分的差异性进行方差分析（见表9－14－1、表9－14－2和图9－7），结果显示不同收入被试政治认同总分之间的差异均不显著。

表9－14－1　　不同收入被试政治认同总分的差异比较

项目		N	均值	标准差	标准误	均值的95%置信区间		极小值	极大值
						下限	上限		
政治认同总分	低收入	2001	22.0778	2.32631	.05200	21.9758	22.1798	9.83	28.67
	较低收入	1571	22.1301	2.24271	.05658	22.0191	22.2411	13.17	28.08
	中低收入	1230	21.9946	2.41552	.06887	21.8595	22.1298	13.42	28.08
	中高收入	685	21.9331	2.69034	.10279	21.7313	22.1349	12.75	27.83
	较高收入	424	21.9035	2.60614	.12657	21.6547	22.1523	12.33	27.83
	高收入	184	21.8510	2.40161	.17705	21.5017	22.2003	12.92	27.50
	总数	6095	22.0393	2.39004	.03061	21.9792	22.0993	9.83	28.67

表9－14－2　　不同收入被试政治认同总分的方差分析结果

项目		平方和	df	均方	F	显著性
政治认同总分	组间	40.431	5	8.086	1.416	.215
	组内	34770.282	6089	5.710		
	总数	34810.713	6094			

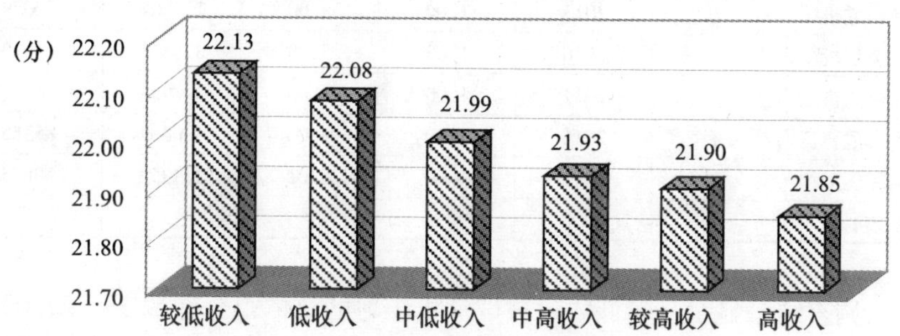

图9－7　不同收入被试政治认同总分比较

二　不同收入被试的危机压力

不同收入被试危机压力的得分情况以及六种危机压力的具体情况，可根据问卷调查的结果，分述于下。

（一）不同收入被试危机压力的得分

调查结果显示，低收入被试危机压力的总体得分在7.33—26.92之间，均值为16.52，标准差为2.50。在六种危机压力中，低收入被试的政治危机压力得分在1.00—5.00分之间，均值为2.61，标准差为0.64；经济危机压力得分在1.00—5.00分之间，均值为2.27，标准差为0.70；社会危机压力得分在1.00—5.00分之间，均值为2.83，标准差为0.67；文化危机压力得分在1.00—5.00分之间，均值为2.80，标准差为0.59；生态危机压力得分在1.00—5.00分之间，均值为3.04，标准差为0.86；国际压力得分在1.00—5.00分之间，均值为3.00，标准差为0.50（见表9－15－1）。

表9－15－1　**低收入被试的危机压力总体描述统计**

项目	N	极小值	极大值	均值	标准差
危机压力总分	**1998**	**7.33**	**26.92**	**16.5231**	**2.49508**
政治危机压力	2013	1.00	5.00	2.6054	.63849
经济危机压力	2013	1.00	5.00	2.2664	.70079
社会危机压力	2016	1.00	5.00	2.8333	.67415
文化危机压力	2011	1.00	5.00	2.7954	.58741
生态危机压力	2016	1.00	5.00	3.0369	.85555
国际压力	2012	1.00	5.00	2.9950	.49805
有效的N	2000				

调查结果显示，较低收入被试危机压力的总体得分在8.33—27.00之间，均值为16.47，标准差为2.66。在六种危机压力中，较低收入被试的政治危机压力得分在1.00—5.00分之间，均值为2.57，标准差为0.64；经济危机压力得分在1.00—5.00分之间，均值为2.28，标准差为0.69；社会危机压力得分在1.00—5.00分之间，均值为2.80，标准差为0.72；文化危机压力得分在1.00—4.75分之间，均值为2.73，标准差为0.60；生态危机压力得分在1.00—5.00分之间，均值为3.04，标准差为0.90；国际压力得分在1.00—5.00分之间，均值为3.05，标准差为0.48（见表9－15－2）。

表 9-15-2　较低收入被试的危机压力总体描述统计

项目	*N*	极小值	极大值	均值	标准差
危机压力总分	**1572**	**8.33**	**27.00**	**16.4672**	**2.65504**
政治危机压力	1583	1.00	5.00	2.5675	.64497
经济危机压力	1580	1.00	5.00	2.2806	.69339
社会危机压力	1581	1.00	5.00	2.7989	.71749
文化危机压力	1580	1.00	4.75	2.7296	.60077
生态危机压力	1582	1.00	5.00	3.0445	.89614
国际压力	1581	1.00	5.00	3.0491	.48484
有效的 *N*	1572				

调查结果显示，中低收入被试危机压力的总体得分在 7.67—24.83 之间，均值为 16.66，标准差为 2.75。在六种危机压力中，中低收入被试的政治危机压力得分在 1.00—4.67 分之间，均值为 2.54，标准差为 0.66；经济危机压力得分在 1.00—4.67 分之间，均值为 2.37，标准差为 0.70；社会危机压力得分在 1.00—5.00 分之间，均值为 2.86，标准差为 0.73；文化危机压力得分在 1.00—5.00 分之间，均值为 2.76，标准差为 0.63；生态危机压力得分在 1.00—5.00 分之间，均值为 3.11，标准差为 0.86；国际压力得分在 1.00—4.67 分之间，均值为 3.02，标准差为 0.50（见表 9-15-3）。

表 9-15-3　中低收入被试的危机压力总体描述统计

项目	*N*	极小值	极大值	均值	标准差
危机压力总分	**1234**	**7.67**	**24.83**	**16.6576**	**2.75438**
政治危机压力	1238	1.00	4.67	2.5361	.65559
经济危机压力	1237	1.00	4.67	2.3711	.69919
社会危机压力	1236	1.00	5.00	2.8608	.73230
文化危机压力	1236	1.00	5.00	2.7575	.62626
生态危机压力	1237	1.00	5.00	3.1083	.86490
国际压力	1238	1.00	4.67	3.0226	.49757
有效的 *N*	1234				

调查结果显示，中高收入被试危机压力的总体得分在 7. 33—24. 75 之间，均值为 16. 75，标准差为 2. 79。在六种危机压力中，中高收入被试的政治危机压力得分在 1. 00—4. 33 分之间，均值为 2. 51，标准差为 0. 65；经济危机压力得分在 1. 00—5. 00 分之间，均值为 2. 42，标准差为 0. 73；社会危机压力得分在 1. 00—5. 00 分之间，均值为 2. 87，标准差为 0. 74；文化危机压力得分在 1. 00—4. 25 分之间，均值为 2. 72，标准差为 0. 61；生态危机压力得分在 1. 00—5. 00 分之间，均值为 3. 21，标准差为 0. 88；国际压力得分在 1. 00—4. 67 分之间，均值为 3. 03，标准差为 0. 51（见表 9 – 15 – 4）。

表 9 – 15 – 4　　**中高收入被试的危机压力总体描述统计**

项目	*N*	极小值	极大值	均值	标准差
危机压力总分	**685**	**7. 33**	**24. 75**	**16. 7516**	**2. 79327**
政治危机压力	689	1. 00	4. 33	2. 5046	. 64701
经济危机压力	689	1. 00	5. 00	2. 4224	. 72968
社会危机压力	689	1. 00	5. 00	2. 8723	. 73629
文化危机压力	687	1. 00	4. 25	2. 7198	. 60737
生态危机压力	689	1. 00	5. 00	3. 2066	. 87552
国际压力	687	1. 00	4. 67	3. 0296	. 50517
有效的 *N*	685				

调查结果显示，较高收入被试危机压力的总体得分在 9. 00—22. 67 之间，均值为 16. 41，标准差为 2. 87。在六种危机压力中，较高收入被试的政治危机压力得分在 1. 00—4. 67 分之间，均值为 2. 49，标准差为 0. 70；经济危机压力得分在 1. 00—5. 00 分之间，均值为 2. 34，标准差为 0. 68；社会危机压力得分在 1. 00—5. 00 分之间，均值为 2. 81，标准差为 0. 76；文化危机压力得分在 1. 00—5. 00 分之间，均值为 2. 73，标准差为 0. 64；生态危机压力得分在 1. 00—5. 00 分之间，均值为 3. 02，标准差为 0. 90；国际压力得分在 1. 67—4. 67 分之间，均值为 3. 02，标准差为 0. 48（见表 9 – 15 – 5）。

表 9－15－5　　较高收入被试的危机压力总体描述统计

项目	N	极小值	极大值	均值	标准差
危机压力总分	**426**	**9.00**	**22.67**	**16.4047**	**2.87220**
政治危机压力	426	1.00	4.67	2.4914	.69512
经济危机压力	428	1.00	5.00	2.3372	.67961
社会危机压力	428	1.00	5.00	2.8053	.76175
文化危机压力	428	1.00	5.00	2.7290	.63594
生态危机压力	428	1.00	5.00	3.0241	.90345
文化危机压力	1580	1.00	4.75	2.7296	.60077
国际压力	428	1.67	4.67	3.0210	.47888
有效的 N	426				

调查结果显示，高收入被试危机压力的总体得分在 9.58—25.33 之间，均值为 16.66，标准差为 2.87。在六种危机压力中，高收入被试的政治危机压力得分在 1.00—4.00 分之间，均值为 2.46，标准差为 0.64；经济危机压力得分在 1.00—5.00 分之间，均值为 2.33，标准差为 0.70；社会危机压力得分在 1.00—5.00 分之间，均值为 2.87，标准差为 0.77；文化危机压力得分在 1.25—4.25 分之间，均值为 2.76，标准差为 0.63；生态危机压力得分在 1.00—5.00 分之间，均值为 3.17，标准差为 0.92；国际压力得分在 1.67—5.00 分之间，均值为 3.06，标准差为 0.52（见表9－15－6）。

表 9－15－6　　高收入被试的危机压力总体描述统计

项目	N	极小值	极大值	均值	标准差
危机压力总分	**184**	**9.58**	**25.33**	**16.6581**	**2.87220**
政治危机压力	185	1.00	4.00	2.4559	.64316
经济危机压力	187	1.00	5.00	2.3298	.70073
社会危机压力	187	1.00	5.00	2.8699	.77386
文化危机压力	186	1.25	4.25	2.7648	.62987
生态危机压力	187	1.00	5.00	3.1658	.91540
国际压力	187	1.67	5.00	3.0588	.52487
有效的 N	184				

从六种危机压力由高到低的得分排序看，低收入、中低收入、中高收入、较高收入、高收入被试都是生态危机压力第一，国际压力第二，社会危机压力第三，文化危机压力第四，政治危机压力第五，经济危机压力第六；只有较低收入被试是国际压力第一，生态危机压力第二，社会危机压力第三，文化危机压力第四，政治危机压力第五，经济危机压力第六（前两位排序有所不同）。

（二）不同收入被试的政治危机压力比较

对不同收入被试政治危机压力的差异性进行方差分析（见表9－16－1、表9－16－2、表9－16－3和图9－8），显示不同收入被试的政治危机压力得分之间差异显著，$F=5.248$，$p<0.001$，具体表现是：低收入被试（$M=2.61$，$SD=0.64$）的得分显著高于中低收入被试（$M=2.54$，$SD=0.66$）、中高收入被试（$M=2.50$，$SD=0.65$）、较高收入被试（$M=2.49$，$SD=0.70$）和高收入被试（$M=2.46$，$SD=0.64$），与较低收入被试（$M=2.57$，$SD=0.64$）之间的得分差异不显著。较低收入被试的得分显著高于中高收入、较高收入、高收入被试，与中低收入被试之间的得分差异不显著。中低收入被试与中高收入、较高收入、高收入被试之间的得分差异不显著。中高收入被试与较高收入、高收入被试之间的得分差异不显著。较高收入被试与高收入被试之间的得分差异不显著。

表9－16－1　　不同收入被试政治危机压力得分的差异比较

项目		N	均值	标准差	标准误	均值的95%置信区间		极小值	极大值
						下限	上限		
政治危机压力	低收入	2013	2.6054	.63849	.01423	2.5775	2.6333	1.00	5.00
	较低收入	1583	2.5675	.64497	.01621	2.5357	2.5993	1.00	5.00
	中低收入	1238	2.5361	.65559	.01863	2.4995	2.5726	1.00	4.67
	中高收入	689	2.5046	.64701	.02465	2.4562	2.5530	1.00	4.33
	较高收入	426	2.4914	.69512	.03368	2.4252	2.5576	1.00	4.67
	高收入	185	2.4559	.64316	.04729	2.3626	2.5491	1.00	4.00
	总数	6134	2.5579	.64991	.00830	2.5416	2.5741	1.00	5.00

表 9－16－2 不同收入被试政治危机压力得分的方差分析结果

项目		平方和	*df*	均方	*F*	显著性
政治危机压力	组间	11.045	5	2.209	5.248	.000
	组内	2579.465	6128	.421		
	总数	2590.510	6133			

表 9－16－3 不同收入被试政治危机压力得分的多重比较

因变量	(I) 收入	(J) 收入	均值差 (I－J)	标准误	显著性	95%置信区间	
						下限	上限
政治危机压力	低收入	较低收入	.03791	.02179	.082	－.0048	.0806
		中低收入	.06932*	.02343	.003	.0234	.1153
		中高收入	.10080*	.02864	.000	.0447	.1569
		较高收入	.11401*	.03460	.001	.0462	.1818
		高收入	.14954*	.04984	.003	.0518	.2473
	较低收入	低收入	－.03791	.02179	.082	－.0806	.0048
		中低收入	.03141	.02462	.202	－.0168	.0797
		中高收入	.06289*	.02961	.034	.0048	.1209
		较高收入	.07610*	.03541	.032	.0067	.1455
		高收入	.11163*	.05041	.027	.0128	.2105
	中低收入	低收入	－.06932*	.02343	.003	－.1153	－.0234
		较低收入	－.03141	.02462	.202	－.0797	.0168
		中高收入	.03148	.03084	.307	－.0290	.0919
		较高收入	.04469	.03644	.220	－.0268	.1161
		高收入	.08022	.05114	.117	－.0200	.1805
	中高收入	低收入	－.10080*	.02864	.000	－.1569	－.0447
		较低收入	－.06289*	.02961	.034	－.1209	－.0048
		中低收入	－.03148	.03084	.307	－.0919	.0290
		较高收入	.01320	.03999	.741	－.0652	.0916
		高收入	.04874	.05372	.364	－.0566	.1541

续表

因变量	(I) 收入	(J) 收入	均值差 (I-J)	标准误	显著性	95%置信区间	
						下限	上限
政治危机压力	较高收入	低收入	-.11401*	.03460	.001	-.1818	-.0462
		较低收入	-.07610*	.03541	.032	-.1455	-.0067
		中低收入	-.04469	.03644	.220	-.1161	.0268
		中高收入	-.01320	.03999	.741	-.0916	.0652
		高收入	.03554	.05713	.534	-.0765	.1475
	高收入	低收入	-.14954*	.04984	.003	-.2473	-.0518
		较低收入	-.11163*	.05041	.027	-.2105	-.0128
		中低收入	-.08022	.05114	.117	-.1805	.0200
		中高收入	-.04874	.05372	.364	-.1541	.0566
		较高收入	-.03554	.05713	.534	-.1475	.0765

*. 均值差的显著性水平为 0.05。

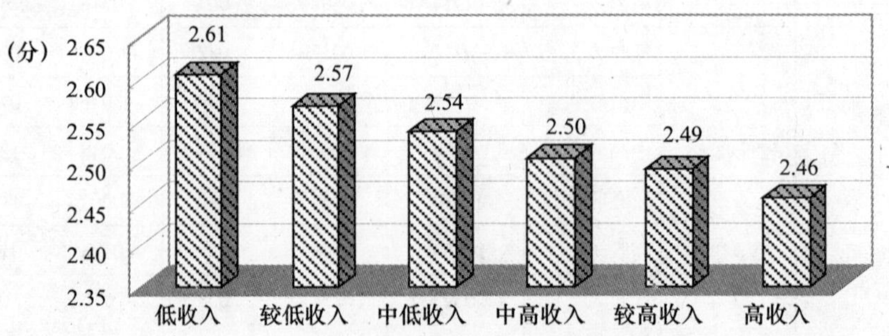

图 9-8　不同收入被试政治危机压力的得分比较

不同收入被试对可能引发政治危机因素的看法（见表 9-17），第一选择排在第一位至第三位的，低收入、较低收入、较高收入被试是“党和政府出现重大决策失误”、“经济危机”、“政治腐败愈演愈烈”，中低收入、中高收入、高收入被试是“党和政府出现重大决策失误”、“政治腐败愈演愈烈”、“经济危机”；总提及频率不同收入被试排在第一位的都是“政治腐败愈演愈烈”，排在第二、三位的，低收入、较低收入被试是“经济危机”、“党和政府出现重大决策失误”，中低收入、中高收入、较高收入被试是“党和政府出现重大决策失误”、“经济危机”，高收入被试是“党和政府出现重大决策失误”、“社会矛盾激化”。

表 9 - 17　　不同收入被试对可能引发政治危机因素的看法

选项	低收入				较低收入			
	第一选择		总提及频率		第一选择		总提及频率	
	频率	百分比	频率	百分比	频率	百分比	频率	百分比
重大决策失误	777	38.73	1119	18.72	597	37.76	891	18.84
国外势力颠覆	195	9.72	730	12.21	173	10.94	641	13.55
经济危机	497	24.77	1175	19.66	345	21.82	925	19.56
民族问题激化	63	3.14	476	7.96	48	3.04	328	6.93
社会矛盾激化	157	7.83	976	16.33	116	7.34	751	15.88
宗教问题激化	24	1.20	272	4.55	17	1.07	171	3.61
政治腐败严重	293	14.61	1230	20.57	285	18.03	1023	21.63
合计	2006	100.00	5978	100.00	1581	100.00	4730	100.00
选项	中低收入				中高收入			
重大决策失误	481	38.92	725	19.59	270	39.19	396	19.17
国外势力颠覆	134	10.84	491	13.27	68	9.87	291	14.08
经济危机	230	18.61	676	18.26	120	17.41	364	17.62
民族问题激化	38	3.07	275	7.43	15	2.18	134	6.49
社会矛盾激化	102	8.25	567	15.32	66	9.58	347	16.80
宗教问题激化	11	0.89	132	3.57	6	0.87	53	2.56
政治腐败严重	240	19.42	835	22.56	144	20.90	481	23.28
合计	1236	100.00	3701	100.00	689	100.00	2066	100.00
选项	较高收入				高收入			
重大决策失误	177	41.36	260	20.28	79	42.25	121	21.57
国外势力颠覆	37	8.64	166	12.95	13	6.95	58	10.34
经济危机	80	18.69	243	18.95	23	12.30	92	16.40
民族问题激化	11	2.57	70	5.46	11	5.88	39	6.95
社会矛盾激化	44	10.28	211	16.46	20	10.70	94	16.75
宗教问题激化	2	0.47	35	2.73	3	1.60	18	3.21
政治腐败严重	77	17.99	297	23.17	38	20.32	139	24.78
合计	428	100.00	1282	100.00	187	100.00	561	100.00

（三）不同收入被试的经济危机压力比较

对不同收入被试经济危机压力的差异性进行方差分析（见表 9 - 18 -

1、表9－18－2、表9－18－3和图9－9)，显示不同收入被试的经济危机压力得分之间差异显著，$F=7.622$，$p<0.001$，具体表现是：低收入被试（$M=2.27$，$SD=0.70$）的得分显著低于中低收入被试（$M=2.37$，$SD=0.70$）和中高收入被试（$M=2.42$，$SD=0.73$)，与较低收入被试（$M=2.28$，$SD=0.69$)、较高收入被试（$M=2.34$，$SD=0.68$)、高收入被试（$M=2.33$，$SD=0.70$）之间的得分差异不显著。较低收入被试的得分显著低于中低收入、中高收入被试，与较高收入、高收入被试之间的得分差异不显著。中低收入被试与中高收入、较高收入、高收入被试之间的得分差异不显著。中高收入被试的得分显著高于较高收入被试，与高收入被试之间的得分差异不显著。较高收入被试与高收入被试之间的得分差异不显著。

表9－18－1　　不同收入被试经济危机压力得分的差异比较

项目		N	均值	标准差	标准误	均值的95%置信区间		极小值	极大值
						下限	上限		
经济危机压力	低收入	2013	2.2664	.70079	.01562	2.2358	2.2971	1.00	5.00
	较低收入	1580	2.2806	.69339	.01744	2.2464	2.3148	1.00	5.00
	中低收入	1237	2.3711	.69919	.01988	2.3321	2.4101	1.00	4.67
	中高收入	689	2.4224	.72968	.02780	2.3678	2.4769	1.00	5.00
	较高收入	428	2.3372	.67961	.03285	2.2727	2.4018	1.00	5.00
	高收入	187	2.3298	.70073	.05124	2.2287	2.4309	1.00	5.00
	总数	6134	2.3156	.70231	.00897	2.2980	2.3331	1.00	5.00

表9－18－2　　不同收入被试经济危机压力得分的方差分析结果

项目		平方和	df	均方	F	显著性
经济危机压力	组间	18.696	5	3.739	7.622	.000
	组内	3006.367	6128	.491		
	总数	3025.063	6133			

表 9-18-3　　不同收入被试经济危机压力得分的多重比较

因变量	(I) 收入	(J) 收入	均值差 (I-J)	标准误	显著性	95%置信区间	
						下限	上限
经济危机压力	低收入	较低收入	-.01416	.02354	.548	-.0603	.0320
		中低收入	-.10462*	.02530	.000	-.1542	-.0550
		中高收入	-.15592*	.03092	.000	-.2165	-.0953
		较高收入	-.07079	.03728	.058	-.1439	.0023
		高收入	-.06333	.05355	.237	-.1683	.0416
	较低收入	低收入	.01416	.02354	.548	-.0320	.0603
		中低收入	-.09047*	.02659	.001	-.1426	-.0383
		中高收入	-.14176*	.03198	.000	-.2044	-.0791
		较高收入	-.05664	.03817	.138	-.1315	.0182
		高收入	-.04918	.05417	.364	-.1554	.0570
	中低收入	低收入	.10462*	.02530	.000	.0550	.1542
		较低收入	.09047*	.02659	.001	.0383	.1426
		中高收入	-.05129	.03330	.123	-.1166	.0140
		较高收入	.03383	.03928	.389	-.0432	.1108
		高收入	.04129	.05496	.452	-.0664	.1490
	中高收入	低收入	.15592*	.03092	.000	.0953	.2165
		较低收入	.14176*	.03198	.000	.0791	.2044
		中低收入	.05129	.03330	.123	-.0140	.1166
		较高收入	.08512*	.04311	.048	.0006	.1696
		高收入	.09258	.05775	.109	-.0206	.2058
	较高收入	低收入	.07079	.03728	.058	-.0023	.1439
		较低收入	.05664	.03817	.138	-.0182	.1315
		中低收入	-.03383	.03928	.389	-.1108	.0432
		中高收入	-.08512*	.04311	.048	-.1696	-.0006
		高收入	.00746	.06140	.903	-.1129	.1278
	高收入	低收入	.06333	.05355	.237	-.0416	.1683
		较低收入	.04918	.05417	.364	-.0570	.1554
		中低收入	-.04129	.05496	.452	-.1490	.0664
		中高收入	-.09258	.05775	.109	-.2058	.0206
		较高收入	-.00746	.06140	.903	-.1278	.1129

*. 均值差的显著性水平为 0.05。

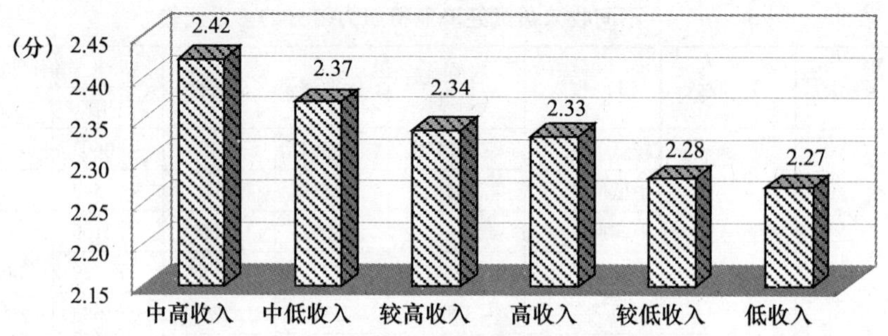

图9－9　不同收入被试经济危机压力的得分比较

不同收入被试对可能引发经济危机因素的看法有所不同（见表9－19），第一选择排在第一位至第三位的，低收入、较低收入被试是“公民收入差距过大”、“房市、股市崩盘”、“党和政府出现重大经济决策失误”，中低收入、中高收入、较高收入被试是“房市、股市崩盘”、“公民收入差距过大”、“党和政府出现重大经济决策失误”，高收入被试是“房市、股市崩盘”、“党和政府出现重大经济决策失误”、“公民收入差距过大”（第一至三位的排序不同）；总提及频率排在第一位至第三位的，低收入被试是“公民收入差距过大”、“物价快速上涨”、“党和政府出现重大经济决策失误”，较低收入、中低收入被试是“物价快速上涨”、“公民收入差距过大”、“党和政府出现重大经济决策失误”，中高收入被试是“公民收入差距过大”、“物价快速上涨”、“党和政府出现重大经济决策失误”，较高收入、高收入被试是“物价快速上涨”、“公民收入差距过大”、“房市、股市崩盘”（第一位至第三位的排序不同）。

表9－19　不同收入被试对可能引发经济危机因素的看法

选项	低收入				较低收入			
	第一选择		总提及频率		第一选择		总提及频率	
	频率	百分比	频率	百分比	频率	百分比	频率	百分比
房市股市崩盘	407	20.27	628	10.48	377	23.82	589	12.43
经济决策失误	377	18.77	886	14.79	297	18.76	645	13.61
收入差距过大	679	33.81	1379	23.03	456	28.81	1069	22.56
国际金融危机	144	7.17	735	12.27	125	7.90	577	12.17

续表

选项	低收入				较低收入			
	第一选择		总提及频率		第一选择		总提及频率	
	频率	百分比	频率	百分比	频率	百分比	频率	百分比
政府债务	72	3.59	389	6.50	52	3.28	320	6.75
物价快速上涨	222	11.06	1335	22.29	216	13.64	1089	22.98
经济增速急减	107	5.33	637	10.64	60	3.79	450	9.50
合计	2008	100.00	5989	100.00	1583	100.00	4739	100.00
选项	中低收入				中高收入			
房市股市崩盘	348	28.22	508	13.74	190	27.58	295	14.30
经济决策失误	242	19.63	550	14.87	137	19.88	327	15.85
收入差距过大	317	25.71	800	21.63	183	26.56	460	22.30
国际金融危机	71	5.76	396	10.71	45	6.53	214	10.37
政府债务	41	3.33	234	6.33	23	3.34	133	6.45
物价快速上涨	129	10.46	844	22.82	71	10.3	447	21.67
经济增速急减	85	6.89	366	9.90	40	5.81	187	9.06
合计	1233	100.00	3698	100.00	689	100.00	2063	100.00
选项	较高收入				高收入			
房市股市崩盘	150	35.05	223	17.39	68	36.36	99	17.65
经济决策失误	68	15.89	184	14.35	38	20.32	88	15.68
收入差距过大	109	25.47	275	21.45	37	19.79	104	18.54
国际金融危机	22	5.14	131	10.22	5	2.67	47	8.38
政府债务	12	2.80	79	6.16	12	6.42	45	8.02
物价快速上涨	48	11.21	278	21.69	19	10.16	132	23.53
经济增速急减	19	4.44	112	8.74	8	4.28	46	8.20
合计	428	100.00	1282	100.00	187	100.00	561	100.00

（四）不同收入被试的社会危机压力比较

对不同收入被试社会危机压力的差异性进行方差分析（见表9－20－1、表9－20－2和图9－10），结果显示不同收入被试在社会危机压力上的表现差异不显著。

表9－20－1 不同收入被试社会危机压力得分的差异比较

项目		N	均值	标准差	标准误	均值的95%置信区间		极小值	极大值
						下限	上限		
社会危机压力	低收入	2016	2.8333	.67415	.01501	2.8039	2.8628	1.00	5.00
	较低收入	1581	2.7989	.71749	.01804	2.7635	2.8343	1.00	5.00
	中低收入	1236	2.8608	.73230	.02083	2.8200	2.9017	1.00	5.00
	中高收入	689	2.8723	.73629	.02805	2.8172	2.9274	1.00	5.00
	较高收入	428	2.8053	.76175	.03682	2.7329	2.8777	1.00	5.00
	高收入	187	2.8699	.77386	.05659	2.7582	2.9815	1.00	5.00
	总数	6137	2.8335	.71399	.00911	2.8157	2.8514	1.00	5.00

表9－20－2 不同收入被试社会危机压力得分的方差分析结果

项目		平方和	df	均方	F	显著性
社会危机压力	组间	4.445	5	.889	1.745	.121
	组内	3123.583	6131	.509		
	总数	3128.028	6136			

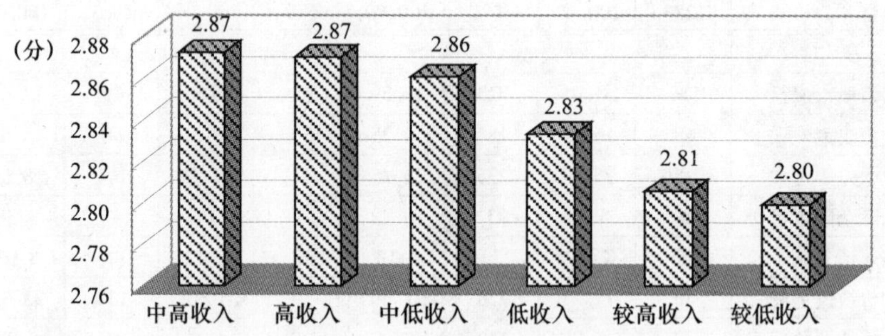

图9－10 不同收入被试社会危机压力的得分比较

不同收入被试对可能引发社会危机因素的看法（见表9－21），第一选择排在第一位的都是“城乡差距”，排在第二位和第三位的，低收入被试是“公民地位不平等”、“贫富差距”，较低收入、中低收入、中高收入、较高收入、高收入被试都是“贫富差距”、“公民地位不平等”；总提及频率不同收入被试排在第一位的都是“贫富差距”，排在第二位和第三位的，低收入、较低收入被试是“城乡差距”、“公民地位不平等”，中低收入、较高收入被试是“公民地位不平等”、“收入分配不公”，中高收入、高收入被试是“收入分配不公”、“公民地位不平等”。

表9－21　　　不同收入被试对可能引发社会危机因素的看法

选项	低收入				较低收入			
	第一选择		总提及频率		第一选择		总提及频率	
	频率	百分比	频率	百分比	频率	百分比	频率	百分比
城乡差距	757	37.66	1025	17.08	478	30.20	673	14.19
干群矛盾	192	9.55	559	9.31	149	9.41	426	8.98
公民地位不平等	333	16.57	851	14.18	277	17.50	673	14.19
民族矛盾	81	4.03	327	5.45	59	3.73	259	5.46
贫富差距	330	16.42	1175	19.58	325	20.53	968	20.41
区域差距	25	1.24	232	3.87	20	1.26	192	4.05
司法不公	125	6.22	568	9.47	125	7.90	491	10.36
收入分配不公	67	3.33	676	11.26	90	5.68	665	14.03
土地问题	82	4.08	437	7.28	44	2.78	285	6.01
宗教冲突	18	0.90	151	2.52	16	1.01	110	2.32
合计	2010	100.00	6001	100.00	1583	100.00	4742	100.00
选项	中低收入				中高收入			
城乡差距	348	28.16	477	12.87	190	27.58	261	12.65
干群矛盾	107	8.66	350	9.45	59	8.56	193	9.36
公民地位不平等	235	19.01	565	15.25	113	16.40	295	14.30
民族矛盾	35	2.83	167	4.51	29	4.21	104	5.04
贫富差距	270	21.84	758	20.46	149	21.63	404	19.58
区域差距	15	1.21	135	3.64	13	1.89	87	4.22
司法不公	100	8.09	433	11.69	67	9.72	276	13.38
收入分配不公	87	7.04	559	15.09	47	6.82	300	14.54
土地问题	30	2.43	183	4.94	16	2.32	93	4.51
宗教冲突	9	0.73	78	2.10	6	0.87	50	2.42
合计	1236	100.00	3705	100.00	689	100.00	2063	100.00
选项	较高收入				高收入			
城乡差距	120	28.04	157	12.24	49	26.20	63	11.23
干群矛盾	40	9.35	112	8.73	14	7.49	51	9.09
公民地位不平等	79	18.46	203	15.82	40	21.39	85	15.15
民族矛盾	7	1.63	63	4.91	5	2.67	28	4.99
贫富差距	104	24.30	279	21.75	41	21.93	112	19.96
区域差距	8	1.87	49	3.82	4	2.14	19	3.39
司法不公	37	8.64	159	12.39	19	10.16	72	12.83
收入分配不公	20	4.67	187	14.58	7	3.74	89	15.87
土地问题	8	1.87	51	3.97	5	2.67	28	4.99
宗教冲突	5	1.17	23	1.79	3	1.61	14	2.50
合计	428	100.00	1283	100.00	187	100.00	561	100.00

（五）不同收入被试的文化危机压力比较

对不同收入被试文化危机压力的差异性进行方差分析（见表 9 – 22 – 1、表 9 – 22 – 2、表 9 – 22 – 3 和图 9 – 11），结果显示：不同收入被试在文化危机压力方面的差异显著，$F = 2.968$，$p < 0.05$，低收入被试（$M = 2.80$，$SD = 0.59$）的得分显著低于较低收入被试（$M = 2.73$，$SD = 0.60$）、中高收入被试（$M = 2.72$，$SD = 0.61$）和较高收入被试（$M = 2.73$，$SD = 0.64$），与中低收入被试（$M = 2.76$，$SD = 0.63$）、高收入被试（$M = 2.76$，$SD = 0.63$）之间的得分差异不显著；另五种收入被试两两之间的得分差异均未达到显著水平。

表 9 – 22 – 1　　**不同收入被试文化危机压力得分的差异比较**

项目		N	均值	标准差	标准误	均值的 95% 置信区间		极小值	极大值
						下限	上限		
文化危机压力	低收入	2011	2.7954	.58741	.01310	2.7697	2.8211	1.00	5.00
	较低收入	1580	2.7296	.60077	.01511	2.6999	2.7592	1.00	4.75
	中低收入	1236	2.7575	.62626	.01781	2.7225	2.7924	1.00	5.00
	中高收入	687	2.7198	.60737	.02317	2.6743	2.7653	1.00	4.25
	较高收入	428	2.7290	.63594	.03074	2.6686	2.7894	1.00	5.00
	高收入	186	2.7648	.62987	.04618	2.6737	2.8559	1.25	4.25
	总数	6128	2.7567	.60632	.00775	2.7415	2.7719	1.00	5.00

表 9 – 22 – 2　　**不同收入被试文化危机压力得分的方差分析结果**

项目		平方和	df	均方	F	显著性
文化危机压力	组间	5.447	5	1.089	2.968	.011
	组内	2246.963	6122	.367		
	总数	2252.410	6127			

表 9-22-3 不同收入被试文化危机压力得分的多重比较

因变量	(I) 收入	(J) 收入	均值差 (I-J)	标准误	显著性	95% 置信区间	
						下限	上限
文化危机压力	低收入	较低收入	.06579*	.02037	.001	.0259	.1057
		中低收入	.03789	.02190	.084	-.0050	.0808
		中高收入	.07558*	.02677	.005	.0231	.1281
		较高收入	.06640*	.03225	.040	.0032	.1296
		高收入	.03059	.04643	.510	-.0604	.1216
	较低收入	低收入	-.06579*	.02037	.001	-.1057	-.0259
		中低收入	-.02790	.02301	.225	-.0730	.0172
		中高收入	.00979	.02769	.724	-.0445	.0641
		较高收入	.00062	.03301	.985	-.0641	.0653
		高收入	-.03520	.04696	.454	-.1273	.0569
	中低收入	低收入	-.03789	.02190	.084	-.0808	.0050
		较低收入	.02790	.02301	.225	-.0172	.0730
		中高收入	.03769	.02883	.191	-.0188	.0942
		较高收入	.02851	.03398	.401	-.0381	.0951
		高收入	-.00730	.04765	.878	-.1007	.0861
	中高收入	低收入	-.07558*	.02677	.005	-.1281	-.0231
		较低收入	-.00979	.02769	.724	-.0641	.0445
		中低收入	-.03769	.02883	.191	-.0942	.0188
		较高收入	-.00918	.03731	.806	-.0823	.0640
		高收入	-.04499	.05008	.369	-.1432	.0532
	较高收入	低收入	-.06640*	.03225	.040	-.1296	-.0032
		较低收入	-.00062	.03301	.985	-.0653	.0641
		中低收入	-.02851	.03398	.401	-.0951	.0381
		中高收入	.00918	.03731	.806	-.0640	.0823
		高收入	-.03581	.05321	.501	-.1401	.0685
	高收入	低收入	-.03059	.04643	.510	-.1216	.0604
		较低收入	.03520	.04696	.454	-.0569	.1273
		中低收入	.00730	.04765	.878	-.0861	.1007
		中高收入	.04499	.05008	.369	-.0532	.1432
		较高收入	.03581	.05321	.501	-.0685	.1401

*. 均值差的显著性水平为 0.05。

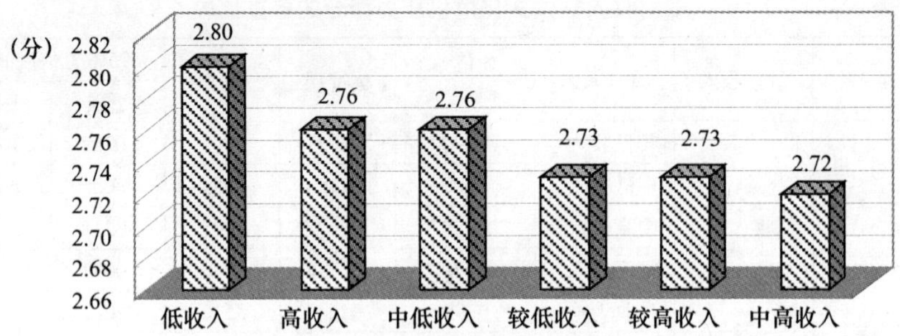

图 9－11　不同收入被试文化危机压力的得分比较

（六）不同收入被试的生态危机压力比较

对不同收入被试生态危机压力的差异性进行方差分析（见表 9－23－1、表 9－23－2、表 9－23－3 和图 9－12），显示不同收入被试的生态危机压力得分之间差异显著，$F=5.312$，$p<0.001$，具体表现是：低收入被试（$M=3.04$，$SD=0.86$）的得分显著低于中低收入被试（$M=3.11$，$SD=0.86$）和中高收入被试（$M=3.21$，$SD=0.88$），与较低收入被试（$M=3.04$，$SD=0.90$）、较高收入被试（$M=3.02$，$SD=0.90$）、高收入被试（$M=3.17$，$SD=0.92$）之间的得分差异不显著。较低收入被试的得分显著低于中高收入被试，与中低收入、较高收入、高收入被试之间的得分差异不显著。中低收入被试的得分显著低于中高收入被试，与较高收入、高收入被试之间的得分差异不显著。中高收入被试的得分显著高于较高收入被试，与高收入被试之间的得分差异不显著。较高收入被试与高收入被试之间的得分差异不显著。

表 9－23－1　　不同收入被试生态危机压力得分的差异比较

项目		N	均值	标准差	标准误	均值的 95% 置信区间		极小值	极大值
						下限	上限		
生态危机压力	低收入	2016	3.0369	.85555	.01905	2.9995	3.0742	1.00	5.00
	较低收入	1582	3.0445	.89614	.02253	3.0003	3.0887	1.00	5.00
	中低收入	1237	3.1083	.86490	.02459	3.0601	3.1566	1.00	5.00

续表

项目		N	均值	标准差	标准误	均值的95%置信区间		极小值	极大值
						下限	上限		
生态危机压力	中高收入	689	3.2066	.87552	.03335	3.1411	3.2721	1.00	5.00
	较高收入	428	3.0241	.90345	.04367	2.9383	3.1100	1.00	5.00
	高收入	187	3.1658	.91540	.06694	3.0337	3.2978	1.00	5.00
	总数	6139	3.0753	.87704	.01119	3.0534	3.0973	1.00	5.00

表9-23-2　　不同收入被试生态危机压力得分的方差分析结果

项目		平方和	df	均方	F	显著性
生态危机压力	组间	20.356	5	4.071	5.312	.000
	组内	4700.936	6133	.766		
	总数	4721.292	6138			

表9-23-3　　不同收入被试文化生态压力得分的多重比较

因变量	(I) 收入	(J) 收入	均值差(I-J)	标准误	显著性	95%置信区间	
						下限	上限
生态危机压力	低收入	较低收入	-.00759	.02941	.796	-.0652	.0501
		中低收入	-.07145*	.03162	.024	-.1334	-.0095
		中高收入	-.16971*	.03864	.000	-.2454	-.0940
		较高收入	.01273	.04659	.785	-.0786	.1041
		高收入	-.12890	.06693	.054	-.2601	.0023
	较低收入	低收入	.00759	.02941	.796	-.0501	.0652
		中低收入	-.06387	.03323	.055	-.1290	.0013
		中高收入	-.16212*	.03996	.000	-.2405	-.0838
		较高收入	.02032	.04770	.670	-.0732	.1138
		高收入	-.12132	.06770	.073	-.2540	.0114
	中低收入	低收入	.07145*	.03162	.024	.0095	.1334
		较低收入	.06387	.03323	.055	-.0013	.1290
		中高收入	-.09825*	.04162	.018	-.1798	-.0167
		较高收入	.08418	.04910	.086	-.0121	.1804
		高收入	-.05745	.06869	.403	-.1921	.0772
	中高收入	低收入	.16971*	.03864	.000	.0940	.2454
		较低收入	.16212*	.03996	.000	.0838	.2405
		中低收入	.09825*	.04162	.018	.0167	.1798
		较高收入	.18244*	.05388	.001	.0768	.2881
		高收入	.04080	.07219	.572	-.1007	.1823

续表

因变量	(I) 收入	(J) 收入	均值差 (I-J)	标准误	显著性	95%置信区间	
						下限	上限
生态危机压力	较高收入	低收入	-.01273	.04659	.785	-.1041	.0786
		较低收入	-.02032	.04770	.670	-.1138	.0732
		中低收入	-.08418	.04910	.086	-.1804	.0121
		中高收入	-.18244*	.05388	.001	-.2881	-.0768
		高收入	-.14163	.07675	.065	-.2921	.0088
	高收入	低收入	.12890	.06693	.054	-.0023	.2601
		较低收入	.12132	.06770	.073	-.0114	.2540
		中低收入	.05745	.06869	.403	-.0772	.1921
		中高收入	-.04080	.07219	.572	-.1823	.1007
		较高收入	.14163	.07675	.065	-.0088	.2921

*. 均值差的显著性水平为 0.05。

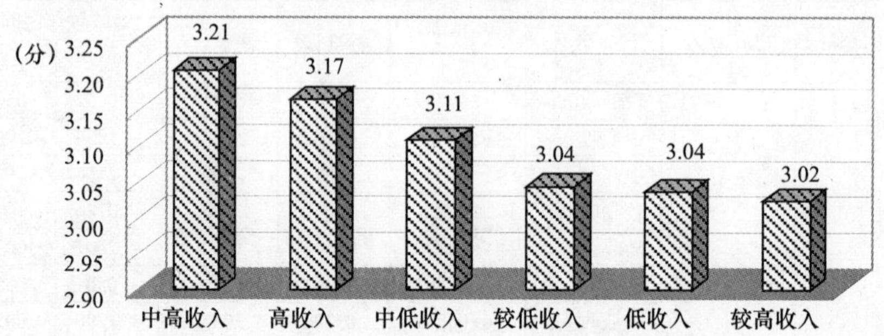

图 9-12 不同收入被试生态危机压力的得分比较

不同收入被试对可能引发生态危机因素的看法（见表 9-24），第一选择排在第一位的都是“国民的环境保护意识较弱”，排在第二位和第三位的，较低收入、中低收入、高收入被试是“环境污染事故”、“人口过快增长”，低收入被试是“人口过快增长”、“环境污染事故”，较高收入被试是“环境污染事故”、“生产性污染”；总提及频率不同收入被试排在第一位的都是“国民的环境保护意识较弱”，排在第二位和第三位的，低收入、较低收入、较高收入被试是“生产性污染”、“环境污染事故”，中低收入、中高收入被试是“环境污染事故”、“生产性污染”，高收入被试是“环境污染事故”、“环保投入不足”。

表 9－24　　不同收入被试对可能引发生态危机因素的看法

选项	低收入				较低收入			
	第一选择		总提及频率		第一选择		总提及频率	
	频率	百分比	频率	百分比	频率	百分比	频率	百分比
环保意识弱	763	37.90	1070	17.82	618	39.07	902	19.01
环境污染事故	292	14.51	814	13.56	243	15.36	694	14.63
人口过快增长	309	15.35	730	12.16	215	13.59	476	10.03
生产性污染	184	9.14	823	13.71	162	10.24	740	15.60
生活性污染	189	9.39	807	13.44	146	9.23	637	13.43
突发性传染病	43	2.14	391	6.51	23	1.45	263	5.54
重大自然灾害	141	7.00	707	11.77	104	6.57	515	10.86
环保投入不足	92	4.57	662	11.03	71	4.49	517	10.90
合计	2013	100.00	6004	100.00	1582	100.00	4744	100.00
选项	中低收入				中高收入			
环保意识弱	505	40.82	730	19.68	293	42.53	430	20.82
环境污染事故	187	15.12	592	15.96	109	15.82	337	16.31
人口过快增长	152	12.29	366	9.86	68	9.87	187	9.05
生产性污染	114	9.21	540	14.56	69	10.01	305	14.76
生活性污染	109	8.81	469	12.64	64	9.29	249	12.05
突发性传染病	20	1.62	188	5.07	6	0.87	106	5.13
重大自然灾害	82	6.63	376	10.13	36	5.22	176	8.52
环保投入不足	68	5.50	449	12.10	44	6.39	276	13.36
合计	1237	100.00	3710	100.00	689	100.00	2066	100.00
选项	较高收入				高收入			
环保意识弱	187	43.79	267	20.81	85	45.70	120	21.47
环境污染事故	63	14.75	183	14.26	25	13.44	86	15.38
人口过快增长	42	9.84	102	7.95	23	12.36	52	9.30
生产性污染	45	10.54	186	14.50	14	7.53	65	11.63
生活性污染	43	10.07	165	12.86	9	4.84	53	9.48
突发性传染病	10	2.34	85	6.63	4	2.15	36	6.44
重大自然灾害	14	3.28	126	9.82	12	6.45	65	11.63
环保投入不足	23	5.39	169	13.17	14	7.53	82	14.67
合计	427	100.00	1283	100.00	186	100.00	559	100.00

（七）不同收入被试的国际压力比较

对不同收入被试国际压力的差异性进行方差分析（见表 9－25－1、

表9－25－2、表9－25－3和图9－13），显示不同收入被试的国际压力得分之间差异显著，$F=2.385$，$p<0.05$，低收入被试（$M=3.00$，$SD=0.50$）的得分显著低于较低收入被试（$M=3.05$，$SD=0.48$），与另四种收入被试之间的得分差异均不显著；另外五种收入被试两两之间的得分差异，均未达到显著水平。

表9－25－1　　　不同收入被试国际压力得分的差异比较

项目		N	均值	标准差	标准误	均值的95%置信区间		极小值	极大值
						下限	上限		
国际压力	低收入	2012	2.9950	.49805	.01110	2.9733	3.0168	1.00	5.00
	较低收入	1581	3.0491	.48484	.01219	3.0252	3.0730	1.00	5.00
	中低收入	1238	3.0226	.49757	.01414	2.9949	3.0504	1.00	4.67
	中高收入	687	3.0296	.50517	.01927	2.9918	3.0674	1.00	4.67
	较高收入	428	3.0210	.47888	.02315	2.9755	3.0665	1.67	4.67
	高收入	187	3.0588	.52487	.03838	2.9831	3.1345	1.67	5.00
	总数	6133	3.0222	.49519	.00632	3.0098	3.0346	1.00	5.00

表9－25－2　　　不同收入被试国际压力得分的方差分析结果

项目		平方和	df	均方	F	显著性
国际压力	组间	2.921	5	.584	2.385	.036
	组内	1500.730	6127	.245		
	总数	1503.651	6132			

表9－25－3　　　不同收入被试国际压力得分的多重比较

因变量	（I）收入	（J）收入	均值差（I－J）	标准误	显著性	95%置信区间	
						下限	上限
国际压力	低收入	较低收入	－.05410*	.01663	.001	－.0867	－.0215
		中低收入	－.02759	.01788	.123	－.0626	.0075
		中高收入	－.03457	.02187	.114	－.0774	.0083
		较高收入	－.02600	.02634	.324	－.0776	.0256
		高收入	－.06379	.03784	.092	－.1380	.0104
	较低收入	低收入	.05410*	.01663	.001	.0215	.0867
		中低收入	.02651	.01878	.158	－.0103	.0633
		中高收入	.01953	.02262	.388	－.0248	.0639
		较高收入	.02810	.02697	.297	－.0248	.0810
		高收入	－.00970	.03827	.800	－.0847	.0653

续表

因变量	(I) 收入	(J) 收入	均值差 (I-J)	标准误	显著性	95%置信区间	
						下限	上限
国际压力	中低收入	低收入	.02759	.01788	.123	-.0075	.0626
		较低收入	-.02651	.01878	.158	-.0633	.0103
		中高收入	-.00698	.02355	.767	-.0531	.0392
		较高收入	.00159	.02775	.954	-.0528	.0560
		高收入	-.03621	.03883	.351	-.1123	.0399
	中高收入	低收入	.03457	.02187	.114	-.0083	.0774
		较低收入	-.01953	.02262	.388	-.0639	.0248
		中低收入	.00698	.02355	.767	-.0392	.0531
		较高收入	.00857	.03048	.779	-.0512	.0683
		高收入	-.02923	.04082	.474	-.1092	.0508
	较高收入	低收入	.02600	.02634	.324	-.0256	.0776
		较低收入	-.02810	.02697	.297	-.0810	.0248
		中低收入	-.00159	.02775	.954	-.0560	.0528
		中高收入	-.00857	.03048	.779	-.0683	.0512
		高收入	-.03780	.04338	.384	-.1228	.0473
	高收入	低收入	.06379	.03784	.092	-.0104	.1380
		较低收入	.00970	.03827	.800	-.0653	.0847
		中低收入	.03621	.03883	.351	-.0399	.1123
		中高收入	.02923	.04082	.474	-.0508	.1092
		较高收入	.03780	.04338	.384	-.0473	.1228

*. 均值差的显著性水平为 0.05。

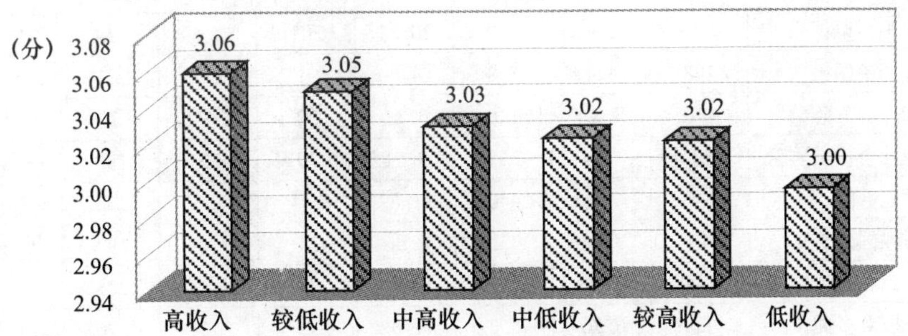

图 9-13　不同收入被试国际压力的得分比较

不同收入被试对中国应对国际压力做法的选择（见表9－26），第一选择排在第一位的都是“创造有利于中国的国际话语权体系”，但是第二位和第三位的排序有所不同，低收入、较低收入、中低收入被试是“大力宣扬中国模式”、“韬光养晦，做好自己的事情”，中高收入、较高收入、高收入被试是“韬光养晦，做好自己的事情”、“大力宣扬中国模式”；总提及频率不同收入被试排在第一位和第二位的都是“创造有利于中国的国际话语权体系”和“在世界范围内争取更多的朋友”，排在第三位的，低收入、较低收入、中高收入、较高收入被试都是“大力宣扬中国模式”，只有高收入被试是“韬光养晦，做好自己的事情”。

表9－26　不同收入被试对于应付国际压力做法的选择

选项	低收入				较低收入			
	第一选择		总提及频率		第一选择		总提及频率	
	频率	百分比	频率	百分比	频率	百分比	频率	百分比
中国话语体系	855	42.58	1183	19.72	654	41.37	948	20.05
宣扬中国模式	318	15.84	948	15.80	233	14.74	704	14.89
加入西方阵营	99	4.93	250	4.17	55	3.48	143	3.02
建社会主义阵营	129	6.42	706	11.77	111	7.02	508	10.75
韬光养晦	214	10.66	645	10.75	183	11.57	514	10.87
听取国外意见	74	3.68	574	9.57	61	3.86	464	9.81
针锋相对	203	10.11	687	11.45	173	10.94	607	12.84
争取更多朋友	116	5.78	1006	16.77	111	7.02	840	17.77
合计	2008	100.00	5999	100.00	1581	100.00	4728	100.00
选项	中低收入				中高收入			
中国话语体系	527	42.67	770	20.81	301	43.69	452	21.89
宣扬中国模式	178	14.41	538	14.54	91	13.21	277	13.41
加入西方阵营	47	3.81	116	3.14	20	2.90	53	2.57
建社会主义阵营	61	4.94	352	9.51	29	4.21	183	8.86
韬光养晦	149	12.07	440	11.89	114	16.55	256	12.40
听取国外意见	43	3.48	335	9.06	24	3.48	192	9.30
针锋相对	144	11.66	497	13.43	73	10.59	276	13.36
争取更多朋友	86	6.96	652	17.62	37	5.37	376	18.21
合计	1235	100.00	3700	100.00	689	100.00	2065	100.00

续表

选项	较高收入				高收入			
	第一选择		总提及频率		第一选择		总提及频率	
	频率	百分比	频率	百分比	频率	百分比	频率	百分比
中国话语体系	216	50.47	304	23.71	91	48.92	128	22.90
宣扬中国模式	48	11.22	182	14.20	22	11.83	72	12.88
加入西方阵营	14	3.27	35	2.73	5	2.69	10	1.79
建社会主义阵营	19	4.44	106	8.27	9	4.84	47	8.41
韬光养晦	56	13.08	180	14.04	27	14.51	84	15.03
听取国外意见	15	3.50	121	9.44	5	2.69	50	8.94
针锋相对	41	9.58	148	11.54	18	9.68	64	11.45
争取更多朋友	19	4.44	206	16.07	9	4.84	104	18.60
合计	428	100.00	1282	100.00	186	100.00	559	100.00

（八）不同收入被试的危机压力总分比较

对不同收入被试危机压力总分的差异性进行方差分析（见表9－27－1、表9－27－2和图9－14），结果显示不同收入被试两两之间的得分差异均不显著。

表9－27－1　　不同收入被试危机压力总分的差异比较

项目		*N*	均值	标准差	标准误	均值的95%置信区间		极小值	极大值
						下限	上限		
危机压力总分	低收入	1998	16.5231	2.49508	.05582	16.4137	16.6326	7.33	26.92
	较低收入	1572	16.4672	2.65504	.06696	16.3358	16.5985	8.33	27.00
	中低收入	1234	16.6576	2.75438	.07841	16.5038	16.8114	7.67	24.83
	中高收入	685	16.7516	2.79327	.10673	16.5420	16.9611	7.33	24.75
	较高收入	426	16.4047	2.87220	.13916	16.1312	16.6783	9.00	22.67
	高收入	184	16.6581	2.90482	.21415	16.2355	17.0806	9.58	25.33
	总数	6099	16.5574	2.66511	.03413	16.4905	16.6243	7.33	27.00

表9－27－2　　不同收入被试危机压力总分的方差分析结果

项目		平方和	*df*	均方	*F*	显著性
危机压力总分	组间	65.154	5	13.031	1.836	.102
	组内	43247.817	6093	7.098		
	总数	43312.970	6098			

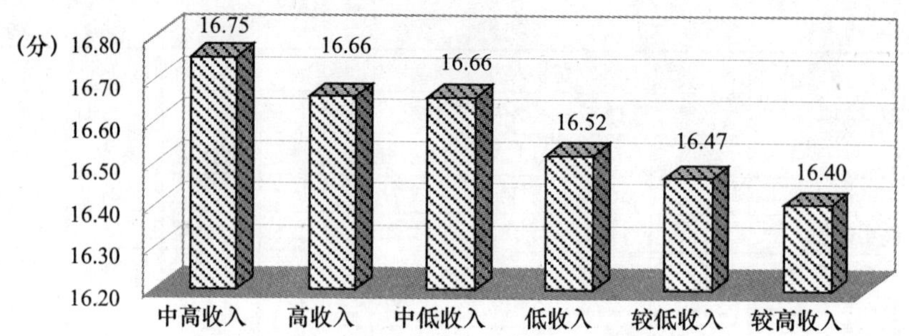

图 9－14 不同收入被试危机压力总分比较

三 五个因素对不同收入被试的影响

本次问卷调查涉及的权利、利益、政治沟通、政治参与和满意度五个影响因素，对不同收入被试的影响是否有所不同，可根据调查数据作具体说明。

（一）权利认知

调查结果显示，低收入被试的“权利重要性认知”得分在 1.60—5.00 分之间，均值为 3.59，标准差为 0.61；“权利保障评价”得分在 1.00—5.00 分之间，均值为 3.25，标准差为 0.51；“权利认知总分”的得分在 3.60—10.00 分之间，均值为 6.84，标准差为 0.89（见表 9－28－1）。

表 9－28－1 低收入被试“权利认知”的总体描述统计

项目	N	极小值	极大值	均值	标准差
权利重要性认知	2013	1.60	5.00	3.5908	.60703
权利保障评价	2008	1.00	5.00	3.2515	.51310
权利认知总分	2004	3.60	10.00	6.8427	.88568
有效的 N	2004				

调查结果显示，较低收入被试的“权利重要性认知”得分在 1.80—5.00 分之间，均值为 3.67，标准差为 0.59；“权利保障评价”得分在

1.00—5.00分之间，均值为3.28，标准差为0.50；“权利认知总分”的得分在4.00—10.00分之间，均值为6.95，标准差为0.84（见表9－28－2）。

表9－28－2　　较低收入被试“权利认知”的总体描述统计

项目	N	极小值	极大值	均值	标准差
权利重要性认知	1576	1.80	5.00	3.6661	.59168
权利保障评价	1574	1.00	5.00	3.2813	.50128
权利认知总分	1567	4.00	10.00	6.9502	.84065
有效的N	1567				

调查结果显示，中低收入被试的“权利重要性认知”得分在1.00—5.00分之间，均值为3.72，标准差为0.60；“权利保障评价”得分在1.20—4.40分之间，均值为3.25，标准差为0.51；“权利认知总分”的得分在3.80—9.40分之间，均值为6.97，标准差为0.86（见表9－28－3）。

表9－28－3　　中低收入被试“权利认知”的总体描述统计

项目	N	极小值	极大值	均值	标准差
权利重要性认知	1231	1.00	5.00	3.7163	.59531
权利保障评价	1230	1.20	4.40	3.2530	.51325
权利认知总分	1224	3.80	9.40	6.9716	.86326
有效的N	1224				

调查结果显示，中高收入被试的“权利重要性认知”得分在1.80—5.00分之间，均值为3.78，标准差为0.59；“权利保障评价”得分在1.00—4.60分之间，均值为3.21，标准差为0.58；“权利认知总分”的得分在3.80—9.20分之间，均值为6.99，标准差为0.91（见表9－28－4）。

表9－28－4　　中高收入被试“权利认知”的总体描述统计

项目	N	极小值	极大值	均值	标准差
权利重要性认知	683	1.80	5.00	3.7766	.59077
权利保障评价	686	1.00	4.60	3.2099	.57755
权利认知总分	682	3.80	9.20	6.9894	.90773
有效的N	682				

调查结果显示，较高收入被试的“权利重要性认知”得分在1.40—5.00分之间，均值为3.75，标准差为0.59；“权利保障评价”得分在1.00—5.00分之间，均值为3.24，标准差为0.60；“权利认知总分”的得分在4.40—9.00分之间，均值为6.99，标准差为0.87（见表9－28－5）。

表9－28－5　**较高收入被试“权利认知”的总体描述统计**

项目	N	极小值	极大值	均值	标准差
权利重要性认知	428	1.40	5.00	3.7467	.58711
权利保障评价	427	1.00	5.00	3.2403	.60240
权利认知总分	427	4.40	9.00	6.9883	.87412
有效的N	427				

调查结果显示，高收入被试的“权利重要性认知”得分在2.00—5.00分之间，均值为3.79，标准差为0.63；“权利保障评价”得分在1.00—4.20分之间，均值为3.19，标准差为0.62；“权利认知总分”的得分在3.80—8.80分之间，均值为6.97，标准差为0.92（见表9－28－6）。

表9－28－6　**高收入被试“权利认知”的总体描述统计**

项目	N	极小值	极大值	均值	标准差
权利重要性认知	187	2.00	5.00	3.7872	.62720
权利保障评价	186	1.00	4.20	3.1892	.61679
权利认知总分	186	3.80	8.80	6.9731	.91965
有效的N	186				

对不同收入被试“权利重要性认知”的差异性进行方差分析（见表9－29－1、表9－29－2、表9－29－3和图9－15－1），显示不同收入被试的得分之间差异显著，$F=15.701$，$p<0.001$，具体表现是：低收入被试（$M=3.59$，$SD=0.61$）的得分显著低于较低收入被试（$M=3.67$，$SD=0.59$）、中低收入被试（$M=3.72$，$SD=0.60$）、中高收入被试（$M=3.78$，$SD=0.59$）、较高收入被试（$M=3.75$，$SD=0.59$）和高收入被试（$M=3.79$，$SD=0.63$）。较低收入被试的得分显著低于中低收入、中高收入、较高收入、高收入被试。中低收入被试的得分显著低于中高收入被试，与较高收入、高收入被试之间的得分差异不显著。中高收入被试与较

高收入、高收入被试之间的得分差异不显著。较高收入被试与高收入被试之间的得分差异不显著。

表9-29-1　　不同收入被试"权利重要性认知"得分的差异比较

项目		N	均值	标准差	标准误	均值的95%置信区间		极小值	极大值
						下限	上限		
权利重要性认知	低收入	2013	3.5908	.60703	.01353	3.5642	3.6173	1.60	5.00
	较低收入	1576	3.6661	.59168	.01490	3.6369	3.6954	1.80	5.00
	中低收入	1231	3.7163	.59531	.01697	3.6830	3.7496	1.00	5.00
	中高收入	683	3.7766	.59077	.02261	3.7322	3.8210	1.80	5.00
	较高收入	428	3.7467	.58711	.02838	3.6909	3.8025	1.40	5.00
	高收入	187	3.7872	.62720	.04587	3.6967	3.8776	2.00	5.00
	总数	6118	3.6731	.60177	.00769	3.6580	3.6882	1.00	5.00

表9-29-2　　不同收入被试"权利重要性认知"得分的方差分析结果

项目		平方和	df	均方	F	显著性
权利重要性认知	组间	28.091	5	5.618	15.701	.000
	组内	2187.060	6112	.358		
	总数	2215.152	6117			

表9-29-3　　不同收入被试"权利重要性认知"得分的多重比较

因变量	(I) 收入	(J) 收入	均值差(I-J)	标准误	显著性	95%置信区间	
						下限	上限
权利重要性认知	低收入	较低收入	-.07536*	.02012	.000	-.1148	-.0359
		中低收入	-.12557*	.02164	.000	-.1680	-.0831
		中高收入	-.18581*	.02649	.000	-.2377	-.1339
		较高收入	-.15597*	.03184	.000	-.2184	-.0936
		高收入	-.19641*	.04573	.000	-.2861	-.1068
	较低收入	低收入	.07536*	.02012	.000	.0359	.1148
		中低收入	-.05021*	.02275	.027	-.0948	-.0056
		中高收入	-.11046*	.02740	.000	-.1642	-.0567
		较高收入	-.08061*	.03261	.013	-.1445	-.0167
		高收入	-.12105*	.04627	.009	-.2117	-.0304

续表

因变量	(I) 收入	(J) 收入	均值差(I-J)	标准误	显著性	95%置信区间	
						下限	上限
权利重要性认知	中低收入	低收入	.12557*	.02164	.000	.0831	.1680
		较低收入	.05021*	.02275	.027	.0056	.0948
		中高收入	-.06025*	.02854	.035	-.1162	-.0043
		较高收入	-.03040	.03357	.365	-.0962	.0354
		高收入	-.07084	.04695	.131	-.1629	.0212
	中高收入	低收入	.18581*	.02649	.000	.1339	.2377
		较低收入	.11046*	.02740	.000	.0567	.1642
		中低收入	.06025*	.02854	.035	.0043	.1162
		较高收入	.02984	.03688	.418	-.0424	.1021
		高收入	-.01059	.04937	.830	-.1074	.0862
	较高收入	低收入	.15597*	.03184	.000	.0936	.2184
		较低收入	.08061*	.03261	.013	.0167	.1445
		中低收入	.03040	.03357	.365	-.0354	.0962
		中高收入	-.02984	.03688	.418	-.1021	.0424
		高收入	-.04044	.05244	.441	-.1432	.0624
	高收入	低收入	.19641*	.04573	.000	.1068	.2861
		较低收入	.12105*	.04627	.009	.0304	.2117
		中低收入	.07084	.04695	.131	-.0212	.1629
		中高收入	.01059	.04937	.830	-.0862	.1074
		较高收入	.04044	.05244	.441	-.0624	.1432

*. 均值差的显著性水平为 0.05。

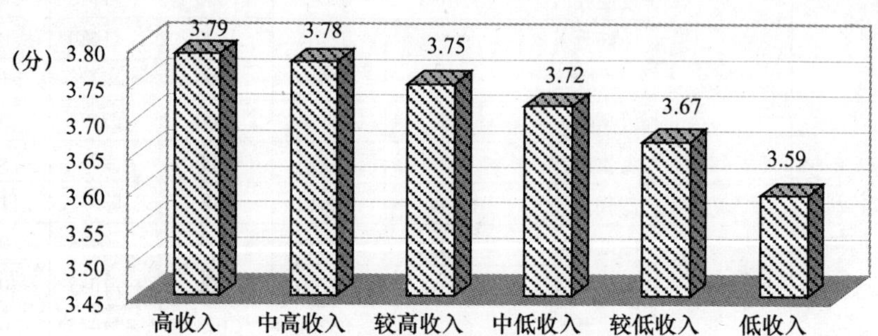

图 9-15-1　不同收入被试权利重要性认知的得分比较

对不同收入被试“权利保障评价”的差异性进行方差分析（见表9－29－4、表9－29－5、表9－29－6和图9－15－2），显示不同收入被试的得分之间差异显著，$F=2.413$，$p<0.05$。较低收入被试（$M=3.28$，$SD=0.50$）的得分显著高于中高收入被试（$M=3.21$，$SD=0.58$）和高收入被试（$M=3.19$，$SD=0.62$），与低收入被试（$M=3.25$，$SD=0.51$）、中低收入被试（$M=3.25$，$SD=0.51$）、较高收入被试（$M=3.24$，$SD=0.60$）之间的得分差异不显著。另五种收入被试两两之间的得分差异均不显著。

表9－29－4　不同收入被试“权利保障评价”得分的差异比较

项目		N	均值	标准差	标准误	均值的95%置信区间		极小值	极大值
						下限	上限		
权利保障评价	低收入	2008	3.2515	.51310	.01145	3.2290	3.2740	1.00	5.00
	较低收入	1574	3.2813	.50128	.01264	3.2565	3.3061	1.00	5.00
	中低收入	1230	3.2530	.51325	.01463	3.2243	3.2817	1.20	4.40
	中高收入	686	3.2099	.57755	.02205	3.1666	3.2532	1.00	4.60
	较高收入	427	3.2403	.60240	.02915	3.1830	3.2976	1.00	5.00
	高收入	186	3.1892	.61679	.04522	3.1000	3.2785	1.00	4.20
	总数	6111	3.2521	.52813	.00676	3.2389	3.2654	1.00	5.00

表9－29－5　不同收入被试“权利保障评价”得分的方差分析结果

项目		平方和	df	均方	F	显著性
权利保障评价	组间	3.361	5	.672	2.413	.034
	组内	1700.868	6105	.279		
	总数	1704.230	6110			

表9－29－6　不同收入被试“权利保障评价”得分的多重比较

因变量	（I）收入	（J）收入	均值差（I－J）	标准误	显著性	95%置信区间	
						下限	上限
权利保障评价	低收入	较低收入	－.02983	.01777	.093	－.0647	.0050
		中低收入	－.00151	.01911	.937	－.0390	.0360
		中高收入	.04158	.02334	.075	－.0042	.0873
		较高收入	.01121	.02813	.690	－.0439	.0664
		高收入	.06225	.04046	.124	－.0171	.1416

续表

因变量	(I) 收入	(J) 收入	均值差 (I－J)	标准误	显著性	95%置信区间	
						下限	上限
权利保障评价	较低收入	低收入	.02983	.01777	.093	－.0050	.0647
		中低收入	.02831	.02009	.159	－.0111	.0677
		中高收入	.07141 *	.02415	.003	.0241	.1187
		较高收入	.04104	.02880	.154	－.0154	.0975
		高收入	.09207 *	.04093	.024	.0118	.1723
	中低收入	低收入	.00151	.01911	.937	－.0360	.0390
		较低收入	－.02831	.02009	.159	－.0677	.0111
		中高收入	.04310	.02515	.087	－.0062	.0924
		较高收入	.01273	.02965	.668	－.0454	.0708
		高收入	.06376	.04153	.125	－.0176	.1452
	中高收入	低收入	－.04158	.02334	.075	－.0873	.0042
		较低收入	－.07141 *	.02415	.003	－.1187	－.0241
		中低收入	－.04310	.02515	.087	－.0924	.0062
		较高收入	－.03037	.03254	.351	－.0942	.0334
		高收入	.02067	.04363	.636	－.0649	.1062
	较高收入	低收入	－.01121	.02813	.690	－.0664	.0439
		较低收入	－.04104	.02880	.154	－.0975	.0154
		中低收入	－.01273	.02965	.668	－.0708	.0454
		中高收入	.03037	.03254	.351	－.0334	.0942
		高收入	.05103	.04637	.271	－.0399	.1419
	高收入	低收入	－.06225	.04046	.124	－.1416	.0171
		较低收入	－.09207 *	.04093	.024	－.1723	－.0118
		中低收入	－.06376	.04153	.125	－.1452	.0176
		中高收入	－.02067	.04363	.636	－.1062	.0649
		较高收入	－.05103	.04637	.271	－.1419	.0399

*. 均值差的显著性水平为 0.05。

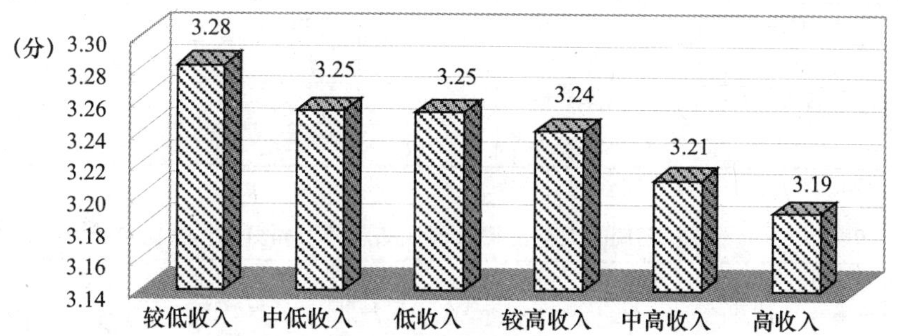

图9－15－2　不同收入被试权利保障评价的得分比较

对不同收入被试“权利认知总分”的差异性进行方差分析（见表9－29－7、表9－29－8、表9－29－9），显示不同收入被试的得分之间差异显著，$F=5.824$，$p<0.001$，具体表现是：低收入被试（$M=6.84$，$SD=0.89$）的得分显著低于较低收入被试（$M=6.95$，$SD=0.84$）、中低收入被试（$M=6.97$，$SD=0.86$）、中高收入被试（$M=6.99$，$SD=0.91$）、较高收入被试（$M=6.99$，$SD=0.87$），与高收入被试（$M=6.97$，$SD=0.92$）之间的得分差异不显著。另五种收入被试两两之间的得分差异均不显著。

表9－29－7　　不同收入被试“权利认知总分”得分的差异比较

项目		N	均值	标准差	标准误	均值的95%置信区间		极小值	极大值
						下限	上限		
权利认知总分	低收入	2004	6.8427	.88568	.01978	6.8039	6.8815	3.60	10.00
	较低收入	1567	6.9502	.84065	.02124	6.9086	6.9919	4.00	10.00
	中低收入	1224	6.9716	.86326	.02467	6.9232	7.0200	3.80	9.40
	中高收入	682	6.9894	.90773	.03476	6.9212	7.0577	3.80	9.20
	较高收入	427	6.9883	.87412	.04230	6.9051	7.0714	4.40	9.00
	高收入	186	6.9731	.91965	.06743	6.8401	7.1062	3.80	8.80
	总数	6090	6.9269	.87431	.01120	6.9049	6.9489	3.60	10.00

表 9-29-8　不同收入被试“权利认知总分”得分的方差分析结果

项目		平方和	*df*	均方	*F*	显著性
权利认知总分	组间	22. 172	5	4. 434	5. 824	. 000
	组内	4632. 403	6084	. 761		
	总数	4654. 574	6089			

表 9-29-9　不同收入被试“权利认知总分”得分的多重比较

因变量	(I) 收入	(J) 收入	均值差 (I-J)	标准误	显著性	95% 置信区间	
						下限	上限
权利认知总分	低收入	较低收入	-. 10751*	. 02943	. 000	-. 1652	-. 0498
		中低收入	-. 12885*	. 03165	. 000	-. 1909	-. 0668
		中高收入	-. 14673*	. 03868	. 000	-. 2226	-. 0709
		较高收入	-. 14558*	. 04651	. 002	-. 2368	-. 0544
		高收入	-. 13040	. 06688	. 051	-. 2615	. 0007
	较低收入	低收入	. 10751*	. 02943	. 000	. 0498	. 1652
		中低收入	-. 02135	. 03329	. 521	-. 0866	. 0439
		中高收入	-. 03922	. 04003	. 327	-. 1177	. 0393
		较高收入	-. 03807	. 04763	. 424	-. 1314	. 0553
		高收入	-. 02289	. 06767	. 735	-. 1556	. 1098
	中低收入	低收入	. 12885*	. 03165	. 000	. 0668	. 1909
		较低收入	. 02135	. 03329	. 521	-. 0439	. 0866
		中高收入	-. 01787	. 04170	. 668	-. 0996	. 0639
		较高收入	-. 01672	. 04904	. 733	-. 1129	. 0794
		高收入	-. 00155	. 06867	. 982	-. 1362	. 1331
	中高收入	低收入	. 14673*	. 03868	. 000	. 0709	. 2226
		较低收入	. 03922	. 04003	. 327	-. 0393	. 1177
		中低收入	. 01787	. 04170	. 668	-. 0639	. 0996
		较高收入	. 00115	. 05385	. 983	-. 1044	. 1067
		高收入	. 01632	. 07218	. 821	-. 1252	. 1578
	较高收入	低收入	. 14558*	. 04651	. 002	. 0544	. 2368
		较低收入	. 03807	. 04763	. 424	-. 0553	. 1314
		中低收入	. 01672	. 04904	. 733	-. 0794	. 1129
		中高收入	-. 00115	. 05385	. 983	-. 1067	. 1044
		高收入	. 01517	. 07666	. 843	-. 1351	. 1655

续表

因变量	(I) 收入	(J) 收入	均值差(I-J)	标准误	显著性	95%置信区间	
						下限	上限
权利认知总分	高收入	低收入	.13040	.06688	.051	-.0007	.2615
		较低收入	.02289	.06767	.735	-.1098	.1556
		中低收入	.00155	.06867	.982	-.1331	.1362
		中高收入	-.01632	.07218	.821	-.1578	.1252
		较高收入	-.01517	.07666	.843	-.1655	.1351

*. 均值差的显著性水平为 0.05。

在法律、政治、经济、社会、文化五类权利对个人发展的重要性方面，按选择比例由高到低排序，低收入被试是经济权利、法律权利、社会权利、文化权利、政治权利，较低收入、中低收入被试是经济权利、法律权利、社会权利、政治权利、文化权利，中高收入、高收入被试是法律权利、经济权利、社会权利、政治权利、文化权利，较高收入被试是经济权利、社会权利、法律权利、政治权利、文化权利（见表9-30）。

表9-30　　**不同收入被试认为最重要的权利**

项目	低收入		较低收入		中低收入	
	频率	有效百分比	频率	有效百分比	频率	有效百分比
法律权利	524	26.16	426	27.06	305	24.76
经济权利	687	34.30	504	32.02	379	30.76
社会权利	293	14.63	283	17.98	241	19.56
文化权利	250	12.48	169	10.74	152	12.34
政治权利	249	12.43	192	12.20	155	12.58
合计	2003	100.00	1574	100.00	1232	100.00
项目	中高收入		较高收入		高收入	
法律权利	194	28.20	99	23.13	46	24.60
经济权利	188	27.32	116	27.10	44	23.53
社会权利	129	18.75	110	25.70	42	22.46
文化权利	69	10.03	38	8.88	19	10.16
政治权利	108	15.70	65	15.19	36	19.25
合计	688	100.00	428	100.00	187	100.00

在法律、政治、经济、社会、文化五类权利的保障方面，按选择比例由高到低排序，低收入、中低收入、较高收入被试是法律权利、经济权利、社会权利、文化权利、政治权利，较低收入被试是法律权利、经济权利、社会权利、政治权利、文化权利，中高收入被试是法律权利、经济权利、社会权利与文化权利（并列）、政治权利，高收入被试是法律权利、经济权利、政治权利、社会权利、文化权利（见表9－31）。

表9－31　　　不同职业被试认为保障最好的权利

项目	低收入		较低收入		中低收入	
	频率	有效百分比	频率	有效百分比	频率	有效百分比
法律权利	664	33.12	554	35.20	381	30.98
经济权利	453	22.59	329	20.90	254	20.65
社会权利	316	15.76	264	16.77	224	18.21
文化权利	304	15.16	208	13.22	218	17.72
政治权利	268	13.37	219	13.91	153	12.44
合计	2005	100.00	1574	100.00	1230	100.00
项目	中高收入		较高收入		高收入	
法律权利	221	32.17	117	27.53	63	34.05
经济权利	144	20.96	92	21.65	35	18.92
社会权利	118	17.18	78	18.35	29	15.68
文化权利	118	17.18	76	17.88	28	15.13
政治权利	86	12.51	62	14.59	30	16.22
合计	687	100.00	425	100.00	185	100.00

（二）利益认知

调查结果显示，低收入被试的“公民利益取向”得分在1.00—4.80分之间，均值为2.75，标准差为0.60；“利益保障评价”得分在1.00—5.00分之间，均值为3.23，标准差为0.66；“利益认知总分”的得分在3.00—9.20分之间，均值为5.98，标准差为0.76（见表9－32－1）。

表 9－32－1　　低收入被试“利益认知”的总体描述统计

项目	N	极小值	极大值	均值	标准差
公民利益取向	2009	1.00	4.80	2.7518	.59846
利益保障评价	2007	1.00	5.00	3.2271	.66205
利益认知总分	1999	3.00	9.20	5.9785	.76069
有效的 N	1999				

调查结果显示，较低收入被试的“公民利益取向”得分在1.00—5.00分之间，均值为2.74，标准差为0.58；“利益保障评价”得分在1.00—5.00分之间，均值为3.20，标准差为0.63；“利益认知总分”的得分在3.20—8.40分之间，均值为5.93，标准差为0.72（见表9－32－2）。

表 9－32－2　　较低收入被试“利益认知”的总体描述统计

项目	N	极小值	极大值	均值	标准差
公民利益取向	1577	1.00	5.00	2.7356	.57913
利益保障评价	1577	1.00	5.00	3.1975	.62826
利益认知总分	1574	3.20	8.40	5.9325	.72098
有效的 N	1574				

调查结果显示，中低收入被试的“公民利益取向”得分在1.00—5.00分之间，均值为2.74，标准差为0.55；“利益保障评价”得分在1.00—5.00分之间，均值为3.12，标准差为0.66；“利益认知总分”的得分在2.40—8.00分之间，均值为5.86，标准差为0.70（见表9－32－3）。

表 9－32－3　　中低收入被试“利益认知”的总体描述统计

项目	N	极小值	极大值	均值	标准差
公民利益取向	1235	1.00	5.00	2.7428	.54693
利益保障评价	1230	1.00	5.00	3.1180	.65757
利益认知总分	1229	2.40	8.00	5.8617	.70439
有效的 N	1229				

调查结果显示，中高收入被试的“公民利益取向”得分在1.00—5.00分之间，均值为2.84，标准差为0.66；“利益保障评价”得分在

1.00—5.00 分之间，均值为3.07，标准差为0.72；“利益认知总分”的得分在2.40—8.40 分之间，均值为5.91，标准差为0.78（见表9－32－4）。

表9－32－4　　中高收入被试“利益认知”的总体描述统计

项目	N	极小值	极大值	均值	标准差
公民利益取向	684	1.00	5.00	2.8354	.65812
利益保障评价	687	1.00	5.00	3.0707	.72494
利益认知总分	684	2.40	8.40	5.9070	.77788
有效的 N	684				

调查结果显示，较高收入被试的“公民利益取向”得分在1.40—5.00 分之间，均值为2.87，标准差为0.60；“利益保障评价”得分在1.00—5.00 分之间，均值为3.09，标准差为0.72；“利益认知总分”的得分在3.40—8.80 分之间，均值为5.96，标准差为0.70（见表9－32－5）。

表9－32－5　　较高收入被试“利益认知”的总体描述统计

项目	N	极小值	极大值	均值	标准差
公民利益取向	426	1.40	5.00	2.8723	.59916
利益保障评价	425	1.00	5.00	3.0856	.71718
利益认知总分	424	3.40	8.80	5.9561	.69599
有效的 N	424				

调查结果显示，高收入被试的“公民利益取向”得分在1.20—5.00 分之间，均值为2.83，标准差为0.68；“利益保障评价”得分在1.00—4.80 分之间，均值为3.04，标准差为0.76；“利益认知总分”的得分在3.40—7.60 分之间，均值为5.87，标准差为0.67（见表9－32－6）。

表9－32－6　　高收入被试“利益认知”的总体描述统计

项目	N	极小值	极大值	均值	标准差
公民利益取向	187	1.20	5.00	2.8289	.68267
利益保障评价	187	1.00	4.80	3.0385	.75535
利益认知总分	187	3.40	7.60	5.8674	.66620
有效的 N	187				

对不同收入被试“公民利益取向”的差异性进行方差分析（见表9－33－1、表9－33－2、表9－33－3和图9－16－1），显示不同收入被试的得分之间差异显著，$F=6.460$，$p<0.001$，具体表现是：低收入被试（$M=2.75$，$SD=0.60$）的得分显著低于中高收入被试（$M=2.84$，$SD=0.66$）、较高收入被试（$M=2.87$，$SD=0.60$）和高收入被试（$M=2.83$，$SD=0.68$），与较低收入被试（$M=2.74$，$SD=0.58$）、中低收入被试（$M=2.74$，$SD=0.55$）之间的得分差异不显著。较低收入被试的得分显著低于中高收入、较高收入、高收入被试，与中低收入被试之间的得分差异不显著。中低收入被试的得分显著低于中高收入、较高收入、高收入被试。中高收入被试与较高收入、高收入被试之间的得分差异不显著。较高收入被试与高收入被试之间的得分差异不显著。

表9－33－1　不同收入被试“公民利益取向”得分的差异比较

项目		N	均值	标准差	标准误	均值的95%置信区间		极小值	极大值
						下限	上限		
公民利益取向	低收入	2009	2.7518	.59846	.01335	2.7256	2.7780	1.00	4.80
	较低收入	1577	2.7356	.57913	.01458	2.7070	2.7642	1.00	5.00
	中低收入	1235	2.7428	.54693	.01556	2.7123	2.7734	1.00	5.00
	中高收入	684	2.8354	.65812	.02516	2.7860	2.8848	1.00	5.00
	较高收入	426	2.8723	.59916	.02903	2.8152	2.9294	1.40	5.00
	高收入	187	2.8289	.68267	.04992	2.7304	2.9274	1.20	5.00
	总数	6118	2.7659	.59469	.00760	2.7510	2.7808	1.00	5.00

表9－33－2　不同收入被试“公民利益取向”得分的方差分析结果

项目		平方和	df	均方	F	显著性
公民利益取向	组间	11.372	5	2.274	6.460	.000
	组内	2151.955	6112	.352		
	总数	2163.328	6117			

表 9－33－3　　不同收入被试“公民利益取向”得分的多重比较

因变量	(I) 收入	(J) 收入	均值差 (I－J)	标准误	显著性	95% 置信区间	
						下限	上限
公民利益取向	低收入	较低收入	.01624	.01996	.416	－.0229	.0554
		中低收入	.00898	.02146	.675	－.0331	.0510
		中高收入	－.08356*	.02627	.001	－.1351	－.0321
		较高收入	－.12048*	.03165	.000	－.1825	－.0584
		高收入	－.07706	.04537	.089	－.1660	.0119
	较低收入	低收入	－.01624	.01996	.416	－.0554	.0229
		中低收入	－.00726	.02255	.747	－.0515	.0369
		中高收入	－.09981*	.02717	.000	－.1531	－.0466
		较高收入	－.13673*	.03240	.000	－.2002	－.0732
		高收入	－.09330*	.04589	.042	－.1833	－.0033
	中低收入	低收入	－.00898	.02146	.675	－.0510	.0331
		较低收入	.00726	.02255	.747	－.0369	.0515
		中高收入	－.09255*	.02828	.001	－.1480	－.0371
		较高收入	－.12947*	.03334	.000	－.1948	－.0641
		高收入	－.08604	.04656	.065	－.1773	.0052
	中高收入	低收入	.08356*	.02627	.001	.0321	.1351
		较低收入	.09981*	.02717	.000	.0466	.1531
		中低收入	.09255*	.02828	.001	.0371	.1480
		较高收入	－.03692	.03662	.313	－.1087	.0349
		高收入	.00650	.04896	.894	－.0895	.1025
	较高收入	低收入	.12048*	.03165	.000	.0584	.1825
		较低收入	.13673*	.03240	.000	.0732	.2002
		中低收入	.12947*	.03334	.000	.0641	.1948
		中高收入	.03692	.03662	.313	－.0349	.1087
		高收入	.04342	.05205	.404	－.0586	.1455
	高收入	低收入	.07706	.04537	.089	－.0119	.1660
		较低收入	.09330*	.04589	.042	.0033	.1833
		中低收入	.08604	.04656	.065	－.0052	.1773
		中高收入	－.00650	.04896	.894	－.1025	.0895
		较高收入	－.04342	.05205	.404	－.1455	.0586

*. 均值差的显著性水平为 0.05。

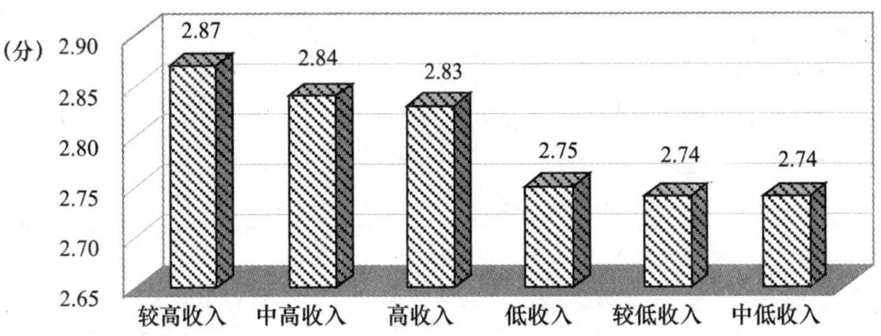

图9－16－1　不同收入被试公民利益取向的得分比较

对不同收入被试“利益保障评价”的差异性进行方差分析（见表9－33－4、表9－33－5、表9－33－6和图9－16－2），显示不同收入被试的得分之间差异显著，$F=10.735$，$p<0.001$，具体表现是：低收入被试（$M=3.23$，$SD=0.66$）的得分显著高于中低收入被试（$M=3.12$，$SD=0.66$）、中高收入被试（$M=3.07$，$SD=0.72$）、较高收入被试（$M=3.09$，$SD=0.72$）和高收入被试（$M=3.04$，$SD=0.76$），与较低收入被试（$M=3.20$，$SD=0.63$）之间的得分差异不显著。较低收入被试的得分显著高于中低收入、中高收入、较高收入、高收入被试。中低收入被试与中高收入、较高收入、高收入被试之间的得分差异不显著。中高收入被试与较高收入、高收入被试之间的得分差异不显著。较高收入被试与高收入被试之间的得分差异不显著。

表9－33－4　　**不同收入被试“利益保障评价”得分的差异比较**

项目		N	均值	标准差	标准误	均值的95%置信区间		极小值	极大值
						下限	上限		
利益保障评价	低收入	2007	3.2271	.66205	.01478	3.1981	3.2561	1.00	5.00
	较低收入	1577	3.1975	.62826	.01582	3.1664	3.2285	1.00	5.00
	中低收入	1230	3.1180	.65757	.01875	3.0813	3.1548	1.00	5.00
	中高收入	687	3.0707	.72494	.02766	3.0164	3.1250	1.00	5.00
	较高收入	425	3.0856	.71718	.03479	3.0173	3.1540	1.00	5.00
	高收入	187	3.0385	.75535	.05524	2.9295	3.1475	1.00	4.80
	总数	6113	3.1643	.66972	.00857	3.1475	3.1811	1.00	5.00

表 9-33-5 不同收入被试"利益保障评价"得分的方差分析结果

项目		平方和	df	均方	F	显著性
利益保障评价	组间	23.884	5	4.777	10.735	.000
	组内	2717.462	6107	.445		
	总数	2741.346	6112			

表 9-33-6 不同收入被试"利益保障评价"得分的多重比较

因变量	(I) 收入	(J) 收入	均值差 (I-J)	标准误	显著性	95%置信区间	
						下限	上限
利益保障评价	低收入	较低收入	.02964	.02245	.187	-.0144	.0736
		中低收入	.10906*	.02416	.000	.0617	.1564
		中高收入	.15636*	.02949	.000	.0986	.2142
		较高收入	.14146*	.03562	.000	.0716	.2113
		高收入	.18860*	.05100	.000	.0886	.2886
	较低收入	低收入	-.02964	.02245	.187	-.0736	.0144
		中低收入	.07941*	.02538	.002	.0297	.1292
		中高收入	.12672*	.03049	.000	.0669	.1865
		较高收入	.11182*	.03646	.002	.0403	.1833
		高收入	.15896*	.05159	.002	.0578	.2601
	中低收入	低收入	-.10906*	.02416	.000	-.1564	-.0617
		较低收入	-.07941*	.02538	.002	-.1292	-.0297
		中高收入	.04731	.03177	.137	-.0150	.1096
		较高收入	.03240	.03753	.388	-.0412	.1060
		高收入	.07955	.05236	.129	-.0231	.1822
	中高收入	低收入	-.15636*	.02949	.000	-.2142	-.0986
		较低收入	-.12672*	.03049	.000	-.1865	-.0669
		中低收入	-.04731	.03177	.137	-.1096	.0150
		较高收入	-.01490	.04117	.717	-.0956	.0658
		高收入	.03224	.05502	.558	-.0756	.1401
	较高收入	低收入	-.14146*	.03562	.000	-.2113	-.0716
		较低收入	-.11182*	.03646	.002	-.1833	-.0403
		中低收入	-.03240	.03753	.388	-.1060	.0412
		中高收入	.01490	.04117	.717	-.0658	.0956
		高收入	.04714*	.05854	.421	-.0676	.1619

续表

因变量	(I) 收入	(J) 收入	均值差 (I-J)	标准误	显著性	95%置信区间	
						下限	上限
利益保障评价	高收入	低收入	-.18860*	.05100	.000	-.2886	-.0886
		较低收入	-.15896*	.05159	.002	-.2601	-.0578
		中低收入	-.07955	.05236	.129	-.1822	.0231
		中高收入	-.03224	.05502	.558	-.1401	.0756
		较高收入	-.04714	.05854	.421	-.1619	.0676

*. 均值差的显著性水平为 0.05。

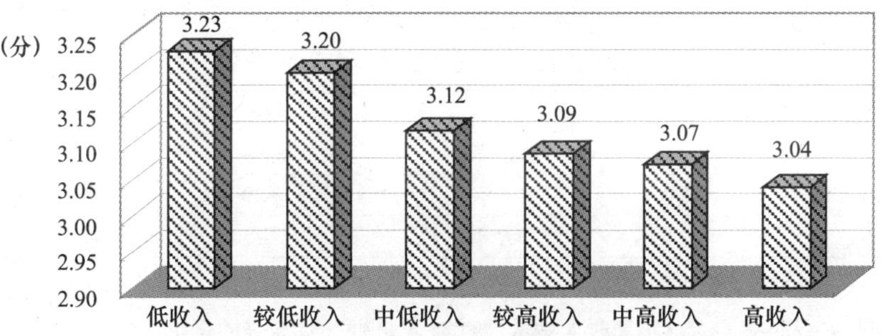

图 9-16-2　不同收入被试利益保障评价的得分比较

对不同收入被试“利益认知总分”的差异性进行方差分析（见表 9-33-7、表 9-33-8、表 9-33-9），显示不同收入被试的得分之间差异显著，$F=4.389$，$p<0.01$，具体表现是：低收入被试（$M=5.98$，$SD=0.76$）的得分显著高于中低收入被试（$M=5.86$，$SD=0.70$）、中高收入被试（$M=5.91$，$SD=0.78$）和高收入被试（$M=5.87$，$SD=0.67$），与较低收入被试（$M=5.93$，$SD=0.72$）、较高收入被试（$M=5.96$，$SD=0.70$）之间的得分差异不显著。较低收入被试的得分显著高于中低收入被试，与中低收入、中高收入、较高收入、高收入被试之间的得分差异不显著。中低收入被试的得分显著低于较高收入被试，与中高收入、高收入被试之间的得分差异不显著。中高收入被试与较高收入、高收入被试之间的得分差异不显著。较高收入被试与高收入被试之间的得分差异不显著。

表 9－33－7　　不同收入被试“利益认知总分”得分的差异比较

项目		N	均值	标准差	标准误	均值的 95% 置信区间		极小值	极大值
						下限	上限		
利益认知总分	低收入	1999	5.9785	.76069	.01701	5.9451	6.0119	3.00	9.20
	较低收入	1574	5.9325	.72098	.01817	5.8969	5.9682	3.20	8.40
	中低收入	1229	5.8617	.70439	.02009	5.8223	5.9011	2.40	8.00
	中高收入	684	5.9070	.77788	.02974	5.8486	5.9654	2.40	8.40
	较高收入	424	5.9561	.69599	.03380	5.8897	6.0226	3.40	8.80
	高收入	187	5.8674	.66620	.04872	5.7713	5.9635	3.40	7.60
	总数	6097	5.9301	.73528	.00942	5.9116	5.9486	2.40	9.20

表 9－33－8　　不同收入被试“利益认知总分”得分的方差分析结果

项目		平方和	df	均方	F	显著性
利益认知总分	组间	11.831	5	2.366	4.389	.001
	组内	3283.856	6091	.539		
	总数	3295.687	6096			

表 9－33－9　　不同收入被试“利益认知总分”得分的多重比较

因变量	(I) 收入	(J) 收入	均值差 (I－J)	标准误	显著性	95% 置信区间	
						下限	上限
利益认知总分	低收入	较低收入	.04596	.02474	.063	－.0025	.0945
		中低收入	.11681*	.02662	.000	.0646	.1690
		中高收入	.07147*	.03253	.028	.0077	.1352
		较高收入	.02236	.03926	.569	－.0546	.0993
		高收入	.11111*	.05615	.048	.0010	.2212
	较低收入	低收入	－.04596	.02474	.063	－.0945	.0025
		中低收入	.07085*	.02795	.011	.0161	.1256
		中高收入	.02551	.03363	.448	－.0404	.0914
		较高收入	－.02360	.04018	.557	－.1024	.0552
		高收入	.06515	.05679	.251	－.0462	.1765
	中低收入	低收入	－.11681*	.02662	.000	－.1690	－.0646
		较低收入	－.07085*	.02795	.011	－.1256	－.0161
		中高收入	－.04534	.03503	.196	－.1140	.0233
		较高收入	－.09446*	.04135	.022	－.1755	－.0134
		高收入	－.00570	.05763	.921	－.1187	.1073

续表

因变量	（I）收入	（J）收入	均值差（I－J）	标准误	显著性	95%置信区间	
						下限	上限
利益认知总分	中高收入	低收入	－.07147*	.03253	.028	－.1352	－.0077
		较低收入	－.02551	.03363	.448	－.0914	.0404
		中低收入	.04534	.03503	.196	－.0233	.1140
		较高收入	－.04911	.04538	.279	－.1381	.0399
		高收入	.03964	.06059	.513	－.0791	.1584
	较高收入	低收入	－.02236	.03926	.569	－.0993	.0546
		较低收入	.02360	.04018	.557	－.0552	.1024
		中低收入	.09446*	.04135	.022	.0134	.1755
		中高收入	.04911	.04538	.279	－.0399	.1381
		高收入	.08875	.06446	.169	－.0376	.2151
	高收入	低收入	－.11111*	.05615	.048	－.2212	－.0010
		较低收入	－.06515	.05679	.251	－.1765	.0462
		中低收入	.00570	.05763	.921	－.1073	.1187
		中高收入	－.03964	.06059	.513	－.1584	.0791
		较高收入	－.08875	.06446	.169	－.2151	.0376

*. 均值差的显著性水平为0.05。

在经济、社会、文化、政治四类利益的重要性方面，按选择比例由高到低排序，低收入、中低收入、较高收入、高收入被试是经济利益、社会利益、文化利益、政治利益，较低收入、中高收入被试是经济利益、社会利益、政治利益、文化利益（第三、四位排序不同，见表9－34）。

表9－34　　　　不同收入被试认为最重要的利益

项目	低收入		较低收入		中低收入	
	频率	有效百分比	频率	有效百分比	频率	有效百分比
经济利益	906	45.21	761	48.29	583	47.40
社会利益	526	26.25	418	26.52	347	28.21
文化利益	298	14.87	198	12.56	170	13.82
政治利益	274	13.67	199	12.63	130	10.57
合计	2004	100.00	1576	100.00	1230	100.00

续表

项目	中高收入		较高收入		高收入	
	频率	有效百分比	频率	有效百分比	频率	有效百分比
经济利益	345	50.29	193	45.20	80	43.25
社会利益	187	27.26	143	33.49	60	32.43
文化利益	74	10.79	46	10.77	23	12.43
政治利益	80	11.66	45	10.54	22	11.89
合计	686	100.00	427	100.00	185	100.00

在经济、社会、文化、政治四类利益的保障方面，按选择比例由高到低排序，低收入、较低收入、中低收入、较高收入、高收入被试是经济利益、社会利益、文化利益、政治利益，中高收入被试是经济利益、文化利益、社会利益、政治利益（第二、三位排序不同，见表9-35）。

表9-35　**不同收入被试认为保障最好的利益**

项目	低收入		较低收入		中低收入	
	频率	有效百分比	频率	有效百分比	频率	有效百分比
经济利益	645	32.22	553	35.18	384	31.42
社会利益	609	30.42	445	28.31	341	27.91
文化利益	445	22.23	341	21.69	309	25.29
政治利益	303	15.13	233	14.82	188	15.38
合计	2002	100.00	1572	100.00	1222	100.00
项目	中高收入		较高收入		高收入	
经济利益	230	33.67	138	32.78	63	33.87
社会利益	168	24.60	121	28.74	53	28.50
文化利益	174	25.48	113	26.84	45	24.19
政治利益	111	16.25	49	11.64	25	13.44
合计	683	100.00	421	100.00	186	100.00

（三）政治沟通认知

调查结果显示，低收入被试的“政治沟通重要性认知”得分在

1.40—5.00分之间，均值为3.58，标准差为0.51；“政治沟通现状评价”得分在1.00—5.00分之间，均值为3.24，标准差为0.69；“政治沟通认知总分”的得分在3.60—10.00分之间，均值为6.83，标准差为0.95（见表9－36－1）。

表9－36－1　　**低收入被试“政治沟通认知”的总体描述统计**

项目	*N*	极小值	极大值	均值	标准差
政治沟通重要性认知	2012	1.40	5.00	3.5829	.51297
政治沟通现状评价	2010	1.00	5.00	3.2437	.69166
政治沟通认知总分	2005	3.60	10.00	6.8275	.95397
有效的 *N*	2005				

调查结果显示，较低收入被试的“政治沟通重要性认知”得分在1.80—5.00分之间，均值为3.61，标准差为0.48；“政治沟通现状评价”得分在1.00—5.00分之间，均值为3.25，标准差为0.69；“政治沟通认知总分”的得分在4.00—10.00分之间，均值为6.86，标准差为0.91（见表9－36－2）。

表9－36－2　　**较低收入被试“政治沟通认知”的总体描述统计**

项目	*N*	极小值	极大值	均值	标准差
政治沟通重要性认知	1577	1.80	5.00	3.6109	.47526
政治沟通现状评价	1578	1.00	5.00	3.2456	.68546
政治沟通认知总分	1573	4.00	10.00	6.8573	.91119
有效的 *N*	1573				

调查结果显示，中低收入被试的“政治沟通重要性认知”得分在1.80—5.00分之间，均值为3.63，标准差为0.46；“政治沟通现状评价”得分在1.00—5.00分之间，均值为3.15，标准差为0.73；“政治沟通认知总分”的得分在4.00—10.00分之间，均值为6.78，标准差为0.91（见表9－36－3）。

表 9-36-3　　中低收入被试“政治沟通认知”的总体描述统计

项目	N	极小值	极大值	均值	标准差
政治沟通重要性认知	1234	1.80	5.00	3.6298	.46274
政治沟通现状评价	1236	1.00	5.00	3.1455	.73336
政治沟通认知总分	1233	4.00	10.00	6.7750	.91255
有效的 N	1233				

调查结果显示，中高收入被试的“政治沟通重要性认知”得分在2.00—5.00分之间，均值为3.65，标准差为0.45；“政治沟通现状评价”得分在1.00—5.00分之间，均值为3.08，标准差为0.81；“政治沟通认知总分”的得分在3.80—9.80分之间，均值为6.73，标准差为0.97（见表9-36-4）。

表 9-36-4　　中高收入被试“政治沟通认知”的总体描述统计

项目	N	极小值	极大值	均值	标准差
政治沟通重要性认知	686	2.00	5.00	3.6455	.44901
政治沟通现状评价	684	1.00	5.00	3.0845	.80601
政治沟通认知总分	682	3.80	9.80	6.7326	.97494
有效的 N	682				

调查结果显示，较高收入被试的“政治沟通重要性认知”得分在1.80—4.80分之间，均值为3.63，标准差为0.44；“政治沟通现状评价”得分在1.00—5.00分之间，均值为3.08，标准差为0.76；“政治沟通认知总分”的得分在4.40—9.40分之间，均值为6.71，标准差为0.89（见表9-36-5）。

表 9-36-5　　较高收入被试“政治沟通认知”的总体描述统计

项目	N	极小值	极大值	均值	标准差
政治沟通重要性认知	428	1.80	4.80	3.6266	.43515
政治沟通现状评价	427	1.00	5.00	3.0820	.75615
政治沟通认知总分	427	4.40	9.40	6.7073	.89265
有效的 N	427				

调查结果显示，高收入被试的“政治沟通重要性认知”得分在1.60—4.60分之间，均值为3.63，标准差为0.51；“政治沟通现状评价”得分在1.00—5.00分之间，均值为2.98，标准差为0.84；“政治沟通认知总分”的得分在3.60—9.20分之间，均值为6.61，标准差为0.99（见表9-36-6）。

表9-36-6　**高收入被试“政治沟通认知”的总体描述统计**

项目	*N*	极小值	极大值	均值	标准差
政治沟通重要性认知	187	1.60	4.60	3.6299	.51385
政治沟通现状评价	186	1.00	5.00	2.9774	.83603
政治沟通认知总分	186	3.60	9.20	6.6054	.99478
有效的 *N*	186				

对不同收入被试“政治沟通重要性”的差异性进行方差分析（见表9-37-1、表9-37-2、表9-37-3和图9-17-1），显示不同收入被试政治沟通重要性得分之间差异显著，$F=2.601$，$p<0.05$。低收入被试（$M=3.58$，$SD=0.51$）的得分显著低于中低收入被试（$M=3.63$，$SD=0.46$）、中高收入被试（$M=3.65$，$SD=0.45$），与较低收入被试（$M=3.61$，$SD=0.48$）、较高收入被试（$M=3.63$，$SD=0.44$）、高收入被试（$M=3.63$，$SD=0.51$）之间的得分差异不显著。另五种收入被试两两之间的得分差异均不显著。

表9-37-1　**不同收入被试“政治沟通重要性认知”得分的差异比较**

项目		*N*	均值	标准差	标准误	均值的95%置信区间		极小值	极大值
						下限	上限		
政治沟通重要性认知	低收入	2012	3.5829	.51297	.01144	3.5605	3.6053	1.40	5.00
	较低收入	1577	3.6109	.47526	.01197	3.5874	3.6344	1.80	5.00
	中低收入	1234	3.6298	.46274	.01317	3.6040	3.6557	1.80	5.00
	中高收入	686	3.6455	.44901	.01714	3.6118	3.6791	2.00	5.00
	较高收入	428	3.6266	.43515	.02103	3.5853	3.6680	1.80	4.80
	高收入	187	3.6299	.51385	.03758	3.5558	3.7041	1.60	4.60
	总数	6124	3.6111	.48162	.00615	3.5990	3.6231	1.40	5.00

表 9-37-2　　不同收入被试“政治沟通重要性认知”得分的方差分析结果

项目		平方和	df	均方	F	显著性
政治沟通重要性认知	组间	3.013	5	.603	2.601	.023
	组内	1417.236	6118	.232		
	总数	1420.249	6123			

表 9-37-3　　不同收入被试“政治沟通重要性认知”得分的多重比较

因变量	（I）收入	（J）收入	均值差（I-J）	标准误	显著性	95% 置信区间	
						下限	上限
政治沟通重要性认知	低收入	较低收入	-.02800	.01619	.084	-.0597	.0037
		中低收入	-.04692*	.01740	.007	-.0810	-.0128
		中高收入	-.06258*	.02128	.003	-.1043	-.0209
		较高收入	-.04373	.02562	.088	-.0940	.0065
		高收入	-.04704	.03680	.201	-.1192	.0251
	较低收入	低收入	.02800	.01619	.084	-.0037	.0597
		中低收入	-.01891	.01829	.301	-.0548	.0169
		中高收入	-.03457	.02201	.116	-.0777	.0086
		较高收入	-.01573	.02623	.549	-.0672	.0357
		高收入	-.01904	.03722	.609	-.0920	.0539
	中低收入	低收入	.04692*	.01740	.007	.0128	.0810
		较低收入	.01891	.01829	.301	-.0169	.0548
		中高收入	-.01566	.02292	.495	-.0606	.0293
		较高收入	.00319	.02700	.906	-.0497	.0561
		高收入	-.00012	.03777	.997	-.0742	.0739
	中高收入	低收入	.06258*	.02128	.003	.0209	.1043
		较低收入	.03457	.02201	.116	-.0086	.0777
		中低收入	.01566	.02292	.495	-.0293	.0606
		较高收入	.01885	.02965	.525	-.0393	.0770
		高收入	.01553	.03970	.696	-.0623	.0934
	较高收入	低收入	.04373	.02562	.088	-.0065	.0940
		较低收入	.01573	.02623	.549	-.0357	.0672
		中低收入	-.00319	.02700	.906	-.0561	.0497
		中高收入	-.01885	.02965	.525	-.0770	.0393
		高收入	-.00331	.04219	.937	-.0860	.0794

续表

因变量	(I) 收入	(J) 收入	均值差 (I-J)	标准误	显著性	95%置信区间	
						下限	上限
政治沟通重要性认知	高收入	低收入	.04704	.03680	.201	-.0251	.1192
		较低收入	.01904	.03722	.609	-.0539	.0920
		中低收入	.00012	.03777	.997	-.0739	.0742
		中高收入	-.01553	.03970	.696	-.0934	.0623
		较高收入	.00331	.04219	.937	-.0794	.0860

*. 均值差的显著性水平为 0.05。

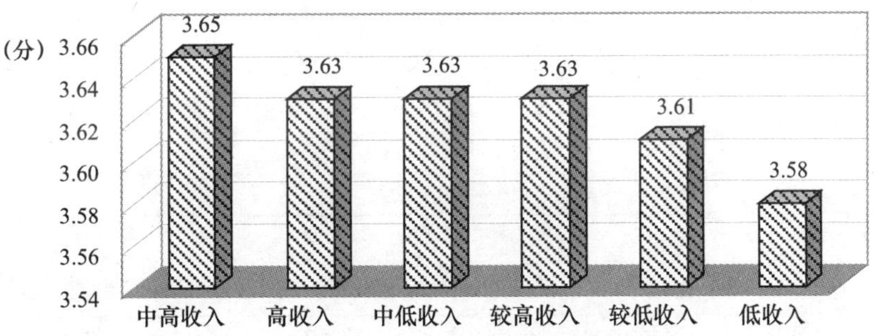

图 9-17-1　不同收入被试政治沟通重要性认知的得分比较

对不同收入被试“政治沟通现状评价”的差异性进行方差分析（见表 9-37-4、表 9-37-5、表 9-37-6 和图 9-17-2），显示不同收入被试的得分之间差异显著，$F = 13.095$，$p < 0.001$，具体表现是：低收入被试（$M = 3.24$，$SD = 0.69$）的得分显著高于中低收入被试（$M = 3.15$，$SD = 0.73$）、中高收入被试（$M = 3.08$，$SD = 0.81$）、较高收入被试（$M = 3.08$，$SD = 0.76$）和高收入被试（$M = 2.98$，$SD = 0.84$），与较低收入被试（$M = 3.25$，$SD = 0.69$）之间的得分差异不显著。较低收入被试的得分显著高于中低收入、中高收入、较高收入、高收入被试。中低收入被试的得分显著高于高收入被试，与中高收入、较高收入被试之间的得分差异不显著。中高收入被试与较高收入、高收入被试之间的得分差异不显著。较高收入被试与高收入被试之间的得分差异不显著。

表9－37－4　不同收入被试“政治沟通现状评价”得分的差异比较

项目		N	均值	标准差	标准误	均值的95%置信区间		极小值	极大值
						下限	上限		
政治沟通现状评价	低收入	2010	3.2437	.69166	.01543	3.2134	3.2739	1.00	5.00
	较低收入	1578	3.2456	.68546	.01726	3.2118	3.2795	1.00	5.00
	中低收入	1236	3.1455	.73336	.02086	3.1045	3.1864	1.00	5.00
	中高收入	684	3.0845	.80601	.03082	3.0240	3.1450	1.00	5.00
	较高收入	427	3.0820	.75615	.03659	3.0100	3.1539	1.00	5.00
	高收入	186	2.9774	.83603	.06130	2.8565	3.0984	1.00	5.00
	总数	6121	3.1872	.72501	.00927	3.1690	3.2054	1.00	5.00

表9－37－5　不同收入被试“政治沟通现状评价”得分的方差分析结果

项目		平方和	df	均方	F	显著性
政治沟通现状评价	组间	34.080	5	6.816	13.095	.000
	组内	3182.836	6115	.520		
	总数	3216.916	6120			

表9－37－6　不同收入被试“政治沟通现状评价”得分的多重比较

因变量	(I) 收入	(J) 收入	均值差(I－J)	标准误	显著性	95%置信区间	
						下限	上限
政治沟通现状评价	低收入	较低收入	−.00195	.02427	.936	−.0495	.0456
		中低收入	.09821*	.02608	.000	.0471	.1493
		中高收入	.15918*	.03194	.000	.0966	.2218
		较高收入	.16171*	.03844	.000	.0864	.2371
		高收入	.26626*	.05529	.000	.1579	.3747
	较低收入	低收入	.00195	.02427	.936	−.0456	.0495
		中低收入	.10016*	.02740	.000	.0464	.1539
		中高收入	.16112*	.03303	.000	.0964	.2259
		较高收入	.16366*	.03935	.000	.0865	.2408
		高收入	.26821*	.05593	.000	.1586	.3779
	中低收入	低收入	−.09821*	.02608	.000	−.1493	−.0471
		较低收入	−.10016*	.02740	.000	−.1539	−.0464
		中高收入	.06097	.03438	.076	−.0064	.1284
		较高收入	.06350	.04050	.117	−.0159	.1429
		高收入	.16805*	.05674	.003	.0568	.2793

续表

因变量	(I) 收入	(J) 收入	均值差 (I-J)	标准误	显著性	95%置信区间	
						下限	上限
政治沟通现状评价	中高收入	低收入	-.15918*	.03194	.000	-.2218	-.0966
		较低收入	-.16112*	.03303	.000	-.2259	-.0964
		中低收入	-.06097	.03438	.076	-.1284	.0064
		较高收入	.00254	.04450	.955	-.0847	.0898
		高收入	.10708	.05966	.073	-.0099	.2240
	较高收入	低收入	-.16171*	.03844	.000	-.2371	-.0864
		较低收入	-.16366*	.03935	.000	-.2408	-.0865
		中低收入	-.06350	.04050	.117	-.1429	.0159
		中高收入	-.00254	.04450	.955	-.0898	.0847
		高收入	.10455	.06338	.099	-.0197	.2288
	高收入	低收入	-.26626*	.05529	.000	-.3747	-.1579
		较低收入	-.26821*	.05593	.000	-.3779	-.1586
		中低收入	-.16805*	.05674	.003	-.2793	-.0568
		中高收入	-.10708	.05966	.073	-.2240	.0099
		较高收入	-.10455	.06338	.099	-.2288	.0197

*. 均值差的显著性水平为 0.05。

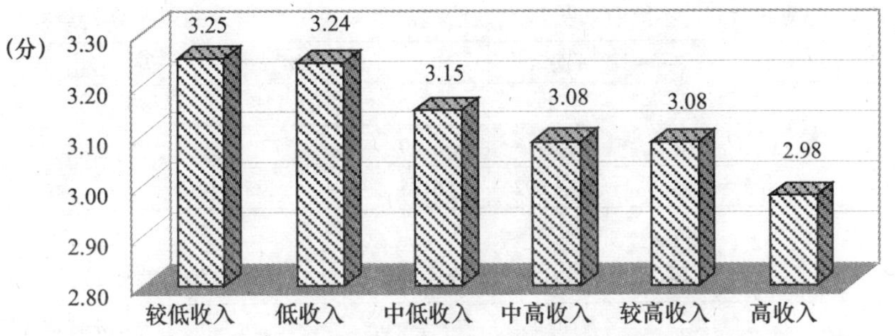

图 9-17-2　不同收入被试政治沟通现状评价的得分比较

对不同收入被试“政治沟通认知总分”的差异性进行方差分析（见表 9-37-7、表 9-37-8、表 9-37-9），显示不同收入被试的得分之间差异显著，$F = 4.874$，$p < 0.001$，具体表现是：低收入被试（$M = 6.83$，$SD = 0.95$）的得分显著高于中高收入被试（$M = 6.73$，$SD =$

0.97）、较高收入被试（$M=6.71$，$SD=0.89$）和高收入被试（$M=6.61$，$SD=0.99$），与较低收入被试（$M=6.86$，$SD=0.91$）、中低收入被试（$M=6.78$，$SD=0.91$）之间的得分差异不显著。较低收入被试的得分显著高于中低收入、中高收入、较高收入、高收入被试。中低收入被试的得分显著高于高收入被试，与中高收入、较高收入被试之间的得分差异不显著。中高收入被试与较高收入、高收入被试之间的得分差异不显著。较高收入被试与高收入被试之间的得分差异不显著。

表9-37-7　　不同收入被试“政治沟通认知总分”得分的差异比较

项目		N	均值	标准差	标准误	均值的95%置信区间		极小值	极大值
						下限	上限		
政治沟通认知总分	低收入	2005	6.8275	.95397	.02130	6.7857	6.8693	3.60	10.00
	较低收入	1573	6.8573	.91119	.02297	6.8123	6.9024	4.00	10.00
	中低收入	1233	6.7750	.91255	.02599	6.7240	6.8260	4.00	10.00
	中高收入	682	6.7326	.97494	.03733	6.6593	6.8059	3.80	9.80
	较高收入	427	6.7073	.89265	.04320	6.6224	6.7922	4.40	9.40
	高收入	186	6.6054	.99478	.07294	6.4615	6.7493	3.60	9.20
	总数	6106	6.7988	.93577	.01198	6.7753	6.8223	3.60	10.00

表9-37-8　　不同收入被试“政治沟通认知总分”得分的方差分析结果

项目		平方和	df	均方	F	显著性
政治沟通认知总分	组间	21.273	5	4.255	4.874	.000
	组内	5324.718	6100	.873		
	总数	5345.992	6105			

表9-37-9　　不同收入被试“政治沟通认知总分”得分的多重比较

因变量	(I) 收入	(J) 收入	均值差 (I-J)	标准误	显著性	95%置信区间	
						下限	上限
政治沟通认知总分	低收入	较低收入	-.02981	.03147	.344	-.0915	.0319
		中低收入	.05251	.03381	.120	-.0138	.1188
		中高收入	.09498*	.04142	.022	.0138	.1762
		较高收入	.12027*	.04980	.016	.0227	.2179
		高收入	.22215*	.07161	.002	.0818	.3625

续表

因变量	(I) 收入	(J) 收入	均值差 (I－J)	标准误	显著性	95%置信区间	
						下限	上限
政治沟通认知总分	较低收入	低收入	.02981	.03147	.344	-.0319	.0915
		中低收入	.08232 *	.03554	.021	.0127	.1520
		中高收入	.12479 *	.04284	.004	.0408	.2088
		较高收入	.15008 *	.05098	.003	.0501	.2500
		高收入	.25197 *	.07244	.001	.1100	.3940
	中低收入	低收入	-.05251	.03381	.120	-.1188	.0138
		较低收入	-.08232 *	.03554	.021	-.1520	-.0127
		中高收入	.04247	.04459	.341	-.0449	.1299
		较高收入	.06776	.05246	.197	-.0351	.1706
		高收入	.16964 *	.07349	.021	.0256	.3137
	中高收入	低收入	-.09498 *	.04142	.022	-.1762	-.0138
		较低收入	-.12479 *	.04284	.004	-.2088	-.0408
		中低收入	-.04247	.04459	.341	-.1299	.0449
		较高收入	.02529	.05766	.661	-.0877	.1383
		高收入	.12717	.07728	.100	-.0243	.2787
	较高收入	低收入	-.12027 *	.04980	.016	-.2179	-.0227
		较低收入	-.15008 *	.05098	.003	-.2500	-.0501
		中低收入	-.06776	.05246	.197	-.1706	.0351
		中高收入	-.02529	.05766	.661	-.1383	.0877
		高收入	.10188	.08208	.215	-.0590	.2628
	高收入	低收入	-.22215 *	.07161	.002	-.3625	-.0818
		较低收入	-.25197 *	.07244	.001	-.3940	-.1100
		中低收入	-.16964 *	.07349	.021	-.3137	-.0256
		中高收入	-.12717	.07728	.100	-.2787	.0243
		较高收入	-.10188	.08208	.215	-.2628	.0590

*. 均值差的显著性水平为 0.05。

不同收入被试对政府与百姓沟通最重要做法的选择（见表 9－38），六个选项按选择比例由高到低排序，低收入被试是“政府愿意与民众沟通”、“政府的公信力”、“公民个人有强烈的沟通愿望”、“为沟通提供必要的法律保障”、“媒体愿意提供相互沟通的平台”、“社会团体和社会组织有参与沟通的意愿”；较低收入被试是“政府愿意与民众沟通”、“政府的公信力”、“为沟通提供必要的法律保障”、“公民个人有强烈的沟通愿望”、“媒体愿意提供相互沟通的平台”、“社会团体和社会组织有参与沟通的意愿”；中低收入被试是“政府愿意与民众沟通”、“政府的公信力”、“为沟通提供必要的法律保障”、“媒体愿意提供相互沟通的平台”、“公民个人有强烈的沟通愿望”、“社会团体和社会组织有参与沟通的意愿”；中高收入、高收入被试是“政府的公信力”、“政府愿意与民众沟通”、“为沟通提供必要的法律保障”、“媒体愿意提供相互沟通的平台”、“公民个人有强烈的沟通愿望”、“社会团体和社会组织有参与沟通的意愿”；较高收入被试是“政府的公信力”、“为沟通提供必要的法律保障”、“政府愿意与民众沟通”、“公民个人有强烈的沟通愿望”、“媒体愿意提供相互沟通的平台”、“社会团体和社会组织有参与沟通的意愿”（第一位至第五位排序有所不同）。

表 9 - 38　　**不同收入被试认为政府与百姓沟通最重要的做法**

项目	低收入		较低收入		中低收入	
	频率	百分比	频率	百分比	频率	百分比
公民有强烈沟通愿望	339	16.82	256	16.20	144	11.63
媒体愿意提供沟通平台	245	12.16	193	12.21	186	15.03
社会组织有参与沟通意愿	150	7.45	111	7.03	92	7.43
为沟通提供法律保障	317	15.73	276	17.47	195	15.75
政府的公信力	378	18.76	348	22.03	307	24.80
政府愿意沟通	586	29.08	396	25.06	314	25.36
合计	2015	100.00	1580	100.00	1238	100.00
项目	中高收入		较高收入		高收入	
公民有强烈沟通愿望	81	11.77	57	13.32	20	10.70
媒体愿意提供沟通平台	94	13.66	44	10.28	27	14.44
社会组织有参与沟通意愿	38	5.52	33	7.71	9	4.81
为沟通提供法律保障	115	16.72	82	19.16	31	16.58
政府的公信力	206	29.94	133	31.07	59	31.55
政府愿意沟通	154	22.39	79	18.46	41	21.92
合计	688	100.00	428	100.00	187	100.00

不同收入被试对突发事件中信息处理最重要做法的选择（见表 9 - 39），四个选项按选择比例由高到低排序，低收入、较低收入、中低收入、中高收入、高收入被试是“政府及时发布准确的信息”、“媒体及时

发布准确的信息”、“政府有效控制各种信息发布”、“公民个人及时发布获得的信息”，较高收入被试是“政府及时发布准确的信息”、“媒体及时发布准确的信息”、“公民个人及时发布获得的信息”、“政府有效控制各种信息发布”（第三、四位排序不同）。

表9-39　　**不同收入被试认为突发事件中信息处理最重要的做法**

项目	低收入		较低收入		中低收入	
	频率	百分比	频率	百分比	频率	百分比
公民及时公布获得的信息	272	13.53	208	13.19	126	10.25
媒体及时发布准确信息	400	19.89	320	20.29	293	23.82
政府及时发布准确信息	1010	50.22	811	51.43	663	53.90
政府有效控制信息发布	329	16.36	238	15.09	148	12.03
合计	2011	100.00	1577	100.00	1230	100.00
项目	中高收入		较高收入		高收入	
公民及时公布获得的信息	62	9.01	50	11.77	13	6.95
媒体及时发布准确信息	165	23.98	121	28.47	60	32.09
政府及时发布准确信息	374	54.36	212	49.88	88	47.06
政府有效控制信息发布	87	12.65	42	9.88	26	13.90
合计	688	100.00	425	100.00	187	100.00

（四）政治参与行为

调查结果显示，低收入被试的“政治参与认知”得分在1.40—5.00分之间，均值为3.10，标准差为0.47；“实际政治参与”得分在1.00—5.00分之间，均值为3.04，标准差为0.69；“政治参与行为总分”的得分在3.20—10.00分之间，均值为6.14，标准差为0.90（见表9-40-1）。

表9-40-1　　**低收入被试“政治参与行为”的总体描述统计**

项目	*N*	极小值	极大值	均值	标准差
政治参与认知	2008	1.40	5.00	3.0977	.46617
实际政治参与	2007	1.00	5.00	3.0414	.69292
政治参与行为总分	1999	3.20	10.00	6.1375	.90187
有效的 *N*	1999				

调查结果显示，较低收入被试的“政治参与认知”得分在1.60—4.80分之间，均值为3.10，标准差为0.45；“实际政治参与”得分在1.00—5.00分之间，均值为3.09，标准差为0.70；“政治参与行为总分”的得分在3.20—9.60分之间，均值为6.20，标准差为0.89（见表9－40－2）。

表9－40－2　**较低收入被试“政治参与行为”的总体描述统计**

项目	N	极小值	极大值	均值	标准差
政治参与认知	1582	1.60	4.80	3.1037	.44913
实际政治参与	1579	1.00	5.00	3.0916	.70479
政治参与行为总分	1579	3.20	9.60	6.1963	.88549
有效的 N	1579				

调查结果显示，中低收入被试的“政治参与认知”得分在1.80—5.00分之间，均值为3.10，标准差为0.45；“实际政治参与”得分在1.00—5.00分之间，均值为3.09，标准差为0.66；“政治参与行为总分”的得分在2.80—9.40分之间，均值为6.19，标准差为0.86（见表9－40－3）。

表9－40－3　**中低收入被试“政治参与行为”的总体描述统计**

项目	N	极小值	极大值	均值	标准差
政治参与认知	1232	1.80	5.00	3.0994	.44514
实际政治参与	1232	1.00	5.00	3.0859	.65739
政治参与行为总分	1226	2.80	9.40	6.1869	.85685
有效的 N	1226				

调查结果显示，中高收入被试的“政治参与认知”得分在1.80—5.00分之间，均值为3.11，标准差为0.47；“实际政治参与”得分在1.00—5.00分之间，均值为3.10，标准差为0.67；“政治参与行为总分”的得分在3.60—9.40分之间，均值为6.21，标准差为0.86（见表9－40－4）。

表9－40－4　　中高收入被试“政治参与行为”的总体描述统计

项目	N	极小值	极大值	均值	标准差
政治参与认知	687	1.80	5.00	3.1121	.47363
实际政治参与	683	1.00	5.00	3.0963	.66679
政治参与行为总分	682	3.60	9.40	6.2097	.85520
有效的N	682				

调查结果显示，较高收入被试的“政治参与认知”得分在2.00—4.80分之间，均值为3.12，标准差为0.47；“实际政治参与”得分在1.00—4.80分之间，均值为3.10，标准差为0.65；“政治参与行为总分”的得分在3.60—8.80分之间，均值为6.22，标准差为0.84（见表9－40－5）。

表9－40－5　　较高收入被试“政治参与行为”的总体描述统计

项目	N	极小值	极大值	均值	标准差
政治参与认知	427	2.00	4.80	3.1237	.47102
实际政治参与	424	1.00	4.80	3.0972	.64737
政治参与行为总分	423	3.60	8.80	6.2161	.83713
有效的N	423				

调查结果显示，高收入被试的“政治参与认知”得分在1.80—4.60分之间，均值为3.14，标准差为0.44；“实际政治参与”得分在1.00—4.80分之间，均值为3.10，标准差为0.67；“政治参与行为总分”的得分在3.00—9.20分之间，均值为6.24，标准差为0.87（见表9－40－6）。

表9－40－6　　高收入被试“政治参与行为”的总体描述统计

项目	N	极小值	极大值	均值	标准差
政治参与认知	186	1.80	4.60	3.1441	.44149
实际政治参与	186	1.00	4.80	3.1000	.66909
政治参与行为总分	185	3.00	9.20	6.2432	.86870
有效的N（列表状态）	185				

对不同收入被试“政治参与认知”的差异性进行方差分析（见表9－41－1、表9－41－2和图9－18－1），显示六种收入被试两两之间的得分差异均不显著。

表9－41－1　不同收入被试“政治参与认知”得分的差异比较

项目		N	均值	标准差	标准误	均值的95%置信区间		极小值	极大值
						下限	上限		
政治参与认知	低收入	2008	3.0977	.46617	.01040	3.0773	3.1181	1.40	5.00
	较低收入	1582	3.1037	.44913	.01129	3.0815	3.1258	1.60	4.80
	中低收入	1232	3.0994	.44514	.01268	3.0745	3.1242	1.80	5.00
	中高收入	687	3.1121	.47363	.01807	3.0766	3.1476	1.80	5.00
	较高收入	427	3.1237	.47102	.02279	3.0789	3.1685	2.00	4.80
	高收入	186	3.1441	.44149	.03237	3.0802	3.2080	1.80	4.60
	总数	6122	3.1044	.45802	.00585	3.0929	3.1159	1.40	5.00

表9－41－2　不同收入被试“政治参与认知”得分的方差分析结果

项目		平方和	df	均方	F	显著性
政治参与认知	组间	.614	5	.123	.585	.711
	组内	1283.447	6116	.210		
	总数	1284.061	6121			

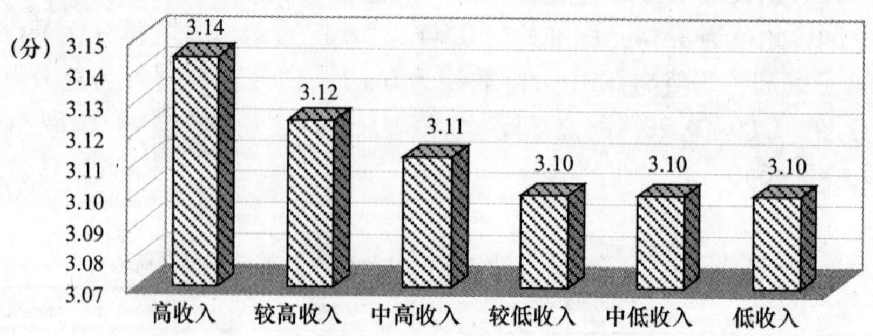

图9－18－1　不同收入被试政治参与认知的得分比较

对不同收入被试“实际政治参与”的差异性进行方差分析（见表9－41－3、表9－41－4和图9－18－2），显示六种收入被试两两之间的得分差异均不显著。

表 9－41－3　不同收入被试“实际政治参与”得分的差异比较

项目		N	均值	标准差	标准误	均值的 95% 置信区间		极小值	极大值
						下限	上限		
实际政治参与	低收入	2007	3.0414	.69292	.01547	3.0110	3.0717	1.00	5.00
	较低收入	1579	3.0916	.70479	.01774	3.0568	3.1264	1.00	5.00
	中低收入	1232	3.0859	.65739	.01873	3.0491	3.1226	1.00	5.00
	中高收入	683	3.0963	.66679	.02551	3.0462	3.1464	1.00	5.00
	较高收入	424	3.0972	.64737	.03144	3.0354	3.1590	1.00	4.80
	高收入	186	3.1000	.66909	.04906	3.0032	3.1968	1.00	4.80
	总数	6111	3.0751	.68247	.00873	3.0580	3.0922	1.00	5.00

表 9－41－4　不同收入被试“实际政治参与”得分的方差分析结果

项目		平方和	*df*	均方	*F*	显著性
实际政治参与	组间	3.487	5	.697	1.498	.187
	组内	2842.317	6105	.466		
	总数	2845.804	6110			

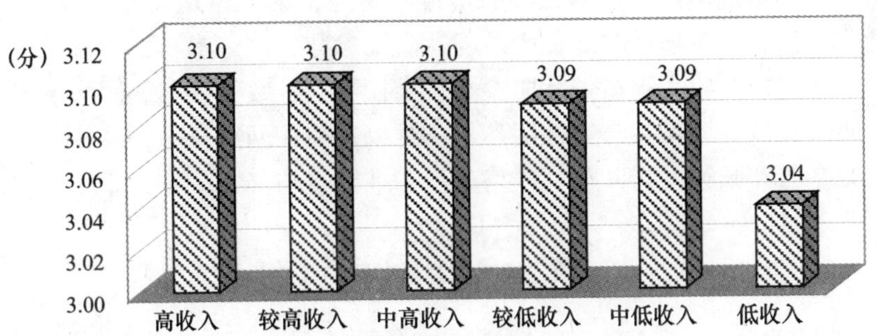

图 9－18－2　不同收入被试实际政治参与的得分比较

对不同收入被试“政治参与行为总分”的差异性进行方差分析（见表 9－41－5、表 9－41－6），显示六种收入被试两两之间的得分差异均不显著。

表9－41－5　　不同收入被试“政治参与行为总分”得分的差异比较

项目		N	均值	标准差	标准误	均值的95%置信区间		极小值	极大值
						下限	上限		
政治参与行为总分	低收入	1999	6.1375	.90187	.02017	6.0979	6.1770	3.20	10.00
	较低收入	1579	6.1963	.88549	.02228	6.1526	6.2400	3.20	9.60
	中低收入	1226	6.1869	.85685	.02447	6.1389	6.2350	2.80	9.40
	中高收入	682	6.2097	.85520	.03275	6.1454	6.2740	3.60	9.40
	较高收入	423	6.2161	.83713	.04070	6.1361	6.2961	3.60	8.80
	高收入	185	6.2432	.86870	.06387	6.1172	6.3693	3.00	9.20
	总数	6094	6.1794	.87832	.01125	6.1574	6.2015	2.80	10.00

表9－41－6　　不同收入被试“政治参与行为总分”得分的方差分析结果

项目		平方和	df	均方	F	显著性
政治参与行为总分	组间	5.985	5	1.197	1.552	.170
	组内	4694.434	6088	.771		
	总数	4700.420	6093			

对于选举参与、自治参与、政策参与、维权参与、社团参与、网络参与六类参与，哪一类最为重要，不同收入被试按选择比例由高到低排序，第一位都是选举参与，第二位都是自治参与，第三位至第六位有所不同，低收入被试是维权参与、社团参与、政策参与、网络参与，较低收入、中低收入、中高收入被试是社团参与、维权参与、政策参与、网络参与，较高收入被试是政策参与、社团参与、维权参与、网络参与，高收入被试是社团参与和政策参与并列、网络参与、维权参与（见表9－42）。

表9－42　　不同收入被试认为最重要的政治参与

项目	低收入		较低收入		中低收入	
	频率	百分比	频率	百分比	频率	百分比
参加各种选举	1086	53.92	756	47.79	495	40.15
参加基层群众自治	302	14.99	313	19.79	259	21.01
参与政策讨论	149	7.40	124	7.84	118	9.57
以上访等形式维权	210	10.43	157	9.92	138	11.19
参与社会团体活动	203	10.08	185	11.69	164	13.30
在互联网发表个人意见	64	3.18	47	2.97	59	4.78
合计	2014	100.00	1582	100.00	1233	100.00

续表

项目	中高收入		较高收入		高收入	
	频率	百分比	频率	百分比	频率	百分比
参加各种选举	238	34.59	173	40.61	70	37.84
参加基层群众自治	155	22.53	79	18.54	40	21.62
参与政策讨论	76	11.05	54	12.68	24	12.97
以上访等形式维权	82	11.92	45	10.56	12	6.49
参与社会团体活动	95	13.81	50	11.74	24	12.97
在互联网发表个人意见	42	6.10	25	5.87	15	8.11
合计	688	100.00	426	100.00	185	100.00

对于选举参与、自治参与、政策参与、维权参与、社团参与、网络参与六类参与，哪一类最能发挥作用，不同收入被试按选择比例由高到低排序，第一位都是选举参与，第二位都是自治参与，第三位至第六位有所不同，低收入、较低收入、中低收入、中高收入被试是社团参与、维权参与、政策参与、网络参与，较高收入被试是政策参与、维权参与、社团参与、网络参与，高收入被试是政策参与、社团参与、维权参与、网络参与（见表9－43）。

表9－43　**不同收入被试认为哪一类政治参与最能发挥作用**

项目	低收入		较低收入		中低收入	
	频率	百分比	频率	百分比	频率	百分比
参加各种选举	1003	49.83	691	43.71	445	36.00
参加基层群众自治	329	16.34	377	23.85	292	23.62
参与政策讨论	168	8.35	124	7.84	118	9.55
以上访等形式维权	200	9.93	133	8.41	135	10.92
参与社会团体活动	239	11.87	186	11.76	183	14.81
在互联网发表个人意见	74	3.68	70	4.43	63	5.10
合计	2013	100.00	1581	100.00	1236	100.00
项目	中高收入		较高收入		高收入	
参加各种选举	229	33.28	160	37.65	68	36.56
参加基层群众自治	145	21.07	84	19.76	34	18.28
参与政策讨论	71	10.32	53	12.47	25	13.44
以上访等形式维权	80	11.63	45	10.59	18	9.68
参与社会团体活动	104	15.12	42	9.88	25	13.44
在互联网发表个人意见	59	8.58	41	9.65	16	8.60
合计	688	100.00	425	100.00	186	100.00

（五）公民满意度

调查结果显示，低收入被试的“个人生活满意度”得分在1.00—5.00分之间，均值为3.41，标准差为0.67；“公共服务满意度”得分在1.00—5.00分之间，均值为3.14，标准差为0.63；“公民满意度总分”的得分在2.00—9.80分之间，均值为6.55，标准差为1.09（见表9-44-1）。

表9-44-1　**低收入被试“公民满意度”的总体描述统计**

项目	*N*	极小值	极大值	均值	标准差
个人生活满意度	2011	1.00	5.00	3.4069	.66612
公共服务满意度	2011	1.00	5.00	3.1425	.62838
公民满意度总分	2005	2.00	9.80	6.5506	1.08612
有效的 *N*	2005				

调查结果显示，较低收入被试的“个人生活满意度”得分在1.00—5.00分之间，均值为3.36，标准差为0.63；“公共服务满意度”得分在1.00—5.00分之间，均值为3.16，标准差为0.62；“公民满意度总分”的得分在2.00—10.00分之间，均值为6.52，标准差为1.03（见表9-44-2）。

表9-44-2　**较低收入被试“公民满意度”的总体描述统计**

项目	*N*	极小值	极大值	均值	标准差
个人生活满意度	1577	1.00	5.00	3.3574	.62654
公共服务满意度	1580	1.00	5.00	3.1611	.62031
公民满意度总分	1575	2.00	10.00	6.5177	1.02947
有效的 *N*	1575				

调查结果显示，中低收入被试的“个人生活满意度”得分在1.00—5.00分之间，均值为3.28，标准差为0.65；“公共服务满意度”得分在1.00—5.00分之间，均值为3.12，标准差为0.62；“公民满意度总分”的得分在2.60—10.00分之间，均值为6.39，标准差为1.07（见表9-44-3）。

表9－44－3　中低收入被试“公民满意度”的总体描述统计

项目	N	极小值	极大值	均值	标准差
个人生活满意度	1233	1.00	5.00	3.2761	.65427
公共服务满意度	1228	1.00	5.00	3.1163	.62485
公民满意度总分	1225	2.60	10.00	6.3918	1.07198
有效的N	1225				

调查结果显示，中高收入被试的“个人生活满意度”得分在1.40—5.00分之间，均值为3.30，标准差为0.65；“公共服务满意度”得分在1.00—5.00分之间，均值为3.07，标准差为0.68；“公民满意度总分”的得分在2.80—9.80分之间，均值为6.36，标准差为1.13（见表9－44－4）。

表9－44－4　中高收入被试“公民满意度”的总体描述统计

项目	N	极小值	极大值	均值	标准差
个人生活满意度	685	1.40	5.00	3.2952	.64919
公共服务满意度	685	1.00	5.00	3.0657	.67621
公民满意度总分	682	2.80	9.80	6.3619	1.13203
有效的N	682				

调查结果显示，较高收入被试的“个人生活满意度”得分在1.00—5.00分之间，均值为3.29，标准差为0.63；“公共服务满意度”得分在1.00—5.00分之间，均值为3.02，标准差为0.63；“公民满意度总分”的得分在2.80—10.00分之间，均值为6.31，标准差为1.05（见表9－44－5）。

表9－44－5　较高收入被试“公民满意度”的总体描述统计

项目	N	极小值	极大值	均值	标准差
个人生活满意度	427	1.00	5.00	3.2913	.62559
公共服务满意度	427	1.00	5.00	3.0155	.62802
公民满意度总分	426	2.80	10.00	6.3070	1.04721
有效的N	426				

调查结果显示，高收入被试的“个人生活满意度”得分在1.40—4.80分之间，均值为3.35，标准差为0.64；“公共服务满意度”得分在1.00—

5.00 分之间，均值为 2.95，标准差为 0.66；“公民满意度总分”的得分在 2.80—9.40 分之间，均值为 6.30，标准差为 1.11（见表 9－44－6）。

表 9－44－6 高收入被试“公民满意度”的总体描述统计

项目	N	极小值	极大值	均值	标准差
个人生活满意度	185	1.40	4.80	3.3524	.63819
公共服务满意度	187	1.00	5.00	2.9540	.66091
公民满意度总分	185	2.80	9.40	6.3027	1.11279
有效的 N	185				

对不同收入被试“个人生活满意度”的差异性进行方差分析（见表 9－45－1、表 9－45－2、表 9－45－3 和图 9－19－1），显示不同收入被试的得分之间差异显著，$F=7.966$，$p<0.001$，具体表现是：低收入被试（$M=3.41$，$SD=0.67$）的得分显著高于较低收入被试（$M=3.36$，$SD=0.63$）、中低收入被试（$M=3.28$，$SD=0.65$）、中高收入被试（$M=3.30$，$SD=0.65$）、较高收入被试（$M=3.29$，$SD=0.63$），与高收入被试（$M=3.35$，$SD=0.64$）之间的得分差异不显著。较低收入被试的得分显著高于中低收入、中高收入被试，与较高收入、高收入被试之间的得分差异不显著。中低收入被试与中高收入、较高收入、高收入被试之间的得分差异不显著。中高收入被试与较高收入、高收入被试之间的得分差异不显著。较高收入被试与高收入被试之间的得分差异不显著。

表 9－45－1 不同收入被试“个人生活满意度”得分的差异比较

项目		N	均值	标准差	标准误	均值的 95% 置信区间		极小值	极大值
						下限	上限		
个人生活满意度	低收入	2011	3.4069	.66612	.01485	3.3777	3.4360	1.00	5.00
	较低收入	1577	3.3574	.62654	.01578	3.3264	3.3883	1.00	5.00
	中低收入	1233	3.2761	.65427	.01863	3.2395	3.3126	1.00	5.00
	中高收入	685	3.2952	.64919	.02480	3.2465	3.3439	1.40	5.00
	较高收入	427	3.2913	.62559	.03027	3.2318	3.3508	1.00	5.00
	高收入	185	3.3524	.63819	.04692	3.2599	3.4450	1.40	4.80
	总数	6118	3.3455	.65002	.00831	3.3292	3.3618	1.00	5.00

表9－45－2　　不同收入被试"个人生活满意度"得分的方差分析结果

项目		平方和	df	均方	F	显著性
个人生活满意度	组间	16.734	5	3.347	7.966	.000
	组内	2567.839	6112	.420		
	总数	2584.573	6117			

表9－45－3　　不同收入被试"个人生活满意度"得分的多重比较

因变量	(I) 收入	(J) 收入	均值差 (I－J)	标准误	显著性	95%置信区间	
						下限	上限
个人生活满意度	低收入	较低收入	.04947*	.02180	.023	.0067	.0922
		中低收入	.13079*	.02344	.000	.0848	.1767
		中高收入	.11168*	.02867	.000	.0555	.1679
		较高收入	.11553*	.03454	.001	.0478	.1832
		高收入	.05443	.04980	.274	－.0432	.1521
	较低收入	低收入	－.04947*	.02180	.023	－.0922	－.0067
		中低收入	.08131*	.02464	.001	.0330	.1296
		中高收入	.06220*	.02966	.036	.0041	.1203
		较高收入	.06605	.03536	.062	－.0033	.1354
		高收入	.00496	.05037	.922	－.0938	.1037
	中低收入	低收入	－.13079*	.02344	.000	－.1767	－.0848
		较低收入	－.08131*	.02464	.001	－.1296	－.0330
		中高收入	－.01911	.03089	.536	－.0797	.0414
		较高收入	－.01526	.03640	.675	－.0866	.0561
		高收入	－.07636	.05110	.135	－.1765	.0238
	中高收入	低收入	－.11168*	.02867	.000	－.1679	－.0555
		较低收入	－.06220*	.02966	.036	－.1203	－.0041
		中低收入	.01911	.03089	.536	－.0414	.0797
		较高收入	.00385	.03997	.923	－.0745	.0822
		高收入	－.05725	.05371	.286	－.1625	.0480
	较高收入	低收入	－.11553*	.03454	.001	－.1832	－.0478
		较低收入	－.06605	.03536	.062	－.1354	.0033
		中低收入	.01526	.03640	.675	－.0561	.0866
		中高收入	－.00385	.03997	.923	－.0822	.0745
		高收入	－.06110	.05705	.284	－.1729	.0507

续表

因变量	(I) 收入	(J) 收入	均值差 (I-J)	标准误	显著性	95% 置信区间	
						下限	上限
个人生活满意度	高收入	低收入	-.05443	.04980	.274	-.1521	.0432
		较低收入	-.00496	.05037	.922	-.1037	.0938
		中低收入	.07636	.05110	.135	-.0238	.1765
		中高收入	.05725	.05371	.286	-.0480	.1625
		较高收入	.06110	.05705	.284	-.0507	.1729

*. 均值差的显著性水平为 0.05。

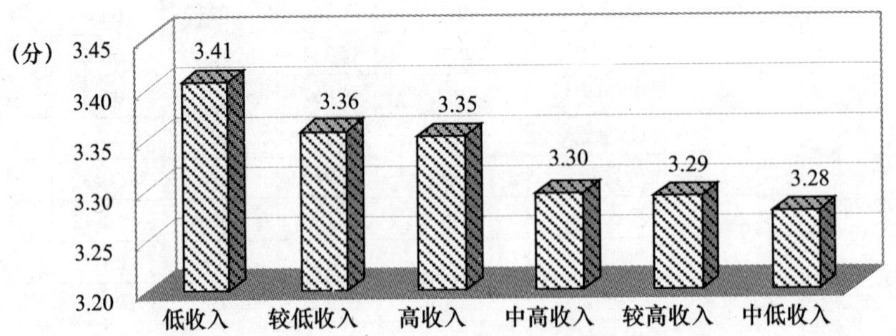

图 9-19-1 不同收入被试个人生活满意度得分比较

对不同收入被试“公共服务满意度”的差异性进行方差分析（见表 9-45-4、表 9-45-5、表 9-45-6 和图 9-19-2），显示不同收入被试的得分之间差异显著，$F=7.779$，$p<0.001$，具体表现是：低收入被试（$M=3.14$，$SD=0.63$）的得分显著高于中高收入被试（$M=3.07$，$SD=0.68$）、较高收入被试（$M=3.02$，$SD=0.63$）、高收入被试（$M=2.95$，$SD=0.66$），与较低收入被试（$M=3.16$，$SD=0.62$）、中低收入被试（$M=3.12$，$SD=0.62$）之间的得分差异不显著。较低收入被试的得分显著高于中高收入、较高收入、高收入被试，与中低收入被试之间的得分差异不显著。中低收入被试的得分显著高于较高收入、高收入被试，与中高收入被试之间的得分差异不显著。中高收入被试的得分显著高于高收入被试，与较高收入被试之间的得分差异不显著。较高收入被试与高收入被试之间的得分差异不显著。

表 9-45-4　　不同收入被试"公共服务满意度"得分的差异比较

项目		N	均值	标准差	标准误	均值的 95% 置信区间		极小值	极大值
						下限	上限		
公共服务满意度	低收入	2011	3.1425	.62838	.01401	3.1150	3.1700	1.00	5.00
	较低收入	1580	3.1611	.62031	.01561	3.1305	3.1917	1.00	5.00
	中低收入	1228	3.1163	.62485	.01783	3.0813	3.1513	1.00	5.00
	中高收入	685	3.0657	.67621	.02584	3.0150	3.1164	1.00	5.00
	较高收入	427	3.0155	.62802	.03039	2.9557	3.0752	1.00	5.00
	高收入	187	2.9540	.66091	.04833	2.8587	3.0494	1.00	5.00
	总数	6118	3.1188	.63389	.00810	3.1029	3.1347	1.00	5.00

表 9-45-5　　不同收入被试"公共服务满意度"得分的方差分析结果

项目		平方和	df	均方	F	显著性
公共服务满意度	组间	15.541	5	3.108	7.779	.000
	组内	2442.349	6112	.400		
	总数	2457.891	6117			

表 9-45-6　　不同收入被试"公共服务满意度"得分的多重比较

因变量	(I) 收入	(J) 收入	均值差 (I-J)	标准误	显著性	95% 置信区间	
						下限	上限
公共服务满意度	低收入	较低收入	-.01862	.02125	.381	-.0603	.0230
		中低收入	.02623	.02289	.252	-.0186	.0711
		中高收入	.07682*	.02797	.006	.0220	.1316
		较高收入	.12706*	.03368	.000	.0610	.1931
		高收入	.18851*	.04833	.000	.0938	.2832
	较低收入	低收入	.01862	.02125	.381	-.0230	.0603
		中低收入	.04485	.02405	.062	-.0023	.0920
		中高收入	.09545*	.02892	.001	.0388	.1521
		较高收入	.14568*	.03448	.000	.0781	.2133
		高收入	.20713*	.04889	.000	.1113	.3030
	中低收入	低收入	-.02623	.02289	.252	-.0711	.0186
		较低收入	-.04485	.02405	.062	-.0920	.0023
		中高收入	.05059	.03015	.093	-.0085	.1097
		较高收入	.10083*	.03551	.005	.0312	.1704
		高收入	.16228*	.04962	.001	.0650	.2596

续表

因变量	(I) 收入	(J) 收入	均值差 (I-J)	标准误	显著性	95%置信区间	
						下限	上限
公共服务满意度	中高收入	低收入	-.07682*	.02797	.006	-.1316	-.0220
		较低收入	-.09545*	.02892	.001	-.1521	-.0388
		中低收入	-.05059	.03015	.093	-.1097	.0085
		较高收入	.05024	.03898	.197	-.0262	.1266
		高收入	.11168*	.05216	.032	.0094	.2139
	较高收入	低收入	-.12706*	.03368	.000	-.1931	-.0610
		较低收入	-.14568*	.03448	.000	-.2133	-.0781
		中低收入	-.10083*	.03551	.005	-.1704	-.0312
		中高收入	-.05024	.03898	.197	-.1266	.0262
		高收入	.06145	.05543	.268	-.0472	.1701
	高收入	低收入	-.18851*	.04833	.000	-.2832	-.0938
		较低收入	-.20713*	.04889	.000	-.3030	-.1113
		中低收入	-.16228*	.04962	.001	-.2596	-.0650
		中高收入	-.11168*	.05216	.032	-.2139	-.0094
		较高收入	-.06145	.05543	.268	-.1701	.0472

*. 均值差的显著性水平为 0.05。

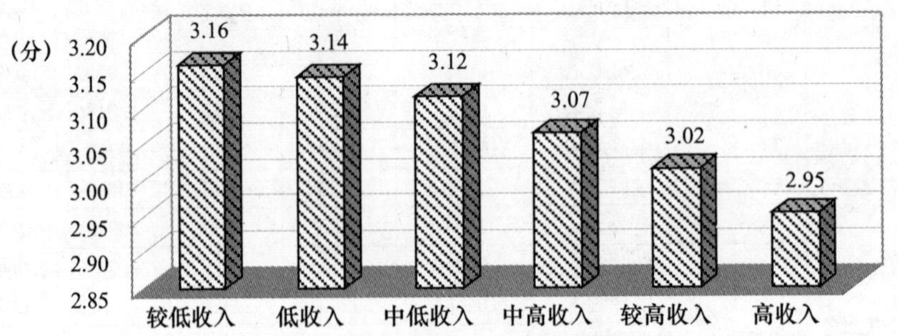

图 9-19-2　不同收入被试公共服务满意度得分比较

对不同收入被试“公民满意度总分”的差异性进行方差分析（见表 9-45-7、表 9-45-8、表 9-45-9），显示不同收入被试的得分之间差异显著，$F=8.416$，$p<0.001$，具体表现是：低收入被试（$M=6.55$，$SD=1.09$）的得分显著高于中低收入被试（$M=6.39$，$SD=1.07$）、中高

收入被试（$M = 6.36$，$SD = 1.13$）、较高收入被试（$M = 6.31$，$SD = 1.05$）、高收入被试（$M = 6.30$，$SD = 1.11$），与较低收入被试（$M = 6.52$，$SD = 1.03$）之间的得分差异不显著。较低收入被试的得分显著高于中低收入、中高收入、较高收入、高收入被试。中低收入被试与中高收入、较高收入、高收入被试之间的得分差异不显著。中高收入被试与较高收入、高收入被试之间的得分差异不显著。较高收入被试与高收入被试之间的得分差异不显著。

表 9－45－7　　不同收入被试"公民满意度总分"得分的差异比较

项目		N	均值	标准差	标准误	均值的 95% 置信区间		极小值	极大值
						下限	上限		
公民满意度总分	低收入	2005	6.5506	1.08612	.02426	6.5031	6.5982	2.00	9.80
	较低收入	1575	6.5177	1.02947	.02594	6.4668	6.5686	2.00	10.00
	中低收入	1225	6.3918	1.07198	.03063	6.3317	6.4519	2.60	10.00
	中高收入	682	6.3619	1.13203	.04335	6.2768	6.4470	2.80	9.80
	较高收入	426	6.3070	1.04721	.05074	6.2073	6.4068	2.80	10.00
	高收入	185	6.3027	1.11279	.08181	6.1413	6.4641	2.80	9.40
	总数	6098	6.4646	1.07560	.01377	6.4376	6.4916	2.00	10.00

表 9－45－8　　不同收入被试"公民满意度总分"得分的方差分析结果

项目		平方和	df	均方	F	显著性
公民满意度总分	组间	48.387	5	9.677	8.416	.000
	组内	7005.342	6092	1.150		
	总数	7053.729	6097			

表 9－45－9　　不同收入被试"公民满意度总分"得分的多重比较

因变量	(I) 收入	(J) 收入	均值差 (I－J)	标准误	显著性	95% 置信区间	
						下限	上限
公民满意度总分	低收入	较低收入	.03291	.03611	.362	−.0379	.1037
		中低收入	.15879*	.03889	.000	.0826	.2350
		中高收入	.18875*	.04754	.000	.0956	.2819
		较高收入	.24358*	.05721	.000	.1314	.3557
		高收入	.24792*	.08240	.003	.0864	.4094

续表

因变量	(I) 收入	(J) 收入	均值差 (I－J)	标准误	显著性	95%置信区间	
						下限	上限
公民满意度总分	较低收入	低收入	－.03291	.03611	.362	－.1037	.0379
		中低收入	.12588*	.04085	.002	.0458	.2060
		中高收入	.15584*	.04916	.002	.0595	.2522
		较高收入	.21067*	.05856	.000	.0959	.3255
		高收入	.21501*	.08334	.010	.0516	.3784
	中低收入	低收入	－.15879*	.03889	.000	－.2350	－.0826
		较低收入	－.12588*	.04085	.002	－.2060	－.0458
		中高收入	.02996	.05123	.559	－.0705	.1304
		较高收入	.08479	.06032	.160	－.0334	.2030
		高收入	.08913	.08458	.292	－.0767	.2549
	中高收入	低收入	－.18875*	.04754	.000	－.2819	－.0956
		较低收入	－.15584*	.04916	.002	－.2522	－.0595
		中低收入	－.02996	.05123	.559	－.1304	.0705
		较高收入	.05483	.06622	.408	－.0750	.1847
		高收入	.05917	.08889	.506	－.1151	.2334
	较高收入	低收入	－.24358*	.05721	.000	－.3557	－.1314
		较低收入	－.21067*	.05856	.000	－.3255	－.0959
		中低收入	－.08479	.06032	.160	－.2030	.0334
		中高收入	－.05483	.06622	.408	－.1847	.0750
		高收入	.00434	.09442	.963	－.1808	.1894
	高收入	低收入	－.24792*	.08240	.003	－.4094	－.0864
		较低收入	－.21501*	.08334	.010	－.3784	－.0516
		中低收入	－.08913	.08458	.292	－.2549	.0767
		中高收入	－.05917	.08889	.506	－.2334	.1151
		较高收入	－.00434	.09442	.963	－.1894	.1808

*. 均值差的显著性水平为 0.05。

不同收入被试满意的公共服务项目（见表9－46），第一选择排在第一位至第三位的都是“基本公共教育”、“社会保险”、“基本医疗卫生”；总提及频率不同收入被试排在第一位至第三位的有所不同，低收入被试是“基本医疗卫生”、“社会保险”、“基本公共教育”，较低收入被试是“基本医疗卫生”、“基本公共教育”、“社会保险”，中低收入被试是“社会保险”、“基本医疗卫生”与“基本公共教育”（并列），中高收入被试是“基本公共教育”、“基本医疗卫生”、“社会保险”，较高收入被试是“基本公共教育”与“社会保险”并列第一位、“基本医疗卫生”列第三位，高收入被试是“基本公共教育”、“社会保险”、“基本医疗卫生”。

表9－46　　不同收入被试满意的公共服务

选项	低收入				较低收入			
	第一选择		总提及频率		第一选择		总提及频率	
	频率	百分比	频率	百分比	频率	百分比	频率	百分比
基本公共教育	654	32.49	976	16.22	546	34.51	818	17.27
劳动就业服务	189	9.39	535	8.89	136	8.60	407	8.59
社会保险	442	21.96	1010	16.79	337	21.30	761	16.06
基本社会服务	48	2.38	352	5.85	58	3.67	305	6.44
基本医疗卫生	355	17.64	1173	19.50	279	17.64	908	19.16
人口和计划生育	56	2.78	389	6.47	50	3.16	281	5.93
基本住房保障	86	4.27	443	7.36	44	2.78	341	7.20
公共文化体育	24	1.19	225	3.74	26	1.64	203	4.28
残疾人服务	37	1.84	215	3.58	23	1.45	156	3.29
社会安全	122	6.06	698	11.60	83	5.25	558	11.78
合计	2013	100.00	6016	100.00	1582	100.00	4738	100.00
选项	中低收入				中高收入			
基本公共教育	401	32.63	592	16.09	236	34.40	362	17.62
劳动就业服务	126	10.25	354	9.62	58	8.45	156	7.60
社会保险	282	22.94	608	16.53	137	19.97	312	15.19
基本社会服务	49	3.99	309	8.40	27	3.94	196	9.54
基本医疗卫生	137	11.15	592	16.09	79	11.52	319	15.53
人口和计划生育	44	3.58	226	6.14	31	4.52	116	5.65
基本住房保障	56	4.56	291	7.91	28	4.08	167	8.13
公共文化体育	31	2.52	195	5.30	22	3.21	108	5.26
残疾人服务	26	2.12	137	3.73	13	1.89	70	3.41
社会安全	77	6.26	375	10.19	55	8.02	248	12.07
合计	1229	100.00	3679	100.00	686	100.00	2054	100.00
选项	较高收入				高收入			
基本公共教育	146	34.11	208	16.22	55	29.57	98	17.56
劳动就业服务	38	8.88	128	9.99	18	9.68	54	9.68
社会保险	93	21.73	208	16.22	47	25.27	97	17.38
基本社会服务	15	3.50	102	7.96	7	3.76	39	6.99
基本医疗卫生	39	9.11	184	14.35	22	11.83	89	15.95

续表

选项	较高收入				高收入			
	第一选择		总提及频率		第一选择		总提及频率	
	频率	百分比	频率	百分比	频率	百分比	频率	百分比
人口和计划生育	15	3.51	88	6.87	4	2.15	25	4.48
基本住房保障	16	3.74	89	6.94	9	4.84	49	8.78
公共文化体育	14	3.27	79	6.16	5	2.69	24	4.30
残疾人服务	7	1.64	35	2.73	2	1.07	15	2.69
社会安全	45	10.51	161	12.56	17	9.14	68	12.19
合计	428	100.00	1282	100.00	186	100.00	558	100.00

对于“六大建设”中满意的建设，按照选择比例由高到低排序，不同收入被试排在第一位的都是经济建设，排在第四位至第六位的都是文化建设、生态建设、政治建设，只是第二位与第三位的排序不同，低收入、较低收入被试是党的建设、社会建设，中低收入、中高收入、较高收入、高收入被试是社会建设、党的建设（见表9－47）。

表9－47　　　　不同收入被试最满意哪种建设

项目	低收入		较低收入		中低收入	
	频率	有效百分比	频率	有效百分比	频率	有效百分比
党的建设	504	25.01	363	22.98	206	16.71
经济建设	684	33.95	568	35.95	449	36.41
社会建设	297	14.74	252	15.95	225	18.25
生态建设	194	9.63	156	9.87	147	11.92
文化建设	233	11.56	177	11.20	160	12.98
政治建设	103	5.11	64	4.05	46	3.73
合计	2015	100.00	1580	100.00	1233	100.00
项目	中高收入		较高收入		高收入	
党的建设	116	16.91	70	16.47	33	17.65
经济建设	239	34.84	174	40.94	66	35.29
社会建设	141	20.56	73	17.18	34	18.18
生态建设	73	10.64	45	10.59	18	9.63
文化建设	94	13.70	49	11.53	24	12.83
政治建设	23	3.35	14	3.29	12	6.42
合计	686	100.00	425	100.00	187	100.00

四　不同收入被试的政治认同与危机压力差异

通过本章的数据分析，可以对不同收入被试在政治认同、危机压力以及影响因素等方面所反映出来的差异，作一个简单的小结。

在本次问卷调查涉及的六种认同中，体制认同和政策认同得分最高的是低收入被试，政党认同得分最高的是较低收入被试，身份认同得分最高的是较高收入被试，文化认同得分最高的是中低收入被试，发展认同得分最高的是高收入被试（见表9-48，表中括号内的数字，代表不同收入被试得分高低的排序，下同）。由于不同收入被试大多在各种认同上表现出了较强的偏好，在政治认同总分上尽管显示出了收入越低认同越高的现象（政治认同总分由高到低的排序，较低收入被试第一，低收入被试第二，中低收入被试第三，中高收入被试第四，较高收入被试第五，高收入被试第六），但是六种收入被试两两之间的得分差异均未达到显著水平。也就是说，不同收入被试在政治认同方面的差异，主要表现在某种收入群体对某种认同的水平较高（如低收入被试的体制认同、政策认同水平较高，较低收入被试的政党认同水平较高等），而不是在政治认同总体水平上孰高孰低。

表9-48　**不同收入被试政治认同得分排序比较**

项目	低收入	较低收入	中低收入	中高收入	较高收入	高收入
体制认同	3.49（1）	3.47（2）	3.42（3）	3.35（4）	3.33（5）	3.33（5）
政党认同	3.65（2）	3.67（1）	3.58（4）	3.61（3）	3.56（6）	3.58（4）
身份认同	4.15（6）	4.21（3）	4.21（3）	4.20（5）	4.25（1）	4.24（2）
文化认同	3.42（5）	3.43（4）	3.48（1）	3.46（2）	3.46（2）	3.41（6）
政策认同	3.65（1）	3.61（2）	3.56（3）	3.53（5）	3.54（4）	3.47（6）
发展认同	3.72（6）	3.73（5）	3.75（4）	3.77（3）	3.78（2）	3.82（1）
认同总分	**22.08（2）**	**22.13（1）**	**21.99（3）**	**21.93（4）**	**21.90（5）**	**21.85（6）**

在本次问卷调查涉及的六种危机压力中，社会危机压力、经济危机压力、生态危机压力得分最高的是中高收入被试，政治危机压力、文化危机

压力得分最高的是低收入被试，国际压力得分最高的是高收入被试（见表9－49）。尽管危机压力总分由高到低排序，中高收入被试第一，中低收入被试、高收入被试并列第二，低收入被试第四，较低收入被试第五，较高收入被试第六，但是中高收入被试的得分只显著高于较低收入和较高收入被试。从总体上看，不同收入被试在危机压力方面的差异不是很大。

表9－49　**不同收入被试危机压力得分排序比较**

项目	低收入	较低收入	中低收入	中高收入	较高收入	高收入
政治危机	2.61（1）	2.57（2）	2.54（3）	2.50（4）	2.49（5）	2.46（6）
经济危机	2.27（6）	2.28（5）	2.37（2）	2.42（1）	2.34（3）	2.33（4）
社会危机	2.83（4）	2.80（6）	2.86（3）	2.87（1）	2.81（5）	2.87（2）
文化危机	2.80（1）	2.73（4）	2.76（3）	2.72（6）	2.73（4）	2.77（2）
生态危机	3.04（4）	3.04（4）	3.11（3）	3.21（1）	3.02（6）	3.17（2）
国际压力	3.00（6）	3.05（2）	3.02（4）	3.03（3）	3.02（4）	3.06（1）
压力总分	**16.52（4）**	**16.47（5）**	**16.66（2）**	**16.75（1）**	**16.40（6）**	**16.66（2）**

在本次问卷调查涉及的影响政治认同和危机压力的五个因素中，权利认知总分最高的是中高收入被试和较高收入被试（并列第一），利益认知、公民满意度总分最高的是低收入被试，政治沟通认知总分最高的是较低收入被试，政治参与行为总分最高的是高收入被试（见表9－50）。由于六种收入的被试在五个因素上的得分各有高低，在总体上未能构成较明显的差异。

表9－50　**不同收入被试五个影响因素得分排序比较**

项目	低收入	较低收入	中低收入	中高收入	较高收入	高收入
权利	6.84（6）	6.95（5）	6.97（3）	6.99（1）	6.99（1）	6.97（3）
利益	5.98（1）	5.93（3）	5.86（6）	5.91（4）	5.96（2）	5.87（5）
政治沟通	6.83（2）	6.86（1）	6.78（3）	6.73（4）	6.71（5）	6.61（6）
政治参与	6.14（6）	6.20（4）	6.19（5）	6.21（3）	6.22（2）	6.24（1）
满意度	6.55（1）	6.52（2）	6.39（3）	6.36（4）	6.31（5）	6.30（6）

本次问卷调查显示不同收入被试的政治认同和危机压力总体差异不大，但还是可以看到一些具体的区别或特征：（1）在本次问卷调查设定

的六种收入被试中，较低收入被试的政治认同总分名列第一（在政党认同上的得分最高），危机压力较弱（危机压力总分名列第五），在政治沟通认知方面具有较高水平。（2）低收入被试的政治认同总分名列第二（在体制认同和政策认同上的得分最高），危机压力偏弱（危机压力总分名列第四，政治危机压力、文化危机压力得分最高），在利益认知和公民满意度方面具有较高水平。（3）中低收入被试的政治认同总分名列第三（在文化认同上的得分最高），危机压力较强（危机压力总分名列第二）。（4）中高收入被试的政治认同总分名列第四，危机压力最强（危机压力总分名列第一，经济危机压力、社会危机压力和生态危机压力得分最高），在权利认知方面具有较高水平。（5）较高收入被试的政治认同总分名列第五（在身份认同上的得分最高），危机压力最弱（危机压力总分名列第六），在权利认知方面具有较高水平。（6）高收入被试的政治认同总分名列第六（在发展认同上的得分最高），危机压力偏强（危机压力总分名列第二），在政治参与行为方面具有较高水平。

第十章
政治认同与危机压力的差异比较:区域

在“政治认同与政治稳定”问卷调查中，项目组将全国分为五大区域：“都会区”包括北京、天津、上海、重庆4个直辖市；“东部沿海地区”包括河北、山东、江苏、浙江、福建、广东、海南7个省份；“西部地区”包括内蒙古、广西、西藏、宁夏、新疆5个自治区和云南、贵州、四川、陕西、甘肃、青海6个省份；“中部地区”包括山西、河南、湖北、湖南、江西、安徽6个省份；“东北地区”包括辽宁、吉林、黑龙江3个省份。调查涉及的10个省、自治区、直辖市的6519名被试，按五大区域划分，都会区（上海市和重庆市）1217人，有效百分比为19.76%；东部沿海地区（广东省和福建省）1227人，有效百分比为19.92%；西部地区（新疆维吾尔自治区、四川省和青海省）1860人，有效百分比为30.20%；中部地区（湖南省和山西省）1210人，有效百分比为19.65%；东北地区（吉林省）645人，有效百分比为10.47%。根据问卷调查的数据，可以比较不同区域被试的政治认同和危机压力状况。

一　不同区域被试的政治认同

不同区域被试政治认同的得分情况以及六种认同的具体情况，可根据问卷调查的结果，分述于下。

(一) 不同区域被试政治认同的得分

调查结果显示，都会区被试政治认同的总体得分在13.17—28.67之间，均值为22.45，标准差为2.22。在六种认同中，都会区被试的体制认同得分在1.00—5.00分之间，均值为3.55，标准差为0.52；政党认同得分在1.00—5.00分之间，均值为3.66，标准差为0.58；身份认同得分在1.75—5.00分之间，均值为4.28，标准差为0.61；文化认同得分在1.33—5.00分之间，均值为3.48，标准差为0.57；政策认同得分在1.33—5.00分之间，均值为3.69，标准差为0.67；发展认同得分在2.00—5.00分之间，均值为3.79，标准差为0.59（见表10-1-1）。

表10-1-1 **都会区被试政治认同的描述统计**

项目	N	极小值	极大值	均值	标准差
政治认同总分	**1209**	**13.17**	**28.67**	**22.4513**	**2.21726**
体制认同	1216	1.00	5.00	3.5466	.51713
政党认同	1213	1.00	5.00	3.6557	.57645
身份认同	1217	1.75	5.00	4.2849	.60885
文化认同	1215	1.33	5.00	3.4823	.56956
政策认同	1217	1.33	5.00	3.6886	.66904
发展认同	1216	2.00	5.00	3.7876	.59436
有效的 N	1209				

调查结果显示，东部沿海地区被试政治认同的总体得分在9.83—28.67之间，均值为21.37，标准差为2.56。在六种认同中，东部沿海地区被试的体制认同得分在1.00—5.00分之间，均值为3.30，标准差为0.56；政党认同得分在1.00—5.00分之间，均值为3.51，标准差为0.66；身份认同得分在1.25—5.00分之间，均值为4.08，标准差为0.70；文化认同得分在1.00—5.00分之间，均值为3.37，标准差为0.55；政策认同得分在1.00—5.00分之间，均值为3.45，标准差为0.74；发展认同得分在1.75—5.00分之间，均值为3.66，标准差为0.64（见表10-1-2）。

表 10－1－2 **东部地区被试政治认同的描述统计**

项目	*N*	极小值	极大值	均值	标准差
政治认同总分	**1210**	**9.83**	**28.67**	**21.3678**	**2.56177**
体制认同	1226	1.00	5.00	3.3007	.56233
政党认同	1225	1.00	5.00	3.5064	.66283
身份认同	1223	1.25	5.00	4.0760	.69862
文化认同	1221	1.00	5.00	3.3680	.54887
政策认同	1223	1.00	5.00	3.4481	.74194
发展认同	1225	1.75	5.00	3.6649	.63790
有效的 *N*	1212				

调查结果显示，西部地区被试政治认同的总体得分在 12.00—28.08 之间，均值为 22.25，标准差为 2.36。在六种认同中，西部地区被试的体制认同得分在 1.00—5.00 分之间，均值为 3.46，标准差为 0.54；政党认同得分在 1.00—5.00 分之间，均值为 3.66，标准差为 0.62；身份认同得分在 1.00—5.00 分之间，均值为 4.21，标准差为 0.64；文化认同得分在 1.00—5.00 分之间，均值为 3.50，标准差为 0.57；政策认同得分在 1.00—5.00 分之间，均值为 3.62，标准差为 0.68；发展认同得分在 1.75—5.00 分之间，均值为 3.79，标准差为 0.60（见表 10－1－3）。

表 10－1－3 **西部地区被试政治认同的描述统计**

项目	*N*	极小值	极大值	均值	标准差
政治认同总分	**1844**	**12.00**	**28.08**	**22.2477**	**2.35532**
体制认同	1858	1.00	5.00	3.4632	.54410
政党认同	1855	1.00	5.00	3.6620	.61736
身份认同	1858	1.00	5.00	4.2064	.64203
文化认同	1857	1.00	5.00	3.4954	.56709
政策认同	1858	1.00	5.00	3.6207	.68056
发展认同	1857	1.75	5.00	3.7940	.60131
有效的 *N*	1844				

调查结果显示，中部地区被试政治认同的总体得分在 13.83—28.08 之间，均值为 21.83，标准差为 2.36。在六种认同中，中部地区被试的体制认同得分在 1.00—5.00 分之间，均值为 3.40，标准差为 0.53；政党认同得分在 1.00—5.00 分之间，均值为 3.62，标准差为 0.63；身份认同得

分在1.50—5.00分之间，均值为4.14，标准差为0.68；文化认同得分在1.33—5.00分之间，均值为3.45，标准差为0.55；政策认同得分在1.00—5.00分之间，均值为3.54，标准差为0.65；发展认同得分在1.50—5.00分之间，均值为3.68，标准差为0.63（见表10－1－4）。

表10－1－4　　**中部地区被试政治认同的描述统计**

项目	*N*	极小值	极大值	均值	标准差
政治认同总分	**1206**	**13.83**	**28.08**	**21.8313**	**2.35910**
体制认同	1209	1.00	5.00	3.3965	.52684
政党认同	1209	1.00	5.00	3.6245	.63469
身份认同	1210	1.50	5.00	4.1393	.68295
文化认同	1208	1.33	5.00	3.4454	.55246
政策认同	1210	1.00	5.00	3.5391	.65272
发展认同	1210	1.50	5.00	3.6791	.62721
有效的 *N*	1206				

调查结果显示，东北地区被试政治认同的总体得分在13.42—27.67之间，均值为22.33，标准差为2.22。在六种认同中，东北地区被试的体制认同得分在1.33—5.00分之间，均值为3.49，标准差为0.49；政党认同得分在1.33—5.00分之间，均值为3.72，标准差为0.63；身份认同得分在1.50—5.00分之间，均值为4.30，标准差为0.67；文化认同得分在1.33—5.00分之间，均值为3.33，标准差为0.54；政策认同得分在1.33—5.00分之间，均值为3.71，标准差为0.71；发展认同得分在1.00—5.00分之间，均值为3.76，标准差为0.63（见表10－1－5）。

表10－1－5　　**东北地区被试政治认同的描述统计**

项目	*N*	极小值	极大值	均值	标准差
政治认同总分	**640**	**13.42**	**27.67**	**22.3280**	**2.22153**
体制认同	643	1.33	5.00	3.4894	.48660
政党认同	644	1.33	5.00	3.7210	.63069
身份认同	645	1.50	5.00	4.3031	.66873
文化认同	645	1.33	5.00	3.3256	.54072
政策认同	644	1.33	5.00	3.7081	.70546
发展认同	644	1.00	5.00	3.7636	.63091
有效的 *N*	640				

六种认同的得分由高到低排序，都会区被试是身份认同第一，发展认同第二，政策认同第三，政党认同第四，体制认同第五，文化认同第六；东部地区、西部地区、中部地区被试是身份认同第一，发展认同第二，政党认同第三，政策认同第四，文化认同第五，体制认同第六；东北地区被试是身份认同第一，发展认同第二，政党认同第三，政策认同第四，体制认同第五，文化认同第六（后三位排序有所不同）。

（二）不同区域被试的体制认同比较

对不同区域被试体制认同的差异性进行方差分析（见表 10－2－1、表 10－2－2、表 10－2－3 和图 10－1），显示不同区域被试的体制认同得分之间差异显著，$F=37.254$，$p<0.001$，具体表现是：都会区被试（$M=3.55$，$SD=0.52$）的得分显著高于东部地区被试（$M=3.30$，$SD=0.56$）、西部地区被试（$M=3.46$，$SD=0.54$）、中部地区被试（$M=3.40$，$SD=0.53$）和东北地区被试（$M=3.49$，$SD=0.49$）。东部地区被试的得分显著低于另四个区域被试。西部地区被试的得分显著高于中部地区被试，与东北地区被试之间的得分差异不显著。中部地区被试的得分显著低于东北地区被试。

表 10－2－1　不同区域被试体制认同得分的差异比较

项目		N	均值	标准差	标准误	均值的 95% 置信区间		极小值	极大值
						下限	上限		
体制认同	都会区	1216	3.5466	.51713	.01483	3.5175	3.5757	1.00	5.00
	东部地区	1226	3.3007	.56233	.01606	3.2692	3.3322	1.00	5.00
	西部地区	1858	3.4632	.54410	.01262	3.4385	3.4880	1.00	5.00
	中部地区	1209	3.3965	.52684	.01515	3.3667	3.4262	1.00	5.00
	东北地区	643	3.4894	.48660	.01919	3.4517	3.5271	1.33	5.00
	总数	6152	3.4369	.53972	.00688	3.4234	3.4504	1.00	5.00

表 10－2－2　不同区域被试体制认同得分的方差分析结果

项目		平方和	df	均方	F	显著性
体制认同	组间	42.408	4	10.602	37.254	.000
	组内	1749.343	6147	.285		
	总数	1791.751	6151			

表 10－2－3　　不同区域被试体制认同得分的多重比较

因变量	(I) 区域	(J) 区域	均值差 (I－J)	标准误	显著性	95%置信区间	
						下限	上限
体制认同	都会区	东部地区	.24589*	.02159	.000	.2036	.2882
		西部地区	.08338*	.01968	.000	.0448	.1220
		中部地区	.15013*	.02167	.000	.1077	.1926
		东北地区	.05723*	.02601	.028	.0062	.1082
	东部地区	都会区	-.24589*	.02159	.000	-.2882	-.2036
		西部地区	-.16252*	.01963	.000	-.2010	-.1240
		中部地区	-.09576*	.02162	.000	-.1382	-.0534
		东北地区	-.18867*	.02598	.000	-.2396	-.1377
	西部地区	都会区	-.08338*	.01968	.000	-.1220	-.0448
		东部地区	.16252*	.01963	.000	.1240	.2010
		中部地区	.06675*	.01971	.001	.0281	.1054
		东北地区	-.02615	.02441	.284	-.0740	.0217
	中部地区	都会区	-.15013*	.02167	.000	-.1926	-.1077
		东部地区	.09576*	.02162	.000	.0534	.1382
		西部地区	-.06675*	.01971	.001	-.1054	-.0281
		东北地区	-.09290*	.02604	.000	-.1439	-.0419
	东北地区	都会区	-.05723*	.02601	.028	-.1082	-.0062
		东部地区	.18867*	.02598	.000	.1377	.2396
		西部地区	.02615	.02441	.284	-.0217	.0740
		中部地区	.09290*	.02604	.000	.0419	.1439

*. 均值差的显著性水平为 0.05。

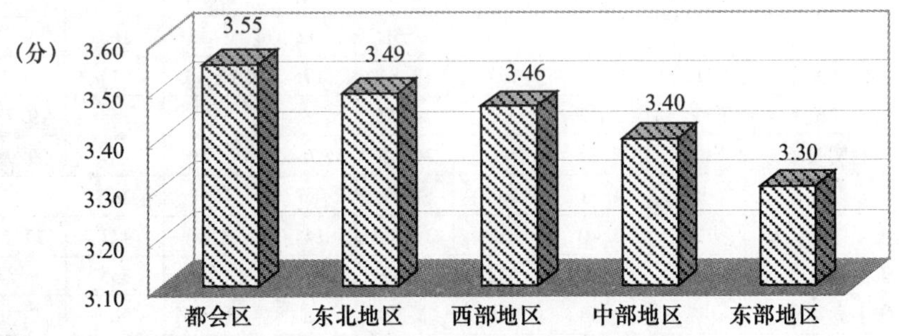

图 10－1　不同区域被试体制认同的得分比较

不同区域被试对政治体制改革着重点的看法，第一选择排在第一位和第二位的都是“基层群众自治制度改革”、“人民代表大会制度改革”，排在第三位的，都会区被试是“行政制度改革”，东部地区、西部地区、中部地区、东北地区被试都是“党的领导体制改革”；总提及频率排在第一位和第二位的都是“基层群众自治制度改革”、“人民代表大会制度改革”，排在第三位的，都会区、东部地区、中部地区、东北地区被试是“选举制度改革”，西部地区被试是“党的领导体制改革”（见表10－3）。

表10－3　　不同区域被试对政治体制改革着重点的选择

选项	都会区				东部地区			
	第一选择		总提及频率		第一选择		总提及频率	
	频率	百分比	频率	百分比	频率	百分比	频率	百分比
基层自治改革	499	41.28	738	20.49	530	43.55	713	19.61
民族自治改革	60	4.96	232	6.44	51	4.19	234	6.44
人大制度改革	174	14.39	466	12.94	215	17.67	571	15.70
司法制度改革	84	6.95	369	10.24	84	6.90	367	10.09
行政制度改革	119	9.84	434	12.05	83	6.82	387	10.64
选举制度改革	86	7.11	449	12.47	65	5.34	406	11.16
党领导体制改革	91	7.53	350	9.72	111	9.12	366	10.06
决策体制改革	67	5.54	343	9.52	35	2.87	336	9.24
走向多党竞争	17	1.41	75	2.08	36	2.96	138	3.79
政协制度改革	12	0.99	146	4.05	7	0.58	119	3.27
合计	1209	100.00	3602	100.00	1217	100.00	3637	100.00
选项	西部地区				中部地区			
基层自治改革	658	35.45	938	16.84	527	43.59	725	19.99
民族自治改革	173	9.32	535	9.61	32	2.65	168	4.63
人大制度改革	328	17.67	771	13.84	195	16.13	514	14.17
司法制度改革	134	7.22	572	10.27	69	5.71	353	9.73
行政制度改革	146	7.87	590	10.59	75	6.21	361	9.95
选举制度改革	80	4.31	555	9.97	86	7.11	482	13.29
党领导体制改革	180	9.70	610	10.95	141	11.66	421	11.61
决策体制改革	80	4.31	532	9.55	46	3.80	335	9.24
走向多党竞争	47	2.53	185	3.32	23	1.90	82	2.26
政协制度改革	30	1.62	282	5.06	15	1.24	186	5.13
合计	1856	100.00	5570	100.00	1209	100.00	3627	100.00

续表

选项	东北地区							
	第一选择		总提及频率					
	频率	百分比	频率	百分比				
基层自治改革	267	41.46	378	19.59				
民族自治改革	14	2.17	129	6.69				
人大制度改革	140	21.74	323	16.74				
司法制度改革	40	6.21	211	10.94				
行政制度改革	25	3.88	163	8.45				
选举制度改革	50	7.76	251	13.01				
党领导体制改革	70	10.87	216	11.20				
决策体制改革	24	3.73	156	8.09				
走向多党竞争	9	1.40	30	1.56				
政协制度改革	5	0.78	72	3.73				
合计	644	100.00	1929	100.00				

（三）不同区域被试的政党认同比较

对不同区域被试政党认同的差异性进行方差分析（见表10－4－1、表10－4－2、表10－4－3和图10－2），显示不同区域被试的政党认同得分之间差异显著，$F = 17.201$，$p < 0.001$，具体表现是：都会区被试（$M = 3.66$，$SD = 0.58$）的得分显著高于东部地区被试（$M = 3.51$，$SD = 0.66$），显著低于东北地区被试（$M = 3.72$，$SD = 0.63$），与西部地区被试（$M = 3.66$，$SD = 0.62$）、中部地区被试（$M = 3.62$，$SD = 0.63$）之间的得分差异不显著。东部地区被试的得分显著低于另四个区域被试。西部地区被试的得分显著低于东北地区被试，与中部地区被试之间的得分差异不显著。中部地区被试的得分显著低于东北地区被试。

表10－4－1　不同区域被试政党认同得分的差异比较

项目		N	均值	标准差	标准误	均值的95%置信区间		极小值	极大值
						下限	上限		
政党认同	都会区	1213	3.6557	.57645	.01655	3.6232	3.6881	1.00	5.00
	东部地区	1225	3.5064	.66283	.01894	3.4692	3.5435	1.00	5.00

续表

项目		N	均值	标准差	标准误	均值的95%置信区间		极小值	极大值
						下限	上限		
政党认同	西部地区	1855	3.6620	.61736	.01433	3.6339	3.6901	1.00	5.00
	中部地区	1209	3.6245	.63469	.01825	3.5887	3.6603	1.00	5.00
	东北地区	644	3.7210	.63069	.02485	3.6722	3.7698	1.33	5.00
	总数	6146	3.6285	.62707	.00800	3.6129	3.6442	1.00	5.00

表10－4－2　　不同区域被试政党认同得分的方差分析结果

项目		平方和	*df*	均方	*F*	显著性
政党认同	组间	26.773	4	6.693	17.201	.000
	组内	2389.515	6141	.389		
	总数	2416.288	6145			

表10－4－3　　不同区域被试政党认同得分的多重比较

因变量	(I) 区域	(J) 区域	均值差 (I－J)	标准误	显著性	95%置信区间	
						下限	上限
政党认同	都会区	东部地区	.14928*	.02527	.000	.0997	.1988
		西部地区	-.00632	.02303	.784	-.0515	.0388
		中部地区	.03119	.02535	.219	-.0185	.0809
		东北地区	-.06534*	.03041	.032	-.1250	-.0057
	东部地区	都会区	-.14928*	.02527	.000	-.1988	-.0997
		西部地区	-.15560*	.02297	.000	-.2006	-.1106
		中部地区	-.11809*	.02529	.000	-.1677	-.0685
		东北地区	-.21462*	.03036	.000	-.2741	-.1551
	西部地区	都会区	.00632	.02303	.784	-.0388	.0515
		东部地区	.15560*	.02297	.000	.1106	.2006
		中部地区	.03751	.02306	.104	-.0077	.0827
		东北地区	-.05902*	.02853	.039	-.1149	-.0031
	中部地区	都会区	-.03119	.02535	.219	-.0809	.0185
		东部地区	.11809*	.02529	.000	.0685	.1677
		西部地区	-.03751	.02306	.104	-.0827	.0077
		东北地区	-.09653*	.03043	.002	-.1562	-.0369
	东北地区	都会区	.06534*	.03041	.032	.0057	.1250
		东部地区	.21462*	.03036	.000	.1551	.2741
		西部地区	.05902*	.02853	.039	.0031	.1149
		中部地区	.09653*	.03043	.002	.0369	.1562

*. 均值差的显著性水平为0.05。

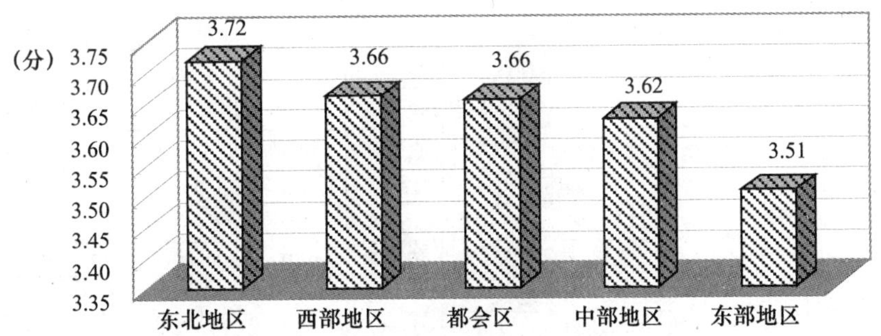

图10－2　不同区域被试政党认同的得分比较

对中国共产党应做事情的看法，不同区域被试第一选择都是“保持党的先进性、纯洁性”排在第一位，“坚持反腐败”排在第二位，“坚持改革开放的基本方针和路线”排在第三位；总提及频率第一位至第三位的排序有所不同，都会区被试是“保持党的先进性、纯洁性”、“坚持反腐败”、“提高执政能力”，东部地区被试是“坚持反腐败”、“保持党的先进性、纯洁性”、“坚持改革开放的基本方针和路线”，西部地区、中部地区和东北地区被试是“坚持反腐败”、“保持党的先进性、纯洁性”、“注重政策的科学化、民主化、法治化”（见表10－5）。

表10－5　　不同区域被试对中国共产党应做事情的选择

选项	都会区				东部地区			
	第一选择		总提及频率		第一选择		总提及频率	
	频率	百分比	频率	百分比	频率	百分比	频率	百分比
保持先进性	605	49.84	870	24.03	536	43.79	748	20.39
坚持反腐败	277	22.82	868	23.98	384	31.37	908	24.75
坚持改革开放	149	12.27	556	15.36	155	12.66	662	18.04
推动党内民主	22	1.81	177	4.89	40	3.27	261	7.12
提高执政能力	94	7.74	581	16.05	58	4.74	501	13.65
注重政策质量	67	5.52	568	15.69	51	4.17	589	16.05
合计	1214	100.00	3620	100.00	1224	100.00	3669	100.00
选项	西部地区				中部地区			
保持先进性	899	48.46	1269	22.84	557	46.15	809	22.36
坚持反腐败	503	27.12	1385	24.93	357	29.58	897	24.80
坚持改革开放	215	11.59	900	16.20	129	10.69	557	15.40
推动党内民主	47	2.53	318	5.72	25	2.07	220	6.08

续表

选项	西部地区				中部地区			
	第一选择		总提及频率		第一选择		总提及频率	
	频率	百分比	频率	百分比	频率	百分比	频率	百分比
提高执政能力	99	5.34	774	13.93	72	5.96	512	14.16
注重政策质量	92	4.96	910	16.38	67	5.55	622	17.20
合计	1855	100.00	5556	100.00	1207	100.00	3617	100.00
选项	东北地区							
保持先进性	301	46.81	474	24.57				
坚持反腐败	173	26.90	492	25.50				
坚持改革开放	72	11.20	281	14.57				
推动党内民主	27	4.20	130	6.74				
提高执政能力	47	7.31	249	12.91				
注重政策质量	23	3.58	303	15.71				
合计	643	100.00	1929	100.00				

（四）不同区域被试的身份认同比较

对不同区域被试身份认同的差异性进行方差分析（见表 10－6－1、表 10－6－2、表 10－6－3 和图 10－3），显示不同区域被试的身份认同得分之间差异显著，$F=22.300$，$p<0.001$，具体表现是：都会区被试（$M=4.28$，$SD=0.61$）的得分显著高于东部地区被试（$M=4.08$，$SD=0.70$）、西部地区被试（$M=4.21$，$SD=0.64$）、中部地区被试（$M=4.14$，$SD=0.68$），与东北地区被试（$M=4.30$，$SD=0.67$）之间的得分差异不显著。东部地区被试的得分显著低于另四个区域被试。西部地区被试的得分显著低于东北地区被试，显著高于中部地区被试。中部地区被试的得分显著低于东北地区被试。

表 10－6－1　　不同区域被试身份认同得分的差异比较

项目		N	均值	标准差	标准误	均值的 95% 置信区间		极小值	极大值
						下限	上限		
身份认同	都会区	1217	4.2849	.60885	.01745	4.2507	4.3192	1.75	5.00
	东部地区	1223	4.0760	.69862	.01998	4.0368	4.1152	1.25	5.00
	西部地区	1858	4.2064	.64203	.01489	4.1772	4.2356	1.00	5.00

续表

项目		N	均值	标准差	标准误	均值的95%置信区间		极小值	极大值
						下限	上限		
身份认同	中部地区	1210	4.1393	.68295	.01963	4.1007	4.1778	1.50	5.00
	东北地区	645	4.3031	.66873	.02633	4.2514	4.3548	1.50	5.00
	总数	6153	4.1930	.66288	.00845	4.1764	4.2095	1.00	5.00

表10－6－2　　不同区域被试身份认同得分的方差分析结果

项目		平方和	df	均方	F	显著性
身份认同	组间	38.660	4	9.665	22.300	.000
	组内	2664.567	6148	.433		
	总数	2703.227	6152			

表10－6－3　　不同区域被试身份认同得分的多重比较

因变量	(I) 区域	(J) 区域	均值差 (I－J)	标准误	显著性	95%置信区间	
						下限	上限
身份认同	都会区	东部地区	.20888*	.02666	.000	.1566	.2611
		西部地区	.07852*	.02428	.001	.0309	.1261
		中部地区	.14567*	.02673	.000	.0933	.1981
		东北地区	-.01818	.03206	.571	-.0810	.0447
	东部地区	都会区	-.20888*	.02666	.000	-.2611	-.1566
		西部地区	-.13036*	.02424	.000	-.1779	-.0828
		中部地区	-.06321*	.02669	.018	-.1155	-.0109
		东北地区	-.22706*	.03204	.000	-.2899	-.1643
	西部地区	都会区	-.07852*	.02428	.001	-.1261	-.0309
		东部地区	.13036*	.02424	.000	.0828	.1779
		中部地区	.06715*	.02432	.006	.0195	.1148
		东北地区	-.09670*	.03009	.001	-.1557	-.0377
	中部地区	都会区	-.14567*	.02673	.000	-.1981	-.0933
		东部地区	.06321*	.02669	.018	.0109	.1155
		西部地区	-.06715*	.02432	.006	-.1148	-.0195
		东北地区	-.16384*	.03210	.000	-.2268	-.1009
	东北地区	都会区	.01818	.03206	.571	-.0447	.0810
		东部地区	.22706*	.03204	.000	.1643	.2899
		西部地区	.09670*	.03009	.001	.0377	.1557
		中部地区	.16384*	.03210	.000	.1009	.2268

*. 均值差的显著性水平为0.05。

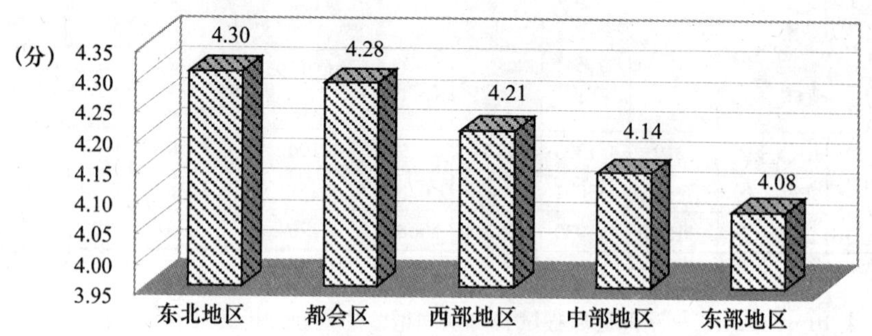

图 10－3　不同区域被试身份认同的得分比较

不同区域被试对身份的看重有所不同（见表 10－7），第一选择排在前三位的，都会区、西部地区、中部地区被试是“户籍身份”、“中国人身份”、“公民身份”，东部地区、东北地区被试是“中国人身份”、“户籍身份”、“公民身份”；总提及频率不同收入被试排在第一位至第三位的都是“中国人身份”、“公民身份”、“户籍身份”。

表 10－7　　不同区域被试对所看重身份的选择

选项	都会区				东部地区			
	第一选择		总提及频率		第一选择		总提及频率	
	频率	百分比	频率	百分比	频率	百分比	频率	百分比
户籍身份	393	32. 37	671	18. 56	363	29. 70	619	17. 00
单位身份	61	5. 03	252	6. 97	75	6. 14	286	7. 85
干部身份	74	6. 10	212	5. 86	106	8. 67	269	7. 39
地域身份	39	3. 21	193	5. 34	41	3. 36	250	6. 86
民族身份	48	3. 95	185	5. 12	53	4. 34	214	5. 87
公民身份	223	18. 37	823	22. 76	186	15. 22	756	20. 76
中国人身份	346	28. 50	855	23. 64	366	29. 95	814	22. 35
职业身份	30	2. 47	425	11. 75	32	2. 62	434	11. 92
合计	1214	100. 00	3616	100. 00	1222	100. 00	3642	100. 00
选项	西部地区				中部地区			
户籍身份	554	29. 80	867	15. 56	365	30. 21	642	17. 72
单位身份	91	4. 89	418	7. 50	45	3. 73	215	5. 93
干部身份	139	7. 48	401	7. 19	109	9. 02	287	7. 92
地域身份	49	2. 64	261	4. 68	25	2. 07	179	4. 94
民族身份	125	6. 72	529	9. 49	43	3. 56	224	6. 18
公民身份	337	18. 13	1150	20. 64	222	18. 38	743	20. 50
中国人身份	498	26. 79	1275	22. 88	358	29. 64	882	24. 34

续表

选项	西部地区				中部地区			
	第一选择		总提及频率		第一选择		总提及频率	
	频率	百分比	频率	百分比	频率	百分比	频率	百分比
职业身份	66	3.55	672	12.06	41	3.39	452	12.47
合计	1859	100.00	5573	100.00	1208	100.00	3624	100.00
选项	东北地区							
户籍身份	163	25.27	309	16.02				
单位身份	16	2.48	100	5.19				
干部身份	48	7.44	105	5.44				
地域身份	15	2.33	88	4.56				
民族身份	18	2.79	111	5.75				
公民身份	112	17.37	467	24.21				
中国人身份	249	38.60	501	25.97				
职业身份	24	3.72	248	12.86				
合计	645	100.00	1929	100.00				

（五）不同区域被试的文化认同比较

对不同区域被试文化认同的差异性进行方差分析（见表10－8－1、表10－8－2、表10－8－3和图10－4），显示不同区域被试的文化认同得分之间差异显著，$F = 18.188$，$p < 0.001$，具体表现是：都会区被试（$M = 3.48$，$SD = 0.57$）的得分显著高于东部地区被试（$M = 3.37$，$SD = 0.55$）、东北地区被试（$M = 3.33$，$SD = 0.54$），与西部地区被试（$M = 3.50$，$SD = 0.57$）、中部地区被试（$M = 3.45$，$SD = 0.55$）之间的得分差异不显著。东部地区被试的得分显著低于西部地区、中部地区被试，与东北地区被试之间的得分差异不显著。西部地区被试的得分显著高于中部地区、东北地区被试。中部地区被试的得分显著高于东北地区被试。

表10－8－1　　　**不同区域被试文化认同得分的差异比较**

项目		N	均值	标准差	标准误	均值的95%置信区间		极小值	极大值
						下限	上限		
文化认同	都会区	1215	3.4823	.56956	.01634	3.4502	3.5144	1.33	5.00
	东部地区	1221	3.3680	.54887	.01571	3.3372	3.3988	1.00	5.00

续表

项目		N	均值	标准差	标准误	均值的95%置信区间		极小值	极大值
						下限	上限		
文化认同	西部地区	1857	3.4954	.56709	.01316	3.4696	3.5212	1.00	5.00
	中部地区	1208	3.4454	.55246	.01590	3.4142	3.4765	1.33	5.00
	东北地区	645	3.3256	.54072	.02129	3.2838	3.3674	1.33	5.00
	总数	6146	3.4399	.56153	.00716	3.4258	3.4539	1.00	5.00

表10-8-2　　不同区域被试文化认同得分的方差分析结果

项目		平方和	*df*	均方	*F*	显著性
文化认同	组间	22.686	4	5.672	18.188	.000
	组内	1914.913	6141	.312		
	总数	1937.599	6145			

表10-8-3　　不同区域被试文化认同得分的多重比较

因变量	(I) 区域	(J) 区域	均值差(I-J)	标准误	显著性	95%置信区间	
						下限	上限
文化认同	都会区	东部地区	.11430*	.02263	.000	.0699	.1587
		西部地区	-.01312	.02060	.524	-.0535	.0273
		中部地区	.03694	.02269	.104	-.0075	.0814
		东北地区	.15672*	.02720	.000	.1034	.2101
	东部地区	都会区	-.11430*	.02263	.000	-.1587	-.0699
		西部地区	-.12742*	.02057	.000	-.1678	-.0871
		中部地区	-.07736*	.02266	.001	-.1218	-.0329
		东北地区	.04242	.02718	.119	-.0109	.0957
	西部地区	都会区	.01312	.02060	.524	-.0273	.0535
		东部地区	.12742*	.02057	.000	.0871	.1678
		中部地区	.05006*	.02064	.015	.0096	.0905
		东北地区	.16984*	.02552	.000	.1198	.2199
	中部地区	都会区	-.03694	.02269	.104	-.0814	.0075
		东部地区	.07736*	.02266	.001	.0329	.1218
		西部地区	-.05006*	.02064	.015	-.0905	-.0096
		东北地区	.11978*	.02723	.000	.0664	.1732
	东北地区	都会区	-.15672*	.02720	.000	-.2101	-.1034
		东部地区	-.04242	.02718	.119	-.0957	.0109
		西部地区	-.16984*	.02552	.000	-.2199	-.1198
		中部地区	-.11978*	.02723	.000	-.1732	-.0664

*. 均值差的显著性水平为0.05。

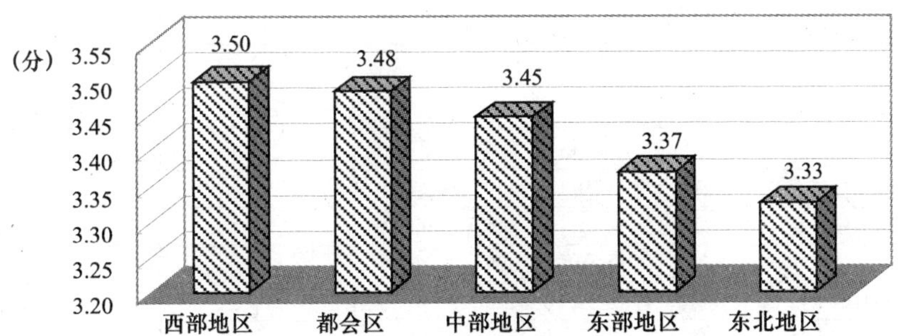

图 10-4　不同区域被试文化认同的得分比较

不同区域被试对中国文化发展的看法，第一选择都是“多种文化融合的中国现代文化”排在第一位，“发扬光大中国传统文化”排在第二位，“以马克思主义主导中国文化发展”排在第三位；总提及频率不同区域被试都是“发扬光大中国传统文化”排在第一位，“多种文化融合的中国现代文化”排在第二位，“注重中国传统文化与马克思主义的结合”排在第三位（见表 10-9）。

表 10-9　不同区域被试对中国文化发展的看法

选项	都会区				东部地区			
	第一选择		总提及频率		第一选择		总提及频率	
	频率	百分比	频率	百分比	频率	百分比	频率	百分比
多种文化融合	593	48.89	950	26.36	601	49.02	931	25.46
发扬传统文化	381	31.41	1010	28.03	372	30.34	1017	27.82
马克思主义主导	111	9.15	529	14.68	132	10.77	543	14.85
西方改造中国	20	1.65	167	4.64	40	3.26	256	7.00
马克思结合传统	90	7.42	727	20.18	63	5.14	632	17.29
宗教对文化影响	18	1.48	220	6.11	18	1.47	277	7.58
合计	1213	100.00	3603	100.00	1226	100.00	3656	100.00
选项	西部地区				中部地区			
多种文化融合	833	44.86	1338	24.04	541	44.74	905	25.04
发扬传统文化	630	33.93	1538	27.63	435	35.98	1004	27.78
马克思主义主导	177	9.53	808	14.52	114	9.43	551	15.24
西方改造中国	40	2.15	288	5.17	21	1.74	225	6.23
马克思结合传统	146	7.86	1082	19.44	80	6.62	693	19.18
宗教对文化影响	31	1.67	512	9.20	18	1.49	236	6.53
合计	1857	100.00	5566	100.00	1209	100.00	3614	100.00

续表

选项	东北地区							
	第一选择		总提及频率					
	频率	百分比	频率	百分比				
多种文化融合	278	43.10	490	25.39				
发扬传统文化	221	34.26	544	28.19				
马克思主义主导	71	11.01	309	16.01				
西方改造中国	21	3.26	120	6.21				
马克思结合传统	48	7.44	352	18.24				
宗教对文化影响	6	0.93	115	5.96				
合计	645	100.00	1930	100.00				

（六）不同区域被试的政策认同比较

对不同区域被试政策认同的差异性进行方差分析（见表 10－10－1、表 10－10－2、表 10－10－3 和图 10－5），显示不同区域被试的政策认同得分之间差异显著，$F = 26.530$，$p < 0.001$，具体表现是：都会区被试（$M = 3.69$，$SD = 0.67$）的得分显著高于东部地区被试（$M = 3.45$，$SD = 0.74$）、西部地区被试（$M = 3.62$，$SD = 0.68$）、中部地区被试（$M = 3.54$，$SD = 0.65$），与东北地区被试（$M = 3.71$，$SD = 0.71$）之间的得分差异不显著。东部地区被试的得分显著低于另四个区域被试。西部地区被试的得分显著低于东北地区被试，显著高于中部地区被试。中部地区被试的得分显著低于东北地区被试。

表 10－10－1　　不同区域被试政策认同得分的差异比较

项目		*N*	均值	标准差	标准误	均值的 95% 置信区间		极小值	极大值
						下限	上限		
政策认同	都会区	1217	3.6886	.66904	.01918	3.6510	3.7262	1.33	5.00
	东部地区	1223	3.4481	.74194	.02122	3.4065	3.4897	1.00	5.00
	西部地区	1858	3.6207	.68056	.01579	3.5898	3.6517	1.00	5.00
	中部地区	1210	3.5391	.65272	.01876	3.5023	3.5759	1.00	5.00
	东北地区	644	3.7081	.70546	.02780	3.6535	3.7627	1.33	5.00
	总数	6152	3.5929	.69399	.00885	3.5756	3.6103	1.00	5.00

表 10－10－2　　不同区域被试政策认同得分的方差分析结果

项目		平方和	*df*	均方	*F*	显著性
政策认同	组间	50.274	4	12.568	26.530	.000
	组内	2912.160	6147	.474		
	总数	2962.434	6151			

表 10－10－3　　不同区域被试政策认同得分的多重比较

因变量	(I) 区域	(J) 区域	均值差 (I－J)	标准误	显著性	95%置信区间	
						下限	上限
政策认同	都会区	东部地区	.24050*	.02787	.000	.1859	.2951
		西部地区	.06784*	.02538	.008	.0181	.1176
		中部地区	.14946*	.02794	.000	.0947	.2042
		东北地区	−.01950	.03354	.561	−.0852	.0463
	东部地区	都会区	−.24050*	.02787	.000	−.2951	−.1859
		西部地区	−.17266*	.02534	.000	−.2223	−.1230
		中部地区	−.09104*	.02791	.001	−.1458	−.0363
		东北地区	−.26000*	.03351	.000	−.3257	−.1943
	西部地区	都会区	−.06784*	.02538	.008	−.1176	−.0181
		东部地区	.17266*	.02534	.000	.1230	.2223
		中部地区	.08162*	.02543	.001	.0318	.1315
		东北地区	−.08734*	.03147	.006	−.1490	−.0256
	中部地区	都会区	−.14946*	.02794	.000	−.2042	−.0947
		东部地区	.09104*	.02791	.001	.0363	.1458
		西部地区	−.08162*	.02543	.001	−.1315	−.0318
		东北地区	−.16896*	.03357	.000	−.2348	−.1031
	东北地区	都会区	.01950	.03354	.561	−.0463	.0852
		东部地区	.26000*	.03351	.000	.1943	.3257
		西部地区	.08734*	.03147	.006	.0256	.1490
		中部地区	.16896*	.03357	.000	.1031	.2348

*. 均值差的显著性水平为 0.05。

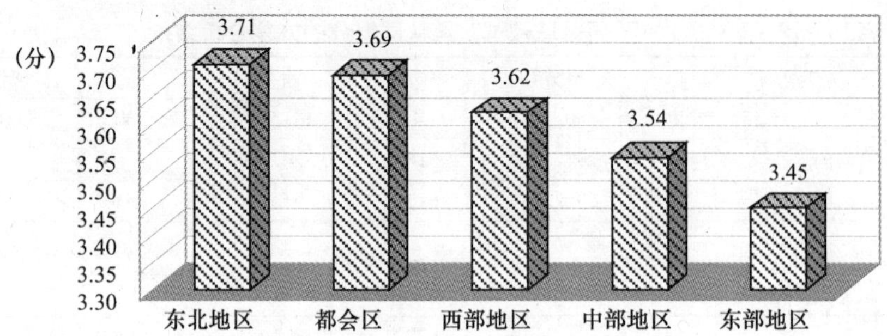

图 10－5　不同区域被试政策认同的得分比较

对于政策的法治性、公平性、科学性、民主性、有效性，不同区域被试按选择比例由高到低排序，都会区、西部地区被试是公平性、民主性、有效性、法治性、科学性，东部地区、中部地区被试是公平性、民主性、法治性、有效性、科学性，东北地区被试是公平性、法治性、民主性、有效性、科学性（第二位至第四位排序不同，见表 10－11）。

表 10－11　不同区域被试关注政策的重点

项目	都会区		东部地区		西部地区	
	频率	有效百分比	频率	有效百分比	频率	有效百分比
法治性	190	15.64	145	11.84	229	12.31
公平性	459	37.78	524	42.78	890	47.85
科学性	124	10.20	113	9.22	161	8.65
民主性	229	18.85	302	24.65	323	17.37
有效性	213	17.53	141	11.51	257	13.82
合计	1215	100.00	1225	100.00	1860	100.00
项目	中部地区		东北地区			
法治性	158	13.07	108	16.75		
公平性	559	46.24	300	46.51		
科学性	115	9.51	36	5.58		
民主性	222	18.36	102	15.81		
有效性	155	12.82	99	15.35		
合计	1209	100.00	645	100.00		

（七）不同区域被试的发展认同比较

对不同区域被试发展认同的差异性进行方差分析（见表 10－12－1、表 10－12－2、表 10－12－3 和图 10－6），显示不同区域被试的发展认同得分之间差异显著，$F=13.137$，$p<0.001$，具体表现是：都会区被试（$M=3.79$，$SD=0.59$）的得分显著高于东部地区被试（$M=3.66$，$SD=0.64$）、中部地区被试（$M=3.68$，$SD=0.63$），与西部地区被试（$M=3.79$，$SD=0.60$）、东北地区被试（$M=3.76$，$SD=0.63$）之间的得分差异不显著。东部地区被试的得分显著低于西部地区、东北地区被试，与中部地区被试之间的得分差异不显著。西部地区被试的得分显著高于中部地区被试，与东北地区被试之间的得分差异不显著。中部地区被试的得分显著低于东北地区被试。

表 10－12－1　　不同区域被试发展认同得分的差异比较

项目		N	均值	标准差	标准误	均值的 95% 置信区间		极小值	极大值
						下限	上限		
发展认同	都会区	1216	3.7876	.59436	.01704	3.7542	3.8211	2.00	5.00
	东部地区	1225	3.6649	.63790	.01823	3.6291	3.7007	1.75	5.00
	西部地区	1857	3.7940	.60131	.01395	3.7667	3.8214	1.75	5.00
	中部地区	1210	3.6791	.62721	.01803	3.6438	3.7145	1.50	5.00
	东北地区	644	3.7636	.63091	.02486	3.7148	3.8124	1.00	5.00
	总数	6152	3.7413	.61808	.00788	3.7258	3.7567	1.00	5.00

表 10－12－2　　不同区域被试发展认同得分的方差分析结果

项目		平方和	df	均方	F	显著性
发展认同	组间	19.918	4	4.980	13.137	.000
	组内	2329.925	6147	.379		
	总数	2349.843	6151			

表 10 - 12 - 3　　不同区域被试发展认同得分的多重比较

因变量	(I) 区域	(J) 区域	均值差 (I - J)	标准误	显著性	95% 置信区间	
						下限	上限
发展认同	都会区	东部地区	.12273*	.02492	.000	.0739	.1716
		西部地区	-.00640	.02271	.778	-.0509	.0381
		中部地区	.10849*	.02500	.000	.0595	.1575
		东北地区	.02404	.03000	.423	-.0348	.0829
	东部地区	都会区	-.12273*	.02492	.000	-.1716	-.0739
		西部地区	-.12912*	.02266	.000	-.1735	-.0847
		中部地区	-.01423	.02495	.568	-.0632	.0347
		东北地区	-.09869*	.02997	.001	-.1574	-.0399
	西部地区	都会区	.00640	.02271	.778	-.0381	.0509
		东部地区	.12912*	.02266	.000	.0847	.1735
		中部地区	.11489*	.02275	.000	.0703	.1595
		东北地区	.03044	.02815	.280	-.0248	.0856
	中部地区	都会区	-.10849*	.02500	.000	-.1575	-.0595
		东部地区	.01423	.02495	.568	-.0347	.0632
		西部地区	-.11489*	.02275	.000	-.1595	-.0703
		东北地区	-.08445*	.03003	.005	-.1433	-.0256
	东北地区	都会区	-.02404	.03000	.423	-.0829	.0348
		东部地区	.09869*	.02997	.001	.0399	.1574
		西部地区	-.03044	.02815	.280	-.0856	.0248
		中部地区	.08445*	.03003	.005	.0256	.1433

*. 均值差的显著性水平为 0.05。

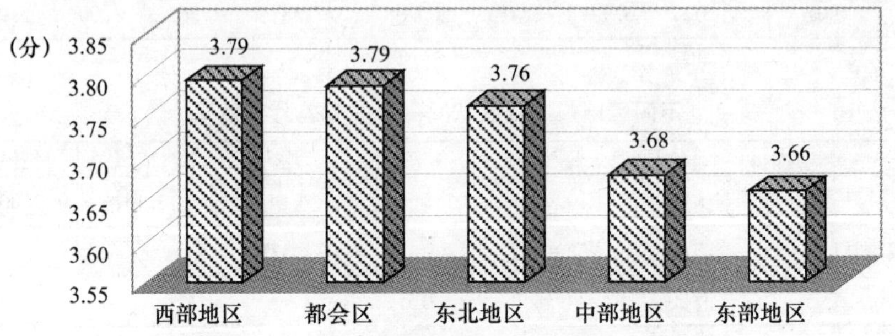

图 10 - 6　不同区域被试发展认同的得分比较

不同区域被试对于党的建设、经济建设、社会建设、生态建设、文化建设、政治建设“六大建设”的关注，按选择比例由高到低排序，都会区、西部地区、东北地区被试是经济建设、党的建设、社会建设、生态建设、文化建设、政治建设，东部地区被试是经济建设、社会建设、党的建设、生态建设、文化建设、政治建设，中部地区被试是经济建设、社会建设、党的建设、文化建设、生态建设、政治建设（第二位至第五位排序不同，见表10-13）。

表10-13　　不同区域被试最关注何种建设

项目	都会区		东部地区		西部地区	
	频率	有效百分比	频率	有效百分比	频率	有效百分比
党的建设	274	22.52	149	12.15	292	15.70
经济建设	486	39.93	608	49.59	805	43.28
社会建设	171	14.05	200	16.32	259	13.93
生态建设	144	11.83	142	11.58	237	12.74
文化建设	74	6.08	68	5.55	152	8.17
政治建设	68	5.59	59	4.81	115	6.18
合计	1217	100.00	1226	100.00	1860	100.00
项目	中部地区		东北地区			
党的建设	164	13.57	119	18.45		
经济建设	505	41.77	327	50.70		
社会建设	178	14.72	68	10.54		
生态建设	137	11.33	53	8.22		
文化建设	146	12.08	44	6.82		
政治建设	79	6.53	34	5.27		
合计	1209	100.00	645	100.00		

（八）不同区域被试的政治认同总分比较

对不同区域被试政治认同总分的差异性进行方差分析（见表10-14-1、表10-14-2、表10-14-3和图10-7），显示不同区域被试的政治认同总分之间差异显著，$F = 42.083$，$p < 0.001$，具体表现是：都会区被试（$M = 22.45$，$SD = 2.22$）的得分显著高于东部地区被试（$M = 21.37$，

SD=2.56)、西部地区被试（M=22.25，SD=2.36)、中部地区被试（M=21.83，SD=2.36)，与东北地区被试（M=22.33，SD=2.22）之间的得分差异不显著。东部地区被试的得分显著低于另四个区域被试。西部地区被试的得分显著高于中部地区被试，与东北地区被试之间的得分差异不显著。中部地区被试的得分显著低于东北地区被试。

表 10-14-1　　不同区域被试政治认同总分的差异比较

项目		N	均值	标准差	标准误	均值的95%置信区间		极小值	极大值
						下限	上限		
政治认同总分	都会区	1209	22.4513	2.21726	.06377	22.3262	22.5764	13.17	28.67
	东部地区	1210	21.3678	2.56177	.07365	21.2233	21.5123	9.83	28.67
	西部地区	1844	22.2477	2.35532	.05485	22.1402	22.3553	12.00	28.08
	中部地区	1206	21.8313	2.35910	.06793	21.6980	21.9645	13.83	28.08
	东北地区	640	22.3280	2.22153	.08781	22.1556	22.5004	13.42	27.67
	总数	6109	22.0399	2.39014	.03058	21.9800	22.0999	9.83	28.67

表 10-14-2　　不同区域被试政治认同总分的方差分析结果

项目		平方和	*df*	均方	*F*	显著性
政治认同总分	组间	936.452	4	234.113	42.083	.000
	组内	33957.011	6104	5.563		
	总数	34893.463	6108			

表 10-14-3　　不同区域被试政治认同总分的多重比较

因变量	(I) 区域	(J) 区域	均值差 (I-J)	标准误	显著性	95%置信区间	
						下限	上限
政治认同总分	都会区	东部地区	1.08350*	.09591	.000	.8955	1.2715
		西部地区	.20360*	.08728	.020	.0325	.3747
		中部地区	.62008*	.09599	.000	.4319	.8083
		东北地区	.12334	.11530	.285	-.1027	.3494
	东部地区	都会区	-1.08350*	.09591	.000	-1.2715	-.8955
		西部地区	-.87990*	.08726	.000	-1.0510	-.7088
		中部地区	-.46342*	.09597	.000	-.6516	-.2753
		东北地区	-.96016*	.11528	.000	-1.1862	-.7342

续表

因变量	(I) 区域	(J) 区域	均值差(I-J)	标准误	显著性	95%置信区间	
						下限	上限
政治认同总分	西部地区	都会区	-.20360*	.08728	.020	-.3747	-.0325
		东部地区	.87990*	.08726	.000	.7088	1.0510
		中部地区	.41648*	.08735	.000	.2452	.5877
		东北地区	-.08025	.10821	.458	-.2924	.1319
	中部地区	都会区	-.62008*	.09599	.000	-.8083	-.4319
		东部地区	.46342*	.09597	.000	.2753	.6516
		西部地区	-.41648*	.08735	.000	-.5877	-.2452
		东北地区	-.49673*	.11535	.000	-.7229	-.2706
	东北地区	都会区	-.12334	.11530	.285	-.3494	.1027
		东部地区	.96016*	.11528	.000	.7342	1.1862
		西部地区	.08025	.10821	.458	-.1319	.2924
		中部地区	.49673*	.11535	.000	.2706	.7229

*. 均值差的显著性水平为 0.05。

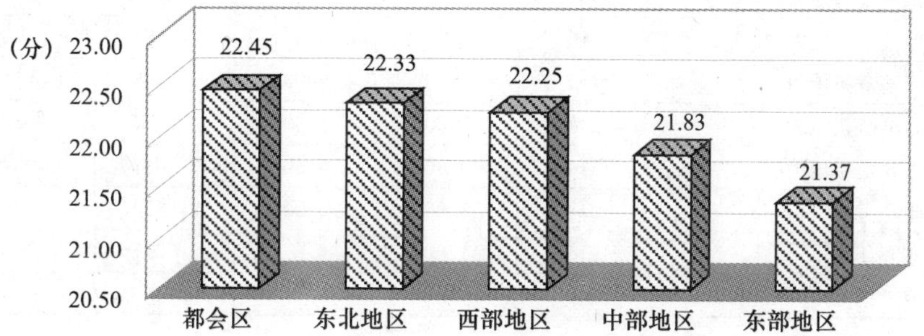

图 10-7　不同区域被试政治认同总分比较

二　不同区域被试的危机压力

不同区域被试危机压力的得分情况以及六种危机压力的具体情况，可根据问卷调查的结果，分述于下。

（一）不同区域被试危机压力的得分

调查结果显示，都会区被试危机压力的总体得分在8.17—25.17之间，均值为16.04，标准差为2.71。在六种危机压力中，都会区被试的政治危机压力得分在1.00—4.67分之间，均值为2.52，标准差为0.67；经济危机压力得分在1.00—5.00分之间，均值为2.25，标准差为0.66；社会危机压力得分在1.00—5.00分之间，均值为2.72，标准差为0.76；文化危机压力得分在1.00—4.50分之间，均值为2.70，标准差为0.59；生态危机压力得分在1.00—5.00分之间，均值为2.84，标准差为0.87；国际压力得分在1.00—4.67分之间，均值为3.00，标准差为0.46（见表10-15-1）。

表10-15-1　**都会区被试的危机压力总体描述统计**

项目	N	极小值	极大值	均值	标准差
危机压力总分	**1209**	**8.17**	**25.17**	**16.0392**	**2.70997**
政治危机压力	1216	1.00	4.67	2.5189	.67009
经济危机压力	1215	1.00	5.00	2.2475	.65645
社会危机压力	1216	1.00	5.00	2.7237	.76122
文化危机压力	1214	1.00	4.50	2.7047	.58879
生态危机压力	1217	1.00	5.00	2.8422	.87062
国际压力	1216	1.00	4.67	3.0027	.46080
有效的 N	1209				

调查结果显示，东部地区被试危机压力的总体得分在8.00—26.92之间，均值为17.17，标准差为2.61。在六种危机压力中，东部地区被试的政治危机压力得分在1.00—4.33分之间，均值为2.60，标准差为0.64；经济危机压力得分在1.00—5.00分之间，均值为2.45，标准差为0.73；社会危机压力得分在1.00—5.00分之间，均值为3.00，标准差为0.71；文化危机压力得分在1.00—5.00分之间，均值为2.81，标准差为0.59；生态危机压力得分在1.00—5.00分之间，均值为3.25，标准差为0.84；国际压力得分在1.00—5.00分之间，均值为3.05，标准差为0.49（见表10-15-2）。

表 10－15－2　　东部地区被试的危机压力总体描述统计

项目	N	极小值	极大值	均值	标准差
危机压力总分	**1213**	**8.00**	**26.92**	**17.1652**	**2.61003**
政治危机压力	1223	1.00	4.33	2.6007	.64293
经济危机压力	1225	1.00	5.00	2.4506	.72544
社会危机压力	1225	1.00	5.00	3.0019	.70948
文化危机压力	1224	1.00	5.00	2.8119	.59036
生态危机压力	1225	1.00	5.00	3.2544	.83819
国际压力	1224	1.00	5.00	3.0507	.49360
有效的 N	1213				

调查结果显示，西部地区被试危机压力的总体得分在 7.33—24.75 之间，均值为 16.67，标准差为 2.60。在六种危机压力中，西部地区被试的政治危机压力得分在 1.00—4.67 分之间，均值为 2.54，标准差为 0.63；经济危机压力得分在 1.00—5.00 分之间，均值为 2.33，标准差为 0.68；社会危机压力得分在 1.00—5.00 分之间，均值为 2.84，标准差为 0.70；文化危机压力得分在 1.00—4.75 分之间，均值为 2.78，标准差为 0.60；生态危机压力得分在 1.00—5.00 分之间，均值为 3.17，标准差为 0.86；国际压力得分在 1.00—5.00 分之间，均值为 3.02，标准差为 0.51（见表 10－15－3）。

表 10－15－3　　西部地区被试的危机压力总体描述统计

项目	N	极小值	极大值	均值	标准差
危机压力总分	**1850**	**7.33**	**24.75**	**16.6717**	**2.60344**
政治危机压力	1858	1.00	4.67	2.5423	.63460
经济危机压力	1859	1.00	5.00	2.3321	.67880
社会危机压力	1858	1.00	5.00	2.8366	.69567
文化危机压力	1857	1.00	4.75	2.7824	.60155
生态危机压力	1860	1.00	5.00	3.1663	.86232
国际压力	1858	1.00	5.00	3.0165	.50850
有效的 N	1850				

调查结果显示，中部地区被试危机压力的总体得分在 7.33—27.00 之间，均值为 16.60，标准差为 2.55。在六种危机压力中，中部地区被试的政治危机压力得分在 1.00—5.00 分之间，均值为 2.60，标准差为 0.64；

经济危机压力得分在 1. 00—5. 00 分之间，均值为 2. 28，标准差为 0. 72；社会危机压力得分在 1. 00—5. 00 分之间，均值为 2. 84，标准差为 0. 67；文化危机压力得分在 1. 00—5. 00 分之间，均值为 2. 77，标准差为 0. 60；生态危机压力得分在 1. 00—5. 00 分之间，均值为 3. 10，标准差为 0. 84；国际压力得分在 1. 00—4. 67 分之间，均值为 3. 01，标准差为 0. 49（见表 10 – 15 – 4）。

表 10 – 15 – 4　　中部地区被试的危机压力总体描述统计

项目	N	极小值	极大值	均值	标准差
危机压力总分	**1205**	**7. 33**	**27. 00**	**16. 6040**	**2. 55457**
政治危机压力	1210	1. 00	5. 00	2. 5994	. 64315
经济危机压力	1208	1. 00	5. 00	2. 2834	. 72016
社会危机压力	1210	1. 00	5. 00	2. 8355	. 67205
文化危机压力	1208	1. 00	5. 00	2. 7715	. 59761
生态危机压力	1209	1. 00	5. 00	3. 1006	. 83745
国际压力	1208	1. 00	4. 67	3. 0132	. 49055
有效的 N	1205				

调查结果显示，东北地区被试危机压力的总体得分在 7. 92—23. 75 之间，均值为 15. 96，标准差为 2. 79。在六种危机压力中，东北地区被试的政治危机压力得分在 1. 00—4. 33 分之间，均值为 2. 51，标准差为 0. 67；经济危机压力得分在 1. 00—5. 00 分之间，均值为 2. 20，标准差为 0. 73；社会危机压力得分在 1. 00—4. 67 分之间，均值为 2. 71，标准差为 0. 70；文化危机压力得分在 1. 00—4. 75 分之间，均值为 2. 65，标准差为 0. 68；生态危机压力得分在 1. 00—5. 00 分之间，均值为 2. 86，标准差为 0. 95；国际压力得分在 1. 00—5. 00 分之间，均值为 3. 04，标准差为 0. 53（见表 10 – 15 – 5）。

表 10 – 15 – 5　　东北地区被试的危机压力总体描述统计

项目	N	极小值	极大值	均值	标准差
危机压力总分	**639**	**7. 92**	**23. 75**	**15. 9602**	**2. 78627**
政治危机压力	644	1. 00	4. 33	2. 5093	. 67344
经济危机压力	644	1. 00	5. 00	2. 2034	. 73416
社会危机压力	645	1. 00	4. 67	2. 7059	. 69815

续表

项目	N	极小值	极大值	均值	标准差
文化危机压力	642	1.00	4.75	2.6464	.67910
生态危机压力	645	1.00	5.00	2.8646	.95133
国际压力	644	1.00	5.00	3.0409	.52701
有效的 N	639				

从六种危机压力由高到低的得分排序看，东部地区、西部地区、中部地区被试是生态危机压力第一，国际压力第二，社会危机压力第三，文化危机压力第四，政治危机压力第五，经济危机压力第六；都会区、东北地区被试是国际压力第一，生态危机压力第二，社会危机压力第三，文化危机压力第四，政治危机压力第五，经济危机压力第六（前两位排序有所不同）。

（二）不同区域被试的政治危机压力比较

对不同区域被试政治危机压力的差异性进行方差分析（见表10－16－1、表10－16－2、表10－16－3和图10－8），显示不同区域被试的政治危机压力得分之间差异显著，$F=4.831$，$p<0.01$，具体表现是：都会区被试（$M=2.52$，$SD=0.67$）的得分显著低于东部地区被试（$M=2.60$，$SD=0.64$）和中部地区被试（$M=2.60$，$SD=0.64$），与西部地区被试（$M=2.54$，$SD=0.63$）和东北地区被试（$M=2.51$，$SD=0.67$）之间的得分差异不显著。东部地区被试的得分显著高于西部地区、东北地区被试，与中部地区被试之间的得分差异不显著。西部地区被试的得分显著低于中部地区被试，与东北地区被试之间的得分差异不显著。中部地区被试的得分显著高于东北地区被试。

表10－16－1　　不同区域被试政治危机压力得分的差异比较

项目		N	均值	标准差	标准误	均值的95%置信区间		极小值	极大值
						下限	上限		
政治危机压力	都会区	1216	2.5189	.67009	.01922	2.4812	2.5566	1.00	4.67
	东部地区	1223	2.6007	.64293	.01838	2.5646	2.6368	1.00	4.33
	西部地区	1858	2.5423	.63460	.01472	2.5135	2.5712	1.00	4.67

续表

项目		N	均值	标准差	标准误	均值的95%置信区间		极小值	极大值
						下限	上限		
政治危机压力	中部地区	1210	2.5994	.64315	.01849	2.5632	2.6357	1.00	5.00
	东北地区	644	2.5093	.67344	.02654	2.4572	2.5614	1.00	4.33
	总数	6151	2.5571	.65000	.00829	2.5408	2.5733	1.00	5.00

表 10－16－2　　不同区域被试政治危机压力得分的方差分析结果

项目		平方和	*df*	均方	*F*	显著性
政治危机压力	组间	8.144	4	2.036	4.831	.001
	组内	2590.224	6146	.421		
	总数	2598.368	6150			

表 10－16－3　　不同区域被试政治危机压力得分的多重比较

因变量	(I) 区域	(J) 区域	均值差 (I－J)	标准误	显著性	95%置信区间	
						下限	上限
政治危机压力	都会区	东部地区	－.08179*	.02629	.002	－.1333	－.0303
		西部地区	－.02342	.02395	.328	－.0704	.0235
		中部地区	－.08053*	.02636	.002	－.1322	－.0289
		东北地区	.00960	.03164	.762	－.0524	.0716
	东部地区	都会区	.08179*	.02629	.002	.0303	.1333
		西部地区	.05837*	.02390	.015	.0115	.1052
		中部地区	.00126	.02632	.962	－.0503	.0529
		东北地区	.09139*	.03161	.004	.0294	.1534
	西部地区	都会区	.02342	.02395	.328	－.0235	.0704
		东部地区	－.05837*	.02390	.015	－.1052	－.0115
		中部地区	－.05711*	.02398	.017	－.1041	－.0101
		东北地区	.03302	.02969	.266	－.0252	.0912
	中部地区	都会区	.08053*	.02636	.002	.0289	.1322
		东部地区	－.00126	.02632	.962	－.0529	.0503
		西部地区	.05711*	.02398	.017	.0101	.1041
		东北地区	.09013*	.03167	.004	.0281	.1522
	东北地区	都会区	－.00960	.03164	.762	－.0716	.0524
		东部地区	－.09139*	.03161	.004	－.1534	－.0294
		西部地区	－.03302	.02969	.266	－.0912	.0252
		中部地区	－.09013*	.03167	.004	－.1522	－.0281

*. 均值差的显著性水平为 0.05。

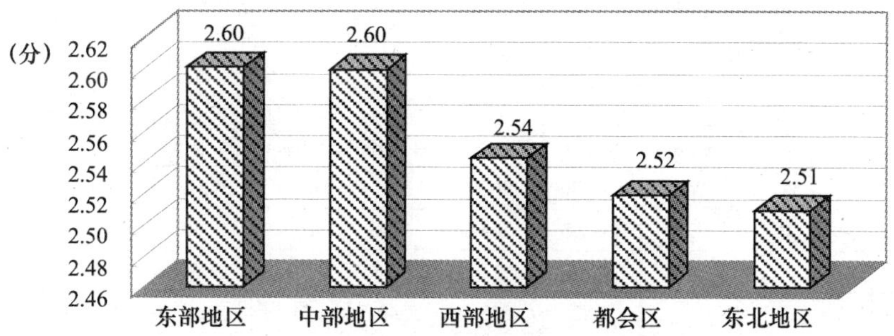

图 10－8　不同区域被试政治危机压力的得分比较

不同区域被试对可能引发政治危机因素的看法（见表 10－17），第一选择排在第一位至第三位的，都会区、东部地区、西部地区、东北地区被试都是"党和政府出现重大决策失误"、"经济危机"、"政治腐败愈演愈烈"，只有中部地区被试是"党和政府出现重大决策失误"、"政治腐败愈演愈烈"、"经济危机"（第二、三位排序不同）；总提及频率排在第一位至第三位的，都会区、西部地区、中部地区被试是"政治腐败愈演愈烈"、"党和政府出现重大决策失误"、"经济危机"，东部地区被试是"政治腐败愈演愈烈"、"经济危机"、"党和政府出现重大决策失误"，东北地区被试是"经济危机"、"政治腐败愈演愈烈"、"党和政府出现重大决策失误"。

表 10－17　　不同区域被试对可能引发政治危机因素的看法

选项	都会区				东部地区			
	第一选择		总提及频率		第一选择		总提及频率	
	频率	百分比	频率	百分比	频率	百分比	频率	百分比
重大决策失误	552	45.54	776	21.62	497	40.67	734	20.07
国外势力颠覆	118	9.74	497	13.85	120	9.82	442	12.08
经济危机	228	18.81	686	19.12	247	20.21	742	20.29
民族问题激化	31	2.56	215	5.99	37	3.03	243	6.64
社会矛盾激化	83	6.85	514	14.32	113	9.25	639	17.47
宗教问题激化	8	0.66	106	2.95	10	0.82	97	2.65
政治腐败严重	192	15.84	795	22.15	198	16.20	761	20.80
合计	1212	100.00	3589	100.00	1222	100.00	3658	100.00

续表

选项	西部地区				中部地区			
	第一选择		总提及频率		第一选择		总提及频率	
	频率	百分比	频率	百分比	频率	百分比	频率	百分比
重大决策失误	648	34.88	962	17.27	481	39.78	716	19.75
国外势力颠覆	227	12.22	744	13.36	104	8.60	437	12.05
经济危机	375	20.18	957	17.18	239	19.77	664	18.31
民族问题激化	71	3.82	525	9.43	31	2.56	226	6.23
社会矛盾激化	171	9.20	871	15.64	95	7.86	636	17.54
宗教问题激化	24	1.29	250	4.49	13	1.08	141	3.89
政治腐败严重	342	18.41	1260	22.63	246	20.35	806	22.23
合计	1858	100.00	5569	100.00	1209	100.00	3626	100.00
选项	东北地区							
重大决策失误	214	33.28	335	17.40				
国外势力颠覆	52	8.09	264	13.71				
经济危机	208	32.35	433	22.49				
民族问题激化	16	2.49	118	6.13				
社会矛盾激化	44	6.84	295	15.33				
宗教问题激化	8	1.24	87	4.52				
政治腐败严重	101	15.71	393	20.42				
合计	643	100.00	1925	100.00				

（三）不同区域被试的经济危机压力比较

对不同区域被试经济危机压力的差异性进行方差分析（见表10－18－1、表10－18－2、表10－18－3和图10－9），显示不同区域被试的经济危机压力得分之间差异显著，$F = 19.403$，$p < 0.001$，具体表现是：都会区被试（$M = 2.25$，$SD = 0.66$）的得分显著低于东部地区被试（$M = 2.45$，$SD = 0.73$）和西部地区被试（$M = 2.33$，$SD = 0.68$），与中部地区被试（$M = 2.28$，$SD = 0.72$）和东北地区被试（$M = 2.20$，$SD = 0.73$）之间的得分差异不显著。东部地区被试的得分显著高于另四种被试。西部地区被试的得分显著高于东北地区被试，与中部地区被试之间的得分差异不显著。中部地区被试的得分显著高于东北地区被试。

表 10-18-1　不同区域被试经济危机压力得分的差异比较

项目		N	均值	标准差	标准误	均值的 95% 置信区间		极小值	极大值
						下限	上限		
经济危机压力	都会区	1215	2.2475	.65645	.01883	2.2105	2.2844	1.00	5.00
	东部地区	1225	2.4506	.72544	.02073	2.4099	2.4913	1.00	5.00
	西部地区	1859	2.3321	.67880	.01574	2.3012	2.3630	1.00	5.00
	中部地区	1208	2.2834	.72016	.02072	2.2427	2.3240	1.00	5.00
	东北地区	644	2.2034	.73416	.02893	2.1466	2.2602	1.00	5.00
	总数	6151	2.3159	.70235	.00896	2.2984	2.3335	1.00	5.00

表 10-18-2　不同区域被试经济危机压力得分的方差分析结果

项目		平方和	df	均方	F	显著性
经济危机压力	组间	37.833	4	9.458	19.403	.000
	组内	2995.972	6146	.487		
	总数	3033.805	6150			

表 10-18-3　不同区域被试经济危机压力得分的多重比较

因变量	(I) 区域	(J) 区域	均值差 (I-J)	标准误	显著性	95% 置信区间	
						下限	上限
经济危机压力	都会区	东部地区	-.20315*	.02827	.000	-.2586	-.1477
		西部地区	-.08462*	.02576	.001	-.1351	-.0341
		中部地区	-.03593	.02837	.205	-.0915	.0197
		东北地区	.04405	.03403	.196	-.0227	.1108
	东部地区	都会区	.20315*	.02827	.000	.1477	.2586
		西部地区	.11853*	.02569	.000	.0682	.1689
		中部地区	.16722*	.02831	.000	.1117	.2227
		东北地区	.24720*	.03398	.000	.1806	.3138
	西部地区	都会区	.08462*	.02576	.001	.0341	.1351
		东部地区	-.11853*	.02569	.000	-.1689	-.0682
		中部地区	.04869	.02580	.059	-.0019	.0993
		东北地区	.12866*	.03192	.000	.0661	.1912
	中部地区	都会区	.03593	.02837	.205	-.0197	.0915
		东部地区	-.16722*	.02831	.000	-.2227	-.1117
		西部地区	-.04869	.02580	.059	-.0993	.0019
		东北地区	.07997*	.03407	.019	.0132	.1468

续表

因变量	(I) 区域	(J) 区域	均值差 (I－J)	标准误	显著性	95%置信区间	
						下限	上限
经济危机压力	东北地区	都会区	-.04405	.03403	.196	-.1108	.0227
		东部地区	-.24720*	.03398	.000	-.3138	-.1806
		西部地区	-.12866*	.03192	.000	-.1912	-.0661
		中部地区	-.07997*	.03407	.019	-.1468	-.0132

*. 均值差的显著性水平为 0.05。

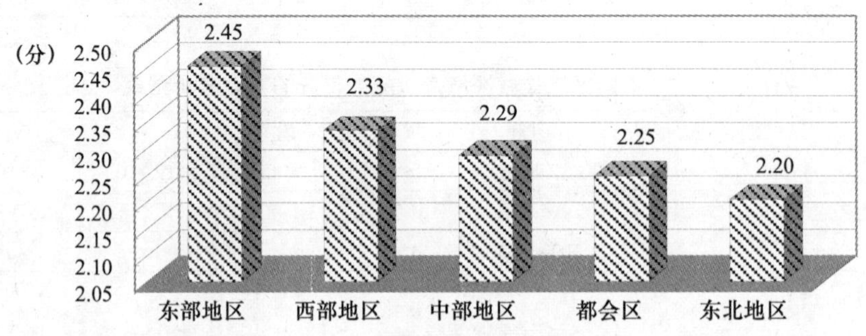

图 10－9　不同区域被试经济危机压力的得分比较

不同区域被试对可能引发经济危机因素的看法有所不同（见表 10－19），第一选择排在第一位至第三位的，都会区、东部地区被试是“房市、股市崩盘”、“公民收入差距过大”、“党和政府出现重大经济决策失误”，西部地区被试是“公民收入差距过大”、“房市、股市崩盘”、“党和政府出现重大经济决策失误”，中部地区被试是“公民收入差距过大”、“党和政府出现重大经济决策失误”、“房市、股市崩盘”，东北地区被试是“公民收入差距过大”、“物价快速上涨”、“房市、股市崩盘”；总提及频率排在第一位至第三位的，都会区被试是“物价快速上涨”、“公民收入差距过大”、“房市、股市崩盘”，东部地区、中部地区被试是“公民收入差距过大”、“物价快速上涨”、“党和政府出现重大经济决策失误”，西部地区被试是“物价快速上涨”、“公民收入差距过大”、“党和政府出现重大经济决策失误”，东北地区被试是“物价快速上涨”、“公民收入差距过大”、“国际金融危机”。

表 10 - 19　　不同区域被试对可能引发经济危机因素的看法

选项	都会区				东部地区			
	第一选择		总提及频率		第一选择		总提及频率	
	频率	百分比	频率	百分比	频率	百分比	频率	百分比
房市股市崩盘	419	34.60	590	16.40	373	30.50	535	14.63
经济决策失误	230	18.99	542	15.07	226	18.48	548	14.99
收入差距过大	239	19.74	698	19.40	343	28.04	827	22.61
国际金融危机	81	6.69	397	11.04	62	5.07	371	10.14
政府债务	37	3.05	208	5.78	55	4.50	284	7.77
物价快速上涨	125	10.32	775	21.55	101	8.26	726	19.85
经济增速急减	80	6.61	387	10.76	63	5.15	366	10.01
合计	1211	100.00	3597	100.00	1223	100.00	3657	100.00
选项	西部地区				中部地区			
房市股市崩盘	409	22.02	651	11.68	229	18.94	373	10.29
经济决策失误	366	19.71	812	14.57	252	20.84	557	15.36
收入差距过大	568	30.59	1267	22.73	421	34.82	870	23.99
国际金融危机	118	6.36	649	11.64	98	8.11	431	11.88
政府债务	68	3.66	347	6.23	37	3.06	225	6.20
物价快速上涨	226	12.17	1306	23.43	131	10.84	822	22.66
经济增速急减	102	5.49	542	9.72	41	3.39	349	9.62
合计	1857	100.00	5574	100.00	1209	100.00	3627	100.00
选项	东北地区							
房市股市崩盘	115	17.83	201	10.43				
经济决策失误	90	13.95	229	11.88				
收入差距过大	214	33.18	436	22.61				
国际金融危机	53	8.22	258	13.38				
政府债务	17	2.63	140	7.26				
物价快速上涨	123	19.07	506	26.24				
经济增速急减	33	5.12	158	8.20				
合计	645	100.00	1928	100.00				

（四）不同区域被试的社会危机压力比较

对不同区域被试社会危机压力的差异性进行方差分析（见表 10 - 20 - 1、表 10 - 20 - 2、表 10 - 20 - 3 和图 10 - 10），显示不同区域被试的社会危机压力得分之间差异显著，$F = 29.919$，$p < 0.001$，具体表现是：都会区被试（$M = 2.72$，$SD = 0.76$）的得分显著低于东部地区被试（$M = 3.00$，$SD = 0.71$）、西部地区被试（$M = 2.84$，$SD = 0.70$）和中部地区被试（$M = 2.84$，$SD = 0.67$），与东北地区被试（$M = 2.71$，$SD = 0.70$）之间的得分差异不显著。东部地区被试的得分显著高于另四种被试。西部地区被试的得分显著高于东北地区被试，与中部地区被试之间的得分差异不显著。中部地区被试的得分显著高于东北地区被试。

表 10－20－1　　不同区域被试社会危机压力得分的差异比较

项目		N	均值	标准差	标准误	均值的95%置信区间		极小值	极大值
						下限	上限		
社会危机压力	都会区	1216	2.7237	.76122	.02183	2.6809	2.7665	1.00	5.00
	东部地区	1225	3.0019	.70948	.02027	2.9621	3.0417	1.00	5.00
	西部地区	1858	2.8366	.69567	.01614	2.8049	2.8682	1.00	5.00
	中部地区	1210	2.8355	.67205	.01932	2.7976	2.8734	1.00	5.00
	东北地区	645	2.7059	.69815	.02749	2.6520	2.7599	1.00	4.67
	总数	6154	2.8333	.71422	.00910	2.8154	2.8511	1.00	5.00

表 10－20－2　　不同区域被试社会危机压力得分的方差分析结果

项目		平方和	df	均方	F	显著性
社会危机压力	组间	59.922	4	14.981	29.919	.000
	组内	3078.800	6149	.501		
	总数	3138.722	6153			

表 10－20－3　　不同区域被试社会危机压力得分的多重比较

因变量	(I) 区域	(J) 区域	均值差 (I－J)	标准误	显著性	95%置信区间	
						下限	上限
社会危机压力	都会区	东部地区	−.27822*	.02864	.000	−.3344	−.2221
		西部地区	−.11288*	.02610	.000	−.1640	−.0617
		中部地区	−.11185*	.02873	.000	−.1682	−.0555
		东北地区	.01774	.03447	.607	−.0498	.0853
	东部地区	都会区	.27822*	.02864	.000	.2221	.3344
		西部地区	.16534*	.02604	.000	.1143	.2164
		中部地区	.16637*	.02868	.000	.1101	.2226
		东北地区	.29596*	.03442	.000	.2285	.3634

续表

因变量	(I) 区域	(J) 区域	均值差 (I－J)	标准误	显著性	95%置信区间	
						下限	上限
社会危机压力	西部地区	都会区	.11288*	.02610	.000	.0617	.1640
		东部地区	-.16534*	.02604	.000	-.2164	-.1143
		中部地区	.00103	.02614	.969	-.0502	.0523
		东北地区	.13062*	.03234	.000	.0672	.1940
	中部地区	都会区	.11185*	.02873	.000	.0555	.1682
		东部地区	-.16637*	.02868	.000	-.2226	-.1101
		西部地区	-.00103	.02614	.969	-.0523	.0502
		东北地区	.12959*	.03450	.000	.0620	.1972
	东北地区	都会区	-.01774	.03447	.607	-.0853	.0498
		东部地区	-.29596*	.03442	.000	-.3634	-.2285
		西部地区	-.13062*	.03234	.000	-.1940	-.0672
		中部地区	-.12959*	.03450	.000	-.1972	-.0620

*. 均值差的显著性水平为 0.05。

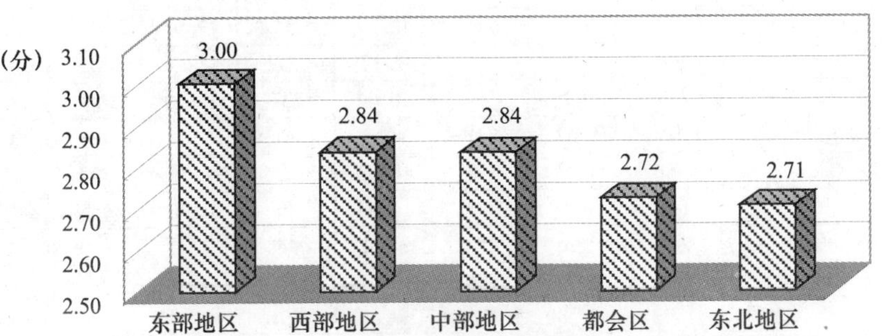

图 10－10　不同区域被试社会危机压力的得分比较

不同区域被试对可能引发社会危机因素的看法（见表 10－21），第一选择排在第一位的都是“城乡差距”，排在第二位和第三位的，都会区、东部地区被试是“公民地位不平等”、“贫富差距”，西部地区、中部地区、东北地区被试是“贫富差距”、“公民地位不平等”；总提及频率不同区域被试排在第一位的都是“贫富差距”，排在第二位和第三位的，都会区、中部地区被试是“城乡差距”、“公民地位不平等”，东部地区被试是“公民地位不平等”、“城乡差距”，西部地区被试是“收入分配不公”、“公民地位不平等”，东北地区被试是“收入分配不公”、“城乡差距”。

表 10 - 21　　不同区域被试对可能引发社会危机因素的看法

选项	都会区				东部地区			
	第一选择		总提及频率		第一选择		总提及频率	
	频率	百分比	频率	百分比	频率	百分比	频率	百分比
城乡差距	380	31.30	574	15.89	427	34.91	555	15.16
干群矛盾	126	10.38	360	9.97	93	7.60	317	8.66
公民地位不平等	228	18.78	515	14.26	239	19.54	627	17.12
民族矛盾	44	3.62	156	4.32	28	2.29	169	4.62
贫富差距	226	18.61	701	19.41	239	19.54	747	20.40
区域差距	19	1.57	145	4.02	20	1.64	136	3.71
司法不公	96	7.91	430	11.91	90	7.36	400	10.93
收入分配不公	53	4.37	510	14.12	49	4.01	452	12.35
土地问题	37	3.05	166	4.60	26	2.13	199	5.44
宗教冲突	5	0.41	54	1.50	12	0.98	59	1.61
合计	1214	100.00	3611	100.00	1223	100.00	3661	100.00
选项	西部地区				中部地区			
城乡差距	525	28.26	712	12.78	407	33.63	546	15.04
干群矛盾	183	9.85	517	9.28	110	9.09	351	9.67
公民地位不平等	320	17.22	756	13.57	217	17.93	538	14.82
民族矛盾	108	5.81	405	7.27	27	2.23	152	4.19
贫富差距	376	20.24	1118	20.06	237	19.59	742	20.44
区域差距	19	1.02	231	4.15	15	1.24	121	3.34
司法不公	153	8.23	603	10.82	82	6.78	370	10.19
收入分配不公	111	5.98	782	14.03	60	4.96	456	12.56
土地问题	42	2.26	253	4.54	44	3.64	290	7.99
宗教冲突	21	1.13	195	3.50	11	0.91	64	1.76
合计	1858	100.00	5572	100.00	1210	100.00	3630	100.00
选项	东北地区							
城乡差距	205	31.78	271	14.03				
干群矛盾	52	8.06	149	7.71				
公民地位不平等	80	12.40	248	12.84				
民族矛盾	9	1.39	69	3.57				
贫富差距	144	22.33	398	20.60				
区域差距	12	1.86	82	4.24				
司法不公	53	8.22	206	10.66				
收入分配不公	45	6.98	283	14.65				
土地问题	36	5.58	171	8.85				
宗教冲突	9	1.40	55	2.85				
合计	645	100.00	1932	100.00				

（五）不同区域被试的文化危机压力比较

对不同区域被试文化危机压力的差异性进行方差分析（见表10－22－1、表10－22－2、表10－22－3和图10－11），显示不同区域被试的文化危机压力得分之间差异显著，$F=11.155$，$p<0.001$，具体表现是：都会区被试（$M=2.70$，$SD=0.59$）的得分显著低于东部地区被试（$M=2.81$，$SD=0.59$）、西部地区被试（$M=2.78$，$SD=0.60$）和中部地区被试（$M=2.77$，$SD=0.60$），显著高于东北地区被试（$M=2.65$，$SD=0.68$）。东部地区被试的得分显著高于东北地区被试，与西部地区、中部地区被试之间的得分差异不显著。西部地区被试的得分显著高于东北地区被试，与中部地区被试之间的得分差异不显著。中部地区被试的得分显著高于东北地区被试。

表10－22－1　　**不同区域被试文化危机压力得分的差异比较**

项目		N	均值	标准差	标准误	均值的95%置信区间		极小值	极大值
						下限	上限		
文化危机压力	都会区	1214	2.7047	.58879	.01690	2.6715	2.7378	1.00	4.50
	东部地区	1224	2.8119	.59036	.01687	2.7788	2.8450	1.00	5.00
	西部地区	1857	2.7824	.60155	.01396	2.7551	2.8098	1.00	4.75
	中部地区	1208	2.7715	.59761	.01719	2.7378	2.8053	1.00	5.00
	东北地区	642	2.6464	.67910	.02680	2.5938	2.6990	1.00	4.75
	总数	6145	2.7566	.60668	.00774	2.7414	2.7718	1.00	5.00

表10－22－2　　**不同区域被试文化危机压力得分的方差分析结果**

项目		平方和	df	均方	F	显著性
文化危机压力	组间	16.315	4	4.079	11.155	.000
	组内	2245.043	6140	.366		
	总数	2261.358	6144			

表 10－22－3　不同区域被试文化危机压力得分的多重比较

因变量	(I) 区域	(J) 区域	均值差 (I－J)	标准误	显著性	95%置信区间	
						下限	上限
文化危机压力	都会区	东部地区	－.10719*	.02449	.000	－.1552	－.0592
		西部地区	－.07775*	.02232	.000	－.1215	－.0340
		中部地区	－.06683*	.02457	.007	－.1150	－.0187
		东北地区	.05828*	.02951	.048	.0004	.1161
	东部地区	都会区	.10719*	.02449	.000	.0592	.1552
		西部地区	.02944	.02226	.186	－.0142	.0731
		中部地区	.04036	.02452	.100	－.0077	.0884
		东北地区	.16547*	.02947	.000	.1077	.2232
	西部地区	都会区	.07775*	.02232	.000	.0340	.1215
		东部地区	－.02944	.02226	.186	－.0731	.0142
		中部地区	.01092	.02235	.625	－.0329	.0547
		东北地区	.13603*	.02768	.000	.0818	.1903
	中部地区	都会区	.06683*	.02457	.007	.0187	.1150
		东部地区	－.04036	.02452	.100	－.0884	.0077
		西部地区	－.01092	.02235	.625	－.0547	.0329
		东北地区	.12511*	.02953	.000	.0672	.1830
	东北地区	都会区	－.05828*	.02951	.048	－.1161	－.0004
		东部地区	－.16547*	.02947	.000	－.2232	－.1077
		西部地区	－.13603*	.02768	.000	－.1903	－.0818
		中部地区	－.12511*	.02953	.000	－.1830	－.0672

*. 均值差的显著性水平为 0.05。

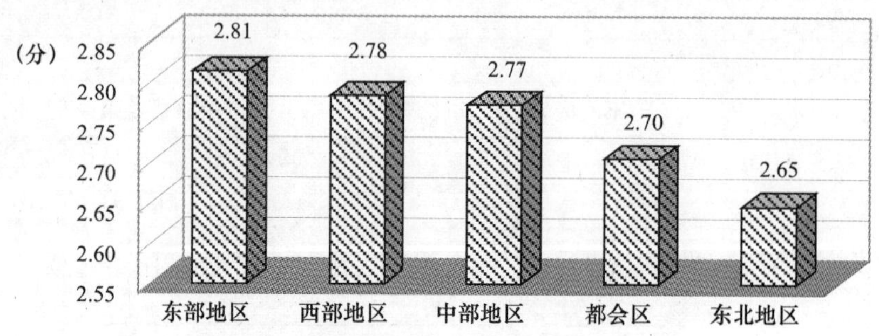

图 10－11　不同区域被试文化危机压力的得分比较

（六）不同区域被试的生态危机压力比较

对不同区域被试生态危机压力的差异性进行方差分析（见表10－23－1、表10－23－2、表10－23－3和图10－12），显示不同区域被试的生态危机压力得分之间差异显著，$F = 50.285$，$p < 0.001$，具体表现是：都会区被试（$M = 2.84$，$SD = 0.87$）的得分显著低于东部地区被试（$M = 3.25$，$SD = 0.84$）、西部地区被试（$M = 3.17$，$SD = 0.86$）和中部地区被试（$M = 3.10$，$SD = 0.84$），与东北地区被试（$M = 2.86$，$SD = 0.95$）之间的得分差异不显著。东部地区被试的得分显著高于另四种被试。西部地区被试的得分显著高于中部地区、东北地区被试。中部地区被试的得分显著高于东北地区被试。

表10－23－1　　不同区域被试生态危机压力得分的差异比较

项目		N	均值	标准差	标准误	均值的95%置信区间		极小值	极大值
						下限	上限		
生态危机压力	都会区	1217	2.8422	.87062	.02496	2.7933	2.8912	1.00	5.00
	东部地区	1225	3.2544	.83819	.02395	3.2074	3.3014	1.00	5.00
	西部地区	1860	3.1663	.86232	.01999	3.1271	3.2055	1.00	5.00
	中部地区	1209	3.1006	.83745	.02408	3.0534	3.1479	1.00	5.00
	东北地区	645	2.8646	.95133	.03746	2.7910	2.9382	1.00	5.00
	总数	6156	3.0753	.87795	.01119	3.0533	3.0972	1.00	5.00

表10－23－2　　不同区域被试生态危机压力得分的方差分析结果

项目		平方和	df	均方	F	显著性
生态危机压力	组间	150.226	4	37.557	50.285	.000
	组内	4594.012	6151	.747		
	总数	4744.238	6155			

表 10 - 23 - 3　　不同区域被试生态危机压力得分的多重比较

因变量	(I) 区域	(J) 区域	均值差 (I - J)	标准误	显著性	95% 置信区间	
						下限	上限
生态危机压力	都会区	东部地区	-.41219*	.03498	.000	-.4808	-.3436
		西部地区	-.32407*	.03186	.000	-.3865	-.2616
		中部地区	-.25840*	.03509	.000	-.3272	-.1896
		东北地区	-.02236	.04209	.595	-.1049	.0601
	东部地区	都会区	.41219*	.03498	.000	.3436	.4808
		西部地区	.08811*	.03180	.006	.0258	.1505
		中部地区	.15379*	.03504	.000	.0851	.2225
		东北地区	.38982*	.04204	.000	.3074	.4722
	西部地区	都会区	.32407*	.03186	.000	.2616	.3865
		东部地区	-.08811*	.03180	.006	-.1505	-.0258
		中部地区	.06567*	.03193	.040	.0031	.1283
		东北地区	.30171*	.03949	.000	.2243	.3791
	中部地区	都会区	.25840*	.03509	.000	.1896	.3272
		东部地区	-.15379*	.03504	.000	-.2225	-.0851
		西部地区	-.06567*	.03193	.040	-.1283	-.0031
		东北地区	.23603*	.04214	.000	.1534	.3186
	东北地区	都会区	.02236	.04209	.595	-.0601	.1049
		东部地区	-.38982*	.04204	.000	-.4722	-.3074
		西部地区	-.30171*	.03949	.000	-.3791	-.2243
		中部地区	-.23603*	.04214	.000	-.3186	-.1534

*. 均值差的显著性水平为 0.05。

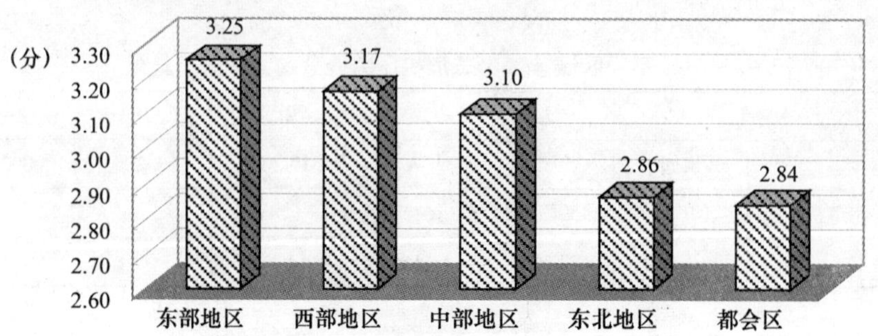

图 10 - 12　不同区域被试生态危机压力的得分比较

不同区域被试对可能引发生态危机因素的看法（见表10－24），第一选择排在第一位的都是“国民的环境保护意识较弱”，排在第二位和第三位的，都会区被试是“环境污染事故”、“生产性污染”，东部地区、西部地区被试是“环境污染事故”、“人口过快增长”，中部地区被试是“人口过快增长”、“环境污染事故”，东北地区被试是“生活性污染”、“环境污染事故”；总提及频率不同区域被试排在第一位的都是“国民的环境保护意识较弱”，排在第二位和第三位的，都会区、中部地区、东北地区被试是“环境污染事故”、“生产性污染”，东部地区、西部地区被试是“生产性污染”、“环境污染事故”。

表10－24　**不同区域被试对可能引发生态危机因素的看法**

选项	都会区				东部地区			
	第一选择		总提及频率		第一选择		总提及频率	
	频率	百分比	频率	百分比	频率	百分比	频率	百分比
环保意识弱	550	45.38	761	21.10	484	39.51	696	18.94
环境污染事故	178	14.69	563	15.61	193	15.76	538	14.64
人口过快增长	105	8.66	283	7.85	185	15.10	440	11.97
生产性污染	117	9.65	463	12.84	132	10.78	582	15.84
生活性污染	105	8.66	448	12.42	106	8.65	516	14.04
突发性传染病	33	2.72	267	7.41	9	0.73	145	3.95
重大自然灾害	70	5.78	437	12.12	54	4.41	278	7.56
环保投入不足	54	4.46	384	10.65	62	5.06	480	13.06
合计	1212	100.00	3606	100.00	1225	100.00	3675	100.00
选项	西部地区				中部地区			
环保意识弱	739	39.75	1059	19.00	458	37.85	668	18.41
环境污染事故	287	15.44	804	14.43	175	14.46	506	13.94
人口过快增长	260	13.99	627	11.25	185	15.29	397	10.94
生产性污染	181	9.74	842	15.11	106	8.76	506	13.94
生活性污染	149	8.02	674	12.09	99	8.18	482	13.28
突发性传染病	27	1.45	296	5.31	23	1.90	230	6.34
重大自然灾害	112	6.02	598	10.73	97	8.02	406	11.19
环保投入不足	104	5.59	673	12.08	67	5.54	434	11.96
合计	1859	100.00	5573	100.00	1210	100.00	3629	100.00

续表

选项	东北地区							
	第一选择		总提及频率					
	频率	百分比	频率	百分比				
环保意识弱	226	35.04	341	17.63				
环境污染事故	87	13.49	299	15.46				
人口过快增长	75	11.63	169	8.74				
生产性污染	55	8.53	277	14.32				
生活性污染	102	15.81	268	13.86				
突发性传染病	14	2.17	136	7.03				
重大自然灾害	61	9.46	252	13.03				
环保投入不足	25	3.87	192	9.93				
合计	645	100.00	1934	100.00				

（七）不同区域被试的国际压力比较

对不同区域被试国际压力的差异性进行方差分析（见表 10－25－1、表 10－25－2 和图 10－13），结果显示不同区域被试国际压力得分之间的差异不显著。

表 10－25－1　不同区域被试国际压力得分的差异比较

项目		*N*	均值	标准差	标准误	均值的 95% 置信区间		极小值	极大值
						下限	上限		
国际压力	都会区	1216	3.0027	.46080	.01321	2.9768	3.0287	1.00	4.67
	东部地区	1224	3.0507	.49360	.01411	3.0230	3.0783	1.00	5.00
	西部地区	1858	3.0165	.50850	.01180	2.9934	3.0396	1.00	5.00
	中部地区	1208	3.0132	.49055	.01411	2.9856	3.0409	1.00	4.67
	东北地区	644	3.0409	.52701	.02077	3.0001	3.0817	1.00	5.00
	总数	6150	3.0225	.49506	.00631	3.0101	3.0349	1.00	5.00

表 10－25－2　不同区域被试国际压力得分的方差分析结果

项目		平方和	*df*	均方	*F*	显著性
国际压力	组间	1.833	4	.458	1.871	.113
	组内	1505.167	6145	.245		
	总数	1507.000	6149			

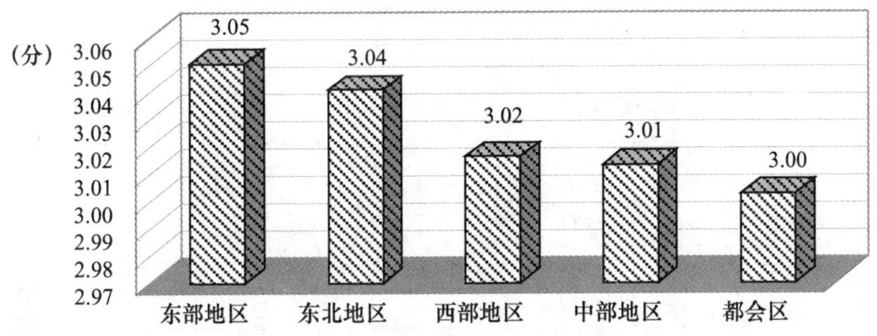

图 10－13　不同区域被试国际压力的得分比较

不同区域被试对中国应对国际压力做法的选择（见表 10－26），第一选择排在第一位和第二位的都是“创造有利于中国的国际话语权体系”、“大力宣扬中国模式”，排在第三位的，都会区、东部地区、西部地区被试是“韬光养晦，做好自己的事情”，中部地区、东北地区被试是“针锋相对，给以有力的回击”；总提及频率都会区、东部地区、西部地区、中部地区被试排在第一位至第三位的都是“创造有利于中国的国际话语权体系”、“在世界范围内争取更多的朋友”、“大力宣扬中国模式”，东北地区被试排在第一位至第三位的是“大力宣扬中国模式”、“创造有利于中国的国际话语权体系”、“针锋相对，给以有力的回击”。

表 10－26　　不同区域被试对于应付国际压力做法的选择

选项	都会区				东部地区			
	第一选择		总提及频率		第一选择		总提及频率	
	频率	百分比	频率	百分比	频率	百分比	频率	百分比
中国话语体系	537	44.24	752	20.81	618	50.57	846	23.14
宣扬中国模式	187	15.41	564	15.61	155	12.68	530	14.49
加入西方阵营	37	3.05	97	2.69	58	4.75	161	4.40
建社会主义阵营	52	4.28	324	8.97	53	4.34	370	10.12
韬光养晦	165	13.59	468	12.95	154	12.60	456	12.47
听取国外意见	43	3.54	317	8.77	49	4.01	362	9.90
针锋相对	124	10.21	469	12.98	74	6.06	327	8.94
争取更多朋友	69	5.68	622	17.22	61	4.99	604	16.52
合计	1214	100.00	3613	100.00	1222	100.00	3656	100.00

续表

选项	西部地区				中部地区			
	第一选择		总提及频率		第一选择		总提及频率	
	频率	百分比	频率	百分比	频率	百分比	频率	百分比
中国话语体系	799	43.05	1160	20.84	500	41.32	714	19.67
宣扬中国模式	250	13.47	747	13.42	178	14.71	526	14.50
加入西方阵营	72	3.88	160	2.87	50	4.13	136	3.75
建社会主义阵营	135	7.27	612	10.99	73	6.04	403	11.10
韬光养晦	223	12.01	629	11.30	129	10.66	377	10.39
听取国外意见	71	3.83	588	10.56	42	3.47	332	9.15
针锋相对	190	10.24	667	11.98	150	12.40	500	13.78
争取更多朋友	116	6.25	1004	18.04	88	7.27	641	17.66
合计	1856	100.00	5567	100.00	1210	100.00	3629	100.00
选项	东北地区							
中国话语体系	202	31.46	326	16.99				
宣扬中国模式	123	19.16	362	18.86				
加入西方阵营	23	3.58	54	2.81				
建社会主义阵营	45	7.01	197	10.27				
韬光养晦	73	11.37	196	10.21				
听取国外意见	17	2.65	142	7.40				
针锋相对	115	17.91	322	16.78				
争取更多朋友	44	6.86	320	16.68				
合计	642	100.00	1919	100.00				

（八）不同区域被试危机压力总分比较

对不同区域被试危机压力总分的差异性进行方差分析（见表10－27－1、表10－27－2、表10－27－3和图10－14），显示不同区域被试的危机压力总分之间差异显著，$F=36.959$，$p<0.001$，具体表现是：都会区被试（$M=16.04$，$SD=2.71$）的得分显著低于东部地区被试（$M=17.17$，$SD=2.61$）、西部地区被试（$M=16.67$，$SD=2.60$）和中部地区被试（$M=16.60$，$SD=2.55$），与东北地区被试（$M=15.96$，$SD=2.79$）之间的得分差异不显著。东部地区被试的得分显著高于另四种被

试。西部地区被试的得分显著高于东北地区被试，与中部地区被试之间的得分差异不显著。中部地区被试的得分显著高于东北地区被试。

表 10 - 27 - 1 不同区域被试危机压力总分的差异比较

项目		N	均值	标准差	标准误	均值的 95% 置信区间		极小值	极大值
						下限	上限		
危机压力总分	都会区	1209	16. 0392	2. 70997	. 07794	15. 8863	16. 1921	8. 17	25. 17
	东部地区	1213	17. 1652	2. 61003	. 07494	17. 0182	17. 3123	8. 00	26. 92
	西部地区	1850	16. 6717	2. 60344	. 06053	16. 5530	16. 7904	7. 33	24. 75
	中部地区	1205	16. 6040	2. 55457	. 07359	16. 4596	16. 7484	7. 33	27. 00
	东北地区	639	15. 9602	2. 78627	. 11022	15. 7438	16. 1767	7. 92	23. 75
	总数	6116	16. 5569	2. 66708	. 03410	16. 4900	16. 6237	7. 33	27. 00

表 10 - 27 - 2 不同区域被试危机压力总分的方差分析结果

项目		平方和	df	均方	F	显著性
危机压力总分	组间	1027. 423	4	256. 856	36. 959	. 000
	组内	42470. 364	6111	6. 950		
	总数	43497. 787	6115			

表 10 - 27 - 3 不同区域被试危机压力总分的多重比较

因变量	(I) 区域	(J) 区域	均值差 (I - J)	标准误	显著性	95% 置信区间	
						下限	上限
危机压力总分	都会区	东部地区	- 1. 12600 *	. 10713	. 000	- 1. 3360	-. 9160
		西部地区	-. 63245 *	. 09749	. 000	-. 8236	-. 4413
		中部地区	-. 56479 *	. 10731	. 000	-. 7752	-. 3544
		东北地区	. 07900	. 12894	. 540	-. 1738	. 3318
	东部地区	都会区	1. 12600 *	. 10713	. 000	. 9160	1. 3360
		西部地区	. 49356 *	. 09740	. 000	. 3026	. 6845
		中部地区	. 56121 *	. 10722	. 000	. 3510	. 7714
		东北地区	1. 20500 *	. 12886	. 000	. 9524	1. 4576
	西部地区	都会区	. 63245 *	. 09749	. 000	. 4413	. 8236
		东部地区	-. 49356 *	. 09740	. 000	-. 6845	-. 3026
		中部地区	. 06766	. 09759	. 488	-. 1237	. 2590
		东北地区	. 71144 *	. 12097	. 000	. 4743	. 9486

续表

因变量	(I) 区域	(J) 区域	均值差 (I－J)	标准误	显著性	95% 置信区间	
						下限	上限
危机压力总分	中部地区	都会区	. 56479 *	. 10731	. 000	. 3544	. 7752
		东部地区	－. 56121 *	. 10722	. 000	－. 7714	－. 3510
		西部地区	－. 06766	. 09759	. 488	－. 2590	. 1237
		东北地区	. 64379 *	. 12901	. 000	. 3909	. 8967
	东北地区	都会区	－. 07900	. 12894	. 540	－. 3318	. 1738
		东部地区	－1. 20500 *	. 12886	. 000	－1. 4576	－. 9524
		西部地区	－. 71144 *	. 12097	. 000	－. 9486	－. 4743
		中部地区	－. 64379 *	. 12901	. 000	－. 8967	－. 3909

*. 均值差的显著性水平为 0. 05。

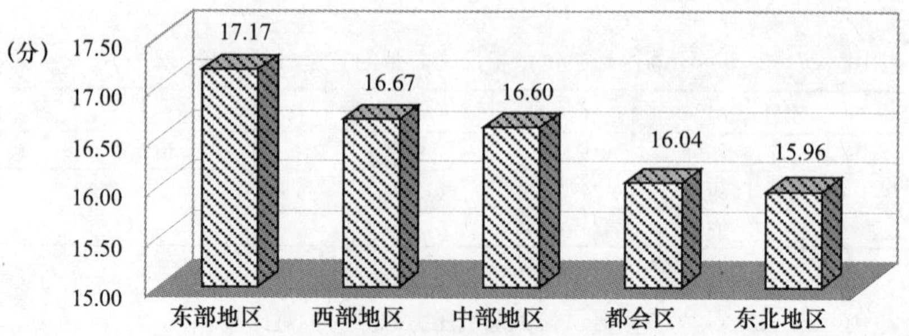

图 10－14　不同区域被试危机压力总分比较

三　五个因素对不同区域被试的影响

本次问卷调查涉及的权利、利益、政治沟通、政治参与和满意度五个影响因素，对不同区域被试的影响是否有所不同，可根据调查数据作具体说明。

（一）权利认知

调查结果显示，都会区被试的“权利重要性认知”得分在 1. 80—

5.00 分之间，均值为 3.75，标准差为 0.58；“权利保障评价”得分在 1.40—5.00 分之间，均值为 3.35，标准差为 0.48；“权利认知总分”的得分在 4.20—10.00 分之间，均值为 7.10，标准差为 0.84（见表 10－28－1）。

表 10－28－1　都会区被试“权利认知”的总体描述统计

项目	N	极小值	极大值	均值	标准差
权利重要性认知	1211	1.80	5.00	3.7452	.57522
权利保障评价	1214	1.40	5.00	3.3524	.48094
权利认知总分	1209	4.20	10.00	7.0979	.83524
有效的 N	1209				

调查结果显示，东部地区人员被试的“权利重要性认知”得分在 1.00—5.00 分之间，均值为 3.65，标准差为 0.62；“权利保障评价”得分在 1.00—4.80 分之间，均值为 3.13，标准差为 0.56；“权利认知总分”的得分在 3.60—9.80 分之间，均值为 6.78，标准差为 0.89（见表 10－28－2）。

表 10－28－2　东部地区被试“权利认知”的总体描述统计

项目	N	极小值	极大值	均值	标准差
权利重要性认知	1223	1.00	5.00	3.6497	.61706
权利保障评价	1219	1.00	4.80	3.1317	.56085
权利认知总分	1216	3.60	9.80	6.7844	.88580
有效的 N	1216				

调查结果显示，西部地区被试的“权利重要性认知”得分在 1.40—5.00 分之间，均值为 3.72，标准差为 0.59；“权利保障评价”得分在 1.00—5.00 分之间，均值为 3.29，标准差为 0.52；“权利认知总分”的得分在 3.60—10.00 分之间，均值为 7.00，标准差为 0.86（见表 10－28－3）。

表 10－28－3　　西部地区被试“权利认知”的总体描述统计

项目	N	极小值	极大值	均值	标准差
权利重要性认知	1852	1.40	5.00	3.7171	.58646
权利保障评价	1847	1.00	5.00	3.2858	.52236
权利认知总分	1840	3.60	10.00	7.0045	.85750
有效的 N	1840				

调查结果显示，中部地区被试的“权利重要性认知”得分在 1.60—5.00 分之间，均值为 3.61，标准差为 0.62；“权利保障评价”得分在 1.00—4.80 分之间，均值为 3.20，标准差为 0.53；“权利认知总分”的得分在 3.80—9.60 分之间，均值为 6.80，标准差为 0.89（见表 10－28－4）。

表 10－28－4　　中部地区被试“权利认知”的总体描述统计

项目	N	极小值	极大值	均值	标准差
权利重要性认知	1206	1.60	5.00	3.6063	.61884
权利保障评价	1205	1.00	4.80	3.1955	.52614
权利认知总分	1201	3.80	9.60	6.8040	.88986
有效的 N	1201				

调查结果显示，东北地区被试的“权利重要性认知”得分在 1.40—5.00 分之间，均值为 3.59，标准差为 0.61；“权利保障评价”得分在 1.20—4.60 分之间，均值为 3.30，标准差为 0.51；“权利认知总分”的得分在 3.60—9.20 分之间，均值为 6.89，标准差为 0.86（见表 10－28－5）。

表 10－28－5　　东北地区被试“权利认知”的总体描述统计

项目	N	极小值	极大值	均值	标准差
权利重要性认知	643	1.40	5.00	3.5869	.60575
权利保障评价	643	1.20	4.60	3.3020	.51171
权利认知总分	641	3.60	9.20	6.8902	.86069
有效的 N	641				

对不同区域被试“权利重要性认知”的差异性进行方差分析（见表 10－29－1、表 10－29－2、表 10－29－3 和图 10－15－1），显示不同区

域被试的得分之间差异显著，$F=14.417$，$p<0.001$，具体表现是：都会区被试（$M=3.75$，$SD=0.58$）的得分显著高于东部地区被试（$M=3.65$，$SD=0.62$）、中部地区被试（$M=3.61$，$SD=0.62$）和东北地区被试（$M=3.59$，$SD=0.61$），与西部地区被试（$M=3.72$，$SD=0.59$）之间的得分差异不显著。东部地区被试的得分显著高于东北地区被试，显著低于西部地区被试，与中部地区被试之间的得分差异不显著。西部地区被试的得分显著高于东北地区、中部地区被试。中部地区被试与东北地区被试之间的得分差异不显著。

表 10－29－1　　不同区域被试“权利重要性认知”得分的差异比较

项目		N	均值	标准差	标准误	均值的 95% 置信区间		极小值	极大值
						下限	上限		
权利重要性认知	都会区	1211	3.7452	.57522	.01653	3.7127	3.7776	1.80	5.00
	东部地区	1223	3.6497	.61706	.01764	3.6151	3.6843	1.00	5.00
	西部地区	1852	3.7171	.58646	.01363	3.6903	3.7438	1.40	5.00
	中部地区	1206	3.6063	.61884	.01782	3.5713	3.6413	1.60	5.00
	东北地区	643	3.5869	.60575	.02389	3.5400	3.6338	1.40	5.00
	总数	6135	3.6738	.60160	.00768	3.6587	3.6888	1.00	5.00

表 10－29－2　　不同区域被试“权利重要性认知”得分的方差分析结果

项目		平方和	df	均方	F	显著性
权利重要性认知	组间	20.690	4	5.173	14.417	.000
	组内	2199.320	6130	.359		
	总数	2220.010	6134			

表 10－27－3　　不同区域被试“权利重要性认知”得分的多重比较

因变量	(I) 区域	(J) 区域	均值差 (I－J)	标准误	显著性	95% 置信区间	
						下限	上限
权利重要性认知	都会区	东部地区	.09546*	.02428	.000	.0479	.1431
		西部地区	.02811	.02214	.204	－.0153	.0715
		中部地区	.13887*	.02437	.000	.0911	.1866
		东北地区	.15823*	.02923	.000	.1009	.2155

续表

因变量	(I) 区域	(J) 区域	均值差(I－J)	标准误	显著性	95%置信区间	
						下限	上限
权利重要性认知	东部地区	都会区	-.09546*	.02428	.000	-.1431	-.0479
		西部地区	-.06735*	.02207	.002	-.1106	-.0241
		中部地区	.04341	.02431	.074	-.0042	.0911
		东北地区	.06278*	.02918	.031	.0056	.1200
	西部地区	都会区	-.02811	.02214	.204	-.0715	.0153
		东部地区	.06735*	.02207	.002	.0241	.1106
		中部地区	.11076*	.02216	.000	.0673	.1542
		东北地区	.13013*	.02742	.000	.0764	.1839
	中部地区	都会区	-.13887*	.02437	.000	-.1866	-.0911
		东部地区	-.04341	.02431	.074	-.0911	.0042
		西部地区	-.11076*	.02216	.000	-.1542	-.0673
		东北地区	.01937	.02925	.508	-.0380	.0767
	东北地区	都会区	-.15823*	.02923	.000	-.2155	-.1009
		东部地区	-.06278*	.02918	.031	-.1200	-.0056
		西部地区	-.13013*	.02742	.000	-.1839	-.0764
		中部地区	-.01937	.02925	.508	-.0767	.0380

*. 均值差的显著性水平为 0.05。

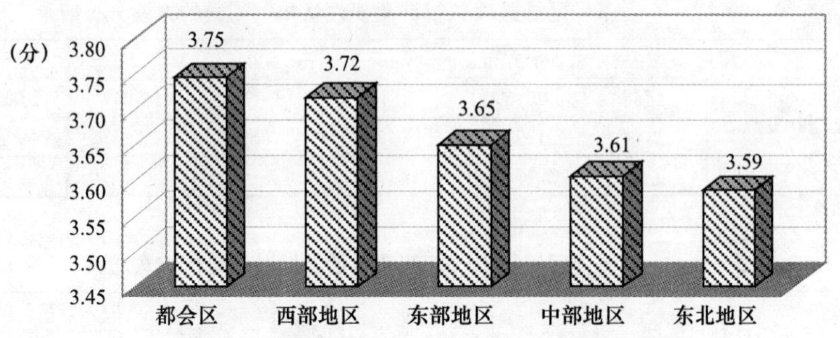

图 10－15－1　不同区域被试权利重要性认知的得分比较

对不同区域被试“权利保障评价”的差异性进行方差分析（见表 10－29－4、表 10－29－5、表 10－29－6 和图 10－15－2），显示不同区域被试的得分之间差异显著，$F = 34.325$，$p < 0.001$，具体表现是：都会区

被试（$M=3.35$，$SD=0.48$）的得分显著高于东部地区被试（$M=3.13$，$SD=0.56$）、西部地区被试（$M=3.29$，$SD=0.52$）、中部地区被试（$M=3.20$，$SD=0.53$）和东北地区被试（$M=3.30$，$SD=0.51$）。东部地区被试的得分显著低于另四种被试。西部地区被试的得分显著高于中部地区被试，与东北地区被试之间的得分差异不显著。中部地区被试的得分显著低于东北地区被试。

表 10－29－4 不同区域被试“权利保障评价”得分的差异比较

项目		N	均值	标准差	标准误	均值的 95% 置信区间		极小值	极大值
						下限	上限		
权利保障评价	都会区	1214	3.3524	.48094	.01380	3.3253	3.3795	1.40	5.00
	东部地区	1219	3.1317	.56085	.01606	3.1002	3.1633	1.00	4.80
	西部地区	1847	3.2858	.52236	.01215	3.2619	3.3096	1.00	5.00
	中部地区	1205	3.1955	.52614	.01516	3.1658	3.2253	1.00	4.80
	东北地区	643	3.3020	.51171	.02018	3.2624	3.3416	1.20	4.60
	总数	6128	3.2523	.52771	.00674	3.2391	3.2655	1.00	5.00

表 10－29－5 不同区域被试“权利保障评价”得分的方差分析结果

项目		平方和	df	均方	F	显著性
权利保障评价	组间	37.420	4	9.355	34.325	.000
	组内	1668.788	6123	.273		
	总数	1706.208	6127			

表 10－29－6 不同区域被试“权利保障评价”得分的多重比较

因变量	(I) 区域	(J) 区域	均值差 (I－J)	标准误	显著性	95% 置信区间	
						下限	上限
权利保障评价	都会区	东部地区	.22064*	.02117	.000	.1791	.2621
		西部地区	.06663*	.01929	.001	.0288	.1044
		中部地区	.15687*	.02123	.000	.1153	.1985
		东北地区	.05037*	.02546	.048	.0005	.1003
	东部地区	都会区	－.22064*	.02117	.000	－.2621	－.1791
		西部地区	－.15401*	.01927	.000	－.1918	－.1162
		中部地区	－.06377*	.02121	.003	－.1053	－.0222
		东北地区	－.17027*	.02544	.000	－.2202	－.1204

续表

因变量	(I) 区域	(J) 区域	均值差 (I-J)	标准误	显著性	95%置信区间	
						下限	上限
权利保障评价	西部地区	都会区	-.06663*	.01929	.001	-.1044	-.0288
		东部地区	.15401*	.01927	.000	.1162	.1918
		中部地区	.09024*	.01933	.000	.0523	.1281
		东北地区	-.01626	.02390	.496	-.0631	.0306
	中部地区	都会区	-.15687*	.02123	.000	-.1985	-.1153
		东部地区	.06377*	.02121	.003	.0222	.1053
		西部地区	-.09024*	.01933	.000	-.1281	-.0523
		东北地区	-.10650*	.02550	.000	-.1565	-.0565
	东北地区	都会区	-.05037*	.02546	.048	-.1003	-.0005
		东部地区	.17027*	.02544	.000	.1204	.2202
		西部地区	.01626	.02390	.496	-.0306	.0631
		中部地区	.10650*	.02550	.000	.0565	.1565

*. 均值差的显著性水平为 0.05。

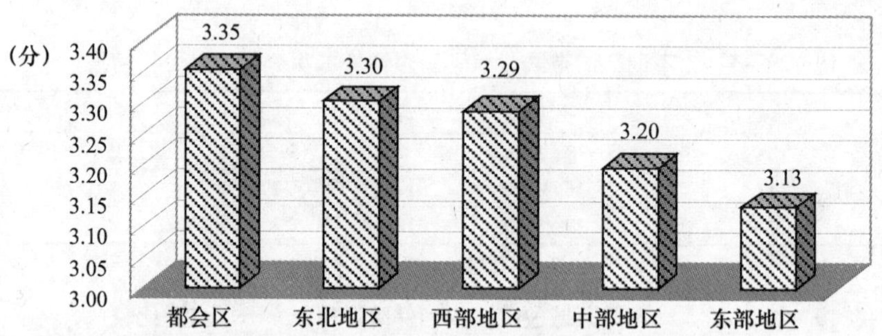

图 10-15-2　不同区域被试权利保障评价的得分比较

对不同区域被试“权利认知总分”的差异性进行方差分析（见表 10-29-7、表 10-29-8、表 10-29-9），显示不同区域被试的得分之间差异显著，$F=30.071$，$p<0.001$，具体表现是：都会区被试（$M=7.10$，$SD=0.84$）的得分显著高于东部地区被试（$M=6.78$，$SD=0.89$）、西部地区被试（$M=7.00$，$SD=0.86$）、中部地区被试（$M=6.80$，$SD=0.89$）和东北地区被试（$M=6.89$，$SD=0.86$）。东部地区被试的得分显著低于西部地区、东北地区被试，与中部地区被试之间得分差异不显著。

西部地区被试的得分显著高于中部地区、东北地区被试。中部地区被试的得分显著低于东北地区被试。

表 10－29－7　　不同区域被试“权利认知总分”得分的差异比较

项目		N	均值	标准差	标准误	均值的 95% 置信区间		极小值	极大值
						下限	上限		
权利认知总分	都会区	1209	7.0979	.83524	.02402	7.0508	7.1451	4.20	10.00
	东部地区	1216	6.7844	.88580	.02540	6.7345	6.8342	3.60	9.80
	西部地区	1840	7.0045	.85750	.01999	6.9652	7.0437	3.60	10.00
	中部地区	1201	6.8040	.88986	.02568	6.7536	6.8544	3.80	9.60
	东北地区	641	6.8902	.86069	.03400	6.8234	6.9569	3.60	9.20
	总数	6107	6.9277	.87386	.01118	6.9058	6.9496	3.60	10.00

表 10－29－8　　不同区域被试“权利认知总分”得分的方差分析结果

项目		平方和	df	均方	F	显著性
权利认知总分	组间	90.136	4	22.534	30.071	.000
	组内	4572.640	6102	.749		
	总数	4662.777	6106			

表 10－29－9　　不同区域被试“权利认知总分”得分的多重比较

因变量	(I) 区域	(J) 区域	均值差 (I－J)	标准误	显著性	95% 置信区间	
						下限	上限
权利认知总分	都会区	东部地区	.31356*	.03516	.000	.2446	.3825
		西部地区	.09348*	.03205	.004	.0306	.1563
		中部地区	.29394*	.03527	.000	.2248	.3631
		东北地区	.20776*	.04230	.000	.1248	.2907
	东部地区	都会区	-.31356*	.03516	.000	-.3825	-.2446
		西部地区	-.22008*	.03199	.000	-.2828	-.1574
		中部地区	-.01962	.03522	.577	-.0887	.0494
		东北地区	-.10580*	.04225	.012	-.1886	-.0230
	西部地区	都会区	-.09348*	.03205	.004	-.1563	-.0306
		东部地区	.22008*	.03199	.000	.1574	.2828
		中部地区	.20046*	.03211	.000	.1375	.2634
		东北地区	.11428*	.03970	.004	.0365	.1921

续表

因变量	(I) 区域	(J) 区域	均值差(I-J)	标准误	显著性	95%置信区间	
						下限	上限
权利认知总分	中部地区	都会区	-.29394*	.03527	.000	-.3631	-.2248
		东部地区	.01962	.03522	.577	-.0494	.0887
		西部地区	-.20046*	.03211	.000	-.2634	-.1375
		东北地区	-.08617*	.04234	.042	-.1692	-.0032
	东北地区	都会区	-.20776*	.04230	.000	-.2907	-.1248
		东部地区	.10580*	.04225	.012	.0230	.1886
		西部地区	-.11428*	.03970	.004	-.1921	-.0365
		中部地区	.08617*	.04234	.042	.0032	.1692

*. 均值差的显著性水平为 0.05。

在法律、政治、经济、社会、文化五类权利对个人发展的重要性方面，按选择比例由高到低排序，都会区被试是经济权利、社会权利、法律权利、政治权利、文化权利，东部地区、中部地区被试是经济权利、法律权利、社会权利、文化权利、政治权利，西部地区被试是经济权利、法律权利、社会权利、政治权利、文化权利，东北地区被试是法律权利、经济权利、社会权利、政治权利、文化权利（五位排序有所不同，应注意东北地区被试对法律权利的偏好，见表 10-30）。

表 10-30　　不同区域被试认为最重要的权利

项目	都会区		东部地区		西部地区	
	频率	有效百分比	频率	有效百分比	频率	有效百分比
法律权利	250	20.61	299	24.45	490	26.53
经济权利	348	28.69	409	33.44	563	30.48
社会权利	265	21.84	251	20.52	295	15.97
文化权利	134	11.05	148	12.10	233	12.62
政治权利	216	17.81	116	9.49	266	14.40
合计	1213	100.00	1223	100.00	1847	100.00
项目	中部地区		东北地区			
法律权利	337	28.04	221	34.32		
经济权利	399	33.19	206	31.99		
社会权利	201	16.72	89	13.82		
文化权利	133	11.07	51	7.92		
政治权利	132	10.98	77	11.95		
合计	1202	100.00	644	100.00		

在法律、政治、经济、社会、文化五类权利的保障方面，按选择比例由高到低排序，都会区被试是法律权利、社会权利、经济权利、政治权利、文化权利，东部地区、中部地区被试是法律权利、经济权利、社会权利、文化权利、政治权利，西部地区被试是法律权利、文化权利、经济权利、政治权利、社会权利，东北地区被试是法律权利、经济权利、政治权利、社会权利、文化权利（第二位至第五位排序不同，见表10－31）。

表10－31　**不同区域被试认为保障最好的权利**

项目	都会区		东部地区		西部地区	
	频率	有效百分比	频率	有效百分比	频率	有效百分比
法律权利	350	28.90	383	31.47	577	31.26
经济权利	229	18.91	344	28.27	333	18.04
社会权利	257	21.22	215	17.67	285	15.44
文化权利	175	14.45	168	13.80	360	19.50
政治权利	200	16.52	107	8.79	291	15.76
合计	1211	100.00	1217	100.00	1846	100.00
项目	中部地区		东北地区			
法律权利	430	35.68	263	40.90		
经济权利	263	21.83	141	21.93		
社会权利	190	15.77	87	13.53		
文化权利	188	15.60	62	9.64		
政治权利	134	11.12	90	14.00		
合计	1205	100.00	643	100.00		

（二）利益认知

调查结果显示，都会区的“公民利益取向”得分在1.00—4.80分之间，均值为2.71，标准差为0.55；“利益保障评价”得分在1.00—5.00分之间，均值为3.25，标准差为0.63；“利益认知总分”的得分在3.20—8.20分之间，均值为5.95，标准差为0.71（见表10－32－1）。

表 10－32－1　都会区被试“利益认知”的总体描述统计

项目	N	极小值	极大值	均值	标准差
公民利益取向	1210	1.00	4.80	2.7073	.54981
利益保障评价	1209	1.00	5.00	3.2458	.62872
利益认知总分	1207	3.20	8.20	5.9513	.71498
有效的 N	1207				

调查结果显示，东部地区被试的“公民利益取向”得分在 1.00—5.00 分之间，均值为 2.94，标准差为 0.58；“利益保障评价”得分在 1.00—5.00 分之间，均值为 3.04，标准差为 0.71；“利益认知总分”的得分在 3.00—9.20 分之间，均值为 5.99，标准差为 0.71（见表 10－32－2）。

表 10－32－2　东部地区被试“利益认知”的总体描述统计

项目	N	极小值	极大值	均值	标准差
公民利益取向	1224	1.00	5.00	2.9443	.58434
利益保障评价	1221	1.00	5.00	3.0393	.71492
利益认知总分	1219	3.00	9.20	5.9857	.70970
有效的 N	1219				

调查结果显示，西部地区被试的“公民利益取向”得分在 1.00—5.00 分之间，均值为 2.71，标准差为 0.59；“利益保障评价”得分在 1.00—5.00 分之间，均值为 3.19，标准差为 0.68；“利益认知总分”的得分在 2.40—8.40 分之间，均值为 5.90，标准差为 0.75（见表 10－32－3）。

表 10－32－3　西部地区被试“利益认知”的总体描述统计

项目	N	极小值	极大值	均值	标准差
公民利益取向	1850	1.00	5.00	2.7081	.59213
利益保障评价	1849	1.00	5.00	3.1917	.68011
利益认知总分	1840	2.40	8.40	5.8988	.75496
有效的 N	1840				

调查结果显示，中部地区被试的“公民利益取向”得分在 1.00—5.00 分之间，均值为 2.74，标准差为 0.63；“利益保障评价”得分在 1.00—5.00 分之间，均值为 3.15，标准差为 0.66；“利益认知总分”的得分在 3.00—8.20 分之间，均值为 5.88，标准差为 0.75（见表 10－32－4）。

表 10－32－4　**中部地区被试“利益认知”的总体描述统计**

项目	*N*	极小值	极大值	均值	标准差
公民利益取向	1207	1.00	5.00	2.7394	.62616
利益保障评价	1208	1.00	5.00	3.1454	.66195
利益认知总分	1206	3.00	8.20	5.8842	.74562
有效的 *N*	1206				

调查结果显示，东北地区被试的“公民利益取向”得分在 1.00—5.00 分之间，均值为 2.75，标准差为 0.57；“利益保障评价”得分在 1.00—5.00 分之间，均值为 3.20，标准差为 0.60；“利益认知总分”的得分在 2.40—9.20 分之间，均值为 5.96，标准差为 0.74（见表 10－32－5）。

表 10－32－5　**东北地区被试“利益认知”的总体描述统计**

项目	*N*	极小值	极大值	均值	标准差
公民利益取向	644	1.00	5.00	2.7531	.57439
利益保障评价	643	1.00	5.00	3.2044	.60288
利益认知总分	642	2.40	9.20	5.9595	.73765
有效的 *N*	642				

对不同区域被试“公民利益取向”的差异性进行方差分析（见表 10－33－1、表 10－33－2、表 10－33－3 和图 10－16－1），显示不同区域被试的得分之间差异显著，$F = 36.381$，$p < 0.001$，具体表现是：都会区被试（$M = 2.71$，$SD = 0.55$）的得分显著低于东部地区被试（$M = 2.94$，$SD = 0.58$），与西部地区被试（$M = 2.71$，$SD = 0.59$）、中部地区被试（$M = 2.74$，$SD = 0.63$）和东北地区被试（$M = 2.75$，$SD = 0.57$）之间的得分差异不显著。东部地区被试的得分显著高于另四种区域被试。西部地区被试与中部地区、东北地区被试之间的得分差异不显著。中部地区被试

与东北地区被试之间的得分差异不显著。

表 10－33－1 不同区域被试“公民利益取向”得分的差异比较

项目		N	均值	标准差	标准误	均值的95%置信区间		极小值	极大值
						下限	上限		
公民利益取向	都会区	1210	2.7073	.54981	.01581	2.6763	2.7383	1.00	4.80
	东部地区	1224	2.9443	.58434	.01670	2.9115	2.9770	1.00	5.00
	西部地区	1850	2.7081	.59213	.01377	2.6811	2.7351	1.00	5.00
	中部地区	1207	2.7394	.62616	.01802	2.7040	2.7747	1.00	5.00
	东北地区	644	2.7531	.57439	.02263	2.7087	2.7976	1.00	5.00
	总数	6135	2.7659	.59432	.00759	2.7511	2.7808	1.00	5.00

表 10－33－2 不同区域被试“公民利益取向”得分的方差分析结果

项目		平方和	df	均方	F	显著性
公民利益取向	组间	50.241	4	12.560	36.381	.000
	组内	2116.359	6130	.345		
	总数	2166.600	6134			

表 10－33－3 不同区域被试“公民利益取向”得分的多重比较

因变量	(I) 区域	(J) 区域	均值差(I－J)	标准误	显著性	95%置信区间	
						下限	上限
公民利益取向	都会区	东部地区	-.23701*	.02382	.000	-.2837	-.1903
		西部地区	-.00084	.02172	.969	-.0434	.0418
		中部地区	-.03208	.02390	.180	-.0789	.0148
		东北地区	-.04583	.02866	.110	-.1020	.0104
	东部地区	都会区	.23701*	.02382	.000	.1903	.2837
		西部地区	.23617*	.02165	.000	.1937	.2786
		中部地区	.20493*	.02383	.000	.1582	.2517
		东北地区	.19118*	.02860	.000	.1351	.2472
	西部地区	都会区	.00084	.02172	.969	-.0418	.0434
		东部地区	-.23617*	.02165	.000	-.2786	-.1937
		中部地区	-.03125	.02174	.151	-.0739	.0114
		东北地区	-.04500	.02688	.094	-.0977	.0077

续表

因变量	(I) 区域	(J) 区域	均值差 (I-J)	标准误	显著性	95%置信区间	
						下限	上限
公民利益取向	中部地区	都会区	.03208	.02390	.180	-.0148	.0789
		东部地区	-.20493*	.02383	.000	-.2517	-.1582
		西部地区	.03125	.02174	.151	-.0114	.0739
		东北地区	-.01375	.02867	.632	-.0700	.0425
	东北地区	都会区	.04583	.02866	.110	-.0104	.1020
		东部地区	-.19118*	.02860	.000	-.2472	-.1351
		西部地区	.04500	.02688	.094	-.0077	.0977
		中部地区	.01375	.02867	.632	-.0425	.0700

*. 均值差的显著性水平为 0.05。

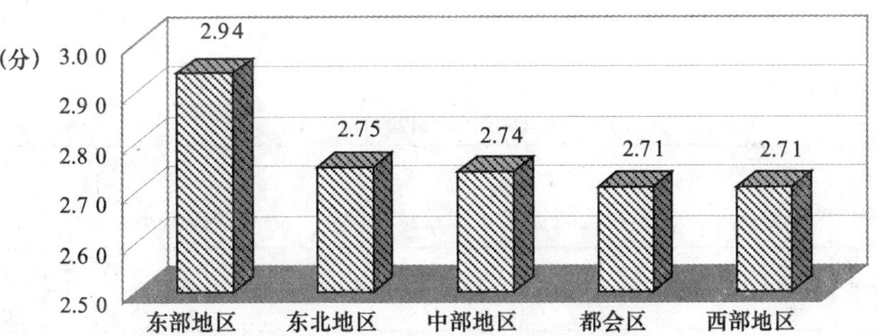

图 10-16-1　不同区域被试公民利益取向的得分比较

对不同区域被试“利益保障评价”的差异性进行方差分析（见表 10-33-4、表 10-33-5、表 10-33-6 和图 10-16-2），显示不同区域被试的得分之间差异显著，$F = 16.878$，$p < 0.001$，具体表现是：都会区被试（$M = 3.25$，$SD = 0.63$）的得分显著高于东部地区被试（$M = 3.04$，$SD = 0.71$）、西部地区被试（$M = 3.19$，$SD = 0.68$）、中部地区被试（$M = 3.15$，$SD = 0.66$），与东北地区被试（$M = 3.20$，$SD = 0.60$）之间的得分差异不显著。东部地区被试的得分显著低于另四种区域被试。西部地区被试与中部地区、东北地区被试之间的得分差异不显著。中部地区被试与东北地区被试之间的得分差异不显著。

表 10 - 33 - 4　　不同区域被试"利益保障评价"得分的差异比较

项目		N	均值	标准差	标准误	均值的 95% 置信区间		极小值	极大值
						下限	上限		
利益保障评价	都会区	1209	3.2458	.62872	.01808	3.2103	3.2813	1.00	5.00
	东部地区	1221	3.0393	.71492	.02046	2.9992	3.0795	1.00	5.00
	西部地区	1849	3.1917	.68011	.01582	3.1607	3.2227	1.00	5.00
	中部地区	1208	3.1454	.66195	.01905	3.1080	3.1827	1.00	5.00
	东北地区	643	3.2044	.60288	.02378	3.1577	3.2510	1.00	5.00
	总数	6130	3.1642	.66960	.00855	3.1474	3.1810	1.00	5.00

表 10 - 33 - 5　　不同区域被试"利益保障评价"得分的方差分析结果

项目		平方和	df	均方	F	显著性
利益保障评价	组间	29.959	4	7.490	16.878	.000
	组内	2718.068	6125	.444		
	总数	2748.027	6129			

表 10 - 33 - 6　　不同区域被试"利益保障评价"得分的多重比较

因变量	(I) 区域	(J) 区域	均值差 (I - J)	标准误	显著性	95% 置信区间	
						下限	上限
利益保障评价	都会区	东部地区	.20651*	.02703	.000	.1535	.2595
		西部地区	.05415*	.02464	.028	.0059	.1025
		中部地区	.10046*	.02710	.000	.0473	.1536
		东北地区	.04147	.03251	.202	-.0223	.1052
	东部地区	都会区	-.20651*	.02703	.000	-.2595	-.1535
		西部地区	-.15236*	.02457	.000	-.2005	-.1042
		中部地区	-.10605*	.02703	.000	-.1590	-.0531
		东北地区	-.16504*	.03246	.000	-.2287	-.1014
	西部地区	都会区	-.05415*	.02464	.028	-.1025	-.0059
		东部地区	.15236*	.02457	.000	.1042	.2005
		中部地区	.04631	.02464	.060	-.0020	.0946
		东北地区	-.01268	.03050	.678	-.0725	.0471

续表

因变量	(I) 区域	(J) 区域	均值差(I-J)	标准误	显著性	95%置信区间	
						下限	上限
利益保障评价	中部地区	都会区	-.10046*	.02710	.000	-.1536	-.0473
		东部地区	.10605*	.02703	.000	.0531	.1590
		西部地区	-.04631	.02464	.060	-.0946	.0020
		东北地区	-.05899	.03252	.070	-.1227	.0048
	东北地区	都会区	-.04147	.03251	.202	-.1052	.0223
		东部地区	.16504*	.03246	.000	.1014	.2287
		西部地区	.01268	.03050	.678	-.0471	.0725
		中部地区	.05899	.03252	.070	-.0048	.1227

*. 均值差的显著性水平为 0.05。

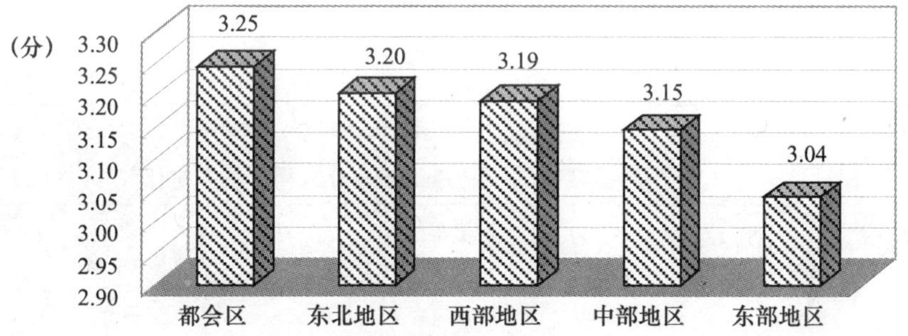

图 10-16-2 不同区域被试利益保障评价的得分比较

对不同区域被试“利益认知总分”的差异性进行方差分析(见表10-33-7、表10-33-8、表10-33-9),显示不同区域被试的得分之间差异显著,$F=4.265$,$p<0.01$,具体表现是:都会区被试($M=5.95$,$SD=0.71$)的得分显著高于中部地区被试($M=5.88$,$SD=0.75$),与东部地区被试($M=5.99$,$SD=0.71$)、西部地区被试($M=5.90$,$SD=0.75$)、东北地区被试($M=5.96$,$SD=0.74$)之间的得分差异不显著。东部地区被试的得分显著高于西部地区、中部地区被试,与东北地区被试之间得分差异均不显著。西部地区被试与中部地区、东北地区被试之间的得分差异不显著。中部地区被试的得分显著低于东北地区被试。

表 10－33－7　不同区域被试"利益认知总分"得分的差异比较

项目		N	均值	标准差	标准误	均值的 95% 置信区间		极小值	极大值
						下限	上限		
利益认知总分	都会区	1207	5.9513	.71498	.02058	5.9109	5.9917	3.20	8.20
	东部地区	1219	5.9857	.70970	.02033	5.9458	6.0256	3.00	9.20
	西部地区	1840	5.8988	.75496	.01760	5.8643	5.9333	2.40	8.40
	中部地区	1206	5.8842	.74562	.02147	5.8421	5.9264	3.00	8.20
	东北地区	642	5.9595	.73765	.02911	5.9023	6.0167	2.40	9.20
	总数	6114	5.9300	.73541	.00941	5.9116	5.9484	2.40	9.20

表 10－33－8　不同区域被试"利益认知总分"得分的方差分析结果

项目		平方和	df	均方	F	显著性
利益认知总分	组间	9.206	4	2.302	4.265	.002
	组内	3296.832	6109	.540		
	总数	3306.039	6113			

表 10－33－9　不同区域被试"利益认知总分"得分的多重比较

因变量	(I) 区域	(J) 区域	均值差 (I－J)	标准误	显著性	95% 置信区间	
						下限	上限
利益认知总分	都会区	东部地区	－.03444	.02983	.248	－.0929	.0240
		西部地区	.05248	.02721	.054	－.0009	.1058
		中部地区	.06704*	.02991	.025	.0084	.1257
		东北地区	－.00822	.03588	.819	－.0786	.0621
	东部地区	都会区	.03444	.02983	.248	－.0240	.0929
		西部地区	.08692*	.02713	.001	.0337	.1401
		中部地区	.10148*	.02984	.001	.0430	.1600
		东北地区	.02622	.03582	.464	－.0440	.0965
	西部地区	都会区	－.05248	.02721	.054	－.1058	.0009
		东部地区	－.08692*	.02713	.001	－.1401	－.0337
		中部地区	.01456	.02722	.593	－.0388	.0679
		东北地区	－.06070	.03367	.072	－.1267	.0053

续表

因变量	(I) 区域	(J) 区域	均值差(I-J)	标准误	显著性	95%置信区间	
						下限	上限
利益认知总分	中部地区	都会区	-.06704*	.02991	.025	-.1257	-.0084
		东部地区	-.10148*	.02984	.001	-.1600	-.0430
		西部地区	-.01456	.02722	.593	-.0679	.0388
		东北地区	-.07526*	.03589	.036	-.1456	-.0049
	东北地区	都会区	.00822	.03588	.819	-.0621	.0786
		东部地区	-.02622	.03582	.464	-.0965	.0440
		西部地区	.06070	.03367	.072	-.0053	.1267
		中部地区	.07526*	.03589	.036	.0049	.1456

*. 均值差的显著性水平为 0.05。

在经济、社会、文化、政治四类利益的重要性方面，按选择比例由高到低排序，都会区、东北地区被试是经济利益、社会利益、政治利益、文化利益，东部地区、西部地区、中部地区被试是经济利益、社会利益、文化利益、政治利益（第三、四位排序不同，见表 10-34）。

表 10-34　　**不同区域被试认为最重要的利益**

项目	都会区		东部地区		西部地区	
	频率	有效百分比	频率	有效百分比	频率	有效百分比
经济利益	508	42.12	611	49.92	864	46.63
社会利益	363	30.10	337	27.53	500	26.98
文化利益	136	11.28	176	14.38	255	13.76
政治利益	199	16.50	100	8.17	234	12.63
合计	1206	100.00	1224	100.00	1853	100.00
项目	中部地区		东北地区			
经济利益	536	44.52	361	56.58		
社会利益	324	26.91	160	25.08		
文化利益	190	15.78	54	8.46		
政治利益	154	12.79	63	9.88		
合计	1204	100.00	638	100.00		

在经济、社会、文化、政治四类利益的保障方面，按选择比例由高到低排序，都会区被试是社会利益、经济利益、文化利益、政治利益，东部地区、中部地区、东北地区被试是经济利益、社会利益、文化利益、政治利益，西部地区被试是经济利益、文化利益、社会利益、政治利益（第一位至第四位排序不同，见表10－35）。

表10－35 **不同区域被试认为保障最好的利益**

项目	都会区		东部地区		西部地区	
	频率	有效百分比	频率	有效百分比	频率	有效百分比
经济利益	316	26.22	462	38.09	567	30.80
社会利益	372	30.87	342	28.19	484	26.29
文化利益	263	21.83	269	22.18	500	27.16
政治利益	254	21.08	140	11.54	290	15.75
合计	1205	100.00	1213	100.00	1841	100.00
项目	中部地区		东北地区			
经济利益	390	32.36	280	43.89		
社会利益	357	29.63	187	29.31		
文化利益	304	25.23	95	14.89		
政治利益	154	12.78	76	11.91		
合计	1205	100.00	638	100.00		

（三）政治沟通认知

调查结果显示，都会区被试的“政治沟通重要性认知”得分在1.80—5.00分之间，均值为3.62，标准差为0.44；“政治沟通现状评价”得分在1.00—5.00分之间，均值为3.29，标准差为0.66；“政治沟通认知总分”的得分在3.60—10.00分之间，均值为6.92，标准差为0.88（见表10－36－1）。

表 10－36－1　　都会区被试“政治沟通认知”的总体描述统计

项目	N	极小值	极大值	均值	标准差
政治沟通重要性认知	1213	1.80	5.00	3.6242	.43673
政治沟通现状评价	1213	1.00	5.00	3.2928	.66072
政治沟通认知总分	1211	3.60	10.00	6.9164	.87836
有效的 N	1211				

调查结果显示，东部地区被试的“政治沟通重要性认知”得分在1.60—5.00分之间，均值为3.54，标准差为0.49；“政治沟通现状评价”得分在1.00—5.00分之间，均值为3.03，标准差为0.77；“政治沟通认知总分”的得分在3.60—10.00分之间，均值为6.57，标准差为0.95（见表10－36－2）。

表 10－36－2　　东部地区被试“政治沟通认知”的总体描述统计

项目	N	极小值	极大值	均值	标准差
政治沟通重要性认知	1222	1.60	5.00	3.5383	.49226
政治沟通现状评价	1223	1.00	5.00	3.0283	.76969
政治沟通认知总分	1219	3.60	10.00	6.5677	.94976
有效的 N	1219				

调查结果显示，西部地区被试的“政治沟通重要性认知”得分在1.40—5.00分之间，均值为3.67，标准差为0.47；“政治沟通现状评价”得分在1.00—5.00分之间，均值为3.19，标准差为0.74；“政治沟通认知总分”的得分在3.60—10.00分之间，均值为6.87，标准差为0.93（见表10－36－3）。

表 10－36－3　　西部地区被试“政治沟通认知”的总体描述统计

项目	N	极小值	极大值	均值	标准差
政治沟通重要性认知	1856	1.40	5.00	3.6744	.47204
政治沟通现状评价	1852	1.00	5.00	3.1931	.74011
政治沟通认知总分	1848	3.60	10.00	6.8679	.93339
有效的 N	1848				

调查结果显示，中部地区被试的“政治沟通重要性认知”得分在

1.80—5.00分之间，均值为3.59，标准差为0.50；“政治沟通现状评价”得分在1.00—5.00分之间，均值为3.19，标准差为0.72；“政治沟通认知总分”的得分在3.60—9.80分之间，均值为6.78，标准差为0.95（见表10-36-4）。

表10-36-4　**中部地区被试“政治沟通认知”的总体描述统计**

项目	*N*	极小值	极大值	均值	标准差
政治沟通重要性认知	1208	1.80	5.00	3.5919	.50282
政治沟通现状评价	1206	1.00	5.00	3.1892	.71872
政治沟通认知总分	1204	3.60	9.80	6.7814	.95306
有效的 *N*	1204				

调查结果显示，东北地区被试的“政治沟通重要性认知”得分在1.60—5.00分之间，均值为3.58，标准差为0.50；“政治沟通现状评价”得分在1.00—5.00分之间，均值为3.27，标准差为0.67；“政治沟通认知总分”的得分在3.80—9.40分之间，均值为6.85，标准差为0.91（见表10-36-5）。

表10-36-5　**东北地区被试“政治沟通认知”的总体描述统计**

项目	*N*	极小值	极大值	均值	标准差
政治沟通重要性认知	642	1.60	5.00	3.5782	.50337
政治沟通现状评价	644	1.00	5.00	3.2708	.67061
政治沟通认知总分	641	3.80	9.40	6.8518	.91402
有效的 *N*	641				

对不同区域被试“政治沟通重要性认知”的差异性进行方差分析（见表10-37-1、表10-37-2、表10-37-3和图10-17-1），显示不同区域被试的得分之间差异显著，$F=16.619$，$p<0.001$，具体表现是：都会区被试（$M=3.62$，$SD=0.44$）的得分显著高于东部地区被试（$M=3.54$，$SD=0.49$）和东北地区被试（$M=3.58$，$SD=0.50$），显著低于西部地区被试（$M=3.67$，$SD=0.47$），与中部地区被试（$M=3.59$，$SD=0.50$）之间的得分差异不显著。东部地区被试的得分显著低于中部地区、西部地区被试，与东北地区被试之间的得分差异不显著。西部地区被试的

得分显著高于中部地区、东北地区被试。中部地区被试与东北地区被试之间的得分差异不显著。

表 10－37－1　不同区域被试“政治沟通重要性认知”得分的差异比较

项目		N	均值	标准差	标准误	均值的 95% 置信区间		极小值	极大值
						下限	上限		
政治沟通重要性认知	都会区	1213	3.6242	.43673	.01254	3.5996	3.6488	1.80	5.00
	东部地区	1222	3.5383	.49226	.01408	3.5107	3.5659	1.60	5.00
	西部地区	1856	3.6744	.47204	.01096	3.6529	3.6958	1.40	5.00
	中部地区	1208	3.5919	.50282	.01447	3.5635	3.6203	1.80	5.00
	东北地区	642	3.5782	.50337	.01987	3.5392	3.6172	1.60	5.00
	总数	6141	3.6111	.48145	.00614	3.5991	3.6231	1.40	5.00

表 10－37－2　不同区域被试“政治沟通重要性认知”得分的方差分析结果

项目		平方和	df	均方	F	显著性
政治沟通重要性认知	组间	15.253	4	3.813	16.619	.000
	组内	1407.950	6136	.229		
	总数	1423.203	6140			

表 10－37－3　不同区域被试“政治沟通重要性认知”得分的多重比较

因变量	(I) 区域	(J) 区域	均值差 (I－J)	标准误	显著性	95% 置信区间	
						下限	上限
政治沟通重要性认知	都会区	东部地区	.08594*	.01941	.000	.0479	.1240
		西部地区	－.05012*	.01769	.005	－.0848	－.0154
		中部地区	.03235	.01947	.097	－.0058	.0705
		东北地区	.04604*	.02338	.049	.0002	.0919
	东部地区	都会区	－.08594*	.01941	.000	－.1240	－.0479
		西部地区	－.13606*	.01765	.000	－.1706	－.1015
		中部地区	－.05359*	.01944	.006	－.0917	－.0155
		东北地区	－.03990	.02335	.088	－.0857	.0059
	西部地区	都会区	.05012*	.01769	.005	.0154	.0848
		东部地区	.13606*	.01765	.000	.1015	.1706
		中部地区	.08247*	.01771	.000	.0478	.1172
		东北地区	.09616*	.02193	.000	.0532	.1392

续表

因变量	(I) 区域	(J) 区域	均值差 (I－J)	标准误	显著性	95% 置信区间	
						下限	上限
政治沟通重要性认知	中部地区	都会区	-.03235	.01947	.097	-.0705	.0058
		东部地区	.05359*	.01944	.006	.0155	.0917
		西部地区	-.08247*	.01771	.000	-.1172	-.0478
		东北地区	.01369	.02340	.558	-.0322	.0596
	东北地区	都会区	-.04604*	.02338	.049	-.0919	-.0002
		东部地区	.03990	.02335	.088	-.0059	.0857
		西部地区	-.09616*	.02193	.000	-.1392	-.0532
		中部地区	-.01369	.02340	.558	-.0596	.0322

*. 均值差的显著性水平为 0.05。

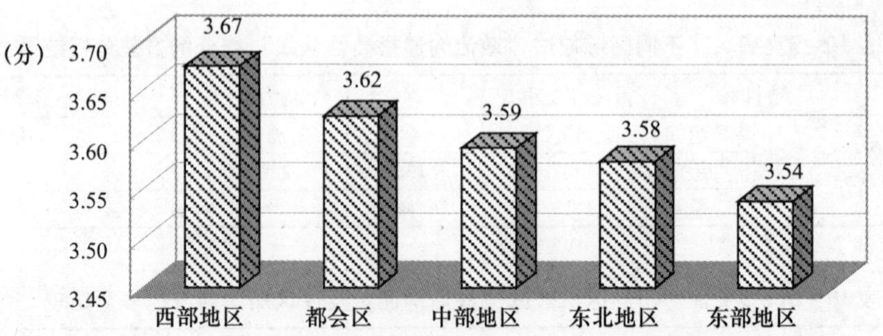

图 10－17－1　不同区域被试政治沟通重要性认知的得分比较

对不同区域被试“政治沟通现状评价”的差异性进行方差分析（见表 10－37－4、表 10－37－5、表 10－37－6 和图 10－17－2），显示不同区域被试的得分之间差异显著，$F=23.630$，$p<0.001$，具体表现是：都会区被试（$M=3.29$，$SD=0.66$）的得分显著高于东部地区被试（$M=3.03$，$SD=0.77$）、西部地区被试（$M=3.19$，$SD=0.74$）和中部地区被试（$M=3.19$，$SD=0.72$），与东北地区被试（$M=3.27$，$SD=0.67$）之间的得分差异不显著。东部地区被试的得分显著低于另四种区域被试。西部地区被试的得分显著低于东北地区被试，与中部地区被试之间的得分差异不显著。中部地区被试的得分显著低于东北地区被试。

表 10－37－4　不同区域被试“政治沟通现状评价”得分的差异比较

项目		N	均值	标准差	标准误	均值的 95% 置信区间		极小值	极大值
						下限	上限		
政治沟通现状评价	都会区	1213	3.2928	.66072	.01897	3.2556	3.3300	1.00	5.00
	东部地区	1223	3.0283	.76969	.02201	2.9851	3.0715	1.00	5.00
	西部地区	1852	3.1931	.74011	.01720	3.1594	3.2268	1.00	5.00
	中部地区	1206	3.1892	.71872	.02070	3.1486	3.2298	1.00	5.00
	东北地区	644	3.2708	.67061	.02643	3.2189	3.3227	1.00	5.00
	总数	6138	3.1874	.72520	.00926	3.1692	3.2055	1.00	5.00

表 10－37－5　不同区域被试“政治沟通现状评价”得分的方差分析结果

项目		平方和	df	均方	F	显著性
政治沟通现状评价	组间	48.988	4	12.247	23.630	.000
	组内	3178.591	6133	.518		
	总数	3227.579	6137			

表 10－37－6　不同区域被试“政治沟通现状评价”得分的多重比较

因变量	(I) 区域	(J) 区域	均值差 (I－J)	标准误	显著性	95% 置信区间	
						下限	上限
政治沟通现状评价	都会区	东部地区	.26454*	.02917	.000	.2073	.3217
		西部地区	.09974*	.02659	.000	.0476	.1519
		中部地区	.10361*	.02927	.000	.0462	.1610
		东北地区	.02202	.03510	.530	-.0468	.0908
	东部地区	都会区	-.26454*	.02917	.000	-.3217	-.2073
		西部地区	-.16480*	.02653	.000	-.2168	-.1128
		中部地区	-.16093*	.02922	.000	-.2182	-.1037
		东北地区	-.24252*	.03505	.000	-.3112	-.1738
	西部地区	都会区	-.09974*	.02659	.000	-.1519	-.0476
		东部地区	.16480*	.02653	.000	.1128	.2168
		中部地区	.00387	.02664	.885	-.0484	.0561
		东北地区	-.07772*	.03293	.018	-.1423	-.0132

续表

因变量	(I) 区域	(J) 区域	均值差 (I-J)	标准误	显著性	95%置信区间	
						下限	上限
政治沟通现状评价	中部地区	都会区	-.10361*	.02927	.000	-.1610	-.0462
		东部地区	.16093*	.02922	.000	.1037	.2182
		西部地区	-.00387	.02664	.885	-.0561	.0484
		东北地区	-.08159*	.03514	.020	-.1505	-.0127
	东北地区	都会区	-.02202	.03510	.530	-.0908	.0468
		东部地区	.24252*	.03505	.000	.1738	.3112
		西部地区	.07772*	.03293	.018	.0132	.1423
		中部地区	.08159*	.03514	.020	.0127	.1505

*. 均值差的显著性水平为 0.05。

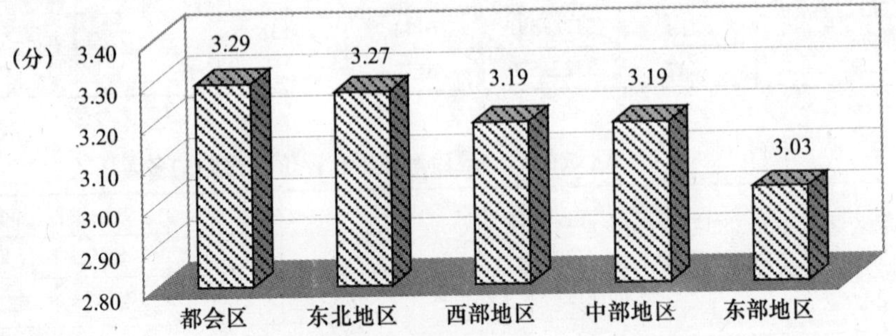

图 10-17-2　不同区域被试政治沟通现状评价的得分比较

对不同区域被试"政治沟通认知总分"的差异性进行方差分析（见表 10-37-7、表 10-37-8、表 10-37-9），显示不同区域被试的得分之间差异显著，$F=26.954$，$p<0.001$，具体表现是：都会区被试（$M=6.92$，$SD=0.88$）的得分显著高于东部地区被试（$M=6.57$，$SD=0.95$）、中部地区被试（$M=6.78$，$SD=0.95$）、东北地区被试（$M=6.85$，$SD=0.91$），与西部地区被试（$M=6.87$，$SD=0.93$）之间的得分差异不显著。东部地区被试的得分显著低于另四种区域被试。西部地区被试的得分显著高于中部地区被试，与东北地区被试之间的得分差异不显著。中部地区被试与东北地区被试之间的得分差异不显著。

表 10－37－7　　不同区域被试“政治沟通认知总分”得分的差异比较

项目		N	均值	标准差	标准误	均值的95%置信区间		极小值	极大值
						下限	上限		
政治沟通认知总分	都会区	1211	6.9164	.87836	.02524	6.8669	6.9660	3.60	10.00
	东部地区	1219	6.5677	.94976	.02720	6.5143	6.6210	3.60	10.00
	西部地区	1848	6.8679	.93339	.02171	6.8253	6.9104	3.60	10.00
	中部地区	1204	6.7814	.95306	.02747	6.7275	6.8353	3.60	9.80
	东北地区	641	6.8518	.91402	.03610	6.7809	6.9227	3.80	9.40
	总数	6123	6.7990	.93584	.01196	6.7756	6.8225	3.60	10.00

表 10－37－8　　不同区域被试“政治沟通认知总分”得分的方差分析结果

项目		平方和	*df*	均方	*F*	显著性
政治沟通认知总分	组间	92.850	4	23.213	26.954	.000
	组内	5268.744	6118	.861		
	总数	5361.594	6122			

表 10－37－9　　不同区域被试“政治沟通认知总分”得分的多重比较

因变量	(I) 区域	(J) 区域	均值差 (I－J)	标准误	显著性	95%置信区间	
						下限	上限
政治沟通认知总分	都会区	东部地区	.34875*	.03765	.000	.2749	.4226
		西部地区	.04858	.03431	.157	-.0187	.1158
		中部地区	.13504*	.03777	.000	.0610	.2091
		东北地区	.06464	.04533	.154	-.0242	.1535
	东部地区	都会区	-.34875*	.03765	.000	-.4226	-.2749
		西部地区	-.30018*	.03424	.000	-.3673	-.2331
		中部地区	-.21372*	.03771	.000	-.2876	-.1398
		东北地区	-.28412*	.04528	.000	-.3729	-.1954
	西部地区	都会区	-.04858	.03431	.157	-.1158	.0187
		东部地区	.30018*	.03424	.000	.2331	.3673
		中部地区	.08646*	.03437	.012	.0191	.1538
		东北地区	.01606	.04254	.706	-.0673	.0995

续表

因变量	(I) 区域	(J) 区域	均值差 (I－J)	标准误	显著性	95%置信区间	
						下限	上限
政治沟通认知总分	中部地区	都会区	-.13504*	.03777	.000	-.2091	-.0610
		东部地区	.21372*	.03771	.000	.1398	.2876
		西部地区	-.08646*	.03437	.012	-.1538	-.0191
		东北地区	-.07040	.04537	.121	-.1593	.0185
	东北地区	都会区	-.06464	.04533	.154	-.1535	.0242
		东部地区	.28412*	.04528	.000	.1954	.3729
		西部地区	-.01606	.04254	.706	-.0995	.0673
		中部地区	.07040	.04537	.121	-.0185	.1593

*. 均值差的显著性水平为 0.05。

不同区域被试对政府与百姓沟通最重要做法的选择（见表10－38），六个选项按选择比例由高到低排序，都会区被试是“政府的公信力”、“政府愿意与民众沟通”、“为沟通提供必要的法律保障”、“公民个人有强烈的沟通愿望”、“媒体愿意提供相互沟通的平台”、“社会团体和社会组织有参与沟通的意愿”；东部地区被试是“政府愿意与民众沟通”、“政府的公信力”、“媒体愿意提供相互沟通的平台”、“为沟通提供必要的法律保障”、“公民个人有强烈的沟通愿望”、“社会团体和社会组织有参与沟通的意愿”；西部地区被试是“政府愿意与民众沟通”、“政府的公信力”、“公民个人有强烈的沟通愿望”、“为沟通提供必要的法律保障”、“媒体愿意提供相互沟通的平台”、“社会团体和社会组织有参与沟通的意愿”；中部地区被试是“政府愿意与民众沟通”、“政府的公信力”、“为沟通提供必要的法律保障”、“公民个人有强烈的沟通愿望”、“媒体愿意提供相互沟通的平台”、“社会团体和社会组织有参与沟通的意愿”，东北地区被试是“政府的公信力”、“为沟通提供必要的法律保障”、“政府愿意与民众沟通”、“公民个人有强烈的沟通愿望”、“媒体愿意提供相互沟通的平台”、“社会团体和社会组织有参与沟通的意愿”（第一位至第五位排序有所不同）。

表 10 - 38　不同区域被试认为政府与百姓沟通最重要的做法

项目	都会区		东部地区		西部地区	
	频率	百分比	频率	百分比	频率	百分比
公民有强烈沟通愿望	158	12.98	148	12.07	298	16.04
媒体愿意提供沟通平台	142	11.67	202	16.48	270	14.53
社会组织有参与沟通意愿	69	5.67	109	8.89	117	6.30
为沟通提供法律保障	196	16.11	180	14.68	284	15.28
政府的公信力	352	28.92	279	22.76	408	21.96
政府愿意沟通	300	24.65	308	25.12	481	25.89
合计	1217	100.00	1226	100.00	1858	100.00
项目	中部地区		东北地区			
公民有强烈沟通愿望	177	14.65	118	18.33		
媒体愿意提供沟通平台	116	9.60	59	9.16		
社会组织有参与沟通意愿	84	6.96	55	8.54		
为沟通提供法律保障	217	17.96	143	22.20		
政府的公信力	247	20.45	150	23.29		
政府愿意沟通	367	30.38	119	18.48		
合计	1208	100.00	644	100.00		

不同区域被试对突发事件中信息处理最重要做法的选择（见表 10 - 39），四个选项按选择比例由高到低排序，都会区、东北地区被试是“政府及时发布准确的信息”、“媒体及时发布准确的信息”、“公民个人及时发布获得的信息”、“政府有效控制各种信息发布”，东部地区、西部地区、中部地区被试是“政府及时发布准确的信息”、“媒体及时发布准确的信息”、“政府有效控制各种信息发布”、“公民个人及时发布获得的信息”（第三、四位排序不同）。

表 10 - 39　不同区域被试认为突发事件中信息处理最重要的做法

项目	都会区		东部地区		西部地区	
	频率	百分比	频率	百分比	频率	百分比
公民及时公布获得的信息	161	13.27	124	10.15	209	11.27
媒体及时发布准确信息	264	21.76	333	27.25	409	22.05
政府及时发布准确信息	633	52.19	585	47.87	983	52.99
政府有效控制信息发布	155	12.78	180	14.73	254	13.69
合计	1213	100.00	1222	100.00	1855	100.00

续表

项目	中部地区		东北地区			
	频率	百分比	频率	百分比		
公民及时公布获得的信息	140	11.61	98	15.34		
媒体及时发布准确信息	208	17.25	147	23.00		
政府及时发布准确信息	661	54.81	308	48.20		
政府有效控制信息发布	197	16.33	86	13.46		
合计	1206	100.00	639	100.00		

（四）政治参与行为

调查结果显示，都会区被试的“政治参与认知”得分在1.60—4.80分之间，均值为3.13，标准差为0.47；“实际政治参与”得分在1.00—5.00分之间，均值为3.18，标准差为0.62；“政治参与行为总分”的得分在3.60—9.00分之间，均值为6.31，标准差为0.83（见表10－40－1）。

表10－40－1　**都会区被试“政治参与行为”的总体描述统计**

项目	N	极小值	极大值	均值	标准差
政治参与认知	1212	1.60	4.80	3.1347	.46714
实际政治参与	1210	1.00	5.00	3.1779	.61980
政治参与行为总分	1206	3.60	9.00	6.3149	.83087
有效的 N	1206				

调查结果显示，东部地区“政治参与认知”得分在1.40—5.00分之间，均值为3.06，标准差为0.44；“实际政治参与”得分在1.00—5.00分之间，均值为3.10，标准差为0.66；“政治参与行为总分”的得分在3.00—10.00分之间，均值为6.16，标准差为0.84（见表10－40－2）。

表10－40－2　**东部地区被试“政治参与行为”的总体描述统计**

项目	N	极小值	极大值	均值	标准差
政治参与认知	1225	1.40	5.00	3.0627	.43924
实际政治参与	1219	1.00	5.00	3.1009	.65927
政治参与行为总分	1217	3.00	10.00	6.1634	.84215
有效的 N	1217				

调查结果显示，西部地区被试的“政治参与认知”得分在1.60—5.00分之间，均值为3.11，标准差为0.46；“实际政治参与”得分在1.00—5.00分之间，均值为3.03，标准差为0.71；“政治参与行为总分”的得分在2.80—9.40分之间，均值为6.15，标准差为0.90（见表10－40－3）。

表10－40－3　**西部地区被试“政治参与行为”的总体描述统计**

项目	*N*	极小值	极大值	均值	标准差
政治参与认知	1848	1.60	5.00	3.1126	.45863
实际政治参与	1852	1.00	5.00	3.0346	.70716
政治参与行为总分	1841	2.80	9.40	6.1452	.90188
有效的 *N*	1841				

调查结果显示，中部地区被试的“政治参与认知”得分在1.60—5.00分之间，均值为3.12，标准差为0.46；“实际政治参与”得分在1.00—5.00分之间，均值为3.14，标准差为0.65；“政治参与行为总分”的得分在3.40—9.60分之间，均值为6.26，标准差为0.86（见表10－40－4）。

表10－40－4　**中部地区被试“政治参与行为”的总体描述统计**

项目	*N*	极小值	极大值	均值	标准差
政治参与认知	1209	1.60	5.00	3.1213	.45936
实际政治参与	1209	1.00	5.00	3.1408	.65362
政治参与行为总分	1209	3.40	9.60	6.2620	.85932
有效的 *N*	1209				

调查结果显示，东北地区被试的“政治参与认知”得分在1.80—5.00分之间，均值为3.07，标准差为0.47；“实际政治参与”得分在1.00—5.00分之间，均值为2.83，标准差为0.75；“政治参与行为总分”的得分在3.20—9.00分之间，均值为5.90，标准差为0.93（见表10－40－5）。

表 10－40－5　　东北地区被试“政治参与行为”的总体描述统计

项目	N	极小值	极大值	均值	标准差
政治参与认知	645	1.80	5.00	3.0710	.46583
实际政治参与	638	1.00	5.00	2.8295	.74741
政治参与行为总分	638	3.20	9.00	5.9003	.92648
有效的 N	638				

对不同区域被试“政治参与认知”的差异性进行方差分析（见表 10－41－1、表 10－41－2、表 10－41－3 和图 10－18－1），显示不同区域被试的得分之间差异显著，$F=5.287$，$p<0.001$，具体表现是：都会区被试（$M=3.13$，$SD=0.47$）的得分显著高于东部地区被试（$M=3.06$，$SD=0.44$）、东北地区被试（$M=3.07$，$SD=0.47$），与西部地区被试（$M=3.11$，$SD=0.46$）、中部地区被试（$M=3.12$，$SD=0.46$）之间的得分差异不显著。东部地区被试的得分显著低于西部地区、中部地区被试，与东北地区被试之间的得分差异不显著。西部地区被试的得分显著高于东北地区被试，与中部地区被试之间的得分差异不显著。中部地区被试的得分显著高于东北地区被试。

表 10－41－1　　不同区域被试“政治参与认知”得分的差异比较

项目		N	均值	标准差	标准误	均值的 95% 置信区间		极小值	极大值
						下限	上限		
政治参与认知	都会区	1212	3.1347	.46714	.01342	3.1083	3.1610	1.60	4.80
	东部地区	1225	3.0627	.43924	.01255	3.0381	3.0873	1.40	5.00
	西部地区	1848	3.1126	.45863	.01067	3.0916	3.1335	1.60	5.00
	中部地区	1209	3.1213	.45936	.01321	3.0953	3.1472	1.60	5.00
	东北地区	645	3.0710	.46583	.01834	3.0350	3.1070	1.80	5.00
	总数	6139	3.1043	.45808	.00585	3.0929	3.1158	1.40	5.00

表 10－41－2　　不同区域被试“政治参与认知”得分的方差分析结果

项目		平方和	df	均方	F	显著性
政治参与认知	组间	4.426	4	1.106	5.287	.000
	组内	1283.570	6134	.209		
	总数	1287.996	6138			

表 10-41-3 不同区域被试“政治参与认知”得分的多重比较

因变量	(I) 区域	(J) 区域	均值差 (I-J)	标准误	显著性	95% 置信区间	
						下限	上限
政治参与认知	都会区	东部地区	.07196*	.01853	.000	.0356	.1083
		西部地区	.02210	.01691	.191	-.0110	.0552
		中部地区	.01340	.01859	.471	-.0231	.0498
		东北地区	.06365*	.02230	.004	.0199	.1074
	东部地区	都会区	-.07196*	.01853	.000	-.1083	-.0356
		西部地区	-.04986*	.01685	.003	-.0829	-.0168
		中部地区	-.05856*	.01854	.002	-.0949	-.0222
		东北地区	-.00831	.02225	.709	-.0519	.0353
	西部地区	都会区	-.02210	.01691	.191	-.0552	.0110
		东部地区	.04986*	.01685	.003	.0168	.0829
		中部地区	-.00870	.01692	.607	-.0419	.0245
		东北地区	.04155*	.02092	.047	.0005	.0826
	中部地区	都会区	-.01340	.01859	.471	-.0498	.0231
		东部地区	.05856*	.01854	.002	.0222	.0949
		西部地区	.00870	.01692	.607	-.0245	.0419
		东北地区	.05025*	.02230	.024	.0065	.0940
	东北地区	都会区	-.06365*	.02230	.004	-.1074	-.0199
		东部地区	.00831	.02225	.709	-.0353	.0519
		西部地区	-.04155*	.02092	.047	-.0826	-.0005
		中部地区	-.05025*	.02230	.024	-.0940	-.0065

*. 均值差的显著性水平为 0.05。

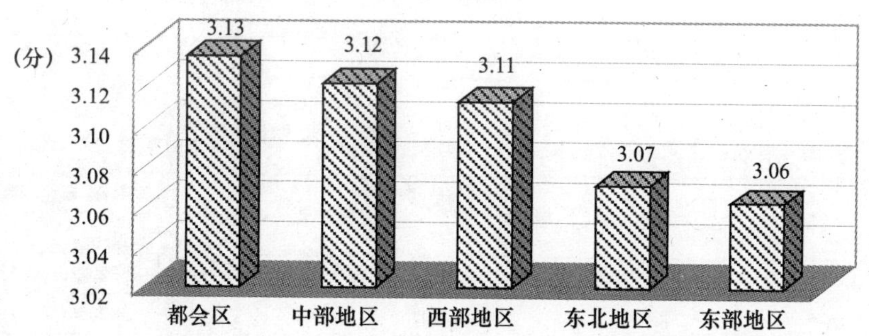

图 10-18-1 不同区域被试政治参与认知的得分比较

对不同区域被试"实际政治参与"的差异性进行方差分析（见表10-41-4、表10-41-5、表10-41-6和图10-18-2），显示不同区域被试的得分之间差异显著，$F=33.088$，$p<0.001$，具体表现是：都会区被试（$M=3.18$，$SD=0.62$）的得分显著高于东部地区被试（$M=3.10$，$SD=0.66$）、西部地区被试（$M=3.03$，$SD=0.71$）、东北地区被试（$M=2.83$，$SD=0.75$），与中部地区被试（$M=3.14$，$SD=0.65$）之间的得分差异不显著。东部地区被试的得分显著高于西部地区、东北地区被试，与中部地区被试之间的得分差异不显著。西部地区被试的得分显著低于中部地区被试，显著高于东北地区被试。中部地区被试的得分显著高于东北地区被试。

表10-41-4　不同区域被试"实际政治参与"得分的差异比较

项目		*N*	均值	标准差	标准误	均值的95%置信区间		极小值	极大值
						下限	上限		
实际政治参与	都会区	1210	3.1779	.61980	.01782	3.1429	3.2128	1.00	5.00
	东部地区	1219	3.1009	.65927	.01888	3.0639	3.1379	1.00	5.00
	西部地区	1852	3.0346	.70716	.01643	3.0023	3.0668	1.00	5.00
	中部地区	1209	3.1408	.65362	.01880	3.1039	3.1777	1.00	5.00
	东北地区	638	2.8295	.74741	.02959	2.7714	2.8876	1.00	5.00
	总数	6128	3.0757	.68223	.00872	3.0586	3.0927	1.00	5.00

表10-41-5　不同区域被试"实际政治参与"得分的方差分析结果

项目		平方和	*df*	均方	*F*	显著性
实际政治参与	组间	60.338	4	15.084	33.088	.000
	组内	2791.389	6123	.456		
	总数	2851.727	6127			

表10-41-6　不同区域被试"实际政治参与"得分的多重比较

因变量	(I) 区域	(J) 区域	均值差 (I-J)	标准误	显著性	95%置信区间	
						下限	上限
实际政治参与	都会区	东部地区	.07695*	.02740	.005	.0232	.1307
		西部地区	.14329*	.02496	.000	.0944	.1922
		中部地区	.03707	.02746	.177	-.0168	.0909
		东北地区	.34838*	.03304	.000	.2836	.4131

续表

因变量	(I) 区域	(J) 区域	均值差 (I-J)	标准误	显著性	95%置信区间	
						下限	上限
实际政治参与	东部地区	都会区	-.07695*	.02740	.005	-.1307	-.0232
		西部地区	.06635*	.02490	.008	.0175	.1152
		中部地区	-.03988	.02741	.146	-.0936	.0138
		东北地区	.27144*	.03299	.000	.2068	.3361
	西部地区	都会区	-.14329*	.02496	.000	-.1922	-.0944
		东部地区	-.06635*	.02490	.008	-.1152	-.0175
		中部地区	-.10622*	.02496	.000	-.1552	-.0573
		东北地区	.20509*	.03100	.000	.1443	.2659
	中部地区	都会区	-.03707	.02746	.177	-.0909	.0168
		东部地区	.03988	.02741	.146	-.0138	.0936
		西部地区	.10622*	.02496	.000	.0573	.1552
		东北地区	.31131*	.03304	.000	.2465	.3761
	东北地区	都会区	-.34838*	.03304	.000	-.4131	-.2836
		东部地区	-.27144*	.03299	.000	-.3361	-.2068
		西部地区	-.20509*	.03100	.000	-.2659	-.1443
		中部地区	-.31131*	.03304	.000	-.3761	-.2465

*. 均值差的显著性水平为 0.05。

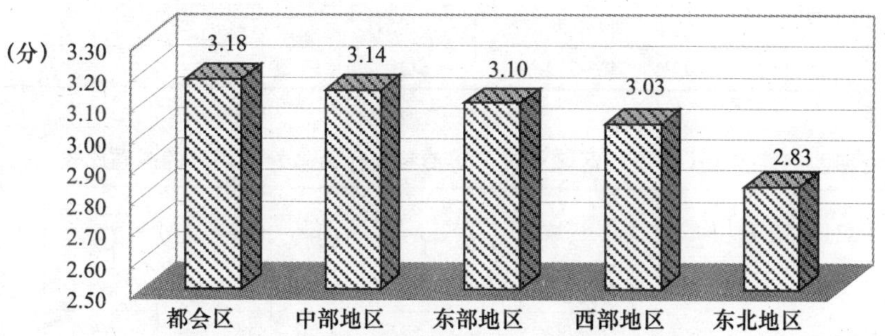

图 10-18-2　不同区域被试实际政治参与的得分比较

对不同区域被试“政治参与行为总分”的差异性进行方差分析（见表 10-41-7、表 10-41-8、表 10-41-9），显示不同区域被试的得分之间差异显著，$F = 27.221$，$p < 0.001$，具体表现是：都会区被试（$M = 6.31$，$SD = 0.83$）的得分显著高于东部地区被试（$M = 6.16$，$SD =$

0.84)、西部地区被试（$M=6.15$，$SD=0.90$）、东北地区被试（$M=5.90$，$SD=0.93$），与中部地区被试（$M=6.26$，$SD=0.86$）之间的得分差异不显著。东部地区被试的得分显著低于中部地区被试，显著高于东北地区被试，与西部地区被试之间的得分差异不显著。西部地区被试的得分显著低于中部地区被试，显著高于东北地区被试。中部地区被试的得分显著高于东北地区被试。

表 10-41-7　不同区域被试“政治参与行为总分”得分的差异比较

项目		N	均值	标准差	标准误	均值的 95% 置信区间		极小值	极大值
						下限	上限		
政治参与行为总分	都会区	1206	6.3149	.83087	.02393	6.2680	6.3619	3.60	9.00
	东部地区	1217	6.1634	.84215	.02414	6.1160	6.2107	3.00	10.00
	西部地区	1841	6.1452	.90188	.02102	6.1040	6.1865	2.80	9.40
	中部地区	1209	6.2620	.85932	.02471	6.2135	6.3105	3.40	9.60
	东北地区	638	5.9003	.92648	.03668	5.8283	5.9723	3.20	9.00
	总数	6111	6.1799	.87820	.01123	6.1578	6.2019	2.80	10.00

表 10-41-8　不同区域被试“政治参与行为总分”得分的方差分析结果

项目		平方和	df	均方	F	显著性
政治参与行为总分	组间	82.559	4	20.640	27.221	.000
	组内	4629.725	6106	.758		
	总数	4712.284	6110			

表 10-41-9　不同区域被试“政治参与行为总分”得分的多重比较

因变量	(I) 区域	(J) 区域	均值差 (I-J)	标准误	显著性	95% 置信区间	
						下限	上限
政治参与行为总分	都会区	东部地区	.15157*	.03538	.000	.0822	.2209
		西部地区	.16968*	.03226	.000	.1064	.2329
		中部地区	.05289	.03544	.136	-.0166	.1224
		东北地区	.41461*	.04263	.000	.3310	.4982
	东部地区	都会区	-.15157*	.03538	.000	-.2209	-.0822
		西部地区	.01811	.03217	.574	-.0450	.0812
		中部地区	-.09868*	.03536	.005	-.1680	-.0294
		东北地区	.26304*	.04256	.000	.1796	.3465

续表

因变量	(I) 区域	(J) 区域	均值差 (I－J)	标准误	显著性	95% 置信区间	
						下限	上限
政治参与行为总分	西部地区	都会区	－.16968*	.03226	.000	－.2329	－.1064
		东部地区	－.01811	.03217	.574	－.0812	.0450
		中部地区	－.11679*	.03223	.000	－.1800	－.0536
		东北地区	.24493*	.04000	.000	.1665	.3234
	中部地区	都会区	－.05289	.03544	.136	－.1224	.0166
		东部地区	.09868*	.03536	.005	.0294	.1680
		西部地区	.11679*	.03223	.000	.0536	.1800
		东北地区	.36172*	.04261	.000	.2782	.4453
	东北地区	都会区	－.41461*	.04263	.000	－.4982	－.3310
		东部地区	－.26304*	.04256	.000	－.3465	－.1796
		西部地区	－.24493*	.04000	.000	－.3234	－.1665
		中部地区	－.36172*	.04261	.000	－.4453	－.2782

*. 均值差的显著性水平为 0.05。

对于选举参与、自治参与、政策参与、维权参与、社团参与、网络参与六类参与，哪一类最为重要，不同区域被试按选择比例由高到低排序，第一位都是选举参与，第二位都是自治参与，第三位至第六位有所不同，都会区被试是社团参与、政策参与、维权参与、网络参与，东部地区被试是维权参与、社团参与、政策参与、网络参与，西部地区、中部地区、东北地区被试是社团参与、维权参与、政策参与、网络参与（见表 10－42）。

表 10－42　　　　**不同区域被试认为最重要的政治参与**

项目	都会区		东部地区		西部地区	
	频率	百分比	频率	百分比	频率	百分比
参加各种选举	591	48.68	555	45.53	779	41.90
参加基层群众自治	229	18.86	200	16.41	413	22.22
参与政策讨论	121	9.97	101	8.28	159	8.55
以上访等形式维权	102	8.40	163	13.37	199	10.71
参与社会团体活动	127	10.46	138	11.32	225	12.10
在互联网发表个人意见	44	3.63	62	5.09	84	4.52
合计	1214	100.00	1219	100.00	1859	100.00

续表

项目	中部地区		东北地区			
	频率	百分比	频率	百分比		
参加各种选举	587	48.59	312	48.37		
参加基层群众自治	187	15.48	121	18.76		
参与政策讨论	117	9.69	49	7.60		
以上访等形式维权	120	9.93	61	9.46		
参与社会团体活动	157	13.00	80	12.40		
在互联网发表个人意见	40	3.31	22	3.41		
合计	1208	100.00	645	100.00		

对于选举参与、自治参与、政策参与、维权参与、社团参与、网络参与六类参与，哪一类最能发挥作用，不同区域被试按选择比例由高到低排序，第一位都是选举参与，第二位都是自治参与，第三位至第六位有所不同，都会区被试是政策参与、社团参与、维权参与、网络参与，东部地区被试是维权参与、社团参与、政策参与、网络参与，西部地区、东北地区被试是社团参与、维权参与、政策参与、网络参与，中部地区被试是社团参与、政策参与、维权参与、网络参与（见表10－43）。

表10－43　**不同区域被试认为哪一类政治参与最能发挥作用**

项目	都会区		东部地区		西部地区	
	频率	百分比	频率	百分比	频率	百分比
参加各种选举	543	44.88	507	41.45	698	37.55
参加基层群众自治	254	20.99	233	19.05	457	24.58
参与政策讨论	130	10.74	102	8.34	158	8.50
以上访等形式维权	105	8.68	158	12.92	182	9.79
参与社会团体活动	125	10.33	145	11.86	258	13.88
在互联网发表个人意见	53	4.38	78	6.38	106	5.70
合计	1210	100.00	1223	100.00	1859	100.00
项目	中部地区		东北地区			
参加各种选举	543	44.91	311	48.22		
参加基层群众自治	215	17.78	106	16.44		
参与政策讨论	116	9.60	54	8.37		
以上访等形式维权	100	8.27	68	10.54		
参与社会团体活动	173	14.31	82	12.71		
在互联网发表个人意见	62	5.13	24	3.72		
合计	1209	100.00	645	100.00		

(五)公民满意度

调查结果显示，都会区被试的“个人生活满意度”得分在1.00—5.00分之间，均值为3.42，标准差为0.63；“公共服务满意度”得分在1.00—5.00分之间，均值为3.17，标准差为0.59；“公民满意度总分”的得分在2.80—10.00分之间，均值为6.59，标准差为0.98（见表10-44-1）。

表10-44-1 都会区被试“公民满意度”的总体描述统计

项目	N	极小值	极大值	均值	标准差
个人生活满意度	1211	1.00	5.00	3.4249	.63330
公共服务满意度	1210	1.00	5.00	3.1651	.58552
公民满意度总分	1207	2.80	10.00	6.5911	.98330
有效的N	1207				

调查结果显示，东部地区被试的“个人生活满意度”得分在1.00—5.00分之间，均值为3.22，标准差为0.62；“公共服务满意度”得分在1.00—5.00分之间，均值为2.95，标准差为0.65；“公民满意度总分”的得分在2.60—10.00分之间，均值为6.18，标准差为1.09（见表10-44-2）。

表10-44-2 东部地区被试“公民满意度”的总体描述统计

项目	N	极小值	极大值	均值	标准差
个人生活满意度	1221	1.00	5.00	3.2228	.62008
公共服务满意度	1221	1.00	5.00	2.9540	.64884
公民满意度总分	1215	2.60	10.00	6.1766	1.08650
有效的N	1215				

调查结果显示，西部地区被试的“个人生活满意度”得分在1.00—5.00分之间，均值为3.33，标准差为0.66；“公共服务满意度”得分

在1.00—5.00分之间，均值为3.19，标准差为0.63；“公民满意度总分”的得分在2.00—10.00分之间，均值为6.52，标准差为1.08（见表10－44－3）。

表10－44－3　　西部地区被试“公民满意度”的总体描述统计

项目	N	极小值	极大值	均值	标准差
个人生活满意度	1853	1.00	5.00	3.3316	.65703
公共服务满意度	1855	1.00	5.00	3.1915	.63337
公民满意度总分	1848	2.00	10.00	6.5228	1.07527
有效的N	1848				

调查结果显示，中部地区被试的“个人生活满意度”得分在1.00—5.00分之间，均值为3.38，标准差为0.65；“公共服务满意度”得分在1.00—5.00分之间，均值为3.09，标准差为0.64；“公民满意度总分”的得分在2.40—10.00分之间，均值为6.47，标准差为1.10（见表10－44－4）。

表10－44－4　　中部地区被试“公民满意度”的总体描述统计

项目	N	极小值	极大值	均值	标准差
个人生活满意度	1208	1.00	5.00	3.3783	.64857
公共服务满意度	1206	1.00	5.00	3.0942	.63603
公民满意度总分	1205	2.40	10.00	6.4725	1.09691
有效的N	1205				

调查结果显示，东北地区被试的“个人生活满意度”得分在1.00—5.00分之间，均值为3.41，标准差为0.69；“公共服务满意度”得分在1.00—5.00分之间，均值为3.18，标准差为0.64；“公民满意度总分”的得分在2.00—10.00分之间，均值为6.60，标准差为1.09（见表10－44－5）。

表 10-44-5 东北地区被试“公民满意度”的总体描述统计

项目	N	极小值	极大值	均值	标准差
个人生活满意度	642	1.00	5.00	3.4109	.68544
公共服务满意度	643	1.00	5.00	3.1841	.63604
公民满意度总分	640	2.00	10.00	6.5953	1.09002
有效的 N	640				

对不同区域被试“个人生活满意度”的差异性进行方差分析（见表10-45-1、表10-45-2、表10-45-3和图10-19-1），显示不同区域被试的得分之间差异显著，$F=18.203$，$p<0.001$，具体表现是：都会区被试（$M=3.42$，$SD=0.63$）的得分显著高于东部地区被试（$M=3.22$，$SD=0.62$）、西部地区被试（$M=3.33$，$SD=0.66$），与中部地区被试（$M=3.38$，$SD=0.65$）、东北地区被试（$M=3.41$，$SD=0.69$）之间的得分差异不显著。东部地区被试的得分显著低于另四种区域被试。西部地区被试的得分显著低于东北地区被试，与中部地区被试之间的得分差异不显著。中部地区被试与东北地区被试之间的得分差异不显著。

表 10-45-1 不同区域被试“个人生活满意度”得分的差异比较

项目		N	均值	标准差	标准误	均值的 95% 置信区间		极小值	极大值
						下限	上限		
个人生活满意度	都会区	1211	3.4249	.63330	.01820	3.3892	3.4606	1.00	5.00
	东部地区	1221	3.2228	.62008	.01775	3.1880	3.2576	1.00	5.00
	西部地区	1853	3.3316	.65703	.01526	3.3016	3.3615	1.00	5.00
	中部地区	1208	3.3783	.64857	.01866	3.3417	3.4149	1.00	5.00
	东北地区	642	3.4109	.68544	.02705	3.3578	3.4640	1.00	5.00
	总数	6135	3.3459	.65020	.00830	3.3296	3.3621	1.00	5.00

表 10-45-2 不同区域被试“个人生活满意度”得分的方差分析结果

项目		平方和	df	均方	F	显著性
个人生活满意度	组间	30.439	4	7.610	18.203	.000
	组内	2562.732	6130	.418		
	总数	2593.172	6134			

表 10－45－3　不同区域被试“个人生活满意度”得分的多重比较

因变量	(I) 区域	(J) 区域	均值差 (I－J)	标准误	显著性	95%置信区间	
						下限	上限
个人生活满意度	都会区	东部地区	.20217*	.02622	.000	.1508	.2536
		西部地区	.09337*	.02389	.000	.0465	.1402
		中部地区	.04663	.02629	.076	－.0049	.0982
		东北地区	.01403	.03157	.657	－.0478	.0759
	东部地区	都会区	－.20217*	.02622	.000	－.2536	－.1508
		西部地区	－.10880*	.02383	.000	－.1555	－.0621
		中部地区	－.15554*	.02624	.000	－.2070	－.1041
		东北地区	－.18814*	.03152	.000	－.2499	－.1263
	西部地区	都会区	－.09337*	.02389	.000	－.1402	－.0465
		东部地区	.10880*	.02383	.000	.0621	.1555
		中部地区	－.04674	.02391	.051	－.0936	.0001
		东北地区	－.07933*	.02961	.007	－.1374	－.0213
	中部地区	都会区	－.04663	.02629	.076	－.0982	.0049
		东部地区	.15554*	.02624	.000	.1041	.2070
		西部地区	.04674	.02391	.051	－.0001	.0936
		东北地区	－.03259	.03158	.302	－.0945	.0293
	东北地区	都会区	－.01403	.03157	.657	－.0759	.0478
		东部地区	.18814*	.03152	.000	.1263	.2499
		西部地区	.07933*	.02961	.007	.0213	.1374
		中部地区	.03259	.03158	.302	－.0293	.0945

*. 均值差的显著性水平为 0.05。

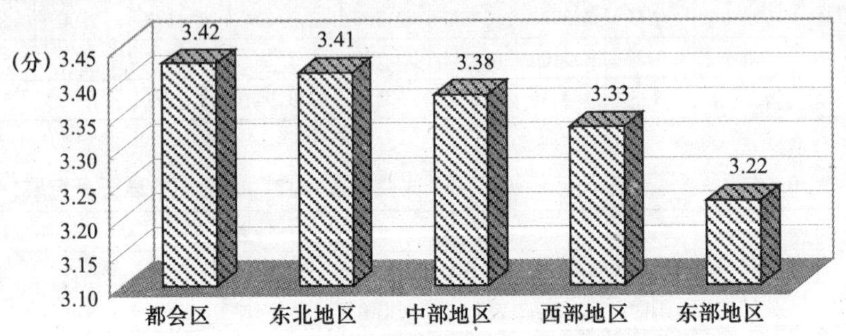

图 10－19－1　不同区域被试个人生活满意度的得分比较

对不同区域被试“公共服务满意度”的差异性进行方差分析（见表10-45-4、表10-45-5、表10-45-6和图10-19-2），显示不同区域被试的得分之间差异显著，$F=31.070$，$p<0.001$，具体表现是：都会区被试（$M=3.17$，$SD=0.59$）的得分显著高于东部地区被试（$M=2.95$，$SD=0.65$）、中部地区被试（$M=3.09$，$SD=0.64$），与西部地区被试（$M=3.19$，$SD=0.63$）、东北地区被试（$M=3.18$，$SD=0.64$）之间的得分差异不显著。东部地区被试的得分显著低于另四种区域被试。西部地区被试的得分显著高于中部地区被试，与东北地区被试之间的得分差异不显著。中部地区被试的得分显著低于东北地区被试。

表10-45-4　　**不同区域被试“公共服务满意度”得分的差异比较**

项目		*N*	均值	标准差	标准误	均值的95%置信区间		极小值	极大值
						下限	上限		
公共服务满意度	都会区	1210	3.1651	.58552	.01683	3.1321	3.1981	1.00	5.00
	东部地区	1221	2.9540	.64884	.01857	2.9175	2.9904	1.00	5.00
	西部地区	1855	3.1915	.63337	.01471	3.1626	3.2203	1.00	5.00
	中部地区	1206	3.0942	.63603	.01831	3.0583	3.1301	1.00	5.00
	东北地区	643	3.1841	.63604	.02508	3.1349	3.2334	1.00	5.00
	总数	6135	3.1191	.63432	.00810	3.1032	3.1350	1.00	5.00

表10-45-5　　**不同区域被试“公共服务满意度”得分的方差分析结果**

项目		平方和	*df*	均方	*F*	显著性
公共服务满意度	组间	49.043	4	12.261	31.070	.000
	组内	2419.024	6130	.395		
	总数	2468.067	6134			

表10-45-6　　**不同区域被试“公共服务满意度”得分的多重比较**

因变量	（I）区域	（J）区域	均值差（I-J）	标准误	显著性	95%置信区间	
						下限	上限
公共服务满意度	都会区	东部地区	.21115*	.02548	.000	.1612	.2611
		西部地区	-.02636	.02321	.256	-.0719	.0191
		中部地区	.07093*	.02556	.006	.0208	.1210
		东北地区	-.01901	.03066	.535	-.0791	.0411

续表

因变量	(I) 区域	(J) 区域	均值差 (I-J)	标准误	显著性	95%置信区间	
						下限	上限
公共服务满意度	东部地区	都会区	-.21115*	.02548	.000	-.2611	-.1612
		西部地区	-.23751*	.02315	.000	-.2829	-.1921
		中部地区	-.14022*	.02550	.000	-.1902	-.0902
		东北地区	-.23016*	.03061	.000	-.2902	-.1702
	西部地区	都会区	.02636	.02321	.256	-.0191	.0719
		东部地区	.23751*	.02315	.000	.1921	.2829
		中部地区	.09729*	.02324	.000	.0517	.1428
		东北地区	.00735	.02875	.798	-.0490	.0637
	中部地区	都会区	-.07093*	.02556	.006	-.1210	-.0208
		东部地区	.14022*	.02550	.000	.0902	.1902
		西部地区	-.09729*	.02324	.000	-.1428	-.0517
		东北地区	-.08994*	.03067	.003	-.1501	-.0298
	东北地区	都会区	.01901	.03066	.535	-.0411	.0791
		东部地区	.23016*	.03061	.000	.1702	.2902
		西部地区	-.00735	.02875	.798	-.0637	.0490
		中部地区	.08994*	.03067	.003	.0298	.1501

*. 均值差的显著性水平为 0.05。

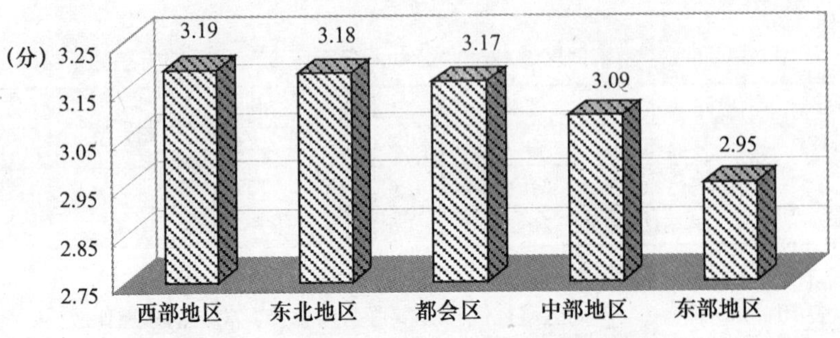

图 10-19-2 不同区域被试公共服务满意度的得分比较

对不同区域被试"公民满意度总分"的差异性进行方差分析（见表 10-45-7、表 10-45-8、表 10-45-9），显示不同区域被试的得分之间差异显著，$F = 30.216$，$p < 0.001$，具体表现是：都会区被试（M = 6.59，SD = 0.98）的得分显著高于东部地区被试（M = 6.18，SD =

1.09）、中部地区被试（$M=6.47$，$SD=1.10$），与西部地区被试（$M=6.52$，$SD=1.08$）、东北地区被试（$M=6.60$，$SD=1.09$）之间的得分差异不显著。东部地区被试的得分显著低于另四种区域被试。西部地区被试与中部地区、东北地区被试之间的得分差异不显著。中部地区被试的得分显著低于东北地区被试。

表 10－45－7　　不同区域被试"公民满意度总分"得分的差异比较

项目		N	均值	标准差	标准误	均值的 95% 置信区间		极小值	极大值
						下限	上限		
公民满意度总分	都会区	1207	6.5911	.98330	.02830	6.5355	6.6466	2.80	10.00
	东部地区	1215	6.1766	1.08650	.03117	6.1155	6.2378	2.60	10.00
	西部地区	1848	6.5228	1.07527	.02501	6.4738	6.5719	2.00	10.00
	中部地区	1205	6.4725	1.09691	.03160	6.4105	6.5345	2.40	10.00
	东北地区	640	6.5953	1.09002	.04309	6.5107	6.6799	2.00	10.00
	总数	6115	6.4652	1.07610	.01376	6.4382	6.4922	2.00	10.00

表 10－45－8　　不同区域被试"公民满意度总分"得分的方差分析结果

项目		平方和	df	均方	F	显著性
公民满意度总分	组间	137.335	4	34.334	30.216	.000
	组内	6942.563	6110	1.136		
	总数	7079.898	6114			

表 10－45－9　　不同区域被试"公民满意度总分"得分的多重比较

因变量	（I）区域	（J）区域	均值差（I－J）	标准误	显著性	95% 置信区间	
						下限	上限
公民满意度总分	都会区	东部地区	.41443*	.04332	.000	.3295	.4993
		西部地区	.06822	.03945	.084	－.0091	.1456
		中部地区	.11852*	.04341	.006	.0334	.2036
		东北地区	－.00426	.05212	.935	－.1064	.0979
	东部地区	都会区	－.41443*	.04332	.000	－.4993	－.3295
		西部地区	－.34621*	.03937	.000	－.4234	－.2690
		中部地区	－.29591*	.04334	.000	－.3809	－.2109
		东北地区	－.41869*	.05206	.000	－.5207	－.3166

续表

因变量	(I) 区域	(J) 区域	均值差 (I-J)	标准误	显著性	95%置信区间	
						下限	上限
公民满意度总分	西部地区	都会区	-.06822	.03945	.084	-.1456	.0091
		东部地区	.34621*	.03937	.000	.2690	.4234
		中部地区	.05030	.03947	.203	-.0271	.1277
		东北地区	-.07248	.04889	.138	-.1683	.0234
	中部地区	都会区	-.11852*	.04341	.006	-.2036	-.0334
		东部地区	.29591*	.04334	.000	.2109	.3809
		西部地区	-.05030	.03947	.203	-.1277	.0271
		东北地区	-.12278*	.05214	.019	-.2250	-.0206
	东北地区	都会区	.00426	.05212	.935	-.0979	.1064
		东部地区	.41869*	.05206	.000	.3166	.5207
		西部地区	.07248	.04889	.138	-.0234	.1683
		中部地区	.12278*	.05214	.019	.0206	.2250

*. 均值差的显著性水平为 0.05。

不同区域被试满意的公共服务项目（见表 10-46），都会区、东部地区、西部地区、中部地区第一选择排在第一位至第三位的都是“基本公共教育”、“社会保险”、“基本医疗卫生”，东北地区被试第一选择排在第一位至第三位的是“社会保险”、“基本公共教育”、“基本医疗卫生”；总提及频率不同区域被试排在第一位至第三位的有所不同，都会区，被试是“社会保险”、“基本公共教育”、“基本医疗卫生”，东部地区被试是“基本公共教育”、“社会保险”、“基本医疗卫生”，西部地区、中部地区被试是“基本医疗卫生”、“基本公共教育”、“社会保险”，东北地区被试是“基本医疗卫生”、“社会保险”、“基本公共教育”。

表 10-46　　不同区域被试满意的公共服务

选项	都会区				东部地区			
	第一选择		总提及频率		第一选择		总提及频率	
	频率	百分比	频率	百分比	频率	百分比	频率	百分比
基本公共教育	412	33.94	592	16.35	442	36.41	662	18.25
劳动就业服务	107	8.81	327	9.03	110	9.06	366	10.09
社会保险	271	22.32	595	16.43	298	24.55	661	18.22
基本社会服务	53	4.37	329	9.08	45	3.71	281	7.74

续表

选项	都会区				东部地区			
	第一选择		总提及频率		第一选择		总提及频率	
	频率	百分比	频率	百分比	频率	百分比	频率	百分比
基本医疗卫生	139	11.45	584	16.13	118	9.72	563	15.52
人口和计划生育	34	2.80	204	5.63	41	3.38	183	5.04
基本住房保障	53	4.37	252	6.96	26	2.14	219	6.04
公共文化体育	30	2.47	148	4.09	31	2.55	188	5.18
残疾人服务	23	1.89	119	3.29	25	2.06	126	3.47
社会安全	92	7.58	471	13.01	78	6.42	379	10.45
合计	1214	100.00	3621	100.00	1214	100.00	3628	100.00
选项	西部地区				中部地区			
基本公共教育	629	33.87	914	16.41	406	33.58	614	16.94
劳动就业服务	178	9.59	444	7.97	119	9.84	329	9.07
社会保险	369	19.87	823	14.77	241	19.93	588	16.22
基本社会服务	68	3.66	396	7.11	27	2.23	192	5.30
基本医疗卫生	314	16.91	1045	18.76	198	16.38	693	19.12
人口和计划生育	54	2.91	378	6.79	39	3.23	221	6.10
基本住房保障	77	4.15	467	8.38	55	4.55	295	8.14
公共文化体育	34	1.83	271	4.86	21	1.74	156	4.30
残疾人服务	43	2.31	232	4.16	12	0.99	116	3.20
社会安全	91	4.90	601	10.79	91	7.53	421	11.61
合计	1857	100.00	5571	100.00	1209	100.00	3625	100.00
选项	东北地区							
基本公共教育	154	23.88	279	14.46				
劳动就业服务	51	7.91	169	8.76				
社会保险	164	25.43	337	17.47				
基本社会服务	13	2.01	113	5.86				
基本医疗卫生	143	22.17	385	19.96				
人口和计划生育	32	4.96	143	7.41				
基本住房保障	29	4.49	150	7.78				
公共文化体育	6	0.93	74	3.84				
残疾人服务	6	0.93	37	1.92				
社会安全	47	7.29	242	12.54				
合计	645	100.00	1929	100.00				

对于“六大建设”中满意的建设，按照选择比例由高到低排序，不同区域被试排在第一位至第三位的都是经济建设、党的建设、社会建设，排在第六位的都是政治建设，只是第四位与第五位的排序不同，都会区被试是生态建设、文化建设，东部地区、西部地区、中部地区、东北地区被试都是文化建设、生态建设（见表 10－47）。

表 10－47　　　　不同区域被试最满意哪种建设

项目	都会区		东部地区		西部地区	
	频率	有效百分比	频率	有效百分比	频率	有效百分比
党的建设	282	23. 19	218	17. 88	405	21. 79
经济建设	386	31. 74	515	42. 25	622	33. 46
社会建设	233	19. 16	211	17. 31	285	15. 33
生态建设	150	12. 34	100	8. 20	213	11. 46
文化建设	115	9. 46	141	11. 57	233	12. 53
政治建设	50	4. 11	34	2. 79	101	5. 43
合计	1216	100. 00	1219	100. 00	1859	100. 00
项目	中部地区		东北地区			
党的建设	238	19. 72	152	23. 68		
经济建设	418	34. 63	247	38. 47		
社会建设	201	16. 65	97	15. 11		
生态建设	121	10. 03	49	7. 63		
文化建设	177	14. 66	72	11. 21		
政治建设	52	4. 31	25	3. 90		
合计	1207	100. 00	642	100. 00		

四　不同区域被试的政治认同与危机压力差异

通过本章的数据分析，可以对不同区域被试在政治认同、危机压力以及影响因素等方面所反映出来的差异，作一个简单的小结。

在本次问卷调查涉及的六种认同中，体制认同和发展认同得分最高的是都会区被试，政党认同、身份认同、政策认同得分最高的是东北地区被试，文化认同得分最高的是西部地区被试（见表 10－48，表中括号内的数字，代表不同区域被试得分高低的排序，下同)。尽管东北地区被试在三种认同上得分高于都会区被试，并且政党认同的得分显著高于另四种区域被试，都会区被试只是体制认同的得分显著高于另四种区域被试，但是在政治认同总分上，都会区被试得分最高，东北地区被试名列第二（都会区与东北地区被试之间的得分差异不显著），西部地区被试名列第三（都会区被试的得分显著高于西部地区被试，东北地区与西部地区被试之间的得分差异不显著）。中部地区被试的六种认同得分都偏低，政治认同总分居于第四的位置。东部地区被试在六种认同中有五种认同得分最低（只有文化认同的得分名列第四），并且体制认同、政党认同、身份认同、政策认同的得分显著低于另四种区域被试，在政治认同总分上得分最低，并显著低于另四种区域被试。也就是说，不同区域被试在政治认同方面的差异，主要表现为东部地区被试的认同水平明显偏低，都会区被试和东北地区被试的认同水平则相对较高。

表 10-48 **不同收入被试政治认同得分排序比较**

项目	都会区	东部地区	西部地区	中部地区	东北地区
体制认同	3.55（1）	3.30（5）	3.46（3）	3.40（4）	3.49（2）
政党认同	3.66（2）	3.51（5）	3.66（2）	3.62（4）	3.72（1）
身份认同	4.29（2）	4.08（5）	4.21（3）	4.14（4）	4.30（1）
文化认同	3.48（2）	3.37（4）	3.50（1）	3.45（3）	3.33（5）
政策认同	3.69（2）	3.45（5）	3.62（3）	3.54（4）	3.71（1）
发展认同	3.79（1）	3.66（5）	3.79（1）	3.68（4）	3.76（3）
认同总分	**22.45（1）**	**21.37（5）**	**22.25（3）**	**21.83（4）**	**22.33（2）**

本次问卷调查涉及的六种危机压力，都是东部地区被试得分最高（政治危机压力得分东部地区和中部地区被试并列第一，见表 10-49），并且在经济危机压力、社会危机压力、生态危机压力上的得分显著高于另四种区域被试，危机压力总分亦名列第一并显著高于另四种区域被试。西部地区被试和中部地区被试的六种危机压力得分大多居于第二位至第四位的位置，危机压力总分西部地区被试名列第二，中部地区被试名列第三。都会区被试和东北地区被试的六种危机压力得分大多居于第四位至第五位的位置，并且文化危机压力得分东北地区被试显著低于另四种区域被试，

使得危机压力总分都会区被试名列第四，东北地区被试名列第五，这两个区域被试的危机压力总分都显著低于东部地区、西部地区和中部地区被试。也就是说，不同区域被试在危机压力方面的差异，主要表现为东部地区被试的危机压力最强，都会区被试和东北地区被试的危机压力则相对较弱。

表 10 - 49 **不同区域被试危机压力得分排序比较**

项目	都会区	东部地区	西部地区	中部地区	东北地区
政治危机	2.52（4）	2.60（1）	2.54（3）	2.60（1）	2.51（5）
经济危机	2.25（4）	2.45（1）	2.33（2）	2.28（3）	2.20（5）
社会危机	2.72（4）	3.00（1）	2.84（2）	2.84（2）	2.71（5）
文化危机	2.70（4）	2.81（1）	2.78（2）	2.77（3）	2.65（5）
生态危机	2.84（5）	3.25（1）	3.17（2）	3.10（3）	2.86（4）
国际压力	3.00（5）	3.05（1）	3.02（3）	3.01（4）	3.04（2）
压力总分	**16.04（4）**	**17.17（1）**	**16.67（2）**	**16.60（3）**	**15.96（5）**

在本次问卷调查涉及的影响政治认同和危机压力的五个因素中，权利认知、政治沟通认知、政治参与行为总分都是都会区被试得分最高（见表 10 - 50，权利认知得分都会区被试显著高于另四种区域被试），利益认知总分得分最高的是东部地区被试，公民满意度总分得分最高的是东北地区被试，但是在政治参与行为总分上东北地区的得分名列第五并且显著低于另四种区域被试。西部地区和中部地区被试五个影响因素的总分大多居于第二位至第四位的位置。东部地区被试五个影响因素的总分大多居于第三位或第五位的位置，并且政治沟通认知和公民满意度的总分显著低于另四种被试。由此显示的总体态势是，在五个因素上都会区被试具有较高水平，东部地区被试的水平则相对较低。

表 10 - 50 **不同区域被试五个影响因素得分排序比较**

项目	都会区	东部地区	西部地区	中部地区	东北地区
权利	7.10（1）	6.78（5）	7.00（2）	6.80（4）	6.89（3）
利益	5.95（3）	5.99（1）	5.90（4）	5.88（5）	5.96（2）
政治沟通	6.92（1）	6.57（5）	6.87（2）	6.78（4）	6.85（3）
政治参与	6.31（1）	6.16（3）	6.15（4）	6.26（2）	5.90（5）
满意度	6.59（2）	6.18（5）	6.52（3）	6.47（4）	6.60（1）

本次问卷调查确实显示出了不同区域被试在政治认同和危机压力方面的较明显差异，并可以得出以下基本结论：（1）在本次问卷调查设定的五种区域被试中，东部地区被试的危机压力最强，政治认同水平最低，并且在权利认知、政治沟通认知方面处于最低水平，满意度亦明显低于其他区域被试。（2）都会区被试和东北地区被试的情况接近，显示的都是政治认同水平较高、危机压力较弱的特征，并且权利、利益、政治沟通的认知水平较高，满意度也较高，只是东北地区被试的政治参与行为明显弱于其他区域被试。（3）西部地区被试和中部地区被试的情况接近，显示的都是政治认同水平偏低、危机压力偏强的特征；在权利、利益、政治沟通认知和政治参与行为、满意度方面，这两个区域的被试总体处于居中水平。

《选举与中国政治丛书》已出版书目

第一辑

（1）史卫民、雷兢璇著：《直接选举：制度与过程——县（区）级人大代表选举实证研究》，1999 年版。

（2）史卫民著：《公选与直选：乡镇人大选举制度研究》，2000 年版。

（3）白钢、赵寿星著：《选举与治理：中国村民自治研究》，2001 年版。

（4）刘智、史卫民、周晓东、吴运浩：《数据选举：人大代表选举统计研究》，2001 年版。

（5）史卫民、刘智主编：《规范选举：2001—2002 年乡级人民代表大会代表选举研究》，2003 年版。

第二辑

（1）史卫民、刘智著：《间接选举》（上、中、下），2004 年版。

（2）赵秀玲著：《村民自治通论》，2004 年版。

（3）潘小娟、史卫民、贠杰、王时浩、单瀚清、白少飞著：《城市基层权力重组：社区建设探论》，2006 年版。

（4）史卫民、潘小娟、郭巍青、郭正林等著：《乡镇改革：乡镇选举、体制创新与乡镇治理研究》，2008 年版。

（5）史卫民、潘小娟等著：《中国基层民主政治建设发展报告》，2008 年版。

第三辑

（1）史卫民、郭巍青、汤晋苏、黄观鸿、郝海波著：《中国村民委员会选举：历史发展与比较研究》（上、下），2009 年版。

（2）史卫民、郭巍青、王金华、刘勇、王时浩著：《中国社区居民委员会选举研究》，2009 年版。

（3）史卫民、郭巍青、刘智著：《中国选举进展报告》，2009 年版。

第四辑

（1）史卫民著：《"政策主导型"的渐进式改革——改革开放以来中国政治发展的因素分析》，2011 年版。

（2）史卫民、郭巍青、郑建君、涂锋、陈晓运著：《中国公民的政策参与——2011 年北京、广东大学生问卷调查数据报告》，2012 年版。

（3）郑建君著：《社会政治决策中的选择偏差研究——"信息的选择性接触"视角》，2012 年版。

（4）史卫民、郑建军、李国强、涂锋著：《中国公民政策参与研究——基于 2011 年全国问卷调查数据》，2013 年版。

（5）史卫民著：《"政策主导型"的县政发展》，2013 年版。

（6）史卫民、周庆智、郑建君、田华等著：《政治认同与危机压力》，2014 年版。

（7）史卫民、郑建君、田华等著：《中国不同公民群体的政治认同与危机压力》，2014 年版。